MATLAB

AN INTRODUCTION WITH APPLICATIONS

6TH EDITION

제6판

매트랩의 정석

Amos Gilat 지음 | 부광석 · 곽근창 · 이태원 옮김

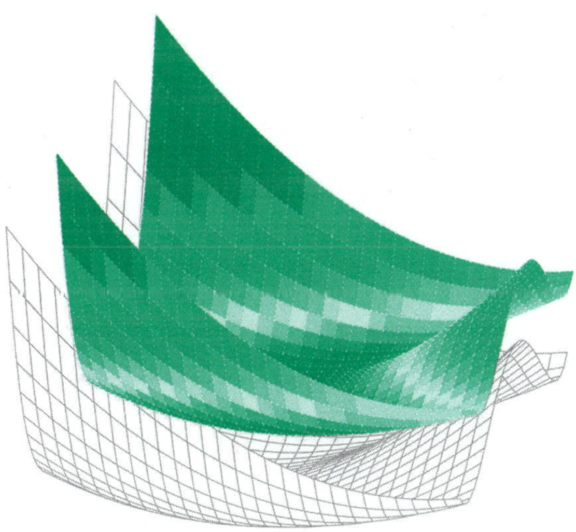

WILEY

TEXTBOOKS
텍스트북스

Matlab : An Introduction with application, 6/e
Amos Gilat
ISBN 978-11-19542-90-2

옮긴이 소개

부광석 인제대학교 전자IT기계자동차공학부
곽근창 조선대학교 전자공학부
이태원 호서대학교 반도체공학과

매트랩의 정석 제6판
MATLAB
AN INTRODUCTION WITH APPLICATIONS

발행일 2024년 7월 31일 6판 1쇄 발행
지은이 Amos Gilat
옮긴이 부광석, 곽근창, 이태원
발행인 임은정 발행처 ㈜텍스트북스
주소 서울시 영등포구 양평로 30길 14, 세종앤까뮤스퀘어 1109호
전화 02-702-5725 팩스 02-702-5727 웹사이트 www.textbooks.co.kr
등록번호 제2022-000098호
ISBN 979-11-91679-29-8 93000
정가 35,000원

옮긴이 머리말

Preface

MATLAB은 수학적으로 표현되는 공학문제를 해결하는 데 매우 유용한 도구임은 분명합니다. 현재도 대학의 연구 일선에서 다양하게 도출되는 공학 문제를 해결하기 위해서, 우선적으로 MATLAB이 활용되고 있습니다.

대학에서 후배 공학자들을 위해 MATLAB을 즐거운 마음으로 강의하면서, 1, 2학년의 저학년 과정에서 MALAB을 습득한다면, 3, 4학년의 심화 전공에서 문제 해결 능력을 향상시키는 데 크게 도움이 될 것이라 확신하고 있습니다.

그동안 MATLAB을 강의하면서 공학 문제 해결 능력 향상의 관점에서 Amos Gilat의 "MATLAB - An Introduction with Applications"을 만난 것은 참으로 행운이었습니다. 저자의 탁월한 글솜씨와 공학 문제 해결에 도움이 되는 다양한 예제와 연습문제는 옮긴이에게도 강의 및 연구에 많은 도움이 되었으며, 이에 저자에게 감사의 마음을 전해 드립니다.

이 번에 개역된 6판은 지난 5판과 비교할 때, MATLAB 릴리스 2016a로 업데이트되었으며, 예제 및 연습문제가 보다 실제적이며, 더욱 다양하고, 풍성해졌습니다. 뿐만 아니라 내용면에 있어서도 오류가 많이 교정되었고, 사용자가 MATLAB 사용법을 보다 합리적으로 학습하도록 편집이 개정되었습니다.

MATLAB 사용을 위해 기본에서 고급 기능까지 알기 쉽게 작성된 본문과 본문의 내용을 이해하는 데 도움을 주는 체계적인 예제 및 실제적인 공학 문제들로 구성된 연습문제는 MATLAB에 입문하려는 학부 학생뿐만 아니라, 이미 MATLAB에 익숙하지만 보다 그 사용 능력을 향상시키려는 대학원생 및 연구원들에게도 큰 도움이 될 것이라 확신합니다.

본서를 번역할 때 가능한 저자의 집필 의도를 최대한 반영하도록 노력하였습니다. 이 책이 나오기까지 물심 양면으로 도움을 주신 관계자 여러분께 진심으로 감사를 드립니다. 이 책이 독자들의 MATLAB 능력 향상에 조금이라도 도움이 되기를 간절히 바라는 마음으로 옮긴이들을 대표하여 인사를 대신합니다. 감사합니다.

2024년 5월 20일

옮긴이 대표 부광석 적음

지은이 머리말

Preface

MATLAB®은 전 세계 대학, 연구 기관 및 산업계의 학생, 엔지니어, 과학자들이 사용하는 기술 컴퓨팅을 위한 매우 인기 있는 언어이다. 이 소프트웨어는 강력하고 사용하기 쉽기 때문에 인기가 있다. 대학 신입생에게는 고등학교 때 그래픽 계산기 다음으로 사용할 도구로 생각할 수 있다.

이 책은 엔지니어링 입문 과정에서 신입생들에게 소프트웨어를 수년간 가르친 후에 작성되었다. 목표는 친근하고 위협적이지 않은 방식으로 소프트웨어를 가르치는 책을 쓰는 것이었다. 그래서 이 책은 단순하고 직접적인 언어로 쓰였다. 많은 곳에서 긴 텍스트보다는 글머리 기호를 사용하여 특정 주제와 관련된 사실과 세부 사항을 나열한다. 이 책에는 MATLAB을 처음 사용하는 사람들이 겪는 문제와 유사한 수학, 과학, 공학 분야의 수많은 예제 문제가 포함되어 있다.

이 책의 제6판은 MATLAB 릴리스 2016a로 업데이트되었다. 또한, 장의 끝 문제들이 수정되었으며, 1장부터 8장까지의 문제 중 거의 70%는 새롭거나 이전 판과 다르게 작성되었다.

오하이오 주립대학교의 몇몇 동료들에게 감사의 말씀을 전하고 싶다. 의견을 주신 Richard Freuler 교수, 책의 절들을 검토한 Mike Parke 박사는 수정 사항을 제안했다. 또한 오하이오 주립대학교 엔지니어링 교육 혁신 센터의 Robert Gustafson 교수, John Demel 교수, John Merrill 박사의 참여와 지원에도 감사드린다. 이 책의 초판을 세심하게 검토하고 귀중한 논평과 비평을 해주신 Mike Lichtensteiger 교수(OSU)와 내 딸 Tal Gilat (Marquette University)에게 특별한 감사를 드린다. Brian Harper 교수(OSU)는 현판의 새로운 장 끝 문제에 상당한 기여를 했다.

휴스턴 대학교의 Betty Barr; 캘리포니아 대학교 데이비스 캠퍼스의 Andrei G. Chakhovskoi; 톨레도 대학교 Roger King; 콜로라도 스프링스 소재 콜로라도 대학교 Richard Kwor; 캘리포니아 대학교 데이비스 캠퍼스의 Larry Lagerstrom; 애크런 대학교의 Yueh-Jaw Lin; Canisius 대학의 H. David Sheets; 아이오와 대학교의 Geb Thomas; 버지니아 폴리테크닉 대학교 및 주립대학교의 Brian Vick; 매사추세츠 대학교 로웰의 Jay Weitzen; 그리고 오하이오 주립 대학교의 Jane Patterson Fife을 포함해서 이전의 저서를 개발하는 여러 단계에서 검토를 도와준 모든 분에게 감사의 마음을 전하고 싶다. 또한, 제6판 제작을 지원한 Chris Nelson에게도 감사의 말씀을 전하고 싶다.

이 책이 매우 유익하고, MATLAB 사용자가 소프트웨어를 즐기는 데 도움이 되기를 바란다.

Amos Gilat

Columbus, Ohio
May, 2016
gilat.1@osu.edu

차례

Contents

MATLAB 시작하기

Starting with MATLAB

차 례

이 장에서는 MATLAB에 있는 여러 창들의 특성과 목적에 대해 기술하고 있으며, 먼저, 명령어 창(Command Window)에 대해 자세히 소개한다. 또한, 스칼라의 산술연산을 어떻게 MATLAB으로 계산기처럼 실행하는지 알아본다. 또한 스칼라에 대한 기본적인 수학함수의 사용 방법도 살펴본다. 그리고, 스칼라 변수(할당 연산자)를 정의하는 방법과 산술 계산에서 이 변수들을 사용하는 방법에 대해 살펴볼 것이다. 이 장 마지막 절에서는 스크립트 파일(script file)을 소개하며, 간단한 MATLAB 프로그램을 작성하고, 저장하며 실행시키는 방법에 대해 알아볼 것이다.

1.1 MATLAB 시작하기, MATLAB 창

우선 컴퓨터에 MATLAB 프로그램이 설치되었고 사용자가 MATLAB을 실행시킬 수 있다고 가정한다. 프로그램이 실행되면, 그림 1-1과 같이 기본화면(default layout)과 함께 MATLAB 데스크 창이 열린다. 화면 상단에는 도구 띠(Toolstrip)가 있으며, 그 아래, 현재 디렉터리 창(Current Folder Director)이 있고, 그 창 아래에 4개의 창이 포함되어 있다. 도구 띠(Toolstrip)는 총 3개로, HOME, PLOTS, APPS가 있으며, 마우스로 클릭하여, 각각의 도구를 확인해보자. 대개 기본적으로 MATLAB은 HOME이 선택되어 있다. 이 장 마지막에서 나와 있듯이, 해당 도구 아래 연관 아이콘들은 다양한 명령어들을 실행시킬 때 사용된다. PLOTS은 그래프를 만들 때 사용되며 해당 사항은 5장(5.12절)에서 설명되어 있고, APPS는 MATLAB의 도구상자(Toolboxes)와 부수적인 전용프로그램(application)을 실행하는 데 사용된다.

기본화면(*The default layout*)

MATLAB의 기본화면(The default layout)(그림 1-1)을 보면 도구 띠(Toolstrip) 아래에는 4개의 창인 명령어 창(Command Window), 현재 디렉터리 창(Current Folder Window), 작업공간 창(Workspace), 그리고 명령어기록 창(Command History Window)이 있다. 표 1-1에는 MATLAB의 여러 창들과 그 목적이 설명되어 있다.

이 책에서는 4개의 창 즉, 명령어 창(Command Window), 그림 창(Figure Window), 편집기 창(Editor Window) 그리고 도움말 창(Help Window)이 사용되고 있으며 다음 페이지에서 그 기능이 간단히 설명되어 있다.

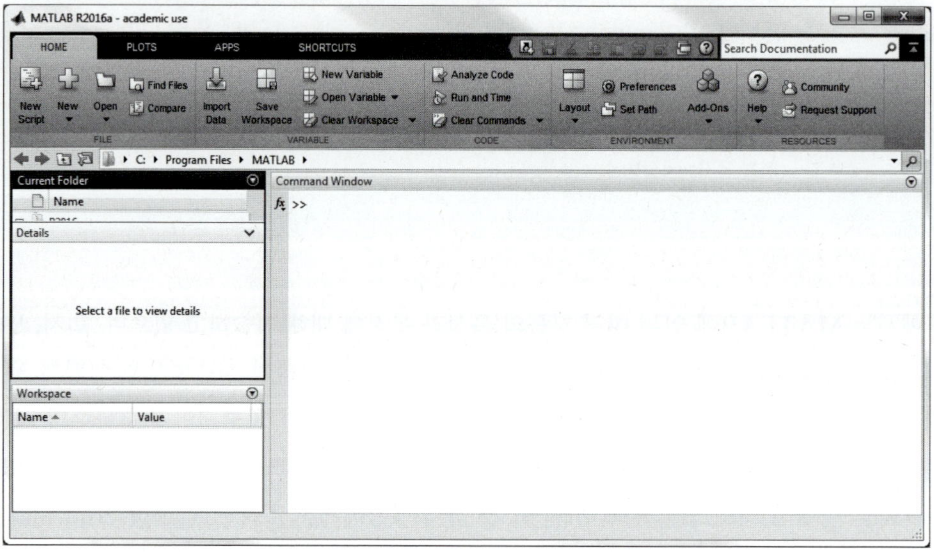

그림 1-1 MATLAB 데스크탑 창의 기본화면(default layout)

좀 더 상세한 설명은 각 창들이 사용되는 장에서 할 것이다. 명령어기록 창(Command History Window), 현재 디렉터리 창(Current Folder Window) 그리고 작업공간 창(Workspace)은 각각 1.2절, 1.8.4절, 4.1절에 설명되어 있다.

명령어 창(Command Window): 명령어 창(Command Window)은 MATLAB의 메인 창이며, MATLAB을 실행할 때 열린다. 명령어 창 하나만 보이도록 하는 것이 편리하므로, 다른 나머지 창을 모두 닫기 버튼을 눌러 닫거나, 도구 띠(Toolstrip)의 **레이아웃(Layout)** 버튼을 눌렀을 때 나오는 메뉴에서 **명령창 만(Command Window Only)**를 선택하면 된다. 명령어 창에서 작업하는 방법은 1.2절에서 자세히 기술한다.

표 1-1 MATLAB 창의 종류와 목적

창(Window)	목적
명령어 창(Command Window)	메인 창으로 변수를 입력하고, 프로그램을 실행함
그림 창(Figure Window)	그래프 명령어의 실행결과가 표시됨
편집기 창(Editor Window)	스크립트 파일과 함수 파일을 생성하고 디버깅함
도움말 창(Help Window)	도움말 정보를 제공함
명령어기록 창(Command History Window)	명령어 창에 입력된 명령어들을 기록함
작업공간 창(Workspace Window)	저장된 변수에 대한 정보를 제공함
현재 디렉터리 창(Current Folder Window)	현재 디렉터리에 있는 파일들을 보여줌

그림 창(Figure Window): 그림 1-2에서 보는 바와 같이 그림 창(Figure Window)은 그래프 명령어가 실행될 때 자동으로 열리며, 명령어에 의해 만들어진 그래프를 보여준다. 그림 창에 대한 상세한 설명은 5장에서 기술한다.

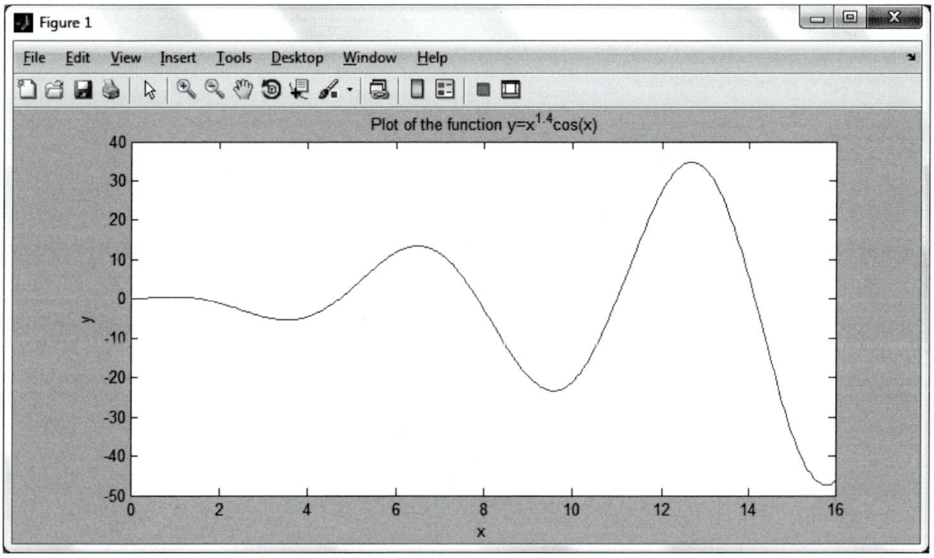

그림 1-2 그림 창(Figure Window)의 예

편집기 창(Editor Window): 편집기 창(Editor Window)은 프로그램을 작성하고 편집하는 데 사용된다. 이 창은 도구 띠(Toolstrip)의 **새 스크립트(New Script)** 아이콘을 클릭하거나, **새로 만들기(New)** 아이콘을 누른 후 나오는 메뉴에서 **스크립트(Script)**를 선택하면 열 수 있다. 그림 1-3은 편집기 창의 예시이다. 편집기 창에 대한 상세한 설명은 편집기 창으로 스크립트 파일을 작성하는 1.8.2절과 편집기 창으로 함수 파일을 작성하는 7장에 나와 있다.

도움말 창(Help Window): 도움말 창(Help Window)은 도움말 정보를 갖고 있으며, 명령어 창의 도구 띠(Toolstrip)에 있는 **도움말(Help)** 버튼을 클릭하여 열수 있으며, 모든 MATLAB 창의 툴바에서 열 수 있다. 도움말 창은 대화식이며, MATLAB의 어떤 특징에 대한 관련 정보를 얻을 수 있다. 그림 1-4는 도움말 창을 나타낸 것이다.

MATLAB을 처음 실행하면, 그림 1-1과 같이 창이 보인다. 대부분의 초보자들은 명령어 창을 제외한 모든 창을 닫는 것이 편리하다. 닫힌 창은 도구의 **레이아웃(Layout)**에서 해당 창을 클릭하여 다시 열 수 있다. **레이아웃(Layout)** 버튼을 눌러 열리는 메뉴에서 **디폴트 값(Default)**를 클릭하면 그림 1-1에 나온 기본화면 형태로 나타난다. 그림 1-1에 있는 다양한 창들은 데스크탑 창에 결합되어 있다. 창을 끌어와 놓음으로써 분리하여 독립된 창으로 결합을 해제할 수 있다. 독립된 창은 창 우측 상단에 최소화 버튼을 클릭하거나, Dock 버튼을 클릭하여 다시 결합할 수 있다.

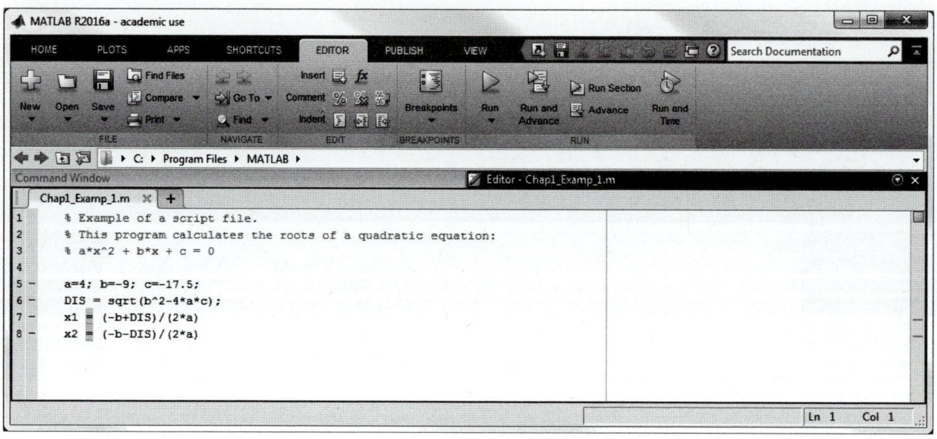

그림 1-3 편집기 창의 예시

1.2 명령어 창(*Command Window*)에서 작업하기

명령어 창은 MATLAB의 메인 창이며, 명령어를 실행하기, 다른 창 열기, 사용자에 의해 작성된 프로그램을 실행하거나 소프트웨어를 관리하기 위해 사용된다. 이 장 끝에서 설명될 간단한 명령어들이 포함된 명령어 창의 예시가 바로 그림 1-5이다.

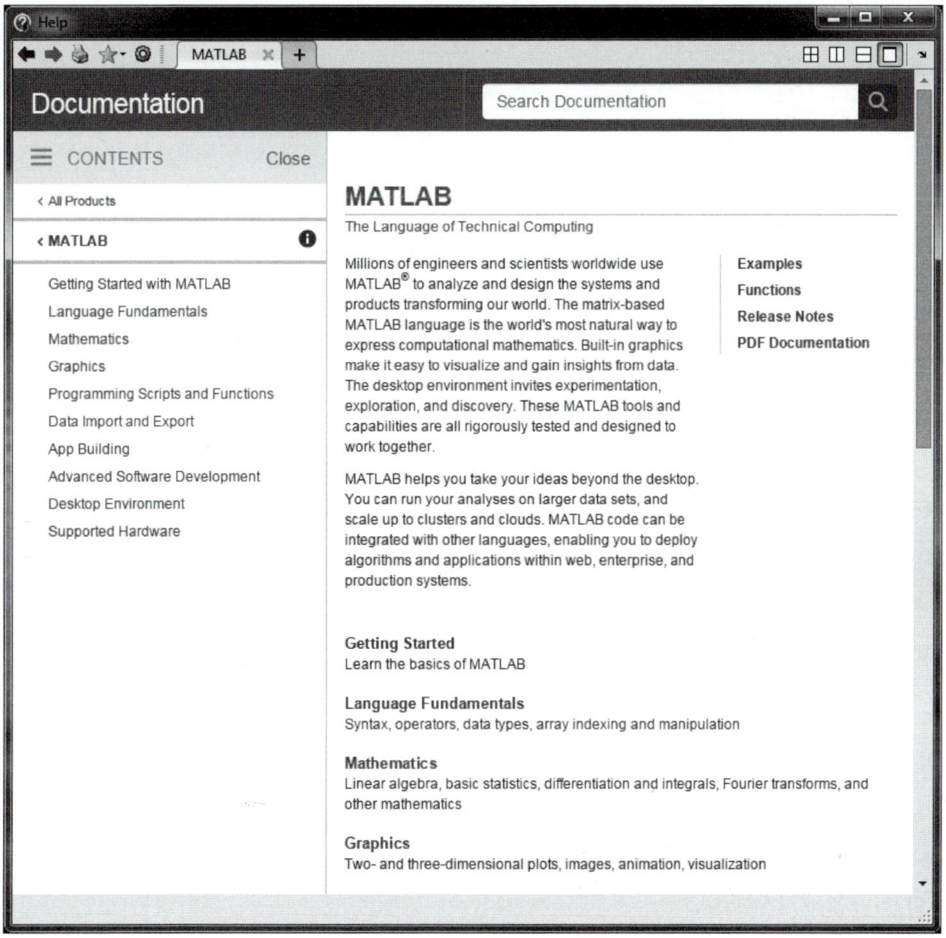

그림 1-4 도움말 창

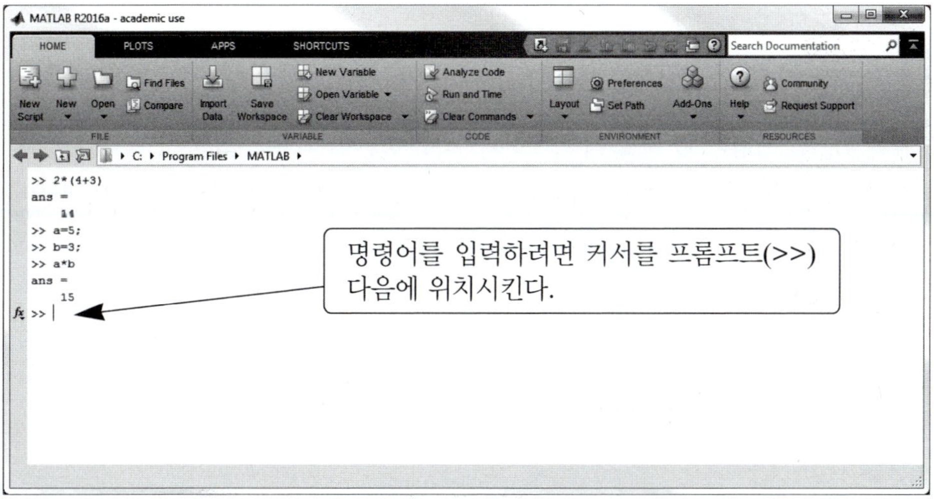

그림 1-5 명령어 창

▶ 명령어 창에서 작업시 유의할 점

- 명령어를 입력할 때에는 프롬프트(>>) 바로 뒤에 커서가 있어야 한다.
- 명령어를 입력하고, **엔터(Enter)** 키를 누를 때, 명령어가 실행된다. 마지막 명령어만 실행이 되며, 이전에 실행된 모든 것들은 변동이 없다.
- 명령어와 명령어 사이에 콤마(,)를 넣어서 한 줄에 여러 명령어를 입력할 수 있으며, **엔터(Enter)** 키를 누르면 가장 왼쪽에 입력된 명령어부터 순서대로 실행된다.
- 명령어 창에서 이전 줄로 올라가 명령어를 수정하여 다시 실행하는 것은 불가능하다.
- 위쪽 방향키(↑)를 눌러서 이전에 입력한 명령어를 명령어 프롬프트(command prompt) 다음으로 다시 불러올 수 있다. 명령어 프롬프트로 호출된 명령어는 수정하여 다시 실행할 수 있다. 아래쪽 방향키(↓)를 누르면 위쪽 방향키(↑)와 반대 순서로 입력된 명령어를 불러올 수 있다.
- 명령어가 너무 길어, 한 줄에 나타낼 수 없다면, 생략부호(ellipsis)라고 불리는 마침표 3개(…)를 찍고, **엔터(Enter)** 키를 누르면 다음 줄에서 명령어를 이어서 작성할 수 있다. 명령어는 총 4096글자까지 줄을 바꿔가며 이어서 작성할 수 있다.

▶ 세미콜론(;)

명령어 창에 명령어를 입력하고, **엔터(Enter)** 키를 누르면 명령어가 실행된다. 명령어로 실행되는 어떠한 출력도 명령어 창에 출력된다. 만약, 세미콜론(;)을 명령어의 끝에 입력하면, 명령어의 출력은 표시되지 않는다. 결과가 명확하거나, 이미 아는 경우, 또는 출력되는 것이 매우 많을 경우, 세미콜론(;)을 붙이는 것은 매우 유용하다.

여러 명령어를 한 줄에 작성할 경우, 명령어들 사이에 콤마(,) 대신 세미콜론(;)을 붙이면, 어떤 명령어의 출력도 화면에 표시되지 않는다.

▶ % 표시

기호 %(퍼센트)를 명령어 줄 맨 앞에 작성하면, 해당 줄은 주석문(comment)으로 처리된다. 이것은 **엔터(Enter)**를 눌러도, 해당 줄은 실행되지 않는다는 것을 의미한다. 입력한 명령어 뒤에 %기호와 텍스트(comment)를 같이 작성할 수가 있는데, 이때 주석문은 명령어의 실행에 어떠한 영향도 미치지 않는다.

일반적으로 명령어 창에선 주석문은 필요하지 않다. 종종 주석문은 프로그램을 설명하거나, 추가 설명을 위해 프로그램에 사용된다(4장과 6장 참조).

▶ `clc` 명령어

`clc` 명령어[키보드로 `clc`를 치고, **엔터(Enter)**를 누름]는 명령어 창을 지워준다. 명령어 창에서

한참 작업을 하면, 창의 내용이 입력된 명령어로 매우 길어진다. `clc` 명령어를 실행하면, 명령어 창이 깨끗해진다. `clc` 명령어는 이전에 실행된 명령어의 내용을 바꾸진 않는다. 예를 들어, 만약 변수가 정의된 뒤에(1.6절 참조), `clc` 명령어를 실행해도 정의된 변수는 존재하고, 재사용할 수 있다. 또, 위쪽 방향키(↑)를 눌러, 이전에 입력한 명령어도 불러와 실행할 수 있다.

▸ 명령어기록 창*(The Command History Window)*

명령어기록 창(The Command History Window)은 명령어 창에 입력된 명령어들의 목록을 보여주는데, 이곳에는 이전 세션에서 입력된 명령어도 포함된다. 명령어기록 창의 명령어들은 명령어 창에 다시 사용할 수 있다. 명령어를 더블 클릭하거나 드래그 하여, 명령어가 명령어 창에 다시 불러와지고, 필요하다면, 수정해서 실행이 가능하다. 명령어기록 창에 있는 명령어를 지우려면, 명령어를 클릭한 후에 키보드의 **delete 키**를 누르거나, 마우스 우측버튼을 **눌러 삭제(Delete Selection)**를 클릭하여 지울 수 있다. 여러 명령어를 한 번에 지우려면, 마우스 우측버튼을 눌러 **명령 창 지우기(Clear Command History)**를 클릭하여 지울 수 있다.여러 명령어를 한 번에 지우는 것도 가능하다.

1.3 스칼라 산술연산

이 장에서는 숫자인 스칼라에 대한 산술연산에 대해서만 다룬다. 이 장 마지막에 다루겠지만, 계산기처럼 산술연산에 숫자를 직접 사용하거나, 변수를 지정하여, 변수를 이용하여 산술연산을 할 수도 있다. 산술연산에 쓰일 기호는 다음과 같다.

연산	기호	예
덧셈	+	5 + 3
뺄셈	−	5 − 3
곱셈	*	5 * 3
오른쪽 나눗셈	/	5 / 3
왼쪽 나눗셈	\	5 \ 3 = 3 / 5
지수연산	^	5 ^ 3(5^3을 의미)

왼쪽 나눗셈을 제외하고 나머지 연산 기호들은 계산기에서와 쓰임이 같다. 스칼라의 경우, 왼쪽 나눗셈은 오른쪽 나눗셈의 역수이지만, 배열에 대한 연산은 대개 왼쪽 나눗셈이 사용된다(3장 참조).

1.3.1 우선순위

MATLAB은 다음과 같은 우선순위에 따라 계산을 실행한다. 이 순서는 대부분의 계산기에서 사용되는 것과 같다.

우선순위	수학연산
1	괄호. 괄호가 중첩되어 있는 경우, 가장 안쪽 괄호부터 실행된다.
2	거듭제곱(^)
3	곱셈, 나눗셈(우선순위가 동등함)
4	덧셈, 뺄셈

여러 연산이 포함된 식에서, 우선순위가 높은 순서대로 연산이 실행된다. 둘 이상의 같은 우선순위의 연산이 있을 경우, 왼쪽에서부터 순서대로 실행된다. 다음 절의 예시에서 볼 수 있듯이, 계산순서를 바꾸기 위해 괄호가 사용된다.

1.3.2 MATLAB을 계산기처럼 사용하기

MATLAB을 사용하는 가장 간단한 방법은 MATLAB을 계산기처럼 사용하는 것이다. 명령어 창에 수식을 입력하고 **엔터(Enter)** 키를 누르면 된다. MATLAB은 수식을 계산하고 다음 줄에 `ans =`과 계산결과를 표시하는 반응을 보인다. 예제 1-1에 여러가지 예를 나타내었다.

예제 1-1 **MATLAB을 계산기처럼 사용하기**

```
>> 7+8/2
ans =
   11
>> (7+8)/2
ans =
   7.5000
>> 4+5/3+2
ans =
   7.6667
>> 5^3/2
ans =
   62.5000
>> 27^(1/3)+32^0.2
ans =
    5
>> 27^(1/3)+32^0.2
ans =
   11
>> 0.7854-(0.7854)^3/(1*2*3)+0.785^5/(1*2*3*4*5)...
-(0.785)^7/(1*2*3*4*5*6*7)
```

- `>> 7+8/2`: 입력 후 **Enter** 키를 친다.
- 8/2가 먼저 실행된다.
- `>> (7+8)/2`: 입력 후 **Enter** 키를 친다.
- 7+8이 먼저 실행된다.
- 5/3이 먼저 실행된다.
- 5^3이 먼저 실행되고 /2가 실행된다.
- 1/3이 먼저 실행되고 27^(1/3)과 32^0.2가 각각 실행된 후 +가 마지막에 실행된다.
- 27^(1/3)과 32^0.2가 실행되고 +가 마지막에 실행된다.
- 다음 줄에 수식을 이어서 입력하려면 마침표 3개를 치고 **Enter**를 친다.

```
ans =
    0.7071
>>
```

마지막 수식은 테일러 급수의 처음 4개 항이다.

1.4 출력 형식

사용자는 MATLAB의 출력 형식을 제어할 수 있다. 예제 1-1에서, 출력 형식은 소수점 이하 네 자리를 가진 고정소수점(short)으로 수치 표현의 기본 형식이다. 형식은 format 명령어로 바꿀 수 있으며, format 명령어를 실행되면, 이후의 모든 출력은 규정된 형식으로 표시된다. 사용 가능한 출력 형식들은 표 1-2에 설명하였다.

MATLAB은 숫자를 표시하기 위한 몇 가지 다른 형식을 가지고 있다. 이러한 형식에 대한 자세한 내용은 명령 창에 도움말 형식을 입력하면 얻을 수 있다. 숫자가 표시되는 형식은 MATLAB이 숫자를 계산하고 저장하는 방법에 영향을 미치지 않는다.

표 1-2 화면표시 형식

명령어	설명	예
format short	0.001 ≤ 수 ≤ 1000인 수를 소수점 이하 네 자리수의 고정소수점으로 표시함. 그 외의 범위의 수는 short e 형식으로 표시함.	>>290/7 ans = 41.4286
format long	0.001 ≤ 수 ≤ 100인 수를 소수점 이하 15자리의 고정소수점으로 표시함. 그 외 범위의 수는 long e의 형식으로 표시함.	>>290/7 ans = 41.42857142857143
format short e	소수점 이하 네 자리수의 과학적 표기법으로 표시함.	>>290/7 ans = 4.1429e+001
format long e	소수점 이하 15 자리수의 과학적 표기법으로 표시함.	>>290/7 ans = 4.142857142857143e+001
format short g	고정소수점 표시와 부동소수점 표시 중에서 자동으로 적절한 방법으로 표시하며, 유효숫자는 15개임.	>>290/7 ans = 41.429
format long g	고정소수점 표시와 부동소수점 표시 중에서 자동으로 적절한 방법으로 표시하며, 유효숫자는 15개임.	>>290/7 ans = 41.4285714285714
format bank	소수점 이하 두 자리까지만 표시함.	>>290/7 ans = 41.43
format compact	화면에 많은 정보가 표시되도록 하기 위해 빈 줄을 제거함.	
format loose	format compact와 반대로 빈 줄을 삽입함.	

1.5 기본 수학 내장함수

기초 산술연산 이외에 MATLAB에서는 함수들을 포함한다. MATLAB은 많은 내장함수 라이브러리를 갖고 있다. 함수는 이름과 괄호 속의 인자(argument)를 갖는다. 예를 들어, 수의 제곱근을 계산하는 함수는 sqrt(x)이며, sqrt는 이름이고, 인자는 x다. 함수를 사용할 때, 인자는 숫자가 될 수 있고, 숫자로 정의된 변수가 될 수 있으며, (1.6절 참조) 숫자와 변수로 이루어진 계산 가능한 수식이 될 수 있다. 함수는 수식뿐만 아니라 인자에도 포함될 수 있다. 예제 1-2는 MATLAB을 계산기처럼 사용하여 함수 sqrt(x)를 이용하는 예이다.

예제 1-2 **sqrt 내장함수 사용하기**

```
>> sqrt(64)                         인자가 숫자인 경우.
ans =
    8
>> sqrt(50+14*3)                    인자가 수식인 경우.
ans =
   9.5917
>> sqrt(54+9*sqrt(100))             인자에 함수가 포함된 경우.
ans =
   12
>> (15+600/4)/sqrt(121)             수식에 함수가 포함된 경우.
ans =
   15
>>
```

흔히 사용되는 MATLAB의 내장함수들의 목록을 표 1-3부터 표 1-5까지 나타내었다. 도움말 창에서 종류별로 분류된 완전한 함수 목록을 볼 수 있다.

표 1-3 기본 수학함수

함수	설명	예
sqrt(x)	제곱근	>>sqrt(81) ans = 9
nthroot(x)	실수 x의 실수 n 제곱근. (x가 음수이면, n은 홀수 정수이어야 함)	>>nthroot(80,5) ans = 2.4022
exp(x)	지수함수(e^x)	>>exp(5) ans = 148.4132

(계속)

표 1-3 기본 수학함수(계속)

함수	설명	예

`abs(x)`	절대값	`>>abs(-24)`
		`ans =`
		`24`

`log(x)`	자연로그
	밑이 e인 로그(ln)
		`>>log(1000)`
		`ans =`
		`6.9078`

`log10(x)`	밑이 10인 로그	`>>log10(1000)`
		`ans =`
		`3.0000`

`factorial(x)`	계승함수 $x!$
	(x는 양의 정수이어야 함)
		`>>factorial(5)`
		`ans =`
		`120`

표 1-4 삼각함수

함수	설명	예

`sin(x)`
`sind(x)`
	각 x의 사인(x는 라디안)
	각 x의 사인(x는 도)
		`>>sin(pi/6)`
		`ans =`
		`0.5000`

`cos(x)`
`cosd(x)`
	각 x의 코사인(x는 라디안)
	각 x의 코사인(x는 도)
		`>>cosd(30)`
		`ans =`
		`0.8660`

`tan(x)`
`tand(x)`
	각 x의 탄젠트(x는 라디안)
	각 x의 탄젠트(x는 도)
		`>>tan(pi/6)`
		`ans =`
		`0.5774`

`cot(x)`
`cotd(x)`
	각 x의 코탄젠트(x는 라디안)
	각 x의 코탄젠트(x는 도)
		`>>cotd(30)`
		`ans =`
		`1.7321`

라디안 단위의 역삼각함수는 `asin(x)`, `acos(x)`, `atan(x)`, `acot(x)`이며, 도(degree) 단위의 역삼각함수는 `asind(x)`, `acosd(x)`, `atand(x)`, `acotd(x)`이다. 쌍곡삼각함수(hyperbolic trigonometric function)는 `sinh(x)`, `cosh(x)`, `tanh(x)`, `coth(x)`이다. 표 1-4에서 π대신 `pi`를 사용했음을 알 수 있다(1.6.3절 참조).

표 1-5 어림함수들(Rounding functions)

함수	설명	예

`round(x)`	가장 가까운 정수로 반올림함	`>>round(3.4)`
		`ans =`
		`3`

`fix(x)`	0쪽에 가까운 정수로 어림함	`>>fix(2.6)`
		`ans =`
		`2`

(계속)

표 1-5 어림함수들(Rounding functions)(계속)

함수	설명	예

`ceil(x)`	양의 무한대에 가까운 정수로 어림함	`>>ceil(2.2)`
		`ans =`
		`3`

`floor(x)`	음의 무한대에 더 가까운 정수로 어림함	`>>floor(-2.25)`
		`ans =`
		`-3`

`rem(x,y)`	x를 y로 나눈 나머지를 돌려줌	`>>rem(13,5)`
		`ans =`
		`3`

`sign(x)`	Signum 함수로서, $x > 0$이면 1을, $x < 0$이면 −1을, $x = 0$이면 0을 돌려줌	`>>sign(5)`
		`ans =`
		`1`

1.6 스칼라 변수의 정의

변수(variable)는 한 개의 문자, 또는 숫자를 포함한 여러 문자의 조합으로 이루어진 이름으로서 수치 값이 할당된다. 일단, 변수에 수치 값이 할당되면, 수식이나 함수, 그리고 어떤 MATLAB의 명령문과 명령어에도 사용할 수 있다. 변수는 실제로는 메모리 위치의 이름이다. 변수가 새로 정의되면, MATLAB은 정의된 변수의 값이 저장될 적절한 위치를 할당한다. 변수가 사용될 때, 변수에 저장된 데이터가 사용된다. 만약 변수에 새로운 값이 할당된다면, 메모리의 위치에 내용이 바뀌게 된다(1장에서는 스칼라인 수치 값이 할당된 변수들만을 고려한다. 배열 변수들의 할당과 원소 지정은 2장에서 설명한다).

1.6.1 할당 연산자*(Assignment Operator)*

MATLAB에서 등호 = 기호는 할당 연산자(assignment operator)라고 불린다. 할당 연산자는 변수에 값을 할당해 준다. 즉,

Variable_name = A numerical value, or a computable expression
변수_이름 = 수치 값 또는 계산 가능한 식

- 할당 연산자의 좌변은 한 개의 변수 이름만을 포함할 수 있다. 우변은 수 또는 수와 수치 값이 지정된 변수로 이루어진 계산 가능한 식이 포함된다. **엔터(Enter)** 키를 누르면 우변의 수치값이 변수에 할당되며, MATLAB은 다음 두줄에 할당된 값과 변수를 보여준다.

다음은 할당연산자가 어떻게 작동하는지를 보여준다.

```
>> x=15                                    변수 x에 15를 할당한다.
x =                                        변수와 할당된 값이 표시된다.
    15
>> x=3*x-12
x =                                        x에 새로운 값이 대입된다. 새로운 값은
    33                                     그전 값에 3배를 하고 12를 뺀 것이다.
>>
```

마지막 문장 $x = 3x - 12$는 할당 연산자와 등호 기호의 차이점을 잘 보여주고 있다. 만일 이 문장에서 = 기호가 같다는 것을 의미한다면, x의 값은 6이 될 것이다(x에 대해 수식을 계산).

이전에 정의된 변수들을 사용하여 새로운 변수를 정의하는 예가 다음에 나와있다.

```
>> a=12                                    a에 12를 대입한다.
a =
    12
>> B=4                                     B에 4를 대입한다.
B =
     4
>> C=(a-B)+40-a/B*10                       변수 C에 우변의 수식의 결과를 대입시킨다.
C =
    18
```

- 만약, 세미콜론(;)을 명령어 끝에 붙이면, **엔터(Enter)** 키를 눌렀을 때, MATLAB은 변수와 변수에 할당된 값을 보여주지 않는다(변수는 여전히 존재하고, 값은 메모리에 저장되어 있다).
- 만약, 변수가 이미 존재한다면, 변수 이름을 적고, **엔터(Enter)** 키를 누르면, 다음 두 줄에 변수와 변수의 값을 화면에 표시한다.

예를 들어, 세미콜론(;)을 사용하여 바로 앞의 예를 반복하면, 다음과 같다.

```
>> a=12;                                   변수 a, B, C가 정의되었지만, 명령문 끝에 세미
>> B=4;                                    콜론(;)을 입력했기 때문에 출력되지 않는다.
>> C=(a-B)+40-a/B*10;
>> C   <-------------------------------    변수 이름을 입력함으로써 변수 C의 값이
C =                                        출력된다.
    18
```

- 각 문장에 세미콜론을 붙였기 때문에 변수 a, B, C는 정의되었지만 표시되지는 않는다. 변수 C의 이름만 입력하면 그 값이 표시된다. 같은 줄에 여러 개의 할당문을 사용할 수 있는데, 각

할당문은 콤마(,)로 구분되어야 한다(콤마 뒤에 공백을 넣어도 된다). 입력 후 **Enter** 키를 누르면 왼쪽에서부터 순서대로 할당문이 실행이 되며 할당 결과가 화면에 표시된다. 만약, 콤마(,) 대신에 세미콜론(;)을 넣어주면, 변수는 화면에 표시되지 않는다. 예를 들어, 위의 변수 a, B, C에 대한 할당문을 다음과 같이 모두 한 줄에 쓸 수 있다.

```
>> a=12, B=4; C=(a-B)+40-a/B*10
a =
    12
C =
    18
```

명령문 끝에 세미콜론을 입력하였기 때문에, 변수 B는 출력되지 않는다.

- 이미 존재하는 변수에 새로운 값을 할당할 수 있는데, 다음과 같다.

```
>> ABB=72;
>> ABB=9;
>> ABB
ABB =
    9
>>
```

변수 ABB에 값 72가 할당된다.

변수 ABB에 새로운 값 9가 할당된다.

변수의 이름을 입력하고, **Enter** 키를 누르면, 변수의 현재값이 출력된다.

- 한번 변수가 정의가 되면 변수는 함수의 인자로도 사용 가능한데, 다음과 같다.

```
>> x=0.75;
>> E=sin(x)^2+cos(x)^2
E =
    1
>>
```

1.6.2 변수이름에 대한 규칙

변수이름은 다음과 같은 규칙을 따라야 한다.

- 변수이름은 문자로 시작해야 한다.
- 변수이름은 최대 63글자까지 된다(MATLAB 7 경우)
- 변수이름은 문자, 숫자, 밑줄글자(_)를 포함할 수 있다.
- 변수이름은 마침표(.), 콤마(,), 세미콜론(;)을 포함할 수 없다.
- MATLAB은 대문자와 소문자를 구별한다. 예를 들어 AA, Aa, aA, aa, 모두 다른 변수로 사용 가능하다.

- 변수이름 사이에는 공백이 사용될 수 없다[공백이 필요할 경우 밑줄글자(_)를 사용한다].
- 내장함수 이름을 변수로 사용하지 않도록 한다(즉 cos, sin, exp, sqrt 등) 일단 함수 이름이 변수로 사용되면, 그 함수는 다시 사용할 수 없다.

1.6.3 키워드와 미리 정의된 변수

다음은 MATLAB에서 다양한 목적으로 사용되나, 변수이름으로 사용할 수 없는 20가지 키워드이다.

```
break    case    catch    classdef    continue    else    elseif    end
for    function    global    if    otherwise    parfor    persistent
return    spmd    switch    try    while
```

명령어 창에 키워드를 입력하면, 키워드는 파란색으로 표시된다. 만일 사용자가 키워드를 변수이름으로 사용하고자 하면, 오류 메시지가 나타난다. 명령어 iskeyword를 입력하면 화면에 키워드들이 출력된다.

MATLAB이 실행될 때, 자주 사용되는 변수들이 미리 정의된다. 미리 정의되는 변수들 중 일부는 다음과 같다.

ans 특정 변수에 할당되지 않은 마지막 수식의 값을 갖는 변수로서(예제 1-1 참조), 사용자가 수식의 결과 값을 변수에 할당하지 않으면, MATLAB은 자동으로 결과를 ans에 저장한다.

pi $\pi = 3.14159265358 97\cdots$

eps 두 수 사이의 최소 차이. 2^(−52)와 같으며 대략 2.2204e − 016이다.

inf 무한대에 사용된다.

I $\sqrt{-1}$로 정의되며 0 + 1.0000i이다.

j i와 같다.

NaN Not-a-Number(수가 아님)를 나타낸다. 예를 들어, 0/0과 같이 MATLAB이 유효한 수치를 구할 수 없을 때 사용된다.

미리 정의된 변수들을 임의의 다른 값으로 다시 정의할 수도 있다. 변수 pi, eps, inf는 많은 응용 프로그램에서 자주 사용되므로, 대개는 다른 값으로 다시 정의하지 않는다. 그러나, i와 j 같은 변수들은 보통 루프와 관련하여, 응용프로그램에 복소수가 포함되지 않을 경우, 가끔 다시 정의되기도 한다.

1.7 변수 관리에 유용한 함수들

다음 명령어들은 생성된 변수들을 삭제하거나 변수들에 대한 정보를 얻기 위해 사용될 수 있다. 이러한 명령어들을 명령어 창에 입력하고 **엔터(Enter)** 키를 누르면, 정보를 제공해주거나 아래의 특정 업무를 수행한다.

명령어	결과
`clear`	메모리에서 모든 변수를 제거한다.
`clear x y z`	메모리에서 변수 x, y, z만을 제거한다.
`who`	현재 메모리에 있는 변수들의 목록을 화면에 출력한다.
`whos`	현재 메모리에 있는 변수들의 이름과 크기, 바이트와 클래스에 대한 정보를 화면에 출력한다(4.1절 참조).

1.8 스크립트 파일*(Script File)*

지금까지는 모든 명령어들을 명령어 창에 입력하고, **Enter** 키를 눌러 실행되었다. 모든 MATLAB 명령어들이 이런 식으로 실행되지만, 일련의 명령어들, 특히 서로 연관된 명령어들을 실행할 때, 명령어 창을 이용하는 것이 불편하거나, 어렵거나, 불가능할 수 있다. 명령어 창의 명령어들은 저장되지 않으며, 다시 실행할 수도 없다. 게다가, 명령어 창은 상호작용적이지 않다. 이것은, **Enter** 키를 누를 때마다, 해당 명령어만 실행되고, 이전에 실행된 명령어들은 변하지 않는다는 것을 의미한다. 만약, 이전에 실행되었던 명령어에서 수정이 필요하고, 이 명령어의 결과가 이어지는 명령어들에서 사용을 하고 싶다면, 모든 명령어를 다시 입력하고 다시 실행해야 한다.

MATLAB으로 명령어들을 실행시키는 다른 더 좋은 방법은 명령어들의 목록(프로그램)을 만들어서 저장한 후에, 그 파일을 다시 실행하는 것이다. 파일이 실행되면, 파일에 쓰여진 순서대로 명령어들이 실행된다. 필요하다면, 파일의 명령어를 수정하거나 변경하고, 파일을 저장한 후에 다시 파일을 실행할 수 있다. 이런 목적으로 사용되는 파일을 스크립트 파일(script file)이라고 한다.

중요 사항: 이 절에서는 간단한 프로그램을 실행하는 데 필요한 최소한의 것만 다룬다. 이것을 통해 학생들은 이 장과 앞으로 두 장에서 제시되는 자료들을 연습할 때, 명령어 창에서 반복적으로 명령어들을 입력하는 것 대신에 스크립트 파일을 사용할 수 있게 된다. 스크립트 파일은 4장에서 다시 논의할 것이며, 4장에서는 스크립트 파일로 프로그램을 작성하는 것과 MATLAB을 이해하는 데 필요한 많은 추가 주제들을 다룰 것이다.

1.8.1 스크립트 파일의 특징

- 스크립트 파일은 MATLAB의 일련의 명령어로서 프로그램이라고도 한다.
- 스크립트 파일을 실행하면, MATLAB은 파일 내의 명령어들을 명령어 창에서 입력하는 것처럼 파일에 기록된 순서대로 실행한다.

- 스크립트 파일이 결과를 출력하는 명령어를 포함하고 있다면(예를 들어, 마지막에 세미콜론(;)을 붙이지 않고 어떤 값을 변수에 할당하는 경우), 출력은 명령어 창에 표시된다.
- 스크립트 파일은 파일을 변경하거나, 수정하고, 또, 여러 번 실행할 수 있다는 점에서 편리하다.
- 스크립트 파일은 어떠한 텍스트 편집기에서도 작성과 편집이 가능하고, MATLAB 편집기로 붙여넣기도 할 수 있다.
- 스크립트 파일은 저장될 때, 확장자 .m이 사용되므로 M-파일이라고도 한다.

1.8.2 스크립트 파일의 생성과 저장

MATLAB에서 스크립트 파일은 편집기/디버거 창(Editor/Debugger Window)에서 만들고 편집한다. 스크립트 파일은 화면 상단 도구에서 **새 스크립트(New Script)**을 누르거나 도구에서 **새로 만들기(New)**를 클릭한 후에 **스크립트(Script)**를 클릭하여 생성할 수 있다. 열린 편집기/디버거 창이 그림 1-6에 나와있다.

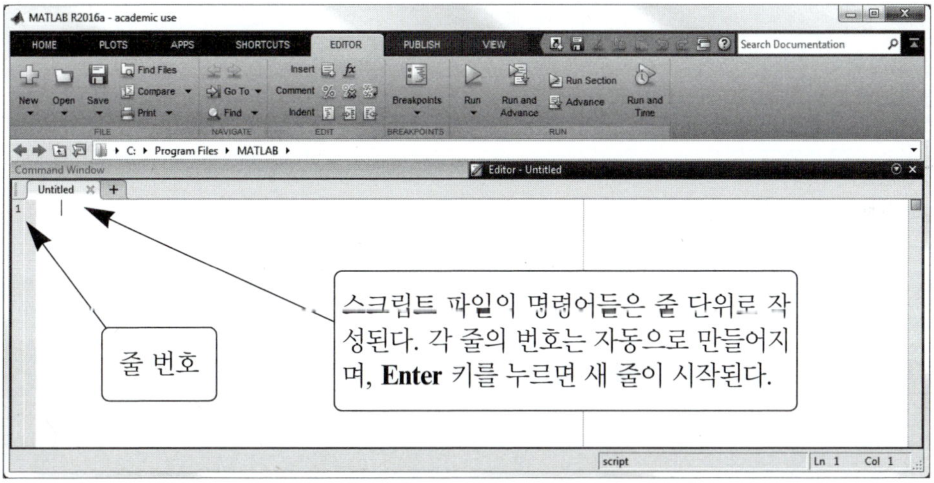

그림 1-6 편집기/디버거 창(Editor/Debugger Window)

편집기/디버거 창에는 화면 상단에 EDITOR, PUBLISH, VIEW와 같은 세 가지 도구가 있다. 각각의 도구를 클릭해 보자. 보통, MATLAB은 HOME 도구가 선택되어 있다. HOME 도구는 흔히, 이 장 마지막에서 설명되어 있듯이, 다양한 명령어들을 실행하는 데 사용된다. 일단 창이 열리면, 스크립트 파일은 명령어들을 한 줄씩 작성할 수 있다. MATLAB은 **Enter** 키를 누르면 자동으로 새 줄에 번호를 부여한다. 명령어들은 어떤 텍스트 편집기나 워드프로세서 프로그램에서도 작성이 가능하며, 복사 후 편집기/디버거 창에서 붙여넣기가 가능하다. 편집기/디버거 창에서 작성한 간단한 프로그램의 예가 아래 그림 1-7에 나와 있다. 스크립트 파일에 처음 몇 줄은 전형적인 주석문들(줄의 첫글자가 %이므로 실행되지 않음)로서 스크립트 파일에 대한 설명이다.

스크립트 파일을 실행하기 전에 먼저 저장해야 한다. 상단 도구에 **저장(Save)**를 눌러 다른 이름으로 **저장(Save As...)**를 선택하여 저장위치를 선택한 후에 파일이름을 입력하면 된다. 저장을 하면, MATLAB은 확장자 .m을 파일이름에 붙인다. 스크립트 파일의 이름에 대한 규칙은 변수이름의 규칙을 따른다. 즉, 문자로 시작하며, 숫자와 밑줄글자(_)를 포함하고, 최대 63글자까지 가능하다. 사용자가 정의한 변수들과 이미 지정된 변수들, 그리고 MATLAB 명령어와 함수들은 스크립트 파일의 이름으로 사용할 수 없다.

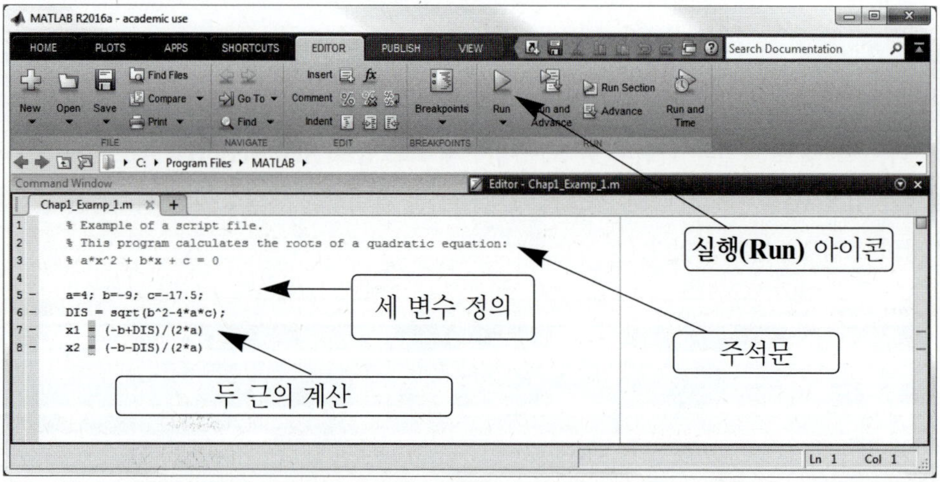

그림 1-7 편집기/디버거 창(Editor/Debugger Window)

1.8.3 스크립트 파일 실행

스크립트 파일은 편집기 창의 **실행(Run)** 아이콘을 클릭하거나, 명령어 창에 파일 이름을 입력한 후에 **Enter** 키를 눌러 실행한다. 파일이 실행되는 동안, MATLAB은 파일이 저장된 위치를 알 필요가 있다. 다음 절에서 설명하겠지만, 파일이 저장된 디렉터리가 MATLAB의 현재 디렉터리이거나 탐색 경로(search path)에 포함되어 있으면 실행된다.

1.8.4 현재 디렉터리*(Current Folder)*

현재 디렉터리(Current Folder)는 그림 1-8에서 볼 수 있듯이, 명령어 창의 데스크탑 툴바에 있는 "Current Folder"에서 볼 수 있다. 스크립트 파일이 저장된 폴더가 현재 디렉터리내에 없을 때, **Run** 아이콘을 클릭하여 스크립트 파일을 실행하고자 한다면, 그림 1-9와 같은 창이 열린다. 사용자는 스크립트 파일이 저장된 폴더를 현재 디렉터리에 추가하거나, 또는 탐색 경로에 추가하여 실행할 수 있다. 일단, 둘 이상의 서로 다른 현재 디렉터리가 한 세션(session)에 사용되면, 명령어 창의 현재 **디렉토리(Current Directory)** 필드에서 한 쪽 디렉터리에서 다른 쪽 디렉터리로 쉽게 전환할 수 있다. 현재 디렉터리는 현재 디렉터리 창(Current Directory Window)에서 변경할 수 있으며, 그림 1-10과 같이 **Desktop** 메뉴에서 열 수 있다. 파일이 저장된 폴더와 드라이브를 선택하여, 현재 디렉터리를 변경할 수 있다.

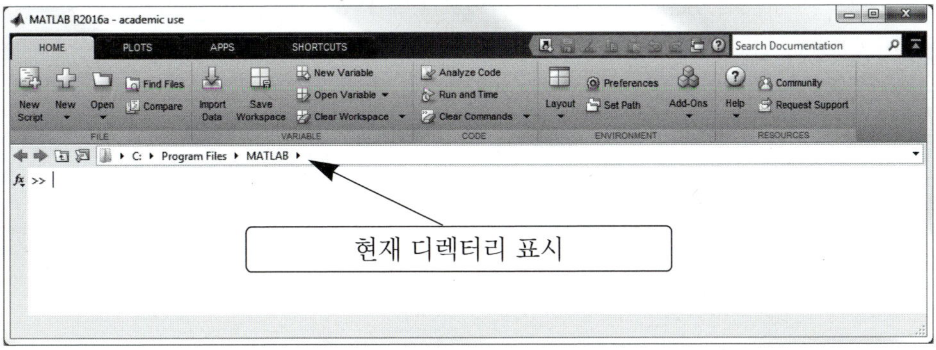

그림 1-8 명령어 창(Command Window)의 현재 디렉터리 필드(Current Directory field)

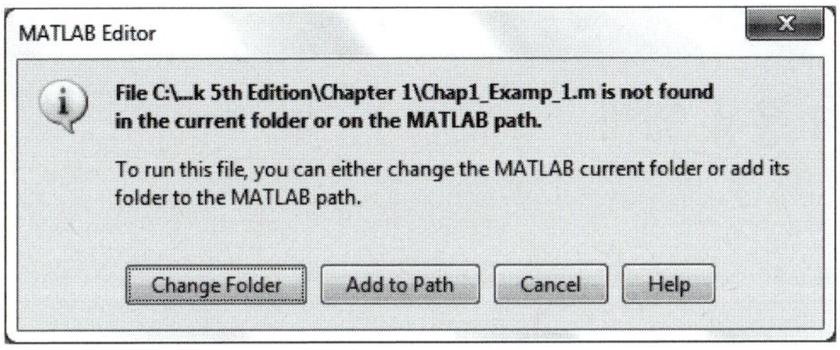

그림 1-9 현재 디렉터리(Current Directory)의 변경

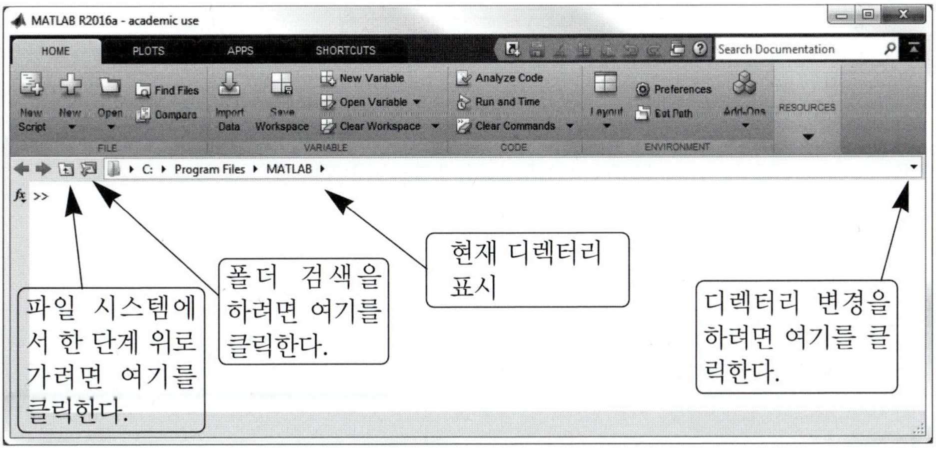

그림 1-10 현재 디렉터리 창(Current Directory Window)

현재 디렉터리를 변경하기 위한 간단한 방법은 명령어 창에 `cd` 명령어를 입력하는 것이다. 현재 디렉터리를 다른 드라이브로 바꾸기 위해, `cd`와 공백, 디렉터리 이름, 콜론(:)을 표시하고 **Enter** 키를 누른다. 예를 들어, 현재 디렉터리를 E 드라이브(flash drive)로 바꾸려면, `cd E:`를 입력한다. 만약, 스크립트 파일이 드라이브 내에 저장되어 있다면, 이 폴더에 대한 경로가 지정

되어야 한다. 이를 위해 cd 명령어에 경로를 문자열로 입력한다. 예를 들어, `cd('E: \Chapter 1')`는 경로를 드라이브 E에 있는 Chapter 1 폴더로 지정한다. 다음 예는 현재 디렉터리가 드라이브 E로 변경되는 것을 보여준다. 그다음 드라이브 E에 ProgramExample.m으로 저장된 그림 1-7의 스크립트 파일을 명령어 창에서 파일이름을 입력하여 **Enter** 키를 눌러 실행하는 것을 볼 수 있다.

```
>> cd('E:\Chapter 1')          ← 현재 디렉터리가 E 드라이브로 변경됨

>> Chap1_Examp1                ← 파일이름을 입력하고, Enter 키를 누르면 스크립트 파일이 실행됨
x1 =
    3.5000
x2 =                           스크립트 파일에 의한 결과(근 x1과 x2)가 명령어 창에 출력된다.
   -1.2500
```

1.9 MATLAB 응용 예제

예시 문제 1-1 삼각항등식

삼각항등식은 다음 식으로 주어진다.

$$\cos^2\frac{x}{2} = \frac{\tan x + \sin x}{2\tan x}$$

$x = \frac{\pi}{5}$를 대입하여 양변을 계산함으로써 위 항등식이 성립함을 증명하라.

풀이

명령어 창에 다음 명령어들을 입력하여 문제를 푼다.

```
>> x=pi/5;                              x를 정의함
>> LHS=cos(x/2)^2                       좌변을 계산함
LHS =
   0.9045
>> RHS=(tan(x)+sin(x))/(2*tan(x))       우변을 계산함
RHS =
   0.9045
```

예시 문제 1-2 **도형의 배열과 삼각법**

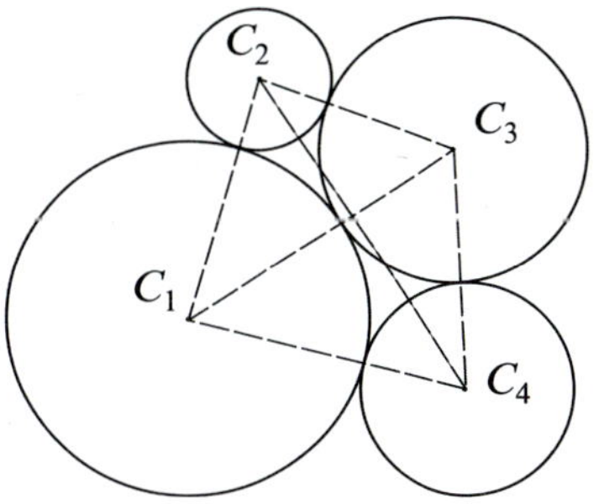

네 개의 원이 그림과 같이 놓여있다. 두 원의 접점에서 두 원은 서로 접선 관계에 있다. 중심 C_2와 C_4 사이의 거리를 구하라. 네 원의 반지름은 각각 $R_1 = 16$ mm, $R_2 = 6.5$ mm, $R_3 = 12$ mm, $R_4 = 9.5$ mm이다.

풀이

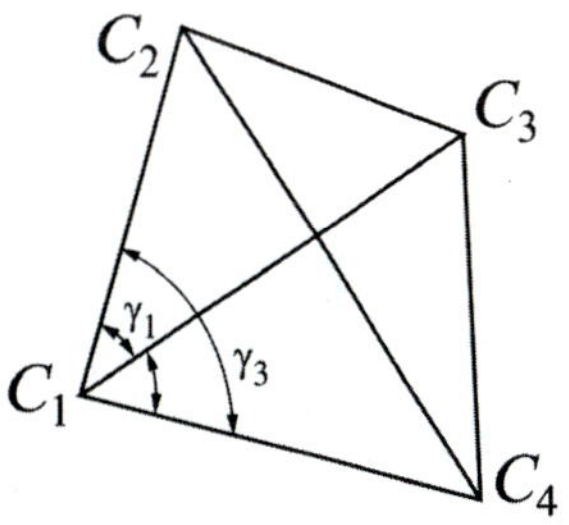

각 원의 중심과 중심을 연결하는 선이 네 개의 삼각형을 형성한다. 이 중에서 두 개의 삼각형 $\Delta C_1C_2C_3$와 $\Delta C_1C_3C_4$의 모든 변의 길이가 알려져 있다. 이 정보와 코사인 법칙을 이용하여 이 삼각형들에서 각 γ_1, γ_2를 계산할 수 있다. 예를 들어, γ_1은 다음 식으로부터 구할 수 있다.

$$(C_2C_3)^2 = (C_1C_2)^2 + (C_1C_3)^2 - 2(C_1C_2)(C_1C_3)\cos\gamma_1$$

그다음, 변 C_2C_4의 길이는 삼각형 $\Delta C_1C_2C_4$로부터 계산할 수 있다. 즉, 앞과 마찬가지로 C_1C_2와 C_1C_4의 길이가 알려져 있고 각 γ_3과 각 γ_1과 각 γ_2의 합이므로 코사인법칙을 이용하여 구할 수있다.

다음 프로그램을 스크립트 파일로 작성하여 문제를 풀 수 있다.

```
% 예시 문제 1-2의 풀이(Solution of Sample Problem 1-2)
R1=16; R2=6.5; R3=12; R4=9.5;                                  R들을 정의함
C1C2=R1+R2; C1C3=R1+R3; C1C4=R1+R4;                            변들의 길이를 계산함
C2C3=R2+R3; C3C4=R3+R4;
Gama1=acos((C1C2^2+C1C3^2-C2C3^2)/(2*C1C2*C1C3));
Gama2=acos((C1C3^2+C1C4^2-C3C4^2)/(2*C1C3*C1C4));
Gama3=Gama1+Gama2;                                             γ1, γ2, γ3를 계산함
C2C4=sqrt(C1C2^2+C1C4^2-2*C1C2*C1C4*cos(Gama3))                변 C2C4의 길이를 계산함
```

스크립트 파일이 실행되면, 다음과 같이 변수 C2C4의 값이 명령어 창에 출력된다.

```
C2C4 =
    33.5051
```

예시 문제 1-3 **열전달**

$t = 0$에서 초기온도가 T_0인 물체를 온도가 T_S로 일정한 방 안에 놓게 되면, 물체는 다음 식에 따라 온도 변화를 겪게 된다.

$$T = T_S + (T_0 - T_S)e^{-kt}$$

여기서 T는 t에서의 물체 온도이며 k는 상수이다. 자동차 안에 있던 온도 120° F인 소다 캔을 온도가 38° F인 냉장고 안에 넣었을 때, 세 시간 후 캔의 온도를 반올림하여 정수로 구하라. k = 0.45로 가정한다. 먼저 모든 변수들을 정의하고, 한 개의 **MATLAB** 명령어를 이용하여 온도를 계산하라.

풀이

명령어 창에 다음 명령어들을 입력하여 문제를 푼다.

```
>> Ts=38; T0=120; k=0.45; t=3;

>> T=round(Ts+(T0-Ts)*exp(-k*t))
        ↑ 가장 가까운 정수로 반올림함
T =
    59
```

예시 문제 1-4 복리

연이율 r로 이자가 연간 n번 복리로 주어지는 예금계좌에 원금 P를 투자할 때, t년 후의 예금계좌 잔고 B는 다음 식으로 주어진다.

$$B = P\left(1 + \frac{r}{n}\right)^{nt} \qquad (1)$$

만일 이자가 매년 복리로 주어진다면, 잔고 B는 다음과 같다.

$$B = P(1 - r)^t \qquad (2)$$

이자가 매년 복리로 지급되는 어떤 예금계좌에 5,000달러를 투자하고, 이자가 매월 복리 지급되는 또 다른 계좌에 5,000달러를 투자하였다. 두 계좌의 이자율은 모두 8.5%이다. 두 번째 계좌의 잔고가 첫 번째 계좌의 17년 후 잔고와 같아지는 데 걸리는 시간을 **MATLAB**을 이용하여 연과 달을 구하라.

풀이

다음 단계에 따라 구한다.

(*a*) 식 (2)를 이용하여 이자가 매년 복리 지급되는 계좌에 투자된 5,000달러의 17년 후 잔고 B를 계산한다.

(*b*) 매월 복리 이자 공식인 식 (1)로부터, (*a*)에서 계산된 B에 대한 t를 계산한다.

(*c*) t에 해당되는 연과 월을 계산한다.

다음 프로그램을 스크립트 파일로 작성하여 문제를 푼다.

```
% 예시 문제 1-4 풀이
P=5000; r=0.085; ta=17; n=12;
B=P*(1+r)^ta
t-log(B/P)/(n*log(1+r/n))

years=fix(t)
months=ceil((t-years)*12)
```

단계(a): 식 (2)로부터 B를 계산함

단계(b): t에 대해 식 (1)을 풀고, t를 계산함

단계(c): 연수를 결정함

월수를 결정함

스크립트 파일이 실행되면, 다음과 같이 변수 B, t, years, months의 값이 명령어 창에 표시된다.

```
>> format short g
B =
        20011
t =
       16.374
years =
    16
months =
     5
```

명령어들의 끝에 세미콜론이 없으므로 변수 B, t, years, months의 값이 출력됨

1.10 연습문제

다음 문제들은 명령어 창에 명령어들을 입력하거나, 스크립트 파일로 프로그램을 작성한 후 파일을 실행시켜 풀 수 있다.

1. 다음을 계산하라.

(a) $\left(5-\dfrac{19}{7}+2.5^3\right)^2$ (b) $7\times3.1+\dfrac{\sqrt{120}}{5}-15^{5/3}$

2. 다음을 계산해라.

(a) $\sqrt[3]{8+\dfrac{80}{2.6}}+e^{3.5}$ (b) $\left(\dfrac{1}{\sqrt{75}}+\dfrac{73}{3.1^3}\right)^{1/4}+55\times0.41$

3. 다음을 계산하라.

(a) $\dfrac{23+\sqrt[3]{45}}{5}+\log_{10}589006$ (b) $(36.1-2.25\pi)(e^{2.3}+\sqrt{20})$

4. 다음을 계산하라.

(a) $\dfrac{3.8^2}{2.75-41\times25}+\dfrac{5.2+1.8^5}{\sqrt{3.5}}$ (b) $\dfrac{2.1\times10^6-15.2\times10^5}{3\cdot\sqrt[3]{6\times10^{11}}}$

5. 다음을 계산하라.

(*a*) $\dfrac{\sin(0.2\pi)}{\cos(\pi/6)} + \tan 72^\circ$ (*b*) $(\tan 64^\circ \cos 15^\circ) + \dfrac{\sin^2 37^\circ}{\cos^2 20^\circ}$

6. 변수 z를 $z = 4.5$로 정의해서 다음을 계산하라.

(*a*) $0.4z^4 + 3.1z^2 - 162.3z - 80.7$ (*b*) $(z^3 - 23)/\left(\sqrt[3]{z^2 + 17.5}\right)$

7. 변수 t를 $t = 3.2$로 정의해서 다음을 계산하라.

(*a*) $\dfrac{1}{2}e^{2t} - 3.81t^3$ (*b*) $\dfrac{6t^2 + 6t - 2}{t^2 - 1}$

8. 변수 x와 y를 $x = 6.5$, $y = 3.8$로 정의해서 다음을 계산하라.

(*a*) $(x^2 + y^2)^{2/3} + \dfrac{xy}{y - x}$ (*b*) $\dfrac{\sqrt{x + y}}{(x - y)^2} + 2x^2 - xy^2$

9. 변수 a, b, c, d를

$c = 4.6,\ d = 1.7,\ a = cd^2,\ b = \dfrac{c + a}{c - d}$

로 정의해서 다음을 계산하라.

(*a*) $e^{d-b} + \sqrt[3]{c + a} - (ca)^d$ (*b*) $\dfrac{d}{c} + \left(\dfrac{ct}{b}\right)^2 - c^d - \dfrac{a}{b}$

10. 두 삼각항등식이 다음과 같이 주어진다.

(*a*) $\cos^2 x - \sin^2 x = 1 - 2\sin^2 x$ (*b*) $\dfrac{\tan x}{\sin x - 2\tan x} = \dfrac{1}{\cos x - 2}$

위의 각 식에 $x = \pi/10$일때, 양변을 계산하여, 두 항등식이 성립함을 증명하라.

11. 두 삼각항등식이 다음과 같이 주어진다.

(*a*) $(\sin x + \cos x)^2 = 1 + 2\sin x\cos x$ (*b*) $\dfrac{1 - 2\cos x - 3\cos^2 x}{\sin^2 x} = \dfrac{1 - 3\cos x}{1 - \cos x}$

위의 각 식에 $x = 20^\circ$일때, 양변을 계산하여, 두 항등식이 성립함을 증명하라.

12. 두 변수를 *alpha* = π/8, *beta* = π/6와 같이 정의하고, 이 변수들을 이용하여 다음 삼각항등식의 좌변과 우변을 계산함으로써 항등식이 성립함을 보여라.

$$\tan(\alpha + \beta) = \frac{\tan\alpha + \tan\beta}{1 - \tan\alpha\tan\beta}$$

13. $\int x^2\cos x\,dx = 2x\cos x + (x^2 - 2)\sin x$의 관계식이 주어질 때, MATLAB을 이용하여 정적분 $\int_{\pi/6}^{\pi/3} x^2\cos x\,dx$를 계산하라.

14. 직사각형 상자에는 표시된 치수가 있다.

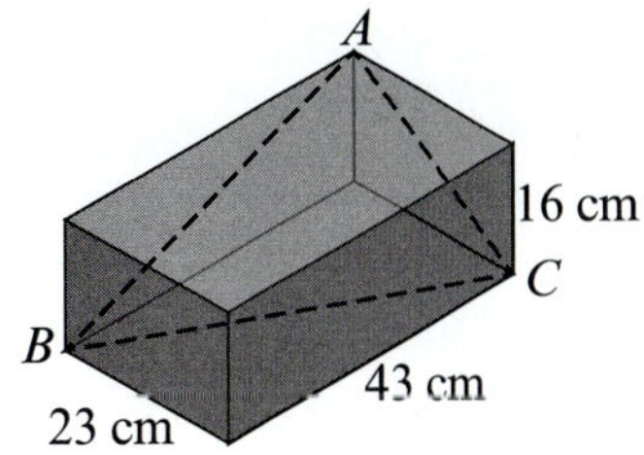

(*a*) 각도 BAC에 가장 가까운 각도를 구하라.

(*b*) 삼각형 ABC의 면적을 센티미터 단위로 소수 첫째 자리까지 구하라.

코사인의 법칙: $c^2 = a^2 + b^2 - 2ab\cos\gamma$

삼각형 면적에 대한 헤론(Heron)의 공식:

$A = \sqrt{p(p-a)(p-b)(p-c)}$ 여기서, $p = (a+b+c)/2$

15. 파라볼라 ABC의 한 부분의 호 길이는 다음과 같이 주어진다.

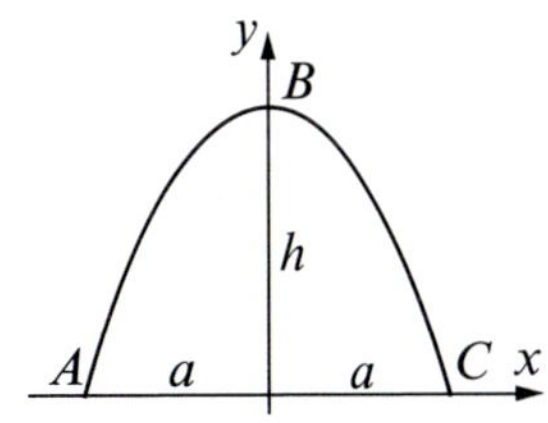

$$L_{ABC} = \sqrt{a^2 + 4h^2} + \frac{a^2}{2h}\ln\left(\frac{2h}{a} + \sqrt{\left(\frac{2h}{a}\right)^2 + 1}\right)$$

$a = 8$ in, $h = 13$ in일 때 L_{ABC}를 구하라.

16. 반지름이 15 in, 10.5 in, 4.5 in인 세 개의 원이 서로 접하고 있다.

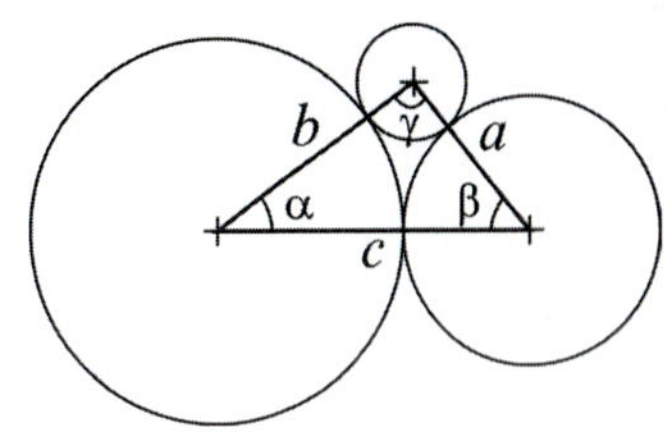

(*a*) 코사인 법칙을 사용하여 각 γ을 (도 단위로) 계산하라.

(코사인 법칙: $c^2 = a^2 + b^2 - 2ab\cos\gamma$)

(*b*) 사인 법칙을 사용하여 γ, α의 각도들을 (도 단위로) 계산하라.

(*c*) 각도의 합이 180°인지 확인하라.

17. 원뿔대에 아이스크림으로 채워져 있으며, 원뿔 위의 부분은 반구이다. 변수를 $d_i = 1.25$ in, $d_0 = 2.25$ in, $h = 2$ in로 정의하고, 아이스크림의 부피를 계산하라.

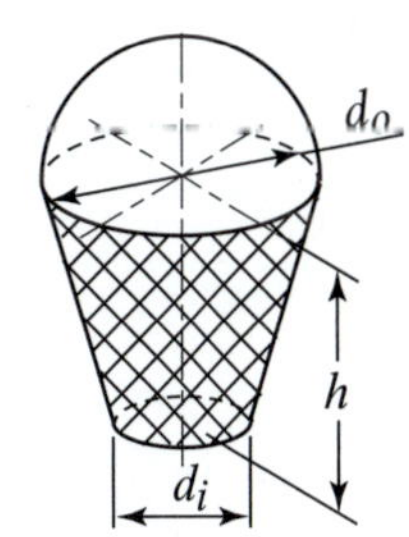

18. 그림의 삼각형에서 $a = 27$ in, $b = 43$ in, $c = 57$ in, $\gamma = 25°$일때 a, b, c, γ를 변수로 정의하고 나음을 계산해라.

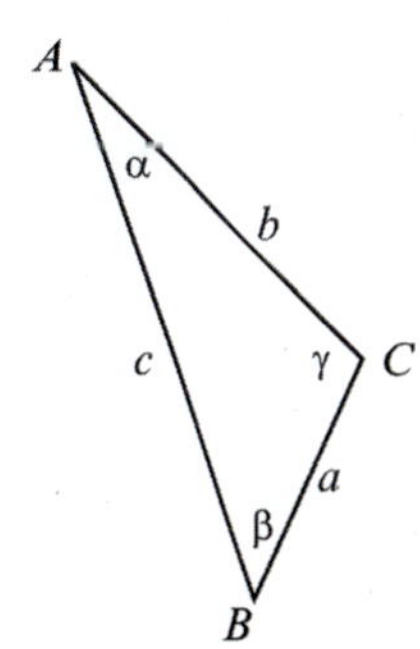

(*a*) 코사인법칙을 이용하여 α, β, γ의 각도를 구하라. (코사인법칙: $c^2 = a^2 + b^2 - 2ab\cos\gamma$)

(*b*) 위의 식에서 구한 결과를 통해 다음 식의 양변에 대입하여, 탄젠트법칙을 증명하라.

$$\text{탄젠트법칙: } \frac{b-c}{b+c} = \frac{\tan\left[\frac{1}{2}(\beta-\gamma)\right]}{\tan\left[\frac{1}{2}(\beta-\gamma)\right]}$$

19. 그림의 삼각형에서 $\alpha = 72°$, $\beta = 43°$, $p = 114$ mm일 때 α, β, p를 변수로 정의하고 다음을 계산해라.

(a) 사인법칙을 이용하여 삼각형변의 길이를 구하라.

(b) 삼각형에 새겨진 원의 반지름 r을 다음 공식을 이용하여 계산하라.

$$r = \sqrt{\frac{(s-a)(s-b)(s-c)}{s}} \quad \text{여기서, } s = (a+b+c)/2$$

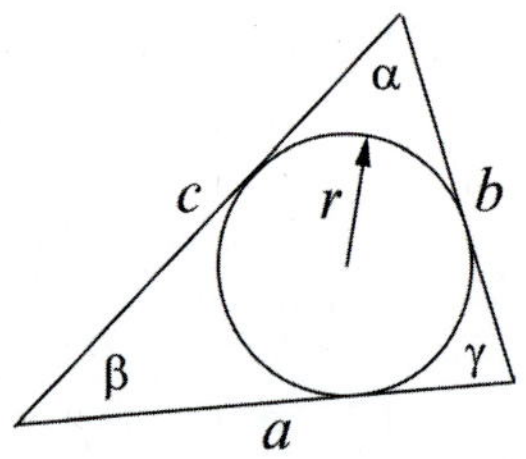

20. 점 $P(x_P, y_P, z_P)$로부터 두 점 $A(x_A, y_A, z_A)$와 $B(x_B, y_B, z_B)$를 지나는 직선까지의 거리 d는 $d = 2S/r$로 계산될 수 있다. 여기서 r은 점 A와 B 사이의 거리로 $r = \sqrt{(x_B - x_A)^2 + (y_B - y_A)^2 + (z_B - z_A)}$로 주어지고, S는 세 점으로 정의된 삼각형의 넓이로 $S = \sqrt{s_1^2 + s_2^2 + s_3^3}$에 의해 계산된다. 여기서 ,

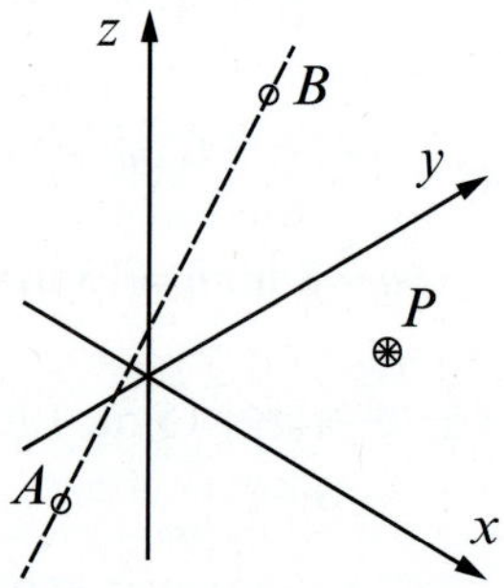

$$s_1 = x_p y_A + x_A y_B + x_B y_P - (y_P x_A + y_A x_B + y_B x_p)$$

$$s_2 = y_p z_A + y_A z_B + y_B z_P - (z_P y_A + z_A y_B + z_B y_p)$$

$$s_3 = x_p z_A + x_A z_B + x_B z_P - (z_P x_A + z_A x_B + z_B x_p)$$

점 $P(2, 6, -1)$로부터 점 $A(-2, -1.5, -3)$과 점 $B(-2.5, 6, 4)$를 지나는 직선까지의 거리를 구하라. 먼저 변수 x_P, y_P, z_P, x_A, y_A, z_A, x_B, y_B, z_B를 정의한 다음, 이 변수를 사용하여 s_1, s_2, s_3, 그리고 r을 계산하라. 마지막으로 S와 d를 계산하라.

21. 타원의 원주를 구하는 식은 다음과 같다.

$$P = \pi(a+b)\left(3 - \frac{\sqrt{(3a+b)(a+3b)}}{a+b}\right)$$

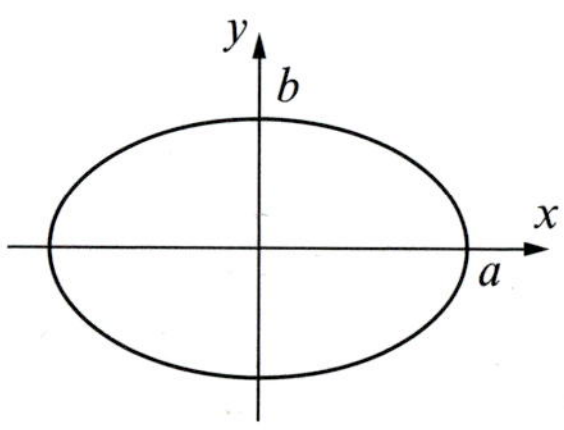

$a = 18$ in, $b = 7$ in일 때, 타원의 원주를 구하라.

22. 총 4217개의 달걀을 각각 36개의 달걀을 담을 수 있는 상자에 포장해야 한다. 커맨드 창에서 한 줄의 명령어를 입력하여, 사용된 모든 상자가 가득 차야 한다면 포장되지 않은 달걀이 몇 개나 될지 계산하라. (힌트: MATLAB 내장 함수 `fix`를 사용하라.)

23. 총 777명의 사람들이 46인승 버스와 12인승 밴을 이용해 수송해야 한다. 모든 버스가 꽉 차야 한다면 몇 대의 버스가 필요한지, 그리고 버스에 탑승하지 못한 모든 사람들을 수송하기 위해 충분한 수의 밴이 사용된다면 밴의 빈 좌석 수는 얼마나 될지 계산하라. (힌트: MATLAB 내장 함수 `fix`, `ceil` 사용)

24. 출력 형식을 `format long g`로 변경하라. 숫자 7E8/13을 변수에 할당한 다음, 해당 변수를 사용하여 다음을 계산하기 위해 한 명령어를 입력하라:

(*a*) 숫자를 십분의 일까지 반올림하라.

(*b*) 숫자를 백만 단위로 반올림하라.

25. 휘트스톤 브릿지회로에서 점 a와 b 사이의 전압 V_{ab}는 다음과 같이 구한다.

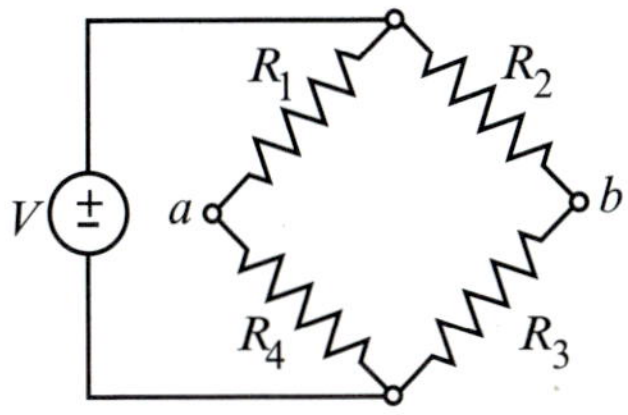

$$V_{ab} = V\left(\frac{c-d}{(c+1)(d+1)}\right)$$

여기서, $c = R_2/R_1$, $d = R_3/R_4$이다.

$V = 15$ V, $R_1 = 119.8\ \Omega$, $R_2 = 120.5\ \Omega$, $R_3 = 121.2\ \Omega$, $R_4 = 119.3\ \Omega$일때, V_{ab}의 전압을 구하라.

26. 직렬 RCL 회로의 전류는 다음과 같다.

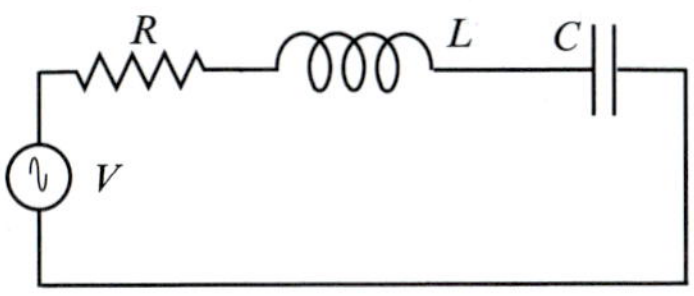

$$I = \frac{V}{\sqrt{R^2 + \left(\omega L - \frac{1}{\omega C}\right)^2}}$$

여기서, $\omega = 2\pi f$이다. 공급 전압 80 V, $f = 50$ Hz, $R = 6\ \Omega$, $L = 400 \times 10^{-3}$ H, $C = 40 \times 10^{-6}$ F일 때, 전류 I를 계산하라.

27. 고정 연이율 r을 갖는 n년간 주택담보대출 P의 월지급금 M은 다음과 같은 공식으로 계산할 수 있다:

$$M = P\frac{\frac{r}{12}\left(1+\frac{r}{12}\right)^{12n}}{\left(1+\frac{r}{12}\right)^{12n} - 1}$$

이자율이 4.2% ($r = 0.042$)인 30년 만기 \$450,000 주택담보대출의 월지급금을 구하라. 변수 P, r, n을 정의한 후 식을 사용하여 M을 계산하라.

28. 중복 없이 n개의 객체에서 r개의 객체를 꺼내는 순열 ${}_nP_r$의 수는 다음과 같다:

$${}_nP_r = \frac{n!}{(n-r)}$$

(*a*) 영어 알파벳의 26개 글자에서 글자를 단 한 번만 사용하여 형성할 수 있는 여섯 글자 암호의 수를 결정하라.

(*b*) 0, 1, 2, ..., 9의 숫자들을 글자와 함께 사용할 수 있다면, 형성할 수 있는 암호의 수는 얼마나 되는지 계산하라.

29. n개의 물체에서 r개의 물체를 취하는 조합 $C_{n,r}$을 다음과 같이 구한다고 정의할 때,

$$C_{n,r} = \frac{n!}{r!(n-r)!}$$

Powerball 복권 게임에서 플레이어는 1부터 59까지의 숫자 중에서 다섯 개의 숫자를 선택하고, 그다음에 1부터 35까지의 Powerball 숫자를 선택하라.

$C_{59,5}C_{35,1}$를 계산하여 가능한 조합의 수를 결정하라. (내장 함수 `factorial`을 사용)

30. 두 저항 R_1과 R_2가 병렬로 연결될 때의 등가 저항은 $R_{eq} = \frac{R_1 R_2}{R_1 + R_2}$로 주어진다. 두 저항 R_1과 R_2가 직렬로 연결될 때의 등가 저항은 $R_{eq} = R_1 + R_2$로 주어진다. 그림에 표시된 회로에서 네 개의 저항의 등가 저항을 구하라.

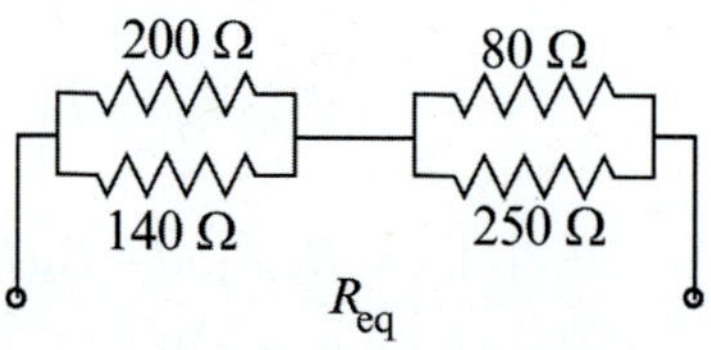

31. 그림에 표시된 회로에서 출력 전압 V_{out}은 [밀만(Millman)의 법칙] 다음과 같이 주어진다:

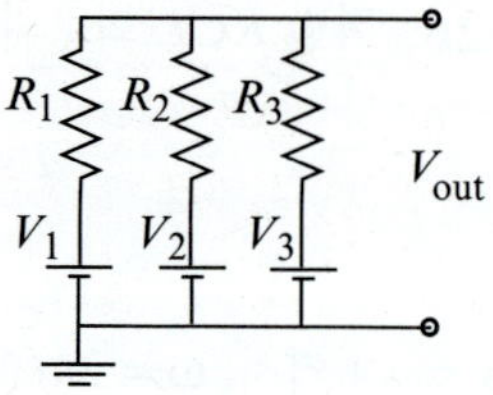

$$V_{out} = \frac{\frac{V_1}{R_1} + \frac{V_2}{R_2} + \frac{V_3}{R_3}}{\frac{1}{R_1} + \frac{1}{R_2} + \frac{1}{R_3}}$$

$V_1 = 36$ V, $V_2 = 28$ V, $V_3 = 24$ V, $R_1 = 400\ \Omega$, $R_2 = 200\ \Omega$, $R_3 = 600\ \Omega$일 때 V_{out}을 구하라.

32. Carbon-14의 반감기는 유기체의 나이를 알기 위해 사용된다. 반감기는 다음 식과 같이 나타낸다.

$$f(t) = f(0)e^{kt}$$

t는 시간, $f(0)$는 시간 t가 0일 때 물질의 양, $f(t)$는 시간 t에서의 물질의 양, 그리고 k는 상수이다. Carbon-14의 반감기는 5,730년이다. Nicaragua의 Acahualinca의 고대 발자국에서 채취한 샘플은 초기($t = 0$) carbon-14의 77.45%가 존재한다. 이때, 발자국의 추정 나이를 구하라. 그리고 스크립트 파일에 프로그램을 작성하여 문제를 풀어라. 프로그램은 처음에 상수 k를 구하고, $f(t) = 0.7745f(0)$에 대한 시간 t를 계산한다. 끝으로, 가장 가까운 연도로 반올림하라.

33. 최대공약수는 2개 이상의 수의 가장 큰 공약수로 이 수로 나누면 나머지가 없다. 예를 들어, 8과 12의 최대공약수는 4이다. 두 수의 최대공약수를 계산하기 위한 MATLAB 내장함수를 찾기 위해 MATLAB 도움말 창을 이용하라. 그다음, 다음 문항의 최대공약수를 찾기 위해 그 함수를 이용하라.

(*a*) 91과 147의 최대공약수는 7이다.

(*b*) 555와 962의 최대공약수는 37이다.

34. 지진에 의해 방출되는 에너지 E의 양은 다음과 같다:

$$E = 1.74 \times 10^{19} \times 10^{1.44M}$$

여기서 M은 리히터 규모의 지진 규모이다.

(*a*) 규모 9.2의 앵커리지 지진(1964년, 미국 알래스카)에서 방출된 에너지를 계산하라.

(*b*) 1755년 리스본 지진(포르투갈)에서 방출된 에너지는 앵커리지 지진에서 방출된 에너지의 절반이었다. 리스본 지진의 규모를 리히터 규모로 구하라.

35. 빛의 도플러 효과에 따르면, λ_S의 파장을 가진 광원이 관측자에게 인지되는 파장은 λ_P은 다음과 같다:

$$\lambda_P = \lambda_S \sqrt{\frac{1+\frac{v}{c}}{1+\frac{v}{c}}}$$

c는 빛의 속도(약 300×10^6 m/s)이고, v는 관측자가 빛의 근원을 향해 이동하는 속도다. 관측자가 빨간 빛을 초록색으로 보기 위해 이동해야 하는 속도를 계산하라. 초록색 파장은 530 nm이고 빨간색 파장은 630 nm이다.

36. 주변 온도가 T_s이고 $t = 0$일 때의 물체의 온도는 T_0, 시간 t에 대한 물체의 온도를 $T(t)$라 할 때 뉴턴의 냉각법칙(Newton's law of cooling)은 다음과 같다.

$$T(t) = T_s + (T_0 - T_s)e^{kt}$$

경찰관이 PM 9:18에 범죄 현장인 호텔 방안에 도착해서 죽은 사람의 시체를 발견했다. 그는 즉시 시체의 온도를 측정했고, 온도가 26.4°C임을 알았고 한 시간 후 다시 측정했더니 25.5°C가 되었다. 죽기 전 희생자의 온도가 37°C라 가정하고, 방 내부 온도가 꾸준히 20°C라 할 때, 사망시간을 구하라.

37. 공기 저항을 경험하는 스카이다이버의 속도 v와 낙하 거리 d는 시간의 함수로서 다음과 같이 근사될 수 있다.

$$v(t) = \sqrt{\frac{mg}{k}}\tanh\left(\sqrt{\frac{kg}{m}}\,t\right) \quad \text{그리고} \quad d(t) = \frac{m}{k}\ln\left[\cosh\left(\sqrt{\frac{kg}{m}}\,t\right)\right]$$

여기서 $k = 0.24$ kg/m은 상수이고, m은 스카이다이버의 질량이며, $g = 9.8$ m/s^{2}는 중력에 의한 가속도이고, t는 스카이다이버가 낙하를 시작한 이후의 시간(초)이다. 95 kg 스카이다이버에 대해 $t = 8$초일 때의 속도와 낙하 거리를 구하라.

38. 수를 정수의 비로 결과를 출력해주는 출력형식을 찾기 위해 도움말 창을 이용하라. 예를 들어, 3.125는 25/8로 출력된다. 출력을 이 형식으로 바꿔서 아래의 연산을 실행하라.

(*a*) 5 / 8 + 16 / 6 (*b*) / / 3 − 11 / 13 + 2.7^2

39. 팩토리얼에 대한 고스퍼(Gosper)의 근사는 다음과 같이 주어진다:

$$n! = \sqrt{\left(2n + \frac{1}{3}\right)\pi}\, n^n e^{-n}$$

19!을 계산하기 위한 위의 공식을 사용하라. MATLAB의 내장 함수 `factorial`로 얻은 실제값과 비교하여 오차(*Error* = (*참값-근사값*)/*참값*)를 계산하라.

40. 뉴턴의 만유인력 법칙(Newton's law of universal gravitation)에 따르면, 두 물체 사이의 인력은 다음과 같이 주어진다:

$$F = G\frac{m_1 m_1}{r^2}$$

m_1과 m_2는 물체의 질량, r은 물체 사이의 거리이며, $G = 6.67 \times 10^{-11}$N-m^2/kg^{2}는 만유인력 상수이다. 태양과 지구 사이의 인력이 지구와 달 사이의 인력보다 몇 배 더 큰지 구하라. 태양과 지구 사이의 거리는 149.6×10^9 m, 달과 지구 사이의 거리는 384.4×10^6 m, 지구의 질량은 5.98×10^{28} kg, 태양의 질량은 2.0×10^{30} kg, 달의 질량은 7.36×10^{22} kg이다.

배열의 생성

Creating Arrays

차 례

MATLAB은 기본적으로 데이터를 저장하고 다루기 위해 배열(array) 형태를 주로 사용한다. 배열은 행과 열, 또는 각각의 행과 열로 정렬된 수의 나열이다. 가장 간단한 배열(1차원)은 한 개의 행이나 한개의 열로 된 숫자들의 나열이다. 좀 더 복잡한 행렬(2차원)은 행과 열로 된 수들의 집합이다. 배열의 용도 중 하나는 표의 형태로 데이터와 정보를 저장하는 것이다. 과학과 공학에서 1차원 배열은 주로 벡터를 나타내고, 2차원 배열은 행렬을 나타낸다. 2장에서는 어떻게 배열을 생성하고, 어떻게 배열 원소의 주소를 지정하는지를 보여주며, 3장에서는 어떻게 배열에 수학연산을 사용하는 지를 보여준다. MATLAB에서는 수들로 구성된 배열 이외에도 문자열이라 불리는 글자들의 나열로 배열을 구성할 수도 있다. 문자열은 2.10절에서 다룬다.

2.1 1차원 배열(벡터)의 생성

1차원 배열은 행 또는 열로 된 수들의 집합이다. 예를 들어, 공간상의 한 점의 위치를 3차원 직각좌표계로 나타내면, 1차원 배열이 된다. 그림 2-1에서 보듯이, 한 점의 위치 A는 3개의 숫자 2, 4, 5의 집합으로 정의할 수 있다.

A점의 위치는 다음과 같이 위치벡터로 표현할 수 있다.

$$\mathbf{r}_A = 2\mathbf{i} + 4\mathbf{j} + 5\mathbf{k}$$

여기서 **i**, **j**, **k**는 각각 x, y, z축 방향의 단위벡터이다. 수 2, 4, 5는 행벡터 또는 열벡터를 정의하는 데 사용될 수 있다.

어떠한 수의 집합도 벡터로 표현할 수 있다. 예를 들어, 표 2-1의 인구 증가 데이터는 두 개의 수 집합으로 표현할 수 있다. 하나는 연도들의 집합이고, 다른 하나는 인구수들의 집합이다. 각 집합은 행벡터나 열벡터의 각 원소 자리에 벡터 원소로 입력될 수 있다.

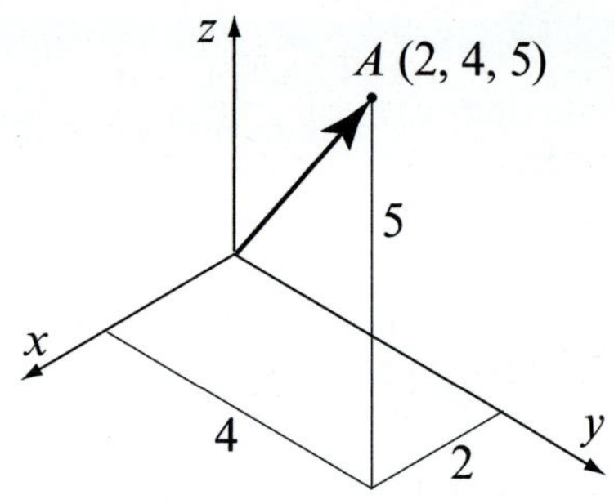

그림 2-1 점의 위치

표 2-1 인구 데이터

년	1984	1986	1988	1990	1992	1994	1996
Population (millions)	127	130	136	145	158	178	211

MATLAB에서 벡터는 벡터의 원소에 변수를 할당하여 생성할 수 있는데, 벡터 원소에 사용되는 정보에 따라 몇 가지 방법이 있다. 점 A의 좌표와 같이 벡터가 이미 알려진 특정 수들을 포함하는 경우, 해당 원소의 값은 직접 입력한다. 각 원소는 미리 지정된 변수와 수, 그리고 함수를 포함하는 수학식이 될 수도 있다. 행벡터의 원소들이 일정한 간격을 가진 일련의 수들로 이루어진 경우가 종종 있는데, 이러한 경우는 MATLAB의 명령어를 이용하여 쉽게 만들 수 있다. 벡터는 3장에서 설명할 수학연산의 결과로 만들어질 수도 있다.

▸ 알려진 수 집합으로 벡터 생성하기

벡터는 대괄호(square bracket) [ ] 안에 원소(수)들을 입력하여 생성한다.

변수 이름 = [타입 벡터 원소들]

행벡터(row vector): 행벡터를 생성하기 위해서는 대괄호 [ ] 안에 원소들 사이에 콤마(,)나 공백을 넣어 원소들을 기입한다.

열벡터(column vector): 열벡터를 생성하기 위해 왼쪽 대괄호 [다음에 원소를 입력할 때마다 원소들 사이에 세미콜론(;)을 입력하거나 원소를 입력할 때마다 **Enter** 키를 누른 뒤, 마지막 원소 뒤에 오른쪽 대괄호]를 입력한다.

예제 2-1에서는 표 2-1의 데이터와 점 A의 좌표를 행벡터와 열벡터로 만드는 방법을 보여준다.

예제 2-1 주어진 데이터로 벡터 생성하기

```
>> yr=[1984 1986 1988 1990 1992 1994 1996]          연도 데이터가 행벡터 yr에 할당됨
yr =
     1984      1986      1988      1990      1992      1994      1996
>> pop=[127; 130; 136; 145; 158; 178; 211]
                                                    인구 데이터가 열벡터 pop에 할당됨
pop =
   127
   130
   136
   145
   158
   178
   211
>> pntAH=[2,   4,   5]                              점 A의 좌표가 행벡터 pntAH에 할당됨
pntAH =
     2     4     5
>> pntAV=[2                                         점 A의 좌표가 열벡터 pntAV에 할당됨
4                                                   (각 원소를 기입할 때마다 Enter 키를 누름)
5]
pntAV =
     2
     4
     5
>>
```

▸ 첫 번째 원소, 간격, 마지막 원소를 지정하여 간격이 일정한 벡터 생성하기

간격이 일정한 벡터는 원소들 사이의 차이가 동일하다. 예를 들어, 벡터 $v = 2\ 4\ 6\ 8\ 10$에서 원소 간격은 2이다. 첫 번째 원소가 m, 간격이 q, 마지막 원소가 n인 벡터는 다음과 같이 생성한다.

`변수 이름 = [m:q:n]` 또는 `변수 이름 = m:q:n`

(각 괄호는 선택사항이다)

몇 가지 예가 아래에 나와 있다.

```
>> x=[1:2:13]                                   첫 번째 원소 1, 간격 2, 마지막 원소 13
x =
     1     3     5     7     9    11    13
>> y=[1.5:0.1:2.1]                              첫 번째 원소 1.5, 간격 0.1, 마지막 원소 2.1
  y =
    1.5000    1.6000    1.7000    1.8000    1.9000    2.0000    2.1000

                                                첫 번째 원소 -3, 마지막 원소 7 간격이
>> z=[-3:7]                                     생략되면 기본 설정값은 1임
z =
    -3    -2    -1     0     1     2     3     4     5     6     7
>> xa=[21:-3:6]
xa =                                            첫 번째 원소 21, 간격 -3, 마지막 원소 6
    21    18    15    12     9     6
>>
```

- 만약, 숫자 m, q, n이 m에 q를 더해서 n이 얻어지는 경우가 아니라면, 벡터의 마지막 원소는 양의 q에 대해 n을 초과하지 않는 마지막 수로 결정될 것이다.
- 만약, m과 n만 입력이 된다면, 간격은 1이 된다.

▸ 첫 번째 원소, 마지막 원소, 원소의 개수를 지정하여 간격이 일정한 벡터 생성하기

첫 번째 원소가 *xi*이고, 최종 원소가 *xf*, 원소의 개수가 *n*인 벡터는 linspace 명령어로 생성할 수 있다(MATLAB이 정확한 간격을 설정한다).

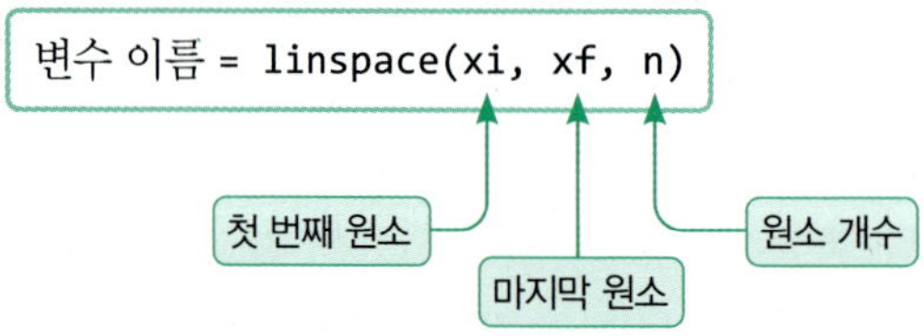

요소 수를 생략하면 기본값은 100이다. 몇 가지 예가 아래에 있다.

```
>> va=linspace(0,8,6)                           원소 개수 6, 첫 번째 원소 0, 마지막 원소 8
va =
     0    1.6000    3.2000    4.8000    6.4000    8.0000
>> vb=linspace(30,10,11)                        원소 개수 11, 첫 번째 원소 30, 마지막 원소 10
vb =
    30    28    26    24    22    20    18    16    14    12    10
>> u=linspace(49.5,0.5)                         첫 번째 원소 49.5, 마지막 원소 0.5
u =                                             원소 개수가 생략되면, 기본 설정값은 100임
  Columns 1 through 10
```

```
   49.5000    49.0051    48.5101    48.0152    47.5202    47.0253
46.5303    46.0354    45.5404    45.0455
............                                   100개의 원소가 출력됨
Columns 91 through 100
   4.9545    4.4596    3.9646    3.4697    2.9747    2.4798
1.9848    1.4899    0.9949    0.5000
>>
```

2.2 2차원 배열(행렬)의 생성

행렬(matrix)이라 불리는 2차원 배열은 행과 열의 수 집합이다. 행렬은 표와 같은 정보를 저장하는 데 사용할 수 있다. 행렬은 선형대수(linear algebra)에서 중요한 역할을 하며, 과학과 공학에서 많은 물리량들을 나타내는 데 사용된다.

정방행렬(square matrix)은 행과 열의 수가 동일하다. 예를 들어, 다음 행렬:

$$\begin{matrix} 7 & 4 & 9 \\ 3 & 8 & 1 \\ 6 & 5 & 3 \end{matrix} \qquad 3 \times 3 \text{ 행렬}$$

은 정방행렬이며, 세 행과 세 열을 갖고 있다. 일반적으로, 행과 열의 수는 다르며, 예를 들어 다음 행렬은 네 행과 여섯 열을 갖고 있다.

$$\begin{matrix} 31 & 26 & 14 & 18 & 5 & 30 \\ 3 & 51 & 20 & 11 & 43 & 65 \\ 28 & 6 & 15 & 61 & 34 & 22 \\ 14 & 58 & 6 & 36 & 93 & 7 \end{matrix} \qquad 4 \times 6 \text{ 행렬}$$

$m \times n$ 행렬은 m개의 행과 n개의 열을 가지며, $m \times n$ (m by n)을 행렬의 크기라고 한다.

행렬은 변수에 행렬의 원소를 할당하여 생성하는데, 대괄호 [ ] 안에 원소들을 행별로 입력하면 된다. 먼저, 왼쪽 대괄호 [를 표시하고, 공백이나, 콤마(,)로 원소들을 구분하면서 첫 번째 행을 입력한다. 그 다음, 다음 행을 입력하기 위해, 세미콜론(;)을 추가하고 **Enter** 키를 누른다. 마지막 행의 끝에는 오른쪽 대괄호]를 입력한다.

```
변수 이름 = [1번째 행 요소; 2번째 행 요소; 3번째 행 요소; ... ; 마지막 행 요소]
```

입력된 원소는 수 또는 숫자와 미리 지정된 변수와 함수로 이루어진 수식이 포함될 수 있다. *모든 행들의 원소의 수는 반드시 같아야 한다.* 만약 원소가 0이라면, 0을 입력하여야 한다. 불완전한 행렬을 정의하고자 시도하면, MATLAB은 오류메세지를 표시한다. 예제 2-2를 보면, 다양한 방식으로 행렬을 정의하는 예가 나와있다.

예제 2-2 **행렬 생성하기**

```
>> a=[5 35 43; 4 76 81; 21 32 40]      ← 세미콜론 다음에 새 줄을 입력함
a =
     5    35    43
     4    76    81
    21    32    40
>> b = [7 2 76 33 8      ← Enter 키를 누른 후, 새 줄을 입력함
1 98 6  25 6
5 54 68  9 0]
b =
     7     2    76    33     8
     1    98     6    25     6
     5    54    68     9     0
>> cd=6; e=3; h=4;      ← 세 변수가 정의됨
>> Mat=[e, cd*h, cos(pi/3); h^2, sqrt(h*h/cd), 14]      ← 원소가 수학식에 의해 정의됨
Mat =
     3.0000   24.0000    0.5000
    16.0000    1.6330   14.0000
>>
```

간격이 일정한 벡터를 생성하기 위한 기호법이나 `linspace` 명령어를 이용한 벡터를 행렬의 행으로 입력할 수 있다. 예를 들면, 다음과 같다.

```
>> A=[1:2:11; 0:5:25; linspace(10,60,6); 67 2 43 68 4 13]
A =
     1     3     5     7     9    11
     0     5    10    15    20    25
    10    20    30    40    50    60
    67     2    43    68     4    13
>>
```

위의 예에서, 처음 두 행은 간격이 일정한 벡터를 생성하는 기호로 콜론(:)을 사용하여 생성한 벡터가 입력되었으며, 세번째 행은 `linspace` 명령어를 이용하여 입력하였다. 마지막 행은 원소들을 각각 입력하였다.

2.2.1 zeros, ones, eye 명령어

`zeros(m,n)`, `ones(m,n)`, `eye(n)` 명령어는 특수한 원소들을 가진 행렬을 생성하는 데 사용된다. `zeros(m,n)`와 `ones(m,n)` 명령어는 모든 원소가 각각 0과 1로 된 m개의 행과 n개의 열을 가진 행렬을 생성한다. `eye(n)` 명령어는 대각선 원소가 1이고 나머지 원소는 0인 n개의 행과 열을 가

진 정방행렬(square matrix)을 생성한다. 이 행렬을 단위행렬(identity matrix)이라고 한다. 예를 들면, 다음과 같다.

```
>> zr=zeros(3,4)
zr =
     0     0     0     0
     0     0     0     0
     0     0     0     0
>> ne=ones(4,3)
ne =
     1     1     1
     1     1     1
     1     1     1
     1     1     1
>> idn=eye(5)
idn =
     1     0     0     0     0
     0     1     0     0     0
     0     0     1     0     0
     0     0     0     1     0
     0     0     0     0     1
>>
```

행렬은 벡터와 행렬의 수학연산에 의해서도 생성될 수 있는데, 이에 대해서는 3장에서 다룬다.

2.3 MATLAB 변수에 대한 유의사항

- MATLAB의 모든 변수는 배열이다. 스칼라는 하나의 원소로 이루어진 배열이고, 벡터는 원소들의 한 개의 행이나 한 개의 열로 된 배열이며, 행렬은 행과 열로 이루어진 원소들의 배열이다.
- 변수(스칼라, 벡터, 또는 행렬)는 변수가 할당될 때, 입력에 의해 정의가 되며, 원소를 할당하기 전에 배열의 크기(스칼라의 경우 원소 한 개, 벡터의 경우 한 개의 행 또는 한 개한 열의 원소들, 행렬의 경우 2차원 배열의 원소들)를 정의할 필요가 없다.
- 일단, 변수가 스칼라나 벡터 또는 행렬로서 존재하면, 어떠한 다른 크기와 유형의 변수로 변경할 수 있다. 예를 들어, 스칼라는 벡터나 행렬로 변경이 되고, 벡터는 스칼라, 다른 길이의 벡터, 또는 행렬로 변경할 수 있고, 행렬도 원소의 추가나, 삭제로 다른 크기의 행렬이나, 벡터와 스칼라로 축소가 가능하다. 2.7절과 2.8절에 자세히 소개되어 있다.

2.4 전치 연산자(*Transpose Operator*)

전치 연산자를 벡터에 적용하면, 행벡터는 열벡터로, 열벡터는 행벡터로 바뀌게 된다. 행렬에 적용을 하면, 행을 열로, 열을 행으로 변환해준다. 전치 연산자는 전환할 변수 뒤에 작은 따옴표(′)를 붙여주면 된다. 아래에 예가 있다.

```
>> aa=[3 8 1]                                  행벡터 aa를 정의함
aa =
     3     8     1
>> bb=aa'                                      벡터 aa의 전치로 열벡터 bb를 정의함
bb =
     3
     8
     1
>> C=[2 55 14 8; 21 5 32 11; 41 64 9 1]        행이 세 개, 열이 네 개인 행렬 C를 정의함
C =
     2    55    14     8
    21     5    32    11
    41    64     9     1
>> D=C'                                        행렬 C의 전치로 행렬 D를 정의함
D =                                            (D는 행이 네 개, 열이 세 개임)
     2    21    41
    55     5    64
    14    32     9
     8    11     1
>>
```

2.5 배열 원소의 주소 지정

배열(벡터 또는 행렬)의 원소들은 개별적으로 또는 그룹별로 주소를 지정할 수 있다. 이것은 원소들 중 일부를 다시 정의할 필요가 있거나, 계산에서 특정 원소를 사용할 때, 일부 원소들의 그룹을 새로운 변수를 정의하고자 사용할 때 매우 유용하게 사용된다.

2.5.1 벡터(*Vector*)

벡터의 원소의 주소는 행이나 열에서의 해당 원소의 위치이다. 변수 이름이 ve인 벡터에서, ve(k)는 k번째 위치의 원소를 나타낸다. 벡터의 첫 번째 위치는 1이다. 예를 들어, 벡터 *ve*가 9개의 원소를 갖고 있다면,

$$ve = 35\ 46\ 78\ 23\ 5\ 14\ 81\ 3\ 55$$

이면,

$$ve(4) = 23,\ ve(7) = 81,\ ve(1) = 35$$

이다.

한 개의 벡터 원소, $v(k)$는 하나의 변수처럼 사용할 수 있다. 예를 들어, '$v(k) = value$'라고 입력하여, 특정 주소에 새로운 값을 재할당하여 벡터의 한 원소값만을 변경할 수 있다. 한 개의 벡터 원소는 수학식에서 하나의 변수로 사용될 수 있다. 아래에 예가 있다.

```
>> VCT=[35 46 78 23 5 14 81 3 55]
VCT =
    35    46    78    23    5    14    81    3    55
>> VCT(4)
ans =
    23
>> VCT(6)=273
VCT =
    35    46    78    23    5    273    81    3    55

>> VCT(2)+VCT(8)
ans =
    49
>> VCT(5)^VCT(8)+sqrt(VCT(7))
ans =
    134
>>
```

벡터를 정의함

네 번째 원소를 출력함

여섯 번째 원소에 새로운 값을 할당함

벡터 전체가 출력됨

수학식에 벡터 원소를 사용함

2.5.2 행렬(*Matrix*)

행렬의 한 원소의 주소는 해당 원소가 있는 행 번호와 열 번호로 정의된 위치이다. 변수 *ma*에 할당된 행렬의 경우, $ma(k,p)$는 그 원소의 k번째 행과 p번째 열을 나타낸다.

예를 들어, 행렬

$$ma = \begin{bmatrix} 3 & 11 & 6 & 5 \\ 4 & 7 & 10 & 2 \\ 13 & 9 & 0 & 8 \end{bmatrix}$$

이면, $ma(1,1) = 3$, $ma(2,3) = 10$이다.

벡터와 마찬가지로, 행렬의 한 원소값에 새로운 값을 할당함으로써 변경할 수 있다. 또한, 하나의 원소를 수학식의 변수 또는 함수의 변수처럼 사용할 수 있다. 아래에 예가 있다.

```
>> MAT=[3 11 6 5; 4 7 10 2; 13 9 0 8]        3 × 4 행렬을 생성함
MAT =
     3    11     6     5
     4     7    10     2
    13     9     0     8
>> MAT(3,1)=20                                위치 (3,1)의 원소에 새로운 값을 할당함
MAT =
     3    11     6     5
     4     7    10     2
    20     9     0     8
>> MAT(2,4)-MAT(1,2)                          수학식에 원소를 사용함
ans =
    -9
```

2.6 콜론(:)을 사용하여 배열 원소의 주소 지정

콜론(:)을 이용하여, 행열과 벡터의 어떤 범위의 원소들의 주소를 지정할 수 있다.

▸ 벡터의 경우

va(:)　행벡터 또는 열벡터 *va*의 모든 원소를 나타낸다.

va(*m*:*n*)　벡터 *va*의 원소 *m*부터 *n*까지를 나타낸다.

아래에 예가 있다.

```
>> v=[4 15 8 12 34 2 50 23 11]                벡터 v를 생성함
v =
     4    15     8    12    34     2    50    23    11
>> u=v(3:7)                                   벡터 v의 3~7번째 원소로, 벡터 u를 생성함
u =
     8    12    34     2    50
>>
```

▸ 행렬의 경우

A(:, *n*)　행렬 *A*의 *n*번째 열에 있는 모든 행의 원소들을 나타낸다.

A(*n*, :)　행렬 *A*의 *n*번째 행에 있는 모든 열의 원소들을 나타낸다.

A(:, *m*:*n*)　행렬 *A*의 *m*번째 열에서 *n*번째 열까지의 모든 행의 원소들을 나타낸다.

A(*m*:*n*, :)　행렬 *A*의 *m*번째 행에서 *n*번째 행까지의 모든 열의 원소들을 나타낸다.

A(*m*:*n*, *p*:*q*)　행렬 *A*의 *m*번째 행에서 *n*번째 행까지, *p*번째 열에서 *q*번째 열까지의 해당하는 원소들을 나타낸다.

예제 2-3에 콜론(:)을 이용한 배열 원소의 주소 지정 방법이 나와있다.

예제 2-3 콜론(:)을 이용한 배열 원소의 주소 지정

```
>> A=[1 3 5 7 9 11; 2 4 6 8 10 12; 3 6 9 12 15 18; 4 8 12 16 20 24;
5 10 15 20 25 30]
```
행이 5, 열이 6인 행렬 A를 정의함

```
A =
     1     3     5     7     9    11
     2     4     6     8    10    12
     3     6     9    12    15    18
     4     8    12    16    20    24
     5    10    15    20    25    30
>> B=A(:,3)
```
행렬 A의 세 번째 열에 있는 모든 행의 원소로 열벡터 B를 정의함

```
B =
     5
     6
     9
    12
    15

>> C=A(2,:)
```
행렬 A의 두 번째 행에 있는 모든 열의 원소로 행렬 C를 정의함

```
C =
     2 4 6 8 10 12
>> E=A(2:4,:)
```
행렬 A의 두 번째 행에서 네 번째 행까지의 모든 열의 원소들로 행렬 E를 정의함

```
E =

     2     4     6     8    10    12
     3     6     9    12    15    18
     4     8    12    16    20    24
>> F=A(1:3,2:4)
```
행렬 A의 첫 번째 행에서 세 번째 행까지, 두 번째 열에서 네 번째 열까지이 모든 원소로 행렬 F를 정의함

```
F =
     3     5     7
     4     6     8
     6     9    12
>>
```

예제 2-3에서는, 콜론(:)을 사용해서 기존의 벡터와 행렬에서 어떤 범위의 원소들 또는 어떤 범위의 행과 열들로부터 새로운 벡터와 행렬을 생성하였다. 그러나 특정 원소들만 선택하거나, 이미 존재하는 변수들의 특정 행과 열을 선택함으로써 새로운 변수를 생성할 수도 있는데 이는

아래에 나와 있듯이, 대괄호 안에 특정 원소들이나 특정 행과 열을 입력하면 된다.

```
>> v=4:3:34                                    11개의 원소를 가진 벡터 v를 생성함
v =
     4     7    10    13    16    19    22    25    28    31    34
>> u=v([3, 5, 7:10])                           벡터 v의 세 번째, 다섯 번째, 일곱 번째에서
                                               부터 열 번째의 원소들까지로 벡터 u를 생성함
u =
    10    16    22    25    28    31
>> A=[10:-1:4; ones(1,7); 2:2:14; zeros(1,7)]
A =                                            4 × 7 행렬 A를 생성함
    10     9     8     7     6     5     4
     1     1     1     1     1     1     1     행렬 A의 첫 번째와 세 번째 행 중
     2     4     6     8    10    12    14     에서, 첫 번째와 세 번째, 다섯 번째
     0     0     0     0     0     0     0     에서 일곱 번째까지의 열에 해당하
>> B = A([1,3],[1,3,5:7])                      는 원소들로부터 행렬 B를 생성함
B =
    10     8     6     5     4
     2     6    10    12    14
```

2.7 기존 변수에 원소 추가하기

벡터나 행렬로 존재하는 변수에 원소를 추가하여, 변수를 바꿀 수 있다(스칼라는 원소가 한 개임을 명심하자). 벡터(한 개의 행이나, 열을 가진 행렬)는 원소를 추가하거나, 2차원 배열로 변경이 가능하다. 기존에 존재하는 행렬의 크기를 바꾸기 위해, 행이나 열 또는 행과 열을 추가할 수도 있다. 추가할 주소에 값을 더 할당하거나, 기존에 존재하는 변수를 추가하여, 원소를 추가할 수 있다.

▸ 벡터에 원소 추가하기

새 원소에 값을 할당하여, 기존 벡터에 원소를 추가할 수 있다. 예를 들어, 벡터가 4개의 원소를 갖고 있다면, 벡터의 다섯 번째 원소, 여섯 번째 원소에 값을 할당하여, 벡터를 더 길게 할 수 있다. 만약, 벡터가 n개의 원소를 가지고 있고, 주소가 $n + 2$ 이상의 원소를 새로운 값에 할당한다면, MATLAB은 벡터의 원래 마지막 원소와 새 원소 사이의 원소들을 0으로 채운다. 예를 들면, 다음과 같다.

```
>> DF=1:4                         4개의 원소를 가진 벡터 DF를 정의함
DF =
     1     2     3     4
>> DF(5:10)=10:5:35               다섯 번째부터 시작하여 6개의 원소를 추가함
DF =
     1     2     3     4    10    15    20    25    30    35
>> AD=[5 7 2]                     3개의 원소를 가진 벡터 AD를 정의함
AD =
     5     7     2
                                  여덟 번째 원소에 값을 할당함
>> AD(8)=4
AD =                              MATLAB이 네 번째부터 일곱
                                  번째 원소까지 0을 할당함
     5     7     2     0     0     0     0     4
>> AR(5)=24                       새 벡터의 다섯 번째 원소에 값을 할당함
AR =
                                  MATLAB이 첫 번째부터 네 번째
     0     0     0     0    24    원소까지 0을 할당함
>>
```

기존 벡터들을 붙여, 벡터에 원소를 추가할 수 있다. 다음에 두 예가 있다.

```
>> RE=[3 8 1 24];                 4개의 원소를 가진 벡터 RE를 정의함
>> GT=4:3:16;                     5개의 원소를 가진 벡터 GT를 정의함
>> KNH=[RE GT]                    RE와 GT를 붙여서 새로운
KNH =                             벡터 KNH를 정의함
     3     8     1    24     4     7    10    13    16
>> KNV=[RE'; GT']
KNV =                             RE'와 GT'를 붙여서 새로운
     3                            벡터 KNV를 정의함
     8
     1
    24
     4
     7
    10
    13
    16
```

▶ 행렬에 원소 추가하기

새로운 행이나 열에 값을 할당하여, 기존 행렬에 행이나 열을 추가할 수 있다. 행이나 열의 추가는 새 값을 할당하거나 기존 변수들을 붙이면 된다. 덧붙여진 행과 열의 크기는 기존의 행렬에

맞아야 하므로 주의해야 한다. 다음의 예를 보자.

```
>> E=[1 2 3 4; 5 6 7 8]                       2 × 4 행렬 E를 정의함
E =
     1     2     3     4
     5     6     7     8
>> E(3,:)=[10:4:22]                           벡터 [10 14 18 22]를 E의
E =                                           세 번째 행으로 추가함
     1     2     3     4
     5     6     7     8
    10    14    18    22
>> K=eye(3)                                   3 × 3 행렬 K를 정의함
K =
     1     0     0
     0     1     0
     0     0     1
>> G=[E K]                                    행렬 K를 행렬 E에 추가함. E와 K의
G =                                           행의 개수가 동일해야 함
     1     2     3     4     1     0     0
     5     6     7     8     0     1     0
    10    14    18    22     0     0     1
```

만약, 행렬의 크기가 $m \times n$이고, 행렬의 크기를 넘어서는 주소의 원소에 새로운 값이 할당된다면, MATLAB은 새로운 원소를 포함하는 행렬의 크기를 만들어낸다. 그리고, 추가된 원소들에는 0이 할당된다. 아래의 예를 보도록 하자.

```
>> AW=[3 6 9; 8 5 11]                         2 × 3 행렬을 정의함
AW =
     3     6     9
     8     5    11
>> AW(4,5)=17                                 (4,5)의 원소에 값을 할당함
AW =
     3     6     9     0     0
     8     5    11     0     0                MATLAB이 행렬 크기를 4 × 5로
     0     0     0     0     0                확장한 후, 새 원소들에 0을 할당함
     0     0     0     0    17
>> BG(3,4)=15                                 새 행렬의 (3,4) 원소에 값을 할당함
BG =                                          MATLAB이 3 × 4 행렬을 생
     0     0     0     0                      성한 후, BG(3,4)를 제외한 모든
     0     0     0     0                      원소에 0을 할당함
     0     0     0    15
>>
```

2.8 원소의 제거

기존 변수의 한 개의 원소 또는 일정 범위의 원소들을 제거할 수 있는데, 대괄호 안에 어떠한 값도 입력하지 않고 삭제할 원소에 재할당하면 된다. 원소를 지움으로써, 벡터는 더 짧아지거나, 행렬은 더 작아질 수 있다. 아래의 예를 보자.

```
>> kt=[2 8 40 65 3 55 23 15 75 80]          10개의 원소를 가진 벡터를 정의함
kt =
     2     8    40    65     3    55    23    15    75    80
>> kt(6)=[]                                  ← 여섯 번째 원소를 삭제함
kt =
     2     8    40    65     3    23    15    75    80     이제 벡터의 원소가 9개가 됨

>> kt(3:6)=[]                  ← 세 번째에서 여섯 번째까지의 원소를 삭제함
kt =
               2 8 15 75 80                   이제 벡터의 원소가 5개가 됨
>> mtr=[5 78 4 24 9; 4 0 36 60 12; 56 13 5 89 3]      3 × 5 행렬을 정의함
mtr =
     5    78     4    24     9
     4     0    36    60    12
    56    13     5    89     3
>> mtr(:,2:4)=[]                  ← 두 번째 열에서 네 번째 열까지
mtr =                                모든 행의 원소를 삭제함
     5     9
     4    12
    56     3
>>
```

2.9 배열 조작을 위한 내장함수

MATLAB에는 배열을 다루거나, 관리하기 위한 많은 내장함수가 있다. 그중 일부를 아래에 설명하였다.

표 2-2 배열을 다루기 위한 내장함수들

함수	설명	예
length(A)	벡터 A의 원소 개수를 보여준다.	>>A=[5 9 2 4]; >>length(A) ans = 4

(계속)

표 2-2 배열을 다루기 위한 내장함수들

함수	설명	예
size(A)	행렬 A의 행과 열의 크기를 알려준다.	>>A=[6 1 4 0 12; 5 19 6 8 2]; A = 6 1 4 0 12 5 19 6 8 2 >>size(A) ans = 2 5
reshape(A,m,n)	행렬 A의 원소들로 $m \times n$ 크기의 행렬을 생성시킨다. 원소를 취할 때는 컬럼 순으로 하며 A행렬은 $m \cdot n$개의 원소를 가지고 있어야 한다.	>>A=[5 1 6; 8 0 2] A = 5 1 6 8 0 2 >>B = reshape(A,3,2) B = 5 0 8 6 1 2
diag(v)	v가 벡터일 때, v의 원소를 대각선 원소로 갖는 정방행렬을 생성한다.	>>v=[7 4 2]; >>A = diag(v) A = 7 0 0 0 4 0 0 0 2
diag(A)	A가 행렬일 때, A의 대각선 원소를 원소로 갖는 벡터를 생성한다.	>>A=[1 2 3; 4 5 6; 7 8 9]; A = 1 2 3 4 5 6 7 8 9 >>vec = diag(A) vec = 1 5 9

배열 조작을 위한 내장함수들에 대한 설명은 도움말 창에 나와 있다. 도움말 창에서, MATLAB – Functions – By Category 순으로 선택하여 볼 수 있다.

예시 문제 2-1 행렬 만들기

ones 명령어와 zeros 명령어를 이용하여, 첫 두 행은 0이고, 다음 두 행은 1인 4×5 행렬을 만들어라.

풀이

```
>> A(1:2,:)=zeros(2,5)
A =
     0     0     0     0     0
     0     0     0     0     0
>> A(3:4,:)=ones(2,5)
A =
     0     0     0     0     0
     0     0     0     0     0
     1     1     1     1     1
     1     1     1     1     1
```

먼저 원소가 모두 0인 2 × 5 행렬을 생성함

원소가 모두 1인 3행과 4행을 추가함

다음은 다른 풀이 방법이다.

```
>> A=[zeros(2,5);ones(2,5)]
A =
     0     0     0     0     0
     0     0     0     0     0
     1     1     1     1     1
     1     1     1     1     1
```

두 2 × 5 행렬로부터 4 × 5 행렬을 생성함

예시 문제 2-2 행렬 만들기

6 × 6 행렬에서 가운데 두 행과 가운데 두 열의 원소가 1이고, 나머지 원소는 모두 0인 행렬을 만들어라.

풀이

```
>> AR=zeros(6,6)
AR =
     0     0     0     0     0     0
     0     0     0     0     0     0
     0     0     0     0     0     0
     0     0     0     0     0     0
     0     0     0     0     0     0
     0     0     0     0     0     0
>> AR(3:4,:)=ones(2,6)
AR =
     0     0     0     0     0     0
     0     0     0     0     0     0
```

먼저, 모든 원소가 0인 6 × 6 행렬을 생성함

세 번째와 네 번째 행에 수 1을 재할당함

```
     1    1    1    1    1    1
     1    1    1    1    1    1
     0    0    0    0    0    0
     0    0    0    0    0    0
>> AR(:,3:4)=ones(6,2)
AR =
     0    0    1    1    0    0
     0    0    1    1    0    0
     1    1    1    1    1    1
     1    1    1    1    1    1
     0    0    1    1    0    0
     0    0    1    1    0    0
```

세 번째와 네 번째 열에 수 1을 재할당함

예시 문제 2-3 **행렬의 조작**

5×6 행렬 A와 3×6 행렬 B, 9개의 원소를 가진 벡터 v가 다음과 같이 주어진다.

$$A = \begin{bmatrix} 2 & 5 & 8 & 11 & 14 & 17 \\ 3 & 6 & 9 & 12 & 15 & 18 \\ 4 & 7 & 10 & 13 & 16 & 19 \\ 5 & 8 & 11 & 14 & 17 & 20 \\ 6 & 9 & 12 & 15 & 18 & 21 \end{bmatrix} \qquad B = \begin{bmatrix} 5 & 10 & 15 & 20 & 25 & 30 \\ 30 & 35 & 40 & 45 & 50 & 55 \\ 55 & 60 & 65 & 70 & 75 & 80 \end{bmatrix}$$

$$v = \begin{bmatrix} 99 & 98 & 97 & 96 & 95 & 94 & 93 & 92 & 91 \end{bmatrix}$$

명령어 창에서 위의 세 배열을 만들고, 명령어 하나를 이용하여 A의 첫 번째 행, 세 번째 행의 마지막 네 개의 열을 B의 첫 두 행의 처음 네 열로 대체한다. 또 A의 네 번째 행의 마지막 네 개의 열을 v의 5번째에서 8번째까지의 원소로 대체하고 마지막으로 A의 다섯 번째 행의 마지막 네 개의 열을 B의 세 번째 행에서 3번째에서 5번째 열의 원소들로 바꿔라.

풀이

```
>> A=[2:3:17; 3:3:18; 4:3:19; 5:3:20; 6:3:21]
A =
     2     5     8    11    14    17
     3     6     9    12    15    18
     4     7    10    13    16    19
     5     8    11    14    17    20
     6     9    12    15    18    21
>> B=[5:5:30; 30:5:55; 55:5:80]
B =
     5    10    15    20    25    30
```

```
    30    35    40    45    50    55
    55    60    65    70    75    80
>> v=[99:-1:91]
v =
    99    98    97    96    95    94    93    92    91
>> A([1 3 4 5],3:6)=[B([1 2],1:4); v(5:8); B(3,2:5)]
```

행 1,3,4,5의 3~6번째 열의 원소로 이루어진 4×4 행렬

4 × 4 행렬. 처음 두 행은 행렬 B의 1행과 2행의 1~4열의 원소들이다. 세 번째 열은 벡터 v의 5~8번째 원소들이다. 네 번째 행은 행렬 B의 3행의 2~5번째 열의 원소들이다.

```
A =
     2     5     5    10    15    20
     3     6     9    12    15    18
     4     7    30    35    40    45
     5     8    95    94    93    92
     6     9    60    65    70    75
```

2.10 문자열과 문자열 변수

- 문자열은 문자들의 배열이며, 작은 따옴표(') 안에 문자들을 나타내면 된다.
- 문자열은 글자, 숫자, 다른 기호들과 공백(space)을 포함할 수 있다.
- 문자열의 예: 'ad ef', '3%fr2', '{edcba:21!', 'MATLAB'.
- 작은 따옴표를 포함한 문자열은, 문자열 안에 작은 따옴표를 두 번 연달아 표시하여 표현할 수 있다.
- 문자열을 입력하는 도중, 첫 작은 따옴표를 입력하게 되면 화면상의 글자 색은 적갈색으로 변하며, 문자열의 마지막에 오는 작은 따옴표를 입력하게 되면, 문자열의 색은 자주색으로 변한다.

MATLAB에서 문자열은 여러 다른 용도로 사용된다. 문자열은 텍스트 메시지(4장)를 표시하기 위한 출력 명령어에서, plot 명령어에서 출력할 그래프의 형식을 지정할 때(5장), 그리고 어떤 함수들의 입력인자(7장)에서 사용된다. 좀 더 자세한 내용은 이러한 목적으로 문자열이 사용되는 해당 장에서 기술하기로 한다.

- 문자열이 그래프 형식 지정(축의 라벨, 제목, 설명문)에 사용될 때, 문자열 내의 문자들은 특정 폰트, 크기, 위치, 색 등을 갖도록 형식을 지정할 수 있다. 자세한 내용은 5장을 참고하자.

아래의 예에 나와 있듯이, 문자열은 할당 연산자의 우변에 문자열을 입력하기만 하면 변수에 할당될 수 있다.

```
>> a='FRty 8'
a =
FRty 8
>> B='My name is John Smith'
B =
My name is John Smith
>>
```

변수가 문자열로 정의될 때, 문자열의 문자들은 숫자의 경우처럼 배열에 저장된다. 공백을 포함한 각각의 문자들은 배열의 원소로 존재한다. 이것은 한 줄의 문자열이 문자열의 글자 개수와 같은 원소의 수를 가진 행벡터와 같다는 것을 의미한다. 벡터의 원소의 위치를 이용하여 각 원소에 접근할 수 있다. 예를 들어, 위의 예에서 정의된 벡터 B에서 네 번째 원소는 글자 n이고, 12번째 원소는 글자 J이다.

```
>> B(4)
ans =
n
>> B(12)
ans =
J
```

수가 포함된 벡터와 같이, 특정 원소들을 직접 지정하여 값을 바꿀 수 있다. 예를 들어, 다음과 같이 벡터 B의 John을 Bill로 바꿀 수 있다.

```
>> B(12:15)='Bill'
B =
My name is Bill Smith
>>
```

콜론을 사용하여 벡터 B의 12~15번째 원소에 새로운 글자들을 할당함

문자열도 행렬처럼 저장할 수 있는데, 수와 마찬가지로 각 행의 끝에 세미콜론(;)을 붙이거나 **Enter** 키를 누르면 된다. 각 행은 문자열로 입력되어야 하므로, 작은 따옴표로 묶어야 한다. 또, 수치 행렬과 마찬가지로, 모든 행의 원소 개수는 동일해야 한다. 이 조건은 특정 표현을 위한 단어의 선택과 배열을 가진 행을 생성하는 경우에는 문제를 일으킬 수 있다. 이러한 경우, 공백(space)을 추가하여, 원소 개수가 같아지도록 할 수 있다.

MATLAB은 길이가 서로 다른 행들을 입력인자로 받아서, 행들의 글자 개수를 같게 만든 후 이들 행을 가진 배열을 돌려주는 char라는 이름의 내장함수를 갖고 있다. MATLAB은 짧은

행의 끝에 공백을 추가하여, 가장 긴 길이의 행과 같도록 모든 행의 길이를 같도록 만든다. char 함수에서 행은 다음 형식과 같이 문자열로 입력하며, 문자열은 콤마(,)로 분리한다.

```
변수 이름 = char('문자열1', '문자열2', '문자열3')
```

다음의 예를 보사.

```
>> Info=char('Student Name:','John Smith','Grade:','A+')
Info =
Student Name:
John Smithv
Grade:
A+
>>
```

변수 Info는 길이가 서로 다른 4개의 문자열의 행을 할당받음

함수 char는 길이가 짧은 행에 공백을 추가함으로써 가장 긴 행의 길이와 같도록 한 4개의 행을 가진 배열을 생성함

변수는 수로 정의될 수 있고, 숫자로 구성된 문자열로 정의될 수도 있다. 아래의 예처럼, 변수 x는 숫자 536으로 정의되었으며, 변수 y는 숫자 536으로 이루어진 문자열로 정의되었다.

```
>> x=536
x =
   536
>> y='536'
y =
   536
>>
```

위의 두 변수는 화면에서는 같아 보이지만, 실제로는 같지 않다. x= 다음의 536은 들여쓰기가 되어있으나 y= 다음은 들여쓰기가 안 되어 있는 점에 주의하자. 변수 x는 수학식에서 사용될 수 있으나, 변수 y는 사용될 수 없다.

2.11 연습문제

1. 변수 a에 원소가 9, 1, 3^2, 7/4, 0, 2, 25×8.5, 0.8, $\sin(\pi/8)$인 행벡터를 생성하라.

2. 변수 b에 원소가 $\sqrt{5.2^3}$, 6.71×10^3, $(3 + 5.1^2)\cos 53°$, 15.8, $\sqrt[3]{90}$, $\dfrac{\sin(\pi/3)}{\tan 20°}$인 행벡터를 생성하라.

3. 변수 c에 원소가 인 2.1×10^{-3}, $\sin(1.7\pi)$, 28.5, $2.7^{4/3}$, e^3인 열벡터를 생성하라.

4. 변수 d에 원소가 $0.75 \times 5.2^{0.7}$, 11.1, $\sqrt[3]{60}$, $\tan(10\pi/11)$, $\cos^2 5°$, 0.116인 열벡터를 생성하라.

5. 변수 x, y를 $x = 3.4$, $y = 5.8$라 정의한 다음, 두 변수를 사용하여, 변수 `e`에 원소가 x/y, $x+y$, x^y, $x \times y$, y^2, x인 행벡터를 생성하라.

6. 변수 c, d를 $c = 4.5$, $d = 2.8$이라 정의한 다음, 두 변수를 사용하여, 변수 `f`에 원소가 d^2, c, $(c+d)$, c^d, d인 열벡터를 생성하라.

7. 변수 `g`에 첫 번째 원소가 3이고 마지막 원소가 27이며, 4씩 증가하는(3, 7, 11, … , 27) 행벡터를 생성하라.

8. 변수 `h`에 첫 번째 원소가 68이고, 마지막 원소가 12이며, 동일한 크기로 감소하는 8개 원소를 가진 행벡터를 생성하라.

9. 변수 `M`에 첫 번째 원소가 6.4이며, 그 다음 원소는 0.8씩 증가하여 마지막 원소가 12인 열벡터를 생성하라[열벡터는 행벡터의 전치(transpose)로 생성될 수 있다].

10. 변수 `N`에 첫 번째 원소가 44이며, 마지막 원소가 23이며, 동일한 크기로 증가하는 7개의 원소를 갖는 열벡터를 생성하라.

11. 콜론 기호를 이용하여 첫 번째 원소가 0이고 마지막 원소가 20이며, 1씩 증가하는 행벡터를 생성하고, 변수 `Time`에 할당하라.

12. `linspace` 명령어를 이용하여, 9개의 원소가 모두 4인 행벡터를 생성하고, 변수 `Fours`에 할당하라.

13. 콜론 기호를 이용하여, 7개 원소가 모두 7인 행벡터를 생성하고, 변수 `Sevens`에 할당하라.

14. 직접 벡터의 원소를 입력하지 않고, 하나의 명령어를 사용하여, 마지막 원소는 5.9이고, 나머지 원소는 모두 0인 8개의 원소를 가진 행벡터를 생성하고, 변수 `P`에 할당해라.

15. 직접 벡터의 원소를 입력하지 않고, 하나의 명령어를 사용하여 마지막에서 네 번째 원소는 8.1이고, 나머지 원소는 모두 0인 9개의 원소를 가진 행벡터를 생성하고, 변수 `q`에 할당해라.

16. 직접 벡터의 원소를 입력하지 않고, 하나의 명령어를 사용하여 다음과 같은 10개의 원소를 가진 행벡터를 생성하고, 변수 `R`에 할당해라.

```
R =

   -4    -1     2     5     8    14    18    22    26    30
```

17. 두 개의 행벡터 `v = 41:-3:29`, `w = 17:4:37`를 생성한 다음, 두 벡터의 이름(`v`, `w`)만을 사용하여, 벡터 `v`의 원소 다음에 벡터 `w`의 원소가 순서대로 입력된 행벡터 `u`를 생성해라.

18. 두 개의 열벡터 `T = [5 : 5 : 25]'`, `S = [27 : 2 : 33]'`를 생성한 다음, 두 벡터의 이름만을 사용하여, 벡터 `S`의 원소 다음에 벡터 `T`의 원소가 순서대로 입력된 열벡터 `R`를 생성해라.

19. 행벡터 `A = 4 : 3 : 12`와 열벡터 `B=[14 : -2 : 6]'`을 생성한 다음 두 벡터의 이름만 사용하여 다

음의 것을 생성하라.

(*a*) 벡터 A의 원소 다음에 벡터 B의 원소가 순서대로 입력된 행벡터 C를 생성하라.

(*b*) 벡터 B의 원소 다음에 벡터 A의 원소가 순서대로 입력된 열벡터 D를 생성하라.

20. 12개 원소를 가지고 있는 열벡터 `vA=1 : 3 : 34`를 생성 다음 처음 5개의 원소가 벡터 vA의 처음 5개의 원소이고 마지막 4개가 벡터 vA의 마지막 4개의 원소가 되도록 vA의 원소로부터 새로운 9개의 원소를 가지만 벡터 vB를 생성하라. 콜론 기호를 사용하여 원소의 범위를 지정하고 vA의 원소를 직접 입력하지 말라.

21. 13개 원소를 가지고 있는 열벡터 `vC=2 : 3 : 38`를 생성 다음 vC의 원소를 새로운 벡터에 할당하여 다음 새로운 벡터를 생성하라.

(*a*) 벡터 vC의 모든 홀수 번째 원소를 가진 벡터 vCodd, (`vCodd = 2 8 14 ... 38`)

(*b*) 벡터 vC의 모든 짝수 번째 원소를 가진 벡터 vCeven, (`vCeven = 5 11 17 ... 35`)

두 문제 모두 홀수와 짝수의 벡터를 사용하여 각각 vCodd와 vCeven에 할당된 vC의 요소를 다룬다. 벡터의 요소를 직접 입력하지 말라.

22. 두 개의 열벡터 `vD=20 : 4 : 44`, `vE=50 : 3 : 71`을 생성한 다음 vD, vE의 원소를 새로운 벡터에 할당하여 다음 새로운 벡터를 생성하라.

(*a*) vD의 2번째에서 5번째의 원소 그리고 vE의 4번째에서 7번째의 원소를 가진 벡터 vDE를 생성하라. (`vDE = 24 28 32 36 59 62 65 68`)

(*b*) vE의 6, 5, 4, 3, 2번째 원소와 vD의 4, 3, 2, 1번째의 원소를 가진 벡터 vED를 생성하라. (`vED = 65 62 59 56 53 32 28 24 20`)

두 문제 벡디의 요소를 직접 입력하지 말고 vD, vE 벡터의 원소를 사용하라.

23. 9개 요소를 가진 행벡터 `vF=5 : 7 : 61`을 생성한 다음 역순으로 vF의 원소들로 구성된 벡터 vFrev를 생성하라. vF의 벡터의 원소를 직접 입력하지 말고 벡터를 사용하여 vF의 요소를 사용하라.

24. 행의 간격이 일정한 원소를 가진 벡터를 할당하여 개별 요소를 직접 입력하지 않고 다음 행렬을 생성하라(세 번째 행에는 `linspace` 명령어를 사용).

```
A =

    1.0000 2.0000 3.0000 4.0000 5.0000 6.0000 7.0000

    7.0000 6.0000 5.0000 4.0000 3.0000 2.0000 1.0000

    2.0000 3.1667 4.3333 5.5000 6.6667 7.8333 9.0000
```

25. 직접 원소를 입력하지 않고, `linspace` 명령어를 사용하여 아래의 벡터를 생성해라.

```
B =

    4    4    4    4    4    5    5    5    5
```

26. 원소를 직접 입력하지 않고, 하나의 명령어를 사용하여 아래의 행렬을 생성하라.

```
C =

     6     8
     6     8
     6     8
     6     8
     6     8
```

27. 원소를 직접 입력하지 않고, 하나의 명령어를 사용하여 아래의 행렬을 생성하라.

```
D =

     1     1     1     1
     1     1     1     1
     1     1     1     1
     8     6     4     2
```

28. 원소를 직접 입력하지 않고, 하나의 명령어를 사용하여 아래의 행렬을 생성하라.

```
E =

     0     0     0     0     8
     0     0     0     0     7
     0     0     0     0     6
```

29. 원소를 직접 입력하지 않고, 하나의 명령어를 사용하여 아래의 행렬을 생성하라.

```
F =

     0     0     0     0     0     0
     0     0     0     0     0     0
     0     0     8     6     4     2
```

30. 원소를 직접 입력하지 않고, 하나의 명령어를 사용하여 아래의 행렬을 생성하라.

```
G =

     1     1     1     1     1
     1     1     1     1     1
     1     1     1     1     1
     0     0     0     1     1
     0     0     0     1     1
     0     0     0     1     1
```

31. 다음 세 개의 행벡터를 생성하라.

`a = [5 8 -1 0 2]`, `b = [4 1 9 -2 3]`, `c = [-3 5 0 6 1]`

(*a*) MATLAB 명령어로 위의 세 벡터를 이용하여 벡터 a, b, c의 처음 세 요소로 이루어진 9개 요소로 된 행벡터를 생성하라. (예, `5 8 -1 4 1 9 -3 5 0`)

(*b*) MATLAB 명령어로 위의 세 벡터를 이용하여 벡터 a, b, c의 마지막 세 요소로 이루어진 9개 요소로 된 행벡터를 생성하라.

32. 다음 세 개의 행벡터를 생성하라.

`a = [5 8 -1 0 2]`, `b = [4 1 9 -2 3]`, `c = [-3 5 0 6 1]`

(*a*) MATLAB 명령어로 각각의 벡터 c, b, a가 행이 되는 3×5 행렬을 생성하라.

(*b*) MATLAB 명령어로 각각의 벡터 c, b, a가 열이 되는 5×3 행렬을 생성하라.

33. 다음 두 개의 행벡터를 생성하라.

`d = [6 -1 4 0 -2 5]`, `e = [7 5 9 0 1 3]`

(*a*) MATLAB 명령어로 위의 두 벡터를 이용하여 3×3 행렬의 첫 번째 행이 벡터 d의 두 번째 원소부터 네 번째 원소로 구성되고, 두 번째 행이 벡터 e의 세 번째 원소부터, 다섯 번째 원소로 구성되고 세 번째 행은 벡터 d의 네 번째 원소부터 여섯 번째 원소로 구성된 행렬을 생성하라.

(*b*) MATLAB 명령어로 위의 두 벡터를 이용하여 4×2 행렬의 첫 번째 열이 벡터 d의 두 번째 원소부터 다섯 번째 원소로 구성되고, 두 번째 열은 벡터 e의 세 번째 원소부터 여섯 번째 원소로 구성된 행렬을 생성하라.

34. 다음 명령어가 MATLAB에 의해 실행될 때 출력될 결과를 손(연필과 종이)으로 작성하고, 작성된 결과를 MATLAB으로 명령어를 실행하여 체크하라[문항 (*b*), (*c*), (*d*), (*e*), (*f*)는 (*a*)에서 정의된 벡터를 이용한다].

(*a*) `a=2:2:20` (*b*) `b=a(4:8)` (*c*) `c=a(1:2:7)`

(d) `d = a(8:-1:4)` (*e*) `[a(1:5);a(6:10)]`

(*f*) `e = [a(2:5)' a(6:9)']`

35. 다음 벡터를 MATLAB으로 정의하라.

`v = [5 0 -3 7 6 -1 2 8 4 9]`

다음 명령어가 MATLAB에 의해 실행될 때 출력될 결과를 손(연필과 종이)으로 작성하고, 작성된 결과를 MATLAB으로 명령어를 실행하여 체크하라.

(*a*) `a = v([ 4 5:7 10])` (*b*) `v([9, 1, 6:-2:2])'`

(*c*) `c = [b' a']`

36. 다음 벡터를 MATLAB으로 정의하라.

`u = [0 9 -5 6 3 -1 2]`, `w = [-2 3 7 -4 0 1 5]`

다음 명령어가 MATLAB에 의해 실행될 때 출력될 결과를 손(연필과 종이)으로 작성하고, 작성된 결과를 MATLAB으로 명령어를 실행하여 체크하라.

(*a*) `A = [u(2:5) ; w([7 7]) u([6 7])]`

(*b*) `B = [w(4:7)', zeros(4,2), u([1 3 5 7])']`

37. 다음 행렬 M를 생성하라.

```
M =

    1     7    13    19    25

    3     9    15    21    27

    5    11    17    23    29
```

행렬 M의 원소를 직접 입력하지 않고, 콜론(:)을 사용하거나, 하나의 명령어를 이용하여 다음 물음에 답하라.

(*a*) M의 세 번째 행의 원소로 구성된 5개의 원소를 가진 행벡터 Va를 생성하라.

(*b*) M의 네 번째 열의 원소로 구성된 3개의 원소를 가진 열벡터 Vb를 생성하라.

(*c*) M의 세 번째 열에 M의 두 번째 행의 요소로 구성된 8개 원소를 가진 행벡터 Vc를 생성하라.

38. 다음 행렬 N을 생성하라.

```
N =

     0     3     6     9    12    15

    18    21    24    27    30    33

    36    39    42    45    48    51
```

(`N=reshape(0:3:51,6,3)'`를 이용하라.)

한 명령어를 작성하고 범위를 지정하기 위해 콜론을 사용하여 (개별 요소를 명시적으로 입력하지 말라), 행렬 N을 다음과 같이 사용하라:

(*a*) N의 첫 번째 행의 처음 세 요소를 포함하고 그 뒤에 N의 세 번째 행의 마지막 세 요소를 포함한 6개 요소로 이루어진 행벡터 Ua를 생성하라.

(*b*) N의 첫 번째 열의 요소를 포함하고 그 뒤에 N의 세 번째 열의 요소를, 마지막으로 N의 여섯 번째의 열의 요소를 포함한 9개 요소로 이루어진 열 벡터 Ub를 생성하라.

(*c*) N의 두 번째 행에서 2, 3, 4, 5번째 요소를 포함하고 그 뒤에 N의 다섯 번째 열에서 2번째와 3번째 요소를 포함한 6개 요소로 이루어진 열 벡터 Uc를 생성하라.

39. 행렬 G를 생성하라.

```
G =

    0.1    0.2    0.3    0.4    0.5    0.6    0.7

     10      9      8      7      6      5      4

      0    0.2    0.4    0.6    0.8    1.0    1.2

      5      3      1     -1     -3     -5     -7
```

(*a*) 행렬 G의 첫 번째, 세 번째, 네 번째 행에서 첫 번째 열과 두 번째 열과 마지막 두 열로부터 3 × 4 행렬 Ma를 생성하라.

(*b*) 행렬 G의 첫 번째에서 세 번째 행에서 두 번째, 네 번째, 여섯 번째 열로부터 3 × 3 행렬 Mb를 생성하라.

40. 행렬 K를 생성하라.

```
K =

    0.25     0.5    0.75     1.0    1.25     1.5    1.75

       2       4       6       8      10      12      14

      25      30      35      40      45      50      55
```

(*a*) 첫 번째 행이 K의 두 번째 열의 원소를 포함하고 K의 다섯 번째 열의 원소가 뒤따르도록 3 × 6 행렬 Ga를 생성하고, Ga의 두 번째 행은 K의 두 번째 행의 첫 번째 6개 원소를 포함하며, Ga의 세 번째 행은 K의 세 번째 행의 마지막 6개 원소를 포함하도록 한다.

(*b*) K의 처음 두 행과 세 번째 열부터 여섯 번째 열의 원소로 구성된 2 × 4 행렬 Gb를 생성하라.

41. 다음 행렬을 MATLAB으로 정의하라.

```
S =

     1     2     3     4     5     6

     7     8     9    10    11    12

    13    14    15    16    17    18

    19    20    21    22    23    24
```

다음 명령어가 MATLAB에 의해 실행될 때 출력될 결과를 손(연필과 종이)으로 작성하고, 작성된 결과를 MATLAB으로 명령어를 실행하여 체크하라.

(*a*) `A = S(2, [2,4])`

(*b*) `B = S(3, [3:5])`

(*c*) `C = S([2:4], [4:6])`

(*d*) `D = S(:,[1:3])`

42. 다음 행렬을 MATLAB으로 정의하라.

```
T =

     2     4     6     8    10

    12    14    16    18    20

    22    24    26    28    30
```

다음 명령어가 MATLAB에 의해 실행될 때 출력될 결과를 손(연필과 종이)으로 작성하고, 작성된 결과를 MATLAB으로 명령어를 실행하여 체크하라.

(*a*) `D = [T(1 , 1 : 4) ; T(3 , 2 : 5)]`

(*b*) `E = [T(: , 4) ; T(2 , :)']`

(*c*) `F(3 : 5, 3 : 5) = T(1 : 3, 1 : 3)`

43. 다음 명령어가 MATLAB에 의해 실행될 때 출력될 결과를 손(연필과 종이)으로 작성하고, 작성된 결과를 MATLAB으로 명령어를 실행하여 체크하라.

```
V = [1:2:11; 13:2:23]

V(:,4:6) = V(:, 1:3)

V(3:4,:) = V

V(:,[2:3 5:6]) = []
```

44. zeros, ones, eye 명령어를 이용하여, 다음 배열을 생성하라.

(*a*) $\begin{bmatrix} 1 & 0 & 0 & 1 & 0 & 0 \\ 0 & 1 & 0 & 0 & 1 & 0 \\ 0 & 0 & 1 & 0 & 0 & 1 \end{bmatrix}$ (*b*) $\begin{bmatrix} 0 & 0 & 0 & 1 & 1 \\ 0 & 0 & 0 & 1 & 1 \end{bmatrix}$ (*c*) $\begin{bmatrix} 1 & 0 & 0 & 1 \\ 1 & 0 & 0 & 0 \\ 1 & 0 & 0 & 0 \end{bmatrix}$

45. zeros, ones, eye 명령어를 이용하여, 다음 배열을 생성하라.

$$A = \begin{bmatrix} 1 & 0 \\ 0 & 1 \end{bmatrix} \quad B = [1 \ \ 1] \quad C = \begin{bmatrix} 0 & 0 & 0 \\ 0 & 0 & 0 \\ 0 & 0 & 0 \end{bmatrix}$$

변수 A, B, C를 이용하여, 다음의 행렬 D를 생성하라.

$$D = \begin{bmatrix} 0 & 0 & 0 & 1 & 0 \\ 0 & 0 & 0 & 0 & 1 \\ 0 & 0 & 0 & 1 & 1 \end{bmatrix}$$

배열의 수학연산

Mathematical Operations with Arrays

차 례

일단 MATLAB에서 변수들이 생성되면 이 변수들은 매우 다양한 수학연산에 사용될 것이다. 1장에서 수학연산에 사용되는 변수들은 모두 스칼라로 정의되었는데, 이는 변수들이 모두 3 × 3 배열(한 개의 원소만을 갖는 1행, 1열의 배열)을 의미하기 때문에 단일 숫자들을 가지고 수학연산을 한 것이다. 그러나 배열은 1차원(한 개의 행이나 한 개의 열을 갖는 배열), 2차원(여러 행과 열을 가진 배열) 혹은 더 높은 차원이 될 수 있고 이 경우 수학연산은 훨씬 복잡해진다. 이름에서 알 수 있듯이 MATLAB은 과학과 공학분야에서 많은 응용분야를 가진 고급 배열연산을 수행할 수 있도록 설계되었다. 이 장에서는 MATLAB이 배열을 가지고 수행하는 매우 기본적이고 일반적인 수학연산을 살펴본다.

먼저 3.1절에서는 덧셈과 뺄셈과 같은 비교적 간단한 연산을 다룬다. MATLAB에서는 그 외의 다른 기본적인 연산인 곱셈, 나눗셈과 거듭제곱을 두 가지 방법으로 할 수 있는데 3.2절과 3.3절에서는 첫 번째 방법으로서 선형대수법칙을 따르는 표준 기호(*, /, 그리고 ^)를 사용하는 방법을 살펴본다. 3.4절에서는 두 번째 방법인 원소별 연산(element-by-element operations)을 알아본다. 이들 연산은 .*, ./, .^ 기호(표준 기호 앞에 마침표를 붙임)를 사용한다. 또한, 두 방법 모두에서 MATLAB은 왼쪽 나눗셈 연산자(.\ 또는 \)를 가지며, 이들에 대해서도 3.3절과 3.4절에서 설명한다.

▸ MATLAB을 처음 사용하는 사용자들이 주의해야 할 점

행렬 연산을 먼저 설명한 후에 원소별 연산을 설명하지만, 두 연산이 서로 독립적이기 때문에 순서를 바꿔도 무방하다. MATLAB 사용자가 대부분 행렬 연산과 선형 대수에 대해 어느 정도 지식이 있기 때문에 큰 어려움 없이 3.2절과 3.3절에서 다루는 내용을 따라 갈 수 있을 것이지만, 어떤 사용자의 경우는 3.4절을 먼저 읽는 것이 나을 수도 있다. 선형대수 곱셈이나 나눗셈 연산이 필요하지 않은 많은 응용분야에서는 원소별 연산에 MATLAB이 사용될 수 있다.

3.1 덧셈과 뺄셈

덧셈(+)연산과 뺄셈(–)연산은 같은 수의 행과 열을 가진 동일한 크기의 배열들을 더하거나 빼는데 사용되며 배열에 스칼라를 더하거나 뺄 수도 있다. 두 배열의 연산에서 두 배열의 합이나 차는 두 배열의 대응 원소를 더하거나 빼서 구한다.

일반적으로, A와 B가 다음과 같은 배열(예를 들어 2×3 행렬)일 때,

$$A = \begin{bmatrix} A_{11} & A_{12} & A_{13} \\ A_{21} & A_{22} & A_{23} \end{bmatrix} \quad \text{그리고} \quad B = \begin{bmatrix} B_{11} & B_{12} & B_{13} \\ B_{21} & B_{22} & B_{23} \end{bmatrix}$$

행렬 A와 B의 덧셈은 다음과 같다.

$$\begin{bmatrix} (A_{11}+B_{11}) & (A_{12}+B_{12}) & (A_{13}+B_{13}) \\ (A_{21}+B_{21}) & (A_{22}+B_{22}) & (A_{23}+B_{23}) \end{bmatrix}$$

다음의 예를 보자.

```
>> VectA=[8  5  4]; VectB=[10  2  7];        두 벡터를 정의함
>> VectC=VectA+VectB          ← VectA+VectB와 같은 벡터 VectC를 정의함
VectC =
    18     7    11
>> A=[5  -3  8;  9  2  10]
A =
     5    -3     8
     9     2    10                           2 × 3 행렬인 A와 B를 정의함
>> B=[10  7  4;  -11  15  1]
B =
    10     7     4
   -11    15     1
>> A-B                                       행렬 A에서 B를 뺌
ans =
    -5   -10     4
    20   -13     9
```

```
>> C=A+B                                    A+B와 같은 행렬 C를 정의함
C =
   15     4    12
   -2    17    11
>> VectA+A                                  다른 크기의 행렬을 더하도록 입력함
??? Error using ==> plus
Matrix dimensions must agree.               에러 메시지가 출력됨
>>
```

스칼라(수)를 배열에 더하거나 빼는 경우, 스칼라를 배열의 모든 원소에 더하거나 뺀다. 다음의 예를 보자.

```
>> VectA=[1  5  8  -10  2]                  벡터 VectA를 정의함
VectA =
    1     5     8   -10     2
>> VectA+4  <------------------------------ 벡터 VectA에 4를 더함
ans =                                       벡터 VectA의 각 원소에 4가 더해졌다.
    5     9    12    -6     6
>> A=[6  21  -15;  0  -4  8]                2 × 3 행렬 A를 정의함
A =
    6    21   -15
    0    -4     8
>> A-5  <---------------------------------- A에서 5를 뺌
ans =
    1    16   -20
   -5    -9     3                           벡터 VectA의 각 원소에 5가 빼졌다.
```

3.2 배열 곱셈

곱셈 연산 *는 선형대수의 법칙에 따라 MATLAB에서 실행된다. 이것은 만약, A와 B 두 행렬이 있다면, 연산 $A * B$는 행렬 A의 열의 개수와 행렬 B의 행의 개수가 동일한 경우에만 수행된다. 연산 결과로 얻어지는 행렬은 A의 행의 개수와 B의 열의 개수를 갖는다. 예를 들어, A가 4 × 3 행렬이고, B가 3 × 2 행렬이라면,

$$A = \begin{bmatrix} A_{11} & A_{12} & A_{13} \\ A_{21} & A_{22} & A_{23} \\ A_{31} & A_{32} & A_{33} \\ A_{41} & A_{42} & A_{43} \end{bmatrix} \quad \text{그리고} \quad B = \begin{bmatrix} B_{11} & B_{12} \\ B_{21} & B_{22} \\ B_{31} & B_{32} \end{bmatrix}$$

연산 $A * B$로 얻어지는 행렬은 다음과 같은 4 × 2 행렬이 된다.

$$\begin{bmatrix} (A_{11}B_{11}+A_{12}B_{21}+A_{13}B_{31}) & (A_{11}B_{12}+A_{12}B_{22}+A_{13}B_{32}) \\ (A_{21}B_{11}+A_{22}B_{21}+A_{23}B_{31}) & (A_{21}B_{12}+A_{22}B_{22}+A_{23}B_{32}) \\ (A_{31}B_{11}+A_{32}B_{21}+A_{33}B_{31}) & (A_{31}B_{12}+A_{32}B_{22}+A_{33}B_{32}) \\ (A_{41}B_{11}+A_{42}B_{21}+A_{43}B_{31}) & (A_{41}B_{12}+A_{42}B_{22}+A_{43}B_{32}) \end{bmatrix}$$

수치 예를 들면 다음과 같다.

$$\begin{bmatrix} 1 & 4 & 3 \\ 2 & 6 & 1 \\ 5 & 2 & 8 \end{bmatrix} \begin{bmatrix} 5 & 4 \\ 1 & 3 \\ 2 & 6 \end{bmatrix} = \begin{bmatrix} (1\cdot 5+4\cdot 1+3\cdot 2) & (1\cdot 4+4\cdot 3+3\cdot 6) \\ (2\cdot 5+6\cdot 1+1\cdot 2) & (2\cdot 4+6\cdot 3+1\cdot 6) \\ (5\cdot 5+2\cdot 1+8\cdot 2) & (5\cdot 4+2\cdot 3+8\cdot 6) \end{bmatrix} = \begin{bmatrix} 15 & 34 \\ 18 & 32 \\ 43 & 74 \end{bmatrix}$$

동일한 크기를 갖는 두 정방행렬의 곱도 같은 크기의 정방행렬이 된다. 그러나, 행렬의 곱은 교환법칙이 성립하지 않는다. 즉, A와 B가 모두 $n \times n$ 일때, $A * B \neq B * A$이다. 또한, 거듭제곱 연산은 정방행렬일 때만 실행된다(첫 번째 행렬의 행의 개수와 두 번째 행렬의 열의 개수가 같은 경우에만, $A * A$ 연산이 수행되기 때문이다).

두 벡터의 곱셈은 두 벡터 모두 같은 개수의 원소를 가지며, 한 쪽은 행벡터, 다른 한 쪽은 열벡터인 경우에나 가능하다. 행벡터와 열벡터의 곱은 1×1 행렬인 스칼라이다. 이 곱은 두 벡터의 내적(dot product)이다(MATLAB은 두 벡터의 내적을 구해주는 `dot(a,b)`라는 내장함수를 갖고 있다). `dot` 명령어를 사용할 때, 벡터 `a`와 `b`는 각각 행벡터나 열벡터가 될 수 있다(표 3-1 참조). n개의 원소를 가진 행벡터와 열벡터의 곱은 $n \times n$ 행렬이 된다. 배열의 곱셈에 대한 예는 예제 3-1을 보자.

예제 3-1 **배열의 곱셈**

```
>> A=[1  4  2;  5  7  3;  9  1  6;  4  2  8]
A =
     1     4     2
     5     7     3
     9     1     6
     4     2     8
>> B=[6  1;  2  5;  7  3]
B =
     6     1
     2     5
     7     3
>> C=A*B
C =
    28    27
    65    49
```

4 × 3 행렬 A를 정의함

3 × 2 행렬 B를 정의함

A와 B를 곱하고 변수 C에 결과를 할당함

```
   98    32
   84    38
>> D=B*A
??? Error using ==> *
Inner matrix dimensions must agree.

>> F=[1  3;  5  7]
F =
     1     3
     5     7
>> G=[4  2;  1  6]
G =
     4     2
     1     6
>> F*G
ans =
     7    20
    27    52
>> G*F
ans =
    14    26
    31    45
>> AV=[2  5  1]
AV =
     2     5     1
>> BV=[3;  1;  4]
BV =
     3
     1
     4
>> AV*BV
ans =
    15
>> BV*AV
ans =
     6    15     3
     2     5     1
     8    20     4
>>
```

B와 A의 곱셈, 즉 B*A를 구하려고 하면, B의 열의 개수가 2이고, A의 행의 개수가 4이므로 오류가 발생함

2 × 2 행렬 F와 G를 정의함

F와 G를 곱함

G와 F를 곱함

F*G와 G*F의 결과가 같지 않음에 유의할 것

3원소 행벡터 AV를 정의함

3원소 열벡터 BV를 정의함

AV에 BV를 곱함. 결과는 스칼라임 (두 벡터의 내적)

BV에 AV를 곱함. 결과는 3 × 3 행렬임

수(사실 1 × 1 배열이다)를 배열에 곱하는 경우, 배열의 각 원소에 수를 곱한다. 다음의 예를 보자.

```
>> A=[2  5  7  0;  10  1  3  4;  6  2  11  5]        3 × 4 행렬 A를 정의함
A =
     2     5     7     0
    10     1     3     4
     6     2    11     5
>> b=3                                               변수 b에 숫자 3을 할당함
b =
     3
>> b*A                                               행렬 A에 b를 곱함. b*A 또는 A*b를 입력함
ans =
     6    15    21     0
    30     3     9    12
    18     6    33    15
>> C=A*5
C =                                                  행렬 A에 5를 곱하고 그 결과를 새로운 변수
    10    25    35     0                             C에 할당함(C = 5*A도 같은 결과를 출력함)
    50     5    15    20
    30    10    55    25
```

배열 곱셈의 선형대수 법칙을 이용하면 선형연립방정식을 쉽게 쓸 수 있다. 예를 들어, 미지수가 세 개인 다음 연립방정식은

$$\begin{aligned} A_{11}x_1 + A_{12}x_2 + A_{13}x_3 &= B_1 \\ A_{21}x_1 + A_{22}x_2 + A_{23}x_3 &= B_2 \\ A_{31}x_1 + A_{32}x_2 + A_{33}x_3 &= B_3 \end{aligned}$$

행렬 형태로 다음과 같이

$$\begin{bmatrix} A_{11} & A_{12} & A_{13} \\ A_{21} & A_{22} & A_{23} \\ A_{31} & A_{32} & A_{33} \end{bmatrix} \begin{bmatrix} x_1 \\ x_2 \\ x_3 \end{bmatrix} = \begin{bmatrix} B_1 \\ B_2 \\ B_3 \end{bmatrix}$$

쓸 수 있으며, 행렬 기호로는 다음과 같이 쓸 수 있다.

$$AX = B \text{ 여기서 } A = \begin{bmatrix} A_{11} & A_{12} & A_{13} \\ A_{21} & A_{22} & A_{23} \\ A_{31} & A_{32} & A_{33} \end{bmatrix},\ X = \begin{bmatrix} x_1 \\ x_2 \\ x_3 \end{bmatrix} \text{ 그리고 } B = \begin{bmatrix} B_1 \\ B_2 \\ B_3 \end{bmatrix}$$

3.3 배열의 나눗셈

나눗셈 연산도 선형대수 법칙과 연관이 있다. 이 연산은 매우 복잡하지만, 여기서는 간단히 설명하겠다. 좀 더 자세한 설명은 선형대수에 관한 책을 참조하라.

나눗셈 연산은 단위행렬(identity matrix)과 역행렬(inverse matrix) 연산을 이용하여 설명할 수 있다.

▸ 단위행렬(*Identity matrix*)

단위행렬은 대각선 원소가 모두 1이고, 나머지 원소는 모두 0인 정방행렬이다. 2.2.1절에서 나와 있듯이, 단위행렬은 MATLAB에서 `eye` 명령어를 이용하여 쉽게 만들 수 있다. 단위행렬을 다른 행렬이나 벡터에 곱하는 경우, 그 행렬과 벡터는 어떠한 변화도 없다(곱셈은 선형대수 법칙에 따라 계산되어야 한다). 이것은 스칼라에 1을 곱하는 경우와 같다. 예를 보자.

$$\begin{bmatrix} 7 & 3 & 8 \\ 4 & 11 & 5 \end{bmatrix}\begin{bmatrix} 1 & 0 & 0 \\ 0 & 1 & 0 \\ 0 & 0 & 1 \end{bmatrix} = \begin{bmatrix} 7 & 3 & 8 \\ 4 & 11 & 5 \end{bmatrix} \text{ 또는 } \begin{bmatrix} 1 & 0 & 0 \\ 0 & 1 & 0 \\ 0 & 0 & 1 \end{bmatrix}\begin{bmatrix} 8 \\ 2 \\ 15 \end{bmatrix} = \begin{bmatrix} 8 \\ 2 \\ 15 \end{bmatrix} \text{ 또는 } \begin{bmatrix} 6 & 2 & 9 \\ 1 & 8 & 3 \\ 7 & 4 & 5 \end{bmatrix}\begin{bmatrix} 1 & 0 & 0 \\ 0 & 1 & 0 \\ 0 & 0 & 1 \end{bmatrix} = \begin{bmatrix} 6 & 2 & 9 \\ 1 & 8 & 3 \\ 7 & 4 & 5 \end{bmatrix}$$

만약, 행렬 A가 정방행렬이라면, 단위행렬은 A의 왼쪽이나 오른쪽 어느 위치에서도 곱할 수 있다. 즉,

$$AI = IA = A$$

▸ 행렬의 역행렬

만약, 두 행렬의 곱의 결과가 단위행렬이라면, 행렬 B는 행렬 A의 역행렬이다. 두 행렬은 모두 정방행렬이고, 곱셈의 순서는 BA 또는 AB가 될 수 있다.

$$BA = AB = I$$

명백히 B는 A의 역행렬이며, A는 B의 역행렬이다. 예를 들어,

$$\begin{bmatrix} 2 & 1 & 4 \\ 4 & 1 & 8 \\ 2 & -1 & 3 \end{bmatrix}\begin{bmatrix} 5.5 & -3.5 & 2 \\ 2 & -1 & 0 \\ -3 & 2 & 1 \end{bmatrix} = \begin{bmatrix} 5.5 & -3.5 & 2 \\ 2 & -1 & 0 \\ -3 & 2 & 1 \end{bmatrix}\begin{bmatrix} 2 & 1 & 4 \\ 4 & 1 & 8 \\ 2 & -1 & 3 \end{bmatrix} = \begin{bmatrix} 1 & 0 & 0 \\ 0 & 1 & 0 \\ 0 & 0 & 1 \end{bmatrix}$$

이다. 행렬 A의 역행렬은 일반적으로 A^{-1}로 쓴다. MATLAB에서, A의 역행렬은 `A`의 `-1` 지수승으로 구하거나, `inv(A)` 함수를 이용하여 구할 수 있다. MATLAB으로 위의 행렬을 곱하면 다음과 같다.

```
>> A=[2  1  4;  4  1  8;  2  -1  3]                     행렬 A를 생성함
A =
     2     1     4
     4     1     8
     2    -1     3
>> B=inv(A)
B =                                   inv 함수를 이용하여 A의 역행렬을 구하고 B에 할당함
    5.5000   -3.5000    2.0000
    2.0000   -1.0000         0
   -3.0000    2.0000   -1.0000
>> A*B                                               A와 B의 곱은 단위행렬이 됨
ans =
     1     0     0
     0     1     0
     0     0     1
>> A*A^-1                             -1의 지수승을 이용하여 A의 역행렬을 구하고 여기에
ans =                                 A를 곱하면 단위행렬이 됨
     1     0     0
     0     1     0
     0     0     1
```

모든 행렬이 역행렬을 갖는 것은 아니다. 행렬이 정방행렬이고, 행렬식(determinant)이 0이 아닌 경우에 행렬은 역행렬을 갖는다.

▸ 행렬식*(Determinant)*

행렬식은 정방행렬과 연관이 있는 함수이다. 행렬식에 대해 아래에 간단히 설명한다. 좀 더 자세한 내용은 선형대수에 관한 책에서 참조한다.

행렬식은 정방행렬 A와 그 행렬의 행렬식이라 불리는 수를 연관짓는 함수이다. 행렬식은 일반적으로 det(A) 또는 $|A|$로 표시되며, 특별한 규칙에 의해 계산된다. 2 × 2의 2차 행렬에 대한 법칙은 다음과 같다.

$$|A| = \begin{vmatrix} a_{11} & a_{12} \\ a_{21} & a_{22} \end{vmatrix} = a_{11}a_{22} - a_{12}a_{21}, \text{ 예를 들면, } \begin{vmatrix} 6 & 5 \\ 3 & 9 \end{vmatrix} = 6 \cdot 9 - 5 \cdot 3 = 39$$

정방행렬의 행렬식은 `det` 명령어로 계산할 수 있다(표 3-1 참조)

▸ 배열 나눗셈

MATLAB에는 두 가지 유형의 배열 나눗셈이 있는데, 오른쪽 나눗셈, 왼쪽 나눗셈이 있다.

**▸ 왼쪽 나눗셈 **

왼쪽 나눗셈(left division)은 행렬 방정식 $AX = B$를 풀기 위해 사용된다. 이 방정식에서, X와 B는 열벡터이다. A의 역행렬을 방정식의 양변에서 왼쪽에 곱하여 해를 구할 수 있다. 즉,

$$A^{-1}AX = A^{-1}B$$

위 방정식의 좌변은 다음에서 알 수 있듯이 X와 같다.

$$A^{-1}AX = IX = X$$

따라서 $AX = B$의 해는 다음과 같다.

$$X = A^{-1}B$$

MATLAB에서 위 식은 왼쪽 나눗셈 기호를 이용하여 다음과 같이 쓸 수 있다.

$$X = A\backslash B$$

여기서 지적할 것은 위의 마지막 두 연산이 같은 결과를 주는 것처럼 보이지만, MATLAB이 X를 계산하는 방법은 서로 다르다는 것이다. 처음 식에서, MATLAB은 A^{-1}를 계산한 다음 B에 곱한다. 두 번째 식에서, 왼쪽 나눗셈에 의한 해 X는 가우스 소거법(Gauss elimination)에 의해 기반을 둔 방법을 이용하여 수치적으로 구한다. 큰 행렬이 포함되었을 때, 역행렬의 계산이 가우스 소거법의 계산보다 덜 정확할 수 있기 때문에, 선형연립방정식의 해를 구하는 경우 왼쪽 나눗셈 방법이 바람직하다.

▸ 오른쪽 나눗셈 /

오른쪽 나눗셈(right division)은 행렬 방정식 $XC = D$의 해를 구하기 위해 사용된다. 이 식에서, X와 D는 행벡터이다. C의 역행렬을 양변의 오른쪽에 곱하여 이 방정식의 해를 구할 수 있다.

$$XCC^{-1} = DC^{-1}$$

로부터 해는 다음과 같다.

$$X = DC^{-1}$$

MATLAB에서, 오른쪽 나눗셈 기호를 사용하여 위의 식을 다음과 같이 쓸 수 있다

$$X = D/C$$

다음 예시 문제들은 왼쪽 나눗셈과 오른쪽 나눗셈, `inv` 함수를 이용하여 선형연립방정식의 해를 구하는 방법을 보여준다.

예시 문제 3-1 **3차 선형연립방정식의 해 구하기(배열 나눗셈)**

행렬연산을 이용하여 다음 선형연립방정식의 해를 구하라.

$$4x - 2y + 6z = 8$$
$$2x + 8y + 2z = 4$$
$$6x + 10y + 3z = 0$$

풀이

앞에서 설명한 선형대수 법칙을 이용하여 위의 연립방정식을 다음과 같이 $AX = B$ 또는 $XC = D$의 행렬 형태로 쓸 수 있다.

$$\begin{bmatrix} 4 & -2 & 6 \\ 2 & 8 & 2 \\ 6 & 10 & 3 \end{bmatrix}\begin{bmatrix} x \\ y \\ z \end{bmatrix} = \begin{bmatrix} 8 \\ 4 \\ 0 \end{bmatrix} \quad \text{또는,} \quad \begin{bmatrix} x & y & z \end{bmatrix}\begin{bmatrix} 4 & 2 & 6 \\ -2 & 8 & 10 \\ 6 & 2 & 3 \end{bmatrix} = \begin{bmatrix} 8 & 4 & 0 \end{bmatrix}$$

위의 두 형태의 해는 다음과 같다.

```
>> A=[4  -2  6;  2  8  2;  6  10  3];        AX = B 형태의 풀이
>> B=[8;  4;  0];
>> X=A\B                                    왼쪽 나눗셈을 이용한 풀이. X = A \ B
X =
    -1.8049
    0.2927
    2.6341
>> Xb=inv(A)*B                              A의 역행렬을 이용한 풀이. X = A^-1 B
Xb =
    -1.8049
    0.2927
    2.6341
>> C=[4  2  6;  -2  8  10;  6  2  3];       XC = D의 형태의 풀이
>> D=[8  4  0];
>> Xc=D/C                                   오른쪽 나눗셈을 이용한 풀이, X = D/C
Xc =
    -1.8049    0.2927    2.6341
>> Xd=D*inv(C)                              C의 역행렬을 이용한 풀이, X = DC^-1
Xd =
    -1.8049    0.2927    2.6341
```

3.4 원소별 연산(*Element-by-Element Operation*)

3.2절과 3,3절에서 곱셈과 나눗셈에 대한 정규 기호인 *와 /를 배열과 함께 사용하는 경우, 수학적 연산은 선형대수 법칙을 따른다는 것을 보았다. 그러나 원소별 연산을 필요로 하는 상황들이 많이 있다. 원소별 연산은 배열 원소 각각에 대헤 수행한다. 덧셈과 뺄셈은 두 베열을 더히기니 빼는 경우, 각각의 원소들이 배열의 동일한 위치에 있는 원소들에게 각각 연산을 수행하므로 정의에 따라 이미 원소별 연산이다. 원소별 연산은 동일한 크기의 배열에서만 수행된다.

MATLAB에서, 두 벡터와 행렬들 사이에서의 원소별 곱셈과 나눗셈, 원소별 거듭제곱은 연산자의 앞에 마침표(.)를 찍어서 표시한다.

심볼	설명
.*	원소별 곱셈
.^	원소별 거듭제곱

심볼	설명
./	원소별 오른쪽 나눗셈
.\	원소별 왼쪽 나눗셈

두 벡터 a와 b는 각각 $a = [a_1\ a_2\ a_3\ a_4]$, $b = [b_1\ b_2\ b_3\ b_4]$일 때, 두 벡터의 원소별 곱셈, 나눗셈, 거듭제곱은 다음과 같다.

$$a.*b = [a_1*b_1\ a_2*b_2\ a_3*b_3\ a_4*b_4]$$
$$a./b = [a_1/b_1\ a_2/b_2\ a_3/b_3\ a_4/b_4]$$
$$a.\wedge b = [(a_1)^{b_1}\ (a_2)^{b_2}\ (a_3)^{b_3}\ (a_4)^{b_4}]$$

만약, 두 행렬 A와 B가 다음과 같다면,

$$A = \begin{bmatrix} A_{11} & A_{12} & A_{13} \\ A_{21} & A_{22} & A_{23} \\ A_{31} & A_{32} & A_{33} \end{bmatrix} \quad \text{그리고} \quad B = \begin{bmatrix} B_{11} & B_{12} & B_{13} \\ B_{21} & B_{22} & B_{23} \\ B_{31} & B_{32} & B_{33} \end{bmatrix}$$

두 행렬의 원소별 곱셈, 나눗셈은 다음과 같다.

$$A.*B = \begin{bmatrix} A_{11}B_{11} & A_{12}B_{12} & A_{13}B_{13} \\ A_{21}B_{21} & A_{22}B_{22} & A_{23}B_{23} \\ A_{31}B_{31} & A_{32}B_{32} & A_{33}B_{33} \end{bmatrix} \qquad A./B = \begin{bmatrix} A_{11}/B_{11} & A_{12}/B_{12} & A_{13}/B_{13} \\ A_{21}/B_{21} & A_{22}/B_{22} & A_{23}/B_{23} \\ A_{31}/B_{31} & A_{32}/B_{32} & A_{33}/B_{33} \end{bmatrix}$$

행렬 A의 원소별 거듭제곱은 다음과 같다.

$$\mathrm{A}.\wedge n = \begin{bmatrix} (A_{11})^n & (A_{12})^n & (A_{13})^n \\ (A_{21})^n & (A_{22})^n & (A_{23})^n \\ (A_{31})^n & (A_{32})^n & (A_{33})^n \end{bmatrix}$$

예제 3-2에 원소별 곱셈과 나눗셈, 거듭제곱이 나와 있다.

예제 3-2 **원소별 연산**

```
>> A=[2 6 3; 5 8 4]                              2 × 3 배열 A를 정의함
A =
    2     6     3
    5     8     4
>> B=[1 4 10; 3 2 7]                             2 × 3 배열 B를 정의함
B =
    1     4    10
    3     2     7
>> A.*B                                          A와 B의 원소별 곱셈
ans =
    2    24    30
   15    16    28
>> C=A./B
C =                                              A를 B로 원소별 나눗셈하고,
   2.0000    1.5000    0.3000                    결과를 변수 C에 할당함
   1.6667    4.0000    0.5714
>> B.^3                                          배열 B의 원소별 거듭제곱. 결과로
ans =                                            얻어지는 배열의 각 원소는 B의 해당
    1    64    1000                              원소를 세제곱한 값임.
   27     8     343
>> A*B                                           A의 열의 개수와 B의 행의 개수가 같지 않으므
??? Error using ==> *                            로, 선형대수 법칙에 따라 A와 B는 곱할 수 없음.
Inner matrix dimensions must agree.              따라서 A*B의 곱셈을 실행하면 오류가 발생함
```

원소별 연산은 많은 입력변수에 대한 함수 값을 계산할 때 매우 유용하다. 이를 위해, 독립변수의 값들이 포함된 벡터를 먼저 정의하고, 이 벡터를 이용하여 원소별 계산을 하면 함수의 해당 값들을 원소로 가지는 벡터가 생성된다. 한 가지 예를 보자.

```
>> x=[1:8]                                       8개의 원소를 가진 벡터 x를 생성함
x =
    1     2     3    4    5    6    7    8
>> y=x.^2-4*x
y =                                              벡터 x가 벡터 y 원소의 원소별
   -3    -4    -3    0    5   12   21   32       계산에 사용됨
>>
```

위의 예제 $y = x^2 - 4x$이다. x를 제곱할 때 원소별 연산이 필요하다. 벡터 y의 각 원소는 벡터 x의 해당 원소를 방정식에 대입하여 얻은 함수 y의 값이다. 또 다른 예를 보자.

```
>> z=[1:2:11]                                    6개의 원소를 가진 벡터 z를 생성함
z =
   1    3    5    7    9    11
>> y=(z.^3 + 5*z)./(4*z.^2 - 10)                 벡터 z가 벡터 y 원소들의 원소별
y =                                              계산에 사용됨
   -1.0000    1.6154    1.6667    2.0323    2.4650    2.9241
```

마지막 예에서 $y = \dfrac{z^3 + 5z}{4z^2 - 10}$이다. 이 예에서는 z^3과 z^2의 계산, 그리고 분수의 나눗셈에 원소별 연산이 세번 사용되었다.

3.5 MATLAB 내장 수학함수에서의 배열 사용

MATLAB의 내장함수들은 입력인자가 배열인 경우, 함수에 의해 정의된 연산이 배열의 각 원소에 대해 수행되도록 만들어졌다(이 연산은 함수를 원소별로 적용하는 것으로 생각할 수 있다). 이러한 연산의 결과, 출력은 입력인자 배열의 각 원소를 함수에 대입하여 얻은 결과를 해당 원소로 갖는 배열이다. 예를 들어, 원소가 7개인 벡터는 cos(x) 함수에 대입하면, x의 각 원소의 코사인 값을 해당 원소로 갖는 벡터가 결과로 얻어진다. 다음의 예를 보자.

```
>> x=[0:pi/6:pi]
x =
   0 0.5236 1.0472 1.5708 2.0944 2.6180 3.1416
>>y=cos(x)
y =
   1.0000 0.8660 0.5000 0.0000 -0.5000 -0.8660 -1.0000
>>
```

다음은 입력인자가 행렬인 경우에 대한 예이다.

```
>> d=[1  4  9;  16  25  36;  49  64  81]          3 × 3 배열을 생성함
d =
    1     4     9
   16    25    36
   49    64    81
>> h=sqrt(d)
h =
    1     2     3
    4     5     6                                h는 배열 d의 각 원소의 제곱근을 구
    7     8     9                                하여 해당 원소로 갖는 3 × 3 배열임
```

배열을 함수의 인자로 사용할 수 있는 MATLAB의 특징을 벡터화(vectorization)라고 부른다.

3.6 배열 해석용 내장함수

MATLAB은 배열을 해석하기 위한 많은 내장함수가 있다. 표 3-1에 이러한 함수들에 대한 설명이 있다.

표 3-1 내장 배열함수

함수	설명	예
mean(A)	A가 벡터이면, 벡터 원소들의 평균값을 돌려준다.	>> A = [5 9 2 4]; >> mean(A) ans = 5
C = max(A)	A가 벡터이면, C는 A에서 가장 큰 원소이다. A가 행렬일 경우, C는 A의 각 열에서 가장 큰 원소들로 구성된 행벡터이다.	>> A = [5 9 2 4 11 6 11 1]; >> C = max(A) C = 11
[d,n] = max(A)	A가 벡터이면, d는 C에서 가장 큰 원소이며 n은 원소의 위치이다(최대값이 여러 개인 경우에는 첫 번째 최대값의 위치).	>>[d,n] = max(A) d = 11 n = 5
min(A) [d,n] = min(A)	최소값을 찾는다는 점을 제외하고는 max(A)와 동일하다. 최소값을 찾는다는 점을 제외하고는 [d,n] = max(A)와 동일하다.	>> A = [5 9 2 4]; >> min(A) ans = 2
sum(A)	A가 벡터이면, 벡터 원소들의 합을 돌려준다.	>> A = [5 9 2 4]; >> sum(A) ans = 20
sort(A)	A가 벡터이면, 벡터의 원소들을 오름차순으로 정렬한다.	>> A = [5 9 2 4]; >> sort(A) ans = 2 4 5 9
median(A)	A가 벡터이면, 벡터 원소들의 중앙값(median value)을 돌려준다.	>> A = [5 9 2 4]; >> median(A) ans = 4.5000
std(A)	A가 벡터이면, 벡터 원소들의 표준편차를 돌려준다.	>> A = [5 9 2 4]; >> std(A) ans = 2.9439

(계속)

표 3-1 내장 배열함수(계속)

함수	설명	예

`det(A)`	정방행렬 A의 행렬식을 돌려준다.	`>> A = [2 4; 3 5];`
		`>> det(A)`
		`ans =`
		`   -2`

`dot(a,b)`	두 벡터 a와 b의 스칼라 곱(내적)을 계산한다. 벡터는 각각 행벡터 또는 열벡터가 될 수 있다.	`>> a = [1 2 3];`
		`>> b = [3 4 5];`
		`>> dot(a,b)`
		`ans =`
		`   26`

`cross(a,b)`	두 벡터 a와 b의 외적(cross product)을 계산한다. 두 벡터는 3개의 원소를 가져야한다.	`>> a = [1 3 2];`
		`>> b = [2 4 1];`
		`>>cross(a,b)`
		`ans =`
		`  -5   3   -2`

`inv(A)`	정방행렬 A의 역행렬을 돌려준다.	`>> A = [2 -2 1; 3 2 -1; 2 -3 2];`
		`>> inv(A)`
		`ans =`
		`   0.2000   0.2000        0`
		`  -1.6000   0.4000   1.0000`
		`  -2.6000   0.4000   2.0000`

3.7 난수의 발생

많은 공학 응용분야와 물리적인 과정의 시뮬레이션에 랜덤한 값을 갖는 난수(또는 난수들의 집합)이 필요한 경우가 종종 있다. MATLAB에서는 난수들을 변수에 할당하는 데 쓰이는 `rand`, `randn` 그리고 `randi` 함수가 있다.

▸ rand 명령어

`rand` 명령어는 0과 1 사이의 균등분포 난수들을 생성하며, 표 3-2에 나와 있듯이, 이 난수들을 스칼라나 벡터, 또는 행렬에 할당하는 데 사용할 수 있다.

표 3-2 rand 명령어

명령어	설명	예

`rand`	0과 1 사이의 난수 한 개를 생성한다.	`>>rand`
		`ans =`
		`   0.2311`

`rand(1,n)`	0과 1 사이의 n개의 난수들로 구성된 1 × n 행벡터를 생성한다.	`>>a = rand(1,4)`
		`a =`
		`   0.6068   0.4860   0.8913   0.7612`

(계속)

표 3-2 rand 명령어(계속)

명령어	설명	예

`rand(n)`	0과 1 사이의 난수들로 구성된 n × n 행렬을 생성한다.	`>>b = rand(3)`
		`b =`
		`0.4565 0.4447 0.9218`
		`0.0185 0.6154 0.7382`
		`0.8214 0.7919 0.1763`

`rand(m,n)`	0과 1 사이의 난수들로 이루어진 m × n 행렬을 생성한다.	`>>c = rand(2,4)`
		`c =`
		`0.4057 0.7169 0.8936 0.3529`
		`0.9355 0.4103 0.0579 0.8132`

`randperm(n)`	1에서 n까지의 정수의 무작위 순열(random permutation)로 구성된 1 × n 행벡터를 생성한다.	`>>randperm(8)`
		`ans =`
		`8 2 7 4 3 6 5 1`

(0,1)이 아닌 구간에 분포된 난수들이나 정수로만 이루어진 난수들이 필요한 경우가 종종 있는데, rand 함수에 수학적인 조작을 하면 원하는 난수들을 얻을 수 있다(a, b). 구간에 분포되는 난수들을 rand에 $(b - a)$를 곱한 후 a를 더하면 구할 수 있다. 즉,

$$(b - a)*\texttt{rand} + a$$

예를 들어, −5와 10 사이의 난수를 가지는 원소 10개의 벡터는 다음과 같이 구할 수 있다($a = -5$, $b = 10$).

```
>> v=15*rand(1,10)-5
v =
   -1.8640    0.6973    6.7499    5.2127    1.9164    3.5174    6.9132   -4.1123
4.0430    -4.2460
```

▸ randi 명령어

randi 명령어는 균등분포 난수인 정수를 생성하며, 표 3-3에 나와 있듯이, 이 난수들을 스칼라나 벡터, 또는 행렬에 할당하는 데 사용할 수 있다.

표 3-3 randi 명령어

명령어	설명	예

`randi(imax)`
 	
(imax는 정수)
	1과 imax 사이의 난수 정수 한 개를 생성한다.	`>>a = randi(15)`
		`a =`
		`9`

`randi(imax,n)`	1과 imax 사이의 난수 정수들로 구성된 n × n 행렬을 생성한다.	`>>b = randi(15,3)`
		`b =`
		`4 8 11`
		`14 3 8`
		`1 15 8`

(계속)

표 3-3 randi 명령어(계속)

명령어	설명	예
randi(imax, m,n)	1과 imax 사이의 난수 정수들로 구성된 m × n 행렬을 생성한다.	>>c = randi(15, 2, 4) c = 1 1 8 13 11 2 2 13

1과 imax 사이의 난수 정수가 아닌, 원하는 두 정수 사이의 난수 정수를 생성하고 싶다면, imax대신에 [imin imax]라고 입력하면, 어떠한 두 정수 사이의 난수 정수들을 생성할 수 있다. 예를 들어 50과 90 사이의 난수 정수로 이루어진 3 × 4 행렬을 생성하려면, 다음과 같다.

```
>> d=randi([50  90], 3, 4)
d =
    57    82    71    75
    66    52    67    61
    84    66    76    67
```

▸ **randn 명령어**

randn 명령어는 평균이 0이고, 표준편차가 1인 정규분포된 난수들을 생성한다. 이 명령어는 rand 명령어와 같은 방법으로 한 개의 수나 벡터, 또는 행렬을 생성하는 데 사용할 수 있다. 예를 들어, 3 × 4 행렬은 다음과 같이 생성할 수 있다.

```
>> d=randn(3,4)
d =
   -0.4326    0.2877    1.1892    0.1746
   -1.6656   -1.1465   -0.0376   -0.1867
    0.1253    1.1909    0.3273    0.7258
```

난수들의 평균과 표준편차는 수학적인 조작에 의해 어떤 값으로도 바꿀 수 있다. 이를 위해서는 randn 함수로 생성한 난수에 원하는 표준편차를 곱하고 원하는 평균을 더하면 된다. 예를 들어 평균이 50이고, 표준편차가 4인 6개 정수 난수들의 벡터는 다음과 같이 생성할 수 있다.

```
>> v=4*randn(1,6)+50
v =
   42.7785    57.4344    47.5819    50.4134    52.2527    50.4544
```

정수 난수를 구하려면, round 함수를 이용하면 된다.

```
>> w=round(4*randn(1,6)+50)
w =
    51    49    46    49    50    44
```

3.8 MATLAB 응용 예제

예시 문제 3-2 등가 힘(벡터의 덧셈)

그림과 같이 세 힘이 바닥의 고리에 가해지고 있다. 이 고리에 가해지는 합력(등가 힘)을 구하라.

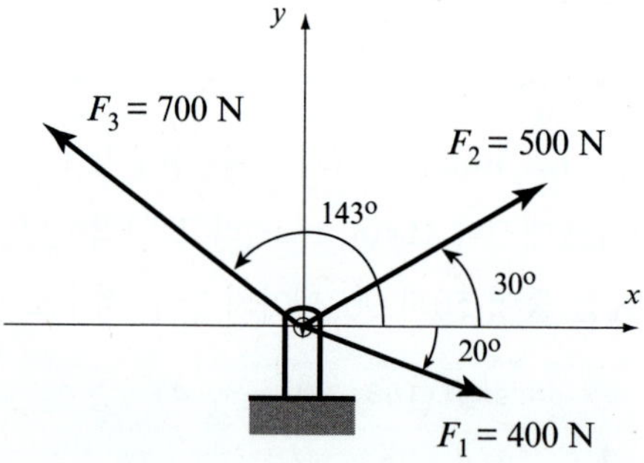

풀이

힘은 크기와 방향을 가진 물리량으로 벡터이다. 직각좌표계에서 2차원 벡터 **F**는 다음과 같이 쓸 수 있다.

$$\mathbf{F} = F_x\mathbf{i} + F_y\mathbf{j} = F cos\theta\mathbf{i} + F sin\theta\mathbf{j} = F(cos\theta\mathbf{i} + sin\theta\mathbf{j})$$

여기서 F는 힘의 크기, θ는 x축에 대한 힘의 각도이며, F_x와 F_y는 각각 **F**의 x축과 y축 방향 성분이고, **i**와 **j**는 x축과 y축 방향의 단위벡터이다. F_x와 F_y가 알려져 있다면 F와 θ는 다음 식으로 구할 수 있다.

$$F = \sqrt{F_x^2 + F_x^2} \quad \text{그리고,} \quad tan\theta = \frac{F_y}{F_x}$$

고리에 가해지는 합력, 즉 등가 힘은 고리에 가해지는 힘을 모두 더하면 얻어진다. MATLAB에 의한 해는 다음 세 단계를 따른다.

- 각 힘을 두 원소를 가진 벡터로 나타낸다. 벡터의 첫 번째 원소는 힘 벡터의 x축 성분이고 두 번째 원소는 힘 벡터의 y축 성분이다.
- 벡터들을 더하여 등가 힘을 벡터 형태로 구한다.
- 등가 힘의 크기와 방향을 구한다.

다음 스크립트 파일로 예시 문제의 해를 구할 수 있다.

```
% Sample Problem 3-2 solution (script file)
clear
F1M=400; F2M=500; F3M=700;
Th1=-20; Th2=30; Th3=143;
F1=F1M*[cosd(Th1) sind(Th1)]
F2=F2M*[cosd(Th2) sind(Th2)]
F3=F3M*[cosd(Th3) sind(Th3)]
Ftot=F1+F2+F3
FtotM=sqrt(Ftot(1)^2+Ftot(2)^2)
Th=atand(Ftot(2)/Ftot(1))
```

세 힘 벡터의 크기를 세 변수로 정의함

세 힘 벡터의 각도를 세 변수로 정의함

세 벡터를 정의함

합력벡터를 계산함

합력벡터의 크기를 계산함

합력벡터의 각을 계산함

프로그램이 실행되면 다음 결과가 명령어 창에 출력된다.

```
F1 =
     375.8770   -136.8081          F1의 x, y 성분
F2 =
     433.0127    250.0000          F2의 x, y 성분
F3 =
    -559.0449    421.2705          F3의 x, y 성분
Ftot =
     249.8449    534.4625          합력의 x, y 성분
FtotM =
     589.9768                      합력의 크기
Th =
      64.9453                      합력의 방향(각도)
```

등가 힘은 589.98 N의 크기를 가지며 x축에 대해 64.95°(반시계방향)의 방향을 갖는다. 벡터 기호로, 힘은 $\mathbf{F} = 249.84\mathbf{i} + 534.46\mathbf{j}$ N이다.

예시 문제 3-3 마찰 실험(원소별 계산)

마찰 계수 μ는 질량 m을 이동시키는 데 필요한 힘 F를 측정함으로써 실험으로 결정될 수 있다. F가 측정되고 m이 알려지면, 마찰 계수는 다음 식에 의해 계산할 수 있다.

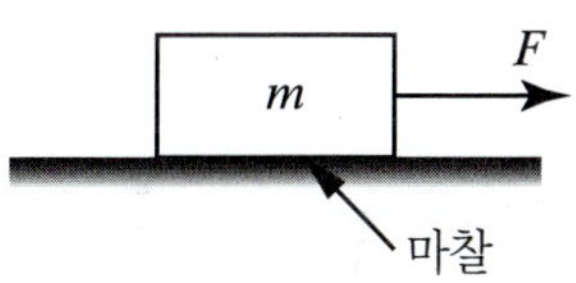

$$\mu = F/(mg) \ (g = 9.81 \text{ m/s}^2).$$

여섯 번의 실험을 통한 F에 대한 측정 결과가 다음 표로 주어졌다. 각 실험에 대한 마찰 계수를 구하고, 모든 실험 결과에 대한 마찰 계수의 평균을 구하라.

실험 번호	1	2	3	4	5	6
질량 m (kg)	2	4	5	10	20	50
힘 F (N)	12.5	23.5	30	61	117	294

풀이

명령어 창에서 MATLAB 명령어를 이용하여 해를 구하면 다음과 같다.

```
>> m=[2  4  5  10  20  50];                 m의 값을 벡터에 입력함
>> F=[12.5  23.5  30  61  117  294];        F의 값을 벡터에 입력함
>> mu=F./(m*9.81)                           원소별 계산을 이용하여 각 시험에 대한 mu값을 계산함
mu =
    0.6371    0.5989    0.6116    0.6218    0.5963    0.5994
```

```
>> mu_ave=mean(mu)
mu_ave =
    0.6109
```

함수 mean을 이용하여 벡터 mu의 원소들의 평균을 구함

예시 문제 3-4 전기저항회로 분석(선형 연립방정식의 풀이)

오른쪽에 있는 전기회로는 저항과 전압원으로 구성되어 있다. Kirchhoff의 전압법칙에 의한 망전류 방법(mesh current method)을 이용하여 각 저항에서의 전류를 구하라.

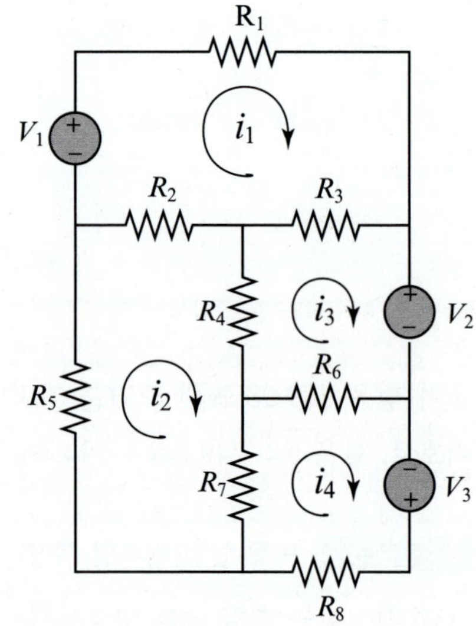

$V_1 = 20$ V, $V_2 = 12$ V, $V_3 = 40$ V,
$R_1 = 18$ Ω, $R_2 = 10$ Ω, $R_3 = 16$ Ω,
$R_4 = 6$ Ω, $R_5 = 15$ Ω, $R_6 = 8$ Ω,
$R_7 = 12$ Ω, $R_8 = 14$ Ω

풀이

Kirchhoff의 전압법칙(voltage law)에 의하면, 폐회로상의 전압을 모두 더하면 0이다. 망전류 방법에서 먼저 각 망에 전류(그림에서 i_1, i_2, i_3, i_4)를 할당하고 Kifchhoff의 전압 제 2법칙을 각 망에 적용하면, 전류에 대한 선형 연립방정식(이 예시 문제의 경우 4개의 방정식)을 얻을 수 있다. 이 선형 연립방정식의 해로부터 망전류의 값을 구할 수 있다. 두 망에 모두 속해 있는 저항을 통과하는 전류는 각 망에서의 전류를 합한 값과 같다. 모든 전류가 같은 방향으로 흐른다고 가정하는 것이 편하며, 이의 부호는 전류가 –극 쪽으로 흐를 때 양(+)이며, 저항의 전압 부호는 망전류 방향의 전류에 대해 음(–)이다.

전류 문제에서 네 개의 망에 대한 방정식은 다음과 같다.

$$\begin{aligned}
V_1 - R_1 i_1 - R_3(i_1 - i_3) - R_2(i_1 - i_2) &= 0 \\
-R_5 i_2 - R_2(i_2 - i_1) - R_4(i_2 - i_3) - R_7(i_2 - i_4) &= 0 \\
-V_2 - R_6(i_3 - i_4) - R_4(i_3 - i_2) - R_3(i_3 - i_1) &= 0 \\
V_3 - R_8 i_4 - R_7(i_4 - i_2) - R_6(i_4 - i_3) &= 0
\end{aligned}$$

위의 네 개의 방정식은 다음과 같이 $[A][x] = [B]$의 행렬 형태로 다시 쓸 수 있다.

$$\begin{bmatrix} -(R_1+R_2+R_3) & R_2 & R_3 & 0 \\ R_2 & -(R_2+R_4+R_5+R_7) & R_4 & R_7 \\ R_3 & R_4 & -(R_3+R_4+R_6) & R_6 \\ 0 & R_7 & R_6 & -(R_6+R_7+R_8) \end{bmatrix} \begin{bmatrix} i_1 \\ i_2 \\ i_3 \\ i_4 \end{bmatrix} = \begin{bmatrix} -V_1 \\ 0 \\ V_2 \\ -V_3 \end{bmatrix}$$

문제의 해는 스크립트 파일로 작성된 다음 프로그램을 이용하여 구할 수 있다.

```
V1=20; V2=12; V3=40;
R1=18; R2=10; R3=16; R4=6;            V와 R들의 값을 각각 변수로 정의함
R5=15; R6=8; R7=12; R8=14;
A=[-(R1+R2+R3) R2 R3 0
R2 -(R2+R4+R5+R7) R4 R7               행렬 A를 생성함
R3 R4 -(R3+R4+R6) R6
0 R7 R6 -(R6+R7+R8)]
>> B=[-V1; 0; V2; -V3]                행렬 B를 생성함
>> I=A\B                              왼쪽 나눗셈을 이용하여 전류를 구함
```

스크립트 파일이 실행되면 다음 결과들이 명령어 창에 출력된다.

```
A =
   -44    10    16     0              행렬 A의 수치값
    10   -43     6    12
    16     6   -30     8
     0    12     8   -34
B =
   -20                                벡터 B의 수치값
     0
    12
   -40
I =
    0.8411  ← i1
    0.7206  ← i2                      해
    0.6127  ← i3
    1.5750  ← i4
>>
```

위의 마지막 I 벡터는 각 망에 흐르는 전류를 나타낸다. 저항 R_1, R_5, R_8에서의 전류는 각각 $i_1 = 0.8411$ A, $i_2 = 0.7206$ A, $i_3 = 0.7206$ A, $i_4 = 1.5750$ A이다. 나머지 저항들은 두 망에 속해 있으며 각 저항에서의 전류는 두 망에서의 전류의 합이다.

저항 R_2에서의 전류는 $i_1 - i_2 = 0.1215$ A이다.

저항 R_3에서의 전류는 $i_1 - i_3 = 0.2284$ A이다.

저항 R_4에서의 전류는 $i_2 - i_3 = 0.1079$ A이다.

저항 R_6에서의 전류는 $i_4 - i_3 = 0.9623$ A이다.

저항 R_7에서의 전류는 $i_4 - i_2 = 0.8544$ A이다.

예시 문제 3-5 두 질점의 운동

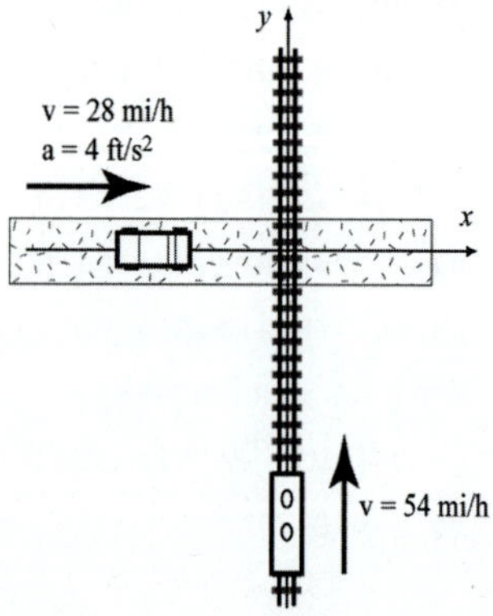

기차와 자동차가 교차로를 향해 접근하고 있다. $t = 0$에서 기차는 교차로에서 남쪽으로 400 ft 지점에 있으며 54 mi/h의 일정한 속력으로 북쪽을 향해 달리고 있다. 동시에 자동차는 교차로의 서쪽으로 200 ft 지점에 있으며 28 mi/h의 속력과 4 ft/s^{2}의 가속도로 동쪽을 향해 달리고 있다. 다음 10초 동안 매초마다 기차와 자동차의 위치, 둘 사이의 거리, 자동차에 대한 기차의 상대 속력 등을 구하라.

결과를 나타내기 위해 11 × 6 크기의 행렬을 생성하라. 행렬의 각 행에서 첫 번째 원소는 시간, 나머지 다섯 원소는 각각 기차의 위치, 자동차의 위치, 기차와 자동차 사이의 거리, 자동차의 속력, 자동차에 대한 기차의 상대 속력이다.

풀이

일정한 가속도로 직선을 따라 움직이는 물체의 위치는 $s = s_0 + v_0t + \frac{1}{2}at^2$으로 주어진다. 여기서 s_0와 v_0는 $t = 0$에서의 위치와 속력이며, a는 가속도이다. 이 식을 기차와 자동차에 적용하면 다음과 같다.

$$y = -400 + v_{0train}t \qquad \text{(기차)}$$

$$x = -200 + v_{0car}t + \frac{1}{2}a_{car}t^2 \qquad \text{(자동차)}$$

자동차와 기차 사이의 거리는 $d = \sqrt{x^2 + y^2}$이다. 기차의 속도는 일정하며 벡터 기호로는 $\mathbf{v}_{train} = \mathbf{v}_{otrain}\mathbf{j}$이다. 자동차는 가속하고 있으며 시간 t에서의 속도는 $\mathbf{v}_{car} = (v_{ocar} + a_{car}t)\mathbf{i}$로 주어진다. 자동차에 대한 기차의 상대 속도 $\mathbf{v}_{t/c}$는 $\mathbf{v}_{t/c} = \mathbf{v}_{train} - \mathbf{v}_{car} = -(v_{0car} + a_{car}t)\mathbf{i} + v_{0train}\mathbf{j}$로 주어진다. 이 속도의 크기, 즉 속력은 벡터의 길이와 같다.

이 문제는 스크립트 파일로 작성된 다음 프로그램으로 풀 수 있다. 먼저 0에서 10초까지의 11개의 시간 원소를 가진 벡터 t를 생성한 후, 이들 각 시간 원소에 대해 기차와 자동차의 위치, 둘 사이의 거리, 자동차에 대한 기차의 상대 속력 등을 계산한다.

```
v0train=54*5280/3600; v0car=28*5280/3600; acar=4;
                                   초기속도(ft/s)와 가속도에 대한 변수들을 생성함
t=0:10;                                                      벡터 t를 생성함
y=-400+v0train*t;                                기차와 자동차의 위치를 계산함
x=-200+v0car*t+0.5*acar*t.^2;
d=sqrt(x.^2+y.^2);                           기차와 자동차 사이의 거리를 계산함
```

```
vcar=v0car+acar*t;                                    자동차의 속도를 계산함
speed_trainRcar=sqrt(vcar.^2+v0train^2);              자동차에 대한 기차의 상대속력을 계산함
table=[t' y' x' d' vcar' speed_trainRcar']            table 변수를 생성함(아래의 주의 참조)
```

주의: 위의 명령어에서 table은 출력할 데이터를 가진 행렬 변수의 이름이다.

스크립트 파일이 실행되면, 다음 결과가 명령어 창에 출력된다.

```
table =
          0   -400.0000   -200.0000   447.2136   41.0667    89.2139
     1.0000   -320.8000   -156.9333   357.1284   45.0667    91.1243
     2.0000   -241.6000   -109.8667   265.4077   49.0667    93.1675
     3.0000   -162.4000    -58.8000   172.7171   53.0667    95.3347
     4.0000    -83.2000     -3.7333    83.2837   57.0667    97.6178
     5.0000     -4.0000     55.3333    55.4777   61.0667   100.0089
     6.0000     75.2000    118.4000   140.2626   65.0667   102.5003
     7.0000    154.4000    185.4667   241.3239   69.0667   105.0849
     8.0000    233.6000    256.5333   346.9558   73.0667   107.7561
     9.0000    312.8000    331.6000   455.8535   77.0667   110.5075
    10.0000    392.0000    410.6667   567.7245   81.0667   113.3333
```

시간 (s)	기차위치 (ft)	자동차 위치 (ft)	기차와 자동차 사이의 거리 (ft)	자동차 속력 (ft/s)	자동차에 대한 기차의 상대속력 (ft/s)

이 문제에서 결과는 수치로서 어떠한 텍스트도 없이 MATLAB에 의해 출력된다. MATLAB에 의해 생성되는 출력에 텍스트를 추가하는 방법에 대한 설명은 4장에서 제시된다.

3.9 연습문제

주의: 배열의 수학연산 연습을 위한 추가 문제가 4장 끝부분에 제공된다.

1. 함수 $y = x^2 - \frac{x}{x+3}$에 대해, 원소별 연산을 이용하여 다음 x 값, 0, 1, 2, 3, 4, 5, 6, 7에 대한 y값을 계산하라.

2. 함수 $y = x^4 e^{-x}$에 대해, 원소별 연산을 이용하여 다음 x 값, 1.5, 2, 2.5, 3, 3.5, 4 에 대한 y값을 계산하라.

3. 함수 $y = (x + x\sqrt{x+3})(1 + 2x^2) - x^3$에 대해, 원소별 연산을 이용하여 다음 x 값, −2, −1.5, −1, −0.5, 0. 0.5, 1, 1.5, 2에 대한 y값을 계산하라.

4. 함수 $y = \frac{4\sin x + 6}{(\cos^2 x + \sin x)^2}$에 대해, 원소별 연산을 이용하여 다음 x 값, 15°, 25°, 35°, 45°,

55°, 65°에 대한 y값을 계산하라.

5. 구의 부피인 V로부터 반지름 r이 다음과 같이 구해진다.

$$r = \sqrt[3]{\frac{3V}{4\pi}}$$

구의 표면적인 S는 다음과 같이 구해진다.

$$S = 4\pi r^2$$

구의 부피 V가 4,000, 3500, 3,000, 2,500, 2,000, 1,500, 1,000 in^3일 때, 반지름 r과 표면적 S를 구하여라. 결과를 세 개의 열로 된 표를 만들어, r, V, 그리고 S의 값이 각각 첫 번째, 두 번째, 그리고 세 번째 열에 출력하라. 표에 출력되는 r과 S값은 소수점 첫번째 단위로 반올림되어야 한다.

6. 한 사람이 70 lb의 쌀 주머니를 그림에 나와 있듯 각도 θ 방향으로 힘 F를 가할 때 필요한 힘은 다음과 같이 주어진다.

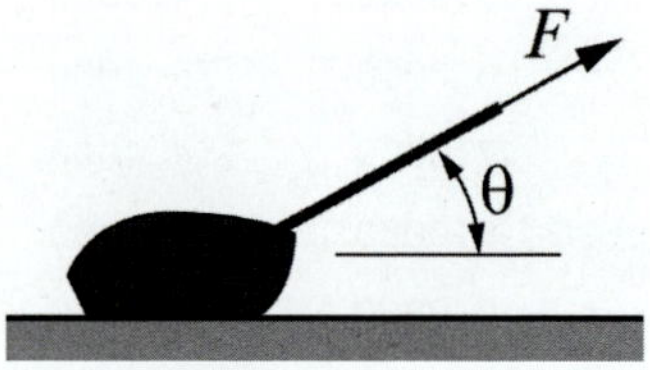

$$F(\theta) = \frac{70\mu}{\mu \sin\theta + \cos\theta}$$

여기서 마찰계수 $\mu = 0.35$이다.

(*a*) θ가 5°, 10°, 15°, 20°, 30°, 35°일 때 $F(\theta)$를 구하라.

(*b*) F가 최소가 되는 각도 θ를 구하라. 그리고, 벡터 θ를 만들고 각 요소가 5에서 35°까지이며 간격은 0.01이다. 각 θ의 값에 대해 F를 계산한 다음 MATLAB의 내장 함수 `max`를 사용하여 최대 F 값을 가지는 θ를 계산하라.

7. x년 후 고정 지불액 n년 모기지의 나머지 대출 잔액 B는 다음과 같이 계산된다.

$$B = \frac{L\left[\left(1 + \frac{r}{12}\right)^{12n} - \left(1 + \frac{r}{12}\right)^{12x}\right]}{\left(1 + \frac{r}{12}\right)^{12n} - 1}$$

L은 대출 금액을 나타내고 r은 연 이자율을 나타낼 때, 0, 5, 10, 15, 20, 25, 30년 후 연이자율 6%(식에서 0.06 사용)인 30년 만기 100,000달러 모기지의 잔액을 계산하라. x에 대한 7개 원소 벡터를 만들고 각 원소 벡터별 연산을 하라. 결과를 첫 번째 행과 두 번째 행에 각각 연도와 잔액 값이 표시되게 출력하라.

8. 벡터 $\mathbf{u} = x\mathbf{i} + y\mathbf{j} - z\mathbf{k}$의 길이(크기) $|\mathbf{u}|$는 $|\mathbf{u}| = \sqrt{x^2 + y^2 + z^2}$이다. 벡터 $\mathbf{u} = -5.6\mathbf{i} + 11\mathbf{j} - 14\mathbf{k}$가 주어질 때, 원소별 연산을 사용하여 벡터를 자체적으로 곱하고 MATLAB 내장 함수 `sum`과 `sqrt`를 사용하여 벡터의 길이를 구하라.

9. 벡터 $\mathbf{u} = x\mathbf{i} + y\mathbf{j} + z\mathbf{k}$의 방향으로 단위 벡터 $\mathbf{u}_n$은 벡터 $\mathbf{u}_n = \mathbf{u} / |\mathbf{u}|$에 의해 주어지고, 여기서 $|\mathbf{u}|$는 벡터의 길이(크기)이고, 이는 $|\mathbf{u}| = \sqrt{x^2 + y^2 + z^2}$에 의해 결정된다. 벡터 $\mathbf{u} = 4\mathbf{i} + 13\mathbf{j} - 7\mathbf{k}$가 주어졌을 때 다음 단계를 사용하여 $\mathbf{u}$의 방향으로의 단위 벡터를 구하라.

(*a*) 벡터를 변수 `u`에 할당하라.

(*b*) 원소별 연산 및 MATLAB 내상 함수 `sum`과 `sqrt`를 사용하여 $\mathbf{u}$의 길이를 계산하고 이를 변수 `Lu`로 할당하라.

(*c*) (*a*)와 (*b*) 부분에서 변수를 사용하여 $\mathbf{u}_n$을 계산하라.

(*d*) (*b*) 부분과 동일한 연산을 하용하여 $\mathbf{u}_n$의 길이가 1임을 확인하라.

10. 두 벡터 $\mathbf{u}_1 = x_1\mathbf{i} + y_1\mathbf{j} + z_1\mathbf{k}$와 $\mathbf{u}_2 = x_2\mathbf{i} + y_2\mathbf{j} + z_2\mathbf{k}$ 사이의 각도는 $|\mathbf{u}_i| = \sqrt{x_i^2 + y_i^2 + z_i^2}$에 의해 결정되는 $\cos\theta = \dfrac{x_1x_2 + y_1y_2 + z_1z_2}{|\mathbf{u}_1||\mathbf{u}_2|}$로 알 수 있다. 주어진 벡터 $\mathbf{u}_1 = 3.2\mathbf{i} - 6.9\mathbf{j} + 9\mathbf{k}$와 $\mathbf{u}_2 = -4\mathbf{i} + 2\mathbf{j} + 7\mathbf{k}$를 통해 요소별 곱셈과 MATLAB 내장 함수는 `acosd`, `sum`, `sqrt`를 사용하여 그들 사이의 각도(도)를 결정하는 MATLAB 명령을 작성하라.

11. 다음 벡터를 MATLAB으로 정의하라.

```
d = [2  4  3]
```

다음 명령어가 MATLAB에 의해 실행될 때 출력될 결과를 손(연필과 종이)으로 작성하고, 작성된 결과를 MATLAB으로 명령어를 실행하여 체크해라.

(*a*) `d+d`　　(*b*) `d.^d`　　(*c*) `d.*d`　　(*d*) `d.^2`

12. 다음 두 벡터를 MATLAB으로 정의하라.

```
v = [3  -1  2], u = [6  4  -3]
```

다음 명령어가 MATLAB에 의해 실행될 때 출력될 결과를 손(연필과 종이)으로 작성하고, 작성된 결과를 MATLAB으로 명령어를 실행하여 체크해라.

(*a*) `v.*u`　　(*b*) `v.^u`　　(*c*) `v*u'`

13. 벡터 $v = [1\ 3\ 5\ 7]$을 정의한 후 벡터 v의 수식으로 다음의 벡터를 생성하라.

(*a*) $a = [3\ 9\ 15\ 21]$　　(*b*) $b = [1\ 9\ 25\ 49]$

(*c*) $c = [1\ 1\ 1\ 1]$　　(*d*) $d = [6\ 6\ 6\ 6]$

14. 벡터 $v = [5\ 4\ 3\ 2]$을 정의한 후 벡터 v의 수식으로 다음의 벡터를 생성하라.

(*a*) $a = \left[\dfrac{1}{5+5}\ \dfrac{1}{4+4}\ \dfrac{1}{3+3}\ \dfrac{1}{2+2}\right]$　　(*b*) $b = [5^5\ 4^4\ 3^3\ 2^2]$

(*c*) $c = \left[\dfrac{5}{\sqrt{5}}\ \dfrac{4}{\sqrt{4}}\ \dfrac{3}{\sqrt{3}}\ \dfrac{2}{\sqrt{2}}\right]$　　(*d*) $d = \left[\dfrac{5^5}{5^5}\ \dfrac{4^4}{4^4}\ \dfrac{3^3}{3^3}\ \dfrac{2^2}{2^2}\right]$

15. 벡터 $x = [0.5, 1, 1.5, 2, 2.5]$, $y = [0.8, 1.6, 2.4, 3.2, 4.0]$라고 정의한 다음, 벡터 x와 y의 원소별 연산을 이용하여 아래의 z를 계산하라.

(a) $z = x^2 + 2xy$ (b) $z = xye^{y/x} - \sqrt[3]{x^4y^3 + 8.5}$

16. 스칼라 r과 s를 $r = 1.6 \times 10^3$, $s = 14.2$로 벡터 t, x, y를 $t = [1, 2, 3, 4, 5]$, $x = [2, 4, 6, 8, 10]$, $y = [3, 6, 9, 12, 15]$로 정의한 다음, 벡터에 대한 원소별 연산을 이용하여 아래의 수식을 계산하라.

(a) $G = xt + \frac{r}{s^2}(y^2 - x)t$ (b) $R = \frac{r(-xt + yt^2)}{15} - s^2(y - 0.5x^2)t$

17. 삼각형 ABC의 면적은 $|\mathbf{r}_{AB} \times \mathbf{r}_{AC}| / 2$으로 구할 수 있으며, 벡터 $\mathbf{r}_{AB}$와 $\mathbf{r}_{AC}$는 각각 삼각형의 꼭지점 A와 B, A와 C를 연결하는 벡터이다. 삼각형의 면적을 스크립트 파일을 이용하여 구하라. 해를 구하는 순서는 다음과 같다. 첫 번째로, 주어진 점 A, B, C의 좌표를 이용하여 벡터 $\mathbf{r}_{OA}$, $\mathbf{r}_{OB}$, $\mathbf{r}_{OC}$를 정의한 후에, 벡터 $\mathbf{r}_{OA}$, $\mathbf{r}_{OB}$, $\mathbf{r}_{OC}$로부터 벡터 $\mathbf{r}_{AB}$, $\mathbf{r}_{AC}$를 계산하고 마지막으로 MATLAB 내장함수 `cross`, `sum`, `sqrt`를 사용하여 면적을 구하라.

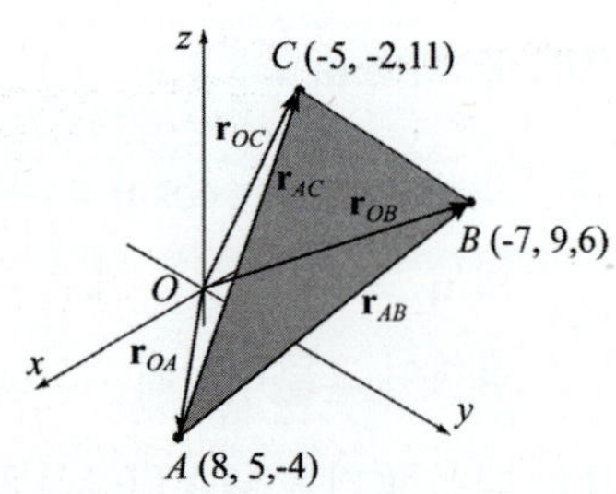

18. 내적(dot product)은 두 벡터 사이의 각도를 구하는 데 사용된다.

$$\theta = \sin^{-1}\left(\frac{|\mathbf{r}_1 \times \mathbf{r}_2|}{|\mathbf{r}_1||\mathbf{r}_2|}\right)$$

MATLAB 내장함수 `asind`, `cross`, `sqrt`, `dot`를 이용하여 $\mathbf{r}_1 = 2.5\mathbf{i} + 8\mathbf{j} - 5\mathbf{k}$와 $\mathbf{r}_2 = -1\mathbf{i} + 6\mathbf{j} + 3\mathbf{k}$의 사이의 각(degree)을 구하라. 단, $|\mathbf{r}| = \sqrt{\mathbf{r} \cdot \mathbf{r}}$을 이용한다.

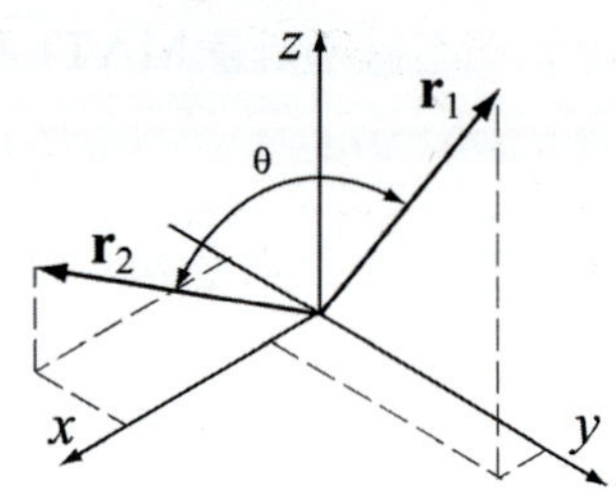

19. n개 입자의 무게 중심 $(\bar{x}, \bar{y}, \bar{z})$는 다음과 같이 계산된다.

$$\bar{x} = \frac{\sum_{i=1}^{i=n} m_i x_i}{\sum_{i=1}^{i=n} m_i}, \ \bar{y} = \frac{\sum_{i=1}^{i=n} m_i y_i}{\sum_{i=1}^{i=n} m_i}, \ \bar{z} = \frac{\sum_{i=1}^{i=n} m_i z_i}{\sum_{i=1}^{i=n} m_i}$$

여기서 x_i, y_i, z_i와 m_i는 각각 입자 i의 좌표와 질량이다. 6개 입자의 좌표와 질량은 다음 표와 같다. 입자의 무게 중심을 계산하라.

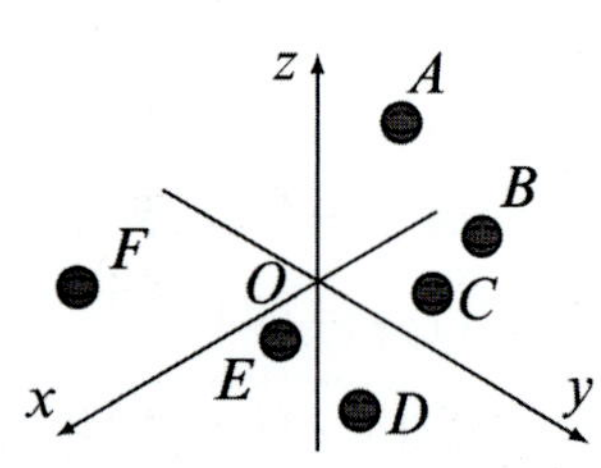

입자	무게 (kg)	좌표 *x* (mm)	좌표 *y* (mm)	좌표 *z* (mm)
A	0.5	−10	8	32
B	0.8	−18	6	19
C	0.2	−7	11	2
D	1.1	5	12	−9
E	0.4	0	−8	−6
F	0.9	25	−20	8

20. 다음 벡터를 정의하라:

$$\mathbf{a} = 7\mathbf{i} - 4\mathbf{j} + 6\mathbf{k},\ \mathbf{b} = -4\mathbf{i} + 7\mathbf{j} + 5\mathbf{k},\ \text{그리고}\ \mathbf{c} = 5\mathbf{i} - 6\mathbf{j} + 8\mathbf{k}$$

위의 벡터를 이용하여 아래의 식을 증명하라.

$$\mathbf{a} \times (\mathbf{b} \times \mathbf{c}) = \mathbf{b}(\mathbf{a} \cdot \mathbf{c}) - \mathbf{c}(\mathbf{a} \cdot \mathbf{b})$$

MATLAB 내장함수 `cross`와 `dot`를 이용하여 양 변의 값을 계산한 후 양변이 같음을 증명하라.

21. 발사체가 각도 θ로 쏘는 최대 거리 s와 최대 높이 h는 다음과 같다.

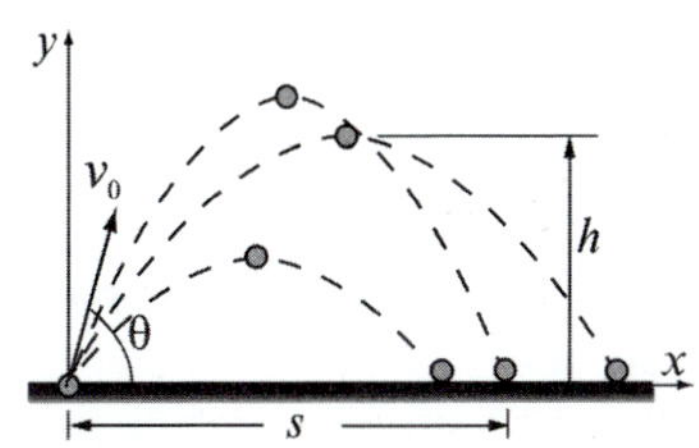

$$s = \frac{v^2{}_0}{g}\sin 20 \quad \text{그리고} \quad h = \frac{v_0^2 \sin^2 \theta}{2g}$$

여기서 v_0는 발사속도이고 $g = 9.8\ \text{m/s}^2$이다.

각도 $\theta = 15°, 25°, 35°, 45°, 55°, 65°, 75°$일 때 $s(\theta)$, $h(\theta)$를 구하라. 단, $v_0 = 260$ m/s이다.

22. MATLAB을 이용하여, 무한급수 $\sum_{n=1}^{\infty} \frac{1}{n^2}$의 합이 $\pi^2 / 6$에 수렴함을 보여라. 이를 위해 다음 세 경우에 대한 합을 구하라.

(*a*) $n = 5$ (*b*) $n = 50$ (*c*) $n = 5000$

각각의 문항에서 첫 번째 원소는 0이고, 1씩 증가하여 마지막 원소가 5, 50 또는 5,000인 벡터 n을 생성해라. 그 다음 원소별 연산을 이용하여 각 원소가 식 $\frac{1}{n^2}$로 계산된 벡터를 생성하라. MATLAB 내장함수 sum을 사용하여 각 급수의 항들을 더한 다음, $\pi^2 / 6$와 비교하라. `format long`을 이용하여 출력하라.

23. MATLAB을 이용하여, 무한급수 $\sum_{n=1}^{\infty} \frac{n^2}{2^n}$의 합이 6에 수렴함을 보여라. 이를 위해 다음 세 경우에 대한 합을 구하라.

(*a*) $n = 5$ (*b*) $n = 15$ (*c*) $n = 30$

각각의 문항에서 첫 번째 원소는 1이고, 1씩 증가하여 마지막 원소가 5, 15 또는 30인 벡터 n을 생성해라. 그 다음 원소별 연산을 이용하여 각 원소가 식 $\frac{n^2}{2^n}$로 계산된 벡터를 생성하라. MATLAB 내장함수 `sum`을 사용하여 각 급수의 항들을 더한다. `format long`을 이용하여 출력하라.

24. 자연 지수 함수는 다음과 같이 표현된다 $e^x = \sum_{n=1}^{\infty} \frac{x^n}{n!}$. 다음 세 경우에 대한 시리즈 합을 계산하여 e^2를 구하라.

(*a*) $n = 5$　　(*b*) $n = 15$　　(*c*) $n = 25$

각각의 문항에서 첫 번째 원소는 0이고, 1씩 증가하여 마지막 원소가 3, 15 또는 25인 벡터 n을 생성하라. 그 다음 원소별 연산을 이용하여 각 원소가 $\frac{x^n}{n!}$로 계산된 벡터를 생성하라. MATLAB 내장함수 `sum`을 사용하여 각 급수들의 항을 더한다. (*a*), (*b*), 그리고 (*c*) 부분에서 얻은 값과 MATLAB으로 계산한 e^2값과 비교해라.

25. $\lim_{x \to \pi/3} \frac{\sin(x - \pi/3)}{4\cos^2 x - 1} = \frac{-\sqrt{3}}{6}$임을 보이기 위해, 먼저 $\pi/3 - 0.1$, $\pi/3 - 0.01$, $\pi/3 - 0.0001$, $\pi/3 + 0.0001$, $\pi/3 + 0.01$, $\pi/3 + 0.1$을 원소로 갖는 벡터 x를 생성하라. 그 다음 x의 원소를 식 $\frac{\sin(x - \pi/3)}{4\cos^2 x - 1}$에 대입한 값을 원소로 갖는 새로운 벡터 y를 생성하라. 벡터 y의 원소가 $\frac{-\sqrt{3}}{6}$와 일치하는지 비교하라. `fotmat long`으로 수를 출력하라.

26. $\lim_{x \to 0} \frac{5\sin(6x)}{4x} = 7.5$임을 보이기 위해, 먼저 1.0, 0.1, 0.01, 0.001, 0.0001을 원소로 갖는 벡터 x를 생성하라. 그다음 x의 원소를 식 $\frac{5\sin(6x)}{4x}$에 대입한 값을 원소로 갖는 새로운 벡터 y를 생성하라. 벡터 y가 7.5와 일치하는지 비교하라. `format long`으로 수를 출력하라.

27. Hazen Williams 방정식은 파이프 내 마찰로 인한 압력 하락, P_d (psi/ft of pipe)를 계산하는 데 사용될 수 있다.

$$P_d = 4.52Q^{1.85} / (C^{1.85}d^{4.87})$$

Q는 유량(gpm)이며, C는 파이프 유형에 따라 결정된 설계 계수이며, d는 파이프의 직경(인치)이다. $C = 120$인 3.5인치 직경의 강철 파이프를 고려해야한다. 유량이 250, 300, 350, 400 및 450 gpm일 때, 1000피트 길이의 파이프에서의 압력 하강을 계산하라. 계산할 때 먼저 유량 값(250, 300, ...)을 갖는 다섯 요소의 벡터를 만든다. 그런 다음 요소별 연산을 사용하여 공식에 벡터를 사용하라.

28. 새 차의 월 임대료, Pmt는 다음과 같이 계산된다.

$$Pmt = \frac{\left[Pv - \dfrac{Fv}{(1+i/12)^N}\right]}{\dfrac{1 - \dfrac{1}{1+(1+i/12)^N}}{i/12}}$$

차의 현재 가치는 Pv, 임대 종료 시 미래 가치는 Fv이다. N은 임대 기간(월)이며, i는 연 이자율이다. 차의 현재 가치가 \$38,000이고 미래 가치가 \$23,400인 36개월 임대를 고려해보자. 연 이자율이 각각 3, 4, 5, 6, 7 및 8%인 경우 월간 지불을 계산하라. 계산을 수행하려면 먼저 연 이자율 값(0.03, 0.04, ...)을 갖는 다섯 요소의 벡터를 만든다. 그런 다음 요소별 연산을 사용하여 공식에 벡터를 사용하라.

29. 다음 세 개의 행렬을 생성해라.

$$A = \begin{bmatrix} 5 & -3 & 7 \\ 1 & 0 & -6 \\ -4 & 8 & 9 \end{bmatrix}, \quad B = \begin{bmatrix} 3 & 2 & -1 \\ 6 & 8 & -7 \\ 4 & 4 & 0 \end{bmatrix}, \quad C = \begin{bmatrix} -9 & 8 & 3 \\ 1 & 7 & -5 \\ 3 & 3 & 6 \end{bmatrix}$$

(*a*) $A + B$와 $B + A$를 계산하여 행렬 덧셈의 교환법칙이 성립함을 보여라.

(*b*) $A * (B * C)$와 $(A * B) * C$를 계산하여 행렬 곱셈의 결합법칙이 성립함을 보여라.

(*c*) $5(B + C)$와 $5B + 5C$를 계산하여 행렬에 스칼라를 곱할 때 곱셈의 분배법칙이 성립함을 보여라.

(*d*) $(A + B) * C$와 $A * C + B * C$를 계산하여 행렬 곱셈의 분배법칙이 성립함을 보여라.

30. 위 문제의 행렬 A, B, C를 이용하여, 다음을 답해라.

(*a*) $A * B = B * A$가 성립하는가?

(*b*) $(B * C)^{-1} = B^{-1} * C^{-1}$가 성립하는가?

(*c*) $(A^{-1})t = (A^t)^{-1}$가 성립하는가? [^{t}는 전치(transpose)]

(*d*) $(A + B)^t = A^t + B^t$가 성립하는가?

31. MATLAB에서 1에서 5 사이의 랜덤 정수를 변수로 갖는 3 × 3 행렬 A를 생성하라. 행렬 A를 사용하여 다음의 각항을 계산하라.

(*a*) `A.^A` (*b*) `A.*A` (*c*) `A*A-1`

(*d*) `A. /A` (*e*) `det(A)` (*f*) `inv(A)`

32. 마방진이란, 가로, 세로, 대각선의 인자의 합이 모두 같은 수의 배열이다. MATLAB에는 $n \times n$ 마방진 정방행렬을 돌려주는 내장함수 `magic(n)`이 있다. 스크립트 파일에서 5 × 5 마방진 정방행렬을 생성한 다음, 각 행과 열, 대각선의 원소의 합을 구하여, 결과 행렬의 특징을 테

스트하라. 각각의 경우에, MATLAB 내장함수 `sum`을 이용하라(유용한 다른 함수로는 `diag`와 `fliplr` 함수가 있다).

33. 다음 3원 선형연립방정식을 풀어라.

$$-2x + 5y + 7z = -17.5$$
$$3x - 6y + 2z = 40.6$$
$$9x - 3y + 8z = 56.2$$

34. 다음 5원 선형연립방정식을 풀어라.

$$2a - 4b + 5c - 3.5d + 1.8e + 4f = 52.52$$
$$-1.5a + 3b + 4c - d - 2e + 5f = -21.1$$
$$5a + b - 6c + 3d - 2e + 2f = -27.6$$
$$1.2a - 2b + 3c + 4d - e + 4f = 9.16$$
$$4a + b - 2c - 3d - 4e + 1.5f = -17.9$$
$$3a + b - c + 4d - 2e - 4f = -16.2$$

35. 축구(football)경기장에 100,000개의 좌석이 있다. 만석인 경기에서 다음과 같은 티켓가격으로 사람들이 경기를 관람한다.

	학생	동문	교수	일반인	참전자	손님
가격	$25	$40	$60	$70	$32	$0

총 수익이 $4,897,000이고, 교수보다 동문이 11,000명 더 많았으며, 일반인과 동문의 합계가 전체 참전자 수의 10배였고, 교수와 동문의 합계가 학생 수와 같았으며, 교수와 학생의 합계가 손님과 참전자의 합계보다 4배 더 많다. 이러한 조건하에서 각 비용 범주에 참가한 사람 수를 계산하라.

36. 한 음식 회사가 땅콩, 아몬드, 호두, 건포도, M&Ms의 서로 다른 혼합물을 이용하여 5개 유형의 8온스 트레일 믹스 패키지를 생산한다. 그 혼합물의 구성은 다음과 같다.

	땅콩 (oz)	아몬드 (oz)	호두 (oz)	건포도 (oz)	M&Ms (oz)
Mix 1	3	1	1	2	1
Mix 2	1	2	1	3	1
Mix 3	1	1	0	3	3
Mix 4	2	0	3	1	2
Mix 5	1	2	3	0	2

만약, 땅콩이 105 lb, 아몬드가 74 lb, 호두가 102 lb, 건포도가 118 lb, M&Ms가 121 lb 있을 때, 각각의 혼합물의 패키지는 얼마나 생산되는가? 선형연립방정식을 세우고 풀어라.

37. 아래의 전기 회로는 저항과 전압으로 이루어져 있다. 키르히호프 전압법칙에 의한 망 전류 방법을 이용하여 i_1, i_2, i_3, i_4를 구하라(예시 문제 3-4 참조).

$V_1 = 28\text{ V}, V_2 = 36\text{ V}, V_3 = 42\text{ V}$

$R_1 = 16\ \Omega, R_2 = 10\ \Omega, R_3 = 6\ \Omega$

$R_4 = 12\ \Omega, R_5 = 8\ \Omega, R_6 = 14\ \Omega$

$R_7 = 4\ \Omega, R_8 = 5\ \Omega$

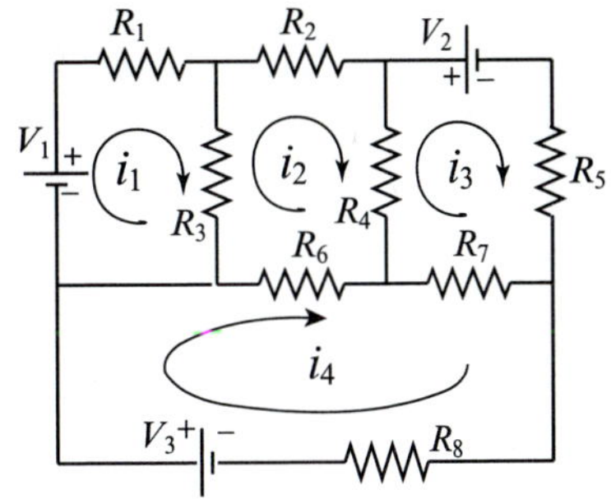

스크립트 파일의 사용과 데이터의 처리

Using Script Files and Managing Data

차 례

스크립트 파일(script file)은 MATLAB의 명령어의 목록으로서 프로그램이라고 불리는 파일에 저장된다(1.8절 참조) MATLAB은 스크립트 파일을 실행시키면 명령어들을 차례로 실행한다. 1.8절에서는 파일 안에서 모든 변수를 정의하고 작성된 순서대로 명령어가 실행되도록 하는 간단한 스크립트파일을 생성, 저장, 실행하는 방법에 대하여 설명하였다. 이 장에서는 어떻게 데이터를 스크립트 파일에 입력하는지 어떻게 데이터가 MATLAB에서 저장되는지 스크립트 파일 안에 만들어진 데이터를 출력하고 저장하는 다양한 방법들 그리고, 어떻게 MATLAB과 다른 응용프로그램들 사이에서 데이터를 교환하는지에 대해 자세히 살펴보고자 한다(단순히 순서대로 명령어를 실행하는 것이 아닌 좀 더 고급의 프로그램을 작성하는 방법에 대해서는 6장에서 다룰 것이다).

일반적으로 변수들은 여러 가지 방법으로 정의되고 만들어진다. 2장에서 살펴보았듯이 명시적으로 변수를 정의하는 대신 변수 이름에 값을 할당하는 것만으로도 변수를 정의할 수 있다. 또한 변수들은 함수의 출력으로도 값의 할당이 가능하다. 그리고 변수는 MATLAB 외부의 파일에서 불러온 데이터로 정의될 수도 있다. 일단 변수들이 명령어 창(Command Window)에서 정의되거나 스크립트 파일이 실행되어 정의되면 변수들은 MATLAB의 작업 공간(Work Space)에 저장된다.

작업 공간에 저장된 변수들은 매우 다양한 방법으로 출력되거나 저장되고 또는 MATLAB 외부의 응용프로그램으로 내보내질 수 있다. 마찬가지로 MATLAB 외부의 파일들로부터의 데이터가 작업공간에 저장되어 MATLAB에 사용될 수 있다.

4.1절은 어떻게 MATLAB이 작업공간에 데이터를 저장하고 사용자가 저장된 데이터를 어떻게 출력할 수 있는지에 대해 설명한다. 4.2절에서는 스크립트 파일에서 사용할 변수들이 어떻게 명령어 창이나 스크립트 파일에 정의되는지에 대해 설명한다. 4.3절에서는 스크립트 파일이 실행될 때 생성된 데이터를 출력하는 방법을 설명한다. 4.4절은 어떻게 작업공간에 있는 변수들이 저장되고 호출되는지에 대해 설명하며, 4.5절에서는 어떻게 MATLAB 외부의 응용프로그램에서 데이터를 불러오고 다시 내보내는지에 대해 설명한다.

4.1 MATLAB 작업공간과 작업공간 창

MATLAB 작업공간(Work Space)은 MATLAB이 실행되는 동안 정의되고 저장된 변수들(배열로 명명된)을 포함한다. 작업공간은 명령어 창에서 정의되거나 스크립트 파일이 실행될 때 정의된 변수들도 포함하는데, 이것은 명령어 창과 스크립트 파일이 컴퓨터 내부의 동일한 메모리 공간을 공유한다는 것을 의미한다. 이것은 변수가 작업공간에 있으면, 명령어 창과 스크립트 파일 양쪽 모두에서 변수를 인식하고 변수를 사용할 수 있으며 새로운 변수로 재할당 될 수 있다는 것을 의미한다. 7장에서 설명되어 있듯이(7.3절 참조), MATLAB 안에는 변수들이 정의 될 수 있는 함수 파일(Function File)이라 불리는 다른 유형의 파일이 있다. 그러나 이 변수들은 작업공간이 다르기 때문에 보통의 방법으로는 프로그램의 다른 부분들이 이 변수들을 공유할 수 없다.

1장에서, `who` 명령어가 현재 작업공간의 변수들의 목록을 출력한 것을 상기해보자. `whos` 명령어는 현재 작업공간에 있는 변수들의 목록과 변수들의 크기, 바이트 수, 클래스(class)에 대한 정보를 출력한다. 아래의 한 예를 보자.

```
>> 'Variables in memory'                         문자열을 입력함
ans =
Variables in memory                              문자열이 ans에 할당됨
>> a = 7;
>> E = 3;
>> d = [5,  a+E,  4,  E^2]                       변수 a, E, d, g를 생성함
d =
    5   10    4    9
>> g = [a,  a^2,  13;  a*E,  1,  a^E]
g =
    7   49    13
   21    1   343
>> who                                           who 명령어는 현재 작업공간에
Your variables are:                              있는 변수들을 표시함
```

```
E    a    ans    d    g
>> whos
  Name      Size            Bytes  Class     Attributes
  E         1x1                 8  double
  a         1x1                 8  double
  ans       1x19               38  char
  d         1x4                32  double
  g         2x3                48  double
>>
```

> whos 명령어는 현재 작업공간에 있는 변수들과 이들의 크기에 대한 정보를 표시함

현재 메모리에 있는 변수들은 작업공간 창(Workspace Window)에 보여진다. 이 창은 **Desktop** 메뉴의 **Workspace**를 선택하여 볼 수 있다. 그림 4-1은 위에서 정의된 변수들에 해당하는 작업공간 창을 보여준다. 작업공간 창에 있는 변수들은 수정할 수 있다.

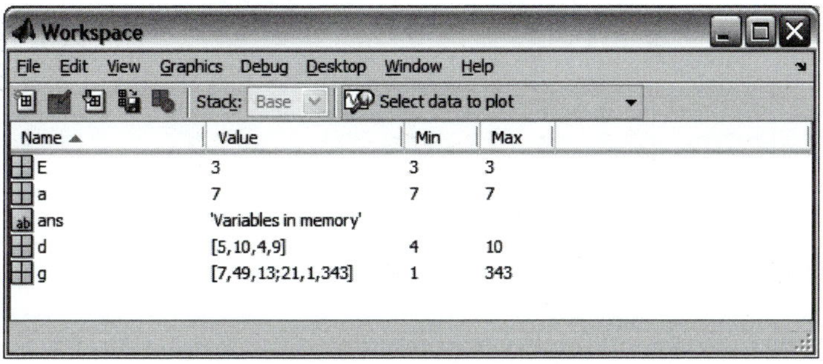

그림 4-1 작업공간 창(Workspace Window)

변수들을 더블클릭하면, 변수편집기 창(Variable Editor Window)이 열리며, 변수의 내용이 표 안에 표시된다. 예를 들어, 그림 4-2는 그림 4-1에 있는 변수 g를 더블클릭하여 열린 배열편집기 창을 나타낸다.

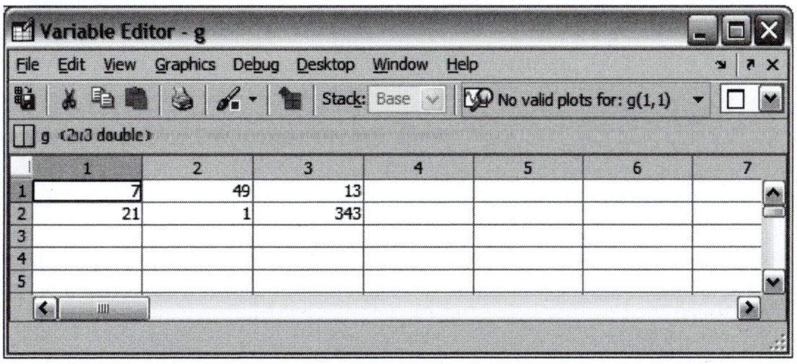

그림 4-2 변수편집기 창(Variable Editor Window)

배열편집기 창의 원소들도 편집할 수 있다. 작업공간에 있는 변수들을 선택하여, 키보드의 **delete** 키를 누르거나, **edit** 메뉴의 **delete**를 선택하면 삭제가 가능하다. 명령어 창에 `clear variable_name` 명령어를 입력해서 삭제할 수 있다.

4.2 스크립트 파일에 대한 입력

스크립트 파일이 실행될 때, 파일 내부의 수식에 사용된 변수들은 반드시 값이 할당되어 있어야 한다. 다시 말해 변수들은 반드시 작업공간 내에 있어야 한다. 변수에 값을 할당하는 것은 변수가 어디에 어떻게 정의되는지에 따라 세 가지 방법으로 할 수 있다.

1. 스크립트 파일 안에서 변수가 정의되고 값이 할당되는 경우

이 경우에, 변수에 값을 할당하는 것은 스크립트 파일의 일부이다. 만일, 사용자가 다른 변수 값으로 파일을 실행하길 원한다면, 파일을 수정하여, 변수에 할당된 값을 바꿔야 한다. 그 다음 파일을 저장하고 파일을 다시 실행하면 된다.

다음은 이러한 경우의 한 예이다. Chapter4Example2로 저장된 스크립트 파일은 세 개의 게임에서 기록한 점수들의 평균을 계산한다.

```
% 세 번의 게임에서 받은 평균점수를 계산하는 스크립트 파일
% 스크립트는 점수값을 대입시키는 부분이 포함된다.
game1=75;
game2=93;          ← 변수들이 스크립트 파일 안에서 값을 할당받음
game3=68;
ave_points=(game1+game2+game3)/3
```

이 스크립트 파일을 실행하면, 명령어 창의 화면은 다음과 같다.

```
>> Chapter4Example2      ← 스크립트 파일의 이름을 입력하여 파일을 실행시킴
ave_points =             ← 변수 ave_points가 할당된 값과 함께 명령어 창에 출력됨
78.6667
>>
```

2. 명령어 창에서 변수가 정의되고 값이 할당되는 경우

이 경우, 변수에 값을 할당하는 것은 명령어 창에서 이루어진다(명령어 창에서 정의된 변수가 스크립트 파일에서도 인식된다는 것을 상기하라). 만약 사용자가 변수에 다른 값을 가진 스크립트 파일을 실행하길 원한다면, 새로운 변수를 명령어 창에서 할당하고, 스크립트 파일을 다시 실행하면 된다.

세 개의 게임에서 기록한 점수들의 평균값을 계산하는, 앞의 스크립트 파일의 예에 대해 Chapter4Example3이라고 새로 작성한 스크립트 파일은 다음과 같다.

```
% 세 번의 게임에서 받은 평균점수를 계산하는 스크립트 파일
% 스크립트는 점수값을 대입시키는 부분이 포함된다.
% 커맨드 창에서 game1, game2, game3 점수가 입력된다.

ave_points=(game1+game2+game3)/3
```

이 파일을 실행하기 위한 명령어 창은 다음과 같다.

```
>> game1 = 67;
>> game2 = 90;        ← 새로운 값들의 변수를 명령어 창에 할당함
>> game3 = 81;

>> Chapter4Example3        ← 스크립트 파일이 실행됨

ave_points =        ← 스크립트 파일의 결과가 명령어 창에 출력됨
79.3333

>> game1 = 87;
>> game2 = 70;        ← 새로운 값들이 변수에 할당됨
>> game3 = 50;
>> Chapter4Example3        ← 스크립트 파일이 다시 실행됨

ave_points =        ← 명령어창에 스크립트 파일의 결과가 출력됨
69
>>
```

3. 스크립트 파일에서 변수가 정의되지만, 특정값의 입력은 스크립트 파일이 실행될 때 명령어 창에서 입력되는 경우

이 경우, 변수는 스크립트 파일에서 정의되며, 파일이 실행되면, 사용자는 명령어 창에서 변수에 새로운 값을 할당할 수 있다. 이러한 변수의 생성과 사용은 input 명령어를 이용하여 이루어진다.

input 명령어의 형식은 다음과 같다.

```
variable_name = input('string with a message that
              is displayed in the Command Window')
```

스크립트 파일이 실행되어 input 명령어가 실행될 때, 문자열이 명령어 창에 표시된다. 문자열은 사용자가 변수에 할당할 값을 입력하라는 요구를 하는 메시지이다. 사용자는 값을 입력한 뒤 **Enter** 키를 눌러 변수에 값을 할당할 수 있다. 다른 변수들과 마찬가지로, input 명령어 뒤에 세

미콜론이 없다면 변수와 할당된 값이 명령어 창에 출력될 것이다. 각 게임에서 기록한 점수들을 입력하는 input 명령어를 사용하여 점수들의 평균을 계산하는 프로그램에 대한 스크립트 파일은 아래와 같다.

```
% 세 번의 게임에서 받은 평균점수를 계산하는 스크립트 파일
% input 명령을 이용하여 각 게임의 점수를 입력받는다.
game1=input('Enter the points scored in the first game ');
game2=input('Enter the points scored in the second game ');
game3=input('Enter the points scored in the third game ');
ave_points=(game1+game2+game3)/3
```

다음은 Chapter4Example4로 저장된 스크립트 파일을 실행할 때의 명령어 창의 모습이다.

```
>> Chapter4Example4
Enter the points scored in the first game 67
Enter the points scored in the second game 91
Enter the points scored in the third game 70

ave_points =
    76
>>
```

컴퓨터가 메시지를 출력한 뒤 사용자가 점수를 입력하고 **Enter** 키를 누른다.

이 예에서 스칼라가 변수에 할당되었으나, 일반적으로 벡터와 배열이 변수에 할당될 수 있다. 이것은 배열을 변수에 할당할 때와 같이 왼쪽 대괄호[다음에 행별(row by row)로 수를 표시하고 마지막에 오른쪽 대괄호]를 입력하면 된다.

input 명령어는 문자열을 변수에 할당하는 데 사용되는데 여기에 두 가지 방법이 있다. 첫 번째 방법은 앞에서 보여준 것과 같은 형식의 명령어를 사용하며, 사용자의 입력을 요구하는 프롬프트(prompt) 메시지가 나타나면 input 명령어 없이 일반적으로 문자열을 변수에 할당할 때와 같이 두 개의 작은따옴표(') 사이에 문자들을 입력하는 것이다. 두 번째 방법은 입력되는 글자들이 문자열로 정의되로고 input 명령어의 옵션을 사용하는 것이다. 이 명령어의 형식은 다음과 같다.

```
variable_name = input('prompt message','s')
```

이 명령어 안의 s는 사용자가 입력하는 글자들을 문자열로 정의한다. 이 명령어의 형식을 사용하는 경우, 사용자 입력을 요구하는 프롬프트 메시지가 나타나면 텍스트는 작은따옴표(') 없이 입력되지만 문자열로서 변수에 할당된다. 이 옵션을 가진 input 명령어의 사용 예는 예시 문제 6-4에 포함되어 있다.

4.3 출력 명령어들

앞에서 설명한 대로, MATLAB은 어떤 명령어가 실행되면 자동으로 화면을 출력한다. 예를 들어, 변수에 값이 할당되거나, 이전에 할당된 변수의 이름이 입력되어 **Enter** 키가 눌렸을 때, MATLAB은 변수와 변수 값을 회면에 출력한다. 이러한 유형의 출력은 세미콜론(;)을 명령어의 끝에 붙이면 화면에 표시되지 않는다. 이러한 자동출력 이외에도, MATLAB은 화면을 출력하는 몇 가지 명령어를 가지고 있다. 화면 출력은 정보를 제공하는 데이터이거나, 수치 데이터, 그리고 그래프일 수 있다. 주로 출력하는 데 사용하는 두 개의 명령어가 있는데, disp와 fprintf 명령어이다. disp 명령어는 화면에 결과를 출력하는 데 반해, fprintf 명령어는 화면에 출력하고, 출력을 파일로 저장하는 데도 사용한다. 이 명령어들은 명령어 창, 스크립트 파일 내부, 그리고 나중에 설명할 함수 파일 내부에서도 사용된다. 이 명령어들이 스크립트 파일 내에서 사용되면, 이들에 의한 출력은 명령어 창에 표시된다.

4.3.1 disp 명령어

disp 명령어는 변수이름은 출력하지 않고 변수의 원소들만 출력하거나, 텍스트를 출력하는 데 사용된다. disp 명령어의 형식은 다음과 같다.

```
disp(name of a variable) or disp('text as string')
```

- disp 명령어가 실행될 때마다, 이 명령어에 의한 화면출력은 새 줄에 표시된다. 한 가지 예를 보자.

```
>> abc = [5  9  1;  7  2  4];
>> disp(abc)
     5     9     1
     7     2     4

>> disp('The problem has no solution.')
The problem has no solution.
>>
```

2 × 3 배열이 변수 abc에 할당됨

disp 명령어가 배열 abc를 출력하기 위해 사용됨

배열이름은 출력되지 않고 배열 원소만 출력됨

disp 명령어가 메시지를 출력하기 위해 사용됨

다음은 세 개의 게임에서 기록한 점수들의 평균을 구하는 스크립트 파일 내에서 disp 명령어를 실행한 예를 보여준다.

```
% 세 번의 게임에서 받은 평균점수를 계산하는 스크립트 파일
% input 명령을 이용하여 각 게임의 점수를 입력받는다.
```

```
% 출력을 표시한다.

game1=input('Enter the points scored in the first game ');
game2=input('Enter the points scored in the second game ');
game3=input('Enter the points scored in the third game ');
ave_points=(game1+game2+game3)/3;
disp(' ')                                              빈 줄이 출력됨
disp('The average of points scored in a game is:')     텍스트가 출력됨
disp(' ')                                              빈 줄이 출력됨
disp(ave_points)                                       변수 ave_points의 값이 출력됨
```

Chapter4Example5라고 저장된 위의 스크립트 파일이 실행될 때, 명령어 창의 화면은 다음과 같다.

```
>> Chapter4Example5
Enter the points scored in the first game 89
Enter the points scored in the second game 60
Enter the points scored in the third game 82
                                                       빈 줄이 출력됨
The average of points scored in a game is:             텍스트가 출력됨
                                                       빈 줄이 출력됨
    77                                                 변수 ave_points의 값이 출력됨
```

- 오직 하나의 변수만이 disp 명령어로 출력된다. 만약, 두 변수의 요소들을 동시에 출력하고자 한다면, 출력되어야 할 원소들을 포함한 새 변수를 먼저 정의한 다음 이 새 변수를 출력하면 된다.

많은 경우에서 수의 출력은 표로 하는 것이 보기에 좋다. 먼저 수를 포함한 배열 변수를 정의하고, disp 명령어로 이 배열을 출력하면 된다. 각 열에 대한 항목명도 disp 명령어를 이용하여 표시할 수 있다. disp 명령어내에서 사용자가 배열의 출력형식(열의 폭, 열과 열 사이의 간격)을 지정할 수 없으므로, 각 항목명의 위치는 항목명 사이에 공백을 적절히 사용하여 조정해야 한다. 한 예로, 아래의 스크립트 파일은 2장의 인구 데이터를 어떻게 표로 출력하는 지를 보여준다.

```
yr=[1984 1986 1988 1990 1992 1994 1996];     인구 데이터는 두 개의 행 벡터에
pop=[127 130 136 145 158 178 211];           입력된다.
tableYP(:,1)=yr';                            yr이 배열 tableYP의 첫 번째 열로 입력됨
tableYP(:,2)=pop';                           pop이 배열 tableYP의 두 번째 열로 입력됨
```

```
disp('             YEAR          POPULATION')      첫 번째 줄의 제목을 출력함
disp('                           (MILLIONS)')      두 번째 줄의 제목을 출력함
disp(' ')                                          빈 줄이 출력됨
disp(tableYP)                                      배열 tableYP를 출력함
```

위의 PopTable이라고 저장된 스크립트 파일을 실행했을 때 명령어 창은 다음과 같이 출력한다.

```
>> PopTable
      YEAR      POPULATION                 제목이 출력됨
                (MILLIONS)
                                           빈 줄이 출력됨
      1984          127
      1986          130
      1988          136                    배열 tableYP를 출력함
      1990          145
      1992          158
      1994          178
      1996          211
```

표를 출력하는 또 다른 예는 예시 문제 4-3에서 볼 수 있다. 표는 다음 절에서 소개할 `fprintf` 명령어로도 생성할 수 있다.

4.3.2 fprintf 명령어

`fprintf` 명령어는 텍스트와 데이터를 화면에 출력하거나 파일에 저장하는 데 사용된다. `disp` 명령어와 달리 `fprintf` 명령어는 출력 형식을 지정할 수 있다. 예를 들어 텍스트와 수치 변수들의 값을 한 줄에 섞어서 표시할 수도 있으며 수의 형식도 지정할 수 있다.

많은 유용한 옵션으로 `fprintf` 명령어는 길고 복잡해질 수 있으며 혼란을 피하기 위해 명령어를 차례로 소개하도록 한다. 이 절에서는 먼저 텍스트를 출력하는 명령어를 사용하는 방법을 소개하며 수치 데이터와 텍스트를 함께 표시하는 방법을 알아본다. 다음에는 수의 출력 형식을 지정하는 방법을 그리고 마지막으로 출력을 파일에 저장하는 방법을 살펴볼 것이다.

▸ fprintf 명령어를 이용한 텍스트 출력

텍스트를 출력하기 위한 `fprintf` 명령어의 형식은 다음과 같다.

```
fprintf('text typed in as a string')
```

예를 들면, 다음과 같다.

```
fprintf('The problem, as entered, has no solution. Please
check the input data.')
```

만약 이 줄이 스크립트 파일의 일부라면 이 명령어가 실행하는 동안 명령어 창의 화면은 다음과 같다.

```
The problem, as entered, has no solution. Please check the input data.
```

fprintf 명령어로 문자열의 중간에서 텍스트가 새로운 줄에서 시작할 수 있도록 할 수 있는데, 새 줄을 시작할 글자 앞에 \n을 붙이면 된다. 예를 들어, 위의 예에서 첫 문장 뒤에 \n을 삽입하면, 다음과 같다.

```
fprintf('The problem, as entered, has no solution.\nPlease check the input data.')
```

위 명령어가 실행되면, 명령어 창에 다음과 같이 출력된다.

```
The problem, as entered, has no solution.
Please check the input data.
```

\n은 이스케이프 문자(escape character)라고 하며, 출력을 제어하는 데 사용된다. 문자열 내에 삽입할 수 있는 다른 이스케이프 문자는 다음과 같다.

\b 백스페이스(back space)

\t 수평 탭(Horizontal tab)

프로그램이 하나 이상의 fprintf 명령어를 가지게 되면, fprintf 명령어가 자동으로 새 줄에서 시작하지 않으므로, 명령어는 계속 이어져서 나오게 된다. 이것은 fprintf 명령어 사이에 다른 명령어가 있어도 똑같이 적용된다. 다음 스크립트 파일로 예를 들어 보자.

```
fprintf('The problem, as entered, has no solution. Please check the input data.')
x = 6; d = 19 + 5*x;
fprintf('Try to run the program later.')
y = d + x;
fprintf('Use different input values.')
```

위의 파일이 실행될 때 명령어 창의 화면은 다음과 같다.

```
The problem, as entered, has no solution. Please check the input data.Try to run
the program later.Use different input values.
```

fprintf 명령어로 새 줄을 시작하기 위해, 문자열의 맨 앞에 \n을 삽입해야 한다.

▸ fprintf 명령어를 이용한 텍스트와 수치 데이터의 혼합 출력

텍스트와 변수의 값인 수를 혼합하여 출력하기 위한 fprintf 명령어의 형식은 다음과 같다.

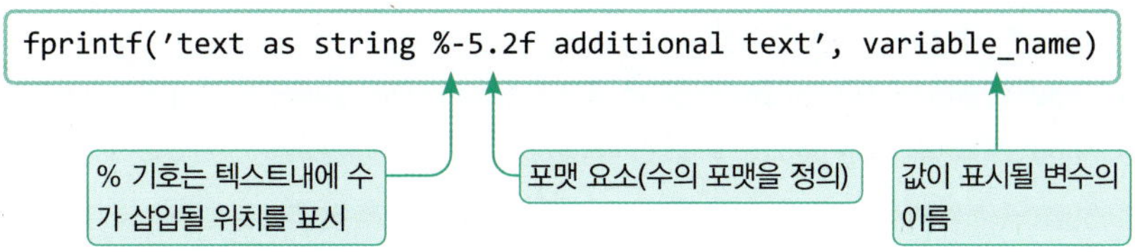

형식지정 요소(formatting elements)들은 다음과 같다.

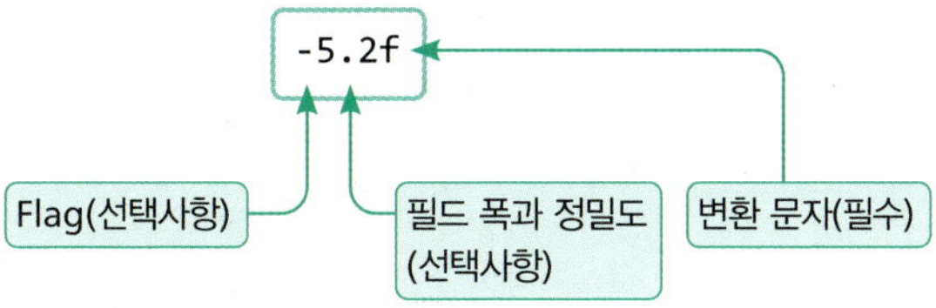

flag는 선택 사항으로 다음 세 가지 중 하나가 될 수 있다.

flag 용 문자	설명
−	필드의 왼쪽으로 수를 정렬함
+	수 앞에 + 또는 − 부호를 출력함
0	수가 필드보다 짧으면 여유 공간에 0을 채워 넣음

필드 폭(field width)과 정밀도(앞의 예에서 5.2)는 선택사항이다. 첫 번째 숫자(예에서 5)는 출력할 때 최소 자릿수를 규정하는 필드 폭이다. 만약, 출력할 숫자가 필드 폭보다 짧다면, 공백이나 0이 수 앞에 채워진다. 정밀도는 소수점 오른쪽에 표시할 자릿수를 규정하며 두 번째 숫자이다(예에서 2).

형식지정 요소의 마지막 요소는 수의 표기법을 규정하는 변환문자(conversion character)로서 필수사항이다. 흔히 사용하는 몇 가지 표기법은 다음과 같다.

e 소문자 e를 이용한 지수 표기법(예를 들면, 1.709098e + 001)
E 대문자 E를 이용한 지수 표기법(예를 들면, 1.809098E + 001)
f 고정소수점 표기법(예를 들면, 17.090980)
g e 표기법과 f 표기법 중 더 짧은 쪽으로 표시
G E 표기법과 F 표기법 중 더 짧은 쪽으로 표시
d 정수

추가 표기법에 대한 정보는 MATLAB의 도움말 창에서 이용가능하다. 한 예로, 세 게임에서 기록한 점수들의 평균을 구하는 스크립트 파일에서 fprintf 명령어로 텍스트와 수를 함께 출력하는 것을 보여준다.

```
% 세 번의 게임에서 받은 평균점수를 계산하는 스크립트 파일
% input 명령을 이용하여 각 게임의 점수를 입력받는다.
```

```
%% fprintf 명령을 사용하여 출력을 표시한다.
game(1) = input('Enter the points scored in the first game   ');
game(2) = input('Enter the points scored in the second game   ');
game(3) = input('Enter the points scored in the third game   ');
ave_points = mean(game);
fprintf('An average of %f points was scored in the three games.', ave_points)
```

텍스트 / %는 수의 삽입 위치를 표시함 / 추가 텍스트 / 출력할 값의 변수 이름

이 파일은 fprintf 명령어를 사용한 것 외에도 점수를 game이라는 벡터의 세 원소에 저장하고 mean 함수를 이용하여 평균 점수를 계산했다는 점에서 이전에 나타낸 파일들과는 다르다. Chapter4Example6 라고 저장된 위의 스크립트 파일을 실행한 명령어 창은 다음과 같다.

```
>> Chapter4Example6
Enter the points scored in the first game 75
Enter the points scored in the second game 60
Enter the points scored in the third game 81
An average of 72.000000 points was scored in the three games.
>>
```

fprintf 명령어에 의해 형성된 화면출력은 텍스트와 수가 결합된 형태를 갖는다.

fprintf 명령어로 한 개 이상의 수(변수들의 값)를 텍스트 안에 삽입하는 것이 가능하다. 이를 위해 수를 삽입할 텍스트 내의 위치마다 %g(또는 %와 임의의 형식지정 요소)를 넣는다. 그 다음 명령어의 문자열 인자와 콤마 다음에 텍스트에 삽입될 변수들의 순서에 따라 변수들의 이름을 나열하면 된다. 일반적으로 명령어는 다음과 같다.

```
fprintf('..text...%g...%g...%f...',variable1,variable2,variable3)
```

다음 스크립트 파일에 예를 나타내었다.

```
% 궤도 비행의 거리를 계산하는 프로그램
% 초기속도, 발사각도가 주어져 있다.
% fprintft 명령을 사용하여 텍스트와 숫자의 조합을 출력한다.

v=1584; % Initial velocity (km/h)
theta=30; % Angle (degrees)
vms=v*1000/3600;
t=vms*sind(30)/9.81;
d=vms*cosd(30)*2*t/1000;
```

속도 단위를 m/s로 변환함 / 최고 지점까지의 시간을 계산함 / 최대 거리를 계산함

```
fprintf('A projectile shot at %3.2f degrees with a velocity of %4.2f km/h will
travel a distance of %g km.\n',theta,v,d)
```

위의 Chapter4Example7이라고 저장한 스크립트 파일이 실행될 때, 명령어 창의 화면은 다음과 같다.

```
>> Chapter4Example7
A projectile shot at 30.00 degrees with a velocity of 1584.00 km/h will travel a
distance of 17.091 km.
>>
```

▸ fprintf 명령어에 대한 추가 설명

- 출력되는 텍스트가 작은 따옴표(') 표시를 가지게 하려면, 명령어 안의 문자열에 작은 따옴표를 연이어 두 번 표시하면 된다.
- % 문자를 텍스트로 표시하려면 %%으로 입력하면 된다.
- fprintf 명령어는 벡터화 되어 있다. 이 것은 벡터 또는 행렬인 변수가 명령어 내에 포함되어 있을 때, 명령어는 변수의 모든 원소들이 출력될 때까지 자기 자신을 반복해서 실행시킨다는 것을 의미한다. 변수가 행렬인 경우에, 데이터는 열 단위로 사용된다.

예를 들어 아래의 스크립트 파일은 첫 번째 행이 1에서 5까지의 수이고, 두 번째 행이 첫 번째 행의 제곱근인 2 × 5 행렬 T를 생성하고 fprintf 명령어로 출력한다.

```
x=1:5;
y=sqrt(x);
T=[x; y]
fprintf('If the number is: %i, its square root is: %f\n',T)
```

벡터 x를 생성함

벡터 y를 생성함

첫 번째 행이 x이고, 두 번째 행이 y인 2 × 5 행렬 T를 생성함

fprintf 명령어는 행렬 T로부터 열 단위로 두 수씩 출력

이 스크립트 파일이 실행될 때, 명령어 창의 화면은 다음과 같다.

```
T =
    1.0000    2.0000    3.0000    4.0000    5.0000
    1.0000    1.4142    1.7321    2.0000    2.2361
If the number is: 1, its square root is: 1.000000
If the number is: 2, its square root is: 1.414214
If the number is: 3, its square root is: 1.732051
If the number is: 4, its square root is: 2.000000
If the number is: 5, its square root is: 2.236068
```

2 × 5 행렬 T

fprintf 명령은 행렬 T 열의 숫자를 사용하여 5번 반복함

▶ fprintf 명령어를 이용한 출력의 파일 저장

명령어 창에 출력하는 것 이외에도, fprintf 명령어는 출력을 저장할 필요가 있을 때 출력을 파일에 기록하는 데 사용할 수 있다. 저장된 데이터는 추후에 화면에 출력하거나, MATLAB과 다른 응용프로그램에서 사용할 수 있다.

출력을 파일에 저장하기 위해서는 다음과 같은 단계를 거쳐야 한다.

a) fopen 명령어를 이용해서 파일을 연다.

b) fprintf 명령어를 이용해서 출력을 열린 파일에 작성한다.

c) fclose 명령어를 이용해서 파일을 닫는다.

▶ 단계 *a*

데이터를 파일에 쓰려면 새로운 파일을 만들거나 이미 존재하는 파일을 여는 데 사용되는 fopen 명령어를 이용하여 반드시 파일이 열려 있어야 한다. fopen 명령어의 형식은 다음과 같다.

```
fid = fopen('file_name','permission')
```

fid는 파일식별자(file identifier)라 불리는 변수이다. fopen 명령어가 실행되면 스칼라 값이 fid 변수에 할당된다. 파일이름은 문자열로서 작은 따옴표 안에 확장자까지 포함하여 쓴다. permission은 파일을 어떻게 열 것인지를 지정하는 코드로서 역시 문자열로 표시한다. 흔히 사용되는 permission 코드 중 일부는 다음과 같다.

'r' 읽기 위해 파일을 연다(기본 설정).

'w' 쓰기 위해 파일을 연다. 파일이 이미 존재하면, 파일의 내용은 삭제된다. 파일이 존재하지 않으면, 새 파일이 생성된다.

'a' 파일이 존재하는 경우 출력데이터가 파일 끝에 추가된다는 점을 제외하고는 'w'와 같다.

'r+' 읽거나 쓰기 위해 파일을 연다(기본 설정). 새로 파일이 생성되지 않는다.

'w+' 읽거나 쓰기 위해 파일을 연다. 파일이 이미 존재하면, 파일의 내용은 삭제된다. 파일이 존재하지 않으면, 새 파일이 생성된다.

'a+' 파일이 존재하는 경우 출력데이터가 파일 끝에 추가된다는 점을 제외하고는 'w+'와 같다.

만약, permission 코드를 명령어에 포함하지 않으면, 파일은 기본 설정 코드인 'r'로 열린다. 추가 permission 코드에 대한 설명은 도움말 메뉴에 나와 있다.

▶ 단계 *b*

일단 파일이 열리면, fprintf 명령어는 파일에 출력을 작성할 수 있다. fprintf 명령어는 변수

fid가 명령어 안에 삽입된다는 점을 제외하고는 명령어 창에 출력할 때와 똑같은 방법으로 사용된다. fprintf 명령어의 형식은 다음과 같다.

```
fprintf(fid,'text %-5.2f additional text',variable_name)
```

fid가 fprintf 명령에 추가됨.

▸ **단계 c**

데이터를 파일에 쓰는 것이 모두 끝나면, 파일은 fclose 명령어를 이용하여 닫는다. fclose 명령어의 형식은 다음과 같다.

```
fclose(fid)
```

▸ **fprintf 명령어를 이용한 출력의 파일 저장 시 유의사항**

- 생성된 파일은 현재 디렉터리에 저장된다.
- fprintf 명령어를 이용하여 여러 파일에 출력을 저장할 수 있다. 이를 위해 먼저 파일들을 열고 각 파일에 서로 다른 fid(예를 들어 fid1, fid2, fid3 등)를 할당한 후에 fprintf 명령어에서 특정 파일의 fid를 사용하여 해당 파일에 출력을 한다.

다음 스크립트 파일은 출력을 두 파일에 저장하는 fprintf 명령어를 사용한 예이다. 파일 내 프로그램은 두 단위 변환표를 생성하는데, 하나는 속도단위를 시간당 마일에서 시간당 킬로미터(km/h)로 변환해주며, 나머지 하나는 힘 단위를 파운드에서 뉴턴(N)으로 변환한다. 각 변환표는 확장자가 .txt인 텍스트 파일에 각각 저장된다.

```
% Script file in which fprintf is used to write output to files.
% Two conversion tables are created and saved to two different files.
% One converts mi/h to km/h, the other converts lb to N.
clear all
Vmph=10:10:100;                      mi/h 단위의 속도 벡터를 생성함
Vkmh=Vmph.*1.609;                    mph를 km/h로 변환함
TBL1=[Vmph; Vkmh];                   두 행을 가진 표(행렬)를 생성함
Flb=200:200:2000;                    lb 단위의 힘 벡터를 생성함
FN=Flb.*4.448;                       lb를 N으로 변환함
TBL2=[Flb; FN];                      두 행을 가진 표(행렬)를 생성함
fid1=fopen('VmphtoVkm.txt','w');     파일이름 VmphtoVkm인 텍스트 파일을 연다.
fid2=fopen('FlbtoFN.txt','w');       파일이름 FlbtoFN인 텍스트 파일을 연다.
```

```
fprintf(fid1,'Velocity Conversion Table\n \n');
fprintf(fid1,'     mi/h        km/h    \n');
fprintf(fid1,'    %8.2f    %8.2f\n',TBL1);
fprintf(fid2,'Force Conversion Table\n \n');
fprintf(fid2,'    Pounds    Newtons    \n');
fprintf(fid2,'    %8.2f     %8.2f\n',TBL2);
fclose(fid1);
fclose(fid2);
```

제목과 빈 줄을 파일 fid1에 쓴다.

파일 fid1에 두 열의 항목명을 쓴다.

변수 TBL1의 데이터를 파일 fid1에 쓴다.

힘 변환표(변수 TBL2의 데이터)를 파일 fid2에 쓴다.

파일 fid1과 fid2를 닫는다.

위의 스크립트 파일이 실행되면, 파일 이름이 VmphotoVkm과 FlbtoFN인 두 개의 새 텍스트 파일이 생성되어 현재 디렉터리에 저장된다. txt 파일을 읽을 수 있는 어떠한 응용프로그램에서도 이 두 파일을 열 수 있다. 그림 4-3과 그림 4-4는 마이크로소프트 워드를 이용하여 두 파일을 열었을 때의 화면을 나타낸다.

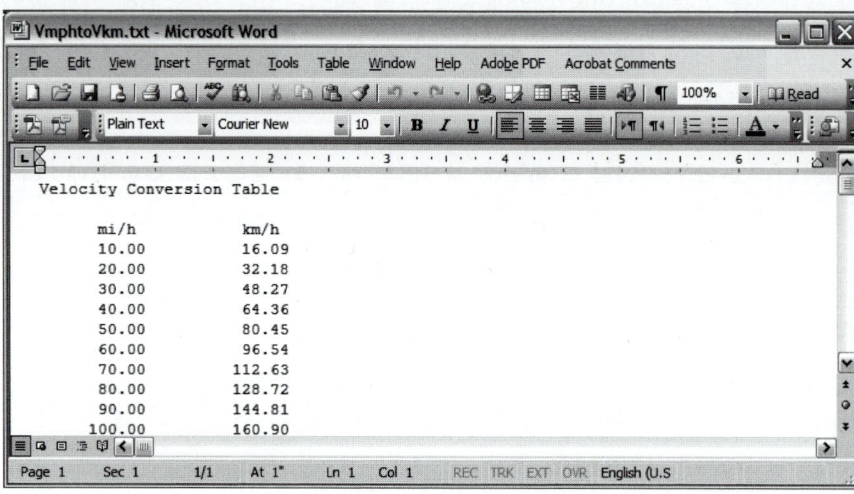

Velocity Conversion Table

mi/h	km/h
10.00	16.09
20.00	32.18
30.00	48.27
40.00	64.36
50.00	80.45
60.00	96.54
70.00	112.63
80.00	128.72
90.00	144.81
100.00	160.90

그림 4-3 마이크로소프트 워드에서 연 VmphtoVkm.txt 파일

4.4 save와 load 명령어

save 명령어와 load 명령어는 MATLAB에서 사용하기 위해 데이터를 저장하거나 읽어들일 때 가장 유용하다. save 명령어는 현재 작업공간에 있는 변수들을 저장하는 데 사용되며, load 명령어는 이미 저장된 변수들을 작업공간으로 읽어들일 때 사용된다.

다른 플랫폼에서 사용되는, MATLAB에서 저장된 작업공간도 읽어들일 수 있다. 예를 들어, PC에서 저장된 MATLAB 작업공간은 Mac에서 사용하는 MATLAB 작업공간으로 읽어

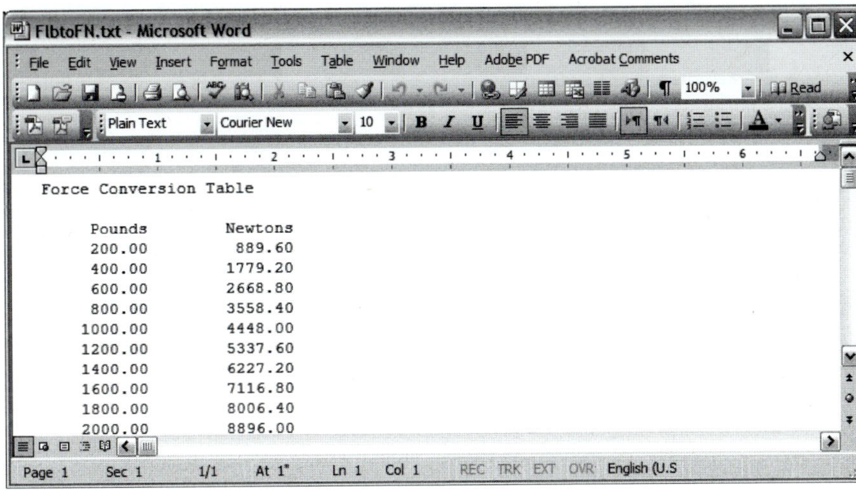


```
Force Conversion Table

      Pounds         Newtons
      200.00          889.60
      400.00         1779.20
      600.00         2668.80
      800.00         3558.40
     1000.00         4448.00
     1200.00         5337.60
     1400.00         6227.20
     1600.00         7116.80
     1800.00         8006.40
     2000.00         8896.00
```

그림 4-4 마이크로소프트 워드에서 연 FlbtoFN.txt 파일

들일 수 있다. save와 load 명령어는 MATLAB 외부의 응용프로그램과 데이터를 교환하는 데도 사용될 수 있다. 이러한 목적으로 사용되는 추가 명령어들은 4.5절에 나와있다.

4.4.1 save 명령어

save 명령어는 작업공간 내에 있는 모든 변수 또는 변수의 일부만을 저장하는 데 사용된다. save 명령어의 가장 단순한 두 가지 형식은 다음과 같다.

`save file_name` 또는, `save('file_name')`

두 명령어 중 하나를 실행하면, 현재 작업공간 내에 있는 모든 변수들이 파일이름 file_name.mat의 파일에 저장되며, 파일의 위치는 현재 디렉터리이다. mat 파일은 2진수 형태로 저장되며, 각 변수의 이름과 유형, 크기, 값등이 보존된다. 이 파일들은 다른 응용프로그램에서 읽을 수 없다. save 명령어는 또한 작업공간에 있는 변수의 일부만을 저장할 수 있다. 예를 들어, 변수 var1과 var2를 저장하는 명령어는 다음과 같다.

`save file_name var1 var2` 또는, `save('file_name','var1','var2')`

save 명령어는 ASCII 형식의 저장에서도 사용될 수 있는데, ASCII 형식은 MATLAB 외부 응용프로그램에서도 읽을 수 있다. ASCII 형식으로 저장하기 위해서는 명령어에 인자 -ascii를 추가하면 된다. 예를 들어, save file_name-ascii와 같이 한다. ASCII 형식에서는 변수의 이름과 유형, 크기가 보존되지 않는다. 데이터는 공백으로 분리된 문자들로 저장되며 변수 이름은 저장되지 않는다. 다음 예는 명령어 창에서 1×4 벡터와 2×3 행렬 변수를 각각 정의한 후 파일이름이 DatSavAsci인 파일에 ASCII 형식으로 두 변수를 저장하는 방법을 보여준다.

```
>> V=[3 16 -4 7.3];                          1 × 4 벡터 V를 생성함
>> A=[6 -2.1 15.5; -6.1 8 11];               2 × 3 행렬 A를 생성함
>> save -ascii DatSavAsci    파일이름이 DasSavAsci인 파일에 변수들을 저장함
```

일단 파일이 저장되면, ASCII 파일을 읽을 수 있는 어떤 응용프로그램에서도 파일을 열 수 있다. 예를 들어, 그림 4-5는 메모장으로 파일을 열었을 때 데이터를 보여준다.

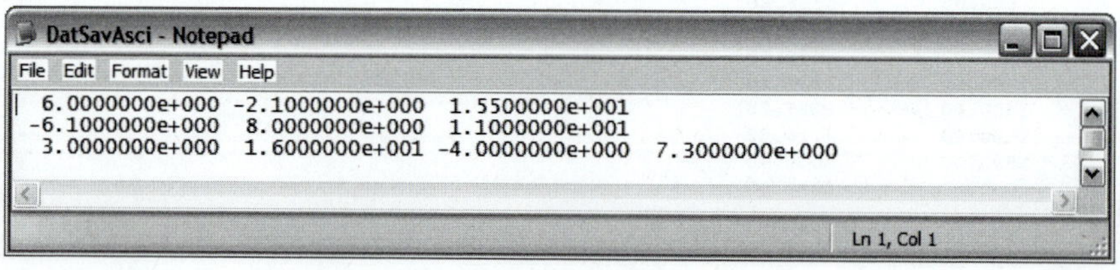

그림 4-5 ASCII 형식으로 저장된 데이터

파일에 변수들의 이름이 포함되지 않는다는 점을 명심해라. 변수들의 수치 값만 저장되어 있으며, 알파벳 순서대로 변수 A 다음에 변수 V가 저장되어 있다.

4.4.2 load 명령어

load 명령어는 save 명령어로 저장된 변수들을 작업공간으로 다시 읽어들일 때, 다른 응용프로그램에서 생성하여 ASCII 형식 또는 텍스트(.txt) 파일로 저장한 데이터를 불러오는 데 사용된다. save 명령어에 의해 .mat 파일로 저장된 변수들은 다음의 명령어로 불러올 수 있다.

`load file_name` 또는, `load('file_name')`

명령어가 실행되면, 파일 내에 있는 모든 변수들의 이름, 유형, 크기 그리고 저장된 값이 작업공간으로 추가된다. 만일, 작업공간이 load 명령어로 불러들인 변수와 같은 이름의 변수를 이미 가지고 있다면, 불러들인 변수가 이미 존재하는 변수를 대체하게 된다. load 명령어는 이미 저장된 변수들의 일부만을 불러오는 데 사용할 수 있다. 예를 들어, 두 변수 이름 var1, var2를 불러오기 위한 명령어는 다음과 같다.

`load file_name var1 var2` 또는, `load('file_name','var1','var2')`

load 명령어는 ASCII 형식 또는 텍스트 파일 형식(.txt)으로 저장된 데이터를 작업공간으로 불러오는 데 사용된다. 그러나 MATLAB의 변수 한 개의 형태로 존재하는 파일의 데이터만이 가능하다. 따라서, 파일은 한 개의 수(스칼라) 또는 한 개의 행이나 한 개의 열로 이루어진 수들(벡터)로 되어 있거나, 각 행마다 같은 개수의 수를 가진 행들(행렬)로 이루어져 있어야 한다. 예를 들어, 그림 4-5의 데이터는 save 명령어로 ASCII 형식의 변수로 저장되었지만, load 명령어로 불러올 수 없다. 원소의 개수가 모든 행에 대해 같지 않기 때문이다(이 파일은 두 개의 다른

변수들로 저장되었음을 상기해라).

작업공간에 데이터가 ASCII 형식 또는 텍스트 파일로 불러와질 때, 이 데이터는 변수 이름에 할당되어야 한다. ASCII 형식의 데이터는 `load` 명령어의 다음 두 형식을 이용하여 불러들일 수 있다.

`load file_name` 또는, `VarName=load('file_name')`

데이터가 텍스트 파일에 있다면, .txt 확장자가 파일이름에 추가되어야 한다. 이에 대한 `load` 명령어의 형식은 다음과 같다.

`load file_name.txt` 또는, `VarName=load('file_name.txt')`

명령어의 첫 번째 형식에서는 데이터가 파일의 이름과 같은 이름의 변수에 할당된다. 두 번째 형식에서 데이터는 변수이름이 `VarName`인 변수에 할당된다.

예를 들어, 그림 4-6은 데이터(3 × 2 행렬)를 메모장에서 작성하고, 파일이름을 `DataFromText.txt`로 저장한다.

그림 4-6 txt 파일로 저장된 데이터

그 다음, 두 형식의 `load` 명령어를 사용하여 텍스트 파일의 데이터를 MATLAB의 작업공간으로 불러들인다. 첫 번째 명령어에서 데이터는 변수 이름 `DfT`에 할당되며, 두 번째 명령어에서 데이터는 자동으로 텍스트 파일에 있는 파일 이름과 같은 변수 `DataFromText`에 할당된다.

```
>> DfT=load('DataFromText.txt')
DfT =
    56.0000     -4.2000
     3.0000      7.5000
    -1.6000    198.0000
>> load DataFromText.txt
>> DataFromText
DataFromText =
    56.0000     -4.2000
     3.0000      7.5000
    -1.6000    198.0000
```

파일 DataFromText에서 읽은 데이터를 변수 Dft에 할당함

파일 DataFromText와 load 명령어를 같이 사용함

변수명이 DataFromText인 변수에 데이터가 할당됨

다른 응용프로그램으로 데이터를 불러오거나 가져오기는 다음 절에서 보여주는 다른 MATLAB 명령어로도 할 수 있다.

4.5 데이터 가져오기와 내보내기

MATLAB은 종종 실험에서 기록된 데이터를 분석하거나, 다른 컴퓨터 프로그램에서 생성된 데이터를 분석하는 데 사용된다. 이를 위해서는 먼저, 데이터를 MATLAB으로 불러와야 한다. 마찬가지로, MATLAB에 의해 생성된 데이터는 때때로 다른 컴퓨터 응용프로그램에 전송할 필요가 있다. 이러한 데이터에는 수치 데이터, 텍스트, 오디오, 그래픽 그리고 이미지 데이터 등 여러가지 유형이 있으며, 이 절에서는 MATLAB을 처음 다루는 사용자가 전송해야 할 가장 흔한 유형의 데이터인 수치 데이터를 가져오고 내보내는 방법만을 기술할 것이다. 다른 유형의 데이터를 전송하기 위해서는 File I/O에 대한 도움말 창의 내용을 참고하도록 한다.

데이터 가져오기는 명령어를 사용하거나, 가져오기 마법사(Import Wizard)를 이용하여 할 수 있다. 명령어를 이용하는 방식은 불러올 데이터의 형식을 알고 있을 때 매우 유용하다. MATLAB은 다양한 유형의 데이터를 불러오는 데 사용하는 명령어가 몇 가지 있다. 스크립트 파일 내에 가져오기 명령어를 포함시켜 스크립트 파일이 실행될 때 데이터를 가져오도록 할 수 있다. 가져오기 마법사는 가져올 데이터의 형식을 모르거나, 데이터를 불러들이는 명령어를 모를 때 매우 유용하다. 가져오기 마법사는 데이터의 형식을 지정하고 자동으로 데이터를 불러온다.

4.5.1 데이터 가져오기와 내보내기 명령어

이 절에서는 어떻게 데이터를 엑셀 스프레드시트(Excel spreadsheet)와 데이터를 주고받는 지에 대해 자세히 기술한다. 마이크로스프트 엑셀은 데이터를 저장할 때 흔히 쓰이며, 많은 데이터 기록장치와 컴퓨터 응용프로그램들과 호환된다. 많은 사람들이 엑셀로 다양한 형식의 데이터 내보내기와 엑셀로부터 데이터 가져오기를 할 수 있다. MATLAB은 또한, csv와 ASCII 형식으로 데이터를 직접 전송하거나 전송받을 수 있으며, 스프레드시트 프로그램인 Lotus 123로 데이터를 전송하는 명령어를 가지고 있다. 이들 명령어와 다른 많은 명령어들에 대한 내용은 도움말 창의 File I/O에서 찾아볼 수 있다.

▸ 엑셀로부터 데이터 가져오기와 엑셀로 데이터 내보내기

엑셀로부터 데이터 가져오기는 `xlsread` 명령어로 할 수 있다. 명령어가 실행되면, 스프레드시트의 데이터는 배열로서 변수에 할당된다. `xlsread` 명령어의 가장 간단한 형식이 아래에 있다.

```
variable_name = xlsread('filename')
```

- 'filename'은 문자열로서 엑셀 파일이름이다. 엑셀 파일의 디렉터리는 현재 디렉터리이거나 탐색 경로에 있어야 한다.
- 만약, 엑셀 파일이 한 개 시트 이상을 갖고 있다면, 데이터 가져오기는 첫 번째 시트부터 된다.

엑셀 파일이 여러 시트를 갖고 있다면, xlsread 명령어는 특정 시트로부터 데이터를 가져올 수 있다. 명령어의 형식은 다음과 같다.

```
variable_name = xlsread('filename','sheet_name')
```

- 시트의 이름은 문자열로 표시된다.

또 하나의 선택사항은 스프레드시트의 일부 데이터만을 불러오는 것이다. 이를 위해서는 명령어에 다음과 같은 인자를 추가한다.

```
variable_name = xlsread('filename','sheet_name','range')
```

- 문자열로 표시되는 'range'는 스프레드 시트의 사각형 영역으로서, 대각선 반대쪽 양 코너에 있는 두 셀의 주소(엑셀 표기법으로 표시)로 정의된다. 예를 들어, 'C2:E5'는 2, 3, 4, 5 행과 *C*, *D*, *E*열로 정의된 4 × 3 크기의 영역이다.

MATLAB에서 엑셀 스프레드시트로의 데이터 내보내기는 xlswrite 명령어를 사용하여 할 수 있다. 명령어의 가장 간단한 형태는 다음과 같다.

```
xlswrite('filename',variable_name)
```

- 문자열로 입력된 'filename'은 데이터가 내보내질 엑셀 파일의 이름이다. 파일은 반드시 현재 디렉터리에 있어야 한다. 만약 파일이 존재하지 않는다면, 특정 이름의 새로운 엑셀 파일이 생성된다.
- variable_name은 내보내질 데이터가 할당된 MATLAB의 변수 이름이다.
- xlswrite 명령어에 'sheet_name'과 'range' 인자를 추가하여, 특정 시트로 또는 특정 셀의 범위로 데이터를 내보내기 할 수 있다.

xlsread 명령어를 사용하여 그림 4-7에 있는 엑셀 스프레드시트의 데이터를 MATLAB으로 가져오는 예를 보자.

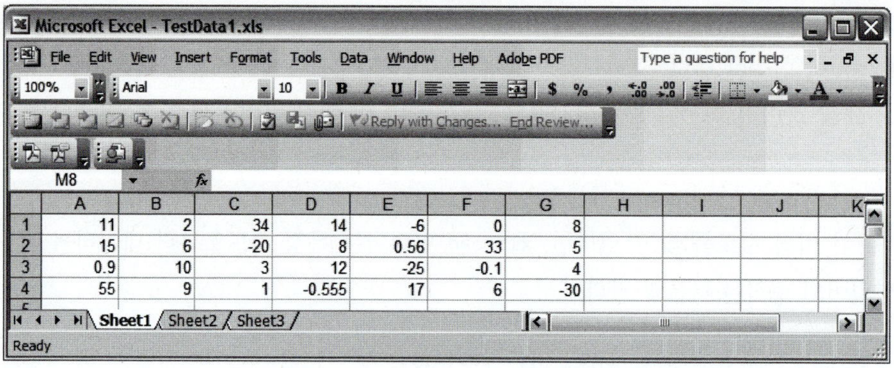

그림 4-7 엑셀 스프레드시트의 데이터

스프레드시트는 드라이브 A에 파일이름이 TestData1인 파일에 저장되어 있다. 현재 디렉터리를 드라이브 A로 변경한 후, 변수 DATA에 데이터를 할당함으로써 데이터는 MATLAB으로 들어오게 된다.

```
>> DATA = xlsread('TestData1')
DATA =
  11.0000   2.0000  34.0000 14.0000   -6.0000        0    8.0000
  15.0000   6.0000 -20.0000  8.0000    0.5600  33.0000    5.0000
   0.9000  10.0000   3.0000 12.0000  -25.0000  -0.1000    4.0000
  55.0000   9.0000   1.0000 -0.5550  17.0000   6.0000  -30.0000
```

4.5.2 가져오기 마법사의 이용

가져오기 마법사를 이용하면, 사용자가 데이터의 형식을 알아야 하거나, 지정할 필요가 없기 때문에, 마법사를 이용하는 것이 데이터를 MATLAB으로 가져오는 가장 쉬운 방법이다. 가져오기 마법사는 명령어 창의 **File** 메뉴에서 **Import Data**를 선택하면 실행된다(명령어 창에서 `uiimport` 명령어를 입력해도 된다). 가져오기 마법사를 시작하면, 마법사가 인식하는 모든 데이터 파일을 보여주는 파일선택 상자가 화면에 나타난다. 사용자는 가져올 데이터가 있는 파일을 선택한 다음 **Open**을 누르면 된다. 가져오기 마법사는 마법사의 미리보기 상자(preview box)에 데이터의 일부를 표시하여 데이터가 맞는지를 사용자가 확인할 수 있도록 한다. 가져오기 마법사가 데이터 처리에 성공하면, 마법사가 생성한 변수를 데이터 일부와 함께 화면에 표시한다. 사용자가 **next**를 누르면, 마법사는 데이터의 열을 구분하는 데 사용하는 열 구분자(Column Separator)를 보여준다. 변수가 올바른 값을 갖고 있다면, **next**를 클릭하여 마법사를 계속 진행할 수 있으며, 그렇지 않으면, 다른 열 구분자를 선택할 수 있다. 다음 창에서 마법사는 MATLAB에서 생성될 변수의 이름과 크기를 보여준다. 데이터가 모두 수치 데이터라면, MATLAB의 변수는 데이터를 가져올 파일과 같은 이름을 갖는다. **finish** 버튼을 눌러서 마법사를 끝내면, 데이터가 MATLAB에 들어오게 된다.

가져오기 마법사를 이용해서 a.txt 파일에 저장된 ASCII 수치 데이터를 가져오는 경우를 예로 들어보자. 그림 4-8은 파일 TestData2.txt에 저장된 데이터를 보여준다.

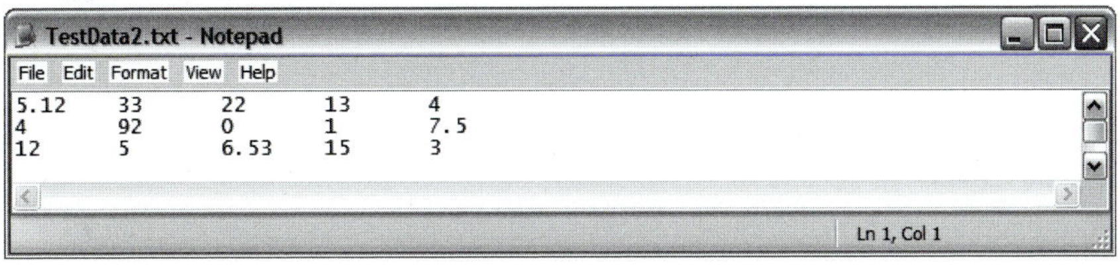

그림 4-8 ASCII 수치 데이터

가져오기 마법사가 TestData2 파일을 가져오는 과정을 그림 4-9에서 그림 4-10에 걸쳐 나타내었다. 그림 4-10은 MATLAB 변수의 이름이 `TestData2`이며, 그 크기가 3 × 5임을 보여준다.

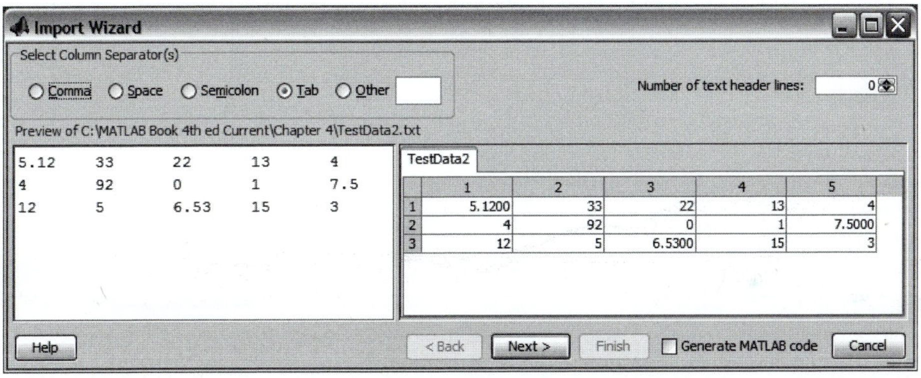

그림 4-9 가져오기 마법사의 첫 번째 화면

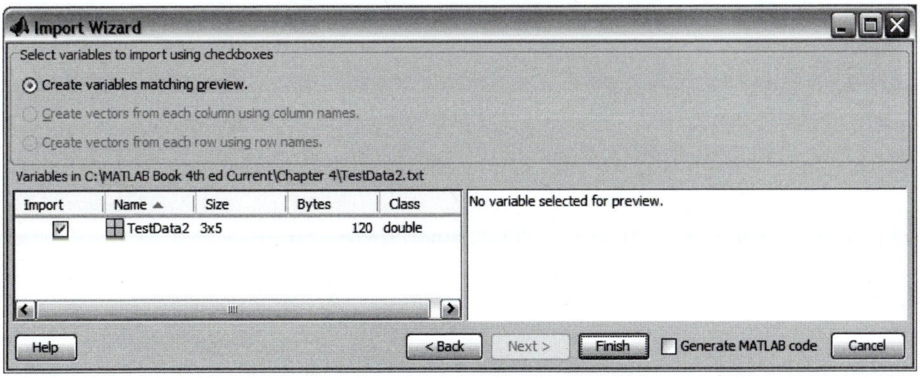

그림 4-10 가져오기 마법사의 두 번째 화면

MATLAB의 명령어 창에서 변수이름을 입력하면 가져온 데이터를 출력할 수 있다.

```
>> TestData2
TestData2 =
    5.1200    33.0000    22.0000    13.0000    4.0000
    4.0000    92.0000          0     1.0000    7.5000
   12.0000     5.0000     6.5300    15.0000    3.0000
```

4.6 MATLAB 응용 예제

예시 문제 4-1 사일로의 높이와 표면적

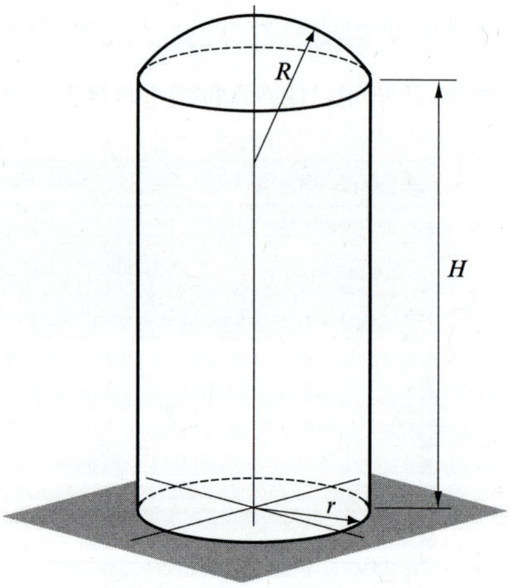

반지름이 r인 원통형의 사일로(silo)는 반지름이 R인 구형 덮개를 가지고 있으며, 원통 부분의 높이는 H이다. 주어진 r과 R, 부피 V의 값들에 대해 높이 H를 구하는 프로그램을 스크립트 파일로 작성하라. 또한 프로그램이 사일로의 표면적도 계산하도록 하라.

프로그램을 이용하여 r = 30 ft, R = 45 ft, V = 200,000 ft^{3}인 사일로의 높이와 표면적을 계산하라. r과 R, V에 대한 값은 명령어 창에서 할당하도록 한다.

풀이

사일로의 전체 부피는 원통 부분의 부피와 구형 덮개의 부피를 더하여 구한다. 원통 부분의 부피는 다음 식

$$V_{cyl} = \pi r^2 H$$

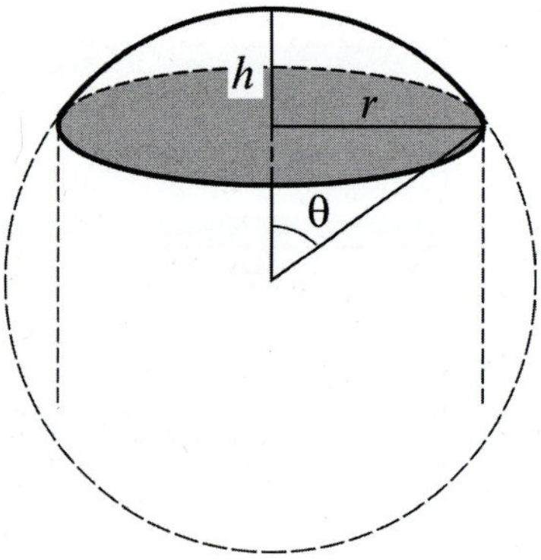

로 주어지며, 구형 덮개의 부피는 식

$$V_{cap} = \frac{1}{3}\pi h^2(3R - h)$$

로 주어진다. 여기서 $h = R - R\cos\theta = R(1 - \cos\theta)$이며, θ는 $\sin\theta = \frac{r}{R}$로부터 계산된다.

위의 수식을 이용하여, 원통 부분의 높이 H를 다음과 같이 나타낼 수 있다.

$$H = \frac{V - V_{cap}}{\pi r^2}$$

사일로의 표면적은 다음과 같이 원통 부분의 표면적과 구형 덮개의 표면적을 더하여 구한다.

$$S = S_{cyl} + S_{cap} = 2\pi rH + 2\pi Rh$$

문제의 해를 구하기 위한 프로그램을 스크립트 파일로 작성하면 다음과 같다.

```
theta=asin(r/R);                                θ를 계산함
h=R*(1-cos(theta));                             h를 계산함
Vcap=pi*h^2*(3*R-h)/3;                          구형 덮개의 부피를 계산함
H=(V-Vcap)/(pi*r^2);                            H를 계산함
S=2*pi*(r*H + R*h);                             Calculating the surface area
fprintf('The height H is: %f ft.',H)
fprintf('\nThe surface area of the silo is: %f square ft.',S)
```

이 스크립트 파일(파일 이름: silo)을 실행시킨 명령어 창의 화면은 다음과 같다.

```
>> r=30; R=45; V=200000;                        r, R, V에 값을 할당함
>> silo                                         스크립트 파일 silo를 실행시킴
The height H is: 64.727400 ft.
The surface area of the silo is: 15440.777753 square ft.
```

예시 문제 4-2 복합면적의 중심

복합면적의 중심 좌표를 계산하는 프로그램을 스크립트 파일로 작성하라(복합면적은 중심이 알려져 있는 여러 부분면적들로 쉽게 나눌 수 있다). 사용자는 면적을 부분면적들로 나눠야 하며 각 부분면적의 중심 좌표인 두 수와 해당 면적을 알고 있어야 한다. 스크립트 파일이 실행되면, 프로그램은 사용자에게 세 수(중심 좌표인 두 수와 해당 면적)를 행렬의 한 행으로서 입력하도록 요구한다. 사용자는 부분면적 개수만큼의 행들을 입력한다. 구멍을 나타내는 부분은 음의 면적을 갖도록 한다. 프로그램은 실행결과로 복합면적의 중심 좌표를 출력한다. 프로그램을 이용하여 그림에 보이는 면적의 중심을 계산하라.

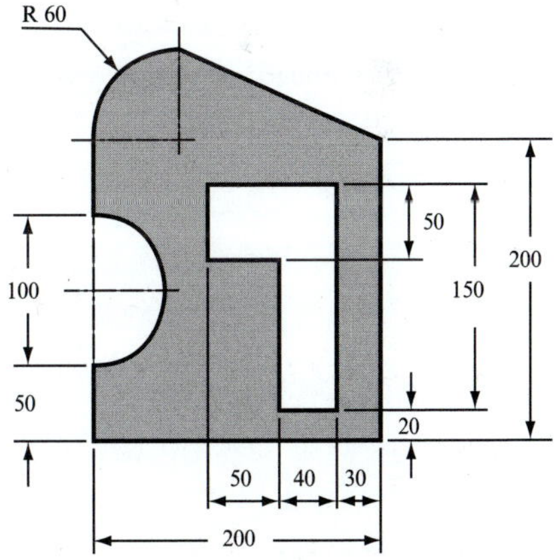

Dimensions in mm

풀이

아래 그림과 같이 면적을 6개의 부분면적으로 나눈다. 총면적은 왼쪽의 세 부분면적을 더하고 오른쪽의 세 부분면적을 빼면 구해진다. 각 부분면적의 중심의 위치와 좌표가 면적과 함께 그림에 표시되어 있다. 총면적의 중심 좌표 $\bar{X}$와 $\bar{Y}$는 다음 식으로 주어진다.

$$\bar{X} = \frac{\Sigma A\bar{x}}{\Sigma A},\ \bar{Y} = \frac{\Sigma A\bar{y}}{\Sigma A}$$

여기서 $\bar{x}$와 $\bar{y}$, A는 각각 각 부분면적의 중심 좌표와 면적이다.

복합면적의 중심 좌표를 계산하는 프로그램을 가진 스크립트 파일은 다음과 같다.

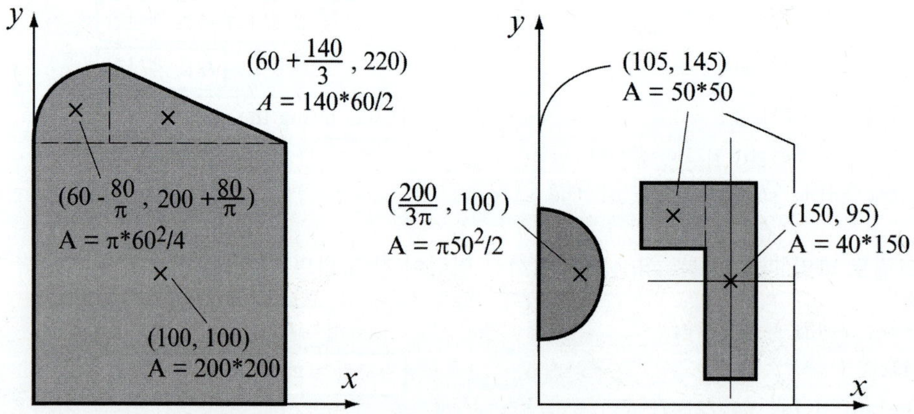

단위 : 좌표 mm, 면적 mm²

```
% 복합면적의 중심좌표를 계산하는 프로그램
clear C xs ys As
C=input('Enter a matrix in which each row has three elements.\nIn each row enter
the x and y coordinates of the centroid and the area of a section.\n');
xs=C(:,1)';      각 부분면적의 x 좌표를 갖는 행벡터를 생성함(C의 첫 번째 열)
ys=C(:,2)';      각 부분면적의 y 좌표를 갖는 행벡터를 생성함(C의 두 번째 열)
As=C(:,3)';      각 부분면적의 면적을 갖는 행벡터를 생성함(C의 세 번째 열)
A=sum(As);       총면적을 계산함
x=sum(As.*xs)/A;
y=sum(As.*ys)/A;     복합면적의 중심좌표를 계산함
fprintf('The coordinates of the centroid are: ( %f, %f )\n',x,y)
```

스크립트 파일은 파일이름 Centroid로 저장된다. 다음은 스크립트 파일이 실행된 명령어 창을 보여준다.

```
>> Centroid
Enter a matrix in which each row has three elements.
In each row enter the x and y coordinates of the centroid and the area of a section.
```

```
[100 100 200*200
60-80/pi 200+80/pi pi*60^2/4
60+140/3 220 140*60/2
200/(3*pi) 100 -pi*50^2/2
105 145 -50*50
150 95 -40*150]
The coordinates of the centroid are: ( 85.387547 , 131.211809 )
```

행렬 C에 대한 데이터를 입력한다. 각 행은 부분면적의 x, y, A 면적의 세 원소를 갖는다.

예시 문제 4-3 전압 분배기(voltage divider)

여러 개의 저항기(resistor)들이 전기 회로에서 직렬로 연결되어 있는 경우, 각 저항기 양단의 전압은 다음과 같이 전압분배법칙으로 주어진다.

$$v_n = \frac{R_n}{R_{eq}} v_s$$

여기서, v_n과 R_n은 각각 저항기 n의 양단 전압과 저항(resistance)이다. $R_{eq} = \Sigma R_{eq}$은 등가저항이며, v_s는 전원 전압이다. 각 저항기에서 소모되는 전력은 다음 식으로 주어진다.

$$P_n = \frac{R_n}{R_{eq}^2} v_s^2$$

예를 들어, 다음 그림은 7개의 저항기가 직렬로 연결된 회로를 보여준다.

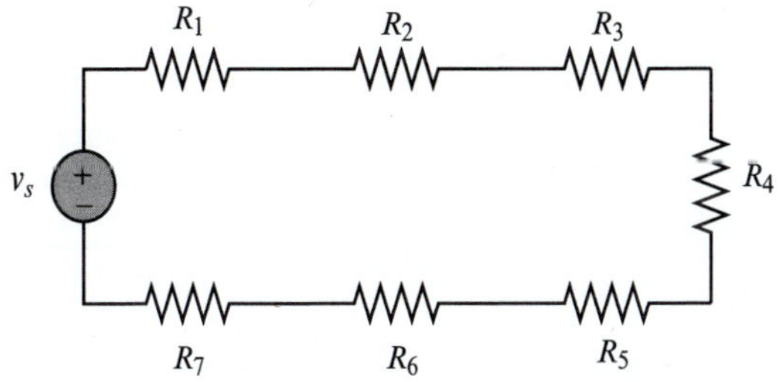

저항기가 직렬로 연결된 회로에서 각 저항기의 양단 전압을 계산하고 각 저항기에서 소모되는 전력을 구하는 프로그램을 스크립트 파일로 작성하라. 스크립트 파일이 실행되면, 프로그램은 사용자에게 전원 전압을 입력하고 그다음 저항기들의 저항을 벡터로 입력할 것을 요구하며, 계산 결과를 표로 출력한다. 표의 첫 번째 열은 저항기의 저항이고, 두 번째 열은 각 저항기 양단의 전압이며, 세 번째 열은 각 저항기에서 소모되는 전력이다. 프로그램은 표 다음에 회로의 전류와 총 전력을 출력한다.

스크립트 파일을 실행하고 v_s와 R에 대한 다음 데이터를 입력하라.

$v_s = 24$ V, $R_1 = 20\ \Omega$, $R_2 = 14\ \Omega$, $R_3 = 12\ \Omega$, $R_4 = 18\ \Omega$, $R_5 = 8\ \Omega$, $R_6 = 15\ \Omega$, $R_7 = 10\ \Omega$.

풀이

문제 풀이를 위한 스크립트 파일은 다음과 같다.

```
% 직렬로 연결된 회로의 각 저항 양단 전압을 계산하는 프로그램
vs=input('Please enter the source voltage ');
Rn=input('Enter the values of the resistors as elements in a row vector\n');
Req=sum(Rn);                                    등가저항을 계산함
vn=Rn*vs/Req;                                   전압분배법칙을 적용함
Pn=Rn*vs^2/Req^2;                               각 저항기에서의 전력을 계산함
i = vs/Req;                                     회로의 전류를 계산함
Ptotal = vs*i;                                  회로의 총 전력을 계산함
Table = [Rn', vn', Pn'];                        Rn, vn, Pn을 열로 갖는 변수
disp(' ')                                       table을 생성함
disp(' Resistance Voltage Power')
disp(' (Ohms) (Volts) (Watts)')                 열의 제목을 출력함
disp(' ')                                       빈 줄을 출력함
disp(Table)                                     변수 Table을 출력함
disp(' ')
fprintf('The current in the circuit is %f Amps.',i)
fprintf('\nThe total power dissipated in the circuit is %f Watts.',Ptotal)
```

스크립트 파일이 실행된 명령어 창은 다음과 같다.

```
>> VoltageDivider                               스크립트 파일의 이름
Please enter the source voltage 24   ←          사용자가 입력한 전압
Enter the value of the resistors as elements in a row vector
[20  14  12  18  8  15  10]   ←                 열에 대한 항목 이름을 출력함
  Resistance   Voltage    Power
    (Ohms)     (Volts)   (Watts)
   20.0000     4.9485    1.2244
   14.0000     3.4639    0.8571
   12.0000     2.9691    0.7346
   18.0000     4.4536    1.1019
    8.0000     1.9794    0.4897
   15.0000     3.7113    0.9183
   10.0000     2.4742    0.6122

The current in the circuit is 0.247423 Amps.
The total power dissipated in the circuit is 5.938144 Watts.
```

4.7 연습문제

프로그램을 스크립트 파일로 먼저 작성한 후 프로그램을 실행시켜 다음 문제들을 풀어라.

1. 체질량 지수(body mass index, BMI)는 키과 몸무게에 기반한 신체 지방의 척도이다. 미국 관습 단위에서는 다음과 같이 계산된다.

$$BMI = 703\frac{W}{h^2}$$

W는 사람의 몸무게(파운드)이고, h는 키(인치)이다. MATLAB을 활용하여 BMI를 계산하는 스크립트 파일을 작성하라. 입력을 위해 프로그램은 사용자에게 몸무게와 키를 입력받도록 요청하게 한다. 그런 다음 프로그램은 BMI를 소수점 첫 번째 자리로 반올림하여 계산한다. 프로그램은 출력값으로 "BMI는 XX입니다."라는 메시지가 표시되게 한다. 여기서 XX는 BMI의 값이다. 키가 68인치이고 몸무게가 162파운드인 사람의 BMI를 구하라.

2. 기압의 함수로 고도 h는 다음과 같이 계산된다.

$$h = 145366.45\left[1 - \left(\frac{p}{1013.25}\right)^{0.190289}\right]$$

여기서 h는 피트 단위이고 압력 p는 밀리바 단위이다. MATLAB 프로그램을 통해 주어진 p에 대한 h를 계산하는 스크립트 파일을 작성하라. 입력을 위해 프로그램은 사용자에게 압력을 밀리바 단위로 입력하도록 요청한다. 그런 다음 프로그램은 가장 가까운 정수로 반올림한 고도를 계산한다. 출력을 위해 프로그램은 "고도는: XX ft"라는 메시지를 표시되게 한다. 여기서 XX는 h의 계산된 값이다. 압력이 394 mb일 때 고도를 구하라.

3. 밑 반지름이 R이고 높이가 h인 원뿔 내부에 내접할 수 있는 가장 큰 구의 반지름 r을 결정하는 MATLAB 프로그램을 작성하라. 입력을 위해 프로그램은 사용자에게 R과 h에 대한 값을 입력하도록 요청하게 한다. 그런 다음 프로그램은 소수점 첫째자리까지 반올림한 r을 계산한다. 출력을 위해 프로그램은 "밑반지름이 XX인치이고 높이가 XX인치인 원뿔 내부에 내접할 수 있는 가장 큰 구의 반지름은: XX 인치입니다."라는 메시지를 표시되게 한다. 여기서 XX는 해당되는 수치이다. 작성한 프로그램을 통해 R = 8인치이고 h = 22인치인 원뿔에 대한 r을 구하라.

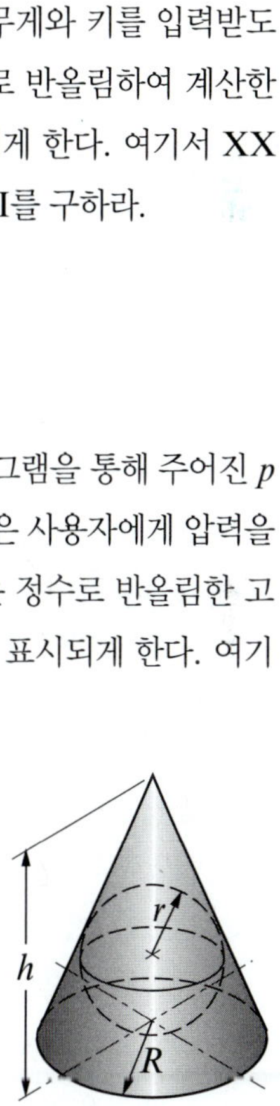

4. 방사성 붕괴는 A가 시간 t에서의 양이고, A_0는 시간 $t = 0$일 때의 양이며 k가 상수인 식으로 모델링할 수 있다.

$$A = A_0 e^{-kt}$$

방사성 물질의 양을 계산하는 MATLAB 프로그램을 작성하라. 실행되면 프로그램은 사용자에게 물질의 반감기(년), 물질의 현재 양(in lb), 그리고 양을 계산해야 하는 지금부터의 t년 수를 입력하도록 요청하게 한다. 이 정보로부터 프로그램은 먼저 상수 k를 계산한 다음 t년에서의 양을 계산한다. 출력을 위해 프로그램은 "XX년 후의 물질의 양은 XX kg입니다."라는 메시지를 표시되게 한다. 여기서 XX는 해당되는 수치이다. 작성한 프로그램을 이용하여 500년 후 50 lb의 플루토늄-239 (24,110년 반감기)가 얼마나 남아있을 것인지 구하라.

5. 연료 탱크가 반원통 모양(r = 14인치)으로 되어 있다. h의 함수로서 연료의 양(갤런 단위)에 대한 식을 유도하라. h가 0에서 14인치 사이에서 2인치씩 증가하는 벡터를 생성한 다음, 해당 부피를 갤런 단위로 소수점 첫 번째 자리가 나오게 반올림하여 계산하라. 결과를 두 열 표로 표시하되 첫 번째 열에는 h의 값, 두 번째 열에는 관련 부피 값(갤런 단위)이 나오게 하라.

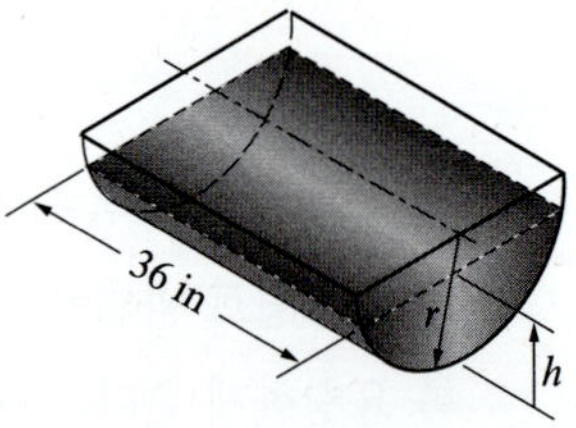

6. 그림과 같이 케이블을 잡아당겨 300파운드의 차고 문을 열고 있다. 문이 힘을 받으면 케이블의 F는 각도 θ의 함수로 다음과 같이 표시된다.

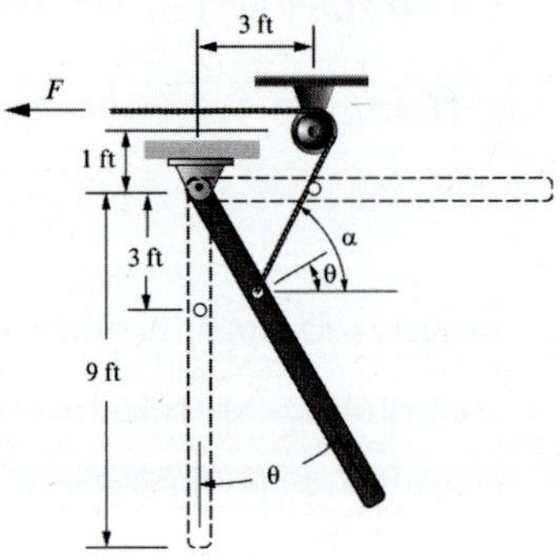

$$F = \frac{300 \cdot 4.5 \sin\theta}{3\cos(\alpha - \theta)}$$

여기서

$$\sin\alpha = \frac{1 + 3\cos\theta}{\sqrt{(1 + 3\cos\theta)^2 + (3 - 3\cos\theta)^2}}$$

θ = 0° ~ 90°에 대하여 10°씩 증가시켜 F를 계산하고 결과를 두 열 표로 표시되게 하라.

7. 입력받은 점수들의 점수와, 평균, 표준편차를 계산하는 스크립트 파일을 MATLAB 프로그램으로 작성하라. 프로그램은 `input` 명령어로 사용자에게 점수를 벡터의 원소로 입력을 받는다. 그 다음, MATLAB 내장함수 `length`, `mean`, `std`으로 각각의 값을 계산한다. 결과는 명령어 창에 다음의 형식으로 출력한다.

"점수는 XX, XXX, ..., XX이다" 여기서 XX는 수치값이다.
"평균은 XX이다." 여기서 XX는 수치값이고 첫 번째 소수점에서 반올림한 값이다.
"표준편차는 XX이다." 여기서 XX는 수치값이고 첫 번째 소수점에서 반올림한 값이다.

다음 점수를 입력하여, 프로그램을 실행하라.

93, 77, 51, 62, 99, 41, 82, 77, 71, 68, 100, 46, 78, 80, 83.

8. 체내 약의 양의 감소는 방정식 $A = A_0e^{kt}$로 모델링할 수 있으며, 여기서 A는 시간 t에서의 양, A_0는 t = 0에서의 양, k는 감쇄 상수(k < 0)이다. 특정 약의 반감기는 3.5시간이다. 한 사람이 t = 0에서 약 400 mg을 복용한 후, 4시간마다 약 400 mg을 추가로 복용하였다. 첫 번째 약을

복용한 후 23시간 후에 환자의 체내 약의 양을 구하라.

k의 값을 구한 후 벡터 t = [23, 19, 15, 11, 7, 3] (각 용량을 복용한 후의 시간)를 정의하고 해당되는 A의 값을 계산한 다음 MATLAB의 내장된 함수 합을 사용하여 총량을 구하라.

9. 저축 계좌의 가치 V는 t년 후 다음과 같이 표시된다.

$$V = P\left(1 + \frac{r/100}{n}\right)^{nt}$$

여기서 P는 최초 투자액이고, r은 % 단위의 연간 이자율(예: 7.5%로 입력)이며, n은 이자가 복리로 계산된 횟수이다. MATLAB 프로그램을 V를 계산하는 스크립트 파일을 작성하라. 프로그램이 실행되면 사용자에게 최초 투자액, 연 수, 이자율 및 이자가 복리로 계산될 연간 횟수를 입력되도록 하라. 출력은 "XX년 이후 X.X%의 연 이자율로 $XX 투자액을 연 X배 복리로 환산하면 $XXX.XX입니다."이며, 여기서 XXX는 해당 수량을 나타낸다. 프로그램을 사용하여 연간 이자율이 3.5%인 경우 18년 후 $20,000의 투자 금액을 계산하라.

10. 세 집의 전기 공급 케이블은 그림과 같이 기둥에 연결되어 있다. 필요한 케이블의 총 길이를 최소화하는 기둥의 위치(거리 x)를 결정하는 MATLAB 프로그램을 작성하라. 이 프로그램에서 0.1씩 증가하여 50에서 200 사이의 값을 갖는 벡터 x를 정의하라. 이 벡터를 사용하여 케이블의 총 길이에 대응하는 값을 계산하라. 그 다음 MATLAB의 내장 함수 `min`을 사용하여 케이블의 가장 짧은 길이에 해당하는 x의 값을 구하여라.

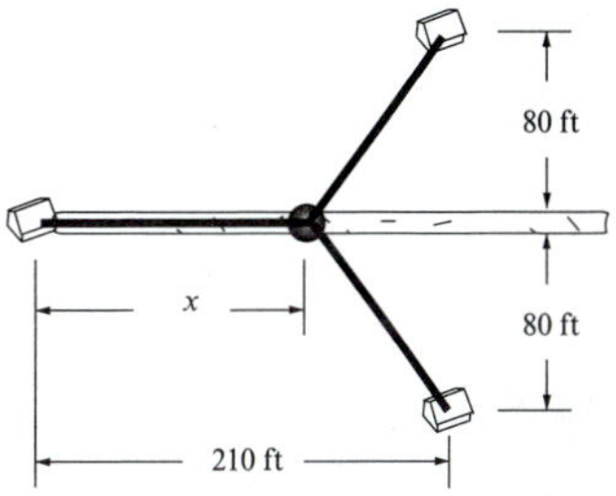

11. 초기에 여행자들은 물의 끓는 점을 측정하여 고도를 예상했다. 동일한 목적으로 오늘날의 등산객들은 고도를 알기 위한 표를 만들기 위해 아래 두 식을 이용한다.

$$p = 29.921(1 - 6.8753 \times 10^{-6}h), \qquad T_b = 49.161\ln p + 44.932$$

여기서 p는 수은주 인치에서의 대기압이며, T_b는 화씨온도에서 물의 끓는점이고, h는 고도(피트)이다. 표는 두 개의 열을 가지며, 첫 번째 열은 고도, 두 번째 열은 끓는점이다. 고도는 −500과 10,000 ft 사이에서 500 ft씩 증가한다.

12. 이등변 삼각형 표지판은 프린트된 600 in^{2}의 삼각형 면적을 갖도록 설계되었다(그림에서 높이 h, 밑변의 길이 a인 어두운 면적) 그림에서 볼 수 있듯이, 삼각형의 각 변들 사이에 2 in의 간격이 있다. 표지판의 종합 면적이 가능한 작아질 수 있는 a와 h의 크기를 계산하는 MATLAB 프로그램을 작성하라. 프로그램에서 10에서 120까지 0.1씩 증가하는 벡터 a를 정의하라. 표지판의 종합 면적과 대응하는 높이 h를 구하

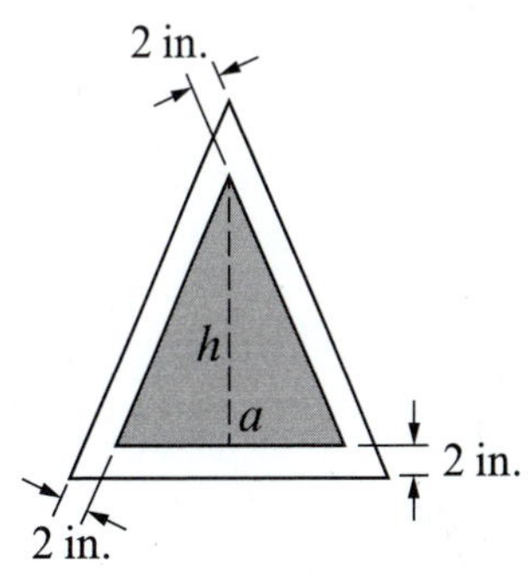

는 데, 이 벡터를 사용하라. 그 다음, MATLAB 내장함수 `min`을 이용하여, 가장 작은 표지판의 크기를 구하라.

13. 영화관에서 시청자가 화면의 그림을 보는 각도 θ은 화면과의 거리 x에 따라 달라진다. 20, 26, 32, 38, 44, 50, 56, 62, 68 ft의 거리에서 시청자의 각도 θ(도)를 결정하는 MATLAB 프로그램을 작성하고 결과는 두 열 표로 표시한다.

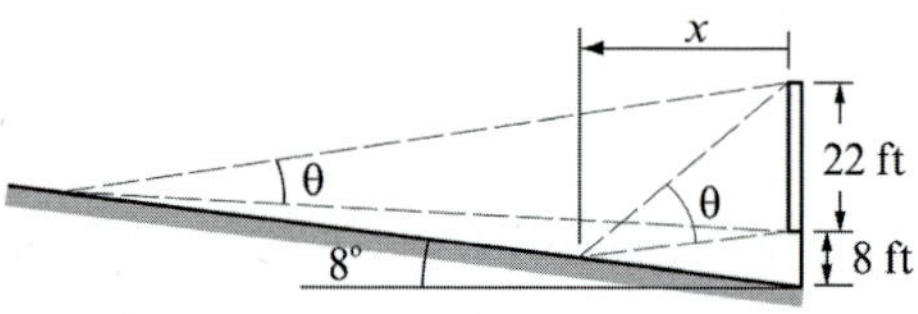

14. 12피트(144인치) 길이의 철사를 여덟 조각으로 자르고, 이들을 용접하여 사각형 기반을 가진 피라미드를 만드는데, 사각형 밑면은 $b = 1.9a$라는 조건이 주어진다. MATLAB 프로그램을 작성하여 피라미드의 부피가 최대가 되도록 a와 b의 치수를 결정하라. 프로그램에서는 4에서 14인치 사이에서 0.01인치 증가하는 벡터 a를 정의하라. 이 벡터를 사용하여 b, h, 그리고 부피의 해당 값을 계산하라. 그다음 MATLAB의 내장 함수 max를 사용하여 부피가 가장 큰 피라미드에 해당하는 a와 b의 치수를 구하여라.

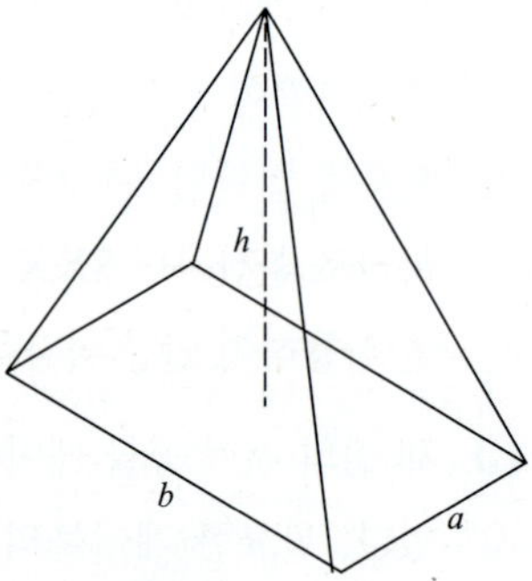

15. A지점에 있는 한 사람이 강 건너 B지점에서 곤경에 처한 어린이를 발견했다. 그 사람은 8.6 ft/s의 속력으로 달릴 수 있고, 3.9 ft/s의 속력으로 수영할 수 있다. 그림과 같이 가장 짧은 시간에 어린이에게 도달하기 위해 그 사람은 C지점까지 달린 후 B지점까지 수영한다. 그 사람이 어린이에게 도달할 수 있는 시간을 최소화하는 점 C까지의 거리 x를 결정하는 MATLAB 프로그램을 작성하라. 프로그램에서 0에서 5,000까지의 값을 1의 증분으로 갖는 벡터 x를 정의하라. 이 벡터를 사용하여 x의 대응되는 값을 계산하라. 그런 다음 MATLAB의 내장 함수 `min`을 사용하여 가장 짧은 시간에 대응되는 x의 값을 구하여라.

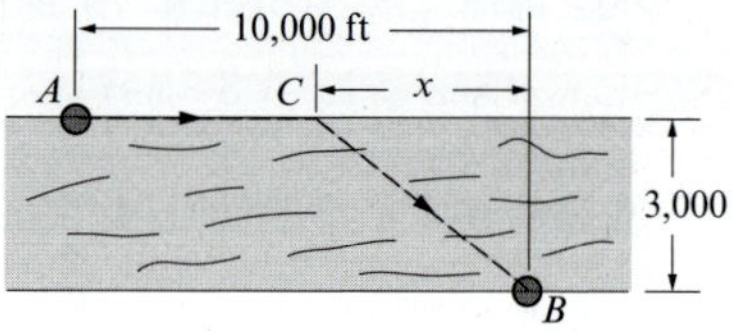

16. 얇은 판의 구멍(직경 d) 가장자리에 있는 최대 응력 σ_{max}는 하중을 받는 폭 w와 두께 t에 의해 인장력 F가 결정된다.

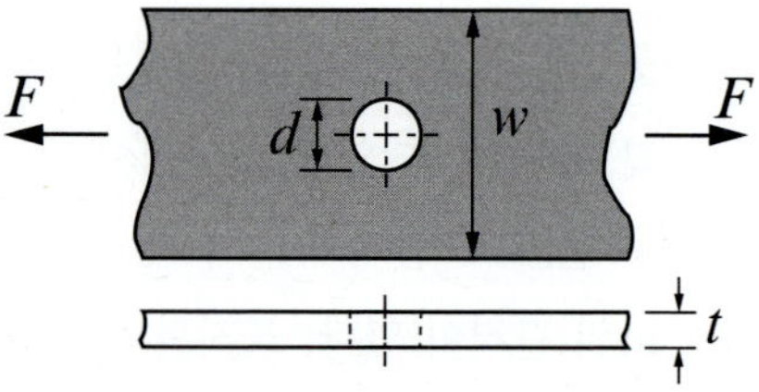

$$\sigma_{max} = K_t \sigma_{nom}$$

여기서 $\sigma_{nom} = \dfrac{F}{t(w-d)}$ 그리고 $K_t = 3 - 3.14(d/w) + 3.667(d/w)^2 - 1.527(d/w)^3$이다.

σ_{max}을 계산하는 스크립트 파일에 프로그램을 작성하라. 프로그램은 `load` 명령을 사용하여

ASCII 텍스트 파일에서 F, w, d, t 값을 읽어야 한다. 출력은 텍스트와 숫자를 결합한 형태여야 한다. 예를 들어, "폭 XX인치, 두께 XX인치, 구멍 XX인치인 판의 최대 응력은 XXXX psi이며, 여기서 XX는 숫자 값을 나타낸다." 응력은 가장 가까운 정수로 반올림해야 한다. 프로그램을 사용하여 w = 2.5인치, d = 1.375인치, t = 0.1875인치, F = 8000 lb일 때의 σ_{max}를 계산하여라.

17. 그림과 같이 비행기는 일정한 속력 v = 350 mi/h로 직선 경로를 따라 비행하고 있다. 비행기는 점 A보다 h = 1500 ft 아래에 위치한 레이더 관측소에 의해 추적되고 있다. 비행기는 t = 0의 점 A에 있다. t = 0, 0.5, 1, 1.5, ..., 6 s에 대한 시간의 함수로 θ와 r을 계산하는 MATLAB 프로그램을 작성하라. 첫 번째 열은 t, 두 번째 열은 각도 θ, 세 번째 열은 r의 대응되는 값인 3열 표로 표시되게 하라.

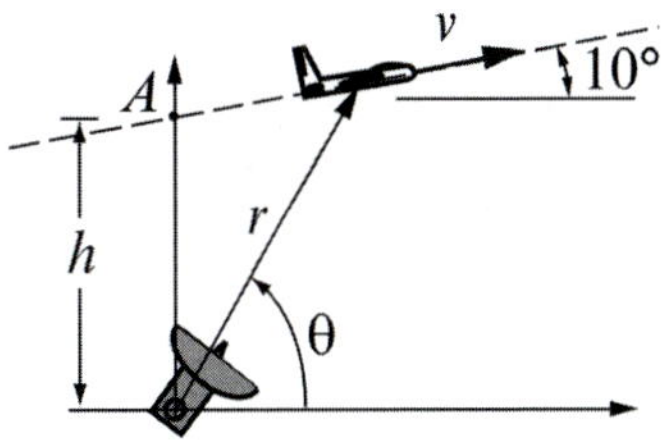

18. 반도체의 고유 전도율 σ는 다음과 같다.

$$\sigma = e^{(C - \frac{E_g}{2kT})}$$

여기서 σ는 $(\Omega - m)^{-1}$ 단위로 측정되며, E_g는 밴드갭 에너지이며, k는 볼츠만 상수(8.62×10^{-5} eV/K)이고, T는 절대온도다. 게르마늄에 대해, C = 13.83, E_g = 0.67 eV이다. 다양한 온도에서 게르마늄의 고유 전도율을 계산하는 프로그램을 스크립트 파일로 작성하라. 온도 값은 `xlsread` 명령어로 엑셀 스프레드시트로부터 읽어들이며, 출력은 첫 번째 열은 온도, 두 번째 열은 고유 전도율을 작성한 표로 출력하라. 온도 값은 다음을 이용해라: 400, 435, 475, 500, 520, 545 K

19. 갑작스런 직경의 증가로 인해 파이프를 흐르는 유체에 대한 파스칼(pascals, Pa) 내에서 압력 강하 Δp는 다음과 같다.

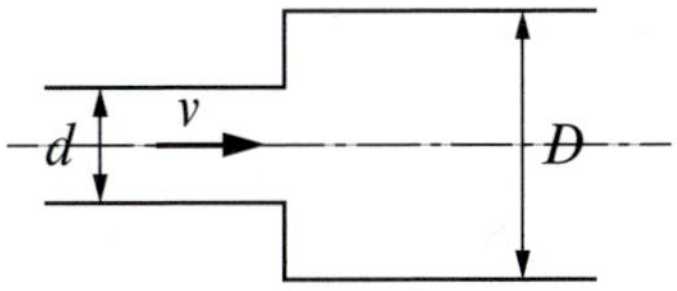

$$\Delta p = \frac{1}{2}\left[1 - \left(\frac{d}{D}\right)^2\right]^2 \rho v^2$$

여기서 ρ는 유체 밀도이며, v는 유체 속도, d와 D는 그림에서 정의되었다. 압력 강화를 계산하는 프로그램을 스크립트 파일로 작성하라. 스크립트 파일이 실행될 때, 사용자에게 밀도(kg/m^3), 속도(m/s), 무차원 단위 비(d/D)를 벡터로서 입력하도록 요구할 것이다. 프로그램은 첫 번째 열은 d/D의 값, 두 번째 열은 해당하는 값을 가진 표 다음에 입력된 ρ와 v의 값을 출력하라.

직경비 d/D = 0.9, 0.8, 0.7, 0.6, 0.5, 0.4, 0.3를 속도 v = 5 m/s의 가솔린(ρ = 737 kg/m^3)의 흐름을 가정하여, 프로그램을 실행해라.

20. 반지름 b인 판 1에서 거리 c만큼 분리된 반지름 a인 판 2로의 복사열에 의한 순 열교환은 다음과 같다.

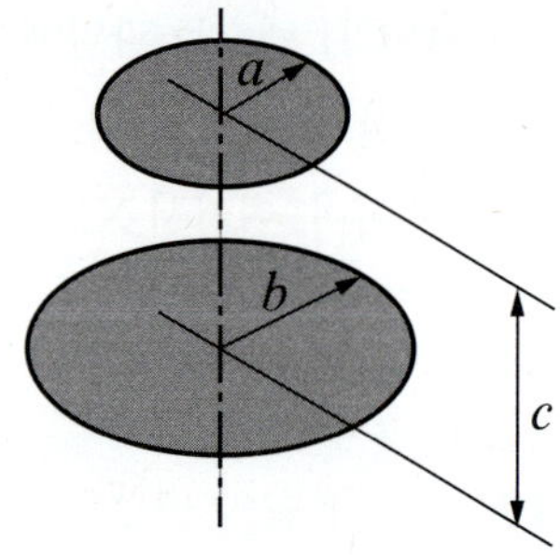

$$q = \sigma\pi b^2 F_{1-2}(T_1^4 - T_2^4)$$

여기서 T_1, T_2는 판의 절대 온도이며, $\sigma = 5.669 \times 10^{-8}$ W/($\mathrm{m^2}$-$\mathrm{K^4}$)는 스테판-볼츠만 상수이며, F_{1-2}는 그림의 배열에 대한 형태 요소이며, 다음과 같다.

$$F_{1-2} = \frac{1}{2}\left[Z - \sqrt{Z^2 - 4X^2Y^2}\right]$$

여기서 $X = a/c$, $Y = c/b$, $Z = 1 + (1 + X^2)Y^2$이다. 열 교환 q를 계산하는 스크립트 파일을 작성하라. 입력을 위해, 프로그램은 T_1, T_2, a, b, c의 값을 입력하도록 사용자에게 요구할 것이다. 출력을 위해, 프로그램은 기하학적 구조와 온도의 개요를 출력하고, q의 값을 출력한다. 스크립트 파일을 이용하여 $T_1 = 400$ K, $T_2 = 600$ K, $a = 1$ m, $b = 2$ m, $c = 0.1$, 1, 10 m에 대해 결과를 출력하라.

21. 반지름이 R이고 중심이 점 (x_0, y_0)인 평면에서의 원의 방정식은 다음과 같다:

$$(x - x_0)^2 + (y - y_0)^2 = R^2$$

수식은 다음과 같은 형태로 작성할 수도 있다:

$$-2x_0x - 2y_0y + c = -(x^2 + y^2),\ c = x_0^2 + y_0^2 - R^2$$

세 점(x_1, y_1), (x_2, y_2), (x_3, y_3)의 좌표가 주어진다면, 세 점을 지나는 원의 중심의 반지름과 좌표를 결정할 수 있다. 이것은 방정식에 있는 각 점의 좌표를 대입하고 x_0, y_0, c에 대한 세 선형 방정식을 풀 수 있다.

주어진 세 점을 지나는 원의 반지름과 중심의 좌표를 계산하는 스크립트 파일에 프로그램을 작성하라. 프로그램이 실행되면 프로그램은 사용자에게 세 점의 좌표를 입력하라고 요구한다. 프로그램은 중심과 반지름을 계산하고 그 결과를 다음과 같은 형식으로 표시한다: "중심의 좌표는 (xx.x, xx.x)이고 반지름은 xx.x" 여기서 xx.x는 계산된 양을 소수점 첫 번째 자리로 반올림한 값을 나타낸다. (11.5, 5), (3.2, 8.6), (−4.5, −6.8)의 세 점을 입력하는 프로그램을 실행하라.

22. 트러스(truss)는 양단이 핀으로 연결된 부재들로 이루어진 구조물이다. 그림의 트러스에 대해, 11개의 각 부재에 작용하는 힘은 다음 11개의 선형 연립방정식의 해로부터 구할 수 있다.

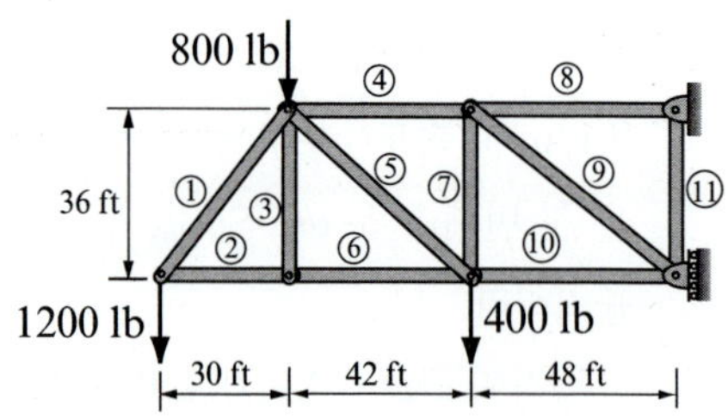

$F_1 \cos 50° + F_2 = 0$, $F_1 \sin 50° - 400 = 0$,

$-F_2 + F_6 = 0$

$-F_1 \cos 50° + F_4 + F_5 \cos 41° = 0,$

$-F_1 \sin 50° + F_3 + F_5 \sin 41° - 800 = 0, -F_5 \cos 41° - F_6 + F_{10} = 0,$

$F_5 \sin 41° + F_7 - 1200 = 0, -F_4 + F_8 + F_9 \cos 37° = 0, -F_7 - F_9 \sin 37° = 0,$

$-F_9 \cos 37° - F_{10} - 4933 = 0, F_9 \sin 37° + F_{11} = 0$

이 방정식들을 행렬형태로 쓰고 MATLAB을 이용하여 각 부재에 작용하는 힘을 구하라. 양의 힘은 장력을 의미하며 음의 힘은 압축력을 의미한다. 결과를 첫 번째 열은 각 부재의 번호, 두 번째 열은 해당 힘을 보여주는 표로 나타내라.

23. 트러스(truss)는 양단이 핀으로 연결된 부재들로 이루어진 구조물이다. 그림의 트러스에 대해, 7개의 각 부재에 작용하는 힘은 다음 7개의 선형 연립방정식의 해로부터 구할 수 있다.

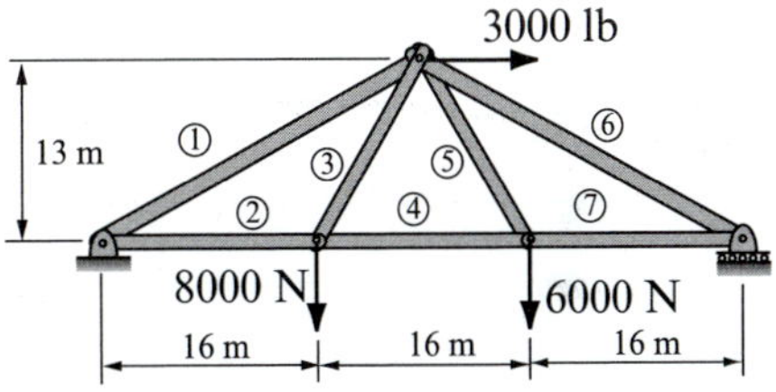

$F_1 \cos 28.5° + F_2 - 3000 = 0,$

$F_1 \sin 28.5° + 6521 = 0,$

$-F_1 \cos 28.5° - F_3 \cos 58.4° + F_5 \cos 58.4° + F_6 \cos 28.5° + 3000 = 0,$

$-F_1 \sin 28.5° - F_3 \sin 58.4° - F_5 \sin 58.4° - F_6 \sin 28.5° = 0$

이 방정식들을 행렬형태로 쓰고 MATLAB을 이용하여 각 부재에 작용하는 힘을 구하라. 양의 힘은 장력을 의미하며 음의 힘은 압축력을 의미한다. 결과를 첫 번째 열은 각 부재의 번호, 두 번째 열은 해당 힘을 보여주는 표로 나타내라.

24. 함수 $f(x) = ax^3 + bx^2 + cx + d$의 그래프가 (−1.2, −18.8), (0.2, 5), (2, 16), (3.5, 15)의 점을 통과한다. 상수 a, b, c, d의 값을 구하라(미지수가 4개인 4원 1차 연립방정식을 쓰고, MATLAB을 이용하여 방정식을 풀어라).

25. 함수 $f(x) = ax^4 + bx^3 + cx^2 + dx + e$의 그래프가 (−2.5, −62), (−1.5, −7.2), (−0.5, 8.3), (1, 3.7), (3, 45.7)의 점을 통과한다. 상수 a, b, c, d, e의 값을 구하라(미지수가 5개인 5원 1차 연립 방정식 시스템을 작성하고, MATLAB을 사용하여 이 방정식들을 풀어라).

26. 대부분의 날개의 표면은 다음 형식의 방정식에 의해 그려진다.

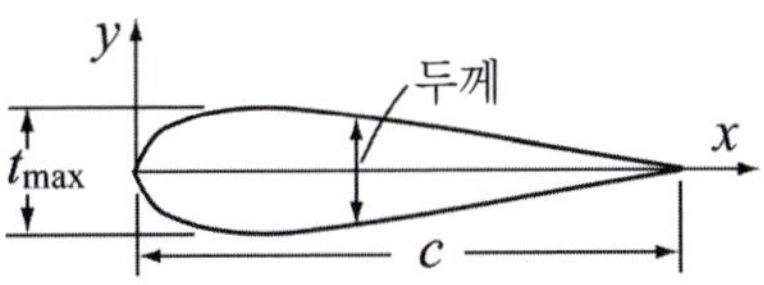

$$y = \pm \frac{tc}{0.2}\left[a_0\sqrt{x/c} + a_1(x/c) + a_2(x/c)^2 + a_3(x/c)^3 + a_4(x/c)^4\right]$$

여기서 t는 현 길이 c의 부분으로 최대 두께이다. $c = 1$ m, $t = 0.2$ m라 주어질 때, 특정 날개에 대해 측정된 y의 값은 다음과 같다.

x (m)	0.15	0.35	0.5	0.7	0.85
y (m)	0.08909	0.09914	0.08823	0.06107	0.03421

상수 a_0, a_1, a_2, a_3, a_4를 구하여라(미지수가 5개인 5원 1차 연립방정식을 쓰고, MATLAB을 이용하여 방정식을 풀어라).

27. 골프 경기를 하는 동안 이글(eagle)과 버디(birdie)에 대해 각각 서로 다른 어떤 점수가 부여되며, 파(par)는 아무 점수도 부여되지 않는다. 보기(bogey)와 더블보기(double bogey)에 대해서는 각각 서로 다른 점수가 공제된다. 어떤 중요한 경기에 대한 신문기사에서 이러한 부여 점수가 얼마인지 언급하는 것을 잊고 결과만을 다음 표로 나타내었다.

Golfer	Eagles	Birdies	Pars	Bogeys	Doubles	Points
A	1	2	10	1	1	5
B	2	3	11	0	1	12
C	1	4	10	1	0	11
D	1	3	10	2	0	8

위의 표로부터 미지수가 네 개인 방정식 네 개를 작성하라. 방정식을 풀어서 이글(eagle)과 버디(birdie)에 부여된 미지의 점수와 보기(bogey) 및 더블보기(double bogey)에 대해 공제된 미지의 벌점을 구하라.

28. 질산액에서 구리 황화물의 용해는 다음 화학 방정식에 의해 기술된다.

$$a\mathrm{CuS} + b\mathrm{NO}_3^- + c\mathrm{H}^+ \rightarrow d\mathrm{Cu}^{2+} + e\mathrm{SO}_4^{2-} + f\mathrm{NO} + g\mathrm{H}_2\mathrm{O}$$

여기서 계수 a, b, c, d, e, f, g는 반응에 참여하는 각 분자의 수로서 미지수이다. 미지의 계수는 양변의 각 원자 수를 비교한 후 이온전하 크기를 비교하여 구할 수 있으며, 결과 식은 다음과 같다.

$$a = d, \quad a = e, \quad b = f, \quad 3b = 4e + f + g, \quad c = 2g, \quad -b + c = 2d - 2e$$

미지수는 7개이고 방정식은 단 6개이다. 그러나 모든 계수가 양의 정수이어야 한다는 사실을 이용하면 아직은 해를 구할 수 있다. $a = 1$을 가정함으로써 일곱 번째 방정식을 추가하여 연립방정식을 풀어라. 모든 계수가 양의 정수이면, 해가 유효하다. 그렇지 않으면, $a = 2$를 가정하여 다시 해를 구하라. 해의 모든 계수가 양의 정수가 될 때까지 이 과정을 반복하라.

29. 공기의 온도와 상대습도로부터 계산된 열지수 HI (heat index)는 몸이 느끼는 겉으로 보이는 온도이다. HI를 계산하기 위해 국립기상청이 사용하는 방정식은 다음과 같다:

$$HI = -42.379 + 2.04901523T + 10.14333127R - 0.22475541TR - 6.83783 \times 10^{-3}T^2 - 5.481717 \times 10^{-2}R^2 + 1.22874 \times 10^{-3}T^2R + 8.5282 \times 10^{-4}TR^2 - 1.99 \times 10^{-6}T^2R^2$$

여기서 T는 온도(°F)이고 R은 상대습도(정수 백분율)이다. 명령 창에 주어진 공기의 온도와 상대습도에 대한 다음과 같은 열 지수 도표를 표시하는 스크립트 파일에 MATLAB 프로그램을 작성하라:

	Temperature (F)							
	80	82	84	86	88	90	92	94
Relative Humidity (%)								
50	81	83	85	88	91	95	99	103
55	81	84	86	89	93	97	101	106
60	82	84	88	91	95	100	105	110
65	82	85	89	93	98	103	108	114
70	83	86	90	95	100	106	112	119
75	84	88	92	97	103	109	116	124

30. 균열에서 응력도 강도 계수(stress intensity factor) K는 다음과 같다.

$$K = C\sigma\sqrt{\pi a}$$

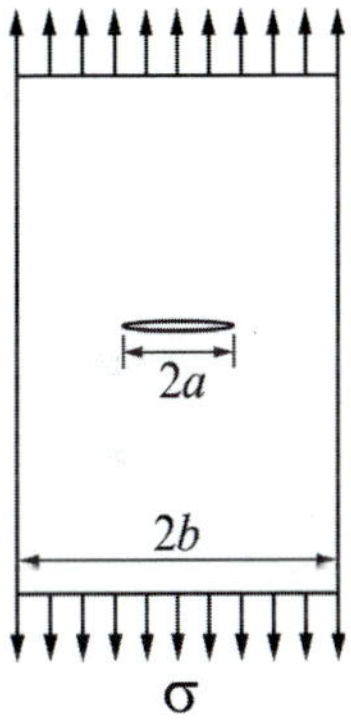

여기서 σ는 구조 응력이며, a는 크랙 길이, C는 시료와 균열의 기하학적 구조에 따른 파라미터이다. 그림에서 보이는 모서리 균열의 경우에 대해 C는 다음과 같다.

$$C = \frac{1 - (a/b)/2 + 0.326(a/b)^2}{\sqrt{1 - a/b}}$$

스크립트 파일을 작성하여, 첫 번째 열은 비율 a/b를, 두 번째 열은 해당하는 파라미터 C의 값을 가진 표를 출력하라. a/b의 범위를 0에서부터 0.80까지 0.05씩 증가한다고 하자.

2차원 그래프

Two-Dimensional Plots

차 례

그래프는 정보를 표현하는 데 있어 매우 유용한 도구이다. 이는 모든 분야에서 유용하지만, 특히 MATLAB을 주로 사용하는 과학 및 공학에서 유용하다. MATLAB에는 선형축을 가진 표준 그래프, 로그 및 세미로그 축을 가진 그래프, 막대 및 계단 그래프, 극좌표 그래프, 3차원 등고면 및 그물망 그래프, 그리고 기타 많은 그래프를 포함하여 여러 유형의 그래프를 생성하는 데 사용할 수 있는 많은 명령어가 있다. 그래프는 원하는 모양으로 형식을 지정할 수 있다. 선 유형(실선, 파선 등), 색상, 굵기 등을 지정할 수 있으며, 그래프의 제목과 텍스트 주석뿐만 아니라 데이터 표식(marker)과 격자선(grid line)들을 추가할 수 있다. 동일한 그래프에 여러 그래프를 생성하거나 여러 그래프를 동일한 페이지에 배치할 수도 있다. 그뿐만 아니라 그래프에 여러 그래프 및/또는 데이터값들이 포함된 경우 그래프에 범례(legend)를 추가할 수도 있다.

이 장에서는 MATLAB을 사용하여 여러 유형의 2차원 그래프를 생성하고 그래프의 형식을 지정하는 방법에 대해 설명한다. 3차원 그래프는 9장에서 별도로 다룬다. MATLAB을 이용하여 생성된 간단한 2차원 그래프의 예는 그림 5-1에서 보여준다. 이 그림은 거리에 따른 광도(light intensity)의 변화를 보여주는 두 개의 곡선을 포함하고 있다. 하나의 곡선은 실험에서 측정된 데이터 값들로 생성되었고, 다른 하나의 곡선은 이론 모델에 의해 예측된 빛의 변화를 나타낸다. 그림에 포함된 축들은 모두 선형축이며, 다른 유형의 선(실선과 파선)이 곡선에 사용되었다. 이론적인 곡선은 실선으로 나타나는 반면에, 실험적인 값들은 파선으로 연결되어 있다. 각 데이터 값들은 원형 표식으로 표시되어 있다. 그래프가 Figure 창에 표시될 때, 실험적인 값들을 연결하는 파선은 실제로 붉은색이다. 그림 5-1에서 볼 수 있듯이 그래프는 제목, 축 제목, 범례, 표식, 텍스트 라벨 상자 등이 나타나도록 형식이 지정되었다.

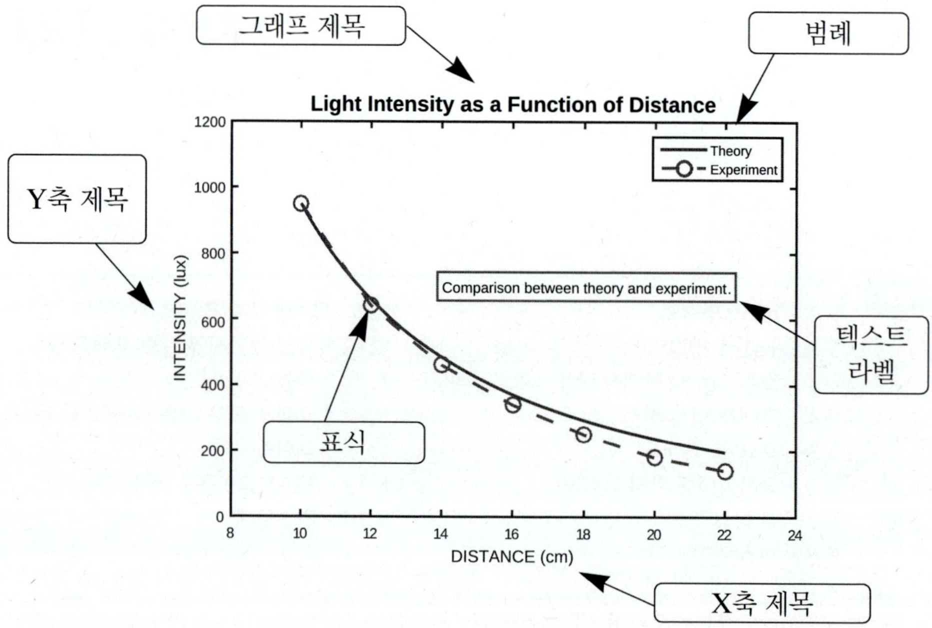

그림 5-1 형식이 지정된 2차원 그래프 예

5.1 plot 명령어

plot 명령어는 2차원 그래프를 만드는 데 사용된다. plot 명령어의 가장 간단한 형식은 다음과 같다.

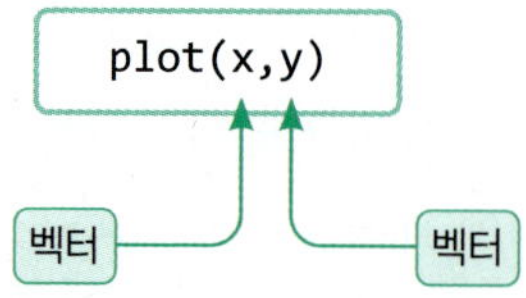

인자 x와 y는 각각 1차원 배열인 벡터이다. 두 벡터는 반드시 같은 개수의 원소를 가져야 한다. plot 명령어를 실행하면 Figure 창에 그래프가 그려진다. Figure 창이 열려 있지 않으면, plot 명령어가 실행될 때 자동으로 열린다. 그림은 가로 좌표(수평축)상에 x값을, 세로 좌표(수직축) 상에 y값을 갖는 한 곡선을 포함한다. 곡선은 벡터 x와 y의 원소들에 의해 정의된 좌표의 점들을 연결한 직선 세그먼트로 구성된다. 물론 각각의 벡터는 임의의 이름을 가질 수 있다. plot 명령어의 첫 번째 입력된 벡터는 수평축에 사용되며 두 번째 입력된 벡터는 수직축에 사용된다. 만일

한 개의 벡터만이 `plot` 명령어의 입력 인자로 입력된다면(예: `plot(y)`), 그림은 원소 번호(1, 2, 3, ...)에 대한 벡터 원소 값($y(1)$, $y(2)$, $y(3)$, ...)들의 그래프를 보여줄 것이다.

생성된 그림은 선형눈금과 기본 범위를 가진 축을 갖는다. 예를 들어, 만일 벡터 x에는 원소 1, 2, 3, 5, 7, 7.5, 8, 10이 있고 벡터 y에는 원소 2, 6.5, 7, 7, 5.5, 4, 6, 8이 있다면, 명령창에 아래와 같이 입력하여 x에 대한 y의 간난한 그래프를 그릴 수 있다.

```
>> x = [1.1 1.8 3.2 5.5 7 7.5 8 10];
>> y = [2 6.5 7 7 5.5 4 6 8];
>> plot(x, y)
```

`plot` 명령어가 실행되면 Figure 창이 열리고 그림 5-2와 같이 Figure 창에 그래프가 표시된다.

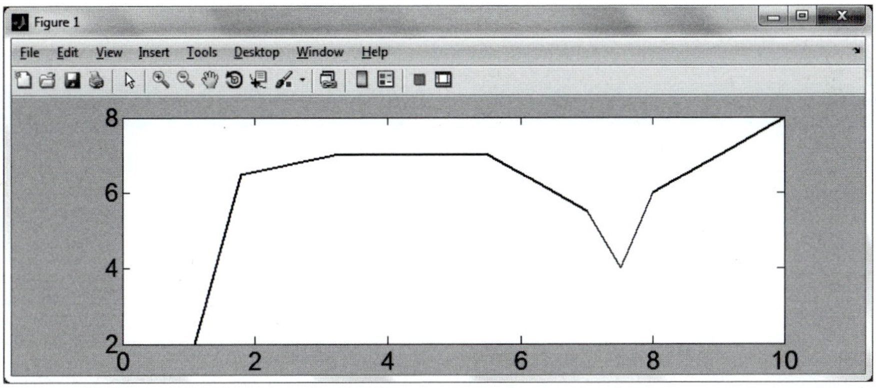

그림 5-2 간단한 그래프를 가진 Figure 창

그래프는 회면상에서 기본 선 색상인 피란색으로 표시된다.

`plot` 명령어는 원하는 경우 선의 색과 형태, 표식의 모양 등을 지정하는 데 사용할 수 있는 추가 선택인자들을 가지고 있다. 이러한 옵션들을 갖는 명령어는 다음과 같은 형식을 갖는다.

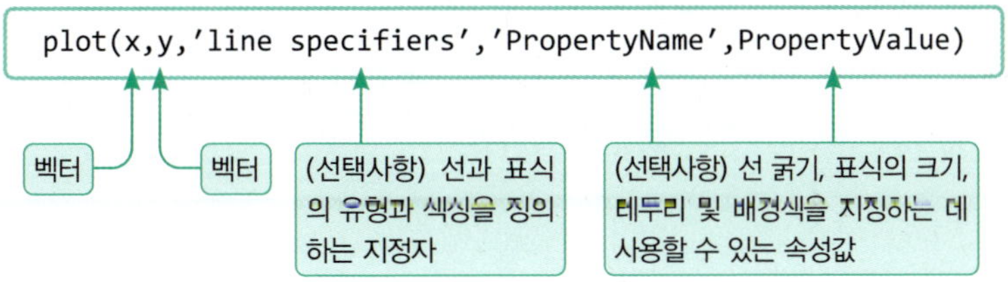

▸ 선 지정자*(Line specifier)*

선 지정자는 선택사항으로 선의 스타일, 색상, 표식의 유형(표식이 필요한 경우)을 정의하는 데 사용할 수 있다. 선 스타일 지정자는 다음과 같다.

선 스타일	지정자	선 스타일	지정자
실선(기본)	-	점선(dotted)	:
파선(dashed)	--	일점 쇄선(dash-dot)	-.

선 색상 지정자는 다음과 같다.

선 색상	지정자	선 색상	지정자
빨강(red)	r	자홍(magenta)	m
녹색(green)	g	노랑(yellow)	y
파랑(blue)	b	검정(black)	k
청록(cyan)	c	흰색(white)	w

선 표식 유형 지정자는 다음과 같다.

표식 유형	지정자	표식 유형	지정자
양의 부호	+	정사각형	s
동그라미	o	다이아몬드	d
별표	*	5점 별	p
점	.	6점 별	h
크로스	x	삼각형(좌향)	<
삼각형(상향)	^	삼각형(우향)	>
삼각형(하향)	v		

▸ **지정자 사용 시 유의 사항:**

- 지정자는 plot 명령어 안에 문자열로 입력된다.
- 문자열 내에서 지정자들은 순서와 상관없이 입력될 수 있다.
- 지정자는 선택사항이다. 이는 명령어에 아무것도 포함되지 않을 수도 있고, 한 개, 둘, 또는 세 개 모두 명령어에 포함될 수도 있음을 의미한다.

몇 가지 예를 들면 다음과 같다.

`plot(x, y)`	파란색 실선이 표식 없는 점들을 연결한다(기본 설정).
`plot(x, y, 'r')`	빨간색 실선이 점들을 연결한다.
`plot(x, y, '--y')`	노란색 파선이 점들을 연결한다.
`plot(x, y, '*')`	데이터 점들을 연결하는 선 없이 별표로 표시한다.
`plot(x, y, 'g:d')`	녹색 점선이 다이아몬드 표식으로 표시된 점들을 연결한다.

▶ 속성이름(*Property Name*)과 속성값(*Property Value*)

속성은 선택사항으로 선의 굵기, 표식의 크기, 표식의 테두리 선과 배경의 색상을 지정하기 위해 사용될 수 있다. 속성이름은 `plot` 명령어 안에서 문자열로 표기하고, 쉼표(,) 후에 속성값을 입력한다.

네 개의 속성과 각 속성이 가질 수 있는 값들은 다음과 같다.

속성이름	설명	가능한 속성값
`LineWidth` (또는 `linewidth`)	선의 굵기를 지정한다.	point 단위의 수(기본 값 0.5)
`MarkerSize` (또는 `markersize`)	표식의 크기를 지정한다.	point 단위의 수
`MarkerEdgeColor` (또는 `markeredgecolor`)	표식의 색상이나, 배경색을 가진 표식의 테두리선 색상을 지정한다.	문자열로 표시된 표의 색상 지정자
`MarkerFaceColor` (또는 `markerfacecolor`)	표식의 배경색을 지정한다.	문자열로 표시된 표의 색상 지정자

예를 들어, 명령어

```
plot (x, y, '-mo', 'LineWidth', 2, 'markersize', 12,
         'MarkerEdgeColor', 'g', 'markerfacecolor', 'y')
```

는 데이터 값들을 동그라미 표식으로 표시하고 자홍색 실선으로 연결한 그래프를 그린다. 선의 굵기는 2 포인트이며, 원형 표식의 크기는 12 포인트이다. 표식은 녹색 테두리 선과 노란 배경색을 갖는다.

▶ 선 지정지와 속성에 대한 유의사항

선의 스타일과 색상, 그리고 표식의 유형을 나타내는 세 가지 선 지정자(line specifier)는 `PropertyName` 인수와 바로 뒤의 `PropertyValue` 인수로도 할당될 수 있다. 선 지정자에 대한 속성이름은 다음과 같다.

지정자	속성이름	가능한 속성값
선 스타일	`linestyle` (또는 `LineStyle`)	위의 표에서 가져온 선 스타일 지정자를 문자열로 입력
선 색상	`color` (또는 `Color`)	위의 표에서 가져온 컬러 스펙터를 문자열로 입력
표식	`marker` (또는 `Marker`)	위의 표에서 가져온 마커 스펙터를 문자열로 입력

다른 명령어들처럼 `plot` 명령어도 명령창에서 직접 입력하거나 스크립트 파일에 포함시킬 수도 있고, 7장에서 설명할 함수 파일(function file)에서도 사용할 수 있다. `plot` 명령어를 실행하기 전에 벡터 `x`와 `y`에 원소를 할당해야 한다는 점도 기억해야 한다. 벡터에 대한 원소 할당은 2장에서 설명한 것과 같이 값을 직접 입력하거나 명령어를 사용하여 할 수 있으며 수학적 연산의 결과로도 할당할 수 있다. 다음 두 세부 절은 간단한 그래프를 생성하는 예를 보여준다.

5.1.1 주어진 데이터의 그래프*(Plot of Given Data)*

데이터가 주어진 경우에, 데이터는 `plot` 명령어에서 사용될 벡터들을 생성하는 데 사용된다. 예를 들어, 다음 표는 어떤 회사의 1988년부터 1994년까지 매출액이다.

연도	1988	1989	1990	1991	1992	1993	1994
매출액 (백만)	8	12	20	22	18	24	27

이 데이터를 그리기 위해, 연도 목록을 첫 번째 벡터 `yr`에 할당하고 해당 매출액을 두 번째 벡터 `sle`에 할당한다. 다음은 명령창에서 두 벡터를 생성하고 `plot` 명령어를 사용하는 예를 나타낸 것이다.

```
>> yr=[1988:1:1994];
>> sle=[8 12 20 22 18 24 27];
>> plot(yr,sle,'--r*','linewidth',2,'markersize',12)
>>
```

선 지정자: 빨간색 파선 및 별표 표식

속성이름과 속성값: 선 두께는 2 point이고, 표식 크기는 12 point이다.

`plot` 명령어가 실행되면, 그림 5-3과 같이 그래프가 출력된 Figure 창이 열린다. 그래프는 화면상에 빨간색으로 표시된다.

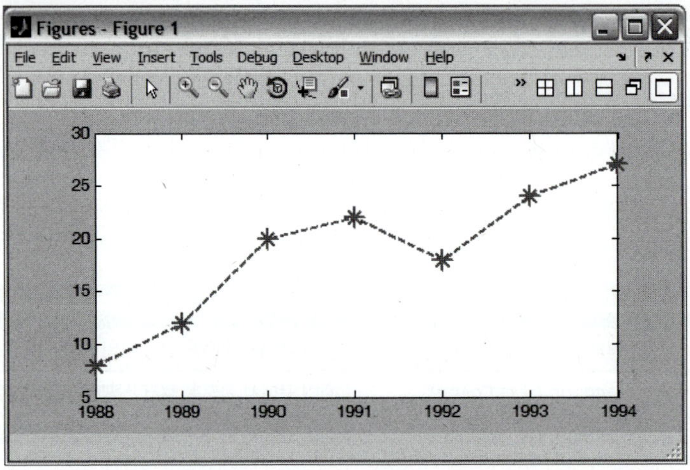

그림 5-3 매출액 데이터의 그래프가 출력된 그림창

5.1.2 함수의 그래프*(Plot of Function)*

많은 상황에서 주어진 함수를 그래프로 그릴 필요가 있다. MATLAB에서는 `plot` 또는 `fplot` 명령어를 이용하여 함수의 그래프를 그릴 수 있다. `plot` 명령어의 사용은 여기서 설명하며,

fplot 명령어는 다음 절에서 자세히 설명한다.

plot 명령어로 함수 $y = f(x)$를 그리기 위해서는, 사용자는 먼저 함수가 그려질 정의역에 대한 x값들의 벡터를 만들어야 한다. 그다음 원소별 연산(3장 참조)을 이용하여 해당 $f(x)$ 값들로 벡터 y를 생성한다. 두 벡터가 정의되면, 이를 plot 명령어에 사용할 수 있다.

예를 들면, plot 명령어를 이용하여 $-2 \le x \le 4$에 대한 함수 $y = 3.5^{-0.5x}\cos(6x)$의 그래프를 그릴 수 있다. 이 함수를 그리는 프로그램은 다음 스크립트 파일과 같다.

```
% A script file that creates a plot of
% the function: 3.5.^(-0.5*x).*cos(6x)
x=[-2:0.01:4];
y=3.5.^(-0.5*x).*cos(6*x);

plot(x,y)
```

- `x=[-2:0.01:4];` — 함수의 정의역을 갖는 벡터 x 생성
- `y=3.5.^(-0.5*x).*cos(6*x);` — 각 x에 대한 함수 값을 갖는 벡터 y 생성
- `plot(x,y)` — 각 x의 함수로 y를 그리는 그래프 출력

스크립트 파일을 실행하면, 그림 5-4와 같이 그래프가 Figure 창에 생성된다. 그래프는 점들을 연결하는 직선 세그먼트로 구성되어 있으므로 정확한 그래프를 얻기 위해서는 벡터 x의 원소들 사이의 간격을 적절하게 설정해야 한다. 함수가 급격하게 변할 경우에는 더 작은 간격이 필요하다.

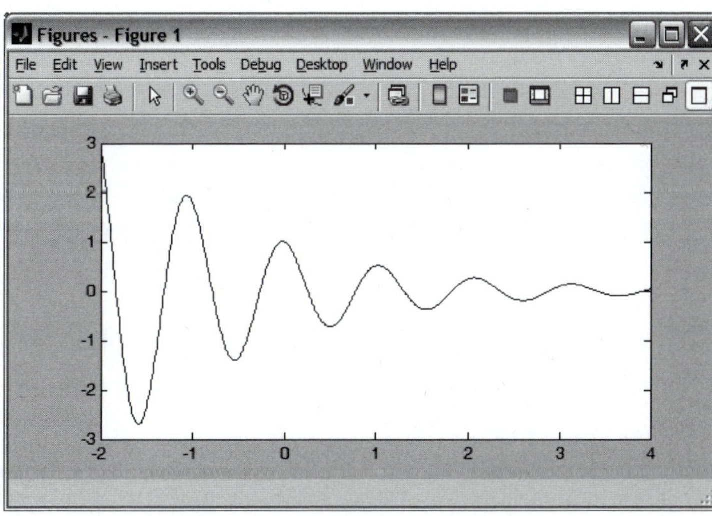

그림 5-4 함수 $y = 3.5^{-0.5x}\cos(6x)$의 그래프가 출력된 Figure 창

위 예에서 간격을 0.01로 작게 하여 그림 5-4와 같은 그래프를 생성하였다. 하지만, 만일 같은 정의역에 대해 같은 함수를 보다 큰 간격(예를 들면 0.3)으로 그린다면, 생성된 그래프는 그림 5-5에서 보듯이 함수의 왜곡된 형상을 보여주게 될 것이다.

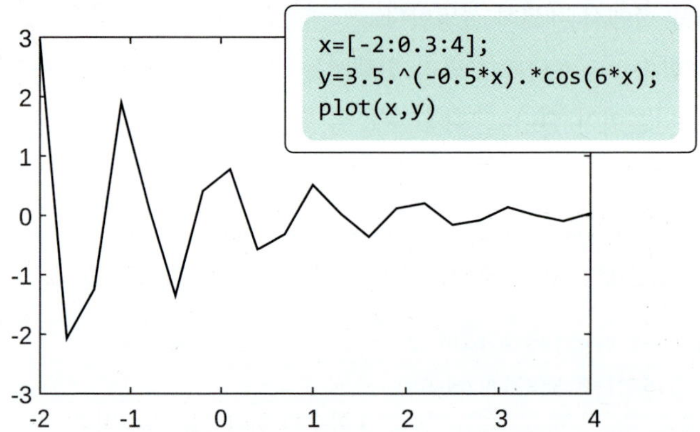

그림 5-5 큰 간격을 갖는 함수 $y = 3.5^{-0.5x}\cos(6x)$의 그래프

또한 그림 5-4의 그래프는 Figure 창과 함께 표시되는 데 비해, 그림 5-5는 그래프만 보인다는 점에 유의해야 한다. Figure 창(Figure Window)의 **Edit** 메뉴에서 **Copy Figure**를 선택하면, 그래프는 Figure 창에서 클립보드로 복사되어 다른 응용프로그램으로 붙여넣기 할 수 있다.

5.2 fplot 명령어

`fplot` 명령어는 지정된 구간에서 $y = f(x)$ 형태를 갖는 함수의 그래프를 그린다. 명령어는 다음 형식을 갖는다.

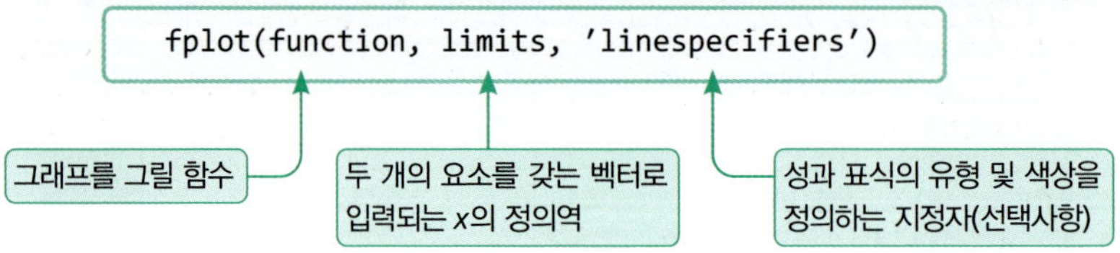

`'function'`: 함수는 *익명 함수(anonymous function)*의 형태로 입력되어야 한다(세부적인 내용은 7.8절에서 다룸). 익명 함수의 형태는 `@ (x) f(x)`와 같다. 예를 들어, 만일 그래프로 나타낼 함수가 $f(x) = 8x^2 + 5\cos(x)$라면, '`8*x.^2+5*cos(x)`'와 같이 입력한다. 함수는 MATLAB 내장 함수와 사용자가 정의한 함수(7장에서 다룸)를 포함할 수 있다.

- 함수는 원소별 연산을 사용하여 입력되어야 하며, 이전에 정의된 변수를 포함할 수 있다. 예를 들어, 위의 함수에서 변수에 8을 할당하고 그 변수를 사용하여 `fplot` 명령어에 함수를 입력할 수 있다.
- 그래프를 그릴 함수의 독립변수는 어떤 문자로 표기해도 상관없다. 예를 들어, 위의 익명 함수를 '`@ (t) 8*t.^2+5*cos(t)`' 또는 '`@ (z) 8*z.^2+5*cos(z)`'로 입력할 수도 있다.

`'limits'`: limits 인수는 x의 정의역을 지정하는 두 개의 원소로 이루어진 벡터 `[xmin, xmax]`이

거나, x의 정의역과 y축의 범위를 지정하는 네 개의 원소로 이루어진 벡터 [xmin, xmax, ymin, ymax]일 수 있다.

'line specifiers': 선 지정자는 plot 명령어에서와 동일하다. 예를 들어, $-3 \le x \le 3$에 대한 함수 $y = x^2 + 4\sin(2x) - 1$의 그래프는 fplot 명령어를 명령창에서 다음과 같이 입력하여 그릴 수 있다.

```
>> fplot(@ (x) x.^2+4*sin(2*x)-1,[-3 3])
```

Figure 창에 표시되는 그림은 그림 5-6과 같다.

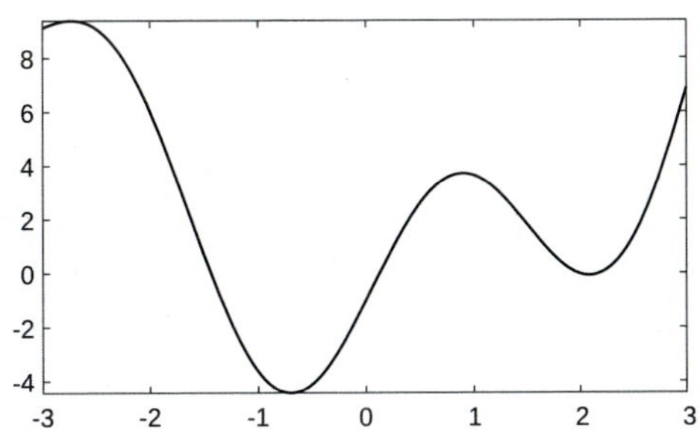

그림 5-6 함수 $y = x^2 + 4\sin(2x) - 1$의 그래프

5.3 같은 Figure 창에서 다중 그래프 그리기

많은 상황에서 같은 그림에 여러 개의 그래프를 표시해야 할 필요가 있다. 예를 들면, 그림 5-1에는 두 개의 그래프가 같은 그림에 표시되어 있다. 한 개의 그림에 여러 개의 그래프를 표시하는 것에는 세 가지 방법이 있다. 첫 번째는 plot 명령어를, 두 번째는 hold on, hold off 명령어를, 세 번째는 line 명령어를 사용하는 것이다.

5.3.1 plot 명령어 사용

plot 명령어 안에 복수 개의 벡터 쌍을 입력함으로써 두 개 이상의 그래프를 같은 그림에 표시할 수 있다. 명령어

```
plot(x,y,u,v,t,h)
```

는 같은 그림에—y 대 x, v 대 u, h 대 t—의 세 가지의 그래프를 그린다. 각 쌍의 두 벡터는 길이가 같아야 한다. MATLAB은 각각의 그래프가 구분될 수 있도록 자동으로 다른 색상으로 그래프를 표시한다. 또 각 쌍의 벡터 뒤에 선 지정자를 추가할 수도 있다. 예를 들어, 명령어

```
plot(x,y,'-b',u,v,'--r',t,h,'g:')
```

는 x에 대한 y의 그래프는 파란 실선으로, u에 대한 v의 그래프는 빨간 파선으로, t에 대한 h의 그래프는 녹색 점선으로 표시한다.

예시 문제 5-1 함수와 도함수의 그래프

$-2 \le x \le 4$에 대한 함수 $y = 3x^3 - 26x + 10$과 이 함수의 1차 도함수 및 2차 도함수의 그래프를 같은 그림에 표시하라.

풀이

함수의 1차 도함수: $y' = 9x^2 - 26$

함수의 2차 도함수: $y'' = 18x$

벡터 x를 생성하고 y와 y', y''의 값들을 계산하는 스크립트 파일은 다음과 같다:

```
x=[-2:0.01:4];                                  함수의 정의역을 갖는 벡터 x 생성
y=3*x.^3-26*x+6;                                각 x에 대한 함수 값을 갖는 벡터 y 생성
yd=9*x.^2-26;                                   첫 번째 도함수의 값을 갖는 벡터 yd 생성
ydd=18*x;                                       두 번째 도함수의 값을 갖는 벡터 ydd 생성
plot(x,y,'-b',x,yd,'--r',x,ydd,':k')
                       같은 그림 안에서 y 대 x, yd 대 x, ydd 대 x의 세 가지 그래프 생성
```

그려진 그림은 그림 5-7과 같다.

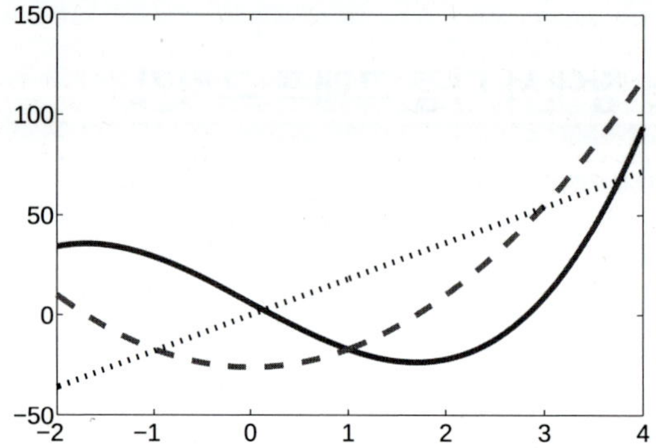

그림 5-7 함수 $y = 3x^3 - 26x + 10$과 1차 도함수, 2차 도함수의 그래프

5.3.2 hold on, hold off 명령어 사용

`hold on`, `hold off` 명령어를 이용하여 여러 개의 그래프를 한 그림에 나타내기 위해서는 `plot` 명령어를 이용하여 첫 번째 그래프를 그린 후, `hold on` 명령어를 입력한다. 이 명령어는 첫 번째 그래프가 그려진 Figure 창을 열린 채로 유지하며, 입력된 축의 속성과 서식(5.4절 참조)이 있다면 그것도 그대로 유지한다. 다음으로 `plot` 명령어를 입력하면 현재 그래프에 새로운 그래프가 추가된다. `plot` 명령어를 수행할 때마다 새로운 그래프가 현재 그래프에 추가된다. `hold off` 명령어는 이 과정을 중지시키고 `plot` 명령어를 수행할 때마다 이전 그래프를 지우며 축의 속성을 재설정하고, MATLAB을 기본 모드로 되돌려 놓는다. 예를 들어, `hold on`, `hold off` 명령어를

사용한 예시 문제 5-1의 풀이에 대한 그래프를 그리는 스크립트 파일은 다음과 같다.

```
x=[-2:0.01:4];
y=3*x.^3-26*x+6;
yd=9*x.^2-26;
ydd=18*x;
plot(x,y,'-b')          첫 번째 그래프 생성
hold on
plot(x,yd,'--r')        그림에 두 개의 그래프 추가
plot(x,ydd,':k')
hold off
```

5.3.3 line 명령어 사용

line 명령어를 사용하면 이미 존재하는 그림에 그래프(선)를 추가로 표시할 수 있다. line 명령어의 형식은 다음과 같다.

```
line(x,y,'PropertyName',PropertyValue)
```

(선택사항) 선 스타일, 색상, 너비, 표식의 유형, 크기, 테두리 선 및 배경색을 지정하는 데 사용할 수 있는 값을 포함하는 속성

line 명령어의 형식은 plot 명령어와 거의 같다(5.1절 참조). line 명령어는 선 지정자를 갖지 않지만, 속성이름(Property Name)과 속성값(Property Value)들을 이용하여 선 스타일과 색상, 표식 등을 지정할 수 있다. 속성은 옵션이며, 아무것도 입력하지 않으면 MATLAB을 기본 속성 및 값들을 이용한다. 예를 들어, 다음 명령어

```
line(x,y,'linestyle','--','color','r','marker','o')
```

는 기존 그래프에 원형 표식(marker)을 갖는 빨간 파선을 추가할 것이다.

plot 명령어와 line 명령어의 주요 차이점은 plot 명령어는 실행될 때마다 새로운 그래프를 시작하는 반면, line 명령어는 기존 Figure 창에 선들을 추가한다는 점이다. 여러 개의 그래프를 그리기 위해서는, 우선 plot 명령어를 입력하고 추가적인 그래프에 대해 line 명령어를 입력한다. (만일 line 명령어를 plot 명령어보다 먼저 입력하면, 오류 메시지가 출력된다.)

예시 문제 5-1의 풀이인 그림 5-7의 그래프는 다음 스크립트 파일과 같이 plot 명령어와 line 명령어를 이용하여 얻을 수 있다.

```
x=[-2:0.01:4];
y=3*x.^3-26*x+6;
yd=9*x.^2-26;
```

```
ydd=18*x;
plot(x,y,'LineStyle','-','color','b')
line(x,yd,'LineStyle','--','color','r')
line(x,ydd,'linestyle',':','color','k')
```

5.4 그래프 형식 지정

plot과 fplot 명령어는 기본적인 그래프를 생성한다. 그러나 일반적으로 그래프가 특정한 모양을 갖도록 하거나, 그래프 외에도 추가 정보를 나타내기 위해 그래프 형식을 지정할 필요가 있다. 여기에는 축 제목과 그래프 제목, 범례(legend), 격자(grid), 사용자 정의 축 영역, 텍스트 라벨 등이 포함된다.

그래프의 형식 지정은 plot이나 fplot 명령어를 실행한 다음 형식 지정에 관련된 MATLAB 명령어들을 이용하는 방법과 Figure 창의 그래프 편집기(Plot Editor)를 이용하여 대화식으로 하는 방법이 있다. 첫 번째 방법은 plot 명령어가 컴퓨터 프로그램(스크립트 파일)의 일부일 때 유용하다. 형식 지정 명령어가 프로그램에 포함되어 있으면, 프로그램이 실행될 때마다 지정한 형식이 적용된 그래프가 그려진다. 이에 반해 그래프가 생성된 후 그래프 편집기로 Figure 창에서 형식을 지정하는 경우에는 해당 그래프에 대해서만 지정한 형식이 유효하며, 그래프가 새로 만들어지면 형식 지정을 다시 해야 한다.

5.4.1 명령어를 이용한 그래프 형식 지정

형식 지정 명령어들은 plot 명령어나 fplot 명령어를 실행한 다음에 입력한다.
다음에 여러 가지 형식 지정 명령어들을 나타내었다.

▸ **xlabel과 ylabel 명령어:**

```
xlabel('문자열로서 텍스트')
ylabel('문자열로서 텍스트')
```

▸ **title 명령어:**

그래프 제목은 다음 명령어로 추가할 수 있다.

```
title('문자열로서 텍스트')
```

텍스트는 그래프 제목으로 그림 상단에 위치한다.

▸ **text 명령어:**

text 또는 gtext 명령어로 텍스트 라벨을 그래프 안에 표시할 수 있다.

```
text(x,y, '문자열로서 텍스트')
gtext('문자열로서 텍스트')
```

text 명령어는 x, y 좌표값(그래프의 축에 해당하는)이 위치하는 점에 텍스트의 첫 글자가 놓이도록 텍스트를 그래프에 표시한다. gtext 명령어는 사용자가 지정한 위치에 텍스트를 표시한다. gtext 명령어가 실행되면, Figure 창이 열리며 마우스로 위치를 지정할 수 있다.

▸ **legend 명령어:**

legend 명령어는 범례를 그래프에 표시한다. 범례는 그려진 각 그래프의 선종류 샘플을 보여주고, 사용자가 지정한 선 샘플 옆에 라벨을 배치한다. 명령어 형식은 다음과 같다.

```
legend('string1','string2', ..... ,'Location','pos')
```

문자열은 선 샘플 옆에 표시되며, 문자열의 순서는 그래프가 그려진 순서에 해당된다. 'Location', 'pos'는 범례를 그림의 어느 위치에 표시할 것인지를 지정하는 선택사항이다. 다음과 같이 몇 가지 옵션이 있다.

NE	그림의 우측 상단 모서리에 범례를 위치시킴(기본설정)
NW	그림의 좌측 상단 모서리에 범례를 위치시킴
SE	그림의 우측 하단 모서리에 범례를 위치시킴
SW	그림의 좌측 하단 모서리에 범례를 위치시킴
B	그림 내부에 그래프를 가장 적게 방해하는 위치에 범례를 위치시킴
BO	그림 외부의 사용되지 않는 공간에 범례를 위치시킴

명령창에 'help legend'를 입력하면 범례 위치에 대한 다른 옵션을 자세히 확인할 수 있다.

▸ **xlabel, ylabel, title, text, legend 명령어에서 텍스트 형식 지정:**

위의 명령어가 수행될 때 명령어에 포함되어 화면에 표시되는 텍스트 문자열의 형식을 지정할 수 있다. 형식 지정은 글꼴, 크기, 위치(위첨자, 아래첨자), 모양(이탤릭, 볼드 등), 글자 및 배경색 등을 비롯하여 출력에 대한 다른 많은 세부사항들을 정의하는데 사용할 수 있다. 사용 가능성이 좀 더 많은 몇 가지 형식 지정에 대해 아래에서 기술한다. 모든 형식 지정 기능들에 대한 자세한 설명은 도움말 창의 Text와 Text Properties 항목에서 찾을 수 있다. 문자열 내부에 수정자(modifier)를 추가하거나 선택사항인 PropertyName과 PropertyValue 인수들을 문자열 다음에 추가함으로써 형식을 지정할 수 있다.

수정자는 문자열 내에 삽입되는 문자들이다. 삽입될 수 있는 수정자들 중 일부를 나타내면 다음과 같다.

수정자	효과
\bf	볼드체
\it	이탤릭체
\rm	로만(보통)체

수정자	효과
\fontname{fontname}	지정된 글골 사용
\fontsize{fontsize}	지정된 글꼴 크기 사용

이 수정자들은 삽입 위치 이후의 문자부터 문자열 끝까지 영향을 미친다. 또한 수정자에 이어서 표시한 중괄호 안에 수정할 텍스트를 표기함으로써, 문자열 중 중괄호 { } 안에 표기된 텍스트에만 수정자가 영향을 미칠 수 있도록 할 수 있다.

▸ **위 첨자와 아래첨자:**

단일 글자 앞에 _(밑줄 글자)나 ^를 입력하여 이 단일 글자를 각각 아래첨자나 위 첨자로 표시할 수 있다. _나 ^ 다음에 여러 개의 연속된 글자들을 중괄호 { } 속에 입력하면 여러 개의 글자도 아래첨자나 위첨자로 표시할 수 있다.

▸ **그리스 문자:**

그리스 문자들은 문자열 안에 \문자 이름(아래 표 참조)을 삽입하여 화면 출력 시 텍스트에 포함될 수 있다. 그리스 문자를 소문자로 출력하려면 문자 이름을 모두 소문자로 표기해야 하며, 그리스 문자를 대문자로 출력하려면, 문자 이름이 대문자로 시작해야 한다. 몇 가지 예를 들면 다음과 같다.

문자열에서 문자이름	그리스 문자
\alpha	α
\beta	β
\gamma	γ
\theta	θ
\pi	π
\sigma	σ

문자열에서 문자이름	지정자
\Phi	Φ
\Delta	Δ
\Gamma	Γ
\Lambda	Λ
\Omega	Ω
\Sigma	Σ

xlabel, ylabel, title, text 명령어에 의해 출력되는 텍스트의 형식은 명령어 안에서 문자열 다음에 선택사항인 PropertyName과 PropertyValue 인자를 추가하여 지정할 수도 있다. 예를 들어, 이러한 옵션을 가진 text 명령어의 형식은 다음과 같다.

```
text(x,y, '문자열로서 텍스트', PropertyName, PropertyValue)
```

나머지 세 명령어에서도 같은 방법으로 PropertyName과 PropertyValue 인자를 추가할 수 있다. PropertyName은 문자열로 입력되며, PropertyValue는 속성값이 수이면 수로 입력하고 낱말이나 글자 문자인 경우에는 문자열로 입력한다. 일부 속성이름과 가능한 해당 속성값들을 다음에 나타내었다.

속성이름	설명	가능한 속성값
`Rotation`	텍스트의 방향을 지정함	스칼라(도 단위) 기본설정. 0
`FontAngle`	이탤릭체 또는 보통체 글자를 지정함	`normal`, `italic` 기본설정: `normal`
`FontName`	텍스트의 글꼴을 지정함	시스템에서 사용 가능한 폰트 이름
`FontSize`	글꼴의 크기를 지정함	스칼라(point 단위) 기본설정: 10
`FontWeight`	글자의 굵기를 지정함	`light`, `normal`, `bold` 기본설정: `normal`
`Color`	텍스트의 색상을 지정함	색 지정자(5.1절 참조)
`Background-Color`	배경색을 지정함(직사각형 영역)	색 지정자(5.1절 참조)
`EdgeColor`	텍스트를 둘러싼 직사각형 상자의 테두리 색을 지정함	색 지정자(5.1절 참조) 기본설정: 없음
`LineWidth`	텍스트를 둘러싼 직사각형 상자의 테두리 두께를 지정함	스칼라(point 단위) 기본설정: 0.5

▸ **axis 명령어:**

`plot(x,y)` 명령어가 실행될 때, MATLAB은 벡터 x와 y의 원소들 중에서 최소값 및 최대값에 근거한 한계값으로 좌표축을 생성한다. `axis` 명령어는 축의 범위와 모양을 변경할 때 사용될 수 있다. 대부분의 경우, 그래프 축의 범위를 데이터 범위보다 더 크게 하는 것이 보기가 더 좋다. 다음은 `axis` 명령어의 가능한 형태 몇 가지를 보여준다.

`axis([xmin, xmax, ymin, ymax])` x축과 y축의 범위를 설정함(`xmin, xmax, ymin, ymax`는 숫자임)

`axis equal` 두 좌표축을 동일 눈금(scale)으로 설정

`axis square` 좌표축 영역을 정사각형으로 설정

`axis tight` 좌표축 한계를 데이터 범위로 설정

▸ **grid 명령어:**

`grid on` 그래프에 격자선 추가

`grid off` 그래프에서 격자선 제거

명령어를 사용하여 그래프의 형식을 지정하는 예는 그림 5-1의 형식을 가진 그래프를 그리는 데 사용된 다음 스크립트 파일과 같다.

```
x=[10:0.1:22];
y=95000./x.^2;
xd=[10:2:22];
yd=[950 640 460 340 250 180 140];
plot(x,y,'-','LineWidth',1.0)
xlabel('DISTANCE (cm)')
ylabel('INTENSITY (lux)')
title('ArialLight Intensity as a Function of Distance','FontSize',14)
axis([8 24 0 1200])
text(14,700,'Comparison between theory and experiment.','EdgeColor', 'r',
'LineWidth',2)
hold on
plot(xd,yd,'ro--','linewidth',1.0,'markersize',10)
legend('Theory','Experiment',0)
hold off
```

title 명령어 내부의 텍스트 형식 지정

text 명령어 내부의 텍스트 형식 지정

5.4.2 그래프 편집기를 이용한 그래프 형식 지정

Figure 창에서 그래프를 클릭하거나 메뉴를 이용하여 대화식으로 그래프의 형식을 지정할 수 있다. 그림 5-8은 그림 5-1의 그래프가 그려져 있는 그림 창을 나타낸다. 그래프 편집기(Plot Editor)는 새 형식 지정 항목들을 소개하거나, 형식 지정 명령어들로 처음에 소개된 형식을 수정하는 데 사용될 수 있다.

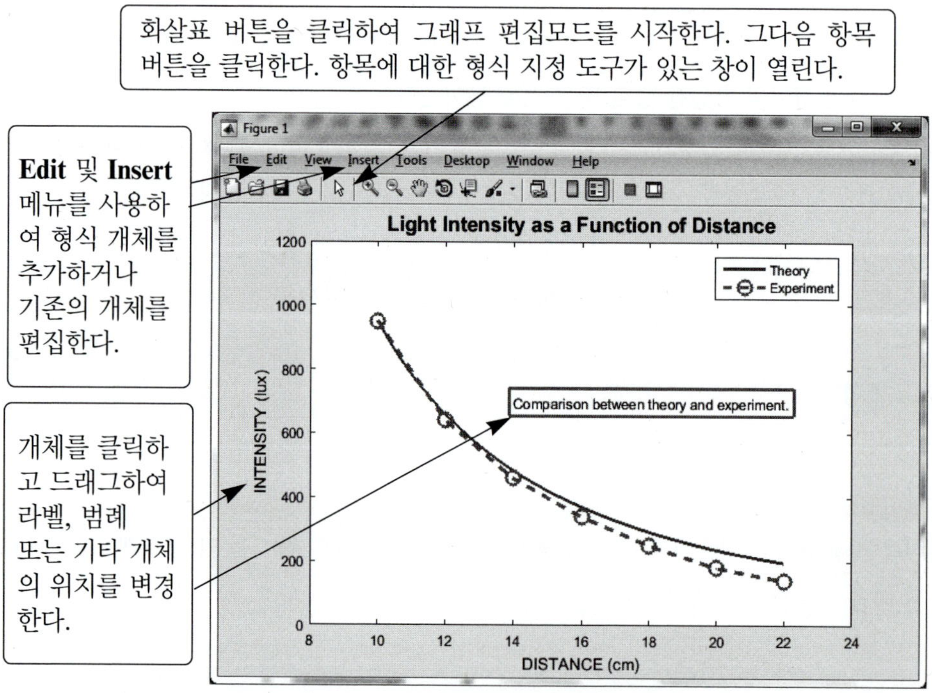

그림 5-8 그래프 편집기를 이용한 그래프의 형식 지정

5.5 로그 축 그래프

많은 과학 및 공학 응용분야들이 한 축 또는 두 축 모두 로그 눈금을 가진 그래프를 요구한다. 로그 눈금은 광범위한 데이터 값을 나타내기 위한 수단을 제공한다. 또한 데이터 특성과 데이터를 모델링하는 데 적합할 수 있는 가능한 형태의 수학 관계식을 파악하기 위한 도구를 제공한다(8.2.2절 참조).

로그 축 그래프를 그리기 위한 MATLAB 명령어는 다음과 같다:

`semilogy(x,y)`	x축은 선형눈금, y축은 로그(밑이 10) 눈금인 x에 대한 y의 그래프를 그림
`semilogx(x,y)`	x축은 로그(밑이 10) 눈금, y축은 선형눈금인 x에 대한 y의 그래프를 그림
`loglog(x,y)`	두 축이 모두 로그(밑이 10) 눈금인 x에 대한 y의 그래프를 그림

`plot` 명령어에서와 같이 명령어에 선 지정자와 속성이름, 속성값을 선택사항으로 추가할 수 있다. 예를 들어, 그림 5-9는 $0.1 \le x \le 60$에 대한 함수 $y = 2^{(-0.2x+10)}$의 그래프를 보여준다. 그림은 동일한 함수에 대해 네 개의 그래프를 보여준다: 하나는 선형 축 그래프, 하나는 y축 로그 눈금 그래프, 하나는 x축 로그 눈금 그래프, 하나는 두 축 모두 로그 눈금인 그래프이다.

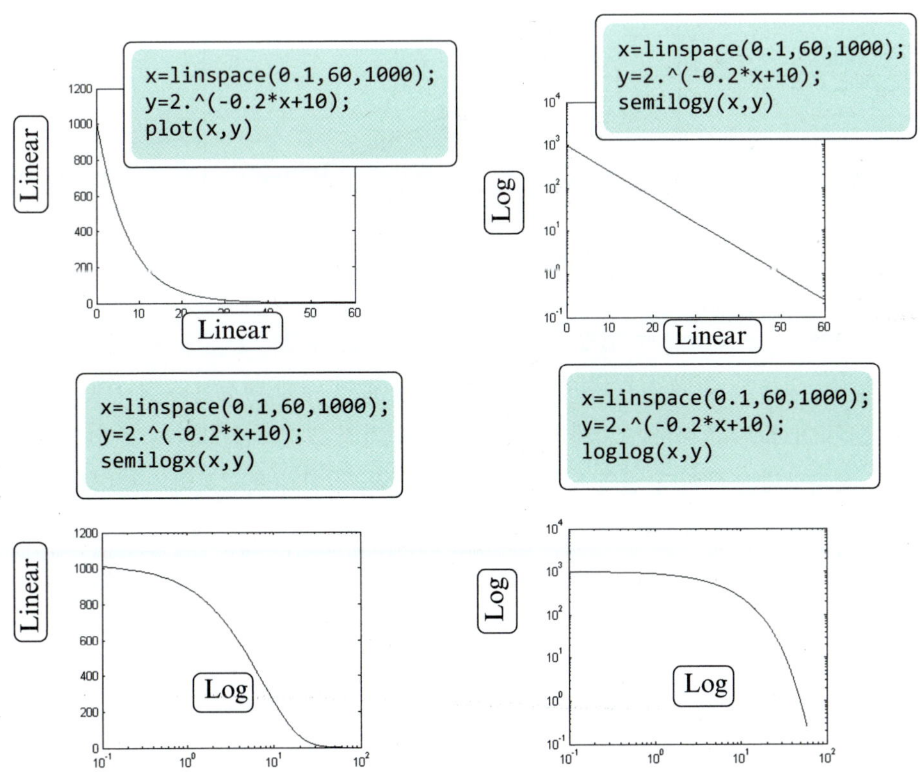

그림 5-9 선형, 세미 로그, 로그-로그 눈금에서 $y = 2^{(-0.2x+10)}$의 그래프

▶ **로그 축 그래프에 대한 유의사항:**

- 0의 로그는 정의되지 않으므로, 숫자 0은 로그 눈금에 표시할 수 없다.
- 음수의 로그는 정의되지 않으므로, 음수는 로그 눈금에 표시할 수 없다.

5.6 오차막대를 가진 그래프

측정하여 그래프로 표시한 실험 데이터는 종종 오차와 분산을 포함하고 있다. 계산모델에 의해 생성된 데이터 또한 입력 매개변수의 정확성과 사용된 수학모델의 가정에 따라 달라지는 오차 또는 불확실성을 갖고 있다. 오차 또는 불확실성을 표시하는 데이터를 그래프로 나타내는 한 가지 방법은 오차막대(error bar)를 이용하는 것이다. 오차막대는 일반적으로 그래프의 데이터 점에 부가된 짧은 수직선으로, 데이터 점이 표시하는 값과 관련된 오차의 크기를 나타낸다. 예를 들어, 그림 5-10은 그림 5-1의 실험 데이터에 오차막대를 갖는 그래프를 보여준다.

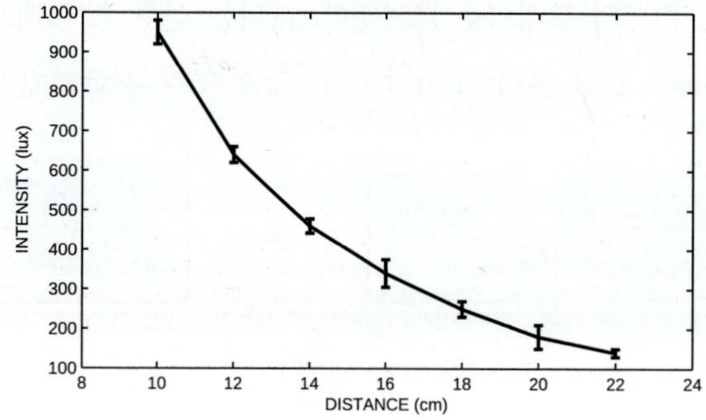

그림 5-10 오차막대를 가진 그래프

MATLAB에서는 `errorbar` 명령어로 오차막대를 가진 그래프를 그릴 수 있다. 명령어에는 두 가지 형식이 있는데, 하나는 각 점에서 데이터 점의 값에 대해 대칭인 오차막대를 가진 그래프를 그리는 것이며, 다른 하나는 비대칭인 오차막대를 가진 그래프를 그리는 것이다. 오차가 대칭인 경우, 오차막대는 데이터 점의 윗부분과 아랫부분의 길이가 동일하며 명령어는 다음 형식을 갖는다:

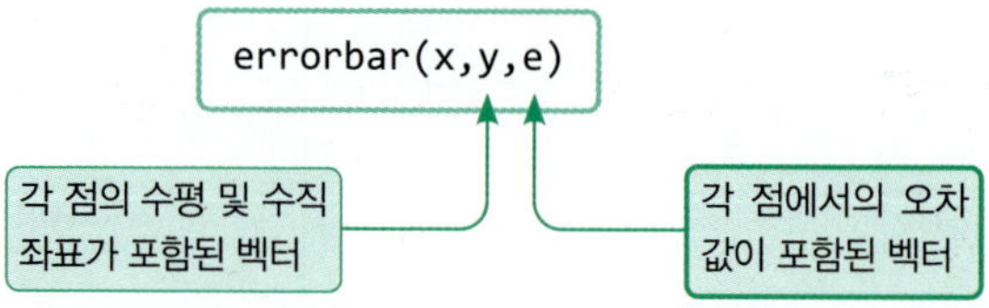

- 세 벡터 `x`, `y`, `e`의 크기는 모두 같아야 한다.
- 오차막대들의 길이는 `e` 값의 두 배이다. 각 점에서 오차막대는 `y(i)-e(i)`에서 `y(i)+e(i)`까지 그려진다.

대칭인 오차막대를 가진 그림 5-10의 그래프는 다음 코드를 실행하여 얻어진다.

```
xd=[10:2:22];
yd=[950 640 460 340 250 180 140];
ydErr=[30 20 18 35 20 30 10]
errorbar(xd,yd,ydErr)
xlabel('DISTANCE (cm)')
ylabel('INTENSITY (lux)')
```

대칭이 아닌 오차막대를 가진 그래프를 그리기 위한 명령어는 다음과 같다.

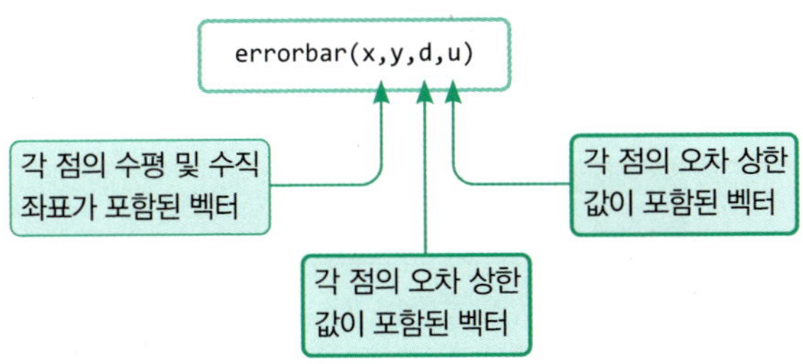

- 네 벡터 x, y, d, u의 크기는 모두 같아야 한다.
- 각 점에서 오차막대는 y(i)-d(i)에서 y(i)+u(i)까지 그려진다.

5.7 특수 그래프

지금까지 이 장에서 제시한 모든 그래프는 데이터 값들을 선으로 연결한 선 그래프이다. 다른 디자인이나 구조를 가진 그래프가 데이터를 더 효과적으로 나타낼 수 있는 경우들이 많이 있는데, MATLAB은 다양한 그래프 생성을 위한 다양한 옵션들을 가지고 있다. 여기에는 막대형, 계단형, 줄기(stem)형, 파이 등과 같은 많은 그래프들이 포함된다. 다음은 MATLAB으로 그릴 수 있는 특수 그래프들 중 일부를 나타낸다. MATLAB이 제공하는 그래프 함수들의 전체 목록과 그래프 함수 사용법에 대한 정보는 도움말 창에서 확인할 수 있다. 이 창에서 "Functions by Category"를 먼저 선택한 후, "Graphics"를 선택하고, 다음으로 "Basic Plots and Graphs" 또는 "Specialized Plotting"을 선택한다.

5.1.1절의 매출액을 이용하여 세로 및 가로 막대형, 계단형, 줄기형 그래프를 다음 표에 나타내었다.

세로 막대형 그래프
함수 형식:
`bar(x,y)`

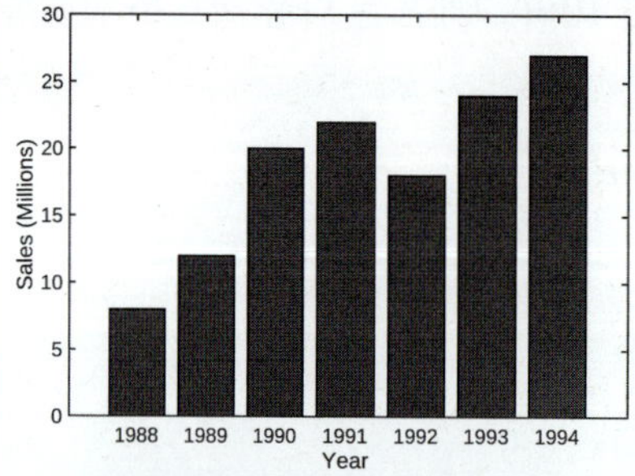


```
yr=[1988:1994];
sle=[8 12 20 22 18 24 27];
bar(yr,sle,'r')
xlabel('Year')
ylabel('Sales (Millions)')
```

막대는 빨간색임

가로 막대형 그래프
함수 형식:
`barh(x,y)`

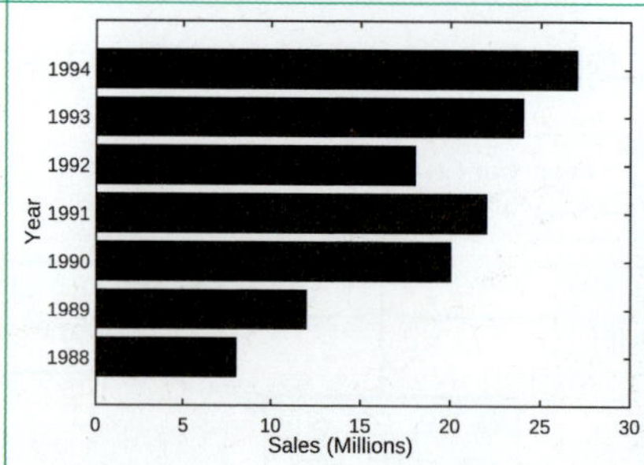


```
yr=[1988:1994];
sle=[8 12 20 22 18 24 27];
barh(yr,sle)
xlabel('Sales (Millions)')
ylabel('Year')
```

계단형 그래프
함수 형식:
`stairs(x,y)`

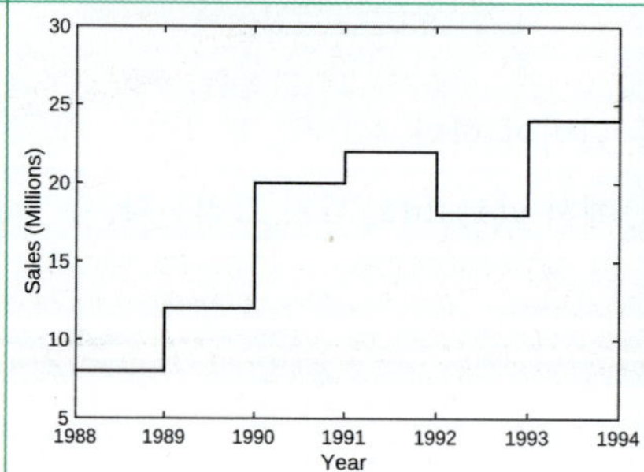


```
yr=[1988:1994];
sle=[8 12 20 22 18 24 27];
stairs(yr,sle)
xlabel('Year')
ylabel('Sales (Millions)')
```

줄기형 그래프
함수 형식:
`stem(x,y)`

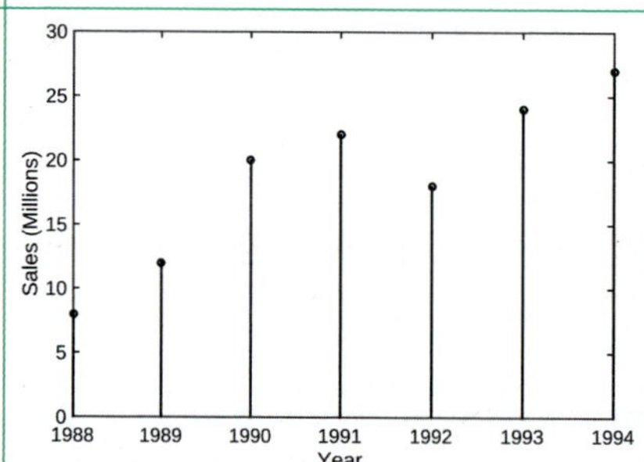


```
yr=[1988:1994];
sle=[8 12 20 22 18 24 27];
stem(yr,sle)
xlabel('Year')
ylabel('Sales (Millions)')
```

파이 차트(pie chart)는 상관관계가 있는 서로 다른 양들의 상대적인 크기를 시각화하는 데 유용하다. 예를 들어, 아래의 표는 어떤 학급에 부여된 성적을 보여준다. 다음 데이터는 아래의 파이 차트를 만드는 데 사용된다.

성적	A	B	C	D	E
학생 수	11	18	26	9	5

파이 그래프
함수 형식:
`pie(x)`
	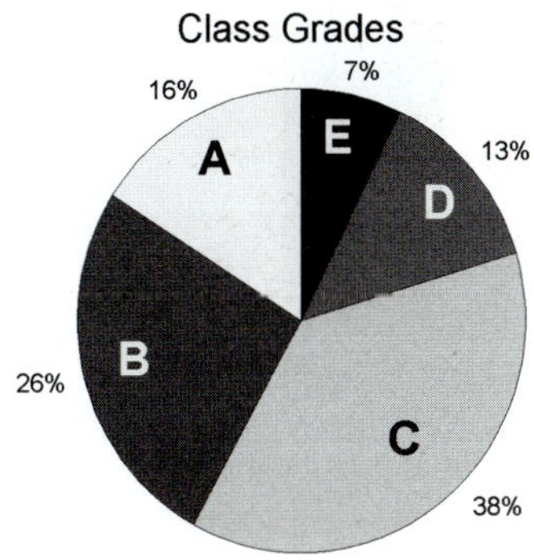	`grd=[11 18 26 9 5];`
		`pie(grd)`
		`title('Class Grades')`
		MATLAB은 다양한 색상을 사용하여 섹션을 채운다. 문자(성적: A, B, ...)는 Plot Editor를 사용하여 추가함

5.8 히스토그램

히스토그램(histogram)은 데이터 분포를 보여주는 그래프이다. 주어진 데이터 값들의 전체 범위가 부분 영역(계급)으로 나누어지며, 히스토그램이 각 계급에 속하는 데이터 값들의 개수를 나타낸다. 히스토그램은 세로막대 그래프로서, 각 막대의 폭은 해당 계급의 범위와 같고 막대의 높이는 각 계급에 속하는 데이터 개수에 해당된다. 히스토그램은 MATLAB에서 `hist` 명령어로 만들어지며, 가장 간단한 형식의 명령어는 다음과 같다.

```
hist(y)
```

y 데이터 값들의 벡터이다. MATLAB은 데이터 값들의 범위를 10개의 등간격의 부분 영역(계급)으로 나눈 뒤, 각 계급 안의 데이터 값들의 개수를 표시한다.

예를 들어, 다음 데이터 값은 2002년 4월 한 달 동안의 워싱턴 DC의 낮 최고기온(단위: °F)이다: 58 73 73 53 50 48 56 73 73 66 69 63 74 82 84 91 93 89 91 80 59 69 56 64 63 66 64 74 63 69(출처: 미국 국립해양기상청). 이 데이터의 히스토그램은 다음 명령어를 사용해서 구할 수 있다.

```
>> y=[58 73 73 53 50 48 56 73 73 66 69 63 74 82 84 91 93 89 91 80 59 69 56 64 63
66 64 74 63 69];
>> hist(y)
```

그림 5-11에 생성된 그래프를 나타내었다(축 제목은 그래프 편집기를 이용하여 추가하였다). 데이터 집합에서 최소값이 48, 최대값이 93이며, 이는 총 범위는 45이고 각 계급의 폭은 4.5임을 의미한다. 첫 번째 계급의 범위는 48에서 52.5이며 두 개의 데이터를 포함한다. 두 번째 계급의 범위는 52.5에서 57이며 세 개의 데이터를 포함한다. 이렇게 전체 구간의 영역을 구분하면, 75에서 79.5와 84에서 88.5의 두 계급에는 데이터가 전혀 포함되지 않는다.

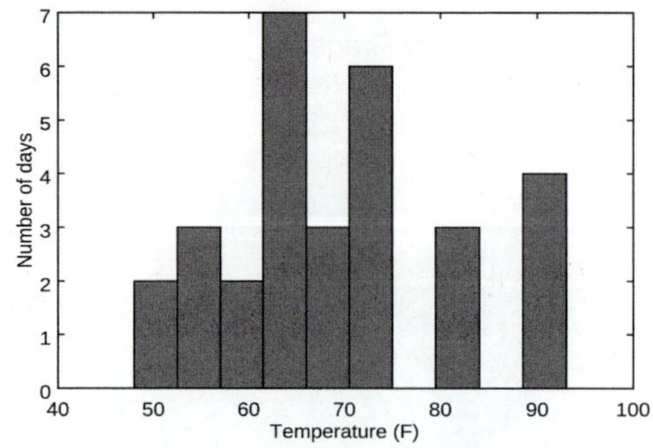

그림 5-11 기온 데이터의 히스토그램

전체 데이터 범위를 10개의 등간격의 계급으로 나누는 것이 사용자가 원하지 않는 나눔일 수도 있기 때문에, 계급의 개수는 10이 아닌 다른 값으로 정의될 수도 있다. 다음 두 형식의 hist 명령어에서 볼 수 있듯이 계급의 개수를 지정하거나, 각 계급의 중앙값을 지정함으로써 계급의 개수를 변경할 수 있다.

`hist(y,nbins)` 또는 `hist(y,x)`

nbins 계급의 개수를 정의하는 스칼라이다. MATLAB이 전체 범위를 등간격으로 나눈다.

x x는 각 계급의 중앙값 위치를 나타내는 벡터이다(중앙값들 사이의 간격이 모든 계급에 대해 같을 필요는 없음). 각 계급의 경계값은 두 중앙값 사이의 중간값이다.

위의 예시에서 사용자가 기온의 범위를 세 개의 구간으로 나누는 것을 원할 수도 있다. 이는 다음 명령어를 사용하여 실행할 수 있다.

```
>> hist(y,3)
```

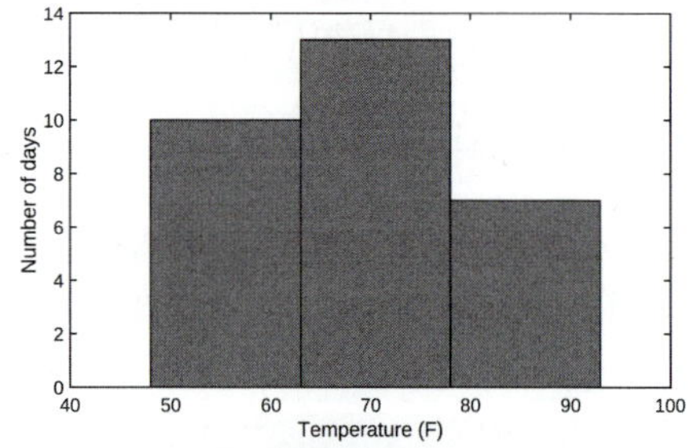

오른쪽 상단 그래프에 표시된 것처럼 그려진 히스토그램은 세 개의 등 간격 계급을 갖고 있다.

계급의 개수와 너비는 계급의 중앙값을 정의하는 원소들의 벡터 x에 의해 지정될 수 있다. 예를 들어, 오른쪽 아래 히스토그램은 위의 기온 데이터를 10도의 등간격을 가진 6개의 계급으로 나타낸 것이다. 이 그래프에 대한 벡터 x의 원소는 45, 55, 65, 75, 85, 95이다. 그래프는 다음 명령어를 사용하여 얻어진다.

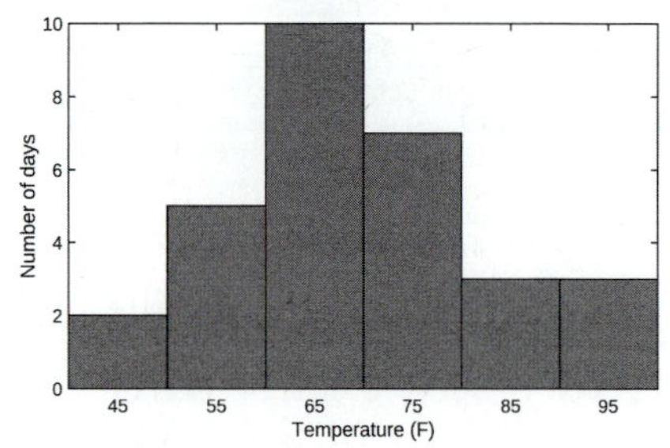

```
>> x=[45:10:95]
x =
   45    55    65    75    85    95
>> hist(y,x)
```

hist 명령어는 히스토그램을 그리는 것 외에도 수치 출력을 제공하는 선택사항과 함께 사용될 수 있다. 각 계급에 속하는 데이터 값들의 개수 출력은 다음 명령어 중 하나로 얻을 수 있다.

```
n=hist(y)        n=hist(y,nbins)        n=hist(y,x)
```

출력 n은 벡터이다. 벡터 n에서 원소 수는 계급의 수와 같고 n의 각 원소의 값은 해당 계급에서의 데이터 값들의 개수(빈도수)이다. 예를 들어, 그림 5-11의 히스토그램은 다음 명령어로도 생성할 수 있다.

```
>> n = hist(y)
n =
   2    3    2    7    3    6    0    3    0    4
```

벡터 n은 각 계급에 포함된 원소의 개수를 보여줌

벡터 n은 첫 번째 계급에 2개, 두 번째 계급에 3개, 이런 식으로 데이터 값들을 갖고 있음을 보여준다.

추가 선택사항인 수치 출력은 각 계급의 위치를 나타낸다. 이 출력은 다음 두 명령어 중 하나를 사용하여 얻을 수 있다.

```
[n xout]=hist(y)        [n xout]=hist(y,nbins)
```

xout은 각 원소의 값이 각 계급의 중심 위치인 벡터이다. 예를 들어, 그림 5-11의 히스토그램의 경우:

```
>> [n xout]=hist(y)
n =
   2    3    2    7    3    6    0    3    0    4
xout =
   50.2500    54.7500    59.2500    63.7500    68.2500    72.7500
77.2500    81.7500    86.2500    90.7500
```

벡터 xout은 첫 번째 계급의 중심이 50.25, 두 번째 계급의 중심이 54.75, 이런 식으로 중앙값을 갖고 있음을 보여준다.

5.9 극좌표 그래프

극좌표는 평면상의 한 점의 위치를 각도 θ와 이 점까지의 반경(거리)으로 정의하며, 과학과 공학 문제의 해를 구할 때 자주 사용된다. 함수를 극좌표로 그리기 위해서는 `polar` 명령어를 사용한다. 명령어의 형식은 다음과 같다.

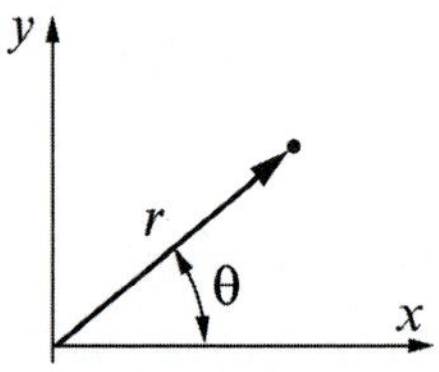

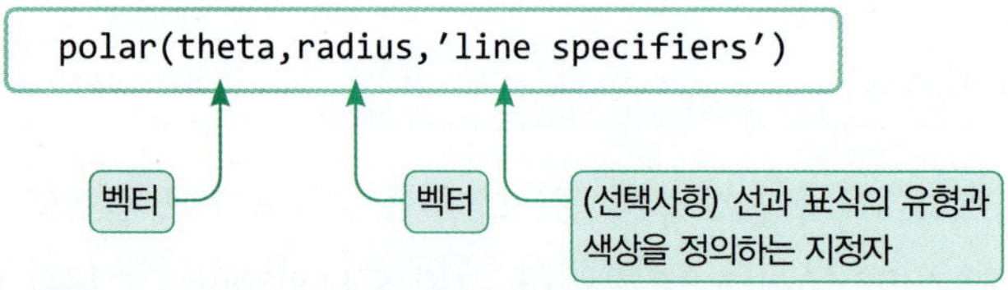

여기서 `theta`와 `radius`는 그리려고 하는 점의 좌표를 정의하는 벡터들이다. `polar` 명령어는 점들의 그래프와 극좌표 격자를 그린다. 선 지정자는 `plot` 명령어의 경우와 동일하다. 어떤 정의역에 대해 함수 $r = f(\theta)$의 그래프를 그리려면, θ값에 대한 벡터를 먼저 만들고, 원소 별 연산을 이용하여 θ의 각 원소에 해당하는 $f(\theta)$값을 가진 벡터 `r`을 만들어야 한다. 이렇게 만들어진 두 벡터들은 `polar` 명령어에서 사용된다.

예를 들어, $0 \le \theta \le 2\pi$에 대한 함수 $r = 3\cos^2(0.5\theta) + \theta$의 그래프는 다음과 같다.

```
t=linspace(0,2*pi,200);
r=3*cos(0.5*t).^2+t;
polar(t,r)
```

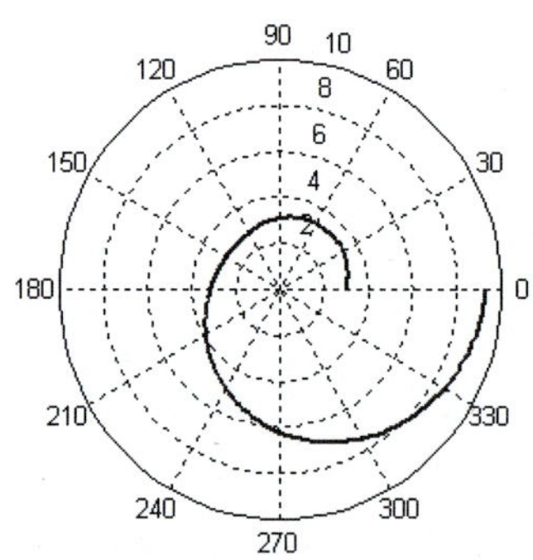

5.10 동일 페이지에 다중 그래프 출력

`subplot` 명령어로 동일한 페이지에 여러 개의 그래프를 그릴 수 있으며, 그 형식은 다음과 같다.

```
subplot(m,n,p)
```

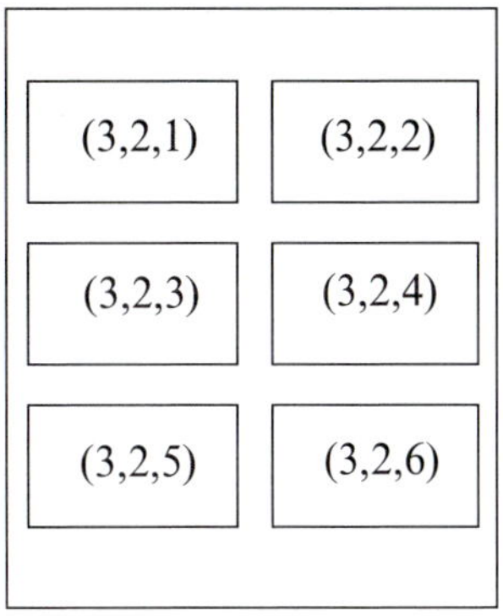

이 명령어는 Figure 창(및 인쇄될 페이지)을 $m \times n$의 직사각형의 작은 그래프 영역으로 나눈다. 작은 그래프들은 각 요소가 하나의 작은 그래프인 $m \times n$ 배열의 원소처럼 정렬된다. 작은 그래프들은 1부터 $m \cdot n$까지 일련번호가 부여된다. 번호는 왼쪽 상단이 1이고 오른쪽 하단이 $m \cdot n$이다. 번호는 첫 행으로부터 시작하여 마지막 행까지, 왼쪽에서 오른쪽으로 가면서 증가한다. 명령어 `subplot (m, n, p)`는 현재 `p` 번째 작은 그래프를 만든다. 이것은 이어지는 plot 명령어(및 형식 지정 명령어)가 이 영역에 (해당하는 형식 지정을 갖는) 그래프를 만드는 것을 의미한다. 예를 들어, `subplot (3, 2, 1)`은 그림과 같이 세 개의 행과 두 개의 열로 배열된 6개의 영역을 만들고 왼쪽 상단의 첫 번째 그래프 영역을 활성화한다. `subplot` 명령어의 사용 예는 예시 문제 5-2의 풀이에서 볼 수 있다.

5.11 다중 그림 창

`plot`이나 그래프를 만드는 다른 명령어가 실행되면, Figure 창이 열리고(아직 열려 있지 않다면) 그래프가 표시된다. MATLAB은 Figure 창에 Figure 1이라는 라벨을 붙인다(그림 5-4에 표시된 그림 창의 왼쪽 상단 모서리 참조). `plot` 또는 그래프를 만드는 다른 명령어가 실행될 때 이미 Figure 창이 열려 있으면, 새로운 그래프는 이미 열려 있는 Figure 창에 그려진다(기존 그래프 대체). 그래프의 형식을 지정하는 명령어들은 현재 열려 있는 Figure 창의 그래프에 적용된다.

그러나 `figure` 명령어를 이용하면, 그래프가 그려져 있는 여러 개의 Figure 창을 열린 상태로 두면서 추가적인 Figure 창을 열 수 있다. 명령어 `figure`가 입력될 때마다 MATLAB은 새 Figure 창을 연다. 그래프를 생성하는 명령어가 `figure` 명령어 뒤에 수행되면, MATLAB은 활성 창(active window)이나 현재 창(current window)으로 불리는 가장 최근에 열린 그림 창에 새 그래프를 출력한다. MATLAB은 새 Figure 창에 Two open Figure Windows.2, Figure 3, ... 등과 같이 연속적으로 라벨을 붙인다. 예를 들어, 다음 세 명령어를 입력하면 그림 5-12와 같은 두 Figure 창이 표시된다.

```
>> fplot(@ (x) x.*cos(x),[0,10])
>> figure
>> fplot(@ (x)exp(-0.2*x).*cos(x),[0,10])
```

Figure 1 창에 표시되는 그래프

Figure 2 창 열기

Figure 2 창에 표시되는 그래프

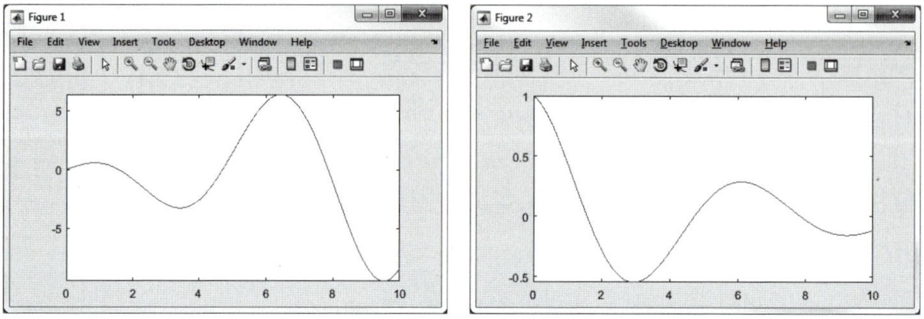

그림 5-12 출력된 두 개의 Figure 창

`figure` 명령어는 `figure(n)`과 같은 숫자(정수) 입력 인자를 가질 수도 있다. 이 정수 `n`은 해당 Figure 창의 번호에 해당한다. 명령어가 실행되면, Figure 창의 번호가 `n`인 창이 활성 창이 된다. 만일 이 번호를 가진 그림 창이 열려 있지 않다면, 이 번호를 가진 새 창이 열린다. 새로운 그래프를 만드는 명령어가 실행되면, 이 명령어에 의한 그래프는 활성화된 Figure 창에 표시된다. 마찬가지로, 그래프의 형식을 지정하는 명령어들도 활성화된 창의 그래프에 적용된다. 정의된 몇 개의 Figure 창을 열고 이 창에 그래프를 출력하는 프로그램을 `figure(n)` 명령어를 이용하여 스크립트 파일에 작성할 수 있다. 이렇게 하지 않고 여러 개의 `figure` 명령어를 프로그램에서 사용하게 되면, 스크립트 파일이 실행될 때마다 새 Figure 창들이 열리게 된다.

Figure 창은 `close` 명령어로 닫을 수 있다. 여러 가지 명령어 형식은 다음과 같다.

`close`	활성화된 Figure 창을 닫음
`close(n)`	*n*번째 Figure 창을 닫음
`close all`	열려 있는 모든 Figure 창들을 닫음

5.12 그래프 도구 띠를 사용하여 그래프 그리기

명령창의 PLOTS 도구 띠를 사용하여 대화형으로 그래프를 만들 수도 있다. PLOTS 탭을 선택하면 그림 5-13과 같은 PLOTS 도구 띠가 나타난다. 2차원 그래프를 그리기 위해서는, 그래프에 사용될 데이터를 가진 벡터들이 이미 할당되어 있어 작업 공간 창에 표시되어야 한다(4.1절 참조). 그래프를 그리기 위해서는 작업 공간 창에서 변수를 선택하고, CTRL 키를 누른 상태에서 필요한 추가 변수들을 선택한다. 일단 변수 선택이 이루어지면, 도구 띠는 선택된 변수들로 만들어질 수 있는 그래프 유형(즉, 선 그래프, 산점도, 막대 그래프, 파이 차트 등)의 이미지가 포함된 아이콘으로 표시된다. 아이콘을 클릭하면, 해당하는 그래프가 표시될 Figure 창이 열린다. 부가적으로 그래프를 그리는 데 사용된 MATLAB 명령어가 명령창에 표시된다. 사용자는 나중에 스크립트 파일을 실행시켜 동일한 그래프를 만들 수 있도록 사용된 명령어들을 복사하고 이를 스크립트 파일에 붙여넣을 수 있다. 도구 띠의 오른쪽에서 그래프 종류들이 하나씩 비교될 수 있도록 사용자가 동일 Figure 창에서 재사용 그래프의 다른 종류 보기를 선택하거나 새로운 그림 창에서 새 그래프의 종류 보기를 선택할 수 있다.

그래프 도구 띠를 사용하는 것은 사용자가 주어진 데이터에 대해서 다른 그래프 선택사항들을 테스트해 볼 때 유용하다. 예를 들어, 그림 5-13은 PLOTS 도구 띠가 표시된 MATLAB의 기본적인 배치를 보여준다. 명령창에서 5.1.1 절의 매출액 데이터가 두 벡터 `yr`과 `sle`에 할당되어 있다. 이 벡터들은 작업 공간 창에도 표시되며, 선택되기도 한다. 생성 가능한 그래프 종류 모양의 아이콘들이 PLOTS 도구 띠의 상단에 표시된다. 오른쪽 아래 방향 화살표를 클릭하면 부가적인 그래프 종류들도 볼 수 있다.

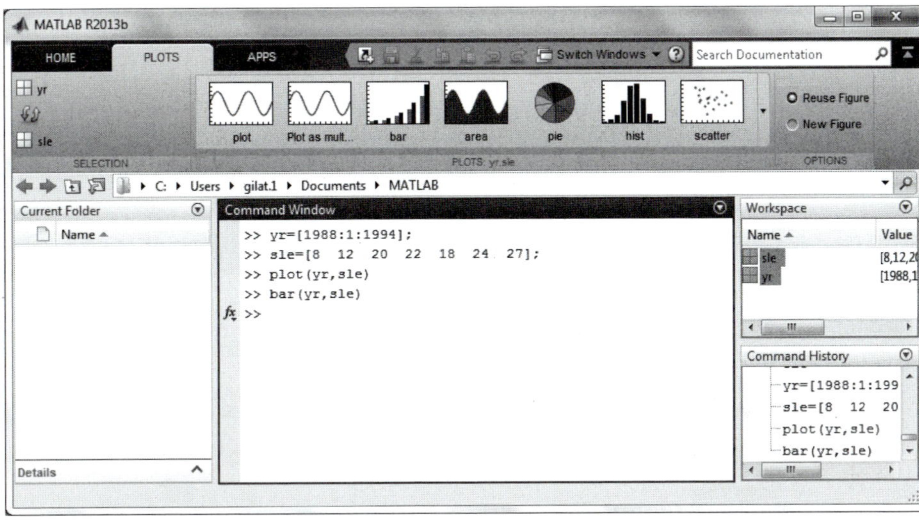

그림 5-13 PLOTS 도구 띠 사용하기

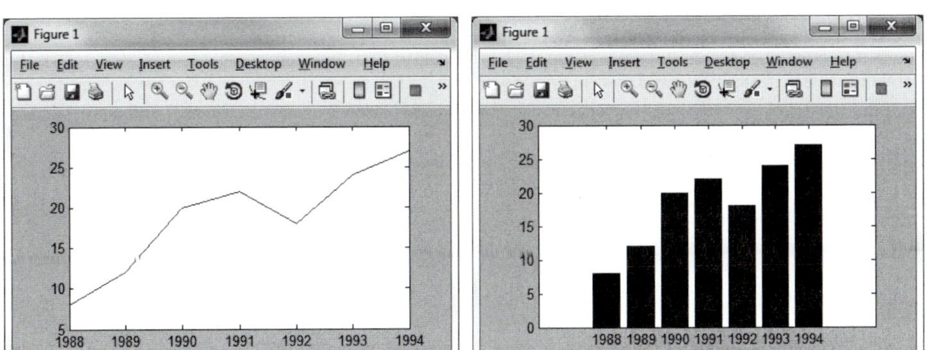

그림 5-14 PLOTS 도구 띠 사용하기

예에서는 두 벡터 `yr`과 `sle`를 사용하여 두 개의 서로 다른 그림(선 그래프 그림과 막대 그래프 그림)을 생성했다. 두 그래프는 그림 5-14에 나타내었고, 그래프를 만드는데 사용된 명령어들은 그림 5-13의 명령창에 나타내었다.

▸ **추가 유의사항:**

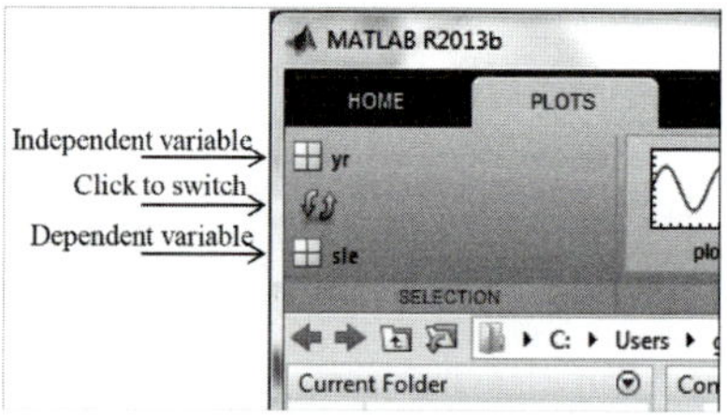

- 작업 공간 창에서 그래프에 대한 변수를 선택할 때, 처음에는 독립 변수(수평축)을 선택하고, 두 번째에는 종속 변수(수직축)을 선택한다. 변수들이 선택된 후에는 전환 아이콘을 클릭하여 변수들을 전환할 수 있다.
- 만일 그래프에 대해 하나의 변수(벡터)만이 선택된다면, 벡터 요소값들이 요소 번호에 대해서 그래프로 그려진다.

5.13 MATLAB 응용 예제

예시 문제 5-2 피스톤-크랭크 기구

피스톤-로드-크랭크 기구는 많은 공학 응용분야에서 사용된다. 다음 그림에서 보여주는 기구에서 크랭크는 500 rpm의 일정 속도로 회전하고 있다.

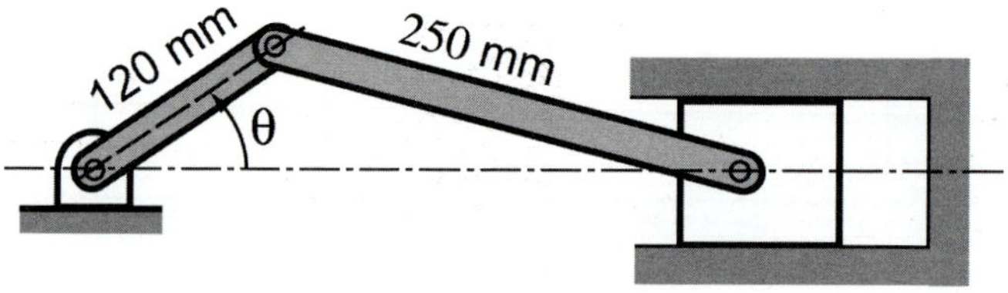

크랭크가 한번 회전하는 동안 피스톤의 위치, 속도와 가속도를 계산하고 그래프를 그려라. 동일 페이지에 세 개의 그래프를 만들어라. $t = 0$일 때 $\theta = 0°$로 설정하라.

풀이

크랭크는 일정한 각속도 θ로 회전하고 있다. 그러므로 $t = 0$일 때 $\theta = 0°$로 설정하면, 시간 t에서 각도 θ는 $\theta = \dot{\theta}t$로 주어지며 항상 $\ddot{\theta} = 0$임을 의미한다.

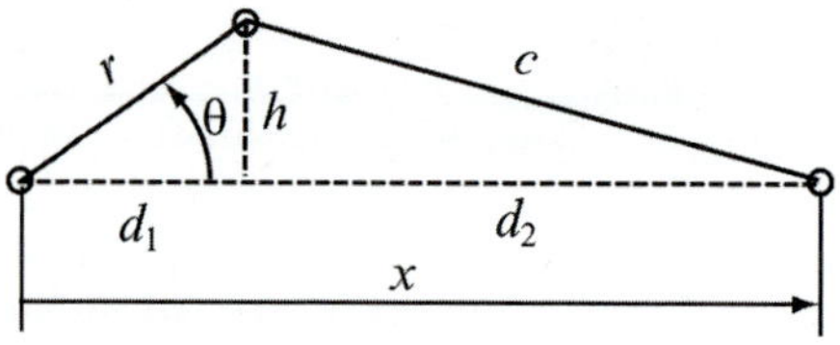

거리 d_1과 h는 다음 식으로 주어진다:

$$d_1 = r\cos\theta \text{ 및 } h = r\cos\theta$$

h를 알면, 거리 d_2는 피타고라스의 정리를 이용하여 다음과 같이 계산된다.

$$d_2 = (c^2 - h^2)^{1/2} = (c^2 - r^2\sin^2\theta)^{1/2}$$

그러면, 피스톤의 위치 x는 다음 식으로 주어진다.

$$x = d_1 + d_2 = r\cos\theta + (c^2 - r^2\sin^2\theta)^{1/2}$$

시간에 대한 x의 미분은 피스톤의 속도를 제공한다.

$$\dot{x} = -r\dot{\theta}\sin\theta - \frac{r^2\dot{\theta}\sin 2\theta}{2(c^2 - r^2\sin^2\theta)^{1/2}}$$

시간에 대한 x의 두 번 미분은 피스톤의 가속도를 제공한다.

$$\ddot{x} = -r\dot{\theta}^2\cos\theta - \frac{4r^2\dot{\theta}^2\cos 2\theta(c^2 - r^2\sin^2\theta) + (r^2\dot{\theta}\sin 2\theta)^2}{4(c^2 - r^2\sin^2\theta)^{3/2}}$$

위의 방정식은 $\ddot{\theta} = 0$일 때이다.

다음 MATLAB 프로그램(스크립트 파일)은 크랭크 1회전에 대한 피스톤의 위치, 속도, 가속도를 계산하고 그래프로 나타낸다.

```
THDrpm=500; r=0.12; c=0.25;
THD=THDrpm*2*pi/60;
tf=2*pi/THD;
t=linspace(0,tf,200);
TH=THD*t;
d2s=c^2-r^2*sin(TH).^2;
x=r*cos(TH)+sqrt(d2s);
xd=-r*THD*sin(TH)-(r^2*THD*sin(2*TH))./(2*sqrt(d2s));
xdd=-r*THD^2*cos(TH)-(4*r^2*THD^2*cos(2*TH).*d2s+
(r^2*sin(2*TH)*THD).^2)./(4*d2s.^(3/2));
subplot(3,1,1)
plot(t,x)
grid
xlabel('Time (s)')
ylabel('Position (m)')
subplot(3,1,2)
plot(t,xd)
grid
xlabel('Time (s)')
ylabel('Velocity (m/s)')
subplot(3,1,3)
plot(t,xdd)
grid
xlabel('Time (s)')
ylabel('Acceleration (m/s^2)')
```

$\dot{\theta}$, r, c 정의

$\dot{\theta}$의 단위를 rpm에서 rad/s로 변경

크랭크가 1회전 하는 데 걸리는 시간 계산

200개의 요소를 사용하여 시간에 대한 벡터 생성

각 t에 대한 θ 값 계산

각 θ에 대한 d_2의 제곱 값 계산

각 θ에 대한 x 값 계산

각 θ에 대한 $\dot{x}$ 및 $\ddot{x}$ 값 계산

t에 대한 x의 그래프 출력

첫 번째 그래프 형식 지정

t에 대한 $\dot{x}$의 그래프 출력

두 번째 그래프 형식 지정

t에 대한 $\ddot{x}$의 그래프 출력

세 번째 그래프 형식 지정

스크립트 파일이 실행되면, 그림 5-15와 같이 같은 페이지에 세 개의 그래프를 출력한다. 그래프는 피스톤의 운동 방향이 바뀌는 피스톤 행정의 양 끝점에서 피스톤의 속도가 0임을 잘 보여주고 있다. 가속도는 피스톤이 오른쪽 끝에 있을 때 최대(왼쪽 방향)이다.

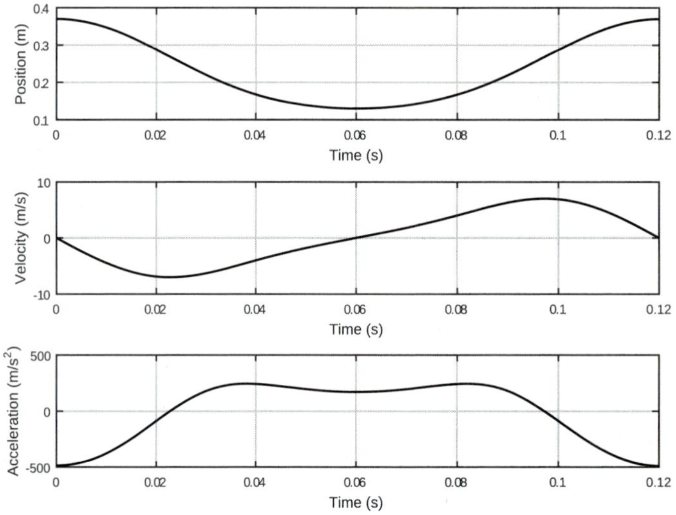

그림 5-15 시간에 대한 피스톤의 위치, 속도, 가속도

예시 문제 5-3 전기 쌍극자

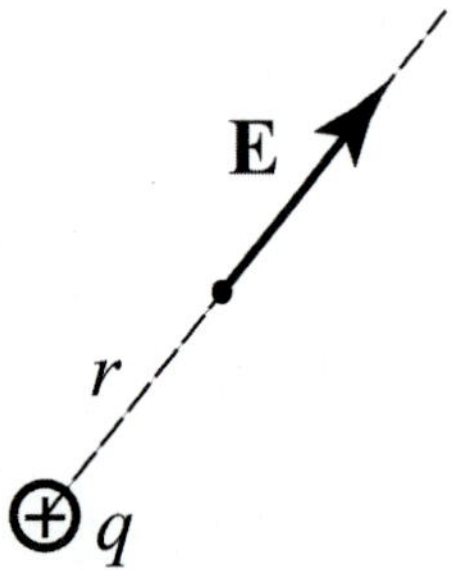

전하(charge)에 의한 한 점에서의 전기장(electric field)은 다음 쿨롱 법칙에 따라 주어진 크기 E를 갖는 벡터 $\mathbf{E}$이다.

$$E = \frac{1}{4\pi\varepsilon_0}\frac{q}{r^2}$$

여기서 $\varepsilon_0 = 8.8541878 \times 10^{-12}\ \frac{C^2}{N \cdot m^2}$은 유전상수, q는 전하의 크기이며 r은 전하와 점 사이의 거리이다. $\mathbf{E}$의 방향은 전하와 점을 잇는 직선 방향이다. $\mathbf{E}$는 q가 양이면 q의 바깥쪽 방향으로 향하고, q가 음이면 q방향으로 향한다. 동일한 크기의 양전하와 음전하가 어떤 거리만큼 떨어져 있을 때, 전기 쌍극자(eletric dipole)가 생성된다. 임의의 점에서 전기당 $\mathbf{E}$는 각 전하로 인한 전기장을 중첩시켜 구할 수 있다.

C를 $q = 12 \times 10^{-9}$ C 가진 전기 쌍극자가 그림과 같이 형성되어 있다. $x = -5$ cm에서 $x = 5$ cm까지 x축을 따라 전기장의 크기를 구하고 그래프를 그려라.

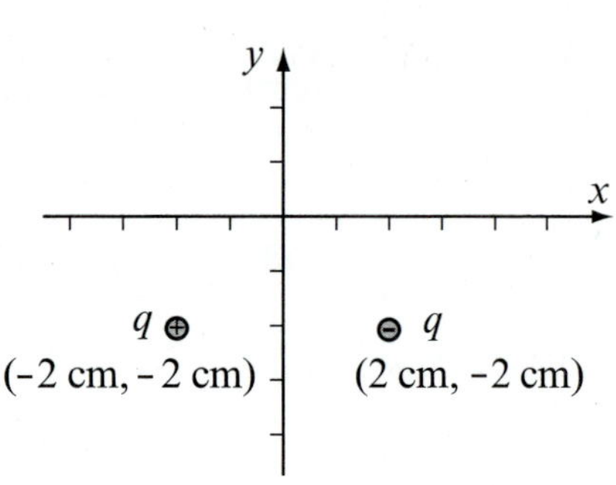

풀이

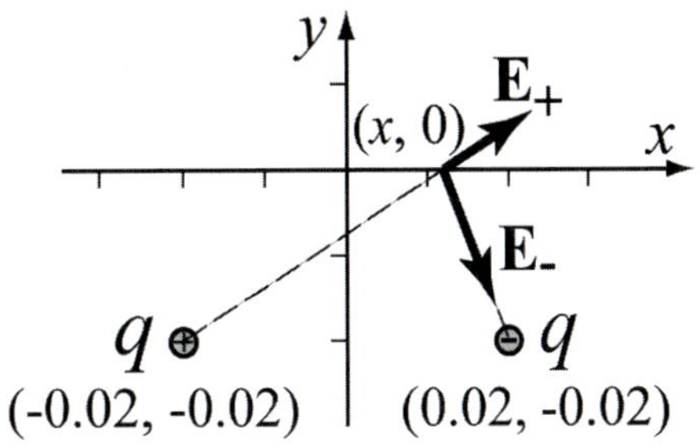

x축 상의 임의의 점 $(x, 0)$에서 전기장 **E**는 각각의 전하로 인한 전기장 벡터를 더하여 구할 수 있다.

$$\mathbf{E} = \mathbf{E}_- + \mathbf{E}_+$$

즉, 전기장의 크기는 벡터 **E**의 길이이다.

다음 단계에 따라 문제의 해를 구한다:

1단계: x축 상에 있는 점들에 대한 벡터 x를 만든다.

2단계: 각 전하에서 x축 상의 점까지의 거리 및 거리의 제곱을 계산한다.

$$r_{minus} = \sqrt{(0.02 - x)^2 + 0.02^2} \qquad r_{plus} = \sqrt{(0.02 + x)^2 + 0.02^2}$$

3단계: 각 전하에서 x축 상의 점들 방향으로의 단위벡터를 작성한다.

$$\mathbf{E}_{minusUV} = \frac{1}{r_{minus}}[(0.02 - x)\mathbf{i} - 0.02\mathbf{j}] \qquad \mathbf{E}_{plusUV} = \frac{1}{r_{plus}}[(0.02 + x)\mathbf{i} + 0.02\mathbf{j}]$$

4단계: 쿨롱의 법칙을 이용하여 각 점에서의 벡터 $\mathbf{E}_-$와 $\mathbf{E}_+$의 크기를 계산한다.

$$E_{minusMAG} = \frac{1}{4\pi\varepsilon_0}\frac{q}{r_{minus}^2} \qquad E_{plusMAG} = \frac{1}{4\pi\varepsilon_0}\frac{q}{r_{plus}^2}$$

5단계: 단위벡터에 크기를 곱하여 벡터 $\mathbf{E}_-$와 $\mathbf{E}_+$를 만든다.

6단계: 벡터 $\mathbf{E}_-$와 $\mathbf{E}_+$를 더하여 벡터 **E**를 만든다.

7단계: E의 크기(길이)인 **E**를 계산한다.

8단계: x의 함수로서 E의 그래프를 그린다.

위의 문제를 해결하기 위한 프로그램은 스크립트 파일로 다음과 같다:

```
q=12e-9;
epsilon0=8.8541878e-12;
x=[-0.05:0.001:0.05]';                                   열 벡터 x 생성
rminusS=(0.02-x).^2+0.02^2;
rminus=sqrt(rminusS);                                     2단계: 각 변수는 열 벡터임
rplusS=(x+0.02).^2+0.02^2;
rplus=sqrt(rplusS);
EminusUV=[((0.02-x)./rminus), (-0.02./rminus)];          3단계 및 4단계: 각 변수는
EplusUV=[((x+0.02)./rplus), (0.02./rplus)];              2열 행렬이고 각 행은 해당
EminusMAG=(q/(4*pi*epsilon0))./rminusS;                   x에 대한 벡터임
EplusMAG=(q/(4*pi*epsilon0))./rplusS;
Eminus=[EminusMAG.*EminusUV(:,1), EminusMAG.*EminusUV(:,2)];
```

```
Eplus=[EplusMAG.*EplusUV(:,1), EplusMAG.*EplusUV(:,2)];   5단계
E=Eminus+Eplus;                                            6단계
EMAG=sqrt(E(:,1).^2+E(:,2).^2);                            7단계
plot(x,EMAG,'k','linewidth',1)
xlabel('Position along the x-axis (m)','FontSize',12)
ylabel('Magnitude of the electric field (N/C)','FontSize',12)
title('ELECTRIC FIELD DUE TO AN ELECTRIC DIPOLE','FontSize',12)
```

이 스크립트 파일이 명령창에서 실행되면, 다음과 같은 그림이 Figure 창에 출력된다.

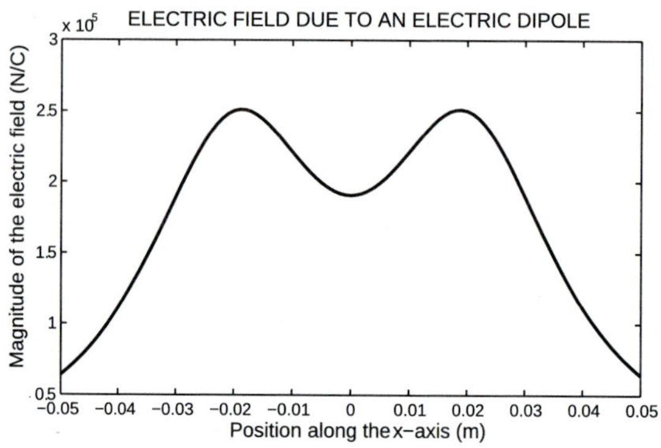

5.14 연습문제

1. plot 명령어를 사용하여 $0 \le x \le 5$에 대한 함수 $f(x) = x^2 - 10\sqrt{x} + 2$의 그래프를 그려라.

2. plot 명령어를 사용하여 $-3 \le x \le 10$에 대한 함수 $f(x) = (0.5x^4 + 1.1x^3 - 0.9x^2)e^{-0.7x}$의 그래프를 그려라.

3. plot 명령어를 사용하여 $-7 \le x \le 7$에 대한 함수 $f(x) = 3\cos(1.7x)e^{-0.3x} + 2\sin(1.4x)e^{0.3x}$의 그래프를 그려라.

4. $0 \le x \le 10$에 대한 함수 $f(x) = x^2e^{-x}$와 이 함수의 도함수를 하나의 그림에 그려라. 원함수는 실선으로 도함수는 점선으로 그리고, 범례와 축 이름을 추가하라.

5. 함수 $f(x) = x^4 - 2x^3 + 1.3x^2 - 0.3x + 0.02$를 하나는 $-3 \le x \le 4$에 대해서, 다른 하나는 $0 \le x \le 1$에 대해서 서로 다른 두 개의 그래프로 그려라.

6. fplot 명령어를 사용하여 $0 \le x \le 10$에 대한 함수 $f(x) = 5(e^{-0.5x} - e^{-0.8x})$의 그래프를 그려라.

7. $-\pi \le x \le 2\pi$에 대한 함수 $f(x) = \sin(2x)\cos^2(0.5x)$와 이 함수의 도함수를 하나의 그림에 그려라. 원함수는 실선으로 도함수는 점선으로 그리고, 범례와 축 이름을 추가하라.

8. 태양 주위를 도는 수성의 궤도는 방정식 $r = \dfrac{3.44 \times 10^7}{1 - 0.206 \cos\theta}$ 마일로 근사한다. 수성의 궤도를 그래프로 그려라.

9. 매개변수 방정식이 다음과 같이 주어져 있다.

$$x = 0.7\sin(10t), \quad y = 1.2\sin(8t)$$

$0 \le t \le \pi$에 대한 위의 함수의 그래프를 그려라. 그래프의 두 축을 −1.5에서 1.5의 범위로 지정하라.

10. 나비 곡선(Fay, T. H. "The Butterfly Curve." Amer. Math. Monthly 96, pp. 442-443, 1989)의 매개변수 방정식이 다음과 같이 주어져 있다.

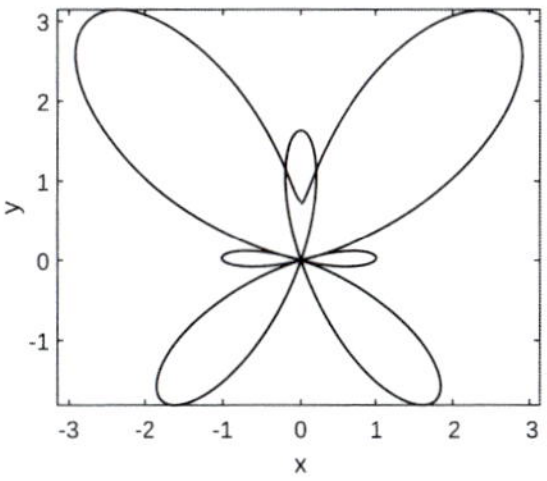

$$x = \sin t\,[e^{\cos t} - 2\cos(4t) + \sin^5(t / 12)]$$
$$y = \cos t\,[e^{\cos t} - 2\cos(4t) + \sin^5(t / 12)]$$

하나는 $0 \le t \le 2\pi$에 대해서, 다른 하나는 $0 \le t \le 10\pi$에 대해서 나비 곡선의 방정식의 그래프를 하나의 그림에 그려라.

11. 오른쪽 그림에서 보이는 천체 그래프를 데카르트 방정식을 이용하여 그려라.

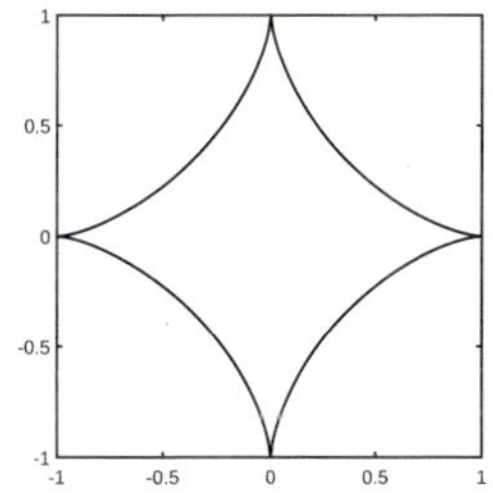

$$x^{2/3} + y^{2/3} = 1$$

12. 문제 11번의 천체 그래프를 매개변수 방정식을 이용하여 그려라.

$$x = \cos^3(t), \quad y = \sin^3(t) \quad -\pi \le x \le \pi$$

13. 정의역 $0 \le x \le 4$에 대한 함수 $f(x) = \dfrac{x^2 - 6x + 7}{x^3 - 8}$의 그래프를 그려라. 함수는 $x = 2$에서 수직 점근선을 갖는다. x의 정의역에 대해서 두 개의 벡터를 만들어 그래프를 그려라. 첫 번째 벡터($x1$)은 0에서 1.9까지 요소를 갖고 있고, 두 번째 벡터($x2$)은 2.1에서 4까지 요소를 포함한다. 각 x 벡터에 대해서 주어진 함수에 의해서 계산되는 y 값을 갖는 y 벡터($y1$과 $y2$)를 만들어라. 그 함수의 그래프를 그리기 위해 같은 그래프에 두 개의 곡선($y1$ 대 $x1$과 $y2$ 대 $x2$)을 만들어라.

14. $-4 \le x \le 4$에 대한 함수 $f(x) = \dfrac{1}{x^2 - 1}$의 그래프를 그려라. 함수는 두 개의 수직 점근선이 있다는 것을 유의하라. x의 정의역을 세 부분(−4에서 왼쪽 점근선까지 / 두 점근선의 사이 / 오른쪽 점근선에서 4까지)으로 나누어 함수의 그래프를 그려라. y축의 범위는 −15에서 15로 설정하라.

15. 그림에서 보이는 하트 모양을 그리는 방정식은 다음과 같이 주어진다.

$$x^2 + \left(y - \sqrt[3]{x^2}\right)^2 = 1$$

하트 모양 그래프를 그려라.

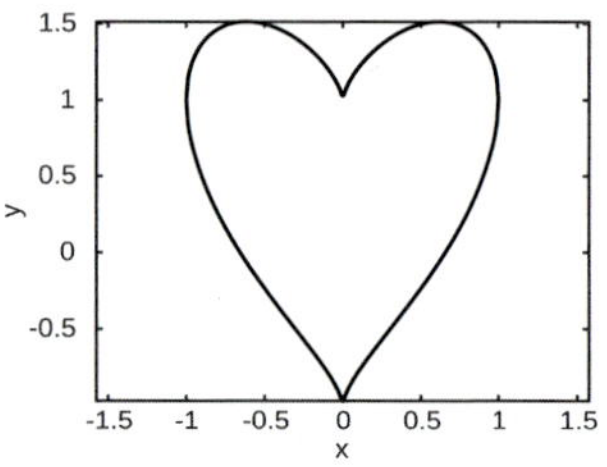

16. 그림에서 보이는 프레첼 모양은 다음과 같은 매개변수 방정식으로 주어진다.

$$x = (3.3 - 0.3t^2)\cos t, \qquad y = (3.3 - 0.4t^2)\sin t$$

$-4 \le t \le 4$일 때, 프레첼 모양의 그래프를 그려라.

17. 그림에서 보이는 그래프는 페르마 나선이다. $0 \le \theta \le 5\pi$에 대한 함수 $r = \pm\sqrt{\theta}$의 극좌표를 그려라.

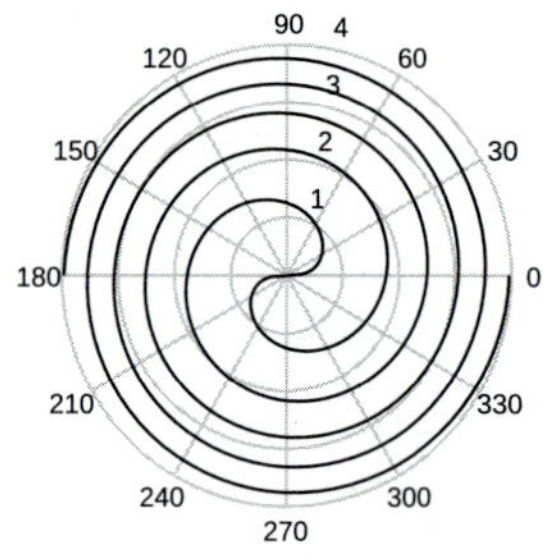

18. 오른쪽에 보이는 그래프를 $n = 1, 2, 3, ..., 100$에 대해 $\theta = n135.7°$일 때, 함수 $r = \sqrt{n}$의 극좌표를 그려라.

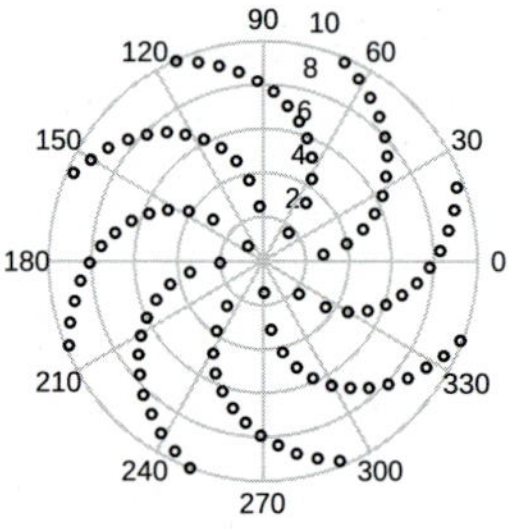

19. 그림에서 보이는 함수 $x^3 + y^3 = 2xy$의 그래프를 그려라. (힌트: 극좌표 형태에서 함수를 다시 작성하라.)

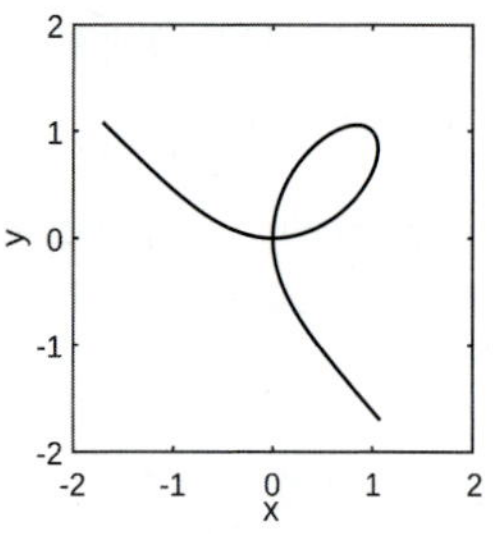

20. 실선으로 표시된 타원은 $a = 10$, $b = 4$의 장축을 갖고, 점선으로 표시된 타원은 실선 타원이 30° 회전된 모양이다. 그림과 같이 하나의 그림에 두 개의 타원 그래프를 그려라.

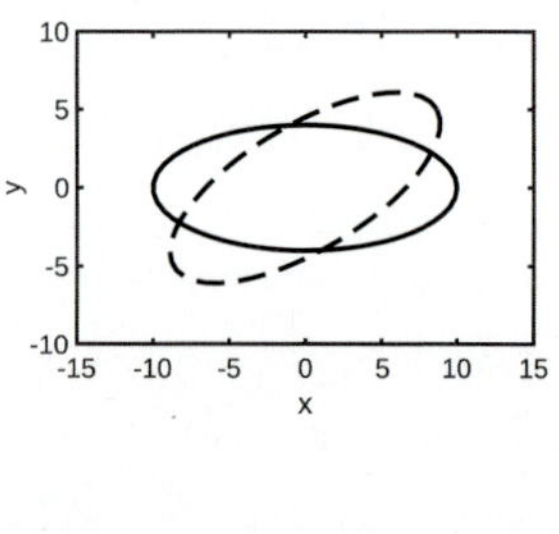

21. 다음 데이터는 시간(식재 후 일수)에 따른 해바라기 식물의 높이(인치)를 나타낸다.

시간(일수)	10	20	30	40	50	60	70
높이(인치)	9	22	44	63	80	94	97

높이는 다음과 같은 로그 함수로 정의될 수 있다.

$$H = \frac{100.8}{1 + 23e^{-0.093t}}$$

여기서 H는 높이(인치)이고 t는 시간(일수)일 때, 높이 대 시간의 그래프를 그려라. 그림은 위에서 주어진 표의 데이터를 점으로 표시하고 방정식에 의해 정의된 높이를 실선으로 표시하라. 또한 이에 대한 범례를 추가하고 축 이름을 지정하라.

22. 주어진 회로에서 스위치를 닫은 후 t초에 대한 전압 V_C는 수식 $V_C = V_0(1 - e^{-t/RC})$와 같다. 0 s ≤ t ≤ 15 s일 때, t에 대한 함수 V_C의 그래프를 그리고 축 이름을 추가하여라. (V_0 = 36V, R = 2500 Ω, C = 1200 μF)

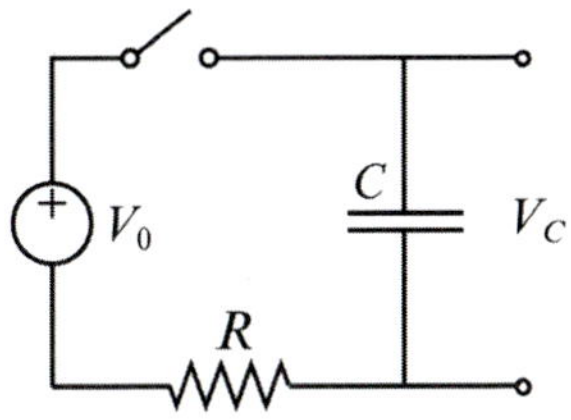

23. 반경이 R이고 전하량이 Q인 원판과 전하량이 q인 입자 사이에 작용하는 힘 F (N)은 다음 식과 같다.

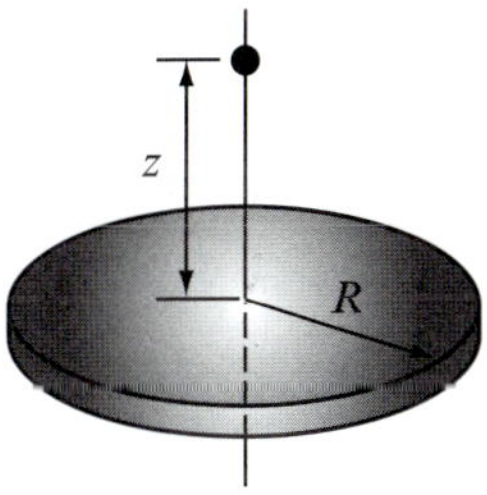

$$F = \frac{Qqz}{2\varepsilon_0}\left(1 - \frac{z}{\sqrt{z^2 + R^2}}\right)$$

여기서 $\varepsilon_0 = 0.885 \times 10^{-12}$ C²/(N-m²)는 유전율 상수이고, z는 입자까지 거리이다. $Q = 9.4 \times 10^{-6}$ C, $q = 2.4 \times 10^{-5}$ C, R = 0.1 m일 때, 0 ≤ z ≤ 0.3 m에 대해서 z의 함수로서 F의 그래프를 그려라. F의 최대값과 그때의 거리 z를 구하기 위해서 매트랩 내장 함수 `max`를 사용하라.

24. 어떤 입자의 곡선 운동은 다음 매개변수 방정식으로 정의된다.

$$x = 52t - 9t^2 \text{ m} \qquad y = 125 - 5t^2 \text{ m}$$

입자의 속도는 다음과 같이 주어진다. $v = \sqrt{v_x^2 + v_y^2}$, 여기서 $v_x = \dfrac{dx}{dt}$이고 $v_y = \dfrac{dy}{dt}$이다.

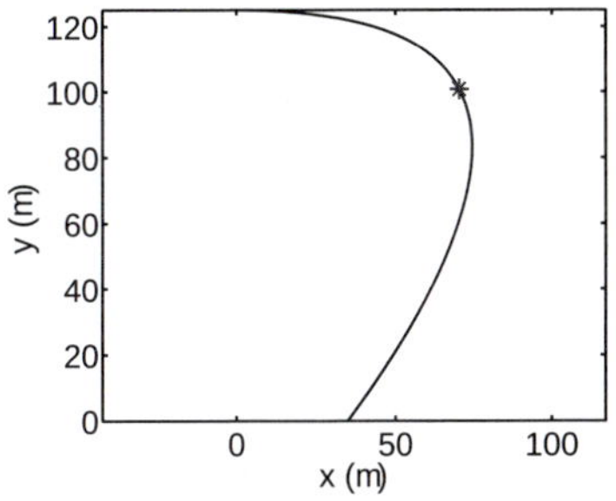

0 ≤ t ≤ 5 s에 대해서 시간 함수로서 입자의 위치를 나타내는 그래프(y 대 x) 하나와 입자의 속도를 나타내는 또 다른 그래프를 같은 그림에 그려라. 그리고, 매트랩 내장 함수 min을 사용해서 속도가 가장 적을 때의 시간과 그때의 위치를 구하

라. 별표 표식을 사용해서 첫 번째 그림에서 그 위치를 나타내라. 시간에 대해서는 0.1 s 간격의 벡터를 사용하라.

25. 각도 θ에 따른 속도 v_0에서 시간 함수로서 발사체 발사의 높이와 속도는 다음과 같이 주어진다.

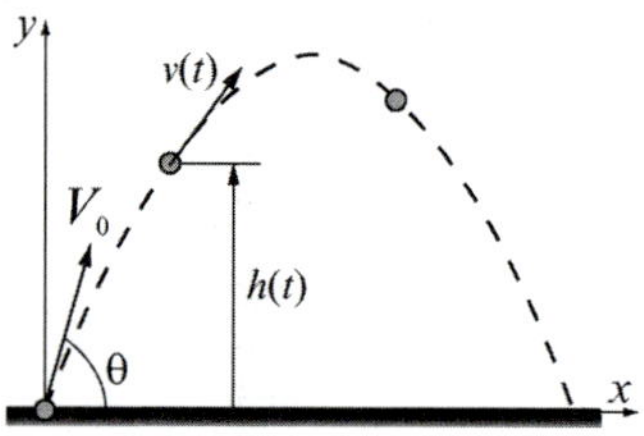

$$h(t) = v_0\ t\sin\theta - gt^2/2$$
$$v(t) = \sqrt{v_0^2 - 2v_0 g\ t\sin\theta + g^2t^2}$$

여기서 g = 9.81 m/s²이다. 발사체가 땅에 닿는 시간을 결정하고 v_0 = 200 m/s이고 θ = 70°일 때, 시간 함수로서 발사체의 높이와 속도의 그래프를 한 페이지에 두 개의 그래프가 출력될 수 있도록 그려라. 그리고, 그림의 제목과 축의 라벨을 포함하라.

26. 직선을 따라 움직이는 입자의 시간 함수로서 위치 x는 다음 식과 같다.

$$x(t) = 8 - 4t^3e^{-0.4t} + 2t^2 \text{ ft}$$

입자의 속도 $v(t)$는 $x(t)$를 시간에 대해 미분함으로써 구할 수 있고, 가속도 $a(t)$는 시간에 대해 속도 $v(t)$를 미분함으로써 구할 수 있다.

입자의 속도와 가속도에 대한 수식을 유도하고, $0 \le t \le 8$ s에 대한 시간 함수로서 위치, 속도, 가속도의 그래프를 그려라. `subplot` 명령어를 사용하여 가장 위에는 위치 그래프, 중간에는 속도 그래프, 바닥에는 가속도 그래프가 위치하도록 같은 그림에 세 개의 그래프를 그려라. 또한 적합한 단위로 축 이름을 부여하라.

27. 플랑크(Planck)의 흑체복사 법칙에 따르면 스펙트럼 에너지 밀도 R은 파장 λ (m)와 온도 T (K)의 함수로서 다음과 같이 주어진다.

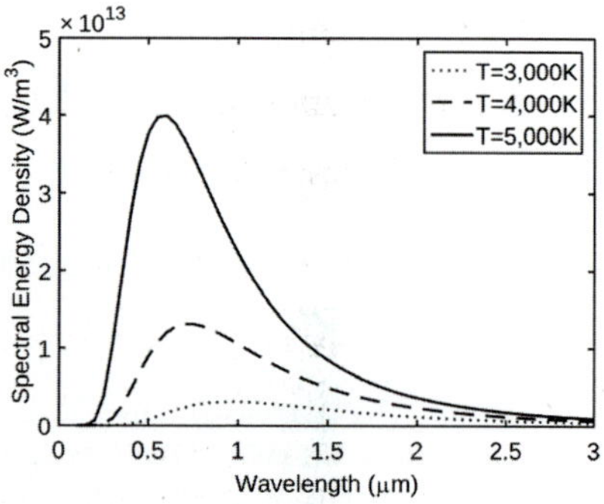

$$R = \frac{2\pi c^2 h}{\lambda^5}\frac{1}{e^{hc/\lambda kT} - 1}$$

여기서, $c = 3 \times 10^8$ m/s는 빛의 속도, $h = 6.626 \times 10^{-34}$ J-s는 플랑크 상수, $k = 1.38 \times 10^{-23}$ J/K는 볼츠만 상수이다. 온도가 각각 T = 3,000 K, T = 4,000 K, T = 5,000 K 3가지 온도에 대해서, $0.1 \le \lambda \le 3$ μm에 대한 λ의 함수인 R의 그래프를 주어진 그림과 같이 그려라.

28. 고역 통과 필터는 특정 차단 주파수보다 높은 주파수 신호를 통과시킨다. 이 필터에서 전압 크기의 비율은 다음과 같이 주어진다.

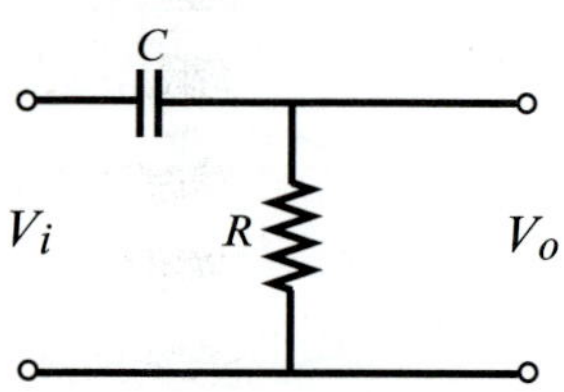

$$\left|\frac{V_0}{V_i}\right| = \frac{\omega RC}{\sqrt{1 + \omega^2R^2C^2}}$$

여기서 ω = 2πf는 입력 신호의 주파수이다. R = 2000 Ω, C = 0.2 μF일 때, $10 \le f \le 50{,}000$ Hz에 대한 f의 함수로서 $\left|\dfrac{V_0}{V_i}\right|$ 그래프를 그려라. 가로(f)축에는 로그 눈금을 사용하고 세로축에는 선형눈금을 사용하라.

29. 저항 R = 4 Ω, 인덕터 L = 1.3 H가 그림 (a)에서 보여지는 것처럼 RL 회로에서 전압원에 연결되어 있다.

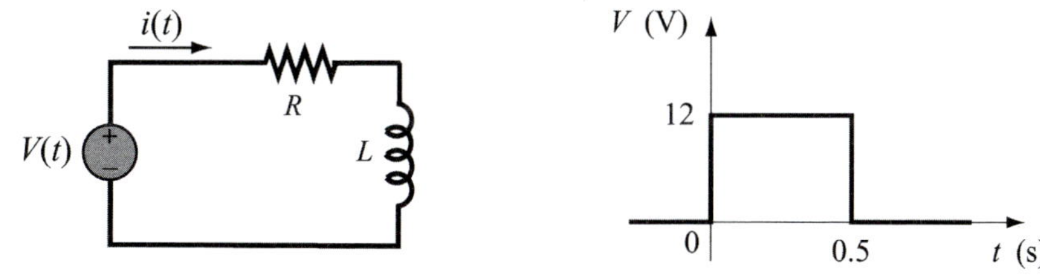

(a) (b)

전압원이 그림 (b)와 같이 진폭이 V = 12 V이고, 0.5 s의 지속 시간을 갖는 직사각형 전압 펄스를 제공할 때, 시간 함수로서 회로의 전류 $i(t)$는 다음 식과 같이 주어진다.

$$i(t) = \frac{V}{R}(1 - e^{-Rt/L} \quad \text{for} \quad 0 \le t \le 0.5 \text{ s})$$

$$i(t) = e^{-Rt/L}\frac{V}{R}(e^{0.5R/L} - 1) \quad \text{for} \quad 0.5 \le t \text{ s}$$

0 ≤ t ≤ 2 s에 대해서 시간 함수로서 전류의 그래프를 그려라.

30. 일반적인 인장 시험 시에 개뼈다귀 모양의 시편을 시험 장비로 잡아당긴다. 시험에서는 시편을 당기는 힘 F와 표점 거리 L이 측정된다. 이 데이터가 재료의 응력-변형률 선도를 그리는 데 사용된다. 응력과 변형률에 대해서 공칭 및 실제 정의 두 가지가 있다. 공칭 응력 σ_e와 공칭 변형률 ε_e는 $\sigma_e = \dfrac{F}{A_0}$와 $\varepsilon_e = \dfrac{L - L_0}{L_0}$로 정의된다. 여기서 L_0와 A_0는 시편의 최초 표점 거리와 단면적이다. 진 응력 σ_t와 진 변형률 ε_t는 $\sigma_t = \dfrac{F}{A_0}\dfrac{L}{L_0}$와 $\varepsilon_t = \ln\dfrac{L}{L_0}$로 각각 정의된다.

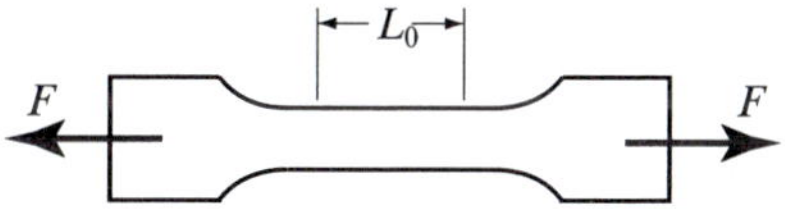

다음은 알루미늄 시편의 인장 시험에서 측정된 힘과 표점 거리 데이터이다. 시편은 시험 전 반경 0.25인치의 원형 단면을 갖고 있다. 초기 표점 거리는 0.5인치이다. 이 데이터를 사용하여 공칭 및 진 응력-변형률 곡선을 계산하고 같은 그래프에 그려라. 곡선들을 구분하기 위하여 범례를 사용하고 축 이름을 부가하라. 사용된 단위로는 힘은 파운드(lb), 단면적은 in.[2]이고 응력은 psi(평방 인치당 파운드)이다.

F(파운드)	0	4,390	7,250	10,780	11,710	12,520	12,800	13,340
L(인치)	0.5	0.50146	0.50226	0.50344	0.50423	0.50577	0.50693	0.51138
F(파운드)	13,740	13,820	13,850	13,910	13,990	14,020	14,130	
L(인치)	0.52006	0.52169	0.52362	0.52614	0.53406	0.54018	0.56466	

31. 특수 상대성 이론에 따르면, 속도 v로 움직이는 길이 L의 막대는 다음 식과 같이 δ만큼 길이가 줄어들게 된다.

$$\delta = L\left(1 - \sqrt{1 - \frac{v^2}{c^2}}\right)$$

여기서 c는 빛의 속도(약 300×10^6 m/s)이다. 2 m 길이의 막대를 고려하여, $0 \le v \le 300 \times 10^6$ m/s에 대해서 v의 함수로 δ의 그래프를 그려라. 첫 번째 그래프에서는 양 축에 선형눈금을 사용하라. 두 번째 그래프에서는 v에 대해서는 로그 눈금, δ에 대해서는 선형눈금을 사용하라. 세 번째 그림에서는 v와 δ 모두에 로그 눈금을 사용하라. 어떤 그래프가 가장 유익한 정보를 제공하는가?

32. 철도 범퍼는 빠르게 움직이는 기차를 감속 시키기 위해 설계되었다. 20 m/s의 속도로 주행하는 20,000 kg의 기차가 범퍼에 부딪힌 후, 그 기차의 변위 x (m 단위)와 속도 v (m/s 단위)는 시간 t(초)의 함수로 다음과 같다.

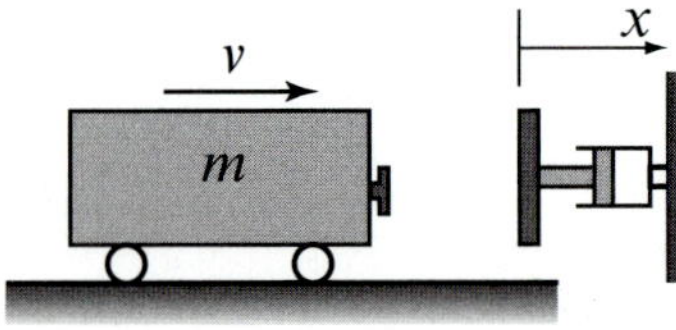

$$x(t) = 4.129(e^{-1.58t} - e^{-6.32t}) \quad \text{and} \quad v(t) = 26.67\, e^{-6.32t} - 6.67\, e^{-1.58t}$$

$0 \le t \le 4$ s에 대해서 한 그림에 변위와 속도 두 개의 그래프를 시간 함수로 그려라.

33. 이상 기체 방정식은 $\frac{PV}{RT} = n$이고, 여기서 P는 압력, V는 부피, T는 온도, R = 0.08206 (L atm)/(mol K)은 기체 상수, n은 몰(mole) 수이다. 특히, 고압에서 실제 기체는 이러한 동작에서 벗어난다. 이 반응은 반데르발스(van der Waals) 방정식 $P = \frac{nRT}{V - nb} - \frac{n^2 a}{V^2}$로 정의되고, 여기서 a와 b는 재료 상수이다. CO_2의 경우 a = 3.592 L^2 atm/mol^{2}이고 b = 0.04267 L/mol이다. $0.065 \le V \le 1$ L에 대한 P 대 V의 두 개의 그래프를 그려라. 하나의 그래프에서 압력은 이상 기체 방정식을 사용하여 계산하고, 다른 하나의 그래프는 반데르발스 방정식을 사용하여 계산한다. 그림에 축 이름과 범례를 표시한다.

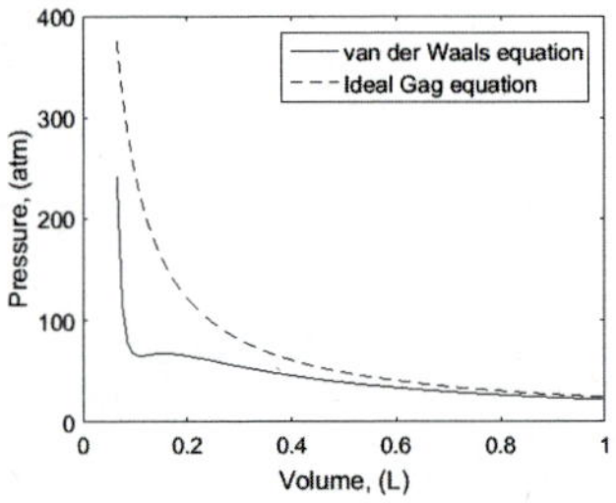

34. 조금 다른 주파수 f_1과 f_2를 가진 두 개의 음파는 다음 식과 같이 크고 부드러운 소리가 번갈아 발생한다

$$y_1 = \cos(2\pi f_1 t)$$
$$y_2 = \cos(2\pi f_2 t)$$

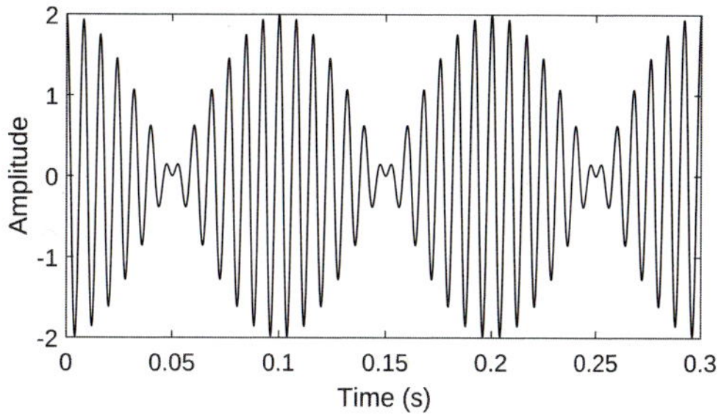

이 현상은 파동(beating)이라고 불리고 다음 식과 같이 설명할 수 있다.

$$y = 2\cos\left(2\pi\frac{f_1+f_2}{2}t\right)\cos\left(2\pi\frac{f_1-f_2}{2}t\right)$$

$f_1 = 130$ Hz이고, $f_2 = 120$ Hz일 경우, $0 \le t \le 0.3$ s에 대한 파동소리의 그래프를 그려라.

35. 그림과 같은 다이오드 회로를 고려하자. 전류 i_D와 전압 v_D는 다음의 연립 방정식의 해로부터 결정된다.

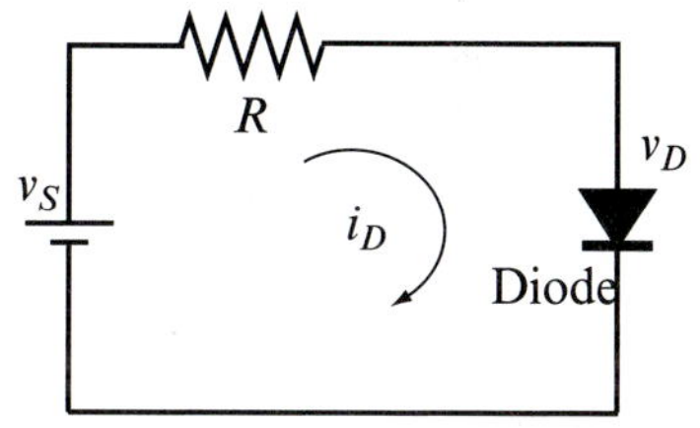

$$i_D = I_0(e^{\frac{qv_D}{kT}} - 1), \qquad i_D = \frac{v_S - v_D}{R}$$

이 연립 방정식의 해는 수치적 또는 도표로 구해질 수 있다. 도표적 해법은 두 방정식으로부터 v_D의 함수로 i_D를 그림으로써 구해진다. 그 해는 두 곡선의 교점이다. 연립 방정식에서 $I_0 = 10^{-14}$ A, $v_S = 1.5$ V, $R = 1200\ \Omega$, $\frac{kT}{q} = 30$ mV일 때, 두 그래프를 그리고 해를 구하라.

36. 단색광이 아주 좁은 슬릿을 지나갈 때, 화면에는 밝고 어두운 줄무늬의 회절 패턴이 나타난다. θ의 함수로서 밝은 줄무늬의 밝기 I는 다음 식으로 계산된다.

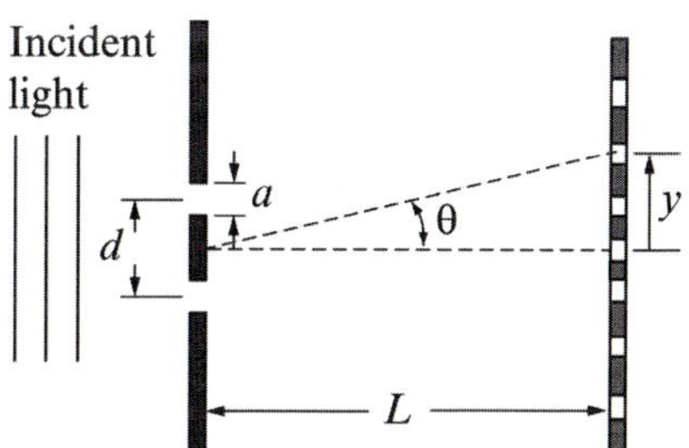

$$I = I_{max}(\cos\beta)^2\left(\frac{\sin\alpha}{\alpha}\right)^2$$

여기서 $\alpha = \frac{\pi a}{\lambda}\sin\theta$이고 $\beta = \frac{\pi d}{\lambda}\sin\theta$일 때, λ는 빛의 파장, a는 슬릿의 폭, d는 슬릿 사이의 거리이다. $\lambda = 480$ nm, $a = 0.025$ nm, $d = 0.09$ mm로 주어졌을 때, 그림과 같이 $-4 \le y \le 4$에 대한 y의 함수로 상대적 빛의 밝기 I/I_{max}의 그래프를 그려라.

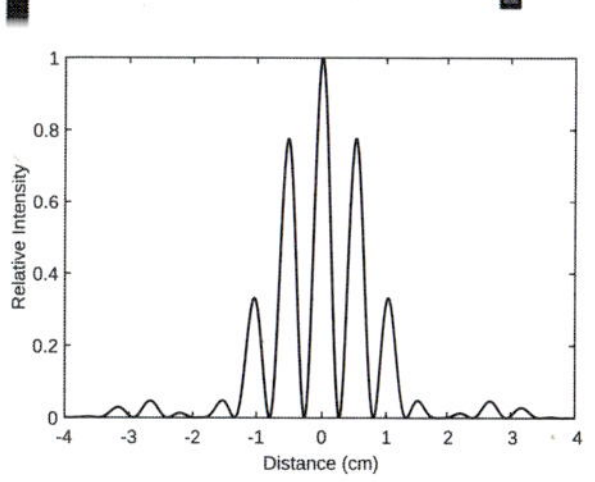

37. 단순 지지빔은 그림과 같이 보여진다. x의 함수인 전단력(shear force) V 및 굽힘 모멘트(bending moment) M은 다음 식에 의해 주어진다.

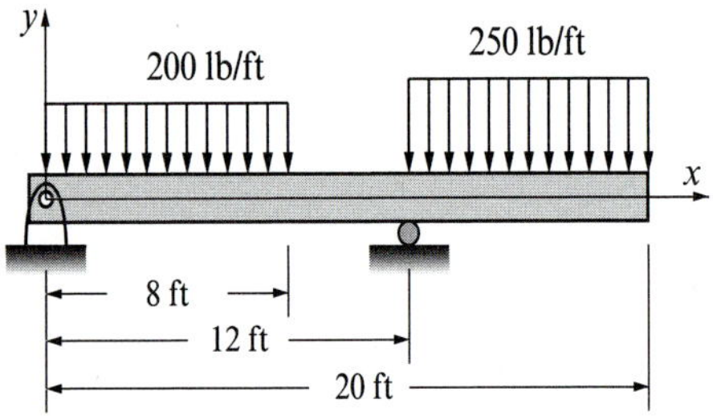

$V(x) = 400 - 200x$ lb

$M(x) = -100x^2 + 400x$ lb – ft

for $0 \le x \le 8$ ft.

$V(x) = -1200$ lb, $M(x) = -1200x + 6400$ lb-ft for $8 \le x \le 12$ ft

$V(x) = -250x + 5000$ lb, $M(x) = -125(x - 12)^2 + 2000x - 32000$ lb-ft

for $12 \le x \le 20$ ft

x의 함수에 대한 전단력과 굽힘 모멘트를 그려라. 단, 한 페이지에 두 개의 그래프를 전단력 다이어그램이 굽힘 모멘트 다이어그램 위에 표시되도록 그려라.

38. 생물학적 산소 요구량(BOD)은 오염된 물에서 상대적 산소 결핍 가능성의 지표이며, 수자원에서 오염 정도를 평가하는 데 널리 사용되고 있다. 재순환되지 않는 암석 필터의 폐수에서의 BOD (L_c, mg/L 단위)는 다음 식과 같다.

$$L_c = \frac{L_0}{1 + \frac{(2.5D^{2/3})}{\sqrt{Q}}}$$

여기서 L_0는 유입 BOD (mg/L), D는 필터 깊이(m), Q는 유동률(L/(m^2-day))이다. Q = 300 L/(m^2-day)라 가정하고, L_0 = 5, 10, 20 mg/L에 대해서 필터의 깊이($100 \le D \le 2000$ m)의 함수로 폐수 BOD의 그래프를 그려라. 한 그림에 세 개의 그래프를 그리고, 음용수를 얻기 위해서 세 경우에서 요구되는 필터 깊이를 찾아내라. 축 이름과 범례를 표시하라.

39. 미국 항공 자문 위원회(NACA)의 4자 계열 에어포일의 모양은 다음 식으로 표현된다.

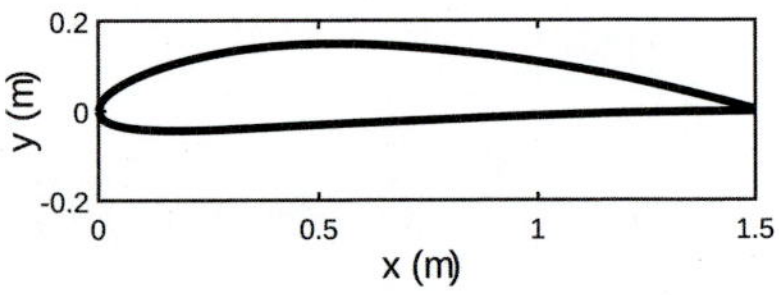

$x_U = x - y_t \sin\theta \quad y_U = y_c + y_t \cos\theta$

$x_L = x + y_t \sin\theta \quad y_L = y_c - y_t \cos\theta$

여기서 아래첨자 U와 L은 각각 상부 및 하부 에어포일 표면이다. y_t는 호일 두께의 절반을 나타내고 다음과 같이 주어진다.

$$y_t = 5\,t\,c\left[0.2969\sqrt{\frac{x}{c}} - 0.126\left(\frac{x}{c}\right) - 0.3516\left(\frac{x}{c}\right)^2 + 0.2843\left(\frac{x}{c}\right)^3 - 0.1015\left(\frac{x}{c}\right)^4\right]$$

여기서 c는 코드 길이이고, t는 코드 길이의 비율로 최대 두께를 나타내고(tc = 최대 두께), x는 코드에 따른 위치를 나타낸다. y_c는 camber line의 좌표를 나타내고 다음과 같이 주어진다.

$$y_c = m\frac{x}{p^2}\left(2p - \frac{x}{c}\right) \quad \text{for} \quad 0 \le x \le pc, \quad \text{and}$$

$$y_c = m\frac{c - x}{(1-p)^2}\left(1 + \frac{x}{c} - 2p\right) \quad \text{for} \quad pc \le x \le c$$

여기서 m과 p는 상수이다. 각도 θ는 다음과 같이 주어진다.

$$\theta = \arctan\left[\frac{2m}{p^2}\left(p - \frac{x}{c}\right)\right] \quad \text{for} \quad 0 \le x \le pc, \quad \text{and}$$

$$\theta = \arctan\left[\frac{2m}{(1-p)^2}\left(p - \frac{x}{c}\right)\right] \quad \text{for} \quad pc \le x \le \text{c}$$

t = 0.12, p = 0.4, m = 0.04, c = 1.5 m일 때, 그림에서 볼 수 있는 에어포일(NACA 4412)의 그래프를 그려라.

40. $\sin^2 x$에 대한 테일러 급수는 $x^2 - \frac{2^3x^4}{4!} + \frac{2^5x^6}{6!} - \frac{2^5x^6}{6!} + \frac{2^7x^8}{8!}$이다. $0 \le x \le 4.5$에 대한 함수 $\sin^2 x$의 그래프와 2개, 4개, 6개 항에 대한 테일러 급수 전개의 그래프를 보여주고 있는 오른쪽 그림과 같은 그래프를 그려라. 그리고 축 이름과 범례를 나타내라.

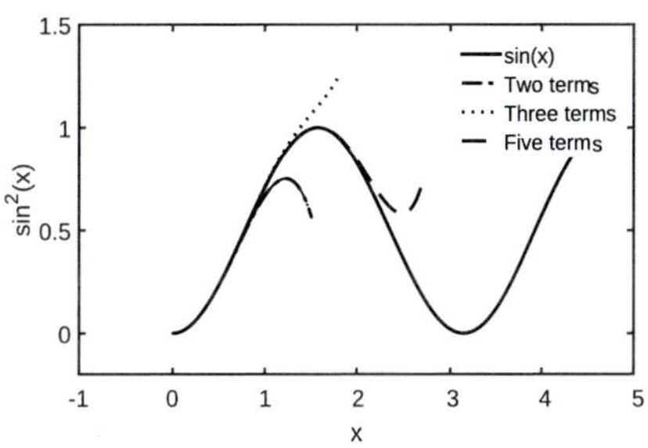

MATLAB 프로그래밍

Programming in MATLAB

차 례

컴퓨터 프로그램은 일련의 컴퓨터 명령어들이다. 간단한 프로그램에서는 명령어들이 기록된 순서대로 순차적으로 실행된다. 예를 들면, 이 책에서 지금까지 스크립트 파일로 제시된 모든 프로그램들은 간단한 프로그램들이다. 그러나 명령어들이 기록된 순서대로만 실행되지 않거나, 프로그램이 실행될 때 입력변수에 따라 다른 명령어들(또는 다른 그룹의 명령어들)이 실행되는 보다 복잡한 프로그램들이 많은 상황에서 요구된다. 예를 들어, 우체국에서 소포 우송료를 계산하는 컴퓨터 프로그램은 소포의 무게와 크기, 소포의 내용(책은 우편에 비해 저렴함), 우송 종류(항공우편, 육상우편 등)에 따라 달라지는 우송료를 계산하기 위해 여러 가지 수학 수식들을 사용한다. 또 다른 상황에서는 프로그램 내에서 일련의 명령어들을 여러 번 반복해야 할 필요가 있을 수 있다. 예를 들어, 방정식을 수치적으로 푸는 프로그램은 해의 오차가 어떤 기준보다 작아질 때까지 일련의 계산들을 반복한다.

MATLAB은 프로그램의 흐름을 조절하는 데 사용할 수 있는 여러 가지 도구들을 제공한다. 조건문(6.2절)과 `switch` 구조(6.3절)는 명령어들을 건너뛰거나 상황별로 특정 명령어 그룹을 실행시키는 것을 가능하게 한다. `for` 루프와 `while` 루프(6.4절)는 일련의 명령어들을 여러 번 반복시키는 것을 가능하게 한다.

프로그램의 흐름을 바꾸는 것은 프로그램 안에서 어떤 종류의 의사결정(decision-making) 과정을 요구한다는 것은 명백하다. 컴퓨터는 다음 명령어를 실행할지, 아니면 하나 이상의 명령어들을 건너뛰어 프로그램의 다른 라인에서 명령어를 계속 실행할지의 여부를 결정해야 한다.

프로그램은 변수들의 값을 비교함으로써 이러한 의사결정을 하게 되는데, 6.1절에서 설명되는 관계 및 논리 연산자들을 이용하여 이루어진다.

또한 7장에서 소개되는 사용자 정의 함수가 프로그래밍에 사용될 수 있다는 점에 유의해야 한다. 사용자 정의 함수는 부 프로그램(subprogram)으로 사용된다. 주 프로그램(main program)이 사용자 정의 함수가 있는 명령어 라인에 도달하게 될 때, 주 프로그램은 그 함수에 입력을 제공하고 함수의 계산 결과를 '기다린다'. 사용자 정의 함수는 계산을 수행하고, 주 프로그램에 결과들을 돌려주며, 주 프로그램의 다음 명령어들로 계속 이어진다.

6.1 관계 연산자와 논리 연산자

관계 연산자(relational operator)는 예를 들어 '5가 8보다 작다'와 같은 비교문(comparison statement)이 참인지 거짓인지를 결정함으로써 두 수를 비교한다. 비교문이 참이면 값 1이 할당되고, 거짓이면 값 0이 할당된다. 논리 연산자(logical operator)는 참/거짓 명령문을 검사하여 특징 연산자에 따라 참(1)이나 거짓(0)인 결과를 제공한다. 예를 들어, 논리 AND 연산자는 두 명령문이 모두 참인 경우에만 1을 준다. 관계 및 논리 연산자는 수학 수식에 사용될 수 있으며, 이 장에서 설명하겠지만, 컴퓨터 프로그램의 흐름을 제어하는 의사결정을 만들기 위해 다른 명령어들과 조합하여 종종 사용된다.

▸ 관계 연산자:

MATLAB에서 관계 연산자들은 다음과 같다.

관계 연산자	설명
<	좌변이 우변보다 작음
>	좌변이 우변보다 큼
<=	좌변이 우변보다 작거나 같음
>=	좌변이 우변보다 크거나 같음
==	좌변이 우변과 같음
~=	좌변이 우변과 같지 않음

'좌변이 우변과 같음(==)' 관계 연산자는 한 개의 = 기호가 할당 연산자이므로 공백 없이 붙여 쓴 두 개의 = 기호로 표시한다. 두 개의 글자로 구성된 다른 관계 연산자들(<=, >=, ~=)도 글자 사이에 공백이 없다.

- 관계 연산자들은 수학 수식 내에서 산술 연산자로 사용된다. 연산 결과는 다른 수학 연산이

나 배열의 주소지정(addressing)에 사용될 수 있으며, 프로그램의 흐름을 제어하기 위해 다른 MATLAB 명령어들(예를 들어, if)과 함께 사용될 수 있다.

- 두 수를 비교할 때, 관계 연산자에 따른 비교가 참이면 결과는 1(논리적 참)이고, 비교가 거짓이면 0(논리적 거짓)이다.
- 두 스칼라를 비교하면, 그 결과는 스칼라 1 또는 0이다. 두 배열이 비교(같은 크기의 배열에서만 비교될 수 있음)될 때, 비교는 *원소별*로 이루어지며, 비교 결과는 각 주소에서의 비교 결과물에 따라 1과 0을 갖는 같은 크기의 논리배열이 된다.
- 스칼라 양을 배열과 비교하면, 스칼라는 배열의 모든 요소와 비교되고, 비교 결과는 각 원소와의 비교 결과물에 따라 1과 0을 갖는 논리 배열이 된다.

몇 가지 예를 들면 다음과 같다.

```
>> 5>8                                     5가 8보다 큰지 확인함
ans =                                      비교가 거짓(5는 8보다 크지
                                           않다)이므로, 결과는 0임
     0
>> a=5<10                                  5가 10보다 작은지 확인하고, 결과를 a에 할당함
a =                                        비교가 참(5가 10보다 작다)
                                           이므로, 숫자 1이 a에 할당됨
     1
>> y = (6<10) + (7>8) + (5*3==60/4)        수학식에 관계 연산자를 이용함
         6이 10보다 작으므로 1과 같음
         7이 8보다 크지 않으므로 0과 같음
         5*3이 60/4과 같으므로 1과 같음
y =
2
>> b= [15 6 9 4 11 7 14]; c=[8 20 9 2 19 7 10];    벡터 b와 c를 정의함
>> d=c>=b                                  c의 원소들이 b의 원소들보다 크거나 같은지 확인함
d =
     0     1     1     0     1     1     0
                                           c의 원소가 b의 원소보다 크거나 같으면 1이 할당됨
>> b == c                                  b의 원소들이 c의 원소들과 같은지 확인
ans =
     0     0     1     0     0     1     0
>> b ~= c                                  b의 원소들이 c의 원소들과 같지 않은지 확인함
ans =
     1     1     0     1     1     0     1
>> f=b-c>0                                 b에서 c를 빼고 각 원소들이 0보다 큰지 확인함
f =
     1     0     0     1     0     0     1
```

```
>> A = [2 9 4; -3 5 2; 6 7 -1]                    3 × 3 행렬 A를 정의함
A =
    2     9     4
   -3     5     2
    6     7    -1
>> B=A<=2                          A의 각 원소들이 2보다 작거나 같은지
B =                                확인하고, 결과를 행렬 B에 할당함
    1     0     0
    1     0     1
    0     0     1
```

- 벡터들과의 관계 연산 결과들은 0과 1을 가진 벡터로 논리 벡터라 명명하며, 벡터의 주소지정에 사용될 수 있다. 논리 벡터를 다른 벡터의 주소지정에 사용하는 경우, 논리 벡터의 원소가 1인 위치에서 다른 벡터의 원소가 추출된다. 예를 들면:

```
>> r = [8 12 9 4 23 19 10]                                 벡터 r을 정의함
r =
    8    12     9     4    23    19    10
>> s=r<=10                           r의 원소들이 10보다 작거나 같은지 조사함
s =
    1     0     1     1     0     0     1
                         논리 벡터 s는 r의 원소가 10이하인 원소 위치에 1을 가짐
>> t=r (s)               벡터 r의 주소지정을 위해서 s를 사용하여 벡터 t를 생성함
t =
    8     9     4    10  벡터 t는 s의 원소가 1인 주소에 있는 r의 원소들로 이루어짐
>> w=r (r<=10)                                    같은 과정이 한 번에 이루어짐
w =
    8     9     4    10
```

- 0과 1을 가진 수치 벡터 및 배열은 0과 1을 가진 논리 벡터 및 배열과 같지 않다. 수치 벡터와 배열은 주소지정에 사용될 수 없다. 그러나 논리 벡터와 배열은 산술 연산에 사용될 수 있다. 논리 벡터나 배열이 산술 연산에서 사용되면 수치 벡터나 배열로 바뀐다.
- 우선순위: 관계 연산과 산술 연산을 포함하는 수학 수식에서, 산술 연산(+, −, *, /, \)은 관계 연산보다 우선순위를 갖는다. 관계 연산자들끼리는 같은 우선순위를 가지며 왼쪽에서 오른쪽 순서로 계산을 한다. 우선순위를 바꾸기 위해서는 괄호를 사용한다. 예를 들면:

```
>> 3 + 4 < 16 / 2                              +와 /가 우선 실행됨

ans =                                   7 < 8이 참이므로 답은 1임

     1

>> 3+(4<16) / 2          4 < 16은 우선 실행되고, 결과가 참이므로 1이 됨.

ans =                                3 + 1/2를 통해 3.5가 얻어짐

3.5000
```

▶ 논리 연산자

MATLAB에서 논리 연산자들은 다음과 같다.

논리 연산자	이름	설명
& 예) A&B	AND	두 개의 피연산자(operand) A와 B에 작용한다. 둘 다 참이면, 결과는 참(1)이며; 그렇지 않으면 결과는 거짓(0)이다.
| 예) A|B	OR	두 개의 피연산자 A와 B에 작용한다. 만일 둘 중 하나 또는 둘 다 참이면 결과는 참(1)이며; 그렇지 않고 둘 다 거짓이면 결과는 거짓(0)이다.
~ 예) ~A	NOT	한 개의 피연산자에 작용하며, 피연산자의 반대 값을 준다. 피연산자가 거짓이면 참(1), 피연산자가 참이면 거짓(0)이다.

- 논리 연산자의 피연산자는 숫자이다. 0이 아닌 수는 참이며, 0인 수는 거짓이다.
- 논리 연산자는 관계 연산자처럼 수학 수식 내에서 산술 연산자로 사용된다. 결과는 다른 수학 연산이나 배열의 주소지정에 사용될 수 있으며, 다른 MATLAB 명령어들(예를 들어, `if`)과 함께 사용하여 프로그램의 흐름을 제어하는데 사용된다.
- 논리 연산자는 관계 연산자처럼 스칼라나 배열과 함께 사용될 수 있다.
- 논리 연산자 AND와 OR은 둘 다 스칼라 또는 배열이 되거나, 한쪽은 배열이고 다른 쪽은 스칼라인 피연산자를 갖는다. 양쪽이 모두 스칼라이면, 결과는 스칼라 0 또는 1이다. 양쪽이 배열이면, 두 배열은 크기가 같아야 하며 논리 연산은 *원소별*로 수행된다. 결과는 각 위치에서의 연산 결과에 따라 1 또는 0을 갖는 같은 크기의 배열이 된다. 피연산자가 한쪽은 스칼라이고 나머지 한쪽은 배열인 경우, 논리 연산은 스칼라와 배열의 각 원소 사이에 수행되며 결과는 1과 0을 가진 같은 크기의 배열이다.
- 논리 연산 NOT은 한 개의 연산자를 갖는다. 스칼라와 함께 사용될 때, 결과는 스칼라 0 또는 1이다. 배열과 함께 사용될 때, 결과는 0이 아닌 원소의 위치에는 0을, 0인 원소의 위치에는 1을 갖는 같은 크기의 배열이다.

다음은 몇 가지 예이다.

```
>> 3&7                                               3 AND 7
ans =                         3과 7은 모두 참(0이 아님)이므로, 결과는 1임
```

```
1
>> a= 5 | 0                          5 OR 0 결과가 변수 a에 할당됨
a =                                  적어도 한 개의 수가 참(0이 아님)이므로 a에 1이 할당됨
     1
>> ~25                               NOT 25
ans =                                25는 참(0이 아님)이고 그 반대는 거짓이므로 결과는 0임
     0
>> t = 25 * ((12&0) + (~0) + (0 | 5))    수학 수식에 논리 연산자를 사용함
t =
    50
>> x = [9 3 0 11 0 15]; y = [2 0 13 -11 0 4];    두 벡터 x와 y를 정의함
>> x&y                               결과는 x와 y 모두 참(0이 아닌 원소)인 모든 위치에서 1을
ans =                                갖고 아닌 곳에는 0을 갖는 벡터임
     1     0     0     1     0     1
>> z = x | y                         결과는 x와 y 모두 또는 어느 한 쪽이 참(0이 아닌 원소)인
z =                                  위치에는 1을, 아닌 곳에는 0을 갖는 벡터임
     1     1     1     1     0     1
>> ~ (x+y)                           결과는 벡터 x+y가 참(0이 아닌 원소)인 위치에는 0을,
ans =                                x+y가 거짓(0인 원소)인 위치에는 1을 갖는 벡터임
     0     0     0     1     1     0
```

▸ 우선순위

산술, 관계 및 논리 연산자는 수학 수식에서 조합될 수 있다. 수식이 이러한 조합을 갖고 있을 때, 결과는 연산이 수행되는 순서에 따라 결정된다. 다음은 MATLAB에서 사용되는 우선순위이다.

우선순위	연산
1 (최상위)	괄호(중첩된 괄호들이 있으면, 안쪽 괄호가 우선순위를 가짐)
2	지수 연산
3	NOT 논리(~)
4	곱셈, 나눗셈
5	덧셈, 뺄셈
6	관계 연산자(>, <, >=, <=, ==, ~=)
7	AND 논리(&)
8 (최하위)	OR 논리(|)

둘 이상의 연산이 같은 우선순위를 가지면, 수식은 왼쪽에서 오른쪽 순서로 실행된다.

위에 나타낸 우선순위는 MATLAB 6. 이후부터 적용됨을 주의해야 한다. MATLAB의 이전 버전들은 약간 다른 우선순위(&가 |에 대해 우선순위를 갖지 않음)를 가지고 있으므로, 사용에 주의해야 한다. 다른 버전의 MATLAB 사이에서 발생하는 호환성 문제는 수식에서 괄호가 요구되지 않더라도 괄호를 사용함으로써 피할 수 있다.

다음은 산술, 관계 및 논리 연산자를 포함한 수식들의 예이다.

```
>> x = -2; y = 5;
```
변수 x와 y를 정의함

```
>> -5<x<-1
ans =
     0
```
이 부등식은 수학적으로는 옳지만, MATLAB이 왼쪽에서 오른쪽으로 실행을 하므로 답은 거짓이 됨. $-5 < x$가 참(1)이고, $1 < -1$이 되어 거짓(0)이 됨

```
>> -5<x & x<-1
ans =
1
```
논리 연산자 &를 이용함으로써 수학적으로 올바른 문장이 얻어짐. 부등식이 먼저 수행되며, 둘 다 참(1)이므로 답은 1임

```
>> ~ (y<7)
ans =
     0
```
y<7이 우선 실행되어, 결과가 참(1)이므로, ~1은 0임

```
>> ~ y<7
ans =
     1
```
~y가 우선 수행되며, y는 0이 아니므로 참(1)이며, ~1은 0이고, 0<7은 참(1)임

```
>> ~ ((y>=8) | (x<-1))
ans =
     0
```
y>=8(거짓)과 x<−1(참)이 우선 수행됨. OR가 다음으로 수행되어 참임. 마지막으로 ~이 수행되며 거짓(0)을 줌

```
>> ~ (y>=8) | (x<-1)
ans =
     1
```
y>=8(거짓)과 x<−1(참)이 우선 수행됨. 다음으로 (y>−8)의 NOT이 수행되어 참임. 마지막으로 OR가 수행되며 참(1)을 줌

▸ 내장 논리함수

MATLAB은 논리 연산자들과 동등한 내장 함수들을 가지고 있다. 이 함수들은 다음과 같다.

`and(A,B)`	A & B와 동등함
`or(A,B)`	A | B와 동등함
`not(A)`	~A와 동등함

추가로 MATLAB은 다른 논리 내장 함수들을 가지고 있으며 이들 중 일부를 다음 표에 기술한다.

함수	설명	예

`xor (a,b)`	베타적(exclusive) OR. 한쪽 피연산자가 참이고 다른 쪽이 거짓이면, 참(1)을 출력	`>> xor (7, 0)`
		`ans =`
		`1`
		`>> xor (7, -5)`
		`ans =`
		`0`

`all (A)`	벡터 A의 모든 원소가 참(0이 아닌 수)이면 1(참)을 출력, 한 개 이상의 원소들이 거짓(0)이면 0(거짓)을 출력
	A가 행렬이면, A의 각 열을 벡터로 다루며, 1과 0을 가진 벡터를 돌려준다.
		`>> A=[6 2 15 9 7 11];`
		`>> all(A)`
		`ans =`
		`1`
		`>> B=[6 2 15 9 0 11];`
		`>> all(B)`
		`ans =`
		`0`

`any (A)`	벡터 A의 원소 중 한 개라도 0이 아닌 참이면 1을 돌려주며, 모든 원소가 거짓(0)이면 0(거짓)을 출력
	A가 행렬이면, A의 각 열을 벡터로 다루며, 1과 0을 가진 벡터를 출력
		`>> A=[6 0 15 0 0 11];`
		`>> any (A)`
		`ans =`
		`1`
		`>> B=[0 0 0 0 0 0];`
		`>> any (B)`
		`ans =`
		`0`

`find (A)`
 	
`find (A>d)`
	A가 벡터이면, 0이 아닌 원소들의 인덱스(위치)를 출력
	A가 벡터이면, d보다 큰 원소들의 주소를 돌려준다(어떠한 관계 연산자도 사용 가능)
		`>> A=[0 9 4 3 7 0 0 1 8];`
		`>> find (A)`
		`ans =`
		`2 3 4`
		`5 8 9`
		`>> find (A>4)`
		`ans =`
		`2 5 9`

네 논리 연산자인 and, or, xor, not의 연산은 다음 진리표로 요약할 수 있다.

입력		출력				
A	B	AND A&B	OR A|B	XOR(A,B)	NOT ~A	NOT ~B
거짓	거짓	거짓	거짓	거짓	참	참
거짓	참	거짓	참	참	참	거짓
참	거짓	거짓	참	참	거짓	참
참	참	참	참	거짓	거짓	거짓

예시 문제 6-1 온도 데이터의 분석

다음은 2002년 4월 한 달 동안의 워싱턴 DC의 하루 최고기온(°F)들이다:

58 73 73 53 50 48 56 73 73 66 69 63 74 82 84 91 93 89 91 80 59 69 56 64 63 66 64 74 63 69(출처:미국 국립해양기상청). 관계 연산자와 논리 연산자들을 이용하여 다음을 구하라.

(*a*) 온도가 75°이상인 날짜 수

(*b*) 온도가 65°와 80° 사이인 날짜 수

(*c*) 온도가 50°와 60° 사이인 날

풀이

다음 스크립트 파일에서 기온은 벡터로 입력된다. 이후, 관계식과 논리식을 이용하여 자료를 분석한다.

```
T = [58 73 73 53 50 48 56 73 73 66 69 63 74 82 84 …
     91 93 89 91 80 59 69 56 64 63 66 64 74 63 69];
Tabove75=T>=75;                                    T>=75인 원소의 주소에 1을 갖는 벡터
NdaysTabove75 = sum(Tabove75)                      벡터 Tabove75에서 1들을 모두 더함
Tbetween65and80 = (T>=65) & (T<=80) ;              T>=65이고 T<=80인 원소의 주소에 1을 갖는 벡터
NdaysTbetween65and80 = sum(Tbetween65and80)        벡터 Tbetween65ans80에서 1들을 모두 더함
datesTbetween50and60 = find ((T>= 50) & (T<=60))   함수 find는 50 이상 60 이하인 T의 원소들의 주소를 돌려줌
```

Exp6_1로 저장된 위 스크립트 파일은 명령어 창에서 실행된다.

```
>> Exp6_1
NdaysTabove75 =                          기온이 75를 넘었던 날이 7일
     7
NdaysTbetween65and80 =                   기온이 65에서 80 사이에 해당하는 날이 12일
    12
datesTbetween50and60 =                   한달에 기온이 50에서 60 사이에 해당하는 날짜
     1     4     5     7    21    23
```

6.2 조건문

조건문은 MATLAB이 조건문 다음에 오는 그룹을 실행할지, 아니면 건너뛸지를 결정하도록 하는 명령어이다. 조건문에는 조건 수식이 기술된다. 수식이 참이면, 조건문 다음의 명령어 그룹이 실행된다. 수식이 거짓이면, 컴퓨터는 명령어 그룹을 건너뛴다. 조건문의 기본 형식은 다음과 같다:

```
if 관계 및 논리 연산자로 구성된 조건문
```

예:

```
if a < b
if c >= 5
if a == b
if a ~= 0
if (d<h) & (x>7)
if (x~=13) | (y<0)
```

모든 변수들은 할당된 값들을 갖고 있어야 한다.

- 조건문은 스크립트 파일이나 사용자 정의 함수로 작성된 프로그램의 일부가 될 수 있다(7장).
- 아래에 나타낸 것과 같이, 모든 `if` 문에는 `end` 문이 있다.

`if` 문은 일반적으로 다음에 언급되는 `if-end`, `if-else-end` 및 `if-elseif-else-end`의 세 구조로 사용된다.

6.2.1 if-end 구조

`if-end` 조건문은 개략적으로 그림 6.1과 같다. 그림은 프로그램에서의 명령어들의 작성 방법과 명령어가 실행되는 흐름이나 순서를 기호로 보여주는 흐름도(flowchart)를 보여준다. 프로그램이 실행될 때, `if` 문에 도달하게 된다. `if` 문의 조건식이 참(1)이면, 프로그램은 계속해서 `if` 문 다음의 명령어에서 `end` 문까지 명령어들을 실행한다. 조건식이 거짓(0)이면, 프로그램은 `if`와 `end` 사이의 명령어 그룹을 건너뛰고 `end` 문 다음 명령어로 이어져 실행하게 된다.

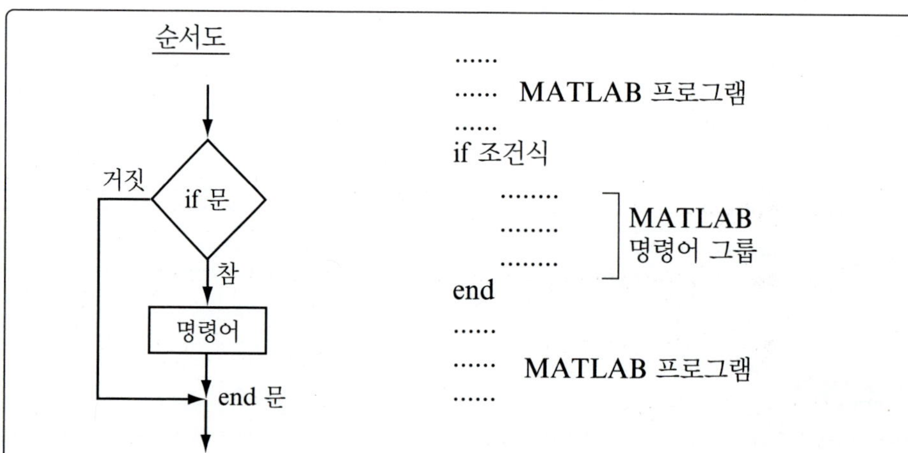

그림 6-1 if-end 조건문의 구조

단어 `if`와 `end`는 화면상에서 파란색으로 표시되며, `if` 문과 `end` 문 사이의 명령어들은 자동으로 들여쓰기가 되어(들여쓰기할 필요가 없음) 프로그램 읽기를 쉽게 해준다. `if-end` 문이 스크립트 파일에서 사용되는 예를 예시 문제 6-2에서 볼 수 있다.

예시 문제 6-2 **노동자의 급료 계산**

어떤 노동자가 40시간까지는 자신의 시간당 임금에 따라 급료를 받으며, 초과시간에 대해서는 50%를 더 받는다. 노동자의 급료를 계산하는 프로그램을 스크립트 파일로 작성하라. 프로그램은 사용자가 근로시간과 시간당 임금을 입력하도록 요구한다. 프로그램은 급료를 출력한다.

풀이

스크립트 파일로 작성된 프로그램을 아래와 같다. 프로그램은 먼저 근로시간과 시간당 임금을 곱하여 급료를 계산하고, `if` 문을 사용하여 근로시간이 40보다 많은지 여부를 검사한다. 40보다 많으면, 다음 명령어가 수행되어, 40시간을 초과하는 초과 급료를 더한다. 아니면, 프로그램은 `end`로 건너뛰게 된다.

```
t = input('근무한 시간 수를 입력하시오') ;
h = input ('시간당 임금을 달러로 입력하시오:') ;
Pay = t*h;
ift>40
Pay = Pay+(t-40)*0.5*h;
end
fprintf('노동자의 임금은 $ %5.2f'입니다.)
```

명령어 창에서 두 경우에 대한 프로그램을 적용하면 아래와 같다(파일을 Workerpay라는 이름으로 저장됨)

```
>> Workerpay
근무한 시간 수를 입력하시오: 35
시간당 임금을 달러로 입력하시오: 8
노동자의 임금은 $ 280.00입니다.
>> Workerpay
근무한 시간 수를 입력하시오: 50
시간당 임금을 달러로 입력하시오: 10
노동자의 임금은 $ 550.00입니다.
```

6.2.2 if-else-end 구조

`if-else-end` 구조는 프로그램이 실행되는 동안 가능한 두 명령어 그룹 중에서 한 그룹을 선택하는 수단을 제공한다. 그림 6-2에 `if-else-end` 구조를 나타내었다. 그림은 프로그램에서의 명령어 작성 방법을 보여주며, 명령어가 수행되는 흐름이나 순서를 설명하는 흐름도를 포함하고 있다.

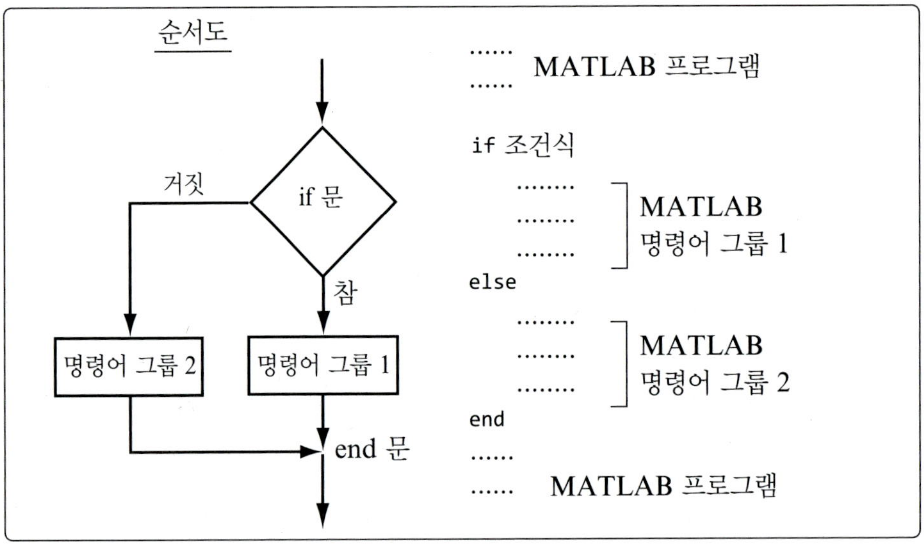

그림 6-2 if-else-end 조건문의 구조

첫 번째 줄은 조건식을 가진 if 문이다. 만일 조건식이 참이면, 프로그램은 if와 else 문 사이의 명령어 그룹 1을 수행한 후, end로 건너뛴다. 만일 조건식이 거짓이면, 프로그램은 else로 건너뛴 후, else와 end 사이의 명령어 그룹 2를 수행한다.

6.2.3 if-elseif-else-end 구조

if-elseif-else-end 구조는 그림 6-3과 같다. 그림은 프로그램에서의 명령어 작성 방법을 보여주며, 명령어가 수행되는 흐름이나 순서를 설명하는 흐름도를 제공한다. 이 구조는 세 명령어 그룹 중에서 한 그룹을 선택하여 수행시킬 수 있도록 두 조건문(if와 elseif)을 포함한다. 첫 번째 줄은 조건식을 가진 if 문이다. 만일 조건식이 참이면, 프로그램은 if와 elseif 문 사이의 그룹 1을 수행한 후 end 문으로 건너뛴다.

만일 if 문의 조건식이 거짓이면, 프로그램은 elseif 문으로 건너뛴다. elseif 문에서 조건식이 참이면, 프로그램 elseif와 else 사이의 명령어 그룹 2를 수행하고 end로 건너뛴다. 만일 elseif 문의 조건식이 거짓이면, 프로그램은 else로 건너뛰며 else와 end 사이의 명령어 그룹 3을 수행하게 된다.

여기서 주의할 것은 elseif 문과 해당 명령어 그룹은 여러 개를 더 추가할 수 있다는 점이다. 이런 방법으로 더 많은 조건이 포함될 수 있다. 또한 else 문은 선택사항이기 때문에, elseif 문이 여러 개이고 else 문은 하나도 없는 경우, 조건문 중에서 어느 하나가 참이면 관련 명령어들이 수행되지만, 그렇지 않으면 아무것도 수행되지 않는다는 것을 의미한다.

다음 예시 문제는 프로그램에서 if-elseif-else-end가 사용되는 예를 보여준다.

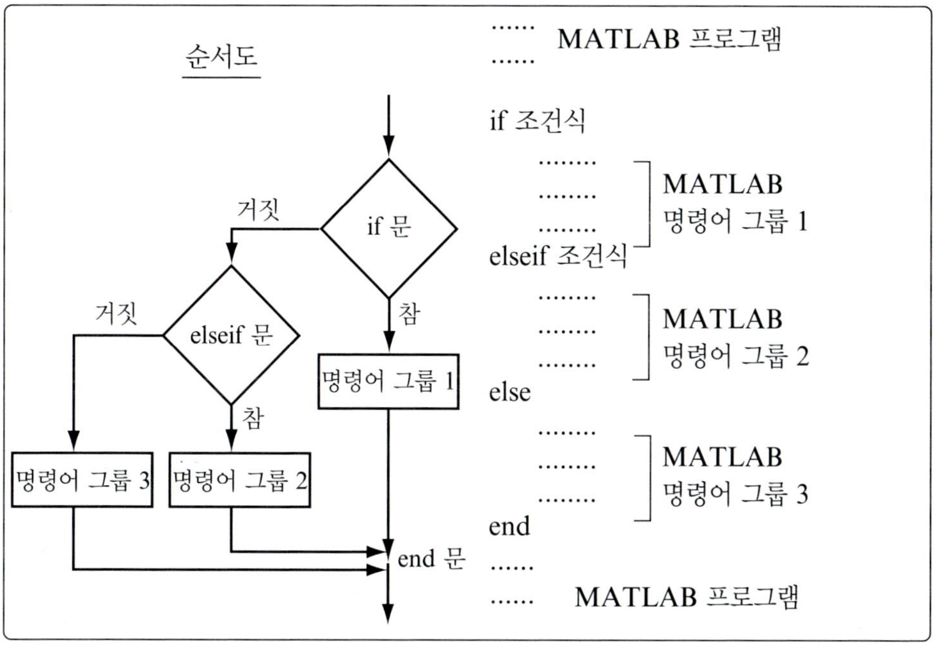

그림 6-3 if-elseif-else-end 조건문의 구조

예시 문제 6-3 급수탑의 수위

급수탑의 탱크는 그림과 같은 기하 구조(하부는 원통형이고 상부는 반전 원추대)를 갖는다. 탱크 안에는 수위를 나타내는 부표(float)가 있다. 부표의 높이 h로부터 탱크 안의 물의 체적을 구하는 MATLAB 프로그램을 작성하라. 프로그램은 사용자에게 부표의 높이 h (m)의 값을 입력하도록 요구하고, 출력으로 물의 체적(m^3)을 나타낸다.

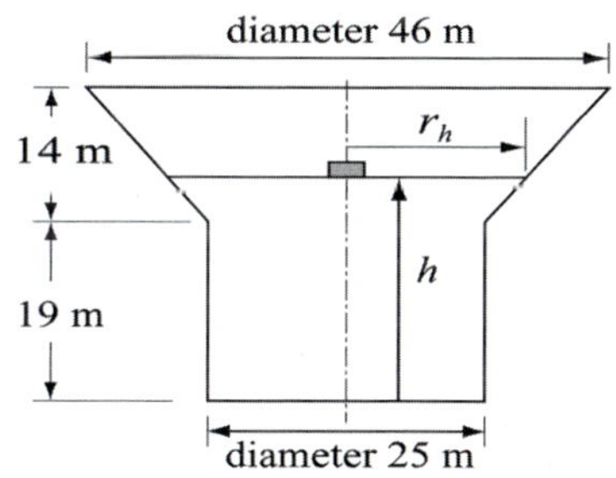

풀이

$0 \le h \le 19$ m에 대해서, 물의 체적은 높이 h를 갖는 원통의 체적으로 주어진다. 즉, $V = \pi 12.5^2 h$이다.

$19 \le h \le 33$ m에 대해서, 물의 체적은 $h = 19$ m를 갖는 원통의 체적에 원추에서 물의 체적을 더하여 계산된다.

즉,

$$V = \pi 12.5^2 \cdot 19 + \frac{1}{3}\pi(h - 19)(12.5^2 + 12.5 r_h + r_h^2)$$

여기서 $r_h = 12.5 + \frac{10.5}{14}(h - 19)$이다.

프로그램은 다음과 같다.

```
%본 프로그램은 급수탑의 물의 체적을 계산하는 프로그램이다.
h = input ('미터 단위로 부표의 높이를 입력하시오.');
if h > 33
disp('오류 발생. 부표의 높이는 33 m를 초과할 수 없습니다.')
elseif h < 0
disp('오류 발생. 부표의 높이는 음수가 될 수 없습니다.')
elseif h <= 19
v = pi*12.5^2*h;.
fprintf('물의 체적은 %7.3f세제곱 미터이다. \n', v)
else
    rh = 12.5+10.5 * (h-19) / 14;
    v=pi*12.5^2*19+pi*(h-19)*(12.5^2+12.5*rh+rh^2) / 3;
    fprintf('물의 체적은 %7.3f 세제곱 미터이다. \n'/ v)
end
```

다음은 프로그램이 물의 높이에 대한 세 개의 다른 값을 가지고 실행될 때, 명령어 창에 출력된 것이다.

```
미터 단위로 부표의 높이를 입력하시오. 8
물의 체적은 3926.991 세제곱 미터이다.
미터 단위로 부표의 높이를 입력하시오. 25.7
물의 체적은 14114.742 세제곱 미터이다.
미터 단위로 부표의 높이를 입력하시오. 35
오류 발생. 부표의 높이는 33 m를 초과할 수 없습니다.
```

6.3 switch-case 문

switch-case 문은 프로그램의 흐름에 영향을 주기 위해 사용할 수 있는 if와는 다른 방법이다. 이 구조는 여러 가능한 명령어 그룹 중에서 한 명령어 그룹을 선택하여 실행시키는 수단을 제공한다. switch-case 문의 구조는 그림 6-4와 같다. 첫 번째 줄은 다음 형식을 갖는 switch 문이다.

```
switch 스위치 표현법
```

스위치 수식은 스칼라나 문자열이 될 수 있다. 일반적으로 스위치 수식은 값이 할당된 스칼라 또는 문자열 변수지만, 값이 할당된 변수들이 포함된 계산 가능한 수학식도 될 수 있다.

- switch 명령어 다음에 한 개 또는 여러 개의 case 명령어들이 있다. 각 case 명령어는 case 옆에 값1, 값2 등과 같이 값(스칼라 또는 문자열)을 가지며, case 밑에 관련 명령어 그룹을 갖는다.

```
......    MATLAB 프로그램
......

switch 스위치 수식
    case 값1
    ........          ] MATLAB 명령어 그룹 1
    ........
    case 값2
    ........          ] MATLAB 명령어 그룹 2
    ........
    case 값3
    ........          ] MATLAB 명령어 그룹 3
    ........
    otherwise
    ........          ] MATLAB 명령어 그룹 4
    ........
end
......
......    MATLAB 프로그램
```

그림 6-4 switch-case 문의 구조.

- 마지막 case 명령어 뒤에는 선택사항인 otherwise 명령어와 여기에 속한 관련 명령어 그룹이 있다.

마지막 줄은 end 문이어야 한다.

▸ switch-case 문의 작동 방식

switch 명령어의 스위치 수식의 값이 각 case 문 옆의 값들과 차례대로 비교된다. 일치하는 값이 있으면, 이 값을 가진 case 문의 뒤 따르는 명령어 그룹이 수행된다(일치하는 case 문과 다음 case 문, otherwise, 또는 end 문 사이의 단 한 개의 명령어 그룹만 수행된다).

- 한 개보다 많이 일치하는 경우에는, 첫 번째로 일치하는 case만 수행된다.
- 일치하는 case가 없고, otherwise 문이 있으면(이것은 선택 사항임), otherwise와 end 문 사이의 명령어 그룹이 실행된다.
- 일치하는 case가 없고 otherwise 문도 없다면, 어느 명령어 그룹도 실행되지 않는다.
- case 문은 두 개 이상의 값을 가질 수 있다. 이 경우 값들은 [값 1, 값 2, 값 3, ...]과 같이 나타내면 된다[이 형태를 셀 배열(cell array)이라고 하며, 이 책에서는 다루지 않는다]. 이 값들 중 적어도 하나가 스위치 수식의 값과 일치하면, 해당 case가 실행된다.

유의사항: MATLAB에서는 첫 번째로 일치하는 case만 실행된다. 첫 번째 일치하는 것과 관련된 명령어 그룹이 실행된 후, 프로그램은 end 문으로 건너뛴다. 이 점이 break 문을 필요로 하는 C언어와의 다른 점이다.

예시 문제 6-4 에너지의 단위 변환

Joule, ft-lb, cal, eV 단위로 주어진 에너지(일) 양을 사용자가 지정하는 다른 단위의 등가 양으로 변환하는 프로그램을 스크립트 파일로 작성하라. 프로그램은 사용자에게 에너지의 양과 현재 단위, 그리고 새로 원하는 단위 등을 입력하도록 요구한다. 출력은 새로운 단위의 에너지량이다.

환산계수는 다음과 같다: 1 J = 0.738 ft-lb = 0.239 cal = 6.24×10^{18} eV, 이를 프로그램을 사용하여

(*a*) 150 J을 ft-lb로 변환하라.

(*b*) 2,800 cal를 J로 변환하라.

(*c*) 2.7 eV를 cal로 변환하라.

풀이

프로그램은 두 세트의 `switch-case` 문과 한 개의 `if-else-end` 문을 포함한다. 첫 번째 `switch-case` 문은 입력 양을 원래 단위에서 Joule 단위로 변환하는 데 사용된다. 두 번째 문은 Joule 단위의 양을 지정한 새 단위로 변환하는 데 사용된다. `if-else-end` 문은 단위가 부정확하게 입력되면 오류 메시지를 발생시키는 데 사용된다.

```
Ein = input ('변환할 에너지(일)의 값을 입력하시오:');
EinUnits= input ('현재 단위를 입력하시오(J, ft-lb, cal, or eV):', 's') ;
EoutUnits= input ('새 단위를 입력하시오(J, ft-lb, cal, or eV):', 's') ;
error = 0;
switch EinUnits
case 'J'
    EJ = Ein;
case 'ft-lb'
    EJ = Ein / 0.738;
case 'cal'
    EJ = Ein / 0.239 ;
case 'eV'
    EJ = Ein / 6.24e18;
otherwise
    error = 1;
```

0을 변수 error에 할당함

첫 번째 switch 문, 스위치 수식은 현재 단위를 가진 문자열임

네 개의 case 문의 각각은 네 개의 단위들 중 하나에 해당하는 값(문자열)을 가지며, Ein을 J의 단위로 변환하는 명령어를 갖고 있음 (변환된 값을 EJ에 할당함)

일치하는 것이 없으면 error에 1을 할당함. 초기 단위가 부정확하게 입력될 때만 수행됨

```
end
switch EoutUnits
case 'J'
    Eout= EJ;
case 'ft-lb'
    Eout= Ej*0.738;
case 'cal'
    Eout= EJ *0.239;
case 'eV'
    Eout= EJ *6.24e18;
otherwise
    error = 1;
end
if error
    disp('ERROR current of new units are typed incorrectly.')
else
    fprintf('E = %g %s', Eout, EoutUnits)

end
```

두 번째 switch 문, 스위치 수식은 새 단위를 가진 문자열임

네 개의 case 문의 각각은 새 단위에 해당하는 값(문자열)을 가지며, EJ를 새 단위로 변환하는 명령어를 갖고 있음(변환된 값을 Eout에 할당함)

일치하는 것이 없으면 error에 1을 할당함. 새 단위가 부정확하게 입력될 때만 수행됨

if - else - end 문

error가 참이면(0이 아니면), 오류 메시지를 표시함

error가 거짓(0)이면, 변환된 에너지를 표시함

예를 들어, 위의 스크립트 파일(EnergyConversion으로 저장됨)을 이용하여 문제 (*b*)를 수행하면 명령어 창에 다음과 같이 보여진다.

```
>> EnergyConversion
변환할 에너지(일)의 값을 입력하시오: 2800
현재 단위를 입력하시오 (J, ft-lb, cal, or eV): cal
새 단위를 입력하시오 (J, ft-lb, cal, or eV): J
E = 11715.5J
```

6.4 루프

루프(loop)는 컴퓨터 프로그램의 흐름을 바꾸기 위한 또 하나의 방법이다. 루프에서는 명령어나 명령어 그룹의 실행이 연속적으로 여러 번 반복된다. 한 회의 실행을 한 '패스'라고 부른다. 각 패스에서 적어도 하나의 변수, 통상 한 개 이상이거나 루프 내에서 정의된 모든 변수가 새로운 값으로 할당된다. MATLAB은 두 종류의 루프를 가지고 있다. for-end 루프(6.4.1절)에서는 루프가 시작될 때 패스 횟수가 지정된다. while-end 루프(6.4.2절)에서는 루프의 패스 횟수가 미리 알려져 있지 않으며, 지정한 조건이 만족될 때까지 루프 과정이 계속된다. 두 종류의 루프 모두 언제든지 break 명령어로 루프를 종료시킬 수 있다(6.6절 참조).

6.4.1 for-end 루프

for-end 루프에서 명령어나 명령어 그룹의 실행은 미리 정해진 횟수만큼 반복된다. 루프의 형식은 그림 6-5와 같다.

- 루프 인덱스 변수는 어떠한 변수 이름도 가질 수 있다(일반적으로 i, j, k, m, n이 사용된다. 그러나, MATLAB에서 복소수를 함께 사용하고 있으면, i와 j를 사용해서는 안 된다).

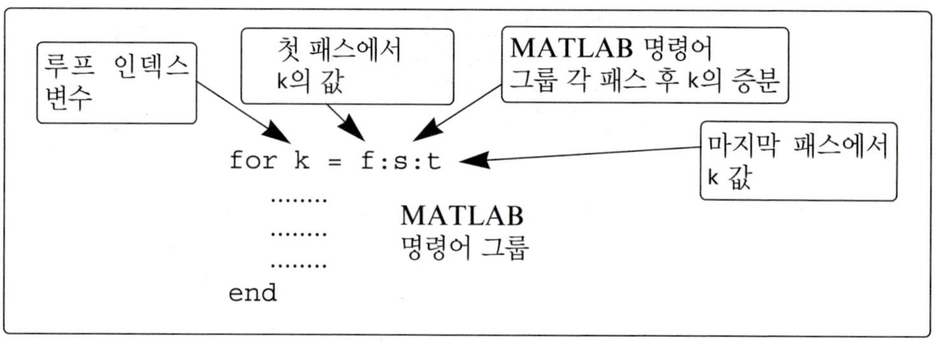

그림 6-5 for-end 루프의 구조

- 첫 번째 패스에서 k = f이고 컴퓨터는 for와 end 명령어 사이의 명령어들을 실행한다. 그다음, 프로그램은 두 번째 패스를 위해 for 명령어로 돌아간다. k는 k = f + s의 새 값을 얻으며, 새 k 값을 가지고 for와 end 명령어 사이의 명령어들을 실행한다. 이러한 과정이 k = t가 되는 마지막 패스까지 계속된다. 그다음 프로그램은 for로 돌아가지 않고, end 명령어 다음 줄의 명령어를 계속 실행한다. 예를 들어, 만일 k = 1:2:9라면, 루프는 다섯 번이며, 해당하는 k 값은 1, 3, 5, 7, 9이다.
- 증분 s는 음수가 될 수 있다(즉, k = 25:–5:10은 k = 25, 20, 15, 10으로 네 번 패스를 제공한다).
- 증분 s가 생략되면, 기본 설정값으로 1이 된다(즉, k = 3:7은 k = 3, 4, 5, 6, 7로 다섯 패스를 제공한다).
- f = t이면, 루프는 한 번 실행된다.
- f > t와 s > 0 또는 f < t와 s < 0이면, 루프는 실행되지 않는다.
- k, s, t의 값들이 k가 t와 같아질 수 없도록 되어 있다면, s가 양수인 경우 마지막 패스는 k가 t보다 작은 제일 큰 수일 때이다(예를 들어, k = 8:10:50은 k = 8, 18, 28, 38, 48로 다섯 패스를 제공한다). 만일 s가 음수이면, 마지막 패스는 k가 t보다는 크면서 제일 작은 수가 되는 경우이다.
- for 명령어에서 k는 지정된 특정 값(벡터로 입력)을 할당 받을 수도 있다. 예를 들면, for k = [7 9 -1 3 3 5]

- k의 값을 루프 내에서 다시 정의해서는 안 된다.
- 프로그램에서 각각의 for 명령어는 *반드시* 한 개의 end 명령어를 가져야 한다.
- 루프 인덱스 변수(k)의 값은 자동으로 화면에 표시되지 않는다. k를 루프 안의 명령어 중의 하나로 입력하면, 각 패스에서 루프 인덱스 변수를 표시할 수 있다[이것이 때때로 디버깅(debugging)에 유용하게 이용된다].
- 루프가 끝날 때, 루프 인덱스 변수(k)는 마지막으로 할당 받은 값을 가지고 있다.

스크립트 파일에서의 for-end 루프에 대한 간단한 예는 다음과 같다.

```
for k = 1:3:10
      x = k^2
end
```

이 프로그램이 실행될 때, 루프는 네 번 수행된다. 네 번의 패스에서 k의 값은 k = 1, 4, 7, 10이며, 이는 패스에서 x에 할당되는 값들이 각각 x = 1, 16, 49, 100임을 의미한다. 두 번째 줄 끝에 세미콜론이 없으므로 루프를 매번 반복할 때마다 명령어 창에 x의 값이 표시된다. 스크립트 파일이 실행될 때, 명령어 창의 화면은 다음과 같다.

```
>> x =
      1
>> x =
     16
>> x =
     49
>> x =
    100
```

예시 문제 6-5 급수의 합

(*a*) 급수(series)의 첫 *n* 항의 합을 스크립트 파일에서 for-end 루프를 사용하여 계산하라: $\sum_{k=1}^{n} \frac{(-1)^k k}{2^k}$. $n = 4$와 $n = 20$에 대해 스크립트 파일을 실행하라.

(*b*) 함수 sin(*x*)는 테일러 급수로 다음과 같이 쓸 수 있다.

$$\sin(x) = \sum_{k=0}^{\infty} \frac{(-1)^k x^{2k+1}}{(2k+1)!}$$

Taylor 급수를 이용하여 sin(*x*)를 계산하는 사용자 정의 함수 파일을 작성하라. 함수 이름과 인자로 y = Tsin(x,n)를 사용한다. 입력인자는 도 단위 각도 x와 급수의 항의 개수 n이다. 함수를 사용하여 항의 개수가 3개와 7개일 때 sin(150°)를 계산하라.

풀이

(*a*) 급수의 처음 *n*항의 합을 계산하는 스크립트 파일은 다음과 같다.

```
n=input ('항의 개수를 입력하시오');
S = 0;                    합을 0으로 놓음
for k=1 : n
    S=S+(-1)^k*k/2^k;     for-end 루프  각 패스에서 급수의 항이 하나씩 계산되며,
                                         이전 패스의 항들의 합에 더해진다.
end
fprintf('급수의 합은 %f', S)
```

합은 루프 안에서 수행된다. 각 패스에서 한 개의 급수 항이 계산되어(첫 패스에서 첫 번째 항, 두 번째 패스에서 두 번째 항, 등등) 이전의 요소들의 합에 더해진다. 파일은 Exp6_5a로 저장되며 명령어 창에서 두 번 실행되었다.

```
>> Exp6_5a
항의 개수를 입력하시오: 4
급수의 합은 -0.125000
>> Exp7_5a
항의 개수를 입력하시오: 20
급수의 합은 -0.222216
```

(*b*) 테일러 급수의 *n*개의 항을 더하여 sin(*x*)을 계산하는 사용자정의함수 파일은 다음과 같다.

```
function y = Tsin(x, n)
% Tsin은 Taylor 공식을 이용하여 sin을 계산한다.
% 입력 인자 :
% x = 각도로 표시된 각, % n = 항의 개수

xr=x*pi/180;              각을 도에서 라디안으로 변환함
y = 0 ;
for k = 0:n-1
    y = y+(-1)^k*xr^ (2*k+1) / factorial (2*k+1);    for-end 루프
end
```

첫 번째 항은 $k = 0$에 해당하므로, 급수에서 *n*개의 항을 더하기 위해서는 마지막 루프가 $k = n - 1$이 되어야 한다. 명령어 창에서 함수를 이용하여 세 개의 항과 일곱 개의 항을 사용하여 sin(150°)를 계산한다.

```
>> Tsin(150, 3)           Taylor 급수의 세 개 항으로 sin (150°)를 계산함
ans=
   0.6523
```

```
>> Tsin(150, 7)
ans=
    0.5000
```

Taylor 급수의 일곱 개 항으로 sin (150°)를 계산함

정확한 값은 0.5임

▸ for-end 루프와 원소별 연산에 대한 유의사항

어떤 경우에는 `for-end` 루프나 원소별 연산 어느 쪽을 사용해도 같은 최종 결과를 얻을 수 있다. 예시 문제 6-5는 `for-end` 루프가 어떻게 작동하는지를 설명해 주지만, 이는 요소별 연산을 사용해도 해결할 수 있다(3.9절의 연습문제 7과 8 참조). 배열과의 원소별 연산은 MATLAB의 뛰어난 특징 중 하나로 루프가 필요한 상황에서 루프를 대체하는 연산 수단을 제공한다. 일반적으로 원소별 연산이 루프보다 더 빠르며, 두 방법 모두 사용할 수 있다면 원소별 연산을 사용하기를 추천한다.

예시 문제 6-6 벡터 원소 수정

벡터 $V = [5, 17, -3, 8, 0, -7, 12, 15, 20, -6, 6, 4, -2, 16]$로 주어져 있다. 벡터의 원소 중에서 양수이면서 3이나 5로 나누어지는 원소는 두 배를 하고, 음수이면서 –5보다 큰 원소는 세제곱을 하는 프로그램을 스크립트 파일로 작성하라.

풀이

이 문제는 `if-elseif-end` 조건문이 포함된 `for-end` 루프를 이용하여 문제를 풀 수 있다. 패스 개수는 벡터의 원소 개수와 같다. 각 패스에서 각 원소는 조건문으로 확인된다. 이때 원소가 문제에서 기술한 조건을 만족하면, 원소는 새로 계산된 값으로 대체된다. 필요한 연산을 수행하는 스크립트 파일의 프로그램은 다음과 같다.

```
V = [5, 17, -3, 8, 0, -7, 12, 15, 20, -6, 6, 4, -2, 16] ;
n = length (V)
for k = 1:n
    if V (k) > 0 & (rem (V (k), 3) == 0 | rem (V (k), 5) == 0)
        V (k) = 2*V (k);
    elseif V (k) < 0 & V (k) > -5
        V (k) = V (k)^3;
end
V
```

n을 V의 원소 개수와 같게 설정함

for-end 문

if-elseif-end 문

파일을 Exp6_6로 저장하고 명령어 창에서 실행하면 다음과 같다.

```
>> Exp6_6
V =
    10    17    -27    8    0    -7    24    30    40    -6    12    4    -8    16
```

6.4.2 while-end 루프

while-end 루프는 루프 반복이 필요하나 패스 수가 미리 알려지지 않은 상황에서 사용된다. while-end 루프에서 루프 과정이 시작될 때 패스 횟수는 지정되지 않는다. 그 대신 기술된 조건이 만족할 때까지 루프 과정을 반복한다. while-end 루프의 구조는 그림 6.6과 같다.

```
while 조건 수식
    ........
    ........        MATLAB 명령어 그룹
    ........
end
```

그림 6-6 while-end 루프의 구조

첫 번째 줄은 조건 수식을 포함한 while 문이다. 프로그램이 이 줄에 도달하면 조건 수식을 조사한다. 조건 수식이 거짓(0)이면, MATLAB은 end 문까지 건너뛴 후, 다음 명령어를 계속 수행한다. 조건 수식이 참(1)이면, MATLAB은 while과 end 문 사이의 명령어 그룹을 실행한 후, while 명령어로 돌아가서 조건 수식을 다시 조사한다. 이 루프 반복과정은 조건 수식이 거짓이 될 때까지 계속된다.

▸ while-end 루프의 적절한 실행을 위한 유의사항

- while 명령어에서 조건 수식은 적어도 하나의 변수를 포함해야 한다.
- MATLAB이 while 명령어를 처음 실행될 때 조건 수식의 변수들은 미리 값이 할당되어 있어야 한다.
- 조건 수식의 변수 중 적어도 하나는 while과 end 사이의 명령어에서 새 값을 할당받아야 한다. 그렇지 않으면, 조건 수식이 참으로 남게 되어 루프가 일단 실행되면 멈추지 않게 될 것이다.

while-end 루프의 간단한 예를 다음 프로그램에서 볼 수 있다. 이 프로그램에서 초기 값이 1인 변수 x는 그 값이 15 이하인 동안은 패스마다 두 배가 된다.

```
x = 1                  x의 초기값은 1임
while x<=15            x<= 15일 때만 다음 명령어가 수행됨
   x = 2 * x           각 패스에서 x가 두 배가 됨
end
```

이 프로그램이 실행되면, 명령어 창의 화면은 다음과 같다.

```
x =                                          x의 초기값

     1

x =

     2

x =                                          각 패스에서 x는 두 배가 됨

     4

x =

     8

x =                                          x = 16일 때, while 명령어의 조건 수식은 거짓이
                                             되며 루프를 중지함
    16
```

▸ **중요 주의사항**

`while-end` 루프를 작성할 때 프로그래머는 반드시 조건 수식의 변수가 루프 반복과정에서 새 값을 할당받아 결국에는 `while` 명령어의 조건 수식이 거짓이 되도록 만들어야 한다. 그렇지 않으면, 루프는 무한히 반복되어 무한루프가 될 것이다. 예를 들어, 앞의 예에서 조건 수식이 `x >=` 0.5로 바뀌면, 루프는 무한히 반복될 것이다. 이런 상황은 루프의 패스를 세어서 패스 수가 어떤 큰 값을 초과할 때 반복을 중지시킴으로써 피할 수 있다. 이를 위해서는 최대 패스 수를 조건 수식에 추가하거나 `break` 명령어를 사용한다(6.6절).

실수로부터 자유로운 사람은 없으므로, 주의해서 프로그램을 작성해도 무한루프 상황이 일어날 수 있다. 만일 이런 상황이 발생하면, 사용자는 **Ctrl + C** 키나 **Ctrl + Break** 키를 눌러 무한루프의 실행을 멈출 수 있다.

예시 문제 6-7 **함수의 Taylor 급수 표현**

함수 $f(x) = e^x$는 Taylor 급수 $e^x = \sum_{n=0}^{\infty} \frac{x^n}{n!}$로 표현될 수 있다. Taylor 급수 표현을 이용하여 e^x를 구하는 프로그램을 스크립트 파일로 작성하라. 프로그램은 급수의 항들을 하나씩 더하다가, 마지막으로 더했던 항의 절댓값이 0.0001보다 작으면 더하기를 중지해서 e^x를 계산한다. `while-end` 루프를 사용하되, 패스의 수를 30으로 제한한다. 30번째 패스에서 더해질 항의 값이 0.0001보다 작아지지 않으면, 프로그램 반복을 중지하고 30개보다 많은 항이 필요하다는 메시지를 표시한다.

프로그램을 이용하여 e^2, e^{-4}, e^{21}을 계산하라.

풀이

Taylor 급수의 처음 몇 항은 다음과 같다:

$$e^x = 1 + x + \frac{x^2}{2!} + \frac{x^3}{3!} \cdots$$

급수를 사용하여 함수를 계산하는 프로그램은 다음과 같다. 프로그램은 사용자에게 x의 값을 입력하도록 요구한다. 그다음, 첫 번째 항 an은 수 1로 할당되고, an은 합계 s에 할당된다. 그다음, 두 번째 항 이후부터, 프로그램은 while 루프를 이용하여 급수의 n번째 항을 계산하여 합계에 더한다. 또한 프로그램은 항의 개수 n을 센다. n번째 항 an의 절댓값이 0.0001보다 크고 패스의 수 n이 30보다 작은 한, while 명령어의 조건 수식은 참이다. 이것은 30번째 항이 0.0001보다 작아지지 않으면 루프 반복이 멈춘다는 것을 의미한다.

```
x = input ('x를 입력하시오:');
n = 1; an = 1; S = an;
while abs (an) >= 0.0001 & n <= 30      while 루프의 시작
an = x^n/ factorial (n);                n번째 항을 계산함
S = S + an;                             n번째 항을 합에 더함
n = n + 1;                              패스 횟수를 셈
end                                     while 루프의 끝
if n >= 30                              if-else-end 루프
disp('30개보다 많은 항이 필요하다.')
else
fprintf('exp (%f) = %f', x, S)
fprintf('사용된 항의 개수는 %i개다.', n)
end
```

프로그램은 결과를 표시하기 위해 if-else-end 문을 사용한다. 30번째 항이 0.0001보다 작아지지 않기 때문에 루프 반복이 중지된다면, 이를 나타내는 메시지를 표시한다. 함수의 값이 성공적으로 계산되면, 함수의 값과 사용된 항의 개수를 표시한다. 프로그램이 실행될 때, 패스 횟수는 x의 값에 따라 좌우된다. 프로그램(expox로 저장됨)을 사용하여 다음과 같이 계산한다.

```
>> expox
x를 입력하시오: 2                       exp (2)의 계산함
exp (2.000000) = 7.389046
사용된 항의 개수는 12개이다.            12개의 항이 사용됨
>> expox
x를 입력하시오: -4                      exp(−4)를 계산함
exp (-4.000000) = 0.018307
사용된 항의 개수는 18개이다.            18개의 항이 사용됨
>> expox
```

```
x를 입력하시오: 21
30개보다 많은 항이 필요하다
```

exp (21)의 계산을 시도함

6.5 중첩 루프와 중첩 조건문

루프와 조건문은 다른 루프나 다른 조건문 내에서 중첩될 수 있다. 이것은 루프나 조건문이 다른 루프나 조건문 속에서 시작과 종료를 할 수 있음을 의미한다. 중첩될 수 있는 루프와 조건문의 수에는 제한이 없다. 그러나 `if`, `case`, `for`, `while` 문 각각은 해당하는 `end` 문을 가져야 함을 기억해야 한다. 그림 6-7은 다른 `for-end` 루프 속에 중첩된 다른 `for-end` 루프의 구조를 보여준다.

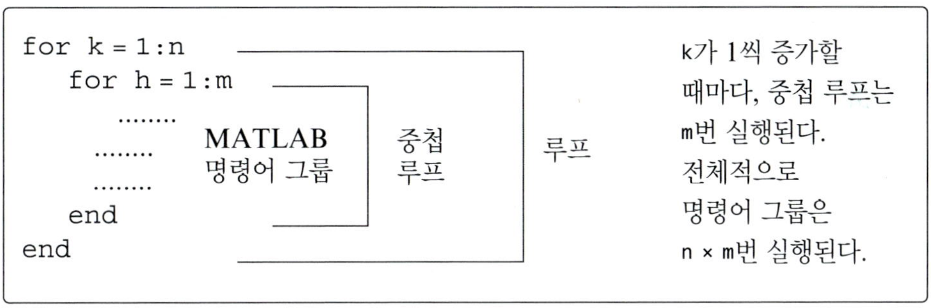

그림 6-7 중첩 루프의 구조

그림의 루프에서, 예를 들어 n = 3이고 m = 4이면, 시작은 k = 1이며 중첩 루프는 h = 1, 2, 3, 4로 네 번 실행된다. 다음은 k = 2이며 중첩 루프는 다시 h = 1, 2, 3, 4로 네 번 실행된다. 마지막은 k = 3이며 중첩 루프는 다시 네 번 실행된다. 중첩 루프를 입력할 때마다 MATLAB은 바깥 루프에 대해 새 루프를 자동으로 들여쓰기한다. 다음의 예시 문제에서 중첩 루프와 조건문의 사용 예를 보여준다.

예시 문제 6-8 루프를 이용한 행렬 생성

다음 값들을 갖는 원소를 통해 $n \times m$ 행렬을 생성하는 프로그램을 스크립트 파일로 작성하라. 첫 번째 행에서 각 원소의 값은 해당 원소가 속한 열의 번호와 같다. 첫 번째 열의 각 원소의 값은 해당 원소가 속한 행의 번호와 같다. 나머지 원소들은 자기 바로 위의 원소와 자기 왼쪽 원소를 더한 값과 같다. 프로그램이 실행되면, 프로그램은 사용자에게 n과 m의 값을 입력하도록 요구한다.

풀이

아래에 나타낸 프로그램은 두 개의 루프(하나는 중첩)를 가지고 있으며, 한 개의 중첩된 `if-elseif-else-end` 구조를 갖는다. 행렬의 원소들은 행 단위로 값을 할당받는다. 첫 번째 루프의 루프 인덱스 변수 k는 행의 주소이며, 두 번째 루프의 루프 인덱스 변수 h는 열의 주소이다.

```
n=input('행의 개수를 입력하시오:') ;
m=input('열의 개수를 입력하시오:') ;
A = [] ;                                         빈 행렬 A를 정의함
for k = 1 : n                                    첫 번째 for-end 루프의 시작
    for h = 1 : m                                두 번째 for-end 루프의 시작
        if k == 1                                조건문의 시작
            A (k, h) = h ;                       첫 번째 행의 원소들에 값을 할당함
        elseif h == 1
            A (k, h) = k ;                       첫 번째 행의 원소들에 값을 할당함
        else
            A (k, h) = A (k, h-1) + A (k-1, h) ; 다른 원소들에 값을 할당함
        end                                      if 문의 끝
    end                                          중첩된 for-end 루프의 끝
end                                              for-end 루프의 끝
A
```

프로그램이 4 × 5 행렬을 생성하기 위해 명령어 창에서 다음과 같이 실행된다.

```
>> Chap6_exp8
행의 개수를 입력하시오: 4
열의 개수를 입력하시오: 5
A =
     1     2     3     4     5
     2     4     7    11    16
     3     7    14    25    41
     4    11    25    50    91
```

6.6 break와 continue 명령어

▸ break 명령어

- break 명령어가 루프(for와 while)내에 있을 때, break 명령어는 루프(마지막 패스만이 아닌 전체 루프)의 수행을 종료한다. 루프에서 break 명령어가 나타날 때, MATLAB은 루프의 end 명령어로 점프한 후 end 다음 명령어를 계속 수행한다(해당 루프의 for 명령어로 되돌아가지 않는다).
- break 명령어가 중첩 루프 내에 있다면, 해당 중첩 루프만 종료된다.

- break 명령어가 스크립트 또는 함수 파일의 루프 밖에 있다면, 파일의 실행을 종료시킨다.
- break 명령어는 일반적으로 조건문 속에서 사용된다. break 명령어는 루프에서 어떤 조건이 만족될 때 루프 반복과정을 종료하기 위한 방법을 제공한다. 예를 들어, 루프의 횟수가 미리 정해진 값을 초과하거나 어떤 수치계산 과정에서의 오차가 미리 정해진 값보다 작아지면, 루프를 종료한다. 루프 밖에 break 명령어가 있는 경우, break 명령어는 함수 파일로 전달된 데이터가 기대했던 것과 일치하지 않는 경우와 같이 파일의 실행을 중지시키는 수단을 제공한다.

▶ **continue 명령어**

- continue 명령어는 루프 과정에서 현재의 패스를 멈추고 다음 패스를 시작하기 위해 루프(for와 while) 내에서 사용될 수 있다.
- continue 명령어는 일반적으로 조건문의 일부이다. MATLAB이 continue 명령어에 도달할 때, 루프의 나머지 명령어들을 실행하지 않고 end 명령어로 건너뛴 후, 새로운 패스를 시작한다.

6.7 MATLAB 응용 예제

예시 문제 6-9 퇴직연금 계정에서의 인출

어떤 퇴직자가 연 5%의 이자를 지급하는 저축 계좌에 300,000달러($)를 예금하고 있다. 이 퇴직자가 일 년에 한 번 계좌에서 돈을 인출하려고 계획하고 있다. 그 사람은 1년 후 25,000달러 인출을 시작으로, 향후 인플레이션 비율에 따라 인출 금액을 증가시킨다. 예를 들어, 인플레이션 비율이 3%이면, 2년 후에는 25,750달러를 인출한다. 인플레이션 비율이 매년 2%로 일정하다고 가정하여, 계좌의 예금이 유지되는 연수를 계산하라. 경과 연수에 대한 매년 인출 금액과 계좌잔고를 보여주는 그래프를 그려라.

풀이

루프(루프가 시작되기 전에 패스 횟수가 알려지지 않았으므로 while 루프)를 이용하여 문제를 해결한다. 각 패스마다 인출할 금액과 계좌잔고가 계산된다. 계좌잔고가 인출할 금액보다 크거나 같은 한, 루프는 계속 반복된다. 다음은 문제를 풀기위해 스크립트 파일로 작성된 프로그램이다. 프로그램에서 year는 각 원소가 경과년수인 벡터이고, W는 매년 인출액을 가진 벡터이며, AB는 매년 계좌잔고를 가진 벡터이다.

```
rate = 0.05 ; inf = 0.02 ;
clear W AB year
year (1) = 0 ;                              첫 번째 원소는 0임
W (1) = 0 ;                                 초기 인출 금액
AB (1) = 300000 ;                           초기 계좌잔고
Wnext = 25000 ;                             일 년 후에 인출되는 금액
Abnext = 300000 * (1 + rate) ;              일년 후 계좌 잔고
n = 2 ;
    while Abnext >= Wnext                   while은 다음 잔고가 다음 인출
                                            금액보다 큰지 여부를 조사함
        year (n) = n - 1 ;
        W (n) = Wnext ;                     n - 1년 후 인출 금액
        AB (n) = ABnext - W (n) ;           인출 후 n - 1년의 계좌 잔고
        ABnext = AB (n) * (1 + rate) ;      인출 뒤 1년이 지난 후의 계좌잔고
        Wnext = W (n) * (1 + inf) ;
        n = n + 1 ;                         인출 뒤 1년이 지난 후의 인출 금액
end
fprintf ('계좌의 잔고는 %f년 동안 유지된다.', year (n - 1))
bar (year, [AB' W'], 2.0 )
```

프로그램은 다음 명령어 창과 같이 실행된다.

```
>> Chap6_exp9
계좌의 잔고는 15년 동안 유지된다.
```

프로그램은 다음 그래프도 생성한다(축 라벨과 범례는 그래프 편집기를 이용하여 그래프에 추가하였다).

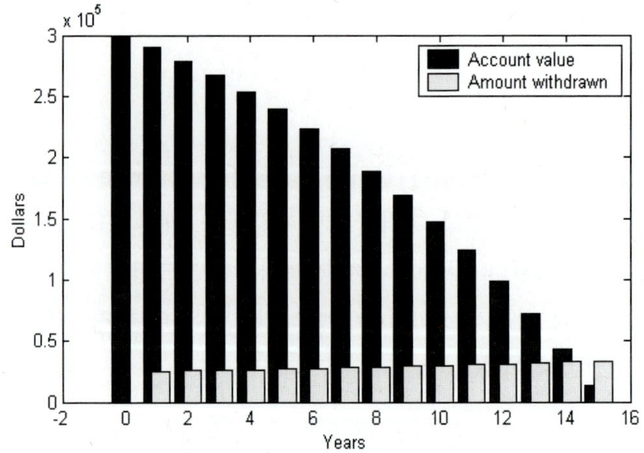

예시 문제 6-10 **무작위 목록 만들기**

여섯 명의 가수—John, Mary, Tracy, Mike, Katie, David가 경연에서 공연한다. 가수들이 경연할 무작위 순서 목록을 만드는 MATLAB 프로그램을 작성하라.

풀이

정수(1에서 6까지)가 각 가수의 명단에 지정된다(John은 1, Mary는 2, Tracy는 3, Mike는 4, Katie는 5, David는 6). 아래의 프로그램은 처음에는 무작위로 정수 1에서 6을 만든다. 이 정수들은 6개의 원소를 갖는 벡터의 원소들이다. 이는 정수들을 벡터의 원소에 할당하기 위해 MATLAB 내장 함수인 `randi`를 이용하여 이루어진다(3.7절 참조). 모든 원소의 정수들이 서로 달라야 함으로 정수는 하나씩 할당된다. `randi`에 의해서 제안된 모든 정수는 이전의 원소들에 할당된 정수들과 비교되어야 한다. 만일 일치함이 발견되면, 그 정수는 할당되지 않고, `randi`는 새 정수를 제안한다. 가수의 이름이 정수와 연관되어 있으므로, 일단 정수 목록이 완성되면 `switch-case` 문을 사용하여 정수에 해당하는 가수의 명단을 만든다.

```
clear, clc
n=6;
L(1)=randi(n);                  처음 정수를 L(1)에 할당함.
for p=2:n
    L(p)=randi(n);              다음 정수를 L(P)에 할당함.
    r=0;                        r = 0로 둠.
    while r==0                  아래 설명 참조.
      r=1;                      r = 1로 둠.
      for k=1:p-1               for 루프는 L(p)에 할당된 정수를 이전의 원소
                                에 할당된 정수들과 비교함.
        if L(k)==L(p)           만일 일치함이 발견되면, 새로운 정수가 L(p)에
          L(p)=randi(n);        할당되고, r은 0으로 설정됨.
          r=0;
          break                 중첩 for 루프가 멈춤. 프로그램은 while 루프로
        end                     되돌아감. r = 0이므로, while 루프 안의 중첩 루
      end                       프는 다시 시작되고, L(P)에 할당된 새 정수가 벡
    end                         터 L에 이미 존재하는 정수들과 같은지 여부를 조
end                             사함.
for i=1:n
    switch L(i)
    case 1                      switch-case문은 L의 원소
        disp('John')            에 있는 정수 값에 해당하는
    case 2                      가수 이름 목록을 기술함.
```

```
        disp('Mary')
    case 3
        disp('Tracy')
    case 4
        disp('Mike')
    case 5
        disp('Katie')
    case 6
        disp('David')
    end
end
```

`while`루프는 벡터 `L`에 추가되는 모든 새 정수 (요소)가 벡터 `L`에 이미 존재하는 요소들의 정수들과 같지 않은지를 조사한다. 만일 일치함이 발견되면, 새 정수가 `x`에 이미 있는 모든 정수들과 다를 때까지 새 정수를 계속 생성한다.

프로그램이 실행될 때, 다음과 같이 명령어 창에 나타난다. 분명하게 프로그램이 실행될 때마다 서로 다른 순서가 표시될 것이다.

```
경연 순서는:
Katie
Tracy
David
Mary
John
Mike
```

예시 문제 6-11 모형 로켓의 비행

모형 로켓의 비행은 다음과 같이 모델링될 수 있다. 처음 0.15s 동안 로켓은 16 N의 힘으로 로켓 엔진에 의해 위로 추진된다. 이후에는 로켓은 중력의 영향으로 속도가 점점 느려지며 올라간다. 정점에 도달한 후, 로켓은 아래로 낙하하기 시작한다. 로켓의 낙하속도가 20 m/s에 도달하면, 곧바로 낙하산이 펴지며 이후 땅을 닿을 때까지 20 m/s의 일정한 속도로 계속 낙하한다. 로켓이 비행하는 동안, 로켓의 속도와 고도를 시간의 함수로 계산하고 그래프를 그리는 프로그램을 작성하라.

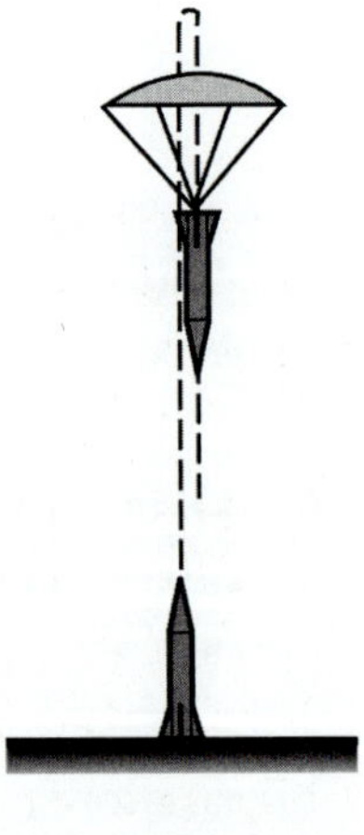

풀이

로켓을 수직평면상의 직선을 따라 움직이는 질점으로 가정한다. 직선을 따라 일정 가속도를 갖는 운동에 대해서, 속도와 위치는 시간의 함수로서 다음 식으로 주어진다.

$$v(t) = v_0 + at\text{와 } s(t) = s_0 + v_0 t + \frac{1}{2}at^2$$

여기서 v_0와 s_0는 각각 초기속도와 초기변위이다. 컴퓨터 프로그램에서 로켓의 비행은 세 구간으로 나뉜다. 각 구간은 `while` 루프에서 계산된다. 모든 패스에서 시간은 주어진 증분만큼 증가한다.

구간 1: 엔진이 켜진 처음 0.15s이 구간에서 로켓은 일정한 가속도로 위로 올라간다. 가속도는 오른쪽 그림과 같이 자유물체도와 질량-가속도 다이어그램을 그려서 구한다. Newton의 제2법칙으로부터, 수직방향 힘들의 합은 질량과 가속도의 곱과 같다(평형방정식).

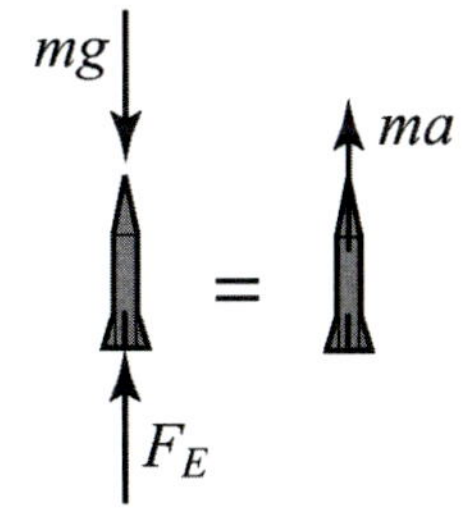

$$+\uparrow \Sigma F = F_E - mg = ma$$

가속도에 대해 식을 풀면 다음과 같다.

$$a = \frac{F_E - mg}{m}$$

속도와 높이는 시간의 함수로서 다음과 같다.

$$v(t) = 0 + at\text{와 } h(t) = 0 + 0 + \frac{1}{2}at^2$$

여기서 초기 속도와 초기 위치는 모두 0이다. 컴퓨터 프로그램에서 이 구간은 $t = 0$일 때 시작하며, 루프는 $t < 0.15$ s인 한 계속된다. 이 구간 끝에서의 시간, 속도, 높이는 각각 t_1, v_1, h_1이다.

구간 2: 엔진이 멈춘 시점부터 낙하산이 펴질 때까지의 운동.
이 구간에서 로켓은 일정한 감속도 g로 움직인다. 시간의 함수로서 로켓의 속도와 높이를 다음 식으로 주어진다.

$$v(t) = v_1 - g(t - t_1)\text{와 } h(t) = h_1 + v_1(t - t_1) - \frac{1}{2}g(t - t_1)^2$$

이 구간에서 루프 반복은 로켓의 속도가 −20 m/s(로켓이 아래로 움직이므로 음수임)가 될 때까지 계속된다. 이 구간 끝에서의 시간과 높이는 t_2와 h_2이다.

구간 3: 낙하산이 펴진 시점부터 로켓이 땅에 닿을 때까지의 운동. 이 구간에서 로켓은 일정한 속도(가속도 0)로 움직인다. 높이는 시간의 함수로서 식 $h(t) = h_2 - v_{chute}(t - t_2)$로 주어지며, 여기서 v_{chute}는 낙하산이 펴진 후의 일정 속도이다. 이 구간에서 루프 반복은 높이가 0보다 큰 동안 계속된다.

계산을 수행하는 프로그램을 스크립트 파일로 작성하면 다음과 같다.

```
m=0.05; g=9.81; tEngine=0.15; Force=16; vChute=-20; Dt=0.01;
clear t v h
n=1;
t(n)=0; v(n)=0; h(n)=0;
% Segment 1
a1=(Force-m*g)/m;
while t(n) < tEngine & n < 50000                    첫 번째 while 루프
    n=n+1;
    t(n)=t(n-1)+Dt;
    v(n)=a1*t(n);
    h(n)=0.5*a1*t(n)^2;
end
v1=v(n); h1=h(n); t1=t(n);
% Segment 2
while v(n) >= vChute & n < 50000                    두 번째 while 루프
    n=n+1;
    t(n)=t(n-1)+Dt;
    v(n)=v1-g*(t(n)-t1);
    h(n)=h1+v1*(t(n)-t1)-0.5*g*(t(n)-t1)^2;
end
v2=v(n); h2=h(n); t2=t(n);
% Segment 3
while h(n) > 0 & n < 50000                          세 번째 while 루프
    n=n+1;
    t(n)=t(n-1)+Dt;
    v(n)=vChute;
    h(n)=h2+vChute*(t(n)-t2);
end
subplot(1,2,1)
plot(t,h,t2,h2,'o')
subplot(1,2,2)
plot(t,v,t2,v2,'o')
```

결과의 정확도는 시간 증분 Dt의 크기에 따라 좌우된다. 0.01초의 증분값이 좋은 결과를 나타낸다. while 명령어의 조건 수식은 n에 대한 조건(n이 50,000보다 크면 루프를 멈춤)을 포함한다. 이것은 루프 내의 명령문에 오류가 있을 경우 무한루프를 피하기 위한 예방책이다. 프로그램에 의해 생성된 그래프를 다음에 나타내었다(축 제목과 텍스트는 그래프 편집기를 이용하여 그래프에 추가하였다).

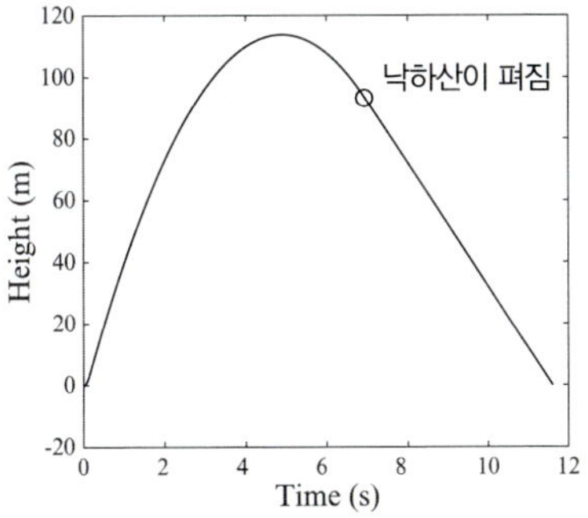

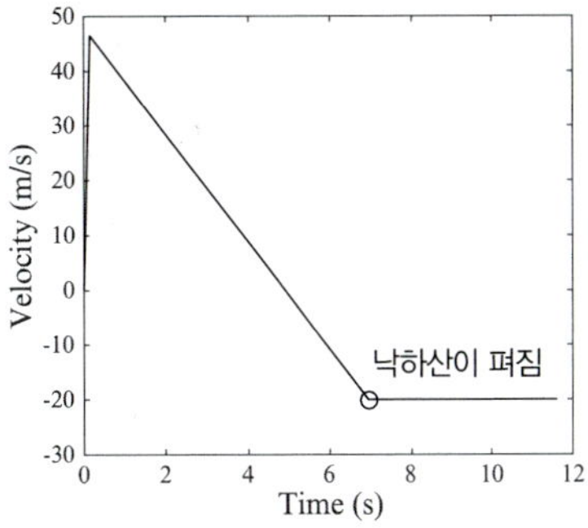

유의사항: 이 문제는 여러 다른 방법으로 해를 구하고 프로그래밍할 수 있다. 여기서 보인 해는 그중 한 가지이다. 예를 들어, `while` 루프 대신 낙하산이 펴지는 시간과 로켓이 땅에 닿는 시간을 먼저 계산되고, `for-end` 루프가 `while` 루프 대신 사용될 수도 있다. 시간이 첫 번째로 결정된다면, 루프 대신 원소별 계산을 이용하는 것도 가능하다.

예시 문제 6-12 교류-직류 변환기

반파 다이오드 정류기는 AC 전압을 DC 전압으로 변환하는 전기회로이다. 정류기 회로는 그림과 같이 AC 전압원, 다이오드, 커패시터, 부하(저항기)로 구성되어 있다. 전압원은 $v_s = v_0\sin(\omega t)$이며, 여기서 $\omega = 2\pi f$이고, f는 주파수이다. 회로의 동작은 그림 하단의 그래프와 같으며, 파선은 전압원의 전압을 나타내며, 실선은 저항기 양단의 전압을 나타낸다. 첫 사이클에서 다이오드는 $t = 0$에서 $t = t_A$까지 on(전류 통과)이다. $t = t_A$에서 다이오드가 off되고, 커패시터의 방전에 의해 저항기에 전력이 공급된다. $t = t_B$에서 다이오드가 다시 on 되며 $t = t_D$까지 전류를 통과시킨다. 사이클은 전압원이 켜져 있는 한 계속된다. 이 회로의 단순해석에는 다이오드는 이상적인 것으로 가정하며 커패시터는 초기에, 즉 $t = 0$에서 전혀 충전되지 않은 것으로 가정한다. 다이오드가 on 될 때, 저항기의 전압과 전류는 다음 식으로 주어진다.

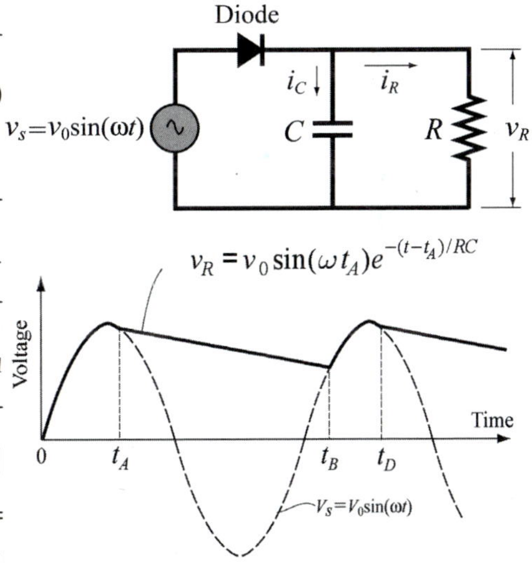

$$v_R = v_0\sin(\omega t) \text{와 } i_R = v_0\sin(\omega t)/R$$

커패시터의 전류는 다음과 같다.

$$i_C = \omega C v_0\cos(\omega t)$$

다이오드가 off 되면, 저항 양단의 전압은 다음 식으로 주어진다.

$$v_R = v_0\sin(\omega t_A)e^{-(t-t_A)/RC}$$

다이오드가 off 될 때, 시간들(t_A, t_D 등)은 $i_R = -i_C$의 조건으로부터 계산된다. 전원의 전압이 저항 양단의 전압에 도달할 때(그림에서 시간 t_B), 다이오드는 다시 on 된다.

저항 양단의 전압 v_R과 전원 전압 v_s를 $0 \le t \le 70$ ms에 대해 시간의 함수로 그래프를 그리는 MATLAB 프로그램을 작성하라. 부하의 저항은 1,800 Ω이며, 전원의 전압은 $v_0 = 12$ V이고, $f = 60$ Hz이다. 부하 양단의 전압에 대한 커패시터 크기의 영향을 조사하기 위해, $C = 45$ μF과 $C = 10$ μF에 대해 프로그램을 각각 두 번 실행하라.

풀이

문제를 해결하는 프로그램은 아래와 같다. 프로그램은 두 부분으로 이루어져 있다-하나는 다이오드가 on 될 때의 전압 v_R을 계산하며, 나머지 하나는 다이오드가 off 될 때의 전압 v_s을 계산한다. 두 부분 사이의 스위칭을 위해 `switch` 명령어를 사용한다. 계산은 다이오드가 on 상태(변수 `state='on'`)에서 시작되며, $i_R - i_C \le 0$이 되면 변수 `state`의 값이 `'off'`로 바뀌면서 off 상태에서의 v_s을 계산하는 명령어로 프로그램이 스위칭된다. 이 계산은 $v_s \ge v_R$이 되어 다이오드가 on 될 때의 식으로 다시 스위칭될 때까지 계속된다.

```
V0=12; C=45e-6; R=1800; f=60;
Tf=70e-3; w=2*pi*f;
clear t VR Vs
t=0:0.05e-3:Tf;
n=length(t);
state='on'                              변수 state에 'on'을 할당함
for i=1:n
    Vs(i)=V0*sin(w*t(i));               시간 t에서 전원의 전압을 계산함
    switch state
        case 'on'                       다이오드가 on 됨
        VR(i)=Vs(i);
        iR=Vs(i)/R;
        iC=w*C*V0*cos(w*t(i));
        sumI=iR+iC;
        if sumI <= 0                    i_R − i_C ≤ 0인지 확인함
            state='off';                참이면, 'off'를 state에 할당함
            tA=t(i);                    t_A에 값을 할당함
        end
        case 'off'                      다이오드가 off 됨
```

```
        VR(i)=V0*sin(w*tA)*exp(-(t(i)-tA)/(R*C));
        if Vs(i) >= VR(i)
            state='on';
        end
    end
end
plot(t,Vs,':',t,VR,'k','linewidth',1)
xlabel('시간 (s)'); ylabel('전압 (V)')
```

$v_s \geq v_R$인지 확인함

참이면, 'on'을 변수 state에 할당함

프로그램에 의해 생성된 두 그래프는 아래와 같다. 한 그래프는 $C = 45$ μF에 대한 결과이며, 다른 그래프는 $C = 10$ μF에 대한 결과이다. 커패시터가 클수록 DC 전압이 더 평탄함(파형에서 보다 작은 변동)이 관찰된다.

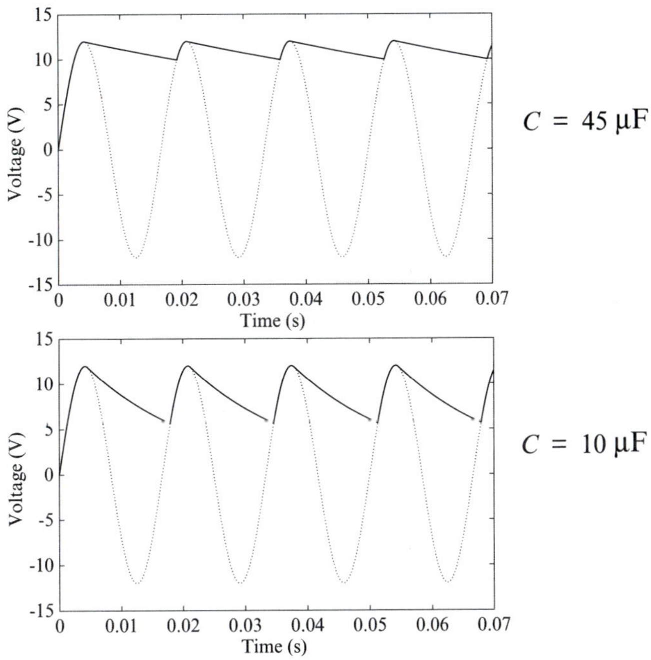

6.8 연습문제

1. 다음 수식을 MATLAB을 사용하지 않고 계산하라. 그리고 MATLAB에서 그 답을 확인하라.

(*a*) $6 \times 4 > 32 - 3$

(*b*) $y = 4 \times 3 - 7 < 15 / 3 > -1$

(*c*) $y = 2 \times (3 < 8 / 4 + 2)^2$

(*d*) $(5 + \sim 0) / 3 == 3 - \sim(10 / 5 - 2)$

2. $d = 6$, $e = 4$, $f = -2$로 주어져 있다. MATLAB을 사용하지 않고 다음 수식을 계산하라. 그리고 MATLAB에서 그 답을 확인하라.

(*a*) $y = d + f >= e > d - e$ (*b*) $y = e > d > f$

(*c*) $y = e - d <= d - e == f / f$ (*d*) $y = (d / e * f < f) > -1 * (e - d) / f$

3. v = [−2 4 1 0 2 1 2], w = [2 5 0 1 2 −1 3]가 주어져 있다. MATLAB을 사용하지 않고 다음 수식을 계산하라. MATLAB에서 그 답을 확인하라

(*a*) $\sim v == \sim w$ (*b*) $w >= v$

(*c*) $v > \sim -1{*}w$ (*d*) $v > -1{*}\mathrm{w}$

4. 문제 3의 벡터 v와 w를 사용하자. 관계 연산자를 사용해서 w의 요소들보다 작거나 같은 v의 요소들로 구성된 벡터 u를 만들어라.

5. MATLAB을 사용하지 않고 다음 수식을 계산하라. 그리고 MATLAB에서 그 답을 확인하라.

(*a*) 0|7&9&−3 (*b*) 7>6&~0<=2

(*c*) ~4<5|0>=12/6 (*d*) −7<−5<−2&2+3<=15/3

6. 루프를 사용해서 4 × 6 행렬을 만들어라. 행렬의 각 요소의 값은 행의 번호를 2배, 열의 번호를 −3배를 하고 합한 값이다. 예를 들면, 요소 (2,5)의 값은 $2 \times 2 - 3 \times 5 = -11$

7. −20부터 20까지 범위 중 30개의 임의의 정수로 구성된 벡터를 생성한 다음, 모든 원소 중 3으로 나눌 수 있는 원소들의 합을 구하는 프로그램을 작성하라.

8. 사용자에게 임의 길이의 정수 벡터를 입력하게 하는 프로그램을 작성하라. 프로그램에는 for-end 루프를 사용하여 벡터의 각 원소를 검사하고, 만약 그 원소가 양수이면 그 값을 두 배로 한다. 만약 그 원소가 음수이면 그 값을 세 배로 한다. 그 프로그램은 입력된 벡터와 수정된 벡터를 출력한다. 프로그램을 실행하고, 프로그램은 사용자에게 벡터 입력을 요구할 때, 10에서 20 사이 19개의 난수 정수를 만들 `randi([-10 20], 1, 19)`를 입력하라

9. 사용자에게 임의 길이의 정수 벡터를 입력하게 하는 프로그램을 작성하라. 프로그램에는 for-end 루프를 사용하여 모든 음수의 원소를 제거한다. 그 프로그램은 입력된 벡터와 수정된 벡터를 출력하고, 몇 개의 원소가 제거되었는지 메시지로 출력한다. 프로그램을 실행하고, 프로그램은 사용자에게 벡터 입력을 요구할 때, −15에서 20 사이 25개의 난수 정수를 만들 `randi([-15 20], 1 , 25)`를 입력하라.

10. 뉴욕과 콜로라도 덴버 지역의 2014년 1월 한달의 최고 기온(°F)은 아래 벡터와 같이 주어진다(미국 해양대기청 자료).

NYC = [33 33 18 29 40 55 19 22 32 37 58 54 51 52 45 41 45 39 36 45 33 18 19 19 28 34 44 21 23 30 39]

DEN = [39 48 61 39 14 37 43 38 46 39 55 46 46 39 54 45 52 52 62 45 62 40 25 57 60 57 20 32 50 48 28]

여기서 벡터의 요소들은 일의 순서이다. 스크립트 파일로 다음 문제에 답을 주는 프로그램을 작성하라.

(*a*) 도시별 월 평균 기온을 계산하라(가장 가까운 정수 배수로 반올림).

(*b*) 도시별 기온이 평균 기온보다 높았던 날은 며칠인가.

(*c*) 덴버 도시의 기온이 뉴욕 도시의 기온보다 높았던 날은 며칠인가.

11. 파스칼 삼각형은 오른쪽 그림과 같이 하 삼각 행렬의 원소들로 표현될 수 있다. n개의 행을 갖는 $n \times n$ 크기의 파스칼 삼각형을 출력하도록 MATLAB 프로그램을 작성하라. 그 프로그램을 사용하여 4개와 7개의 행을 갖는 파스칼 삼각형을 만들어라. (하 삼각 행렬의 원솟값을 계산하는 한 가지 방법은 $C_{ij} = \dfrac{(i-1)!}{(j-1)!(i-j)!}$이다.)

$$\begin{bmatrix} 1 & 0 & 0 & 0 & 0 & 0 \\ 1 & 1 & 0 & 0 & 0 & 0 \\ 1 & 2 & 1 & 0 & 0 & 0 \\ 1 & 3 & 3 & 1 & 0 & 0 \\ 1 & 4 & 6 & 4 & 1 & 0 \\ 1 & 5 & 10 & 10 & 5 & 1 \end{bmatrix}$$

12. 피보나치 수는 처음 3개의 요소가 0, 1, 1이고, 그 이후 각 요소의 값은 이전 3개의 요소의 합으로 계산되는 수열이다:

$$0, 1, 1, 2, 4, 7, 13, 24, \ldots$$

처음 25개의 피보나치 수를 확인하고 출력할 수 있는 MATLAB 프로그램을 작성하라.

13. 역 피보나치 상수 Ψ는 다음 무한 합으로 정의된다.

$$\Psi = \sum_{n=0}^{\infty} \frac{1}{F_n}$$

여기서 F_n은 피보나치 수 1, 1, 2, 3, 5, 8, 13, ...이다. 수열의 각 요소는 이전 두 수의 합이다. 처음 두 수를 1이라 두고 시작하고, $F_n = F_{n-1} + F_{n-2}$이다. 주어진 n에 대해서 ψ를 계산하는 MATLAB 프로그램을 스크립트 파일로 작성하라. n = 10, 50, 100에 대해 프로그램을 실행하라.

14. π 값은 다음과 같이 추정될 수 있다.

$$\frac{\pi^3}{32} = \sum_{n=0}^{\infty} \frac{(-1)^n}{(2n+1)^3}$$

루프를 사용하여 n이 주어졌을 때의 π 값을 정의하는 프로그램을 작성하라. n = 10, n = 100, n = 1,000으로 프로그램을 실행하라. `pi`와 결과를 비교하라(`format long` 사용)

15. π의 값은 다음 수식으로부터 계산 될 수 있다.

$$\frac{2}{\pi} = \frac{\sqrt{2}}{2} \cdot \frac{\sqrt{2+\sqrt{2}}}{2} \cdot \frac{\sqrt{2+\sqrt{2+\sqrt{2}}}}{2} \cdots$$

임의의 항에 대해 π를 계산하는 MATLAB 프로그램을 스크립트 파일로 작성하라. 프로그램은 사용자에게 항의 수를 입력하도록 요구하고, 해당하는 π값을 계산한다. 5, 10, 40항에 대해 프로그램을 실행시킨다. 결과를 `pi`와 비교하라(`format long` 사용)

16. (*a*) 10에서 30까지 20개의 난수 정수를 갖는 벡터를 만들고, (*b*) 모든 음의 정수를 10에서 30까지 난수 정수로 대체하고, (*c*) 모든 요소들이 양수가 될 때까지 (*b*)를 반복하는 프로그램을 작성하라. 프로그램은 모든 요소가 양수가 될 때까지 얼마나 많이 (*b*)가 반복되는지를 세어야 한다. 프로그램이 종료될 때, 최종 벡터와 그 벡터를 만들기 위해 얼마나 많은 되풀이가 필요했는지를 나타내는 문장을 표시하여라.

17. 벡터 x가 [9 –1.5 13.4 13.3 –2.1 4.6 1.1 5 –6.1 10 0.2]로 주어진다. 조건문과 루프를 사용해서 x의 요소들을 최소 수에서 최대 수로 재배열하는 프로그램을 작성하라. 이 때 MATLAB의 내장 함수 `sort`는 사용하지 않는다.

18. 피타고라스 정리는 $a^2 + b^2 = c^2$이다. 피타고라스 정리를 만족하는 50 이하 모든 양의 정수 조합 a, b, c를 구하는 프로그램을 작성하라. 모든 행에 한 조합이 들어가도록 3열 표의 형태로 그 결과를 표시하여라. 표의 처음 3행은 다음과 같다.

3	4	5
5	12	13
6	8	10

19. 100에서 999 사이 각 자리 숫자의 곱이 각 자리 숫자의 합의 6배인 수를 찾아 표시하는 매트랩 프로그램을 스크립트 파일로 작성하라[예를 들어, 347은 $3 \times 4 \times 7 = 6(3 + 4 + 7)$]. 프로그램에는 for-end 루프를 사용하고, 루프는 100에서 시작하여 999로 끝난다.

20. 안전 소수는 p가 소수일 때, $2p + 1$의 소수 형태로 나타낼 수 있는 소수이다. 예를 들면, 47은 $47 = 2 \times 23 + 1$이고, 23은 소수이기 때문에 47은 안전 소수이다. 1에서 1,000 사이 모든 안전 소수를 찾아 표시하는 컴퓨터 프로그램을 작성하라. 매트랩의 내장 함수인 `isprime`은 사용하지 않는다.

21. 섹시 소수는 두 소수의 차이 값이 6인 소수이다. 예를 들면, $29 - 23 = 6$이기 때문에 23과 29는 섹시 소수이다. 1에서 300사이 모든 섹시 소수를 찾는 컴퓨터 프로그램을 작성하라. 숫자는 두 개의 열을 가진 행렬로 나타내어, 행마다 한 쌍을 이루도록 한다. 매트랩의 내장 함수인 `isprime`은 사용하지 않는다.

22. 메르센 소수는 n이 정수일 때, $2^n - 1$ 형태를 갖는 소수이다. 예를 들어, $31 = 2^5 - 1$이기 때문에 31은 메르센 소수이다. 1에서 10,000 사이 모든 메르센 소수를 찾는 컴퓨터 프로그램을 작

성하라. 매트랩의 내장 함수인 isprime은 사용하지 않는다.

23. 완전수는 자기 자신을 제외한 양의 약수를 더했을 때, 자기 자신과 같은 값이 되는 양의 정수이다. 6 = 1 + 2 + 3이고, 28 = 1 + 2 + 4 + 7 + 14이기 때문에 첫 완전수는 6과 28이다. 첫 4개의 완전수를 찾는 컴퓨터 프로그램을 작성하라.

24. 주어진 시험 점수(S) 명단은 100% 중 : 72, 81, 44, 68, 90, 53, 80, 75, 74, 65, 50, 92, 85, 69, 41, 73, 70, 86, 61, 65, 79, 94, 69이다.

점수의 평균(Av)과 표준 편차(Sd)를 계산하여, 가까운 정수로 반올림하는 컴퓨터 프로그램을 작성하라. 이후, 이 프로그램은 다음과 같은 방식에 따라 각 점수의 문자 등급을 결정한다.

점수(%)	$S \geq Av + 1.3Sd$	$Av + 0.5Sd \leq S < Av + 1.3Sd$
문자 등급	A	B
점수(%)	$Av - 0.5Sd \leq S < Av + 0.5Sd$	$Av - 1.3Sd \leq S < Av - 0.5Sd$
문자 등급	C	D
점수(%)	$S < Av - 1.3Sd$	
문자 등급	F	

프로그램은 Av값 및 Sd값을 표시하고, 점수 및 해당 문자 등급을 표시한다(예를 들어 72% 문자 등급 C).

25. 테일러 급수 전개 a^x는 $a^x = \sum_{n=0}^{\infty} \frac{(\ln a)^n}{n!} x^n$이다.

테일러 급수 전개를 사용한 a^x를 나타내는 매트랩 프로그램을 작성하라. 프로그램은 사용자에게 x값을 입력하도록 하라. 테일러 급수의 항은 루프를 사용하여 더하고, 만약 c_n이 n번째 급수의 항일 때, 합인 S_n은 $S_n = S_{n-1} + c_n$이다. 각 패스에서 오류 $E = \left|\frac{S_n - S_{n-1}}{S_{n-1}}\right|$을 통해 계산한다. 프로그램은 $E < 0.000001$일 때 항을 더하는 것을 멈추고 a^x값을 출력한다.

프로그램을 사용하여 다음을 계산하라

(*a*) $2^{3.5}$ (*b*) $6.3^{1.7}$

계산기를 통해 얻은 값과 비교하라.

26. n이 양수 정수일 때, 1 + 2 + 3 + ... + n이 100에서 1,000 사이 모든 자리의 숫자가 같은 값이 되는 n 값을 찾는 매트랩 프로그램을 스크립트 파일로 작성하라. 프로그램은 정수 n과 해당 합을 출력한다.

27. 다음 식은 훈련 심박수(THR) 계산 공식이다.

$$THR = (MHR - RHR) \times INTEN + RHR$$

MHR은 (https://en.wikipedia.org/wiki/Heart_rate)에서 제공하는 최대 심박수를 의미한다.

남자는 $MHR = \frac{203.7}{1+e^{0.033(age-104.3)}}$, 여자는 $MHR = \frac{190.2}{1+e^{0.0453(age-107.5)}}$, RHR은 휴식 심박수, $INTEN$은 체력 수준(0.55는 낮음, 0.65는 중간, 0.8은 높은 체력 수준) 이다. THR을 정의하는 프로그램을 스크립트 파일로 작성하라. 프로그램은 사용자에게 성별(남자 혹은 여자), 나이(숫자), 휴식 심박수(숫자), 그리고 체력 수준(낮음, 중간, 높음)을 요구한다. 그 프로그램은 훈련 심박수(가까운 정수로 반올림)를 출력한다. 프로그램을 사용하여 두 명의 개인에 대한 훈련 심박수를 나타내라.

(*a*) 19세의 남자, 휴식 심박수는 64, 중간 수준의 체력

(*b*) 20세의 여자, 휴식 심박수는 63, 높은 수준의 체력

28. 체질량 지수(BMI)는 비만 측정 지수이며, 그 공식은 다음과 같다.

$$BMI = 703\frac{W}{H^2}$$

여기서 W는 파운드 단위로 몸 무게, H는 inch 단위로 키이다. 비만 정도는 다음과 같이 분류된다.

BMI	분류
18.5 미만	저체중
18.5에서 24.9	정상
25에서 29.9	과체중
30 이상	비만

사람의 BMI를 계산하는 프로그램을 스크립트 파일로 작성하라. 프로그램은 사람의 몸무게(lb)와 키(in.)를 입력하게 하고 그 결과를 문장으로 표시한다. "당신의 BMI 값은 XXX이고, 당신은 SSSS로 분류됩니다." 여기서 XXX는 소수 첫 자리로 반올림되는 BMI 값이고, SSSS는 해당하는 분류이다. 다음 두 사람의 비만 여부를 결정하기 위해 프로그램을 사용하라.

(*a*) 키 6 ft 2 in. 몸무게 180 lb인 사람

(*b*) 키 5 ft 1 in. 몸무게 150 lb인 사람

29. 아래 가격표를 따라 자동차의 대여 비용을 계산하는 프로그램을 스크립트 파일로 작성하라.

대여 기간	세단			SUV		
	일 요금	무료 거리(하루)	추가 거리 비용	일 요금	무료 거리(하루)	추가 거리 비용
1에서 6일	$79	80	$0.69	$84	80	$0.74
7에서 29일	$59	100	$0.59	$74	100	$0.64
30일 이상	$59	120	$0.49	$64	120	$0.54

그 프로그램은 사용자에게 자동차의 종류(세단 혹은 SUV)와 대여 기간, 그리고 운전한 거리 입력을 요구한다. 프로그램은 대여 요금에 대해 센트 이상으로 반올림하여 출력한다. 다음 세 가지 경우에 대한 프로그램을 실행하라.

(*a*) 세단, 10일, 769마일 (*b*) SUV, 32일, 4,056마일

(*c*) 세단, 3일, 511마일

30. $50까지 구입 물품에 대해 셀프 계산기에서 고객에게 돌려줄 잔액을 계산하는 프로그램을 작성하라. 프로그램은 0.01에서 50.00 사이 난수를 발생시키고, 지급되어야 할 금액으로 그 수를 표시한다. 프로그램은 사용자에게 지불 금액으로 $1 지폐, $5 지폐, $10 지폐, $20 지폐 또는 $50 지폐를 입력하게 요구한다. 만일 지불 금액이 지급되어야 하는 금액보다 적으면, 오류 알림이 표시되고, 만일 지불 금액이 충분하다면, 프로그램은 잔액을 계산하고, 잔액이 각 지폐나 동전들이 최소 수가 되도록 지폐 및 동전 리스트를 표시한다. 예를 들면, 만일 지급되어야 하는 금액이 $2.23이고 $10 지폐가 지불 금액으로 입력되면, 그 잔액은 $5 지폐 한 장, $1 지폐 두 장, $0.25 동전(quarter) 두 개, $0.1 동전(dime) 한 개, $0.05 동전(nickel) 한 개, $0.01 동전(penny) 두 개다. 프로그램을 세 번 실행하라.

31. 체내의 약물 농도 C_p는 다음 방정식으로 모델링할 수 있다:

$$C_p = \frac{D_G}{V_{dP}} \frac{k_a}{k_a - k_{ae}} (e^{-k_e t} - e^{-k_a t})$$

여기서 D_G는 투여된 복용량(mg), V_d는 분포 용적(L), k_a는 흡수율 상수(h^{-1}), k_e는 배설률 상수(h^{-1}), t는 시간(h)이다. 어떤 약에 대해서, 다음과 같은 양이 주어졌다. $D_G = 150$ mg, $V_d = 50$ L, $k_a = 1.6\ h^{-1}$, $k_e = 0.4\ h^{-1}$.

(*a*) 1회 복용량이 $t = 0$에서 투여된다. 10시간 동안 계산하여, C_p대 t의 그래프를 그려라.

(*b*) 첫 번째 복용량이 $t = 0$에서 투여된 후, 4시간 간격으로 4번 더 연속적으로 투여되었다 (즉, $t = 4, 8, 12, 16$에서) 24시간 동안 계산하여, C_p 대 t의 그래프를 그려라.

32. 어떤 수의 세제곱 근 $\sqrt[3]{P}$을 수치적으로 계산하는 방법 중 하나는 반복법이다. 그 과정은 해의 첫 번째 예측값으로 x_1을 선택하고, 두 번째 보다 정확한 값 x_2는 $x_2 = x_1(x_1^3 + 2P) / (2x_1^3 + P)$에 의해 계산될 수 있고, 이 값은 보다 정확한 값 x_3를 계산하는 데 사용된다. x_i에서부터

x_{i+1}을 계산하는 수식은 $x_{i+1} = x_i(x_i^3 + 2P) / (2x_i^3 + P)$이다. 어떤 수의 세제곱 근을 계산하는 MATLAB 프로그램을 작성하라. 그 프로그램에서 해의 첫 번째 예측값으로 $x_1 = P$를 사용하라. 다음으로 일반 수식을 루프 형태로 사용하여, 보다 정확한 새 값을 계산하라. $E = \left|\frac{x_{i+1} - x_i}{x_i}\right|$로 정의된 예측 상대 오차 E가 0.00001보다 작아질 때 루프를 멈춘다. 프로그램을 사용해서 다음을 계산하라.

(*a*) $\sqrt[3]{800}$ (*b*) $\sqrt[3]{59071}$ (*c*) $\sqrt[3]{-31.55}$

33. 주어진 면적의 척도인 m^2, cm^2, in^2, ft^2, yd^2 중 하나의 단위로 주어진 면적 측정값을 사용자가 정의한 다른 단위의 등가량으로 변환하는 프로그램을 스크립트 파일로 작성하라. 프로그램은 사용자에게 면적의 크기 숫자 값과 현재 단위, 그리고 원하는 단위를 요구한다. 출력은 다른 단위의 면적의 크기가 나온다. 프로그램을 사용하여

(*a*) 55 in^2를 cm^2로 변환 (*b*) 2400 ft^2를 m^2로 변환

(c) 300 cm^2를 yd^2로 변환

34. 일차원 난수 걸음에서, 움직이는 x의 위치는 다음으로 계산된다 :

$$x_j = x_j + s$$

s는 임의의 수이다. $x = \pm B$의 영역에 닿을 때까지 x는 몇 걸음이 필요한지 계산하는 프로그램을 작성하라. 매트랩의 내장 함수인 `randn(1,1)`을 통해 s를 계산한다. 프로그램을 100번(루프를 사용하여) 실행하고 $B = 10$이 되는 평균 걸음 수를 계산하라.

35. Sierpinski 삼각형은 동일 확률을 갖고 무작위로 선택되는 다음 세 가지 규칙 중 하나에 따라 반복적으로 점들을 그림으로써 매트랩에서 구현할 수 있다.

규칙 1: $x_{n+1} = 0.5x_n,\quad y_{n+1} = 0.5y_n$

규칙 2: $x_{n+1} = 0.5x_n + 0.25,\quad y_{n+1} = 0.5y_n + (\sqrt{3}) / 4$

규칙 3: $x_{n+1} = 0.5x_n + 0.5,\quad y_{n+1} = 0.5y_n$

x와 y벡터를 계산하고 개별 점으로 y대 x의 그래프를 그리는 프로그램을 스크립트 파일로 작성하라[`plot(x,y, '^')`를 사용]. 프로그램은 $x_1 = 0$, $y_1 = 0$에서 시작해서 10, 100, 1000, 10,000 반복의 4번을 실행하라.

36. 3차 방정식의 근 $a_3x^3 + a_2x^2 + a_1x + a_0 = 0$는 다음 과정을 통해 계산할 수 있다.

Set: $A = a_2 / a_3$, $B = a_1 / a_3$, $C = a_0 / a_3$

계산 : $D = Q^3 + R^2$, 단 $Q = (3B - A^2) / 9$, $R = (9AB - 27C - 2A^3) / 54$

만약 $D > 0$이면 방정식은 복소수 근을 갖는다.

만약 $D = 0$이면 모든 근은 실수이고, 적어도 둘은 같다. 근은 다음 같이 주어진다:

$x_1 = \sqrt[3]{R} - A / 3$, $x_2 = -\sqrt[3]{R} - A / 3$, 그리고 $x_3 = -\sqrt[3]{R} - A / 3$

만약 $D < 0$이면 모든 근은 실수이고 다음과 같이 주어진다:

$\cos\theta = R / \sqrt{-Q^3}$일 때,

$x_1 = 2\sqrt{-Q}\cos(\theta / 3) - A / 3$, $x_2 = 2\sqrt{-Q}\cos(\theta / 3 + 120°) - A / 3$, 그리고

$x_3 = 2\sqrt{-Q}\cos(\theta / 3 + 240°) - A / 3$이다.

3차 방정식의 실수 근을 나타내는 매트랩 프로그램을 작성하라. 프로그램은 사용자에게 a_1, a_2, a_3 그리고 a_0를 벡터로 입력을 요구한다. 프로그램은 D 값을 계산하고, 만약 복소수 근이면 "이 방정식은 복고수 근을 갖습니다."로 메시지를 출력한다. 그렇지 않으면 실수 근이 계산되어 출력된다. 프로그램을 사용하여 다음 방정식을 계산하라.

(*a*) $5x^3 + (-34.5)x^2 + 36.9x + 8.8 = 0$

(*b*) $2x^3 + (-10)x^2 + 24x - 15 = 0$

(*c*) $2x^3 + (-1.4)x^2 - 20.58x + 30.87 = 0$

37. 다음 방식을 사용하여, 한 과목의 전체 성적을 10개의 숙제 평가, 2번의 중간시험, 그리고 최종시험을 통해 결정한다.

숙제: 숙제 평가는 0에서 80점 사이로 점수가 매겨진다. 점수는 가장 낮은 평가를 받은 2개를 제외하고, 8개의 평가를 평균하여 과목 성적의 20% 구성한다.

중간 및 최종시험: 중간 및 최종시험은 0에서 100점 사이로 점수가 매겨진다. 만약 중간시험 평균 점수가 최종시험 점수보다 같거나 높을 때, 중간시험 평균 점수가 과목 성적의 40%를 구성하고 최종시험 성적도 과목 성적의 40%를 구성한다. 만약 최종시험 성적이 중간시험 평균 점수보다 높을 경우, 중간시험 평균은 과목 성적의 30%를 구성하고, 최종시험 성적은 과목 성적의 50%를 구성한다.

학생의 과목 성적을 결정하는 컴퓨터 프로그램을 스크립트 파일로 작성하라. 프로그램은 사용자에게 처음 10개의 숙제 평가 점수(벡터), 2개의 중간시험 점수(벡터), 그리고 최종시험 점수를 요구한다. 프로그램은 숫자로 과목 성적을 계산(0에서 100 사이 숫자)한다. 다음 경우를 프로그램을 통해 실행하라.

(*a*) 숙제 평가 점수: 65, 79, 80, 50, 71, 73, 61, 70, 69, 74. 중간시험 점수: 83, 91. 최종시험 점수: 84.

(*b*) 숙제 평가 점수: 70, 69, 83, 45, 90, 89, 52, 78, 100, 87. 중간시험 점수: 87, 72. 최종시험 점수: 90.

38. 키이스(Keith) 수는 피보나치와 같은 수열에서 나타나는 십진 숫자를 기반으로 하는 수(정수)이다. 10부터 99까지의 두 자리 수에서 첫 번째 요소는 10의 자리 숫자, 두 번째 요소는 1의 자리 숫자리로 사용하여, 피보나치 수열과 비슷한 수열을 만들 수 있다. 수열 요소들의 값은 이전 두 개의 수열 요소의 합이다. 예를 들어, 처음 두 십진수 자리 키이스 수가 14이며, 해

당하는 피보나치와 유사한 수열은 1, 4, 5, 9, 14이다. 10부터 99 사이의 모든 키이스 수를 나타내어 출력하는 매트랩 프로그램을 작성하라.

39. 다음은 임의의 잡음이 포함된 사인 모양의 신호 y(t)를 생성하기 위한 매트랩 명령어이다.

```
t = 0 : .05 : 10;
y = sin(t) - 0.1 + 0.2 * rand(1, length(t));
```

위 명령어를 사용하여 잡음이 추가된 사인 모양 신호를 생성하는 매트랩 프로그램을 작성하라. 이후 프로그램은 신호를 더 부드럽게 하도록 3점 이동 평균 방식을 사용한다. 이 방법에서 모든 점 i는 처음과 나중을 제외하여 3개의 이웃 점의 평균값으로 대체한다. 잡음과 부드러워진 신호를 그래프로 출력하라.

사용자 정의함수와 함수파일

User-Defined Functions and Function Files

차 례

수학에서 함수(function) $f(x)$는 각 x의 값에 유일한 수를 대응시킨다. 함수는 $y = f(x)$ 형태로 표현할 수 있으며, 여기서 $f(x)$는 일반적으로 x에 의한 수학식이다. x값(입력)을 식에 대입할 때, y값(출력)을 구할 수 있다. 많은 함수들이 MATLAB 내부에 내장 함수로 프로그래밍되어 있으며, 이 내장 함수들은 간단하게 인자와 함께 함수 이름을 입력하여 수학식에 사용될 수 있다(1.5절 참조); 내장 함수의 예로는 `sin(x)`, `cos(x)`, `sqrt(x)`, `exp(x)`가 있다. 컴퓨터 프로그램에서 내장되어 있지 않은 함수들의 값을 계산할 필요가 종종 있다. 함수의 식이 간단하고 한 번만 계산하면 되는 경우에는 프로그램의 일부로 입력할 수 있다. 그러나 다른 인자 값들에 대해 함수를 여러 번 계산할 필요가 있을 때, "사용자 정의" 함수(user-defined function)를 만드는 것이 편리하다. 일단 사용자 정의 함수가 만들어지면, 이 함수는 내장 함수(built-in function)와 동일하게 사용할 수 있다.

사용자 정의 함수는 사용자가 만들어 함수 파일로 저장한 후, 내장 함수처럼 사용할 수 있는 MATLAB 프로그램이다. 함수는 한 줄로 된 간단한 수학식일 수도 있고 복잡하고 서로 연관된 일련의 계산들일 수도 있다. 많은 경우 사용자 정의 함수는 실제로 컴퓨터 프로그램 내의 부프로그램(subprogram)이다. 함수 파일의 주요 특징은 입력과 출력이 있다는 것이다. 이는 함수 파일 내에서의 계산은 입력 데이터를 이용하여 수행되고, 계산 결과는 출력에 의해 함수 파일 밖으로 전달된다는 것을 의미한다. 입력과 출력은 하나 또는 여러 개의 변수일 수 있으며, 각 변수는 스칼라, 벡터, 또는 임의의 크기의 배열일 수 있다. 함수 파일은 다음과 같이 설명할 수 있다.

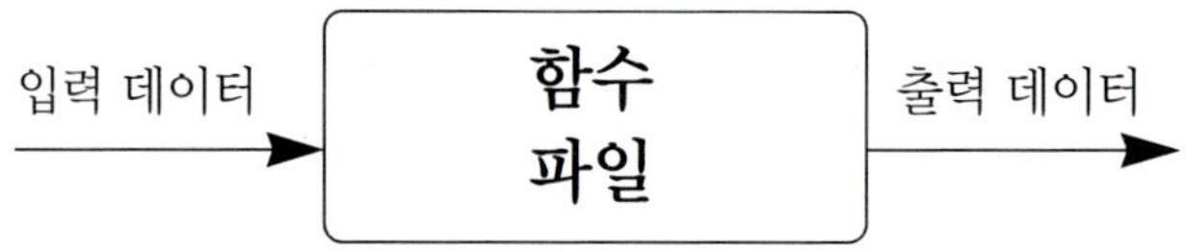

사용자 정의 함수의 매우 간단한 예는 특정 속도로 공을 위로 던졌을 때 공이 도달하는 최대 높이를 계산하는 함수이다. 속도 v_0의 경우, 최대 높이 h_{max}는 식 $h_{max} = \frac{v_0^2}{2g}$에 의해 주어지며, 여기서 g는 중력 가속도이다. 이 경우 함수에 대한 입력은 속도(숫자)이고, 출력은 최대 높이(숫자)이다. 예를 들어, SI 단위 (g = 9.81 m/s^2)로 입력이 15 m/s이면, 출력은 11.47 m이다.

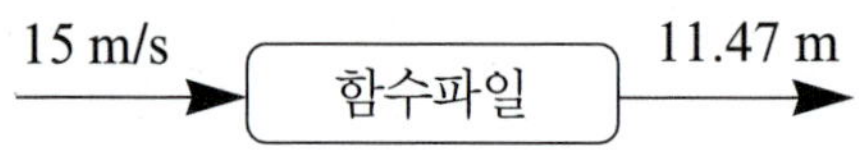

사용자 정의 함수는 수학 함수로 사용하는 것 외에도 대규모 프로그램에서 부프로그램으로 사용할 수도 있다. 이러한 방식으로 대규모 컴퓨터 프로그램은 독립적으로 테스트할 수 있는 더 작은 "빌딩 블록"으로 구성될 수 있다. 함수 파일은 Basic 및 Fortran의 서브루틴(subroutine), Pascal의 프로시저(procedure), C의 함수와 유사하다.

사용자 정의 함수의 기본 사항은 7.1절에서 7.7절까지 설명되어 있다. 별도의 함수 파일에 저장된 후 사용하도록 요청되는 사용자 정의 함수 외에도 MATLAB은 컴퓨터 프로그램 내에서 (별도의 파일에 저장하지 않고) 사용자 정의 수학 함수를 정의하고 사용할 수 있는 옵션을 제공한다. 이것은 7.8절에 제시된 익명 함수(anonymous function)를 사용하여 수행할 수 있다. 호출될 때 다른 함수와 함께 제공되어야 하는 내장 함수와 사용자 정의 함수가 있다. MATLAB에서 함수 함수(function functions)라고 불리는 이러한 함수는 7.9절에 소개되어 있다. 마지막 두 절에서는 부함수과 중첩 함수(nested functions)를 다룬다. 두 가지 모두 단일 함수 파일에 두 개 이상의 사용자 정의 함수를 통합하는 방법이다.

7.1 함수 파일 생성

함수 파일은 스크립트 파일과 같이 편집기/디버거 창(Editor/Debugger Window)에서 생성되고 편집된다. 이 창은 명령어 창에서 열린다. 툴스트립(Toolstrip)에서 **New**(새로 만들기)를 선택한 후, 기능(Function)을 선택한다. 편집기/디버거 창이 열리면 그림 7-1과 같다. 편집기에 함수 파일의 구조를 개략적으로 설명하는 미리 입력된 여러 줄이 포함되어 있다. 첫 번째 줄은 함수 정의 줄이고, 그 뒤에는 함수를 설명하는 주석이 이어진다. 다음은 프로그램(그림 7-1에서는 비어있는 4번째, 5번째 줄)이며, 마지막 줄은 선택사항인 `end` 문이다. 함수 파일의 구조는 다음 절에서 자세히 설명된다.

참고: 편집기/디버거 창은 툴스트립의 새 스크립트 아이콘(**New Script** icon)을 클릭하거나 (1장에서 이미 설명됨) 툴스트립에서 **New**를 클릭한 다음 열려진 메뉴에서 **Script**를 선택함으로써 열 수 있다. 열리는 창은 미리 입력된 줄 없이 비어있다. 일반적으로 편집기/디버거 창은 스크립트 파일 또는 함수 파일을 작성하는 데 사용된다.

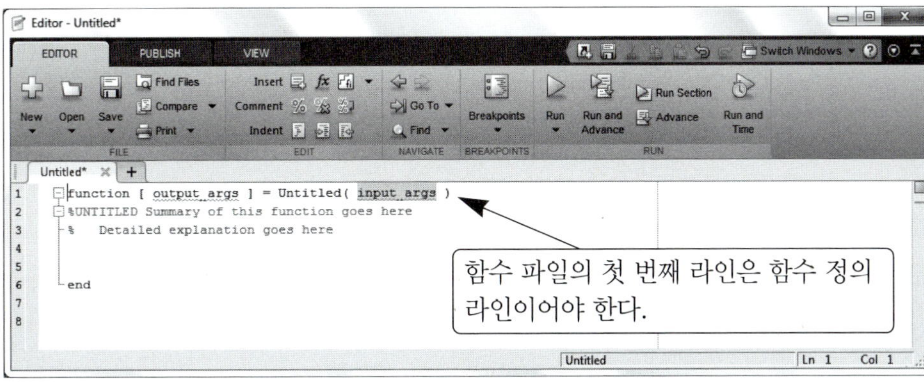

그림 7-1 편집기/디버거 창

7.2 함수 파일의 구조

일반적인 완전한 함수 파일의 구조는 그림 7.2와 같다. 이 특정 함수는 대출금의 월 상환액과 총 상환액을 계산한다. 함수에 대한 입력은 대출금과 연이율, 대출기간(대출 연수)이다. 함수로부터의 출력은 월 상환액과 총 상환액이다.

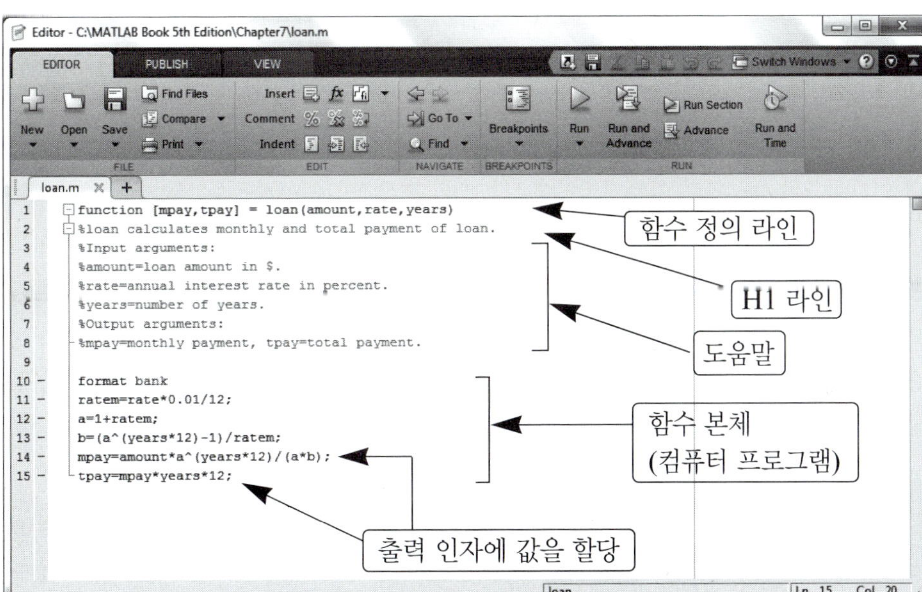

그림 7-2 일반적인 함수 파일의 구조

함수 파일의 다양한 부분은 다음 절에서 자세히 기술한다.

7.2.1 함수 정의 라인

함수 파일에서 첫 번째 실행 라인은 반드시 함수 정의 라인(function definition line)이어야 한다. 그렇지 않으면 파일은 스크립트 파일로 간주된다. 함수 정의 라인:

- 파일을 함수 파일로 정의한다.
- 함수명을 정의한다.
- 입력 인자와 출력 인자의 개수와 순서를 정의한다.

함수 정의 라인의 형식은 다음과 같다.

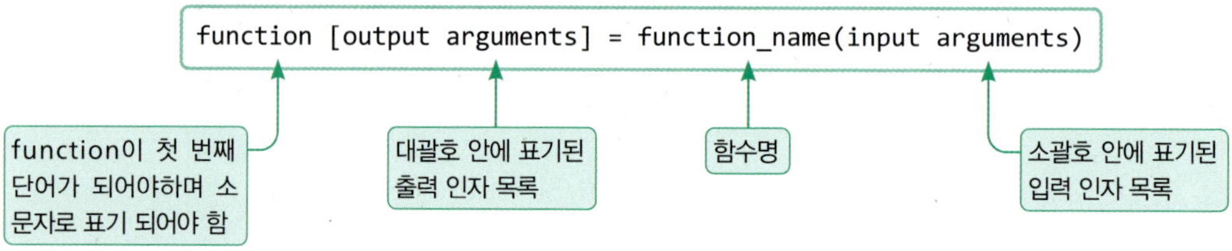

소문자로 표기된 단어 "function"은 반드시 함수 정의 라인의 첫 번째 단어가 되어야 한다. 화면상에서 단어 function은 파란색으로 표시된다. 함수명은 등호(=) 다음에 표기된다. 함수명은 글자, 숫자, 밑줄 문자(_)로 구성될 수 있다(함수명에 스페이스는 사용될 수 없다). 이름에 대한 규칙은 1.6.2절에서 기술한 변수명에 대한 규칙과 같다. 내장 함수들의 이름과 사용자가 이미 정의했거나 MATLAB에서 미리 정의한 변수의 이름을 피하는 것이 좋다.

7.2.2 입력 및 출력 인자

입력 및 출력 인자는 데이터를 함수 안과 밖으로 전달하는 데 사용된다. 입력 인자는 함수명 뒤의 괄호 안에 나열된다. 일반적으로, 함수는 입력 인자를 전혀 갖지 않을 수도 있지만, 최소한 개의 입력 인자를 갖는다. 입력 인자가 한 개보다 많은 경우, 입력 인자들은 콤마(commas)로 분리된다. 함수 파일 내에서 계산을 수행하는 컴퓨터 코드는 입력 인자를 기준으로 작성되며 인자들은 수치 값을 할당 받는다고 가정한다. 이것은 인자가 스칼라나 벡터, 배열일 수 있으므로 함수 파일 내의 수학식들은 입력 인자의 차원에 맞게 작성되어야 함을 의미한다. 그림 7-2의 예에서 세 개의 입력 인자(amount, rate, years)가 있고, 수학식에서 스칼라로 가정되었다. 입력 인자들의 실제 값은 함수가 사용(호출)될 때 할당된다. 이와 같이 입력 인자들이 벡터나 배열이라면, 함수 본체의 수학식들은 선형대수나 원소별 계산을 따르도록 작성되어야 한다.

함수 정의 라인에서 할당 연산자 왼쪽의 대괄호 안에 나열되는 출력 인자들은 함수 파일의 출력을 전달한다. 함수 파일은 출력 인자를 갖지 않거나, 하나 또는 여러 개의 출력 인자가 있다. 출력 인자가 한 개보다 많으면, 출력 인자들을 콤마로 분리한다. 출력 인자가 한 개뿐이라면, 대괄호 없이 표기될 수 있다. 함수 파일이 작동하기 위해서 출력 인자는 함수 본체(function body)의 프로그램에서 반드시 값을 할당받아야 한다. 그림 7-2의 예에서는 두 개의 출력 인자 mpay와 tpay가 있다. 함수가 출력 인자를 갖지 않을 때, 함수 정의 라인에서 할당 연산자를 생략할 수 있다. 예를 들면 출력 인자가 없는 함수는 그래프를 출력하거나 데이터를 파일에 데이터를 쓸 수 있다.

함수 파일에 문자열들을 전달하는 것도 가능하다. 이것은 입력 인자 중의 일부로 문자열(작은 따옴표로 감싸진 문서)을 입력하여 수행된다. 문자열은 다른 함수의 이름을 함수 파일에 전달하는 데 사용될 수 있다.

일반적으로 함수 파일에 대한 모든 입력과 출력은 입력 및 출력 인자들을 통해 전송된다. 그러나 스크립트 파일의 모든 입력 및 출력 특징들은 유효하며 함수 파일에서도 사용될 수 있다. 이것은 명령어 끝에 세미콜론을 입력하지 않는 한 함수 파일의 코드에 값이 할당된 모든 변수가 화면에 표시된다는 의미이다. 또한, input 명령어는 데이터를 대화식으로 입력하기 위해 사용될 수 있으며, disp, fprintf, plot 명령어를 사용하여 스크립트 파일처럼 화면에 정보를 표시하거나 파일로 저장하거나 그림을 그릴 수 있다. 다음은 입력 및 출력 인자의 여러 가지 조합을 가진 함수 정의 라인들에 대한 예이다.

함수 정의 라인	설명
function [mpay,tpay]=loan(amount,rate,years)	입력 인자 3개, 출력 인자 2개
function [A]=RectArea(a,b)	입력 인자 2개, 출력 인자 1개
function A=RectArea(a,b)	위와 동일함; 하나의 출력 인자는 대괄호 없이 표기할 수 있음
function [V,S]=SphereVolArea(r)	입력 인자 1개, 출력 인자 2개
function trajectory(v,h,g)	입력 인자 3개, 출력 인자 없음

7.2.3 H1 라인과 도움말 라인

H1 라인과 도움말 라인은 함수 정의 라인 다음에 있는 주석 라인(% 기호로 시작되는 라인)이다. 이것은 선택사항이지만 함수에 대한 정보를 제공하기 위해 자주 사용된다. H1 라인은 첫 번째 주석 라인이며 일반적으로 함수의 이름과 간단한 정의를 포함한다. 사용자가 명령어 창에서 lookfor a_word를 기입할 때, MATLAB은 모든 함수의 H1 라인에서 a_word를 탐색하고, 일치하는 항목이 발견되면, 해당 H1 라인이 표시된다.

도움말 라인(help text line)은 H1 라인 다음의 주석 라인이다. 이 라인들은 함수에 대한 설명과 입력 및 출력 인자에 관련된 지시사항들을 포함한다. 명령어 창에서 'help function_name'을 입력하면, 함수 정의 라인과 첫 번째 비주석(non-commment) 라인 사이에 기록된 주석 라인들(H1 라인과 도움말 라인들)이 출력된다. 이것은 사용자 정의 함수뿐만 아니라 MATLAB 내장 함수에도 적용된다. 예를 들어, 그림 7-2의 함수 `loan`의 경우 (현재 디렉터리 또는 검색 경로에 파일이 저장되는 디렉터리가 포함되어 있는지 확인) 명령어 창에서 `help loan`을 입력하면, 화면에 표시되는 내용은 다음과 같다.

```
>> help loanloan
calculates monthly and total payment of loan.
Input arguments:
amount=loan amount in $.
rate=annual interest rate in percent.
years=number of years.
Output arguments:
mpay=monthly payment, tpay=total payment.
```

함수 파일은 함수 본체(function body)에도 주석을 추가로 포함할 수 있다. 이 라인들은 `help` 명령어에 의해 출력되지 않고 무시된다.

7.2.4 함수 본체

함수 본체(function body)는 실제로 계산을 수행할 컴퓨터 프로그램(코드)을 포함하고 있다. 이 코드는 MATLAB 프로그래밍의 모든 특징들을 이용할 수 있다. 여기에는 계산, 할당, 임의의 내장 함수 또는 사용자 정의 함수, 6장에서 설명된 흐름제어(조건문과 루프), 주석문, 빈 줄(blank lines), 대화식 입출력이 포함된다.

7.3 지역 변수와 전역 변수

함수 파일의 모든 변수들(입력 및 출력 인자, 함수 파일 내에서 값을 할당 받는 임의의 변수들)은 지역 변수(local variable)이다. 이것은 변수들이 함수 파일 내에서만 정의되고 인식됨을 의미한다. 함수 파일이 실행될 때, MATLAB은 작업 공간(명령어 창과 스크립트 파일의 메모리 공간)과 별도의 메모리 영역을 사용한다. 함수 파일에서 입력 변수들은 함수가 호출될 때마다 값을 할당받는다. 이러한 변수들이 함수 파일 내의 계산에 사용된다. 함수 파일이 실행을 종료할 때, 출력 인자의 값은 함수를 호출할 때 사용했던 변수에 전달된다. 이것은 함수 파일이 명령어 창이나 스크립트 파일에서의 변수와 같은 이름의 변수를 가질 수 있다는 것을 의미한다. 함수 파일은 함수 외부에서 값이 할당된 것과 동일한 이름을 가진 변수를 인식하지 못한다. 함수 파일에서 이런 변수에 값을 할당해도 다른 곳에서 할당이 변경되지 않는다.

각 함수 파일은 다른 함수들 또는 명령어 창 및 스크립트 파일의 작업 공간과 공유되지 않는 자체 지역 변수들을 갖는다. 그러나 여러 다른 함수 파일과 작업 공간에서도 변수를 공유(인식)으로 만드는 것이 가능하다. 이것은 다음과 같은 형식의 `global` 명령어를 사용하여 전역 변수

(global variable)를 선언함으로써 수행된다.

```
global variable_name
```

`global` 명령어에서 여러 변수들을 공백으로 분리하여 나열하면 여러 변수들을 전역 변수로 선언할 수 있다. 예를 들면:

```
global GRAVITY_CONST FrictionCoefficient
```

- 변수는 사용자가 인식하기를 원하는 모든 함수 파일에서 전역 변수로 선언되어야 한다. 그런 다음 변수는 이러한 파일에만 공유된다.
- `global` 명령어는 변수가 사용되기 전에 나타나야 한다. `global` 명령어는 파일 상단에 입력하는 것이 바람직하다.
- 변수들이 작업공간에서 인식되기 위해서는, `global` 명령어를 명령어 창이나 스크립트 파일에서 입력해야 한다.
- 변수는 공통으로 선언된 곳 어디에서나 값을 할당하거나 재할당할 수 있다.
- 전역 변수를 일반 변수와 구별하기 위해서는 길게 서술적 이름(또는 모두 대문자)로 표시하는 것이 바람직하다.

7.4 함수 파일의 저장

함수 파일은 사용되기 전에 먼저 저장해야 한다. 저장은 스크립트 파일과 마찬가지로 `File` 메뉴에서 **Save as...**(다른 이름으로 저장)를 선택하고, 저장할 위치(많은 학생들은 플래쉬 드라이브에 저장)를 선택한 후 파일 이름을 입력함으로써 수행된다. 파일은 함수 정의 라인의 함수명과 같은 이름으로 저장하는 것이 매우 바람직하다. 이 함수 이름을 이용하여 함수를 호출(사용)할 수 있다(함수 파일을 다른 이름으로 저장하게 되면, 함수를 호출할 때 반드시 저장한 파일 이름을 사용해야 한다). 함수 파일은 확장자 .m으로 저장된다. 예를 들면:

함수 정의 라인	파일 이름
function [mpay,tpay]=loan(amount,rate,years)	loan.m
function [A]=RectArea(a,b)	RectArea.m
function [V,S]=SphereVolArea(r)	SphereVolArea.m
function trajectory(v,h,g)	trajectory.m

7.5 사용자 정의 함수 사용

사용자 정의 함수는 내장 함수와 같은 방법으로 사용된다. 함수는 명령어 창이나 스크립트 파일,

또는 다른 함수에서 호출할 수 있다. 함수 파일을 사용하기 위해서는, 함수 파일이 저장된 폴더가 현재 폴더이거나 탐색 경로(search path)에 있어야 한다(1.8.3절 및 1.8.4절 참조).

함수는 출력을 변수(또는 변수들)에 할당하거나, 수학식의 일부 또는 다른 함수의 인자로 사용하거나, 또는 명령어 창이나 스크립트 파일에서 함수 이름을 입력하여 사용할 수도 있다. 모든 경우에 사용자는 입력 및 출력 인자가 무엇인지를 정확히 알아야 한다. 입력 인자는 숫자, 계산 가능한 수식, 또는 할당된 값을 갖는 변수일 수 있다. 인자들은 함수 정의 라인에서 입력 및 출력 인자 목록의 위치에 따라 할당된다.

함수가 사용될 수 있는 두 가지 방법은 대출의 월별 및 총 지불액 (두 개의 출력 인자)을 계산하는 그림 7-2의 사용자 정의 `loan` 함수와 함께 아래에 설명되어 있다. 입력 인자는 대출금과 연이율, 대출 기간(연 단위)이다. 첫 번째 그림에서 `loan` 함수는 숫자를 입력 인자로 사용한다.

```
>> [month total]=loan(25000,7.5,4)

month =
        600.72
total =
     28834.47
```

첫 번째 인자는 대출금, 두 번째는 이자율, 세 번째는 연수이다.

두 번째 예에서는 `loan` 함수의 입력 인자로 미리 할당된 두 개의 변수들과 한 개의 수가 사용되었다.

```
>> a=70000; b=6.5;
>> [x y]=loan(a,b,30)
x =
         440.06
y =
     158423.02
```

변수 a와 b를 정의한다.

입력 인자에는 a와 b, 수 30이 사용되고, 출력 인자에는 x(매월 상환액)와 y(총 상환액)가 사용됨

7.6 간단한 사용자 정의 함수의 예

예시 문제 7-1 수학 함수로 사용자 정의 함수

$f(x) = \dfrac{x^4\sqrt{3x+5}}{(x^2+1)^2}$ 함수에 대한 함수 파일(파일이름: `chp7one`)을 작성하라. 함수에 대한 입력은 x이고 출력은 $f(x)$이다. x가 벡터가 될 수 있도록 함수를 작성하라. 함수를 사용하여 다음을 계산하라.

(a) $x = 6$일 때 $f(x)$

(*b*) $x = 1, 3, 5, 7, 9, 11$에 대해서 $f(x)$

풀이

함수 $f(x)$에 대한 함수 파일은:

```
function y=chp7one(x)                      함수 정의 라인
y=(x.^4.*sqrt(3*x+5))./(x.^2+1).^2;        출력 인자에 할당
```

함수 파일에서의 수학식은 원소별 계산을 위해 작성되었음에 유의하라. 이 경우 x가 벡터이면 y 또한 벡터가 된다. 함수가 저장된 다음 파일이 저장된 디렉터리를 포함하도록 탐색 경로를 수정한다. 아래에 나타낸 것과 같이 명령어 창에서 함수를 사용한다.

(*a*) 명령어 창에 `chp7one(6)`을 입력하거나 함수의 값을 새 변수에 할당하여, $x = 6$에 대한 함수의 계산을 할 수 있다.

```
>> chp7one(6)
ans =
    4.5401
>> F=chp7one(6)
F =
    4.5401
```

(*b*) x의 여러 값에 대해 함수를 계산하기 위해서는, 먼저 x의 값들을 가진 벡터를 생성하고, 이 벡터를 함수의 입력 인자로 사용한다.

```
>> x=1:2:11
x =
     1     3     5     7     9    11
>> chp7one(x)
ans =
    0.7071    3.0307    4.1347    4.8971    5.5197    6.0638
```

또 다른 방법은 함수의 입력 인자에 벡터 x를 직접 입력하는 것이다.

```
>> H=chp7one([1:2:11])
H =
    0.7071    3.0307    4.1347    4.8971    5.5197    6.0638
```

예시 문제 7-2 온도 단위 변환

화씨 온도(°F)를 섭씨 온도(°C)로 변환하는 사용자 정의 함수(함수 이름: `FtoC`)를 작성하라. 이 함수를 이용하여 다음 문제를 풀어라. 온도 변화 ΔT에 의한 어떤 물체의 길이 변화 ΔL은 $\Delta L =$

$\alpha L\Delta T$로 주어진다. 여기서 α는 열팽창 계수이다. 온도가 40°F에서 92°F로 변한다면, 직사각형 (4.5 m × 2.25 m) 알루미늄($\alpha = 23 \cdot 10^{-6}$ 1/°C) 판의 면적 변화를 구하여라.

풀이

화씨 온도(°F)를 섭씨 온도(°C)로 변환하는 사용자 정의 함수는:

```
function C=FtoC(F)                          함수 정의 라인
% FtoC는 화씨온도를 섭씨온도로 변환한다.
C=5*(F-32)./9;                              출력 인자에 할당
```

온도로 인한 판의 면적 변화를 계산하는 스크립트 파일(파일이름: Chapter7Example2)은:

```
a1=4.5; b1=2.25; T1=40; T2=92; alpha=23e-6;
deltaT=FtoC(T2)-FtoC(T1);                   FtoC 함수를 사용하여 온도 차이를
                                            섭씨 단위로 계산한다.
a2=a1+alpha*a1*deltaT;                      새로운 길이를 계산한다.
b2=b1+alpha*b1*deltaT;                      새로운 너비를 계산한다.
AreaChange=a2*b2-a1*b1;                     영역의 변화를 계산한다.
fprintf('The change in the area is %6.5f meters square.',AreaChange)
```

명령어 창에서 스크립트 파일을 실행하면 다음과 같이 해를 얻을 수 있다.

```
>> Chapter7Example2
The change in the area is 0.01346 meters square.
```

7.7 스크립트 파일과 함수 파일 간의 비교

MATLAB을 처음 공부하는 학생들은 MATLAB을 사용하여 해결해야 하는 많은 문제에 대해 두 가지 파일 유형 중 하나를 사용할 수 있기 때문에 스크립트 파일과 함수 파일의 차이점을 정확히 이해하는 데 어려움을 겪는다. 스크립트 파일과 함수 파일 간의 유사점과 차이점은 다음과 같이 요약되어 있다.

- 스크립트와 함수 파일 모두 확장자 .m으로 저장된다(이 파일들을 가끔 M-file이라고 부르는 이유이다).
- 함수 파일의 첫 번째 실행 가능한 라인은 함수 정의 라인이다(이어야 한다).
- 함수 파일에 있는 변수들은 지역 변수이다. 스크립트 파일에 있는 변수들은 명령어 창에서 인식된다.
- 스크립트 파일은 작업공간에 정의된 변수들을 사용할 수 있다.
- 스크립트 파일은 일련의 MATLAB 명령어(명령문)들을 포함되어 있다.

- 함수 파일은 입력 인자를 통해 데이터를 받아들이고 출력 인자를 통해 데이터를 반환할 수 있다.
- 함수 파일을 저장할 때, 파일 이름은 함수명과 같아야 한다.
- 사용자 정의 함수는 내장 함수와 같은 방법으로 사용된다. 이것은 명령어 창, 스크립트 파일, 또는 다른 함수에서 사용(호출)될 수 있다.

7.8 익명 함수

함수 파일에 작성된 사용자 정의 함수들은 간단한 수학 함수, 광범위한 프로그래밍을 필요로 하는 크고 복잡한 수학 함수, 대형 컴퓨터 프로그램의 서브 프로그램으로서도 사용될 수 있다. 프로그램 내에서 비교적 간단한 수학식의 값을 여러 번 계산해야 할 경우, MATLAB은 익명 함수(anonymous function)를 사용하는 옵션을 제공한다. 익명 함수는 컴퓨터 코드(별도의 함수 파일이 아님) 내에서 정의되고 작성된 후 코드에서 사용되는 사용자 정의 함수이다. 익명 함수는 MATLAB의 어느 부분에서(명령어 창, 스크립트 파일, 일반적인 사용자 정의 함수 내부) 정의될 수 있다.

익명 함수는 별도의 함수 파일(m-파일)을 생성하지 않고 정의된 간단한(한 줄) 사용자 정의 함수이다. 익명 함수는 명령어 창, 스크립트 파일, 일반적인 사용자 정의 함수 내에서 구성될 수 있다.

익명 함수는 다음 명령어의 입력으로 생성된다.

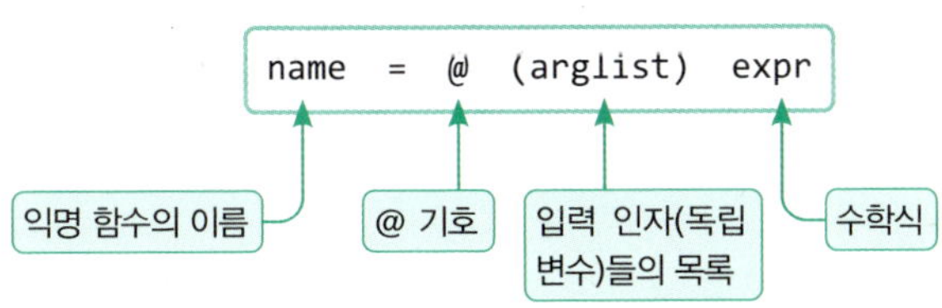

입력 인자의 세제곱을 계산하는 간단한 예는 `cube = @(x) x^3`이다.

- 명령어가 익명 함수를 생성하고 = 기호 왼쪽에 있는 변수 이름에 함수의 핸들을 할당한다(함수의 핸들은 함수를 사용하고 다른 함수로 전달하는 수단을 제공한다; 7.9.1절 참조).
- `expr`은 MATLAB으로 표현된 한 개의 유효한 수학식으로 구성된다.
- 수학식은 한 개 또는 여러 개의 독립변수를 가질 수 있다. 독립변수는 `(arglist)`에 입력된다. 여러 독립 변수는 콤마로 분리된다. 두 개의 독립 변수를 갖는 익명 함수의 예는 다음과 같다: `circle = @ (x,y) (16*x^2+9*y^2)`.
- 수학식은 어떠한 내장 함수나 사용자 정의 함수도 포함할 수 있다.
- 표현식은 인자의 차원(원소별 연산 또는 선형대수 계산)에 따라 작성되어야 한다.
- 표현식은 익명 함수가 정의될 때 미리 정의된 변수를 포함할 수 있다. 예를 들어, 세 변수 a,

b, c가 정의되었다면(수치 값이 할당된), 이 변수들은 익명 함수의 표현식 `parabola = @ (x) a*x^2+b*x+c`에 사용될 수 있다.

중요 사항: MATLAB은 익명 함수가 정의될 때 미리 정의된 변수의 값을 캡처한다. 이것은 이후에 사전에 정의된 변수에 새로운 값이 할당되어도 익명 함수는 변경되지 않는 것을 의미한다. 사전에 정의된 변수의 새로운 값을 사용하려면 익명 함수를 다시 정의해야 한다.

▸ 익명 함수의 사용:

- 익명 함수가 일단 정의되면, 괄호 안에 이름과 인자(또는 인자들)에 대한 값을 입력하여 사용할 수 있다(다음 예 참조).
- 익명 함수는 다른 함수의 인자로도 사용될 수 있다(7.9.1절 참조).

▸ 한 개의 독립변수를 가진 익명 함수의 예:

함수 $f(x) = \frac{e^{x^2}}{\sqrt{x^2+5}}$는 (명령어 창에서) 다음을 통해 x에 대한 익명 함수를 스칼라로 정의할 수 있다.

```
>> FA = @ (x) exp(x^2)/sqrt(x^2+5)
FA =
    @(x)exp(x^2)/sqrt(x^2+5)
```

끝에 세미콜론이 입력하지 않으면, MATLAB은 함수를 표시하여 응답한다. 그런 다음 아래와 같이 함수를 x의 다른 값들에 대해 사용할 수 있다.

```
>> FA(2)
ans =
    18.1994
>> z = FA(3)
z =
  2.1656e+003
```

만일 x가 각 원소에 대해 계산되는 함수에서의 배열이라면, 함수가 원소별 계산을 위해 함수를 수정해야 한다.

```
>> FA = @ (x) exp(x.^2)./sqrt(x.^2+5)
FA =
    @(x)exp(x.^2)./sqrt(x.^2+5)
>> FA([1 0.5 2])                      벡터를 입력 인자로 사용
ans =
```

```
    1.1097    0.5604    18.1994
```

▸ **여러 독립변수를 가진 익명 함수의 예:**

함수 $f(x, y) = x^2 - 4xy + y^2$는 다음과 같이 익명 함수로 정의할 수 있다.

```
>> HA = @ (x,y) x^2 - 4*x*y + y^2
HA =
    @(x,y)x^2-4*x*y+y^2
```

그 다음 다른 익명 함수를 x와 y의 다른 값에 사용할 수 있다. 예를 들어 HA(2,3)을 입력하면 다음과 같은 결과를 얻는다.

```
>> HA(2,3)
ans =
   -11
```

여러 인자들을 갖는 익명 함수의 다른 사용 예들은 예시 문제 7-3에 있다.

예시 문제 7-3 극좌표에서 점 사이의 거리

두 점의 위치가 극좌표로 주어졌을 때, 두 점 사이의 거리를 계산하는 익명 함수를 작성하라. 이 익명 함수를 사용하여 점 $A(2, \pi/6)$와 점 $B(5, 3\pi/4)$ 사이의 거리를 계산하라.

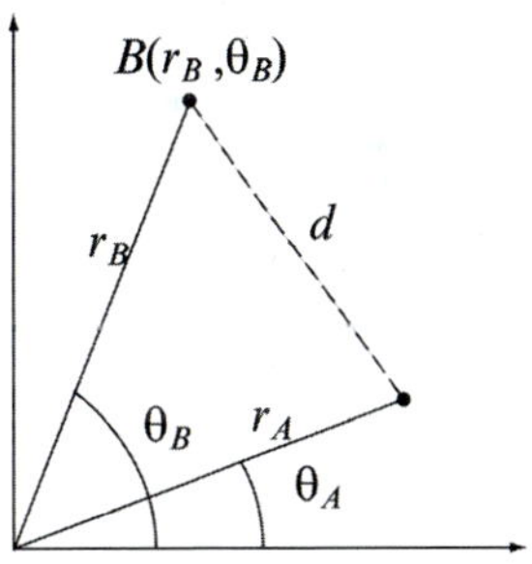

풀이

극좌표에서 두 점 사이의 거리는 코사인 법칙에 의해 계산될 수 있다.

$$d = \sqrt{r_A^2 + r_B^2 - 2r_A r_B \cos(\theta_A - \theta_B)}$$

거리공식은 4개의 입력 인자 $(r_A, \theta_A, r_B, \theta_B)$를 가진 익명 함수로 입력된다. 그 다음, 이 함수를 이용하여 두 점 A와 B 사이의 거리를 계산한다.

```
>> d= @ (rA,thetA,rB,thetB) sqrt(rA^2+rB^2-2*rA*rB*cos(thetA-thetB))
                      ↑ 입력 인자 목록
d =
  @(rA,thetA,rB,thetB)sqrt(rA^2+rB^2-2*rA*rB*cos(thetA-thetB))
>> DistAtoB = d(2,pi/6,5,3*pi/4)
DistAtoB =
    5.8461    ↑ 인자는 함수에 정의된 순서대로 입력됨
```

7.9 함수 함수(*Function Functions*)

한 함수(함수 *A*)가 다른 함수(함수 *B*)를 기반으로 하여 실행되는(이용하는) 상황이 많이 있다. 이것은 함수 *A*가 실행될 때, 함수 *B*를 제공되어야 한다는 것을 의미한다. 다른 함수를 받아들이는 함수를 MATLAB에서는 함수 함수(Function functions)라고 한다. 예를 들어, MATLAB은 $f(x)$(함수 *B*)의 영점(zero), 즉 $f(x) = 0$인 x의 값을 구하는 내장 함수 `fzero`(함수 *A*)를 가지고 있다. 함수 `fzero`의 프로그램은 임의의 $f(x)$에 대한 영점(zero)을 찾을 수 있도록 작성되어 있다. `fzero`가 호출될 때, 해를 구할 특정 함수 $f(x)$가 `fzero`로 전달되며, `fzero`는 $f(x)$의 영점을 구한다(함수 `fzero`는 9장에서 자세히 설명되어 있다).

다른 함수(가져온 함수)를 받아들이는 함수 함수는 입력 인자에 가져온 함수를 나타내는 이름을 포함한다. 가져온 함수의 이름은 함수 함수의 프로그램(코드) 내에서 연산에 사용된다. 함수 함수를 사용(호출)할 때, 가져온 특정 함수는 그 입력 인자에 나열된다. 이 방식으로 다른 함수들을 함수 함수에 가져올(전달할) 수 있다. 함수 함수의 인자들 목록에 가져온 함수의 이름을 나열하는 방법에는 두 가지가 있다. 하나는 함수 핸들(function handle)을 사용하는 것(7.9.1절)이고, 다른 하나는 전달되는 함수의 이름을 문자열 표현으로 입력하는 것(7.9.2절)이다. 사용되는 방법은 함수 함수 내의 연산이 작성되는 방식에 따라 영향을 받는다(이에 대해서는 다음 두 절에서 좀 더 자세히 설명한다). 함수 핸들을 사용하는 것이 더 쉽고 효율적이며 선호되는 방법이어야 한다.

7.9.1 함수를 함수 함수에 전달하기 위해 함수 핸들 사용

함수 핸들은 사용자 정의 함수, 내장 함수와 익명 함수를 받아들일 수 있는 함수 함수로 전달(가져오기)하는 데 사용된다. 이 절에서는 먼저 함수 핸들이 무엇인지 설명한 후, 함수 핸들을 받아들이는 사용자 정의 함수 함수의 작성법을 보여주고 마지막으로 함수를 함수 함수에 전달하기 위해 함수 핸들을 사용하는 방법을 보여준다.

▸ 함수 핸들:

함수 핸들은 함수와 연관된 MATLAB 값이다. 이것은 MATLAB 데이터 유형이며, 다른 함수에 인자로 전달될 수 있다. 전달되면, 함수 핸들은 연관된 함수를 호출(사용)하기 위한 수단을 제공한다. 함수 핸들은 어떠한 종류의 MATLAB 함수와 함께 사용할 수 있다. 이것은 내장 함수, 사용자 정의 함수(함수 파일로 작성), 익명 함수가 포함된다.

- 내장 함수와 사용자 정의 함수의 경우, 함수 이름 앞에 기호 @ 기호를 붙이면 함수 핸들이 생성된다. 예를 들어, `@cos`은 내장 함수 `cos`의 함수 핸들이며, `@FtoC`는 예시 문제 7-2에서 생성된 사용자 정의 함수 `FtoC`의 함수 핸들이다.
- 함수 핸들은 변수 이름에 할당될 수도 있다. 예를 들어, `cosHandle = @cos`은 핸들 `@cos`을

cosHandle에 할당한다. 그러면 이름 cosHandle을 사용하여 핸들을 전달할 수 있다.

- 익명 함수(7.8.1절 참조)의 경우에는 익명 함수의 이름은 이미 함수 핸들이다.

▸ 함수 핸들을 입력 인자로 받아들이는 함수 함수의 작성:

이미 언급한 바와 같이, 함수 함수(다른 함수를 입력으로 받아들이는)의 입력 인자는 가져온 함수를 나타내는 이름(가함수명)을 포함된다. 이 가함수(괄호 속의 입력 인자들의 목록에 포함된)는 함수 함수 내부의 프로그램의 연산에 사용된다.

- 실제 가져온 함수는 가함수가 프로그램 내에서 사용된 방식과 동일한 형태이어야 한다. 이것은 두 함수 모두 동일한 개수와 종류의 입력 및 출력 인자를 가져야 한다는 것을 의미한다.

다음은 점 $x = a$와 점 $x = b$ 사이에 함수((어떤 함수 $f(x)$를 가져 오는))의 그래프를 그리는 funplot이라는 사용자 정의 함수 함수의 예이다. 입력 인자는 (Fun, a, b)이다. 여기서 Fun은 가져온 함수를 나타내는 가함수 이름이고, a와 b는 정의역의 양 끝점이다. 또 함수 funplot은 수치 결과인 xyout을 갖는데, xyout은 세 점 $x = a$, $x = (a + b)$ 그리고 $x = b$에서의 x와 $f(x)$의 값을 갖는 2 × 3 행렬이다. 프로그램 내에서 가함수 Fun은 한 개의 입력 인자 (x)와 한 개의 출력 인자 y를 가지며 두 인자 모두 벡터임에 유의하라.

```
function xyout=funplot(Fun,a,b)          ← 전달될 함수 이름
% funplot은 정의역 [a, b]에서 호출될 때, 입력되는 함수 Fun의 그래프를 그린다.
% 입력 인자는:
% Fun: 그래프로 표현될 함수의 함수 핸들
% a: 정의역의 시작점
% b: 정의역의 마지막 점
% 출력 인자는:
% xyout: x=a, x=(a+b)/2와 x=b에서 x와 y의 값들
% 3x2 행렬로 표시된다.

x=linspace(a,b,100);
y=Fun(x);          ← 전달된 함수를 사용하여 100개의 점에서 f(x)를 계산함
xyout(1,1)=a; xyout(2,1)=(a+b)/2; xyout(3,1)=b;
xyout(1,2)=y(1);
xyout(2,2)=Fun((a+b)/2);          ← 전달된 함수를 이용하여 중간 점에서 f(x)를 계산함
xyout(3,2)=y(100);
plot(x,y)
xlabel('x'), ylabel('y')
```

예로서, 정의역 [0.5, 4]에 대한 함수 $f(x) = e^{-0.17x}x^3 - 2x^2 + 0.8x - 3$은 사용자 정의 함수

funplot에 전달된다. 이는 두 가지 방법으로 수행된다. 첫 번째는 $f(x)$에 대한 사용자 정의 함수를 작성하는 것이고, 두 번째는 $f(x)$를 익명 함수로 작성하는 것이다.

▸ 사용자 정의 함수를 함수 함수에 전달하는 방법:

먼저 $f(x)$에 대한 사용자 정의 함수를 작성한다. Fdemo라는 함수는 주어진 x 값에 대해 $f(x)$를 계산하고, 원소별 연산을 이용하여 작성되었다.

```
function y=Fdemo(x)
y=exp(-0.17*x).*x.^3-2*x.^2+0.8*x-3;
```

다음으로, Fdemo 함수는 명령어 창에서 호출되는 사용자 정의 함수 funplot에 전달된다. 사용자 정의 함수 funplot의 입력 인자 Fun에는 사용자 정의 함수 Fdemo의 핸들(핸들은 @Fdemo)이 입력된다.

```
>> ydemo=funplot(@Fdemo,0.5,4)     ← 사용자 정의 함수 Fdemo의 핸들을 입력함
ydemo =
    0.5000   -2.9852
    2.2500   -3.5548
    4.0000    0.6235
```

수치 결과의 화면 출력 외에도, 명령어가 실행될 때 그림 7-3과 같은 그래프도 그림 창에 표시된다.

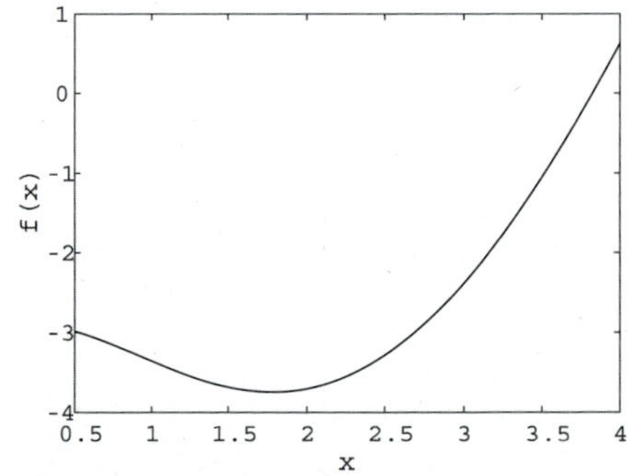

그림 7-3 함수 $f(x) = e^{-0.17x}x^3 - 2x^2 + 0.8x - 3$의 그래프

▸ 익명 함수를 함수 함수에 전달하는 방법:

익명 함수를 사용하기 위해 먼저 함수 $f(x) = e^{-0.17x}x^3 - 2x^2 + 0.8x - 3$을 익명 함수로 작성한 다음 익명 함수를 사용자 정의 함수 funplot에 전달한다. 다음은 명령어 창에서 이 두 단계를 수행하는 방법을 보여준다. 익명 함수의 이름 FdemoAnony는 (그 자체가 익명 함수의 핸들이므로) 기호 @의 표시 없이 사용자 정의 함수 funplot의 입력 인자 Fun에 입력한다는 점에 유의해야

한다.

```
>> FdemoAnony=@(x) exp(-0.17*x).*x.^3-2*x.^2+0.8*x-3
FdemoAnony =
    @(x) exp(-0.17*x).*x.^3-2*x.^2+0.8*x-3        f(x)에 대한 익명 함수를 생성함
>> ydemo=funplot(FdemoAnony,0.5,4)
ydemo =                                            익명 함수의 이름
    0.5000    -2.9852                              (FdemoAnony)을 입력함
    2.2500    -3.5548
    4.0000     0.6235
```

명령어 창에 수치 결과를 출력하는 것 외에도, 그림 7-3에 표시된 그래프가 그림 창에 표시된다.

7.9.2 함수 이름을 이용하여 함수를 함수 함수에 전달하는 방법

함수를 함수 함수에 전달하기 위한 두 번째 방법은 함수 함수의 입력 인자에 전달되는 함수의 이름을 문자열로 표기하는 것이다. 함수 핸들이 도입되기 전에 사용했던 방법은 사용자 정의 함수를 가져오는 데 사용할 수 있다. 앞에서 언급한 대로 함수 핸들은 사용하기 더 쉽고 효율적이므로 선호되는 방법이어야 한다. MATLAB 7 이전에 작성된 프로그램들을 이해해야 하는 독자들을 위해서, 사용자 정의 함수의 이름을 이용하여 가져오는 방법을 이 책의 현재 판에서 다룬다. 새 프로그램은 함수 핸들을 사용해야 한다.

사용자 정의 함수를 그 이름을 이용하여 가져올 때, 함수 함수 내에서 가져온 함수의 값은 `feval` 명령어로 계산해야 한다. 이것은 함수 핸들을 사용하는 경우와 다른데, 이는 가져온 함수의 전달 방법에 따라 함수 함수 내의 코딩 방법에 차이가 있음을 의미한다.

▸ feval 명령어:

`feval` (function evaluate의 약어) 명령어는 함수 인자(또는 인자들)의 주어진 값(또는 값들)에 대한 함수의 값을 평가한다. 명령어 형식은 다음과 같다.

```
variable = feval('function name', argument value)
```

`feval`에 의해 계산된 값은 변수에 할당될 수 있으며, 할당 없이 명령어만 입력되면, MATLAB은 `ans =`과 함수 값을 출력한다.

- 함수 이름은 문자열로 표기된다.
- 함수는 내장 함수 또는 사용자 정의 함수일 수 있다.
- 입력 인자가 한 개보다 많으면, 콤마로 인자를 구분한다.
- 출력 인자가 한 개 보다 많으면, 할당 연산자의 왼쪽의 변수들은 대괄호 안에 콤마로 구분하여 표기한다.

내장 함수에서 feval 명령어를 사용하는 두 가지 예는 다음과 같다.

```
>> feval('sqrt',64)
ans =
     8
>> x=feval('sin',pi/6)
x =
   0.5000
```

다음은 7장 앞부분(그림 7-2)에서 생성된 사용자 정의 함수 loan과 feval 명령어를 사용하는 것을 보여준다. 이 함수는 세 개의 입력 인자와 두 개의 출력 인자를 갖는다.

```
>> [M,T]=feval('loan',50000,3.9,10)      대출 50,000달러, 연이율 3.9%, 대출 기간 10년
M =
          502.22                           월 상환액
T =
        60266.47                           총 상환액
```

▸ **함수 이름을 입력 인자로 기입하여 함수를 받아들이는 함수 함수 작성 방법:**

이미 언급한 대로, 사용자 정의 함수가 이름을 이용하여 함수를 가져오는 경우, 함수 함수 내의 함수 값을 feval 명령어로 계산해야 한다. 이는 funplotS라고 하는 다음 사용자 정의 함수에서 설명된다. 이 함수는 는 feval 명령이 가져온 함수를 사용한 계산에 사용된다는 점을 제외하면 7.9.1절의 funplot 함수와 동일하다.

```
                             전달되는 함수를 위한 이름
function xyout=funplotS(Fun,a,b)
% funplotS는 정의역 [a, b]에서 호출될 때,
% 입력되는 함수 Fun의 그래프를 그린다.
% 입력 인자는:
% Fun: 그래프로 표현될 함수. 그 이름은 문자열로 입력된다.
% a: 정의역의 시작점
% b: 정의역의 마지막 점
% 출력 인자는:
% xyout: x=a, x=(a+b)/2와 x=b에서 x와 y의 값들
% 3x2 행렬로 표현된다.

x=linspace(a,b,100);
y=feval(Fun,x);      가져온 함수를 이용하여 100개의 점에서 f(x)를 계산함
xyout(1,1)=a; xyout(2,1)=(a+b)/2; xyout(3,1)=b;
xyout(1,2)=y(1);
```

```
xyout(2,2)=feval(Fun,(a+b)/2);  ← 가져온 함수를 이용하여 중간 점에서 f(x)를 계산함
xyout(3,2)=y(100);
plot(x,y)
xlabel('x'), ylabel('y')
```

▶ **문자열로 사용자 정의 함수를 다른 함수에 전달하는 방법:**

다음은 가져온 함수의 이름을 입력 인자에 문자열로 입력하여 사용자 정의 함수를 함수 함수에 전달하는 방법을 설명한다. 7.9.1절에서 사용자 정의 함수 `Fdemo`로 생성된 함수 $f(x) = e^{-0.17x}x^3 - 2x^2 + 0.8x - 3$이 사용자 정의 함수 `funplotS`에 전달된다. 함수 이름 `Fdemo`가 사용자 정의 함수 `funplotS`의 입력 인자 `Fun`에 문자열로 입력된 점에 유의하라.

```
>> ydemoS=funplotS('Fdemo',0.5,4)
                      ↑ 가져온 함수의 이름은 문자열로 입력됨
ydemoS =
    0.5000   -2.9852
    2.2500   -3.5548
    4.0000    0.6235
```

명령어 창에 수치 결과가 나타날 뿐만 아니라 그림 7-3의 그래프가 그림 창에 표시된다.

7.10 부함수

함수 파일은 한 개 이상의 사용자 정의 함수들을 포함할 수 있다. 함수들은 하나씩 차례대로 입력된다. 각 함수는 함수 정의 라인으로 시작한다. 첫 번째 함수를 주함수(primary function)라고 하며 나머지 함수들을 부함수(subfunction)라고 한다. 부함수들은 임의의 순서대로 작성될 수 있다. 저장되는 함수 파일의 이름은 주함수의 이름과 일치해야 한다. 파일의 각 함수들은 파일에 있는 나머지 어떠한 함수들도 호출할 수 있다. 외부 함수, 또는 프로그램(스크립트 파일)은 주함수만 호출할 수 있다. 파일에 있는 각 함수들은 자체 작업 공간(workspace)이 있으므로, 각 함수의 변수들은 지역 변수이다. 따라서, 주함수와 부함수들은(변수들이 전역 변수로 선언되어 있지 않는다면) 서로의 변수들에 접근할 수 없다.

부함수는 사용자 정의 함수를 체계적인 방법으로 작성하도록 도울 수 있다. 주함수의 프로그램은 더 작은 작업으로 나눌 수 있으며, 각 작업은 부함수에서 수행된다. 이는 예시 문제 7-4에서 설명된다.

예시 문제 7-4 ▶ 평균과 표준편차

수 목록의 평균과 표준편차를 계산하는 사용자 정의 함수를 작성하라. 함수를 이용하여 다음 성적 목록의 평균과 표준편차를 구하라.

80 75 91 60 79 89 65 80 95 50 81

풀이

주어진 n개의 수 집합 $x_1, x_2, ..., x_n$의 평균 x_{ave}는 다음 식으로 주어진다.

$$x_{ave} = (x_1 + x_2 + ... + x_n)/n$$

표준편차는 다음 식으로 주어진다.

$$\sigma = \sqrt{\frac{\sum_{i=1}^{i=n}(x_i - x_{ave})^2}{n-1}}$$

문제를 풀기 위해 사용자 정의 함수 `stat`가 작성된다. 부함수의 사용을 설명하기 위해, 함수 파일은 주함수 `stat`와 두 개의 부함수 `AVG`와 `StandDiv`가 포함되어 있다. 함수 `AVG`는 x_{ave}를 계산하며, 함수 `StandDiv`는 σ를 계산한다. 부함수들은 주함수에 의해 호출된다. 다음 목록은 한 개의 함수 파일 `stat`에 저장된다.

```
function [me SD] = stat(v)                     주함수
n=length(v);
me=AVG(v,n);
SD=StandDiv(v,me,n);

function av=AVG(x,num)                         부함수
av=sum(x)/num;

function Sdiv=StandDiv(x,xAve,num)             부함수
xdif=x-xAve;
xdif2=xdif.^2;
Sdiv= sqrt(sum(xdif2)/(num-1));
```

그 다음, 명령어 창에서 사용자 정의 함수 `stat`를 사용하여 성적들의 평균과 표준편차를 계산한다.

```
>> Grades=[80 75 91 60 79 89 65 80 95 50 81];
>> [AveGrade StanDeviation] = stat(Grades)
AveGrade =
   76.8182
StanDeviation =
   13.6661
```

7.11 중첩 함수

중첩 함수(nested function)는 사용자 정의 함수 내에 작성된 또 다른 사용자 정의 함수이다. 중첩 함수에 해당하는 코드 부분은 함수 정의 라인으로 시작해서 end 문으로 끝난다. end 문은 중첩된 함수가 포함된 함수의 끝부분에도 입력해야 한다(일반적으로 사용자 정의 함수는 end 문이 필요하지 않다. 그러나 함수가 한 개 이상의 중첩 함수를 포함하면 end 문이 필요하다). 중첩 함수에는 중첩 함수가 포함될 수도 있다. 분명히, 많은 레벨의 중첩 함수들을 갖는 것은 분명히 혼란을 야기시킨다. 이 절에서는 단 두 레벨의 중첩 함수를 고려한다.

▸ 한 개의 중첩 함수:

한 개의 중첩함수 B를 포함하는 사용자 정의 함수 A(주함수)의 형식은 다음과 같다.

```
function y=A(a1,a2)
.......
    function z=B(b1,b2)
    .......
    end
.......
end
```

- 함수 B와 A의 끝에 있는 end 문에 유의하라.
- 중첩된 함수 B는 주함수 A의 작업공간에 접근할 수 있으며, 주함수 A는 중첩 함수 B의 작업공간에 접근할 수 있다. 이는 주함수 A에서 정의된 변수를 중첩 함수 B에서 읽고 재정의할 수 있으며 그 역도 성립함을 의미한다.
- 함수 A는 함수 B를 호출할 수 있으며, 함수 B는 함수 A를 호출할 수 있다.

▸ 같은 레벨에서 두 개 이상의 중첩 함수:

같은 레벨에서 두 개의 중첩 함수 B와 C를 포함하는 사용자 정의 함수 A(주함수)의 형식은 다음과 같다.

```
function y=A(a1,a2)
.......
    function z=B(b1,b2)
    .......
    end
.......
    function w=C(c1,c2)
    .......
    end
.......
end
```

- 세 함수는 서로의 작업공간에 접근할 수 있다.
- 세 함수는 서로를 호출할 수 있다.

예를 들어, 같은 레벨에서 두 개의 중첩 함수를 가진 다음 사용자 정의 함수(statNest라는 이름)는 예시 문제 7-4의 해를 구한다. 중첩 함수는 주함수에서 정의된 변수(n과 m)을 사용하고 있음에 유의하라.

```
function [me SD] = statNest(v)          주함수
n=length(v);
me=AVG(v);

    function av=AVG(x)                  중첩 함수
    av=sum(x)/n;
    end

    function Sdiv = StandDiv(x)         중첩 함수
    xdif=x-me;
    xdif2=xdif.^2;
    Sdiv= sqrt(sum(xdif2)/(n-1));
    end

SD=StandDiv(v);
end
```

명령어 창에서 사용자 정의 함수 statNest를 사용하여 성적 데이터의 평균을 계산하면 다음과 같다.

```
>> Grades=[80 75 91 60 79 89 65 80 95 50 81];
>> [AveGrade StanDeviation] = statNest(Grades)
AveGrade =
    76.8182
StanDeviation =
    13.6661
```

▸ **두 레벨의 중첩 함수:**

중첩 함수가 중첩 함수 내에서 작성될 때 두 레벨의 중첩 함수가 생성된다. 두 레벨에서 네 개의 중첩 함수를 가진 사용자 정의 함수의 형식에 대한 예를 다음에 나타낸다.

```
function y=A(a1,a2)                    (주함수 A)
.......
    function z=B(b1,b2)                (B는 A에서 중첩함수이다.)
    .......
        function w=C(c1,c2)            (C는 B에서 중첩함수이다.)
        .......
        end
    end
    function u=D(d1,d2)                (D는 A에서 중첩함수이다.)
    .......
        function h=E(e1,e2)            (E는 D에서 중첩함수이다.)
        .......
        end
    end
.......
end
```

중첩 함수에는 다음 규칙이 적용된다.

- 중첩 함수는 그보다 높은 레벨에서 호출될 수 있다(앞의 예에서 함수 A는 B나 D를 호출할 수 있지만, C나 E를 호출할 수는 없다).
- 주함수 내에서 같은 레벨에 있는 중첩 함수끼리는 서로를 호출할 수 있다(앞의 예에서 함수 B는 D를, D는 B를 호출할 수 있다).
- 중첩 함수는 그보다 낮은 레벨의 어떤 중첩 함수로부터 호출될 수 있다.
- 주함수에서 정의된 변수는 주함수 내에 있는 어떤 레벨의 중첩 함수에 의해 인식되고 재정의될 수 있다.
- 중첩 함수에서 정의된 변수는 해당 중첩함수를 포함하는 어떤 함수에서도 인식되며 재정의될 수 있다.

7.12 MATLAB 응용 예제

예시 문제 7-5 지수함수적 증가와 감쇠

수량의 지수함수적 증가와 또는 감쇠에 대한 모델은 다음과 같이 주어진다.

$$A(t) = A_0 e^{kt}$$

여기서 $A(t)$와 A_0는 각각 시간 t와 시간 0에서의 양이며, k는 특정 응용 프로그램에 고유한 상수이다.

이 모델을 사용하여 A_0와 다른 어떤 시간 t_1에서의 $A(t_1)$에 대한 시간 t에서의 양 $A(t)$를 예측하는 사용자 정의 함수를 작성하라. 함수 이름과 인자의 경우 출력 인자 A가 $A(t)$에 해당하는 `At = expGD(A0, At1, t1, t)`를 사용하고, 입력 인자에 대해 A_0, $A(t_1)$, t_1, t에 해당하는 `A0, At1, t1, t`를 각각 사용해라.

다음 두 가지 경우에 명령어 창에서 함수 파일을 사용해라:

(*a*) 멕시코의 인구는 1980년에 6700만 명, 1986년에 7900만 명이었다. 2000년의 인구를 예측하라.

(*b*) 방사성 물질의 반감기(half-life)는 5.8년이다. 7 g의 샘플이 30년 후에 남게 되는 양은 얼마인가?

풀이

지수함수적 증가 모델을 사용하기 위해서는, 먼저 A_0, $A(t_1)$, t_1의 관계를 이용해 상수 k의 값을 구해야 한다.

$$k = \frac{1}{t_1}\ln\frac{A(t_1)}{A_0}$$

일단 k가 구해지면, 모델을 사용하여 임의 시간에서의 인구를 추정할 수 있다.

문제를 풀기 위한 사용자 정의 함수는 다음과 같다.

```
function At=expGD(A0,At1,t1,t)          함수 정의 라인
% expGD는 지수적 증가와 감소를 계산한다.
% 입력 인자는:
% A0: 시간 제로에서 크기
% At1: 시간 t1에서 크기
% t1: 시간 t1
% t: 시간 t
% 출력 인자는:
% At: 시간 t에서 크기
k=log(At1/A0)/t1;                       k를 계산함
At=A0*exp(k*t);                         A(t)를 계산함(출력 변수에 값을 할당함)
```

일단 함수가 저장되면, 명령어 창에서 함수를 사용하여 두 가지 경우를 해결하는 데 사용된다. *a*)의 경우 $A_0 = 67$, $A(t_1) = 79$, $t_1 = 6$, $t = 20$에 대해서는 다음과 같다.

```
>> expGD(67, 79, 6, 20)
ans =
      116.03                 2000년의 인구의 예측
```

b)의 경우 $A_0 = 7$, $A(t_1) = 3.5$ (t_1은 반감기로서 물질이 초기 양의 반으로 감쇠하는 데 필요한 시간이므로), $t_1 = 5.8$, $t = 30$에 대해서는 다음과 같다.

```
>> expGD(7, 3.5, 5.8, 30)
ans =
        0.19                          30년 후의 물질의 양
```

예시 문제 7-6 **발사체의 운동**

발사체의 궤적을 계산하는 함수 파일을 작성하라. 함수에 대한 입력은 발사체가 발사되는 초기 속도와 각도이다. 함수의 출력은 최대 높이와 최대 거리이다. 또한, 함수는 추가로 궤적의 그래프를 그린다. 함수를 사용하여 39°의 각도에서 속도 230 m/s로 발사되는 발사체의 궤적을 계산하라.

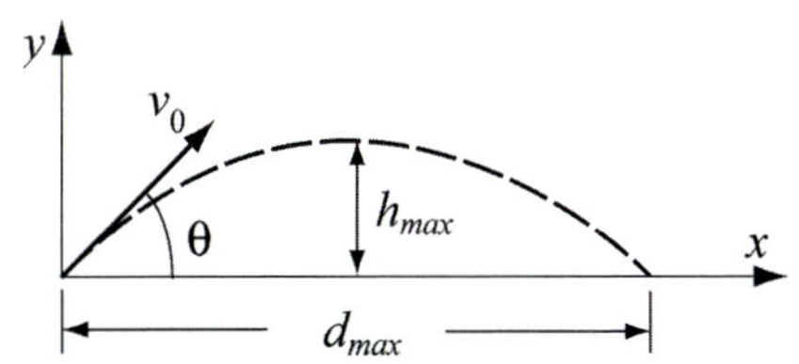

풀이

발사체의 운동은 수평 성분과 수직 성분을 고려함으로써 해석할 수 있다. 초기속도 v_0는 다음과 같이 수평 성분과 수직 성분으로 분해될 수 있다.

$$v_{0x} = v_0\cos(\theta) \quad \text{그리고} \quad v_{0y} = v_0\sin(\theta)$$

수직 방향으로 발사체의 속도와 위치는 다음 식으로 주어진다.

$$v_y = v_0 - gt \quad \text{그리고} \quad y = v_{0y}\,t - \frac{1}{2}gt$$

발사체가 최고점($v_y = 0$)에 도달하는 데 걸리는 시간과 해당 높이는 다음 식으로 주어진다.

$$t_{hmax} = \frac{v_{0y}}{g} \quad \text{그리고} \quad h_{hmax} = \frac{v_{0y}^2}{2g}$$

총 비행시간은 발사체가 최고점에 도달하는 데 걸리는 시간의 두 배로, $t_{tot} = 2t_{hmax}$이다. 수평 방향으로 속도가 일정하며, 발사체의 위치는 다음 식으로 주어진다.

$$x = v_{0x}t$$

MATLAB 표기법에서 함수 이름과 인자들은 `[hmax,dmax] = trajectory(v0, theta)`와 같이 입력된다. 함수 파일은 다음과 같다.

```
function [hmax,dmax]=trajectory(v0,theta)          함수 정의 라인
% trajectory는 발사체의 최고 높이와 최대 거리를 계산하며, 궤적의 그래프를 그린다.
% 입력 인자들:
% v0 = 초기 속도(m/s)
```

```
% theta = 발사각(도)
% 출력 인자들:
% hmax = 최고 높이(m).
% dmax = 최대 거리(m).
% 추가로 함수는 궤적의 그래프도 그린다.
g=9.81;
v0x=v0*cos(theta*pi/180);
v0y=v0*sin(theta*pi/180);
thmax=v0y/g;
hmax=v0y^2/(2*g);
ttot=2*thmax;
dmax=v0x*ttot;
% 궤적 그래프의 생성
tplot=linspace(0,ttot,200);        200개의 원소를 가진 시간 벡터를 생성함
x=v0x*tplot;                       각 시간에서 발사체의 x, y 좌표를 계산함
y=v0y*tplot-0.5*g*tplot.^2;        원소별 곱셈에 유의할 것
plot(x,y)
xlabel('DISTANCE (m)')
ylabel('HEIGHT (m)')
title('PROJECTILE''S TRAJECTORY')
```

함수를 저장된 후, 속도 230 m/s와 39°의 각도로 발사되는 발사체에 대해 명령어 창에서 사용된다.

```
>> [h d]=trajectory(230,39)
h =
    1.0678e+003
d =
    5.2746e+003
```

추가로, 그림 창에는 다음과 같은 그림이 생성된다.

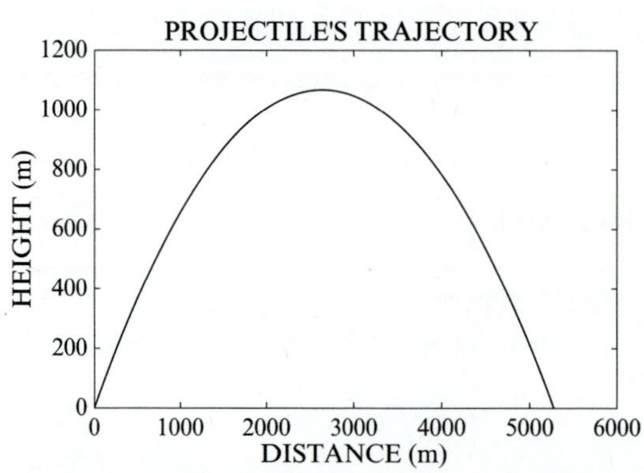

7.13 연습문제

1. 다음 수학 함수에 대한 사용자 정의 MATLAB 함수를 작성하라.

$$y(x) = 0.6x^3e^{-0.47x} + 1.5x^2e^{-0.6x}$$

함수 입력은 x이고, 출력은 y이다. x가 벡터가 될 수 있도록, 함수를 작성하라(원소별 연산 사용).

(*a*) 함수를 사용해서 $y(-2)$와 $y(4)$를 계산하라.

(b) 함수를 사용해서 $-4 \le x \le 8$에 대한 함수 $y(x)$의 그래프를 그려라.

2. 다음 수학 함수에 대한 사용자 정의 MATLAB 함수를 작성하라.

$$r(\theta) = 3\sin(3\cos(0.5\theta))$$

함수의 입력은 θ(rad 단위)이고 출력은 r이다. θ가 벡터가 될 수 있게 함수를 작성하라.

(*a*) 함수를 사용해서 $r(\pi/6)$와 $r(5\pi/6)$를 계산하라.

(*b*) 함수를 사용해서 $0 \le \theta \le 4\pi$에 대한 $r(\theta)$의 그래프(극좌표)를 그려라.

3. 미국에서는 자동차의 연비가 갤런당 마일(mpg)로 지정된다. 유럽에서는 종종 100 km당 리터로 표현된다. 연비를 mpg에서 100 km당 리터로 변환하는 MATLAB 사용자 정의 함수를 작성하라. 함수명과 인자로 `Lkm = mpgToLpkm(mpg)`를 사용한다. 입력 인자 `mpg`는 mi/gl 단위의 효율이고, 출력 인자 `Lkm`는 100 km당 리터 단위의 효율(가장 가까운 소수점 이하 반올림)이다. 명령어 창에서 함수를 사용하여:

(*a*) 연비가 21 mi/gal인 자동차의 100 km당 연비를 리터 단위로 계산하라.

(*b*) 연비가 36 mi/gal인 자동차의 100 km당 연비를 리터 단위로 계산하라.

4. 미국 관습 단위에서 압력은 psi(파운드당 제곱인치)로 측정된다. SI 미터법 단위에서 압력은 Pa (N/m^2) 단위로 측정된다. psi 단위로 주어진 압력을 Pa 단위의 압력으로 변환하는 사용자 정의 MATLAB 함수를 작성하라. 함수명과 인자로 `[Pa] = PsiToPa(psi)`를 사용하라. 입력 인자 `psi`는 변환할 psi 단위의 압력이고, 출력 인자 `Pa`는 Pa(가장 가까운 정수로 반올림) 단위로 변환된 압력이다. 명령어 창에서 함수를 사용하여 다음을 수행하라.

(*a*) 120 psi를 Pa 단위로 변환하라.

(*b*) 3,000 psi를 Pa 단위로 변환하라.

5. 재료 특성 표에는 국제 단위계(SI)가 사용될 때 밀도를 kg/m^3 단위가 나열되고, 미국 관습 단위계가 사용될 때 비중은 lb/in.^{3} 단위로 나열된다. 밀도를 비중으로 변환하는 사용자 정의 MATLAB 함수를 작성해라. 함수명과 인자로 `[sw] = DenToSw(den)`를 사용하라. 입력 인자 `den`은 kg/m^3 단위의 재료 밀도이고, 출력 인자 `sw`는 lb/in.^{3} 단위의 비중이다. 명령어 창에서 함수를 사용하여 다음을 수행하라.

(*a*) 밀도가 8,960 kg/m^{3}인 구리의 비중을 구하라.

(*b*) 밀도가 2,340 kg/m^{3}인 콘크리트의 비중을 구하라.

6. N-m 단위로 주어진 토크를 lb-ft 단위의 토크로 변환하는 사용자 정의 MATLAB 함수를 작성하라. 함수명과 인자로 `lbft = NmTOlbft(Nm)`를 사용하라. 입력 인자 Nm은 N-m 단위의 토크이고, 출력 인자 `lbft`는 lb-ft(가장 가까운 정수로 반올림됨) 단위의 토크이다. 작성된 함수를 사용하여 2,000 N-m를 lb-ft 단위로 변환하라.

7. 사람의 신체 표면적(*BSA*, body surface area)(약물의 용량을 결정하는 데 사용됨)은 m^2 단위로, 다음 공식(Mosteller 공식)에 의해 계산될 수 있다:

$$BSA = \sqrt{H \times W / 3131}$$

여기서 *H*는 사람의 키(인치), *W*는 사람의 체중(lb)이다.

신체 표면적을 계산하는 MATLAB 사용자 정의 함수를 작성하라. 함수명과 인자로 `BSA = BodySurA(w, h)`를 사용하라. 입력 인자 `w`와 `h`는 각각 체중과 키이다. 출력 인자 `BSA`는 *BSA* 값이다. 작성된 함수를 사용하여 다음의 신체 표면적을 계산하라.

(*a*) 77 kg, 1.78 m인 사람.

(*b*) 100 kg, 1.96 m인 사람.

8. 그림에 표시된 연료 탱크는 R = 24 in의 반구 모양으로 되어 있다.

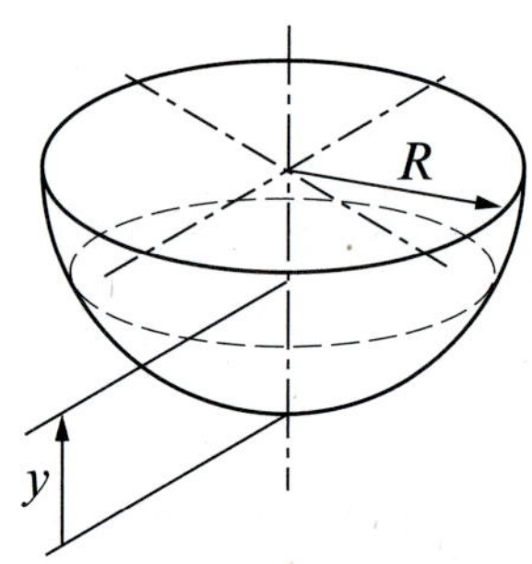

높이 *y*(탱크 바닥으로부터 측정)의 함수로서 탱크 내 연료의 부피(갤런 단위)를 계산하는 사용자 정의 함수를 작성하라. 함수명과 인자로 `V = Volfuel(y)`를 사용하라. 작성된 함수를 사용하여 $0 \le y \le 24$인치 범위에서 *y*의 함수로서 부피를 그래프로 그려라.

9. 종이컵은 원추대 모양을 갖도록 설계되어 있다. 주어진 *r*, *R*, *h* 값에 대해 컵의 부피와 표면적(옆면 및 바닥)을 결정하는 사용자 정의 함수를 작성하라. 함수명과 인자로 `[V, S] = VolSArea(r, R, h)`를 사용하라. 입력 인자 `r`, `R`, `h`는 각각 밑면의 반지름, 상단의 반지름 및 높이이다(모두 인치 단위).

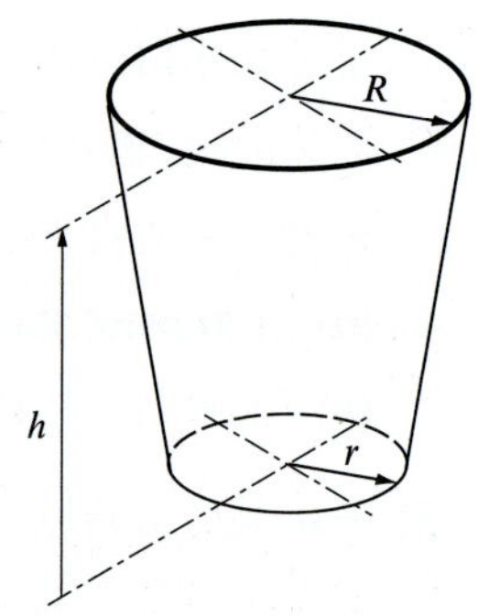

출력 인자 `V`와 `S`는 각각 부피(미국 액량 온스 단위)와 표면적(in.^{2} 단위)이다. 작성된 함수를 사용하여 다음 치수를 가진 컵의 부피와 표면적을 계산하라.

(*a*) r = 2 in., R = 3.5 in., h = 4.25 in.

(*b*) r = 2.5 in., R = 3.5 in., h = 4.5 in.

10. 해수면에서의 상대 습도 RH는 건구 온도 T_{db}와 습구 온도 T_{wb}의 측정값을 사용하여 계산할 수 있다(온도는 섭씨도 단위로 표현):

$$RH = \frac{VP}{SVP}100$$

여기서 VP는 다음과 같이 주어진 증기압이다.

$$VP = e^{\frac{16.78T_{wb} - 116.9}{T_{wb} + 237.3}} - 0.066858(1 + 0.00115T_{wb})(T_{db} - T_{wb})$$

여기서 SVP는 다음과 같이 주어진 포화 증기압이다.

$$SVP = e^{\frac{16.78T_{db} - 116.9}{T_{db} + 237.3}}$$

주어진 T_{db}와 T_{wb}에 대한 RH를 계산하기 위한 사용자 정의 함수를 작성하라. 함수명과 인자로 `RH = RelHum(Tdb, Twb)`를 사용하라. 입력 인자는 `Tdb`이고 `Twb`는 각각 °F 단위의 건구 온도와 습구 온도이다. 출력 인자 `RH`는 상대 습도를 퍼센트로 나타낸 값이다(가장 가까운 정수로 반올림됨). 사용자 정의 함수 내에서 섭씨를 화씨로 변환하는 부함수 또는 익명 함수를 사용하라. 작성된 함수를 사용하여 다음 조건에 대한 상대 습도를 계산하라.

(*a*) $T_{db} = 75°\text{F}$, $T_{wb} = 69°\text{F}$. (*b*) $T_{db} = 93°\text{F}$, $T_{wb} = 90°\text{F}$.

11. 학점 $A = 5$, $B = 4$, $C = 3$, $D = 2$, $F = 0$에 대해 0에서 5까지의 척도로 평균 학점(GPA)을 계산하는 사용자 정의 함수를 작성하라. 함수명과 인자로 `GPA = GradePtAve(G, C)`를 사용하라. 입력 인자 `G`는 문자열로 입력된 학점 A, B, C, D, F의 원소를 가진 벡터이다(예: `['ABACFB']`). 입력 인자 `C`는 해당 학점 시간에 대한 벡터이다. 출력 인자 `GPA`는 계산된 GPA를 가장 가까운 십분의 일로 반올림한 값이다(예: 3.75는 3.8로 반올림되고, 3.749는 3.7로 반올림된다). 작성된 함수를 사용하여 다음 기록을 가진 학생의 GPA를 계산하라.

성적	A	B	F	C	B	A	D	A
학점 시간	4	3	3	2	3	4	3	3

12. 두 선의 교차점에 의해 형성되는 각도를 결정하는 사용자 정의 MATLAB 함수를 작성하라. 함수명과 인자로 `th = anglines(A, B, C)`를 사용하라. 함수에 대한 입력 인자는 그림과 같이 점 A, B, C의 좌표를 가진 벡터이며, 이는 2차원 또는 3차원일 수 있다. 출력 `th`는 각도를 도 단위로 나타낸다. 다음 경우에 대한 각도를 결정하기 위해 함수 `anglines`을 사용하라.

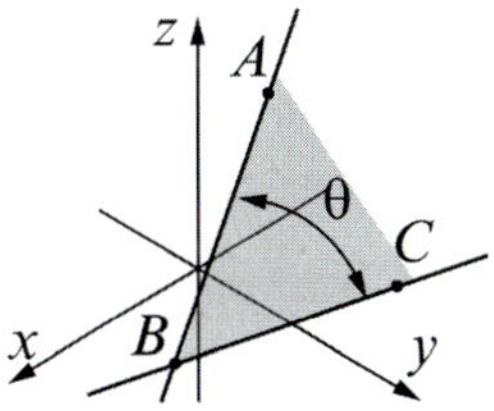

(*a*) $A(-5, -1, 6)$, $B(2.5, 1.5, -3.5)$, $C(-2.3, 8, 1)$

(*b*) $A(-5.5, 0)$, $B(3.5, -6.5)$, $C(0, 7)$

13. 하루 동안 두 이벤트 사이에 경과된 시간을 결정하는 사용자 정의 MATLAB 함수를 작성하라. 함수명과 인자로 `dt = timediff(TA, ap1, TB, ap2)`를 사용하라. 함수에 대한 입력 인자는 다음과 같다:

`TA`는 첫 번째 이벤트의 시간을 갖는 두 원소의 벡터이다. 첫 번째 원소는 시간이고 두 번째 원소는 분이다.

`ap1`은 첫 번째 이벤트의 시간에 해당하는 문자열 `'AM'` 또는 `'PM'`이다.

`TB`는 두 번째 이벤트의 시간을 갖는 두 원소의 벡터이다. 첫 번째 원소는 시간이고 두 번째 원소는 분이다.

`ap2`는 두 번째 이벤트의 시간에 해당하는 문자열 `'AM'` 또는 `'PM'`이다.

출력 인자 `dt`는 두 이벤트 사이에 경과된 시간을 나타내는 두 원소의 벡터이다. 첫 번째 원소는 시간 수이고 두 번째 원소는 분 수이다.

이벤트 *B*에 입력된 시간이 이벤트 *A*에 입력된 시간보다 이전인 경우 함수는 오류 메시지를 표시한다.

작성된 함수를 사용하여 다음 이벤트 사이에 경과된 시간을 계산하라.

(*a*) 이벤트 A: 5:37 AM; 이벤트 B: 2:51 PM.

(*b*) 이벤트 A: 12:53 PM; 이벤트 B: 6:12 PM.

(*c*) 이벤트 A: 11:32 PM; 이벤트 B: 3:18 PM. (오류 상황.)

14. 공간의 두 점(*A*와 *B*)을 연결하는 선의 방향에 있는 단위 벡터를 결정하는 사용자 정의 MATLAB 함수를 작성하라. 함수명과 인자로 `n = unitvec(A, B)`를 사용하라. 함수에 대한 입력은 두 개의 벡터 `A`와 `B`이며, 각각 해당 점의 데카르트 좌표를 갖는다. 출력 `n`은 *A*에서 *B* 방향으로 단위 벡터의 구성원소를 가진 벡터이다. 만약 점 *A*와 *B*가 각각 두 개의 좌표를 가지고 있다면(*xy* 평면에 있음), `n`은 두 원소를 가진 벡터이다. 만약 점 *A*와 *B*에 각각 세 개의 좌표(일반적인 공간 내의 점들)가 있는 경우 `n`은 원소가 3개인 벡터이다. 작성된 함수를 사용하여 단위 벡터를 계산하라.

(*a*) 점 (−0.7, 2.1)에서 점 (9, 18)으로의 방향

(*b*) 점 (10, −3.5, −2.5)에서 점 (−11, 6.5, 5.9)으로의 방향

15. 두 벡터의 외적을 결정하는 사용자 정의 MATLAB 함수를 작성하라. 함수명과 인자로 `w = crosspro(u, v)`를 사용하라. 함수에 대한 입력 인자는 두 개의 벡터로, 이들은 2차원 또는 3차원일 수 있다. 출력 `w`는 결과(벡터)이다. 다음의 외적을 결정하기 위해 `crosspro` 함수를 사용하라.

(*a*) 벡터 $a = 3i + 11j$ 그리고 $b = 14i - 7.3j$.

(*b*) 벡터 $c = -6i + 14.2j + 3k$ 그리고 $d = 6.3i - 8j - 5.6k$.

16. 삼각형 ABC의 면적은 다음과 같이 계산할 수 있다.

$$A = \frac{1}{2}|\boldsymbol{AB} \times \boldsymbol{AC}|$$

여기서 $\boldsymbol{AB}$는 꼭지점 A에서 꼭지점 B로의 벡터이고 $\boldsymbol{AC}$는 꼭지점 A에서 꼭지점 C로의 벡터이다. 꼭지점의 좌표로 주어진 삼각형의 면적을 결정하는 사용자 정의 MATLAB 함수를 작성하라. 함수명과 인자로 `[Area] = TriArea(A, B, C)`를 사용하라. 입력 인자 `A`, `B`, `C`는 각각 해당 꼭지점의 좌표를 가진 벡터이다. `TriArea` 코드는 두 개의 부함수를 가지도록 작성하라. - 하나는 벡터 $\boldsymbol{AB}$와 $\boldsymbol{AC}$를 결정하고 다른 하나는 외적을 실행한다. (가능한 경우 문제 15에서의 사용자 정의 함수를 사용하라.) 함수는 x-y 평면에 있는 삼각형(각 꼭지점이 두 좌표로 정의됨) 또는 공간에 있는 삼각형(각 꼭지점이 세 좌표로 정의됨)에 대해 작동해야 한다. 작성된 함수를 사용해서 다음 꼭지점들로 구성된 삼각형의 면적을 계산하라.

(*a*) $A = (1, 2)$, $B = (10, 3)$, $C = (6, 11)$

(*b*) $A = (-1.5, -4.2, -3)$, $B = (-5.1, 6.3, 2)$, $C = (12.1, 0, -1.5)$

17. 그림과 같이, 볼록 다각형의 면적은 해당 다각형을 나눌 수 있는 삼각형들의 면적을 더함으로써 계산될 수 있다. 볼록한 n각형의 면적을 계산하는 사용자 정의 MATLAB 함수를 작성하라. 함수명과 인자로 `A = APolygon(Crd)`를 사용하라. 입력 인자 `Crd`는 두 개의 열을 가진 행렬이며, 각 행은 꼭지점의 좌표를 포함한다(첫 번째 열은 x 좌표이고 두 번째 열은 y 좌표이다). 꼭지점들은 다각형을 형성하기 위해 연결된 순서대로 나열된다(예: 첫 번째 행에는 점 A의 좌표, 두 번째 행에는 점 B의 좌표 등). 출력 인자 A는 다각형의 면적이다. `APolygon`의 코드를 주어진 정점의 좌표에 대해 삼각형의 면적을 계산하는 부함수를 가지도록 작성하라. `APolygon`을 사용하여 그림에 나타난 다각형의 면적을 계산하라. 정점의 좌표는 다음과 같다: $A(1, 1)$, $B(7, 2)$, $C(10, 5)$, $D(9, 11)$, $E(6, 12)$, $F(1, 12)$, $G(-3, 8)$, $H(-4, 4)$.

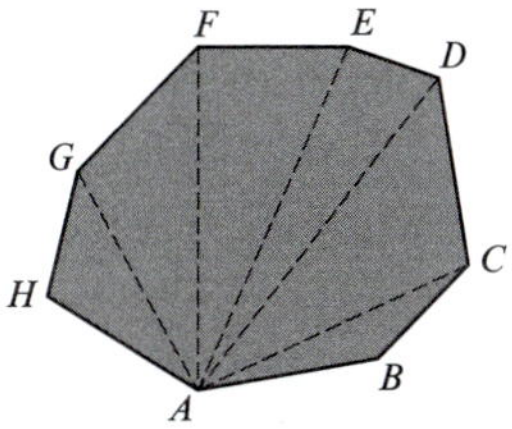

18. 평면상에서 주어진 세 점을 지나는 원의 중심 위치와 반지름을 결정하는 사용자 정의 함수를 작성하라. 또한 함수는 원과 점들을 보여주는 그래프 생성한다. 함수명과 인자로 `[C, R] = Circle3Pts(A, B, C)`를 사용하라. 입력 인자 `A`, `B`, `C`는 각각 해당 점의 x와 y 좌표를 가진 두 원소의 벡터이다. 출력 인자 `C`는 중심의 좌표를 가진 벡터이고, 출력 인자 `R`은 반지름이다(둘 다 가장 가까운 백분위로 반올림). 다음 세 점을 사용하여 함수를 사용하라: $A(7, 1.2)$, $B(0.5, 2.6)$, $C(-2.4, -1.4)$.

19. 10진수 정수를 2진수로 변환하는 사용자 정의 MATLAB 함수를 작성하라. 함수명을 `b =`

`Bina(d)`로 지정한다. 여기서 입력 인자 `d`는 변환될 정수이고, 출력 인자 `b`는 2진수를 나타내는 1과 0을 갖는 벡터이다. 변환 가능한 가장 큰 수는 16자리 1을 갖는 2진수이어야 한다. 만약 `d`로 더 큰 숫자가 입력된다면, 함수는 오류 메시지를 표시해야 한다. 작성된 함수를 사용해서 다음 수들을 변환하라.

(*a*) 100 (*b*) 1,002 (*c*) 52,601 (*d*) 200,090

20. 꼭지점들의 좌표가 주어진 삼각형과 그 내부에 내접하는 원을 그리는 사용자 정의 함수를 작성하라. 함수명과 인자로 `TriCirc(A, B, C)`를 사용하라. 입력 인자는 각각 꼭지점의 x 및 y 좌표를 갖는 벡터이다. 이 함수의 출력 인자는 없다. 점 (2.6, 3.2), (11, 14.5), (−2, 2.8)과 함께 작성된 함수를 적용하라.

21. 주어진 꼭지점의 좌표와 타원이 지나가는 또 다른 점의 좌표가 주어졌을 때, x축과 y축에 평행한 축을 가진 타원을 그리는 사용자 정의 함수를 작성하라. 함수명과 인자로 `ellipseplot(A,B,C)`를 사용하라. 입력 인자 `A`와 `B`는 각각 꼭지점의 좌표를 가진 두 원소의 벡터이고, `C`는 타원 위의 다른 한 점의 좌표를 가진 두 원소의 벡터이다(그림 참조). 이 함수의 출력 인자는 없다. 작성된 함수를 사용하여 다음 타원을 그려라.

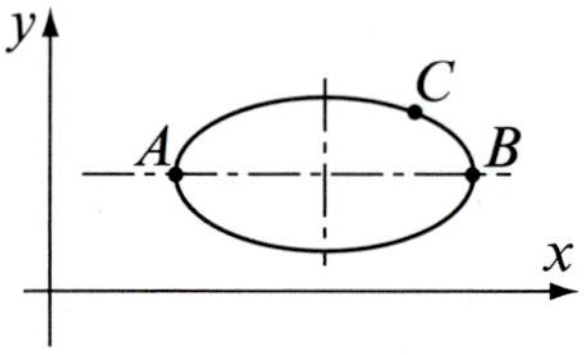

(*a*) $A(2, 3)$, $B(11, 3)$, $C(10, 4)$ (*b*) $A(2, 11)$, $B(2, -4)$, $C(4, 8)$

22. 극 좌표에서 이차원 벡터는 반지름과 각(r, θ)로 주어진다. 극 좌표로 주어진 두 벡터를 더하는 사용자 정의 MATLAB 함수를 작성하라. 함수명과 인자로 `[r th] = AddVecPol(r1, th1, r2, th2)`을 사용하라. 여기서 입력 인자들은 (r_1, θ_1)과 (r_2, θ_2)이고, 출력 인자는 결과의 반지름과 각도이다. 작성된 함수를 사용해서 다음 덧셈을 수행하라.

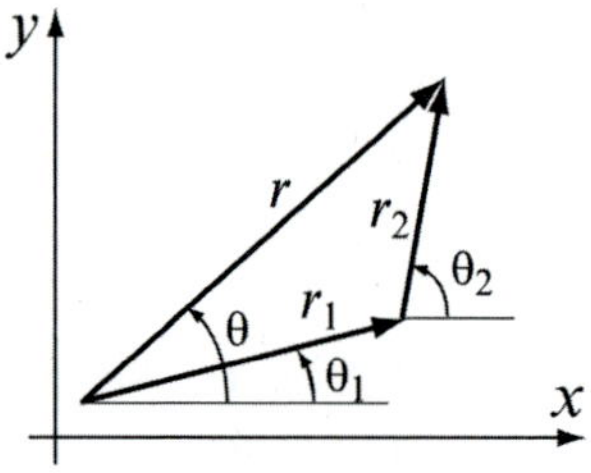

(*a*) $r_1 = (5, 23°)$, $r_2 = (12, 40°)$ (b) $r_1 = (6, 80°)$, $r_2 = (15, 125°)$

23. 숫자가 소수인지 결정하는 사용자 정의 함수를 작성하라. 함수명을 `pr = Trueprime(m)`로 지정한다. 여기서 입력 인자 `m`은 양의 정수이고, 출력 인자 `pr`은 `m`이 소수일 경우 1이고, 소수가 아닐 경우 0이다. MATLAB의 내장 함수인 `primes`와 `isprime`을 사용하지 마라. 함수 호출 시 음수나 정수가 아닌 숫자가 입력되면, "입력 인자는 양의 정수여야 합니다."라는 오류 메시지가 표시된다.

(*a*) 함수를 733, 2001, 그리고 107.5와 함께 사용하라.

(*b*) `Trueprime`을 사용하고 역수(37은 73의 역수)를 더해도 소수로 남는 가장 작은 소수를 찾는 스크립트 파일에 MATLAB 프로그램을 작성하라.

24. n개의 양수 집합 $x_1, x_2, ..., x_n$에 대한 조화 평균 H는 다음과 같이 정의된다.

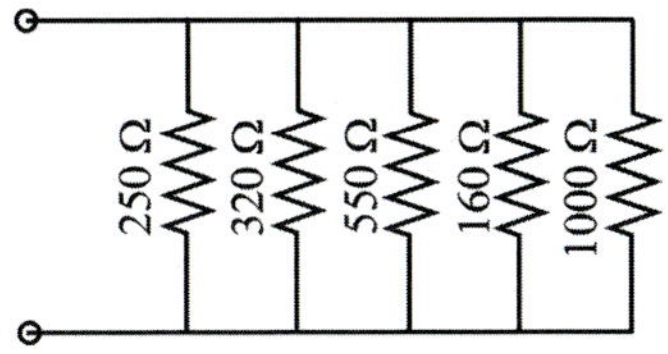

$$H = \frac{n}{\frac{1}{x_1} + \frac{1}{x_2} + \dots + \frac{1}{x_n}}$$

숫자들에 대한 조화 평균을 계산하는 사용자 정의 함수를 작성하라. 함수명과 인자로 `G = Harmean(x)`를 사용하라. 여기서 입력 인자 `x`는 숫자(임의의 길이)의 벡터이고 출력 인자 `H`는 조화 평균이다. 전기 공학에서 병렬로 연결된 저항의 등가 저항은 저항 값의 조화 평균을 저항 수로 나눈 값과 같다. 사용자 정의 함수 `Harmean`을 사용하여 그림에 표시된 저항기의 등가 저항을 계산하라.

25. 2차원 평면에서 데카르트 좌표를 이용해 점의 극좌표를 결정하는 사용자 정의 함수를 작성하라. 함수명과 인자로 `[th rad] = CartToPolar(x,y)`를 사용하라. 입력 인자는 점의 x 및 y 좌표이며, 출력 인자는 점까지의 각도 θ와 반지름 거리이다. 각도 θ는 도 단위이며, 양의 x축 기준으로 측정되어, I, II 사분면에서는 양수이고, III, IV 사분면에서는 음수이다. 함수를 사용해서 점 (14, 9), (−11, −20), (−15, 4), (13.5, −23.5)의 극 좌표 값을 구하라.

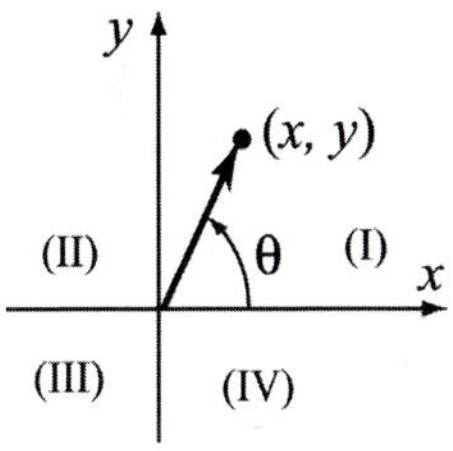

26. 데이터 세트가 주어진 이차원 행렬에서 가장 자주 발생하는 값을 결정하는 사용자 정의 함수를 작성하라. 함수명과 인자로 `[v, q] = matrixmode(x)`를 사용하라. 입력 인자 `x`는 숫자 값이 있는 어떤 크기의 $m \times n$ 행렬이고, 출력 인자 `v`와 `q`는 가장 자주 발생하는 값들과 그 값들이 발생하는 횟수이다. 가장 자주 발생하는 값이 두 개 이상인 경우 `v`는 이 값들을 포함하는 벡터이다. MATLAB 내장 함수 `mode`를 사용하지 마라. 함수를 세 번 시험하라. 입력값을 생성하기 위해 다음 명령을 사용하여 5 × 6 행렬을 생성하라: `x = randi(10, 5, 6)`.

27. 벡터의 원소를 가장 큰 원소부터 가장 작은 원소 순으로 정렬하는 사용자 정의 함수를 작성하라. 함수명과 인자로 `y = downsort(x)`를 사용하라. 함수의 입력은 임의의 길이를 가진 벡터 `x`이고, 출력 `y`는 `x`의 원소들이 내림차순으로 배열된 벡터이다. MATLAB 내장 함수 `sort`, `max`, 또는 `min`을 사용하지 마라. −30과 30 사이에 무작위로 분포된 14개의 숫자(정수)를 가진 벡터에서 작성된 함수를 시험하라. 초기 벡터를 생성하기 위해 MATLAB의 `randi` 함수를 사용하라.

28. 행렬의 원소를 정렬하는 사용자 정의 함수를 작성하라. 함수명과 인자로 `B = matrixsort(A)`를 사용하라. 여기서 `A`는 임의의 크기 ($m \times n$)인 행렬이고, `B`는 `A`의 원소들이 열별로 내림차순으로 재배열된 동일한 크기의 행렬로, (1,1) 원소가 가장 크고 (m,n) 원소가 가장 작다. 가능하다면, 이전 문제에서의 사용자 정의 함수 `downsort`를 `matrixsort` 내의 부함수로 사용

하라.

−30과 30 사이에 무작위로 분포된 원소(정수)가 있는 4 × 7 행렬에서 작성된 함수를 시험하라. 초기 벡터를 생성하기 위해 MATLAB의 `randi` 함수를 사용하라.

29. 행렬의 가장 큰 원소를 찾는 사용자 정의 MATLAB 함수를 작성하라. 함수명과 인자로 `[Em, rc] = matrixmax(A)`를 사용하라. 여기서 `A`는 임의의 크기 행렬이다. 출력 인자 `Em`은 가장 큰 원소의 값이고, `rc`는 가장 큰 원소의 주소(행과 열 번호)를 갖는 두 원소 벡터이다. 만일 최대값을 갖는 두 개 이상의 원소들이 있다면, 출력 인자 `rc`는 원소들의 주소들을 나열한 행을 갖는 2열 행렬이다. 작성된 함수를 세 번 시험하라. 입력 인자를 위해서 `x=randi([-20 100], 4, 6)` 명령을 사용해서 4 × 6 행렬을 만들어라.

30. 다음 공식을 사용해서 3 × 3행렬의 행렬식(determinant)을 계산하는 사용자 정의 함수를 작성하라.

$$det = A_{11}\begin{vmatrix} A_{22} & A_{23} \\ A_{32} & A_{33} \end{vmatrix} - A_{12}\begin{vmatrix} A_{21} & A_{23} \\ A_{31} & A_{33} \end{vmatrix} + A_{13}\begin{vmatrix} A_{21} & A_{22} \\ A_{31} & A_{32} \end{vmatrix}$$

함수명과 인자로 `d3 = det3by3(A)`를 사용하라. 여기서 입력 인자 `A`는 행렬이고, 출력 인자 `d3`는 행렬식 값이다. 2 × 2 행렬식을 계산하는 부함수를 갖도록 `det3by3` 함수 코드를 작성하라. `det3by3`를 사용해서 다음 행렬의 행렬식을 계산하라.

(*a*) $\begin{bmatrix} 1 & 3 & 2 \\ 6 & 5 & 4 \\ 7 & 8 & 9 \end{bmatrix}$ (*b*) $\begin{bmatrix} -2.5 & 7 & 1 \\ 5 & -3 & -2.6 \\ 4 & 2 & -1 \end{bmatrix}$

31. 지구 표면의 두 지점 사이의 최단 거리(대권 거리)는 하버사인 공식(Haversine Formula)을 사용하여 계산할 수 있다. Φ_1과 λ_1이 점 Φ_2과 λ_2의 위도와 경도이고 점 2의 위도와 경도라면, 점들 사이의 대권 거리는 다음과 같이 주어진다.

$$d = 2R\sin^{-1}(\sqrt{a})$$

여기서, $a = \sin^2\left(\frac{\Phi_2 - \Phi_1}{2}\right) + \cos\Phi_1 \cos\Phi_2 \cos\Phi_1 \sin^2\left(\frac{\lambda_2 - \lambda_1}{2}\right)$ 및 R = 3,959는 지구 반지름이다. 지구상의 두 지점 사이의 거리를 결정하는 사용자 정의 함수를 작성하라. 함수명과 인자로 `dis = GreatCirDis(Lat1, Lng1, Lat2, Lng2)`를 사용하라. 여기서 입력 인자는 두 점의 위도와 경도(10진수 형식의 도)이고 `dis`는 대원 거리(마일)이다. 작성된 함수를 사용하여 런던(51.50853°, −0.12574°)과 뉴욕시(40.71427°, −74.00597°) 사이의 거리를 계산하라.

32. 델타 로제트는 서로 120° 방향으로 배치된 세 개의 스트레인 게이지 세트이다. 각 스트레인 게이지로 측정한 스트레인은 ε_A, ε_B, ε_C이다. 주 변형률 ε_1와 ε_2는 로제트로 측정된 변형률로부터 다음과 같이 계산할 수 있다.

$$\varepsilon_{1,2} = \frac{\varepsilon_A + \varepsilon_B + \varepsilon_C}{3} \pm \frac{\sqrt{2}}{3}\sqrt{(\varepsilon_A - \varepsilon_B)^2 + (\varepsilon_B - \varepsilon_C)^2 + (\varepsilon_C - \varepsilon_A)^2}$$

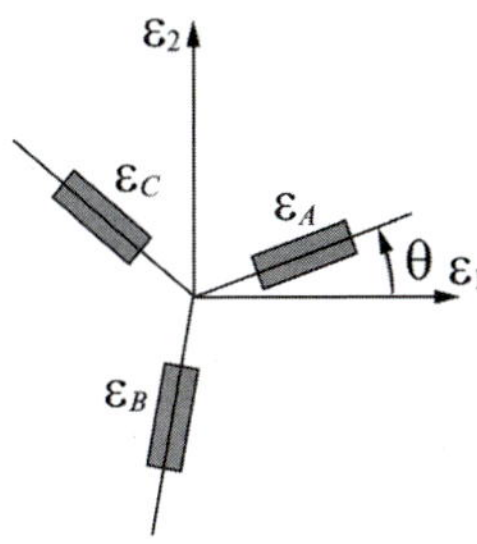

스트레인 ε_A, ε_B, ε_C가 주어졌을 때 주 변형률을 결정하는 사용자 정의 MATLAB 함수를 작성하라. 함수명과 인자로 `[P1, P2] = DeltaRos(A, B, C)`를 사용하라. 입력 인자 `A`, `B`, `C`는 로제트로 측정된 세 개의 변형률 값이다. 출력 인자 `P1`과 `P2`는 주 변형률의 값이다.

다음 경우에 대한 주 변형률을 결정하기 위해 작성된 함수를 사용하라.

(*a*) $\varepsilon_A = 42\ \mu$, $\varepsilon_B = 970\ \mu$, $\varepsilon_C = 340\ \mu$.

(*b*) $\varepsilon_A = 110\ \mu$, $\varepsilon_B = 80\ \mu$, $\varepsilon_C = -60\ \mu$.

33. 복권 참가자는 목록에서 여러 숫자를 선택해야 한다. 숫자 a와 b 사이에서 균일하게 분포된 n개의 정수 목록을 생성하는 사용자 정의 함수를 작성하라. 목록에 선택된 모든 숫자는 서로 달라야 한다. 함수명과 인자로 `x = lotto(a, b, n)`을 사용하라. 여기서 입력 인자는 각각 숫자 a, b, 그리고 n이다. 출력 인자 `x`는 선택된 숫자들을 포함하는 벡터이다.

(*a*) 1부터 59까지의 숫자 중에서 7개의 숫자 목록을 만들어라.

(*b*) 50부터 65까지의 숫자 중에서 8개 숫자 목록을 만들어라.

(*c*) −25부터 −2까지의 숫자 중에서 9개의 숫자 목록을 만들어라.

34. 테일러 급수 전개는 다음과 같다.

$$\sin x = x - \frac{x^3}{3!} + \frac{x^5}{5!} - \frac{x^{57}}{7!} + \ldots = \sum_{n=0}^{\infty} \frac{(-1)^n}{(2n+1)} x^{2n+1}$$

여기서 x는 라디안 단위이다. 테일러의 급수 전개를 사용하여 sin x을 결정하는 사용자 정의 함수를 작성하라. 함수명과 인자로 `y = sinTay(x)`를 사용하라. 여기서 입력 인자 `x`는 각도(도)이고 출력 인자 `y`는 sin 값이다. 사용자 정의 함수 내에서 테일러 급수의 항들을 더하는 루프를 사용하라. a_n가 계열의 n번째 항인 경우 n 항의 합 S_n는 $S_n = S_{n-1} + a_n$이다. 각 패스에서 $E = \left|\frac{S_n - S_{n-1}}{S_{n-1}}\right|$에 의해 주어진 추정 오차 E를 계산하라. $E < 0.000001$일 때 항들을 더하는 것을 중지하라. $\sin\theta = \sin(\theta \pm 360n)$($n$은 정수)은 각도가 360°보다 크거나 −360°보다 작을 경우 Taylor 급수가 가장 작은 수의 항(0에 가장 가까운 x 값 사용)을 사용하여 계산되도록 사용자 정의 함수를 작성하라.

`sinTay`를 사용하여 다음을 계산하라.

(*a*) sin 39° (*b*) sin 205° (*c*) sin(−70°)

(*d*) sin 754° (*e*) sin 19,000° (*f*) sin(−748°)

sinTay를 사용하여 계산한 값과 MATLAB에 내장된 sind 함수를 사용하여 계산한 값을 비교하라.

35. 그림에 표시된 I자형 단면적의 중심 좌표 y_c를 결정하는 사용자 정의 함수를 작성하라. 함수명과 인자의 경우 `yc = centroidI(w,h,d,t)`를 사용하라. 여기서 입력 인자는 `w`, `h`, `d` 및 `t`는 그림에 표시된 차원이고, 출력 인자 `yc`는 좌표 y_c이다. 작성된 함수를 사용하여 w = 10 in., h = 8 in., d = 6 in., t = 0.5 in인 빔에 대한 y_c를 계산하라.

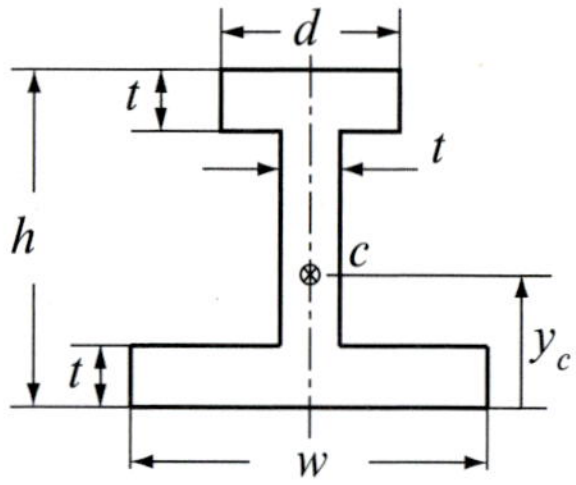

36. 중심을 통과하는 축 x_o에 대한 직사각형의 면적 관성 모멘트 I_{x_o}는 $I_{x_o} = \frac{1}{12}bh^3$이다. x_o에 평행한 축 x에 대한 관성 모멘트는 $I_x = I_{x_o} + Ad_x^2$로 주어지며, 여기서 A는 직각의 면적이고 d_x는 두 축 사이의 거리이다.

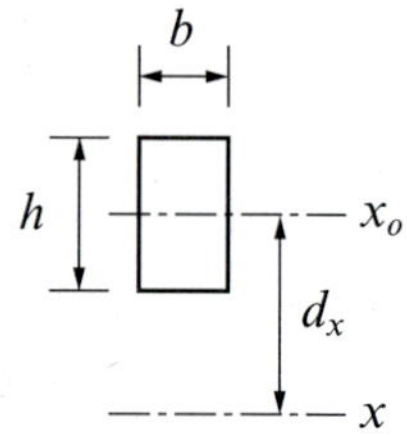

중심을 통과하는 축에 대한 I-빔의 면적 관성 모멘트 I_{x_c}를 결정하는 MATLAB 사용자 정의 함수를 작성하라(그림 참조). 함수명과 인자로 `Ixc = IxcBeam(w,h,d,t)`를 사용하라. 여기서 입력 인자 `w`, `h`, `d` 및 `t`는 그림에 표시된 차원이고 출력 인자 `Ixc`는 I_{x_c}이다. 중심의 좌표 y_c를 찾으려면 이전 문제 35번의 사용자 정의 함수 `centroidI`를 `IxcBeam` 내의 부함수로 사용하라.

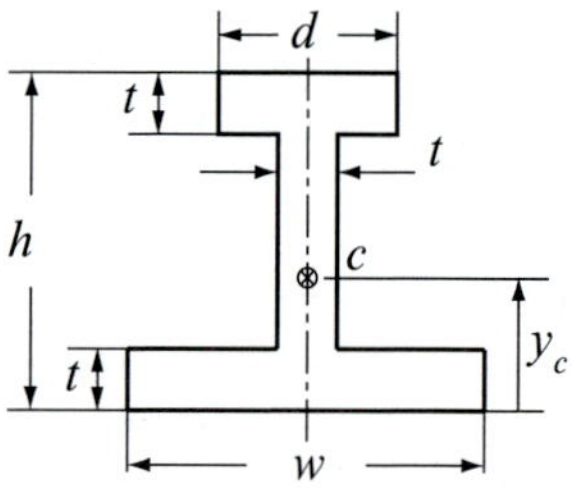

(복합 면적의 관성 모멘트는 면적을 부분으로 나누고 각 부분의 관성 모멘트를 합산함으로 구한다.)

작성된 함수를 사용하여 w = 10 in., h = 8 in., d = 6 in., t = 0.5 in인 빔의 관성 모멘트를 계산하라.

37. 그림에 표시된 간단한 RC 고역 통과 필터는 특정 차단 주파수보다 높은 주파수의 신호를 통과시킨다. 전압 크기의 비율은 다음과 같이 주어진다.

$$RV = \left|\frac{V_0}{V_i}\right| = \frac{\omega RC}{\sqrt{1+\omega^2R^2C^2}}$$

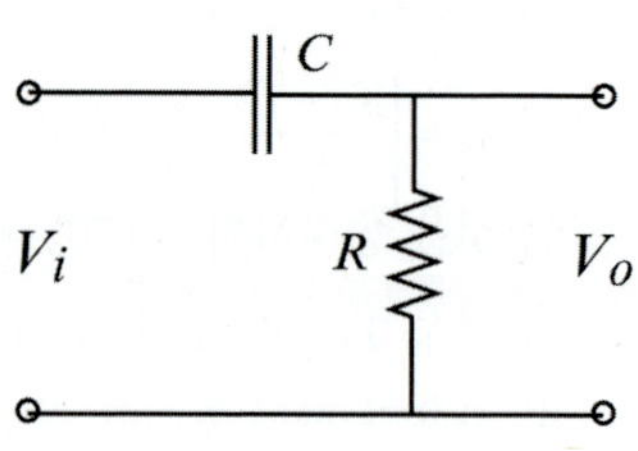

여기서 $\omega = 2\pi f$이고, f는 입력 신호 주파수이다.

주어진 R, C, f값에 대한 크기 비율을 계산하는 사용자 정의 MATLAB 함수를 작성하라. 함수명과 인자로 `RV = RCFilt(R,C,f)`를 사용하라. 입력 인자 `R`은 저항의 크기 Ω(옴). `C`는 F(패럿) 단위의 커패시터 크기, 그리고 `f`는 입력 신호의 주파수 Hz(헤르츠)이다. `f`가 벡터가 될 수 있도록 함수를 작성하라.

`RCFilt` 함수를 사용하여 $10 \le f \le 100{,}000$ Hz에 대한 f의 함수로 RV 플롯을 생성하는 프로그램을 스크립트 파일에 작성하라. 그래프는 가로축에 로그 눈금이 있다. 실행되면 스크립트 파일은 사용자에게 `R`과 `C`의 값을 입력하도록 요청하라. 그래프의 축에 레이블을 지정하라.

$R = 80\ \Omega$과 $C = 5\ \mu$F로 스크립트 파일을 실행하라.

38. 특정 주파수를 필터링하는 회로는 그림과 같다. 이 필터에서 전압의 크기 비율은 다음과 같다.

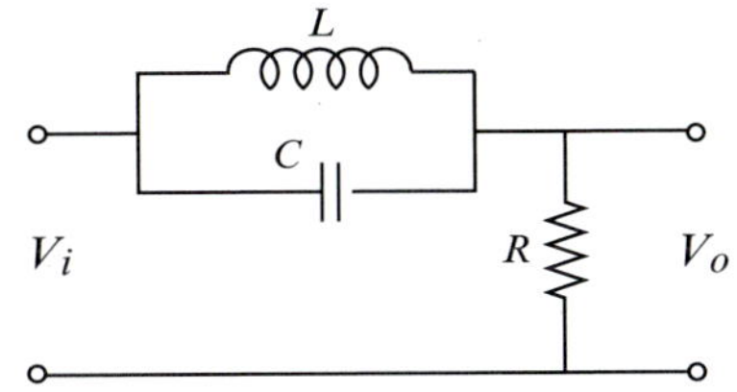

$$RV = \left|\frac{V_0}{V_i}\right| = \frac{|R(1 - \omega^2 LC)|}{\sqrt{(\omega L)^2 + (R - \omega^2 LC)^2}}$$

여기서, $\omega = 2\pi f$와 f는 입력 신호의 주파수이다.

크기 비율을 계산하는 사용자 정의 MATLAB 함수를 작성하라. 함수명과 인자로 `RV = filt afreq(R,C,L,f)`를 사용하라. 입력 인자 `R`은 저항의 크기 Ω(옴), `C`는 커패시터 값(패럿), `L`은 코일의 인덕턴스 H(헨리), 그리고 `f`는 입력 신호의 주파수[Hz(헤르츠)]이다. `f`가 벡터가 될 수 있도록 함수를 작성하라.

`filtafreq` 함수를 사용하여 $10 \le f \le 100{,}000$ Hz 범위에 대한 f의 함수로 RV의 두 개의 그래프가 있는 그림을 생성하는 스크립트 파일에 프로그램을 작성하라. 한 그래프에서는 $C = 160\ \mu$F, $L = 45$ mH, $R = 200\ \Omega$을 사용하고 두 번째 그래프에서는 C와 L은 변경되지 않고 $R = 50\ \Omega$이다. 그래프의 가로 축에는 로그 눈금이 있다. 축에 레이블을 지정하고 범례를 표시하라.

39. 점 $x = x_0$에서 함수 $f(x)$의 1차 도함수 $\frac{df(x)}{dx}$는 4점 중심차 공식으로 근사화될 수 있다.

$$\frac{df}{dx} = \frac{f(x_0 - 2h) - 8f(x_0 - h) + 8f(x_0 + h) - f(x_0 + 2h)}{12h}$$

여기서 h는 x_0에 비해 작은 숫자이다. 4점 중심차 공식을 사용하여 수학 함수 $f(x)$의 도함수를 계산하는 사용자 정의 함수 함수(7.9절 참조)를 작성하라.

사용자 정의 함수 이름의 경우 `dfdx = FoPtder(Fun,x0)`를 사용하라. 여기서 `Fun`은 `FoPtder`에 전달되는 함수명이고 `x0`은 도함수가 계산되는 지점이다. 4점 중심차 공식에 $h = x_0 / 100$를 사용하라. 사용자 정의 함수 `FoPtder`를 사용하여 다음을 계산하라.

(a) $x_0 = 0.6$에서 $f(x) = x^3 e^{2x}$의 미분

(b) $x_0 = 2.5$에서 $f(x) = \frac{3^x}{x^2}$의 미분

두 경우 `FoPtder`에서 계산된 답을 분석 솔루션(`format long` 사용)과 비교하라.

40. 복권 참가자는 n개의 숫자 중에서 r개의 숫자를 정확하게 추측해야 한다. r개의 숫자 중에서

m개의 숫자를 추측할 확률 P는 다음 식으로 계산할 수 있다.

$$P = \frac{C_{r,m}C_{(n-r),(r-m)}}{C_{n,r}}$$

여기서 $C_{x,y} = \dfrac{x!}{y!(x-y)!}$이다. P를 계산하는 사용자 정의 MATLAB 함수를 작성하라. 함수명과 인자로 `P = ProbLottery(m,r,n)`를 사용하라. 입력 인자는 정확한 추측 횟수인 `m`, `r`은 추측해야 할 숫자의 수, 그리고 `n`은 사용 가능한 숫자의 수이다. $C_{x,y}$를 계산하기 위해 `ProbLottery` 내의 부함수를 사용하라.

(*a*) 복권 게임에서 49개 숫자 중 뽑힌 6개 숫자 중 3개를 정확하게 선택하는 확률을 계산하기 위해 `ProbLottery`를 사용하라.

(*b*) 49개 숫자 중에서 6개 숫자가 선택되는 복권 게임을 고려하라. 7개의 행과 2개의 열로 구성된 테이블을 표시하는 스크립트 파일에 프로그램을 작성하라. 첫 번째 열에는 0, 1, 2, 3, 4, 5, 6이 있는데, 이는 정확하게 추측된 숫자의 수를 나타내고, 두 번째 열은 해당 추측 확률을 보여준다.

다항식, 커브 피팅과 보간법

Polynomials, Curve Fitting, and Interpolation

차 례

다항식(polynomial)은 과학과 공학에서 문제를 풀고 모델링하기 위해 자주 사용되는 수학적인 표현이다. 많은 경우 문제를 푸는 과정에서 쓰이는 식은 다항식이며, 문제의 해는 다항식이 0이 되도록 한다. MATLAB은 다항식을 다루기 위해 특별히 설계된 다양한 함수를 가지고 있다. MATLAB에서 다항식을 사용하는 방법은 8.1절에서 기술한다.

커브 피팅(curve fitting)은 데이터를 모델링하기 위해 사용될 수 있는 함수를 찾는 과정이다. 함수는 모든 점들을 꼭 지나갈 필요는 없지만, 가능한 한 최소오차를 가지고 데이터를 모델링한다. 커브 피팅에 대해 사용될 수 있는 식의 형태는 제한이 없다. 그러나 다항식, 지수함수, 멱함수(power function)가 자주 사용된다. MATLAB에서 커브 피팅은 프로그램을 작성하거나 그림 창에서 그려진 데이터를 대화식으로 분석함으로써 이루어질 수 있다. 8.2절에서는 다항식과 다른 함수들을 가진 커브 피팅에 대해 MATLAB 프로그래밍을 사용하는 방법을 기술한다. 8.4절에서는 커브 피팅과 보간법(interpolation)에 사용되는 기본적인 피팅 인터페이스를 기술한다.

보간법은 데이터 점들 사이에 있는 값들을 추정하는 과정이다. 가장 간단한 보간법은 점들 사이에 직선으로 연결함으로써 수행된다. 좀 더 정교한 보간에서는 더 많은 추가적인 데이터가 사용된다. MATLAB으로 보간을 하는 방법은 8.3절과 8.4절에서 기술한다.

8.1 다항식(*Polynomials*)

다항식은 다음과 같은 형식을 갖는 함수이다.

$$f(x) = a_n x^n + a_{n-1} x^{n-1} + \dots + a_1 x + a_0$$

계수들 $a_n, a_{n-1}, \dots, a_1, a_0$는 실수이며, 음수가 아닌 정수 n은 다항식의 차수이다.

다항식의 예는 다음과 같다.

$f(x) = 5x^5 + 6x^2 + 7x + 3$	5차 다항식
$f(x) = 2x^2 - 4x + 10$	2차 다항식
$f(x) = 11x - 5$	1차 다항식

상수(예를 들면, $f(x) = 6$)는 0차 다항식이다.

MATLAB에서 다항식은 계수 $a_n, a_{n-1}, \dots, a_1, a_0$들을 원소로 하는 행 벡터로 표현된다. 첫 번째 원소는 가장 높은 차수를 가진 x의 계수이다. 벡터는 0인 계수들을 포함한 모든 계수들을 포함해야 한다. 예를 들면,

다항식	**MATLAB 표현**
$8x + 5$	p = [8 5]
$2x^2 - 4x + 10$	d = [2 –4 10]
$6x^2 - 150$, MATLAB 형식: $6x^2 + 0x - 150$	h = [6 0 –150]
$5x^5 + 6x^2 - 7x$, MATLAB 형식: $5x^5 + 0x^4 + 0x^3 + 6x^2 - 7x + 0$	c = [5 0 0 6 –7 0]

8.1.1 다항식의 값

한 점 x에서 다항식의 값은 다음 형식을 갖는 함수 `polyval`로 계산될 수 있다.

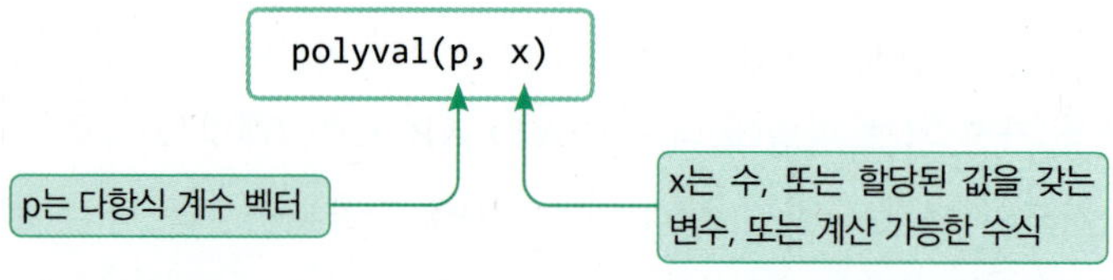

`x`는 벡터나 행렬이 될 수 있다. 이 경우 다항식은 각 원소(원소별)에 대해 계산되며, 답은 다항식의 해당 값들을 가진 벡터 혹은 행렬이다.

예시 문제 8-1 MATLAB에 의한 다항식 계산

다항식 $f(x) = x^5 - 12.1x^4 + 40.59x^3 - 17.015x^2 - 71.95x + 35.88$에 대해

(*a*) $f(9)$를 계산하여라.

(*b*) 구간 $-1.5 \le x \le 6.7$에 대하여 다항식의 그래프를 그려라.

풀이

명령창에서 문제를 풀 수 있다.

(*a*) 다항식의 계수들은 벡터 p에 할당된다. 그다음, 함수 polyval은 x = 9에서 값을 계산하도록 사용된다.

```
>> p = [1 -12.1 40.59 -17.015 -71.95 35.88];
>> polyval(p,9)
ans =
  7.2611e+003
```

(*b*) 다항식의 그래프를 그리기 위해 벡터 x를 −1.5에서 6.7까지의 범위에 해당하는 원소들로 먼저 정의한다. 그다음, 벡터 y는 x의 모든 원소들에 대해 다항식의 값들을 가지고 생성된다. 마지막으로 x에 대한 y의 그래프를 그린다.

```
>> x=-1.5:0.1:6.7;
>> y=polyval(p,x);
>> plot(x,y)
```

벡터 x의 각 원소에 대한 다항식의 값을 계산

MATLAB에 의해 생성된 그래프는 다음과 같다(축 라벨은 그래프 편집기로 추가하였다).

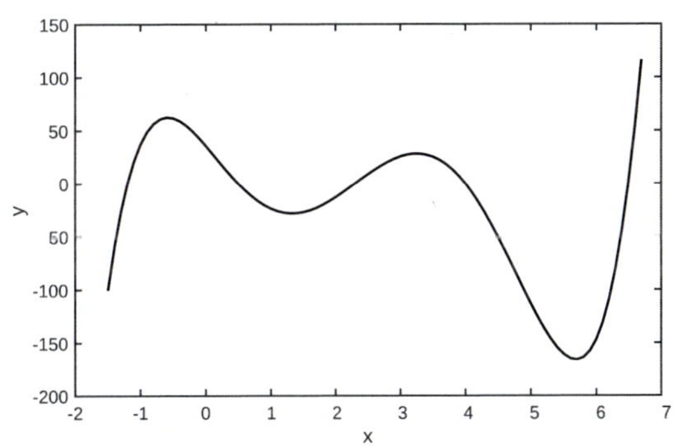

8.1.2 다항식의 근

다항식의 근은 다항식의 값이 0이 되게 하는 인수의 값이다. 예를 들면, 다항식 $f(x) = x^2 - 2x - 3$ 근은 $x^2 - 2x - 3 = 0$이 되는 x의 값으로 $x = -1$과 $x = 3$이다.

MATLAB은 다항식의 근을 구하는 함수 roots를 가지고 있다. 함수의 형식은 다음과 같다.

```
r = roots(p)
```

r은 다항식의 근을 갖는 열벡터이다.

p는 다항식의 계수를 나타내는 행벡터이다.

예를 들면, 예시 문제 8-1에서 다항식의 근들은 다음과 같이 구할 수 있다.

```
>> p= [1 -12.1 40.59 -17.015 -71.95 35.88];
>> r=roots(p)
r =
    6.5000
    4.0000
    2.3000
   -1.2000
    0.5000
```

근이 알려지면, 다항식은 다음과 같이 표현될 수 있다.
$f(x) = (x + 1.2)(x - 0.5)(x - 2.3)(x - 4)(x - 6.5)$

roots 명령어는 2차 방정식의 근을 구하는 데 매우 유용하다. 예를 들면, $f(x) = 4x^2 + 10x - 8$의 근을 찾기 위해 다음과 같이 입력한다.

```
>> roots([4 10 -8])
ans =
   -3.1375
    0.6375
```

다항식의 근이 알려질 때, poly 명령어는 다항식의 계수들을 구하는 데 사용된다. poly 명령어의 형식은 다음과 같다.

```
p = poly(r)
```

p는 다항식의 계수를 갖는 행 벡터이다.

r은 다항식의 근을 갖는 (행 또는 열)벡터이다.

예를 들면, 예시 문제 8-1에서 다항식의 계수들은 위의 다항식의 근들로부터 다음과 같이 구할 수 있다.

```
>> r=[6.5 4 2.3 -1.2 0.5];
>> p=poly(r)
p =
    1.0000   -12.1000    40.5900   -17.0150   -71.9500    35.8800
```

8.1.3 다항식의 사칙연산

▸ **덧셈**

두 다항식은 계수들의 벡터를 더함(또는 뺌)으로써 더 할 수도 있고, 뺄 수도 있다. 만일 다항식이 같은 차수가 아니라면(즉 계수들의 벡터가 같은 길이가 아니라면), 짧은 쪽 벡터의 앞부분에 0을 추가함(padding)으로써 긴 쪽 벡터와 같은 길이가 되도록 수정해야 한다. 예를 들면, 다음과 같이 두 다항식 $f_1(x) = 3x^6 + 15x^5 - 10x^3 - 3x^2 + 15x - 40$와 $f_2(x) = 3x^3 - 2x - 6$가 더해질 수 있다.

```
>> p1=[3 15 0 -10 -3 15 -40];
>> p2=[3 0 -2 -6];
>> p=p1+[0 0 0 p2]
p =
     3    15     0    -7    -3    13   -46
```

p1의 차수가 6이고 p2의 차수가 3이기 때문에, p2의 앞 부분에 3개의 0이 추가된다.

▶ **곱셈**

두 다항식은 다음과 같은 형식을 가지는 MATLAB 내장함수 conv로 곱해질 수 있다.

```
c = conv(a,b)
```

c는 곱셈 결과 다항식의 계수 벡터이다.

a와 b는 곱하여질 다항식들의 계수 벡터들이다.

- 두 다항식은 같은 차수일 필요는 없다.
- 세 개 이상의 다항식의 곱셈은 conv 함수를 반복하여 사용하면 된다.

예를 들면, 위 다항식 $f_1(x)$과 $f_2(x)$의 곱셈은 다음과 같다.

```
>> pm=conv(p1,p2)
pm =
     9    45    -6   -78   -99    65   -54   -12   -10   240
```

이는 그 답이 다음과 같음을 의미한다.

$$9x^9 + 45x^8 - 6x^7 - 78x^6 - 99x^5 + 65x^4 - 54x^3 - 12x^2 - 10x + 240$$

▶ **나눗셈**

다항식은 다음과 같은 형식을 가지는 MATLAB 내장함수 deconv로 다른 다항식에 의해 나누어질 수 있다.

```
[q,r] = deconv(u,v)
```

q는 몫 다항식의 계수 벡터이다.
r은 나머지 다항식의 계수 벡터이다.

u는 분자인 다항식의 계수벡터이다.
v는 분모인 다항식의 계수벡터이다.

예를 들면, $2x^3 + 9x^2 + 7x - 6$을 $x + 3$으로 나누는 것은 다음과 같다.

```
>> u=[2 9 7 -6];
>> v=[1 3];
>> [a b]=deconv(u,v)
a =
     2     3    -2
b =
     0     0     0     0
```

답은 $2x^2 + 3x - 2$이다.

나머지는 0이다.

나머지가 있는 나눗셈의 예는 $2x^6 - 13x^5 + 75x^3 + 2x^2 - 60$을 $x^2 - 5$로 나누는 것이다.

```
>> w=[2 -13 0 75 2 0 -60];
>> z=[1 0 -5];
>> [g h]=deconv(w,z)
g =
    2   -13    10    10    52
h =
    0    0    0    0    0    50    200
```

몫은 $2x^4 - 13x^3 + 10x^2 + 10x + 52$이다.

나머지는 $50x + 200$이다.

답은 $2x^4 - 13x^3 + 10x^2 + 10x + 52 + \dfrac{50x + 200}{x^2 - 5}$이다.

8.1.4 다항식의 미분

내장함수 polyder는 다음 세 명령어와 같이 한 다항식의 미분, 두 다항식의 곱의 미분, 두 다항식의 몫의 미분을 계산한다.

`k = polyder(p)` 한 개의 다항식의 미분, p는 다항식의 계수들을 갖는 벡터이다. k는 미분한 다항식의 계수들을 갖는 벡터이다.

`k = polyder(a,b)` 두 다항식의 곱의 미분, a와 b는 곱할 두 다항식의 계수들을 갖는 벡터이다. k는 곱의 결과를 미분한 다항식의 계수들을 갖는 벡터이다.

`[n d] = polyder(u,v)` 두 다항식의 나눗셈 몫의 미분. u와 v는 분자 다항식과 분모 다항식의 계수들을 갖는 벡터이다. n과 d는 몫을 미분하여 얻은 분자 다항식과 분모 다항식의 계수들을 갖는 벡터이다.

마지막 두 명령어의 유일한 차이점은 출력 인자의 개수이다. 두 개의 출력 인자가 있으면, MATLAB은 두 다항식의 나눗셈 몫의 미분을 계산한다. 한 개의 출력 인자가 있으면, 두 다항식의 곱을 미분한다.

예를 들면, $f_1(x) = 3x^2 - 2x + 4$이고 $f_2(x) = x^2 + 5$일 때, $3x^2 - 2x + 4$, $(3x^2 - 2x + 4)(x^2 + 5)$ 및 $\dfrac{3x^2 - 2x + 4}{x^2 - 5}$의 미분은 다음과 같이 구할 수 있다.

```
>> f1= [3 -2 4];
>> f2=[1 0 5];
>> k=polyder(f1)
k =
     6    -2
>> d=polyder(f1,f2)
d =
    12    -6    38   -10
>> [n d]=polyder(f1,f2)
n =
     2    22   -10
d =
     1     0    10     0    25
```

함수 f_1과 f_2 계수 벡터들을 생성하기

함수 f_1의 미분은 $6x - 2$이다.

함수 곱 f_1*f_2의 미분은 $12x^3 - 6x^2 + 38x - 10$이다.

$\dfrac{3x^2 - 2x + 4}{x^2 - 5}$의 미분은 $\dfrac{2x^2 + 22x - 10}{x^4 + 10x^2 + 25}$이다.

8.2 커브 피팅

커브 피팅은 함수를 데이터 집합에 피팅하는 과정이며 회귀분석(regression analysis)이라고도 한다. 그러면 이 함수는 데이터의 수학적 모델로 사용될 수 있다. 많은 유형의 함수들(선형함수, 다항식함수, 멱함수, 지수함수 등)이 있으므로 커브 피팅은 복잡한 과정이 될 수 있다. 많은 경우 주어진 데이터에 어떤 유형의 함수를 근사화하는 것이 좋은지에 대해 알고 있으며, 이 경우에 단지 함수의 계수들을 결정하는 것이 필요할 것이다. 데이터에 대해 알려진 것이 전혀 없는 경우에는, 여러 종류의 그래프를 그려봄으로써 데이터를 잘 피팅할 수 있는 함수들의 가능한 형태에 관한 정보를 얻을 수 있다. 이번 절은 커브 피팅에 대한 몇 가지 기본적인 기법들을 기술하고 이 목적을 위해 MATLAB이 가지고 있는 도구들을 기술한다.

8.2.1 다항식에 의한 커브 피팅; polyfit 함수

다항식은 두 가지 방법에서 데이터 점들을 피팅하도록 사용될 수 있다. 하나는 다항식이 모든 데이터 점들을 통과하며, 다른 하나는 다항식이 임의의 데이터 점들을 반드시 통과하지 않고 전반적으로 데이터 점들을 잘 근사(approximation)시키는 것이다. 두 가지 선택지는 아래와 같다.

▸ 모든 데이터 점들을 통과하는 다항식

n개 점들 (x_i, y_i)이 주어졌을 때, 모든 데이터 점들을 통과하는 $n - 1$ 차수의 다항식을 쓸 수 있다. 예를 들면, 두 점이 주어진다면 데이터 점들을 통과하는 $y = mx + b$ 형태의 선형 방정식을 쓰는 것이 가능하다. 세 점을 가지면, 식은 $y = ax^2 + bx + c$의 형태를 가진다. n개의 점을 가지면, 다항식은 $a_{n-1}x^{n-1} + a_{n-2}x^{n-2} + \ldots + a_1x + a_0$의 형태를 가진다. 다항식의 계수들은 다항식에 n개의 점들을 각각 대입하고 계수에 대한 n개의 방정식을 풀면 구할 수 있다. 이 절 후반부

에서 보여질 것과 같이, 데이터 점들 사이의 값을 추정한다면 고차 다항식은 큰 오차를 줄 수도 있다.

▸ 임의의 점을 반드시 통과하는 것은 아닌 다항식

n개의 점들이 주어질 때, 이 점들을 반드시 통과하는 것은 아니지만 전체적으로 데이터를 근사화하는 $n-1$ 차수 미만의 다항식을 쓸 수 있다. 데이터 점들에 대한 최상의 커브 피팅을 찾기 위한 가장 일반적인 방법은 최소자승법(least squares method)이다. 이 방법에서는 모든 데이터 점에서의 잔여오차(residual)의 제곱들을 더한 값을 최소화하는 방법으로 다항식 계수들을 구한다. 각 점에서의 잔여오차는 데이터 값과 다항식으로 계산한 값 사이의 차이로 정의된다. 예를 들면, 그림 8-1과 같이 네 개의 데이터 점에 가장 잘 맞는 직선의 방정식을 구하는 경우를 생각해보자. 네 점은 (x_1, y_1), (x_2, y_2), (x_3, y_3) 및 (x_4, y_4)이며, 1차 다항식은 $f(x) = a_1x + a_0$로 쓸 수 있다.

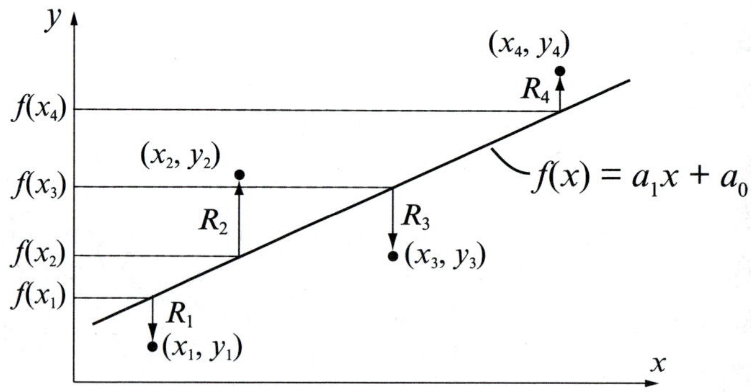

그림 8-1 네 점에 대한 1차 다항식의 최소자승 커브 피팅

각 점에서의 잔여오차 R_i 즉, x_i와 y_i에서 함수값 사이의 차이는 $R_i = f(x_i) - y_i$이다. 모든 점에서의 잔여오차 R_i의 제곱의 합은 다음 식으로 주어진다.

$$R = [f(x_1) - y_1]^2 + [f(x_2) - y_2]^2 + [f(x_3) - y_3]^2 + [f(x_4) - y_4]^2$$

여기에서 다항식에 각 점을 대입하면 다음과 같다.

$$R = [a_1x_1 + a_0 - y_1]^2 + [a_1x_2 + a_0 - y_2]^2 + [a_1x_3 + a_0 - y_3]^2 + [a_1x_4 + a_0 - y_4]^2$$

이 단계에서 R은 a_1과 a_0의 함수이다. a_1과 a_0에 대해서 R을 각각 편미분하여 얻은 두 개의 식을 다음과 같이 0으로 놓으면 R의 최소값을 구할 수 있다.

$$\frac{\partial R}{\partial a_1} = 0 \quad \text{and} \quad \frac{\partial R}{\partial a_0} = 0$$

이 식은 두 미지수 a_1과 a_0를 가진 두 연립방정식을 얻는다. 이 방정식의 해가 데이터에 피팅이 가장 잘 된 다항식의 계수값들을 제공한다. 더 많은 데이터 점들과 더 고차인 다항식에 대해서도 같은 과정을 따르면 된다. 최소자승법에 대한 더 자세한 내용은 수치해석에 관한 책들을 참고하기 바란다.

다항식에 의한 커브 피팅은 MATLAB에서 최소자승법을 이용한 `polyfit` 함수로 할 수 있다. `Polyfit` 함수의 기본적인 형식은 다음과 같다.

```
p = polyfit(x,y,n)
```

p는 데이터를 커브 피트한 다항식의 계수 벡터이다.

x는 데이터 점들의 수평 좌표값 벡터(독립 변수)이고, y는 데이터 점들의 수직 좌표값 벡터(종속 변수)이다. n은 다항식의 차수이다.

m개의 점들의 집합에 대해, `polyfit` 함수는 $m - 1$까지의 임의의 차수의 다항식을 피팅하는 데 사용될 수 있다. $n = 1$이면 다항식은 직선, $n = 2$이면 다항식은 포물선 등이다. $n = m - 1$이면(다항식의 차수가 점의 개수보다 하나 작으면), 다항식은 모든 점들을 통과한다. 여기서 지적해야 할 점은 모든 점들을 통과하는 다항식, 혹은 더 높은 차수의 다항식들이 전반적으로 더 좋은 피팅을 제공하는 것은 반드시 아니라는 것이다. 고차 다항식들은 데이터 점들 사이에서 상당한 편차를 보이는 경우도 있다.

그림 8-2는 동일한 데이터 점들에 대해 다른 차수의 다항식들을 이용하여 피팅한 것을 보여준다. 일곱 개의 데이터 점들은 (0.9, 0.9), (1.5, 1.5), (3, 2.5), (4, 5.1), (6, 4.5), (8, 4.9), (9.5, 6.3)에 의해 주어진다.

점들은 `polyfit` 함수를 이용하여 1차에서 6차까지 다항식들로 피팅된다. 그림 8-2의 각 그래프는 원형 표식(marker)으로 표시된 동일한 데이터 점들과 지정된 차수의 다항식에 해당하는 커브 피팅된 곡선을 보여준다. $n = 1$의 다항식은 직선이며, $n = 2$의 다항식은 약간 굽은 곡선임을 알 수 있다. 다항식의 차수가 증가함에 따라 곡선이 더 많은 점들을 더 가깝게 지나갈 수 있도록 구부러짐이 심해진다. 점의 개수보다 한 개 적은 $n = 6$일 때, 곡선은 모든 점들을 지나간다. 그러나, 몇몇 점들 사이에서의 데이터의 추세에서 곡선이 상당히 벗어나게 된다.

그림 8-2의 그래프 중 한 개($n = 3$인 다항식)를 출력하는 데 사용되는 스크립트 파일은 다음에 나타낸다. 다항식의 그래프로 그리기 위해 좁은 간격을 가진 새로운 벡터 `xp`를 생성해야 한다는 점에 유의하라. 이 벡터를 함수 `polyval`에 사용하여 `xp`의 각 원소에서의 다항식의 값을 가진 벡터 `yp`를 생성한다.

```
x=[0.9 1.5 3 4 6 8 9.5];
y=[0.9 1.5 2.5 5.1 4.5 4.9 6.3];
p=polyfit(x,y,3)
xp=0.9:0.1:9.5;
yp=polyval(p,xp);
plot(x,y,'o',xp,yp)
xlabel('x'); ylabel('y')
```

데이터 점들의 좌표계에 대한 벡터 x와 y 생성하기

polyfit 함수 사용하여 벡터 p 생성하기

다항식을 그래프하는 데 사용할 벡터 xp생성하기

각 xp에 대한 다항식의 값을 갖는 벡터 yp생성하기

7개의 점들과 다항식 그래프 그리기

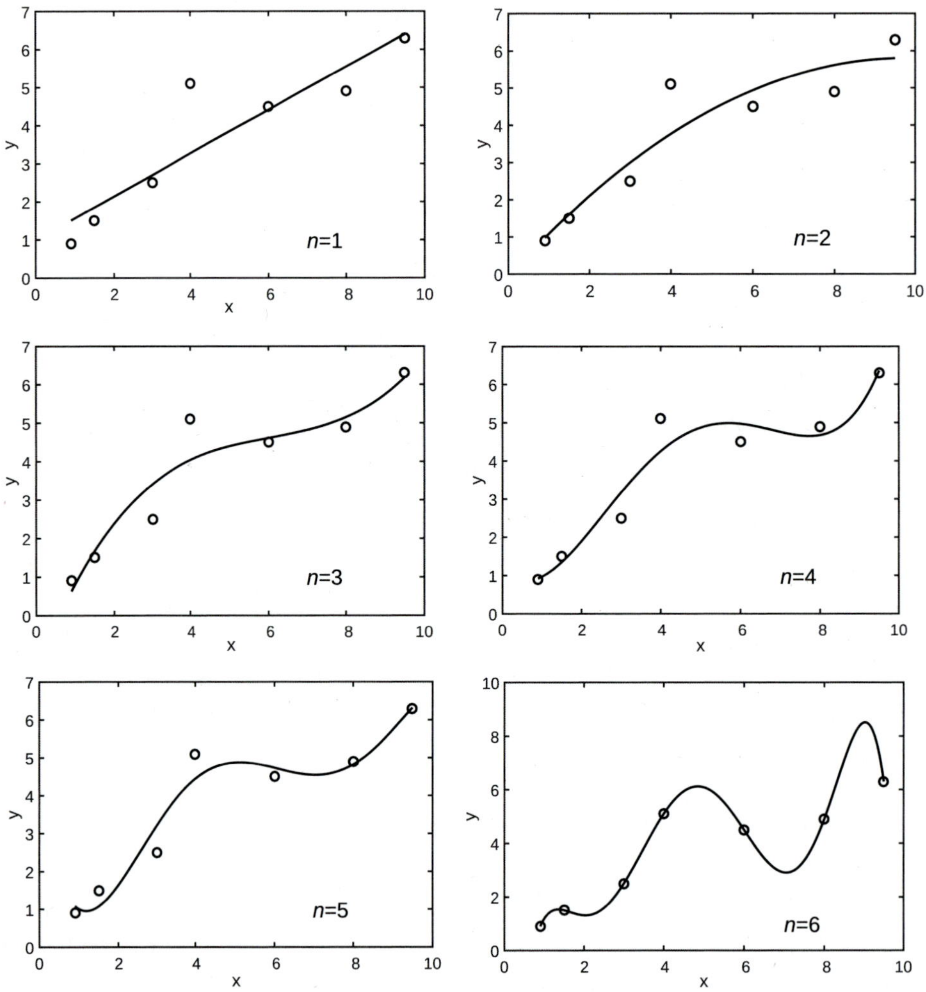

그림 8-2 차수가 다른 다항식에 의한 데이터의 커브 피팅

스크립트 파일이 실행되면 다음과 같이 벡터 p가 명령 창에 출력된다.

```
p =
    0.0220    -0.4005     2.6138    -1.4158
```

이것은 그림 8-2의 3차 다항식이 식 $0.022x^3 - 0.4005x^2 + 2.6138x - 1.4148$의 형태를 가진다는 것을 의미한다.

8.2.2 다항식이 아닌 다른 함수에 의한 커브 피팅

과학과 공학분야에서 주어진 데이터에 대해 다항식이 아닌 피팅 함수를 요구하는 경우가 많다. 이론적으로는 어떤 함수도 어느 정도 범위 내에서는 데이터의 모델링에 사용될 수 있다. 그러나 특정 데이터 집합에 대해서는 어떤 함수들이 다른 함수들보다 더 우수한 커브 피팅을 제공할 수 있다. 게다가 최적 피팅계수를 구하는 것은 다른 함수들보다 어떤 함수들에 대해서는 더 어려울

수 있다. 이 절은 흔히 사용되는 멱함수(power function), 지수함수, 로그함수, 역수함수(reciprocal function)에 의한 커브 피팅을 다룬다. 이들 함수의 형태는 다음과 같다.

$y = bx^m$ (멱함수)

$y = be^{mx}$, 혹은 $y = b10^{mx}$ (지수함수)

$y = m\ln(x) + b$, 혹은 $y = m\log(x) + b$ (로그함수)

$y = \frac{1}{mx + b}$ (역수함수)

이 함수들은 모두 polyfit 함수를 이용하여 주어진 데이터에 쉽게 피팅될 수 있다. 이것은 $y = mx + b$인 선형 다항식($n = 1$)으로 피팅될 수 있는 형태로 이 함수들을 다시 써야 한다.

로그 함수는 이미 이런 형태로 되어 있으며, 멱함수와 지수함수, 역수함수는 다음과 같이 다시 쓸 수 있다.

$\ln(y) = m\ln(x) + \ln b$ (멱함수)

$\ln(y) = mx + \ln b$, 혹은 $\log(y) = mx + \log(b)$ (지수함수)

$\frac{1}{y} = mx + b$ (역수함수)

위 식들은 멱함수에 대한 $\ln(y)$와 $\ln(x)$의 선형관계, 지수함수에 대한 $\ln(y)$와 x의 선형관계, 로그함수에 대한 y와 $\ln(x)$ 또는 y와 $\log(x)$의 선형관계, 역수함수에 대한 $1/y$과 x 사이의 선형관계를 기술한다. 이것은 polyfit(x, y, 1) 함수에서의 x와 y 대신 다음 인자들을 사용하면 최적 피팅을 위한 최적 피팅상수 m과 b를 구할 수 있음을 의미한다.

함수		**polyfit 함수 형태**
멱함수	$y = bx^m$	`p = polyfit(log(x), log(y), 1)`
지수함수	$y = be^{mx}$ 혹은	`p = polyfit(x, log(y), 1)` 혹은
	$y = b10^{mx}$	`p = polyfit(x, log10(y), 1)`
로그함수	$y = m\ln(x) + b$ 혹은	`p = polyfit(log(x), y, 1)` 혹은
	$y = m\log(x) + b$	`p = polyfit(log10(x), y, 1)`
역수함수	$y = \frac{1}{mx + b}$	`p = polyfit(x, 1./y, 1)`

polyfit 함수의 결과는 두 원소를 갖는 벡터 p에 할당된다. 첫 번째 원소 p(1)은 상수 m이고, 두 번째 원소 p(2)는 로그와 역수함수의 경우에는 b, 지수함수의 경우는 ln(b) 또는 log(b), 멱함수의 경우 ln(b)이다. (지수함수의 경우에는 $b = e^{p(2)}$ 또는 $b = 10^{p(2)}$이고 멱함수의 경우에는 $b = e^{p(2)}$이다).

주어진 데이터에 대해 어떤 함수가 좋은 커브 피팅을 제공할 가능성이 있는지에 대해 어느 정도까지는 예측이 가능하다. 이를 위해서는 선형축과 로그축의 서로 다른 조합을 이용하여 데이터 그래프들을 그린다. 만일 한 그래프에서 데이터 점들이 직선에 잘 피팅되는 것으로 보이면, 해당 함수는 아래 목록에 따라 좋은 피팅을 제공할 수 있다.

x축	y축	함수
선형	선형	선형함수 $y = mx + b$
로그	로그	멱함수 $y = bx^m$
선형	로그	지수함수 $y = be^{mx}$ 혹은 $y = b10^{mx}$
로그	선형	로그함수 $y = m\ln(x) + b$ 혹은 $y = m\log(x) + b$
선형	선형($1/y$을 그림)	역수함수 $y = \dfrac{1}{mx + b}$

▸ 함수 선택 시 다른 고려사항들

- 지수함수는 원점을 통과할 수 없다.
- 지수함수는 y가 모두 양수이거나 모두 음수인 데이터만 피팅할 수 있다.
- 로그함수는 $x = 0$ 혹은 음의 x값들을 모델링할 수 없다.
- 멱함수의 경우 $x = 0$일 때 $y = 0$이다.
- 역수함수는 $y = 0$을 모델링할 수 없다.

다음 예시 문제는 데이터 점들의 집합에 대해 함수를 피팅하는 과정을 설명한다.

예시 문제 8-2 데이터 점들에 방정식 피팅하기

다음 데이터 점들이 주어진다. 데이터에 피팅이 가장 잘 되는 함수로서 이 절에서 기술한 형태를 가진 함수 $w = f(t)$를 구하라(t는 독립변수이며, w는 종속변수이다).

t	0.0	0.5	1.0	1.5	2.0	2.5	3.0	3.5	4.0	4.5	5.0
w	6.00	4.83	3.70	3.15	2.41	1.83	1.49	1.21	0.96	0.73	0.64

풀이

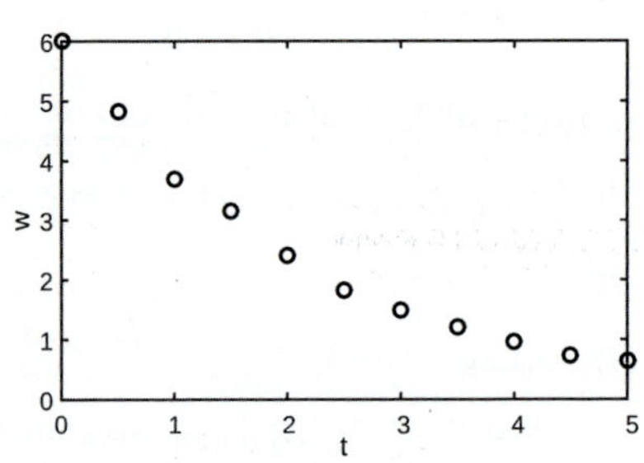

먼저 양축이 모두 선형축인 그래프에 데이터를 그린다. 점들이 직선을 따라 정렬되어 있지 않으므로 선형함수로는 최적의 피팅을 얻을 수 없음을 그림에서 알 수 있다. 다른 가능한 함수 중에서 로그함수는 첫 번째 점이 $t = 0$이라는 점에서 배제되며, $t = 0$에서 $w \neq 0$이므로 멱함수는 배제된다. 나머지 두 함수(지수함수와 역수함수)가 피팅을 더 잘 할 수 있는지를 살펴보기 위해, 아래의 그림과 같이 두 개의 그래프를 그린다.

왼쪽 그래프는 수직축이 로그축이며 수평축이 선형축이다. 오른쪽 그래프는 두 축 모두 선형축이며, $1/w$ 값이 수직축에 그려진다.

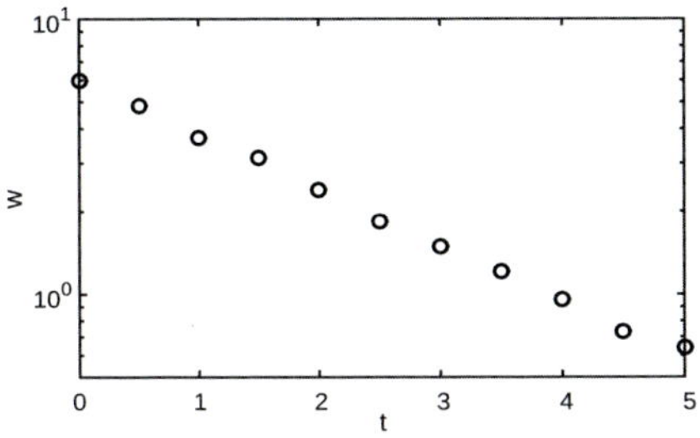

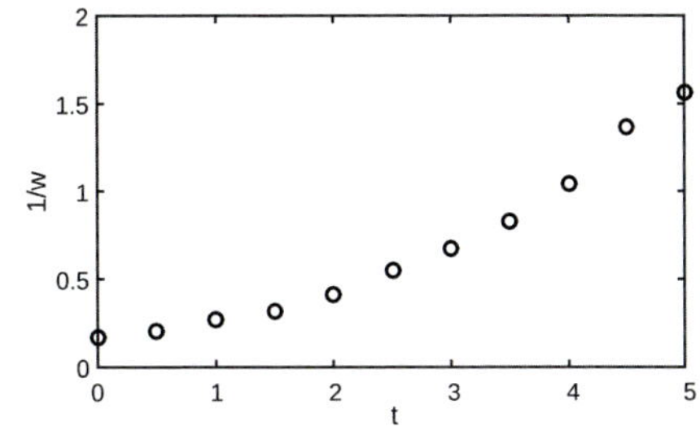

왼쪽 그림에서 데이터 점들이 직선을 따라 정렬한 것으로 보인다. 이것은 $y = be^{mx}$ 형태의 지수 함수가 데이터에 잘 피팅될 수 있음을 알 수 있다. 상수 b와 m을 구하고 데이터 점들과 함수의 그래프를 그리는 스크립트 파일로 작성된 프로그램은 다음과 같다.

```
t=0:0.5:5;                                          데이터 좌표점들에 대한 벡터 t와 w 생성하기
w=[6 4.83 3.7 3.15 2.41 1.83 1.49 1.21 0.96 0.73 0.64];
p=polyfit(t,log(w),1);                              t와 log(w)를 갖는 polyfit 함수 사용하기
m=p(1)
b=exp(p(2))                                         계수 b 구하기
tm=0:0.1:5;                                         다항식 그래프를 그리는 데 사용할 백터 tm 생성하기
wm=b*exp(m*tm);                                     tm의 각 요소에서 함수 값 계산하기
plot(t,w,''o',tm,wm)                                데이터 점들과 함수 그래프 그리기
```

프로그램이 실행되면, 상수 m과 b의 값이 명령 창에 출력된다.

```
m =
   -0.4580
b =
    5.9889
```

프로그램에 의해 생성된 그래프는 다음과 같이 데이터 점들과 함수를 보여준다(축 라벨은 그래프 편집기를 가지고 추가하였다).

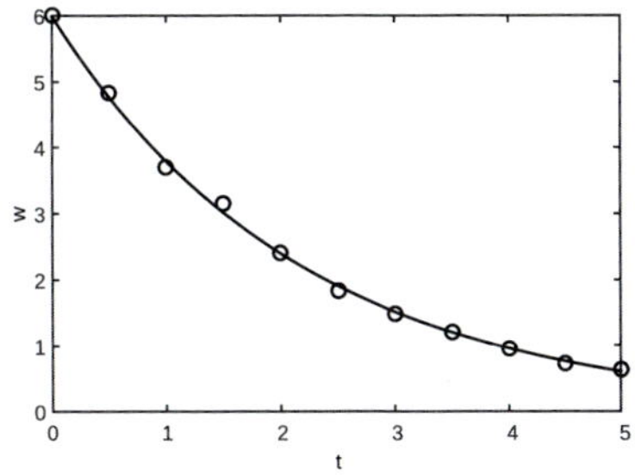

이 절에서 논의한 멱함수, 지수함수, 로그함수, 역수함수뿐만 아니라 다른 많은 함수를 polyfit 함수로 커브 피팅하기에 적당한 형태로 쓸 수 있다는 점을 주목해야 한다.

3차 다항식으로 polyfit 함수를 사용하여 $y = e^{(a_2x^2 + a_2x + a_2)}$ 형태의 함수를 데이터 점들에 피팅시키는 예를 예시 문제 8-7에서 기술한다.

8.3 보간법

보간법은 데이터 점들 사이의 값을 추정하는 것이다. MATLAB은 이 절에서 기술할 다항식들에 근거한 보간함수들과 이 책의 범위를 넘는 푸리에(Fourier) 변환에 근거한 보간함수들을 가지고 있다. 1차원 보간법에서 각 점은 한 개의 독립변수 (x)와 한 개의 종속변수 (y)를 갖는다. 2차원 보간법에서 각 점은 두 개의 독립변수 (x와 y)와 한 개의 종속변수 (z)를 갖는다.

▸ 1차원 보간법

오직 두 개의 점만 존재한다면, 두 점은 직선으로 연결할 수 있으며 선형방정식(1차 다항식)을 사용하여 점들 사이의 값들을 추정할 수 있다. 이전 절에서 논의한 것과 같이 세 개(또는 네 개)의 데이터 점들이 존재한다면, 이 점들을 통과하는 2차 (또는 3차) 다항식을 구할 수 있으며 이 다항식을 이용하여 점들 사이의 값을 추정할 수 있다. 점들의 개수가 증가함에 따라 고차다항식은 모든 점을 통과하는 다항식이 요구된다. 그러나 이러한 다항식이 점들 사이의 값을 추정하는데 반드시 좋은 근사화를 주는 것은 아니다. 이것은 $n = 6$을 가진 그림 8.2의 그래프에서 설명된다.

데이터 집합의 모든 점을 고려하는 대신에(즉 모든 점을 통과하는 한 개의 다항식을 이용하는 대신에) 보간법이 필요한 근처의 몇 개 데이터 점들만 고려한다면, 좀 더 정확한 보간을 얻을 수 있다. 스플라인(spline) 보간법이라 불리는 이 방법에서는 많은 저차 다항식들이 사용되며, 각 다항식은 데이터 집합의 작은 영역에서만 유효하다.

스플라인 보간법 중에서 가장 간단한 방법을 선형 스플라인 보간법이라고 한다. 이 방법에서는 오른쪽 그림과 같이 인접한 두 점을 모두 직선(1차 다항식)으로 연결한다. 인접한 두 점 (x_i, y_j)와 (x_{i+1}, y_{j+1})을 통과하는 직선으로서 두 점 사이의 임의의 x에 대한 y 값의 계산에 사용될 수 있는 직선 식은 다음과 같이 주어진다.

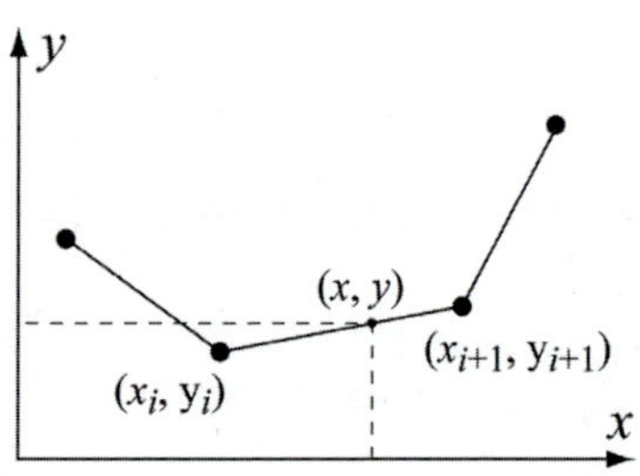

$$y = \frac{y_{i+1} - y_i}{x_{i+1} - x_i}x + \frac{y_i x_{i+1} - y_{i+1}x_i}{x_{i+1} - x_i}$$

선형 보간법에서 두 점 사이의 직선은 일정한 기울기를 가지며 모든 점에서 기울기의 변화가 있다. 2차 또는 3차 다항식을 이용하면 좀 더 매끄러운 보간 곡선을 얻을 수 있다. 2차 스플라인 또는 3차 스플라인으로 불리는 이 방법에서는, 2차 또는 3차 다항식은 모든 두 점 사이의 보간을 위해 사용한다. 다항식의 계수들은 두 데이터 점에 인접한 점들로부터 데이터를 이용하여 구한다. 다항식들의 계수를 구하는 이론적 배경은 이 책의 범위를 벗어나므로 수치해석에 관한 책에서 찾을 수 있다.

MATLAB에서 1차 보간법은 다음 형식을 갖는 interp1(마지막 글자는 숫자 1임) 함수를 가지고 이루어진다.

```
yi = interp1(x,y,xi,'method')
```

yi는 보간된 값이다.

x는 입력 데이터 점의 수평 좌표 값을 갖는 벡터(독립변수)이다. y는 입력 데이터 점의 수직 좌표 값을 갖는 벡터(종속 변수)이다. xi는 보간점의 수평 좌표(독립 변수)이다.

보간법, 문자열로 입력 (선택사항)

- 벡터 x는 단조 증가 또는 단조 감소해야 한다(오름차순 또는 내림차순으로 원소를 가지고).
- xi는 스칼라(한 점의 보간)가 될 수도 있고 혹은 벡터(많은 점들의 보간)가 될 수도 있다. yi는 해당 보간 값들을 가진 스칼라 또는 벡터이다.
- MATLAB은 여러 보간법 중에서 한 가지 방법을 지정하여 보간을 할 수 있다. 이 보간법에는 다음 방법들을 포함한다.

'nearest'	보간법으로 구할 점에 가장 가까이 있는 데이터 점의 값을 돌려준다.
'linear'	선형 스플라인 보간법을 사용한다.
'spline'	3차 스플라인 보간법을 사용한다.
'pchip'	'cubic'이라고도 하며, 구간별로 3차 Hermite 보간법을 사용한다.

- 'nearest'와 'linear' 방법을 사용할 때, xi의 값들은 x의 영역 안에 있어야 한다. 'spline'이나 'pchip' 방법을 사용할 때, xi는 x영역 밖의 값들을 가질 수 있으며 함수 interp1은 외삽법(extrapolation)을 수행한다.
- 입력 데이터 점들이 고르게 분포되지 않고 몇몇 점들이 다른 점들보다 서로 훨씬 가깝게 있다면, 'spline' 방법은 큰 오차를 줄 수 있다.
- 보간법을 지정하는 것은 선택사항이다. 방법이 지정되지 않으면, 기본 설정값은 'linear'이다.

예시 문제 8-3 보간법

함수 $f(x) = 1.5^x \cos(2x)$의 데이터 점들이 다음에 주어진다. 데이터 점들 사이의 y 값을 계산하기 위해 linear, spline, pchip의 보간법을 이용하라. 각각의 보간법들에 대한 그래프를 그려라. 각 그래프에서 데이터 점들, 함수의 그래프, 각 보간법에 해당하는 곡선을 보여라.

x	0	1	2	3	4	5
y	1.0	−0.6242	−1.4707	3.2406	−0.7366	−6.3717

풀이

다음은 문제를 풀기 위해 스크립트 파일로 작성한 프로그램이다.

```
x=0:1.0:5;
y=[1.0 -0.6242 -1.4707 3.2406 -0.7366 -6.3717];
xi=0:0.1:5;
yilin=interp1(x,y,xi,'linear');
yispl=interp1(x,y,xi,'spline');
yipch=interp1(x,y,xi,'pchip');
yfun=1.5.^xi.*cos(2*xi);
subplot(1,3,1)
plot(x,y,'o',xi,yfun,xi,yilin,'--');
subplot(1,3,2)
plot(x,y,'o',xi,yfun,xi,yispl,'--');
subplot(1,3,3)
plot(x,y,'o',xi,yfun,xi,yipch,'--');
```

데이터 점 좌표에 대한 벡터 x와 y 생성하기

보간을 위한 점을 사용하여 벡터 xi 생성하기

선형 보간으로 y 점 계산하기

스플라인 보간으로 y 점 계산하기

pchip 보간으로 y 점 계산하기

함수를 사용하여 y 점 계산하기

프로그램에 의해 생성된 세 그림은 아래에 보여진다. (축 라벨은 그래프 편집기를 가지고 추가하였다.) 데이터 점들은 원으로 표시하고, 보간 곡선은 점선으로 그렸으며, 함수는 실선으로 그려진다. 왼쪽 그림은 선형보간법, 중간은 스플라인 보간법, 오른쪽 그림은 pchip 보간법을 보여준다.

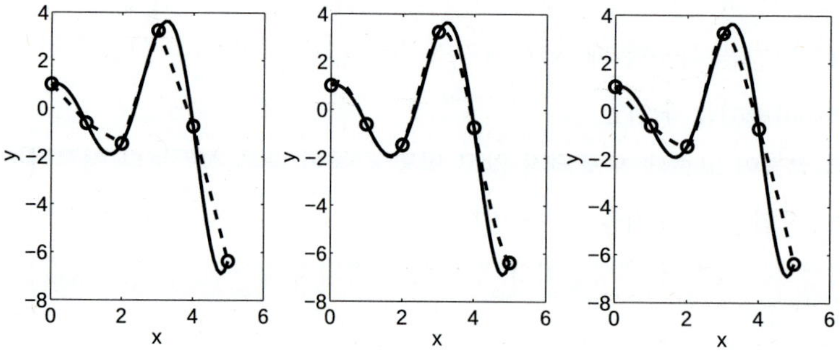

8.4 기본 피팅 인터페이스

기본 피팅 인터페이스는 커브 피팅과 보간법을 대화식으로 수행하도록 사용될 수 있는 도구이다. 인터페이스를 이용하여 사용자는 다음을 할 수 있다.

- 10차까지 여러 차수의 다항식과 스플라인 및 Hermit 보간법 방법을 이용하여 데이터 점들에 커브 피팅을 한다.
- 다양한 피팅 결과를 비교할 수 있도록 같은 그래프에 그린다.
- 다양한 다항식 피팅의 잔여오차들을 그래프로 그리고 잔여오차들의 놈(norm)을 비교한다.
- 다양한 커브 피팅을 갖는 특정 점들에서의 값을 계산한다.
- 다항식들의 식을 그래프에 더한다.

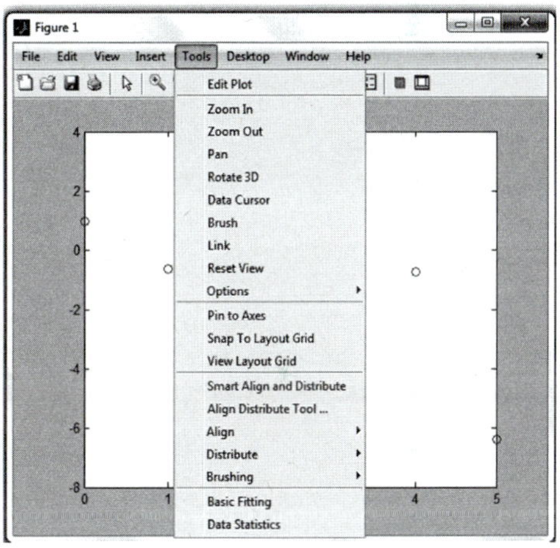

기본 피팅 인터페이스를 활성화하기 위해, 사용자는 먼저 데이터 점들의 그래프를 그려야 한다. 그 다음, 인터페이스는 오른쪽 그림과 같이 **Tools** 메뉴에서 **Basic Fitting**을 선택하여 활성화된다. 그러면 그림 8-3에 보여진 기본 피팅 창(Basic Fitting Window)이 열린다. 창이 처음 열리면, 한 패널(**Plot fits** 패널)만 보인다. **→** 버튼을 누르면 두 번째 패널(**Numerical Results** 패널)이 보이도록 창이 확장된다. 한 번 클릭은 패널의 첫 윈도우 창이 더해지고, 두 번 클릭은 그림 8-3과 같은 윈도우 모양이 된다. **←** 버튼을 누르면 윈도우를 다시 축소시킬 수 있다. 기본 피팅 창에서 처음 두 항목은 데이터 점들의 선택과 관련되어 있다.

Select data: 데이터 점들의 두 세트 이상을 가진 그림에서 커브 피팅을 위해 특정 데이터 세트를 선택하고자 할 때 사용한다. 한 번에 한 세트의 데이터 점들에 대해서만 커브 피팅을 할 수 있지만, 같은 세트에 대해서는 동시에 복수의 피팅을 수행할 수 있다.

Center and scale x data: 이 체크상자에 표시를 하면, 데이터는 평균이 0이고 표준편차가 1이 되도록 조정된다. 이것은 수치계산의 정확도를 향상하는 데 필요할 수도 있다.

다음 네 가지 항목은 **Plot fits** 패널에 있으며 피팅의 화면 출력과 관련된다.

Check to display fits on figure: 사용자는 그림 창에 나타낼 피팅 방법을 선택한다. 선택은 `spline` 함수를 이용하는 스플라인 보간법, `pchip` 함수를 이용하는 Hermite 보간법, `polyfit` 함수를 이용하는 여러 차수의 다항식이 포함되어 있다. 여러 개의 피팅은 선택될 수 있으며 동시에

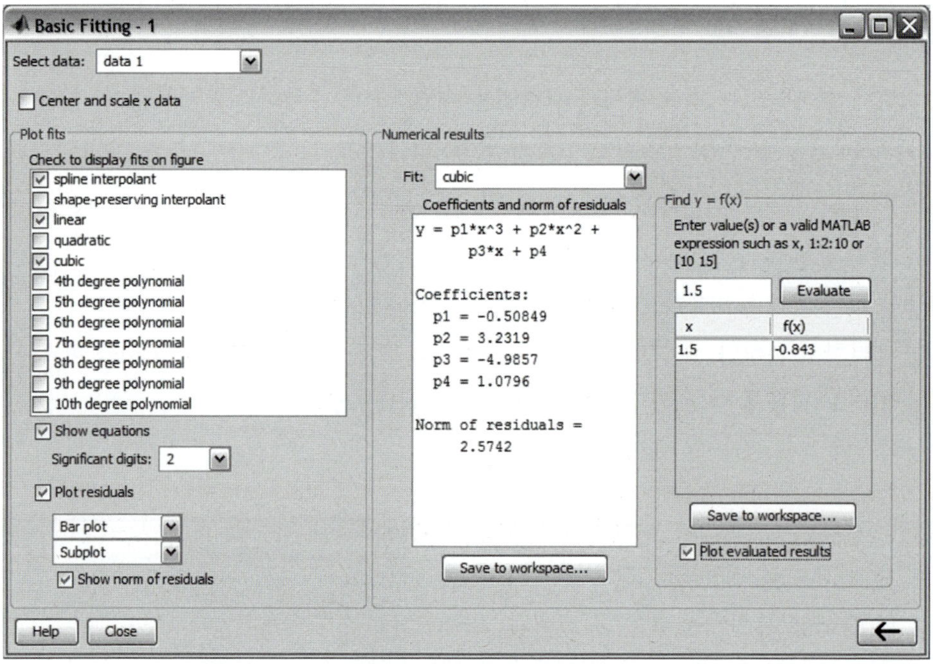

그림 8-3 기본 피팅 창

나타낼 수 있다.

Show equations: 이 체크상자에 표시를 하면, 피팅을 위해 선택한 다항식들이 그림 창에 표시된다. 방정식은 메뉴에서 선택된 significant digits의 수를 가지고 표시된다.

Plot residuals: 이 체크박스에 표시를 하면, 각 데이터 점에서의 잔여오차를 보여주는 그래프가 생성된다(잔여오차는 8.2.1절에서 정의됨). 메뉴에서 막대 그래프, 산포도(scatter plot), 선 그래프를 선택할 수 있으며, 데이터 점들의 그래프가 그려진 같은 그림 창안에 부그래프(subplot)로 표시하거나 다른 그림 창에 별도의 그래프로 표시할 수 있다.

Show norm of residuals: 이 체크박스에 표시를 하면, 잔여오차의 놈(norm)이 잔여오차의 그래프에 표시된다. 잔여오차의 놈은 피팅의 질(quality)에 대한 척도이다. 놈이 작을수록 더 좋은 피팅에 해당된다.

다음 세 항목은 **Numerical results** 패널에 있다. 이 항목들은 그림 창에 출력된 피팅과 무관하게 하나의 피팅에 대한 수치적인 정보를 제공한다.

Fit: 사용자는 수치적으로 검토하고 싶은 피팅 방법을 선택한다. 이 피팅은 **Plot fit** 패널에서 이미 선택된 경우에만 그래프에서 볼 수 있다.

Coefficients and norm of residuals: **Fit** 메뉴에서 선택한 다항식 피팅에 대한 수치 결과들을 화면에 출력한다. 여기에는 다항식 계수들과 잔여오차들의 놈이 포함된다. **Save to workspace**

버튼을 누르면 이 결과들을 저장할 수 있다.

Find y = f(x): 독립변수의 특정 값들에 대해 보간(또는 외삽) 된 값들을 얻을 수 있다. 입력상자에 독립변수의 값을 입력하고, **Evaluate** 버튼을 클릭한다. **Plot evaluated results** 항목의 체크박스에 표시를 하면, 그래프에 계산된 값이 표시된다.

예로서, 기본 피팅 인터페이스는 예시 문제 8-3의 데이터 점들을 피팅하는 데 사용된다고 하자. 기본 피팅 창(Basic Fitting Window)은 그림 8-3에서 보여지고, 예시 문제에 대한 그림 창은 그림 8-4에 보여진다. 그림 창에 데이터 점들, 한 개의 보간 피팅(spline), 두 개의 다항식 피팅 (linear 및 cubic) 그래프, 다항식 피팅 방정식의 표시, 그리고 기본 피팅 창의 **Find y=f(x)** 입력상자에 입력한 x = 1.5에 해당하는 점의 표시 등이 포함되어 있다. 또한 그림 창은 다항식 피팅의 잔여오차 그래프와 놈의 화면표시도 포함되어 있다.

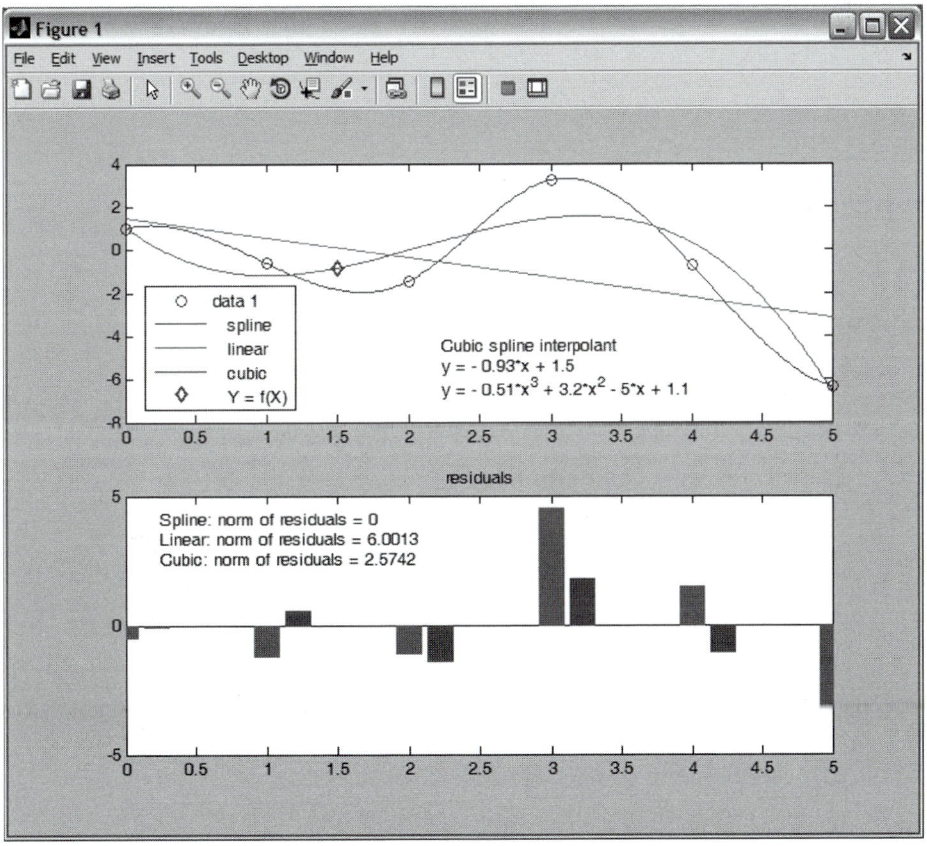

그림 8-4 기본 피팅 인터페이스에 의해 수정된 그림 창

8.5 MATLAB 응용 예제

예시 문제 8-4 상자의 판 두께 구하기

알루미늄으로 만들어진 직각사각형 상자(윗면은 없고 밑면과 네 개의 옆면)의 바깥치수는 24 × 12 × 4 인치이다. 바닥과 옆면의 판 두께는 x이다. 상자의 무게와 판 두께 x의 관계식을 유도하라. 무게가 15 lb인 상자의 두께 x를 구하라. 알루미늄의 비중량은 0.101 lb/in.^{3}이다.

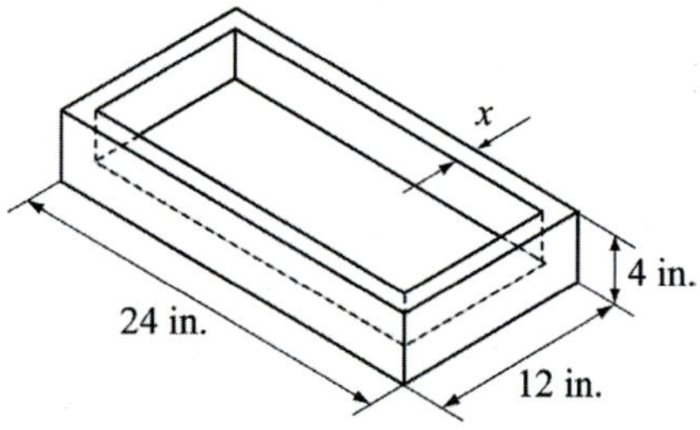

풀이

알루미늄의 체적 V_{Al}은 상자의 무게 W로부터 다음 식에 의해 계산된다.

$$V_{Al} = \frac{W}{\gamma}$$

여기서 γ는 비중량이다. 상자의 치수에 근거한 알루미늄의 체적은 다음 식으로 주어진다.

$$V_{Al} = 24 \cdot 12 \cdot 4 - (24 - 2x)(12 - 2x)(4 - x)$$

이는 바깥쪽 체적에서 안쪽 체적을 빼서 구한 것이다. 이 식은 다음과 같이 다시 쓸 수 있다.

$$(24 - 2x)(12 - 2x)(4 - x) + V_{Al} - 24 \cdot 12 \cdot 4 = 0$$

이 식은 3차 다항식이다. 이 다항식의 근은 구하려는 두께 x이다. 다항식을 결정하고 근을 구하는 스크립트 파일 프로그램은 다음과 같다.

```
W=15; gamma=0.101;                         W와 gamma 값 할당하기
VAlum=W/gamma;                             알루미늄 체적 계산하기
a=[-2 24];                                 a에 다항식 24 – 2x 할당하기
b=[-2 12];                                 b에 다항식 12 – 2x 할당하기
c=[-1 4];                                  c에 다항식 4 – x 할당하기
Vin=conv(c, conv(a,b));                    위의 세 다항식 곱하기
polyeq=[0 0 0 (VAlum-24*12*4)]+Vin         Vin에 V_Al – 24*12*4 더하기
x=roots(polyeq)                            다항식의 근 구하기
```

밑에서 두 번째 줄에서, $V_{Al} - 24 \cdot 12 \cdot 4$의 값을 다항식 `Vin`에 더하기 위해서는 `Vin`과 같은 차수 (`Vin`은 3차 다항식)의 다항식으로 표현해야 한다는 점에 유의하라. 프로그램(Chap8SamPro4으로 저장)이 실행되면, 다항식의 계수들과 x의 값은 다음과 같이 출력된다.

```
>> Chap8SamPro4
polyeq =
  -4.0000   88.0000  -576.0000   148.5149
x =
    10.8656 + 4.4831i
    10.8656 - 4.4831i
    0.2687
```

다항식은 다음과 같다:
$-4x^3 + 88x^2 - 576x + 148.515$

다항식은 한 개의 실근 $x = 0.2687$ in를 갖는데, 이는 알루미늄의 두께이다.

예시 문제 8-5 부표의 수면 위 높이

알루미늄 재질의 얇은 구는 위치표시용 부표(buoy)로 사용된다. 구의 반지름은 60 cm이며 두께는 12 mm이다. 알루미늄의 밀도는 $\rho_{Al} = 2690$ kg/m^{3}이다. 부표는 물의 밀도가 1030 kg/m^{3}인 해양에 떠 있다. 부표의 정점과 수면 사이의 높이 h를 구하라.

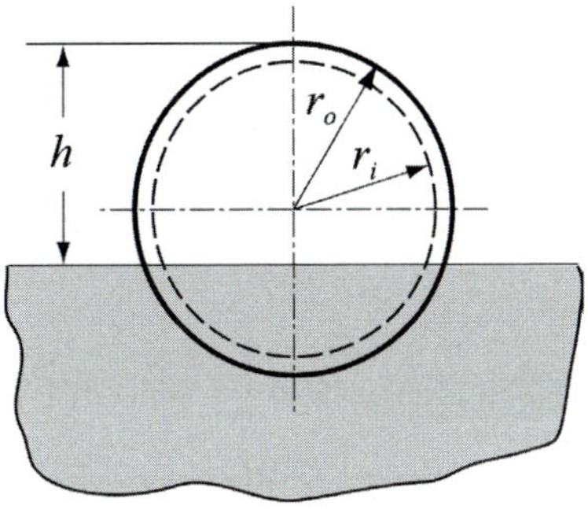

풀이

아르키메데스(Archimedes) 법칙에 의하면, 유체에 놓인 물체에 작용하는 부력은 물체가 밀어낸 유체의 무게와 같다. 따라서, 알루미늄 구는 구의 무게가 물에 잠긴 구의 부분이 밀어낸 유체의 무게와 같아지는 깊이에서 떠 있게 될 것이다.

구의 무게는 다음 식과 같다.

$$W_{sph} = \rho_{Al} V_{Al}\, g = \rho_{Al} \frac{4}{3}\pi(r_o^3 - r_i^3) g$$

여기서 V_{Al}은 알루미늄의 부피이고, r_o와 r_i는 각각 구의 바깥지름과 안지름이며, g는 중력가속도이다.

물속에 잠긴 구의 부분이 밀어낸 물의 무게는 다음 식으로 주어진다.

$$W_{wtr} = \rho_{wtr} V_{wtr}\, g = \rho_{wtr} \frac{4}{3}\pi(2r_o - h)^2 (r_o + h) g$$

두 무게를 서로 같다고 놓으면 다음 식을 구할 수 있다.

$$h^3 - 3r_o h^2 + 4r_o^3 - \frac{\rho_{Al}}{\rho_{wtr}}(r_o^3 - r_i^3) = 0$$

마지막 식은 h에 대한 3차 다항식이다. 다항식의 근이 구하는 답이다.

MATLAB에 의한 해는 h의 값을 구하기 위해 다항식을 쓰고 `roots` 함수를 이용하여 구할 수 있다. 이것은 다음의 스크립트 파일에서 이루어진다.

```
rout=0.60; rin=0.588;                              두 반경 변수에 반경 값 입력하기
rhoalum=2690; rhowtr=1030;                         두 밀도 변수에 밀도 값 입력하기
a0=4*rout^3-4*rhoalum*(rout^3-rin^3)/rhowtr;       계수 a0 계산하기
p = [1 -3*rout 0 a0];                              다항식의 근 계산하기
p = [1 -3*rout 0 a0];                              다항식의 계수 벡터 할당하기
```

아래와 같이 스크립트 파일을 명령 창에서 실행하면, 다항식이 3차이므로 답은 세 개의 근을 갖는다. 물리적으로 가능한 유일한 답은 두 번째의 $h = 0.9029$ m이다.

```
>> Chap8SamPro5
h =
                         다항식은 세 개의 근을 갖는다. 문제에서 물
    1.4542               리적으로 가능한 유일한 답은 0.9020 m이다.
    0.9029
   -0.5570
```

예시 문제 8-6 커패시터 크기 구하기

전기 커패시터가 미지의 커패시턴스를 가지고 있다. 이 커패시터의 용량을 구하기 위해 커패시터가 그림에 보여진 회로에 연결되어 있다. 먼저 스위치가 B에 연결되고 커패시터가 충전된다. 그 다음 스위치가 A로 연결되고 커패시터가 저항을 통해 방전된다. 커패시터가 방전함에 따라, 커패시터 양단의 전압은 1초 간격으로 10초 동안 측정된다. 기록된 측정치가 아래 표에 주어진다. 시간 함수에 대한 전압을 그래프로 그리고, 지수 곡선을 데이터점들에 피팅시킴으로써 커패시터의 커패시턴스를 구하라.

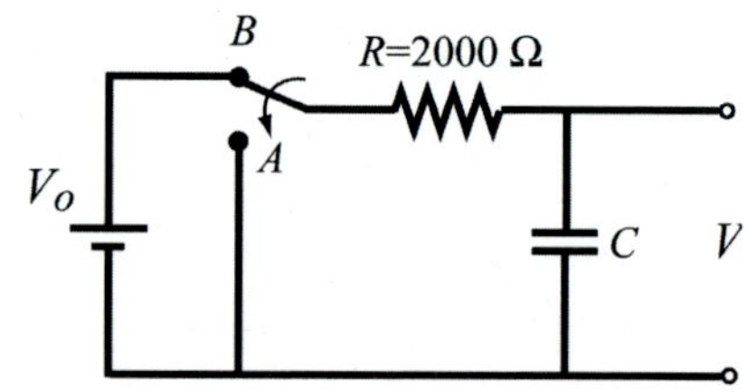

t(s)	1	2	3	4	5	6	7	8	9	10
V(V)	9.4	7.31	5.15	3.55	2.81	2.04	1.26	0.97	0.74	0.58

풀이

커패시터가 저항을 통해 방전될 때, 시간 함수에 대한 커패시터의 전압은 다음 식으로 주어진다.

$$V = V_0 e^{-t/RC}$$

여기서 V_0는 초기 전압, R은 저항기의 저항, C는 커패시터의 커패시턴스이다. 8.2.2절에서 설명한 것과 같이, 지수함수는 다음 형태와 같이 $\ln(V)$와 t에 대한 선형방정식으로 쓸 수 있다.

$$\ln(V) = \frac{-1}{RC}t + \ln(V_0)$$

$y = mx + b$의 형태를 가진 위의 식은 t를 독립변수 x로, $\ln(V)$를 종속변수 y로 한 `polyfit(x, y, 1)` 함수를 이용함으로써 데이터점들에 피팅시킬 수 있다. `polyfit` 함수에 의해 결정된 계수 m과 b를 이용하여, 다음 식으로 C와 V_0를 구할 수 있다.

$$C = \frac{-1}{Rm} \quad \text{and} \quad V_0 = e^b$$

스크립트 파일에서 작성된 다음 프로그램은 데이터점들에 가장 잘 맞는 지수함수를 결정하고 C와 V_0를 구하며, 데이터점들과 피팅된 함수의 그래프를 그린다.

```
R=2000;                                   R 정의하기
t=1:10;                                   벡터 t와 V에 데이터 점들 할당하기
v=[9.4 7.31 5.15 3.55 2.81 2.04 1.26 0.97 0.74 0.58];
p=polyfit(t,log(v),1);                    t와 log(V)를 가지고 polyfit 함수 사용하기
C=-1/(R*p(1))                             방정식에서 m인 p(1)으로부터 C 계산하기
V0=exp(p(2))                              방정식에서 b인 p(2)으로부터 V0 계산하기
tplot=0:0.1:10;                           함수의 그래프 그리기 위해 시간 벡터 tplot 생성하기
vplot=V0*exp(-tplot./(R*C));              함수의 그래프 그리기 위해 벡터 vplot 생성하기
plot(t,v,'o',tplot,vplot)
```

위의 스크립트 파일(Chap8SamPro6로 저장됨)이 실행되면, C와 V_0의 값이 아래와 같이 명령 창에 출력된다.

```
>> Chap8SamPro6
C =                                       커패시터의 커패시턴스는 1,600 μF이다.
    0.0016
V0 =
   13.2796
```

프로그램은 또한 다음 그래프를 출력한다(축 라벨은 그래프 편집기를 이용하여 추가하였다).

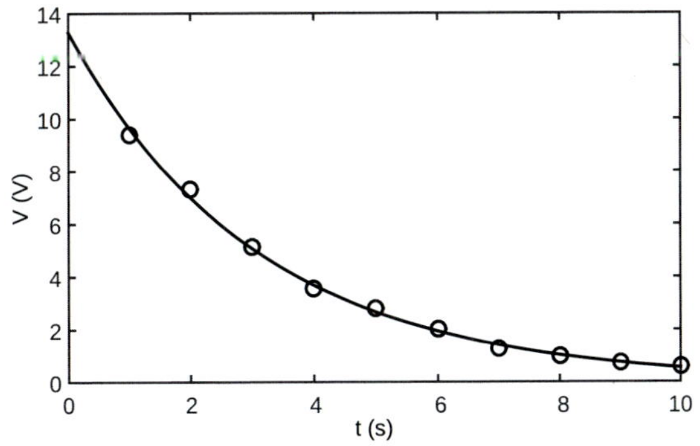

예시 문제 8-7 점도의 온도 의존성

점도(viscosity) μ는 유동에 대한 저항 특성을 나타내는 가스와 유체의 특성값이다. 대부분의 물질에 대해, 점도는 온도에 매우 민감하다. 아래의 표는 서로 다른 온도에서의 SAE 10W 오일의 점도를 나타낸다(자료출처: B. R. Munson, D. F. Young, and T. H. Okiishi, *Fundamental of Fluid Mechanics*, 4th ed., John Wiley and Sons, 2002). 데이터에 피팅시킬 수 있는 식을 구하라.

T(°C)	−20	0	20	40	60	80	100	120
μ(Ns/m²) (×10⁻⁵)	4	0.38	0.095	0.032	0.015	0.0078	0.0045	0.0032

풀이

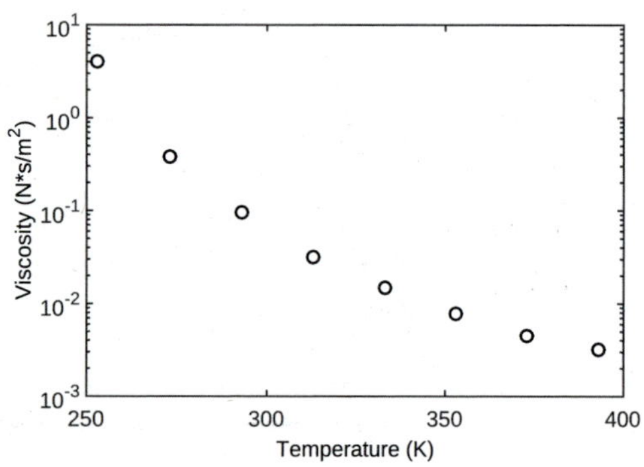

어떤 유형의 식이 데이터에 잘 피팅될 수 있는지를 결정하기 위해, μ는 *T*에 대해서는 선형축인 *T*(절대온도)로, μ에 대해서는 로그축으로 그린다. 오른쪽 그래프는 데이터 점들이 직선으로 정렬되어 있지 않음을 알려 주고 있다. 이것은 직선을 나타내는 $y = be^{mx}$ 형태의 단순 지수함수는 최상의 피팅을 제공하지 않을 것임을 의미한다. 그림에서 점들이 곡선을 따라 분포되어있는 것으로 나타나므로, 데이터에 가장 잘 피팅될 수 있는 함수는 다음과 같다.

$$\ln(\mu) = a_2T^2 + a_1T + a_0$$

이 함수는 MATLAB의 `polyfit(x, y, 2)` 함수 (2차 다항식)를 이용하여 데이터에 피팅될 수 있다. 여기서 독립변수는 *T*이고, 종속변수는 ln(μ)이다. 위 식은 온도함수로서 점도를 제공하기 위해 μ에 대해 풀 수 있다.

$$\mu = e^{(a_2T^2 + a_1T + a_0)} = e^{a_0}e^{a_1T}e^{a_2T^2}$$

다음 프로그램은 함수에 최상의 피트를 구하고, 데이터점들과 함수를 화면에 표시하는 그래프를 생성한다.

```
T=[-20:20:120];
mu=[4 0.38 0.095 0.032 0.015 0.0078 0.0045 0.0032];
TK=T+273;
p=polyfit(TK,log(mu),2)
Tplot=273+[-20:120];
muplot = exp(p(1)*Tplot.^2 + p(2)*Tplot + p(3));
semilogy(TK,mu,'o',Tplot,muplot)
```

위 프로그램(Chap8SamPro7로 저장됨)이 실행되면, `polyfit` 함수에 의해 구해진 계수들이 벡터 `p`의 세 원소로서 아래와 같이 명령어 창에 출력된다.

```
>> Chap8SamPro7
p =
    0.0003   -0.2685   47.1673
```

이들 계수를 가지고 온도의 함수에 대한 오일의 점도는 다음과 같다.

$$\mu = Ae^{(0.0003T^2 - 0.2685T + 47.1673)} = e^{47.1673}e^{-0.2685T}e^{0.0003T^2}$$

생성된 그래프로는 위 식이 데이터점들과 잘 연관되어 있음을 보여준다(축 라벨은 그래프 편집기를 이용하여 추가하였다).

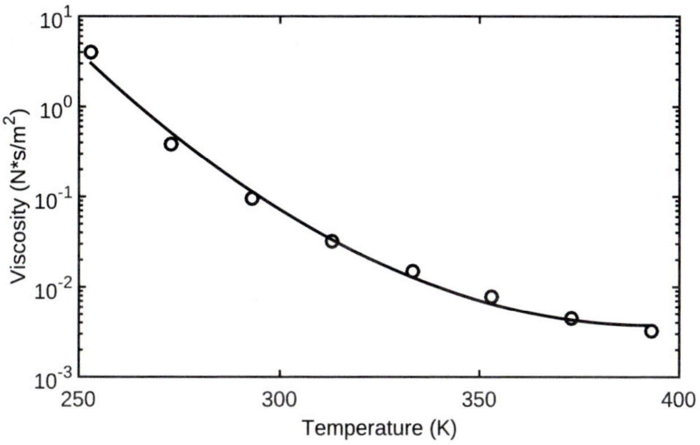

8.6 연습문제

1. 정의역 $-4 \le x \le 4$에 대해 다항식 $y = 0.9x^5 - 0.3x^4 - 15.5x^3 + 7x^2 + 36x - 7$의 그래프를 그려라. 먼저 x에 대한 벡터를 생성하고, 그다음 `polyval` 함수를 이용하여 y를 계산하며, `plot` 함수를 사용하라.

2. 정의역 $-5 \le x \le 5$에 대해 다항식 $y = 0.7x^4 - 13.5x^2 + 6x + 37$의 그래프를 그려라. 먼저 x에 대한 벡터를 생성하고, 그다음 `polyval` 함수를 이용하여 y를 계산하며, `plot` 함수를 사용하라.

3. $x = -0.7$, $x = 0.5$, $x = 3.4$ 및 $x = 5.8$에서 근을 갖는 다항식 $y(x)$를 구하라. 정의역 $-1 \le x \le 6$에 대해 다항식의 그래프를 그려라.

4. 다음의 두 다항식의 곱셈을 수행하기 위해 MATLAB을 이용하라.

$$(2x^2 - 3x + 6)(-5x^3 + 4x - 7)$$

5. 다음의 두 다항식의 곱셈을 수행하기 위해 MATLAB을 이용하라.

$$x(x + 1.8)(x - 0.4)(x - 1.6)$$

정의역 $-2 \le x \le 2$에 대해 다항식의 그래프를 그려라.

6. 다항식 $-9x^6 + 12x^5 + 5x^4 - 9x^3 + 17x^2 - 7x - 15$을 다항식 $3x^2 - 2x - 3$로 나누기 위해 MATLAB을 이용하라.

7. 다항식 $0.9x^5 - 5.96x^4 + 20.85x^3 - 24.1x^2 + 3x + 7.5$을 다항식 $0.5x^3 - 2.2x^2 + 6x + 3$로 나누기 위해 MATLAB을 이용하라.

8. 연속된 짝수 4개의 곱은 1,488,384이다. 다항식을 가진 연산을 위해 MATLAB의 내장함수를 이용해서 네 정수들을 구하라.

9. 세 개의 정수들(예: 9, 12, 15) 사이의 간격이 3인 정수들의 곱은 11,960이다. 다항식을 가진 연산을 위해 MATLAB의 내장함수를 이용해서 세 정수들을 구하라.

10. 서로 다른 세 정수의 곱은 6,240이다. 세 수의 합은 85이다. 가장 큰 수와 가장 작은 수의 차이는 57이다. 다항식을 연산하는 MATLAB 내장함수를 사용해서 세 정수를 구하라.

11. 직사각형 강철 용기(상부 없음)의 외부 치수는 그림과 같다. 밑면과 바닥면의 두께는 t이고, 옆면 벽의 두께는 $t/2$이다. 용기의 무게가 1,300 lb 일 때, t를 구하라. 강철의 비중은 0.284 lb/in^{3}이다.

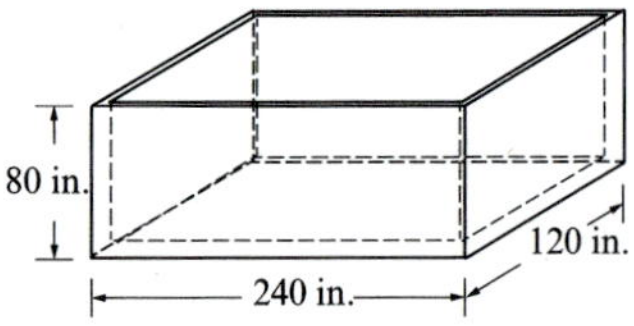

12. 알루미늄 용기는 그림에 표시된 형상을 갖고 있다(하단 부분은 직사각형 상자이고 상단은 반 원통이다). 외부 치수는 그림과 같다. 바닥 및 모든 수직 벽의 벽 두께는 $2t$이고, 원통형 단면의 벽 두께는 t이다. 탱크 무게가 30 lb일 때, t를 구하라. 알루미늄의 비중은 0.101 lb/in^{3}이다.

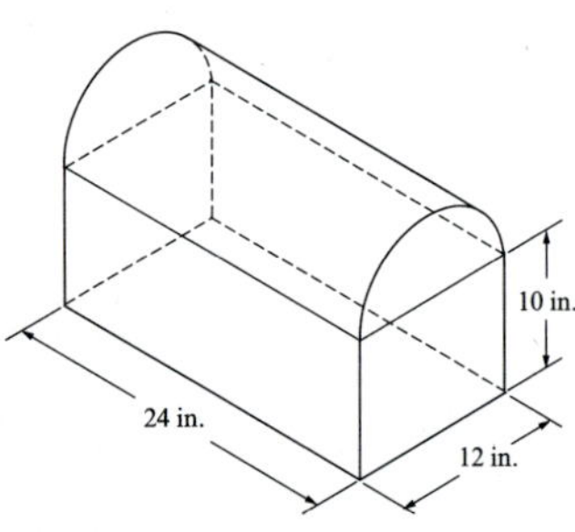

13. 직사각형 상자(상단 없음)는 판금을 사용하여 함께 용접된다. 상자 바닥의 길이는 너비보다 18인치 더 길다. 사용된 판금의 전체 면적은 2,500 in^{2}이다.

(*a*) x에 의한 체적 V의 표현을 다항식으로 나타내어라.

(*b*) $5 \le x \le 35$ in에 대하여 x에 대한 V의 그래프를 그려라.

(*c*) 최대 최적을 갖도록 상자의 크기와 체적을 구하라.

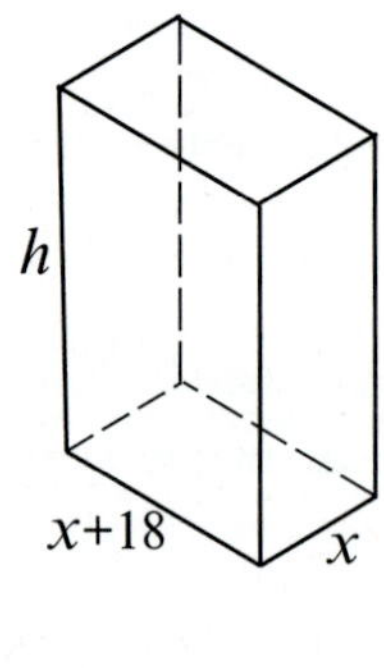

14. n개의 숫자 중에서 서로 다른 세 개의 숫자를 선택할 확률 P는 다음과 같이 계산된다.

$$P = \frac{2 \cdot 3}{n(n-1)(n-2)}$$

n개 숫자 중 세 개의 숫자를 맞출 확률이 최소 1/100,000이지만 1/95,000보다 크지 않도록 복권 게임에 몇 개의 숫자 n이 있어야 하는지 결정하라.

15. 임의의 차수의 두 다항식을 더하거나 빼는 사용자정의 함수를 작성하라. 함수 이름은 `p=polyadd(p1, p2, operation)`으로 한다. 처음 두 입력인자인 `p1`과 `p2`는 두 다항식의 계수들의 벡터이다(두 다항식의 차수가 다르면, 함수는 짧은 벡터 쪽에 필요한 0의 원소들을 더한다). 세 번째 입력인자 operation은 각각 다항식을 빼거나 더하기 위해 `'add'` 또는 `'sub'`가 되는 문자열이다. 출력인자는 결과로 얻은 다항식이다.

다음 두 다항식을 더하고 빼는데 작성된 사용자 함수를 사용하라.

$$f_1(x) = 8x^6 + 10x^5 - 5x^3 + 13x^2 - 4x - 2\text{와 } f_2(x) = 4x^4 + 7x^2 + 6$$

16. 두 다항식을 곱하는 사용자 정의 함수를 작성하라. 함수 이름은 `p=polymult(p1, p2)`로 한다. 처음 두 입력 인자인 `p1`과 `p2`는 두 다항식의 계수들의 벡터이다. 출력 인자 `p`는 결과로 얻은 다항식이다.

다음 두 다항식을 곱하는 데 작성된 함수를 사용하라.

$$f_1(x) = -2x^6 + 3x^4 + 4x^3 - 7x - 8\text{와 } f_2(x) = 5x^4 - 4x^2 + 3x - 5$$

MATLAB의 내장 함수 `conv`를 이용하여 결과가 맞는지 검증하라.

17. 다음 형태의 2차 방정식의 최대(또는 최소)를 계산하는 사용자 정의 함수를 작성하라.

$$f(x) = ax^2 + bx + c$$

함수의 이름은 `[x, y, w] = maxormin(a, b, c)`로 한다. 입력 인자는 계수 `a`, `b`, `c`이다. 출력 인자는 최대(또는 최소)값의 좌표 `x`와 최대(또는 최소)값 `y`, 그리고 `y`가 최대이면 1, 최소이면 2를 갖는 `w`이다.

다음 함수들의 최대 또는 최소를 구하는 데 작성된 함수를 사용하라.

(*a*) $f(x) = 3x^2 - 7x + 14$ (*b*) $f(x) = -5x^2 - 11x + 15$

18. 밑면의 반지름이 r이고 높이가 h인 원통이 그림과 같이 구의 표면에 접촉되는 형태로 구의 안쪽에 만들어진다. 구의 반지름 $R = 11$ in이다.

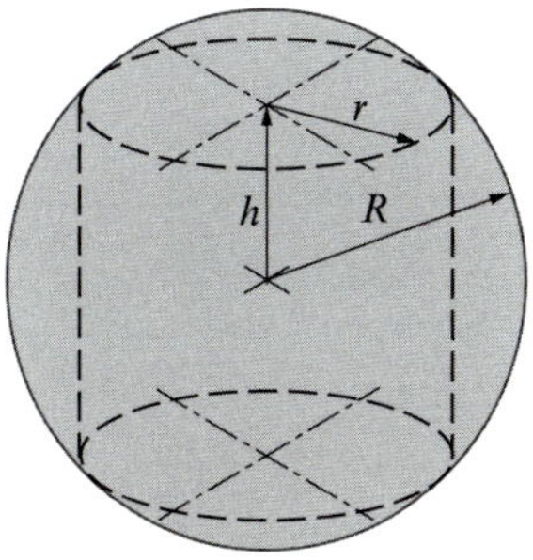

(*a*) h에 의한 원통 체적 V에 대한 다항식을 생성하라.

(*b*) $0 \le h \le 11$ in에서 h에 대한 V의 그래프를 그려라.

(*c*) `roots` 명령어를 이용하여 원통의 체적이 2,000 in^3일 때

h를 구하라.

(*d*) 가능한 가장 큰 체적을 가진 원통에 대응하는 h의 값을 구하고, 그 체적을 구하라.

19. 포물선 $x = 2(y - 2)^2 + 3$과 점 $P(3, 4)$를 고려하라.

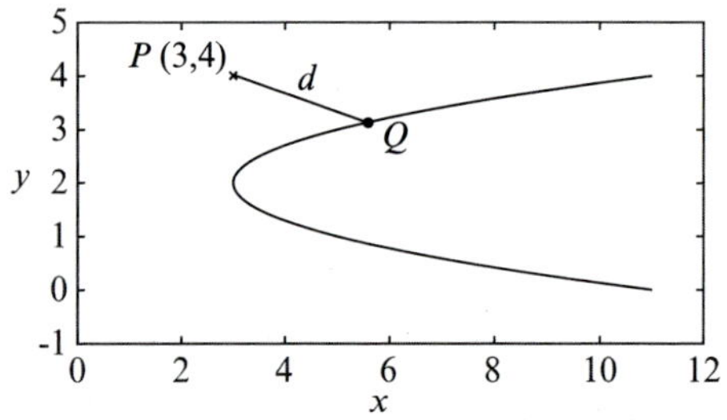

(*a*) 포물선 위에 점 P에서부터 임의의 점 Q까지 거리 d에 대한 다항식을 생성하라.

(*b*) $0 \le y \le 4$에서 y에 대한 d의 그래프를 그려라.

(*c*) $d = 3$일 때(두 개의 점이 있다) Q의 좌표를 구하라.

(*d*) 가장 작은 d에 대응하는 Q의 좌표를 구하고, d의 대응하는 값을 계산하라.

(*e*) 포물선, 점 P, (*c*)에서의 두 점 및 (*d*)에서의 점을 나타내는 그래프를 그려라.

20. 다음과 같은 데이터가 주어진다.

x	−5	−4	−1	1	4	6	9	10
y	12	10	6	2	−3	−6	−11	−12

(*a*) 선형 최소자승회귀를 이용하여 데이터에 가장 잘 피팅되는 함수 $y = mx + b$에서 계수 m과 b를 구하라.

(*b*) 함수와 데이터 점들을 나타내는 그래프를 그려라.

21. 다양한 고도 h에서 물의 비등점 T_B가 다음 표에 주어져 있다. 데이터에 가장 잘 피팅되는 $T_B = mh + b$ 형태의 선형 방정식을 구하라. 선형 방정식을 이용하여 5,000 m에서 비등점을 계산하라. 데이터 점들과 방정식의 그래프를 그려라.

h (ft)	−1,000	0	3,000	8,000	15,000	22,000	28,000
T (°F)	213.9	212	206.2	196.2	184.4	172.6	163.1

22. 1815년과 1965년 사이에 선택된 연도에서 미국 인구는 아래 표에 나열돼 있다. 데이터 점에 가장 잘 피팅될 수 있는 $P = a_2t^2 + a_1t + a_0$ 형태의 2차식을 구하라. 여기서 t는 1800년 이후 연도의 수이며, P는 백만 단위의 인구이다. 데이터 점들과 방정식을 보여주는 연도에 대한 인구 그래프를 그려라.

연도	1815	1845	1875	1905	1935	1965
인구(백만)	8.3	19.7	44.4	83.2	127.1	190.9

23. 서로 다른 시간 t에서 측정된 박테리아의 수 N_B는 다음 표에 주어진다. 데이터에 가장 잘 피팅되는 $N_B = Ne^{\alpha t}$ 형태의 지수함수를 구하라. 지수함수를 이용하여 5시간 후에 박테리아 수를 추정하라. 데이터 점들과 지수함수의 그래프를 그려라.

t (시간)	0	1	3	4	6	7	9
N_B	500	600	1,000	1,400	2,100	2,700	4,100

24. 해바라기의 성장 데이터가 다음 표에 주어진다.

일	7	21	35	49	63	77	91
높이(in)	8.5	21	50	77	89	98	99

데이터는 $y = \dfrac{H}{1 + e^{-(a+bt)}}$ 형태의 함수를 가지고 모형화될 수 있다. 여기서 y는 높이, H는 최대 높이, a와 b는 상수, t는 일수이다. 8.2.2절에서 서술된 방법을 이용하고 $H = 102$ in.라고 가정하여 데이터에 가장 잘 피팅될 수 있는 함수가 되는 상수 a와 b를 구하라. 함수를 사용하여 40일에서의 높이를 예측하고, 함수와 데이터 점들의 그래프를 그려라.

25. 다음에 대해서 문제 24번에서의 성장 데이터를 이용하라.

(*a*) 3차 다항식을 가지고 데이터를 커브 피팅하라. 다항식을 이용하여 40일간 자란 높이를 추정하라.

(*b*) 선형과 스플라인 보간법을 가지고 데이터를 피팅하고, 각 보간법을 이용하여 40일간 자란 높이를 추정하라.

각각에서 데이터 점들(원 표시)과 피팅된 커브 혹은 보간된 커브의 그래프를 그려라. (*b*)는 두 개의 보간된 커브를 가지고 있음을 유의하라.

26. 데이터 점들이 다음 표에 주어진다.

x	1	2.2	3.7	6.4	9	11.5	14.2	17.8	20.5	23.2
y	12	9	6.6	5.5	7.2	9.2	9.6	8.5	6.5	2.2

(*a*) 1차 다항식으로 데이터를 피팅하라. 데이터 점들과 다항식의 그래프를 그려라.

(*b*) 2차 다항식으로 데이터를 피팅하라. 데이터 점들과 다항식의 그래프를 그려라.

(*c*) 3차 다항식으로 데이터를 피팅하라. 데이터 점들과 다항식의 그래프를 그려라.

(*d*) 5차 다항식으로 데이터를 피팅하라. 데이터 점들과 다항식의 그래프를 그려라.

27. 해수면에서 33 km의 고도에 걸쳐 서로 다른 고도 h에서의 표준 공기밀도 D(평균 측정치)가 아래 표에 주어져 있다.

h (km)	0	3	6	9	12	15
D (kg/m^3)	1.2	0.91	0.66	0.47	0.31	0.19
h (km)	18	21	24	27	30	33
D (kg/m^3)	0.12	0.075	0.046	0.029	0.018	0.011

(*a*) 데이터 점들(고도의 함수로서 밀도)의 다음 네 가지의 그래프를 그려라: (1) 두 축 모두 선형축인 경우 (2) h가 로그축이고 D가 선형축인 경우 (3) h가 선형축이고 D가 로그축인 경우 (4) 두 축 모두 로그축인 경우. 그래프의 결과에 따라, 데이터 점들에 가장 잘 피팅될 수 있는 함수(선형함수, 멱함수, 지수함수, 또는 로그함수)를 선택하고, 선택한 함수의 계수들을 구하라.

(*b*) 선형축을 이용하여 함수와 데이터 점들의 그래프를 그려라.

28. 지수 함수 $y = be^{mx}$에 최적으로 피팅하는 사용자 정의 함수를 작성하라. 함수의 이름은 `[b,m] = expopfit(x,y)`으로 한다. 여기서 입력 인자 `x`와 `y`는 데이터 점들의 좌표를 갖는 벡터들이고, 출력인자 `b`와 `m`은 피팅된 지수 방정식의 상수들이다. `expofit`를 이용하여 아래의 데이터 점들을 피팅하라. 데이터 점들과 함수를 나타내는 그래프를 그려라.

x	0.4	2.2	3.1	5.0	6.6	7.6
y	1.7	10.1	26.9	61.2	158	398

29. 여러 다른 온도에서 실리콘의 열전도도 예측값이 다음 표와 같이 주어진다.

T (K)	2	4	6	8	10	20	40	60
k (W/m-K)	46	300	820	1,560	2.300	5,000	3,500	2,100
T (K)	80	100	150	250	350	500	1,000	1,400
k (W/m-K)	1,350	900	400	190	120	75	30	20

(*a*) 두 축 모두에서 로그 스케일을 사용하여 k 대 T의 그래프를 그려라.

(*b*) 2차 다항식 $y = ax^2 + bx + c$을 가지고 데이터를 커브 피트 시켜라. 여기서 $x = \log(T)$이고 $y = \log(k)$이다. 일단 계수 a, b, c가 결정되면, $\log(T)$의 함수로 k에 대한 방정식을 작성하라. 이 식을 사용해서 데이터를 커브 피트시켜라. 마크로 표시된 데이터 점들과 실선으로 나타낸 커브 피트 방정식을 보여주는 두 번째 그래프를 그려라.

(*c*) 3차 다항식을 사용해서 문제 (*b*)를 반복하라.

30. 서로 다른 시간 t에서 화학 반응이 진행되는 동안 물질의 농도 C 측정값이 다음표에 나와 있다.

t (h)	0.5	1.0	1.5	2.0	2.5	3.0	3.5	4.0	4.5	5.0	5.5	6.0
C (g/L)	1.7	3.1	5.7	9.1	6.4	3.7	2.8	1.6	1.2	0.8	0.7	0.6

(*a*) 만일 데이터가 다음 형식의 방정식으로 모형화될 수 있다면,

$$C(t) = \frac{1}{a_2t^2 + a_1t + a_0}$$

데이터를 최적으로 피트 시키는 방정식의 계수 a_0, a_1, a_2를 구하라. 구해진 방정식을 이용해서 $t = 2$ h에서 농도를 예측하라. 데이터 점들과 방정식의 그래프를 그려라.

(*b*) 만일 데이터가 다음 형식의 방정식으로 모형화될 수 있다면,

$$C(t) = \frac{1}{a_3t^3 + a_2t^2 + a_1t + a_0}$$

데이터를 최적으로 피트 시키는 방정식의 계수 a_0, a_1, a_2, a_3를 구하라. 구해진 방정식을 이용해서 $t = 2$ h에서 농도를 예측하라. 데이터 점들과 방정식의 그래프를 그려라.

31. 다음 문제에 대해 문제 30의 데이터를 사용하라.

(*a*) 데이터를 선형 보간으로 피트시켜라. $t = 2.25$에서 농도를 예측하라. 데이터 점들과 보간 점으로 구성된 곡선을 나타내는 그래프를 그려라.

(*b*) 데이터를 스플라인 보간으로 피트시켜라. $t = 2.25$에서 농도를 예측하라. 데이터 점들과 보간 점으로 구성된 곡선을 나타내는 그래프를 그려라.

32. 두 변수 y와 x 사이의 관계는 다음 식으로 알려진다.

$$y = a\frac{x}{b + x}$$

다음 표와 같이 데이터 점들이 주어져 있다.

x	5	10	15	20	25	30	35	40	45	50
y	15	25	32	33	37	35	38	39	41	42

식을 데이터 점들에 커브 피팅하여 상수 a과 b를 구하라. x에 대한 y의 그래프를 그려라. 그림에서 데이터 점들을 표식으로 나타내고 커브 피팅된 식은 실선으로 나타내라. 이 식을 이용해서 $x = 23$에서 y 값을 예측하라. (커브 피팅은 위 식의 역수로 작성될 수 있으며, 1차 다항식을 이용하여 이루어진다.)

33. 3차 다항식을 사용해서 이전 문제의 데이터를 커브 피트 시켜라. 구해진 다항식을 이용해서 $x = 23$에서 y 값을 예측하라. 점들과 다항식의 그래프를 그려라.

34. 고무를 늘렸을 때, 그것의 연신율(elongation)은 초기에 가하는 힘에 비례한다. 그러나 원 길이의 두 배에 도달했을 때, 고무를 늘리기 위해 요구되는 힘은 빠르게 증가한다. 초기에 3 in. 길이인 고무 시편을 늘이기 위해 요구된 연신율의 함수로서 힘은 다음과 같이 표에 주어져 있다.

(*a*) 4차 다항식으로 데이터를 커브 피팅하라. 데이터 점들과 다항식의 그래프를 그려라. 다항식을 이용하여 고무 시편이 11.5 in. 길이일 때 힘을 추정하라.

(*b*) 스플라인 보간법으로 데이터를 피팅하라(MATLAB 내장함수인 `interp1`을 이용). 데이터 점들과 보간법에 의해 만들어진 곡선을 나타내는 그래프를 그려라. 보간법을 이용하여 고무 시편이 11.5 in. 길이일 때 힘을 추정하라.

힘(lb)	0	0.6	0.9	1.16	1.18	1.19	1.24	1.48
연신율(in).	0	1.2	2.4	3.6	4.8	6.0	7.2	8.4
힘(lb)	1.92	3.12	4.14	5.34	6.22	7.12	7.86	8.42
연신율(in).	9.6	10.8	12.0	13.2	14.4	15.6	16.8	18

35. 투명체를 통한 빛의 전송은 다음 식으로 기술할 수 있다.

$$I_T = I_0(1 - R)^2 e^{-\beta L}$$

여기서 I_T는 전송된 강도, I_0는 입사 빔의 강도, β는 흡수 계수, L은 투명체의 길이, R은 경계면에서 굴절되는 빛의 일부이다. 빛이 경계면에서 수직이고, 빔이 공기를 통해 전송된다면, $R = \left(\frac{n-1}{n+1}\right)^2$이다. 여기서 n은 투명입체에 대한 굴절지수이다. 다양한 길이의 투명체의 표본을 통해 전송된 빛의 밀도를 측정하는 실험이 다음 표에서 주어져 있다. 입사 빔의 강도는 5 W/m^{2}이다.

L (cm)	0.5	1.2	1.7	2.2	4.5	6.0
I_T (W/m^2)	4.2	4.0	3.8	3.6	2.9	2.5

본 데이터와 커브 피팅을 이용하여 흡수 계수와 투명체의 굴절지수를 구하라.

제 9 장

수치해석 적용

Applications in Numerical Analysis

차 례

수치적인 방법들은 정확한 해를 얻기가 어렵거나 불가능한 과학과 공학에서 수식화된 수학 문제들을 해결하는 데 일반적으로 사용된다. MATLAB은 광범위한 수학 문제들을 수치적으로 해결하기 위한 많은 함수 라이브러리를 가지고 있다. 이 장에서는 이 함수 중에서 가장 자주 사용되는 함수에 관해 설명한다. 이 책의 목적은 사용자에게 MATLAB의 사용방법을 보여주는 것이라는 데에 주의해야 한다. 수치적인 방법에 대한 일반적인 일부 정보는 주어지나, 수치해석에 관한 책에서 찾을 수 있는 자세한 사항들은 포함되지 않는다.

다음 주제들이 이 장에서 다루어진다: 하나의 미지수를 갖는 방정식 풀이, 함수의 최소값 또는 최대값 구하기, 수치적분 및 일차 상미분방정식의 풀이.

9.1 하나의 변수를 가진 방정식 풀이

하나의 변수를 가진 방정식은 $f(x) = 0$의 형식으로 쓸 수 있다. 방정식의 해(또한 근으로 불림)는 식을 만족하는 x의 수치값이다. 그래프에서 보면, 해는 함수 $f(x)$가 x축에 교차하거나 닿는 점이다. 정확한 해는 함수의 값이 정확히 0이 되는 x의 값이다. 이러한 값이 존재하지 않거나 구하기 어렵다면, 수치해는 매우 근접한 x를 찾음으로써 구할 수 있다. 이러한 수치해는 반복과정을 통해 구할 수 있고, 매번 반복할 때마다 컴퓨터가 해에 더 가까운 x의 값을 구한다. 두 반복에서의 x값의 차이가 어떤 한도보다 작으면 반복은 중지한다. 일반적으로 함수는 해가 없거나, 한 개, 여러 개, 또는 무한개를 가진다.

MATLAB에서 함수의 영점은 다음 형식을 갖는 명령어(내장함수) `fzero`를 이용하여 구할 수 있다.

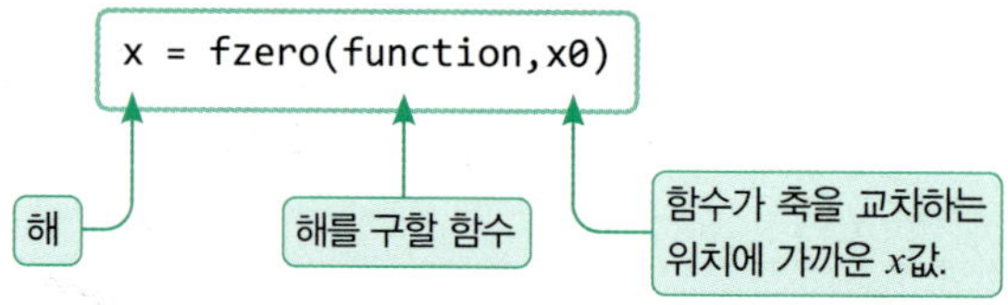

내장함수 fzero는 MATLAB 함수(7.9절 참조)이며, 다른 함수(해를 구할 함수)를 입력인자로 받아들인다는 것을 의미한다.

▶ fzero의 인자들에 관한 추가 세부사항

- x는 해이며, 스칼라이다.
- 입력인자 function은 해를 구할 함수이다. 다음과 같은 여러 방법으로 입력될 수 있다.
  1. 가장 간단한 방법은 수학식을 문자열로 입력하는 것이다.
  2. 함수는 함수 파일에서 사용자정의함수로 생성되고 그다음 함수 핸들이 입력된다(7.9.1절 참조).
  3. 함수는 익명 함수로 생성되고(7.8.1절 참조), 그런 다음 그 익명 함수의 이름(핸들의 이름)이 입력된다(7.9.1절 참조).

(7.9.2절에서 설명한 것처럼, 사용자 정의 함수와 inline 함수를 함수 이름을 이용하여 함수에 전달할 수도 있다. 그러나 함수 핸들은 더 효과적이면서 사용하기도 더 쉬워 선호되는 방법이다.)

- 함수는 표준 형식으로 써야 한다. 예를 들면, 해를 구할 함수가 $xe^{-x} = 0.2$면, $f(x) = xe^{-x} - 0.2 = 0$으로 써야 한다. 이 함수를 fzero 명령어에 문자열로 입력한다면, 'x*exp(-x)-0.2'와 같이 입력한다.
- 함수가 수식(문자열)으로 입력될 때, 미리 정의된 변수는 식에 포함될 수 없다. 예를 들면, 입력할 함수가 $f(x) = xe^{-x} - 0.2$면, b = 0.2로 정의하고 'x*exp(-x)-b'로 정의하는 것은 가능하지 않다.
- x0는 스칼라 또는 두 원소의 벡터가 될 수 있다. x0가 스칼라로 입력된다면, x0 값은 함수가 x축과 교차하는 점 근처의 x값이어야 한다. x0가 벡터로 입력된다면, 두 원소는 해의 반대쪽에 있는 점들이어야 한다. $f(x)$가 x축에 교차한다면, $f(x_0(1))$는 $f(x_0(2))$와 다른 부호를 가진다. 함수가 한 개 이상의 해를 가진다면, 각 해는 fzero 함수를 이용하고 각 해의 근처에 있는 x0 값들을 입력함으로써 분리해서 구할 수 있다.
- 함수의 해 위치를 근사적으로 찾기 좋은 방법은 함수의 그래프를 그리는 것이다. 과학과 공학의 많은 응용 분야에서 해의 정의역은 추정될 수 있다. 종종 함수가 한 개 이상의 해를 가질 때, 한 개의 해만이 물리적인 의미가 있을 것이다.

예시 문제 9-1 **비선형방정식의 풀이**

방정식 $xe^{-x} = 0.2$의 해를 구하라.

풀이

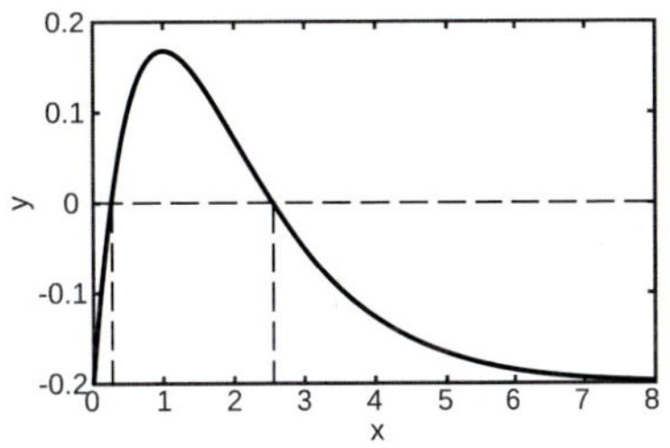

먼저 방정식은 함수 $f(x) = xe^{-x} - 0.2$의 형식으로 작성된다. 오른쪽에 보여진 함수의 그래프는 함수가 0과 1사이에 해를 한 개 가지며, 2와 3 사이에 또 다른 해를 가짐을 보여준다. 이 그래프는 명령 창에 다음 명령어를 입력하여 얻어진다.

```
>> fplot('x*exp(-x)-0.2',[0 8])
```

함수의 해는 fzero 명령어를 두 번 사용하여 구해진다. 첫 번째, 식은 문자열로 입력되고, 0과 1 사이의 x0값 (x0 = 0.7)이 사용된다. 두 번째, 풀어야 할 방정식은 익명함수로 쓰여지고, 이 익명함수는 2와 3 사이의 x0값 (x0 = 2.8)을 가지고 fzero에 사용된다. 이 과정은 다음과 같다.

```
>> x1=fzero('x*exp(-x)-0.2',0.7)        함수는 문자열 수식으로 입력된다.
x1 =
    0.2592                              첫 번째 해는 0.2592이다.
>> F=@(x)x*exp(-x)-0.2
F =                                     익명함수 생성하기.
    @(x)x*exp(-x)-0.2
>> fzero(F,2.8)                         fzero에 이명 함수명 사용하기.
ans =
    2.5426                              두 번째 해는 2.5426이다.
```

▸ **추가 설명:**

- fzero 명령어는 함수가 x축과 교차하는 점에서만 함수의 영점을 구한다. 이 명령어는 함수가 x축에 닿지만 교차하지 않는 점들에서는 영점을 구하지 않는다.
- 해를 구할 수 없으면, NaN이 x에 할당된다.
- fzero 명령어는 추가 옵션들을 가지고 있다(도움말 창 참조). 두 가지 중요한 선택은 다음과 같다:

  [x fval] = fzeros(function, x0)는 x에 있는 함수의 값을 변수 fval에 할당한다.

  x = fzero(function, x0, optimset ('display', 'iter'))는 해를 찾는 과정 동안 반복할 때마다 결과를 출력한다.
- 함수가 다항식의 형식에서 쓰인다면, 해 혹은 근들은 8장에서 설명한 것처럼(8.1.2절 참조)

roots 명령어로 구할 수 있다.

- fzero 명령어는 함수가 특정값을 갖는 x의 값을 찾는 데 사용될 수도 있다. 이것은 함수를 위나 아래로 평행 이동시키면 된다. 예를 들면, 예시 문제 9-1의 함수에서 함수가 0.1과 같게 되는 첫 번째 x의 값은 함수 $xe^{-x} - 0.3 = 0$의 식을 풀어서 구할 수 있다. 이것은 다음과 같다.

```
>> x=fzero('x*exp(-x)-0.3',0.5)
x =
    0.4894
```

9.2 함수의 최소값 또는 최대값 구하기

많은 응용에서 $y = f(x)$ 형식인 함수의 국소 최소값이나 최대값을 구할 필요가 있다. 미적분학에서 국소 최소값이나 최대값에 해당하는 x의 값은 함수의 도함수의 영점을 찾음으로써 구할 수 있다. y의 값은 그 구한 x를 함수에 대입하여 구할 수 있다. 구간 $x_1 \le x \le x_2$에서 하나의 변수를 갖는 함수 $f(x)$가 최소값을 갖는 x의 값은 MATLAB에서 다음 형식을 갖는 fminbnd 명령어로 구할 수 있다.

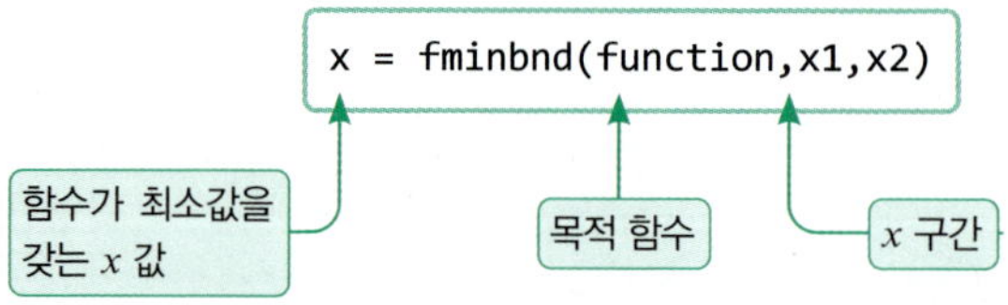

- 함수는 fzero 명령어의 경우와 같은 방법으로 문자열 표현이나 함수 핸들로 입력할 수 있다. 자세한 내용은 9.1절을 참조하라.
- 함수의 최소값은 다음 옵션을 사용하여 출력에 추가할 수 있다.

```
[x fval] = fminbnd(function, x1, x2)
```

  여기서 x에서의 함수값은 변수 fval에 할당된다.

- 주어진 구간에서 함수의 최소값은 구간의 양쪽 경계점 중의 한 점 또는 함수의 기울기가 0(국소 최소값)인 구간 내의 한 점에서 얻어질 수 있다. fminbnd 명령어가 실행되면, MATLAB은 국소 최소값을 찾는다. 국소 최소값을 구하면, 이 값은 구간의 양쪽 경계점에서의 함수값들과 비교된다. MATLAB은 구간의 실제 최소값을 가진 점을 돌려준다.

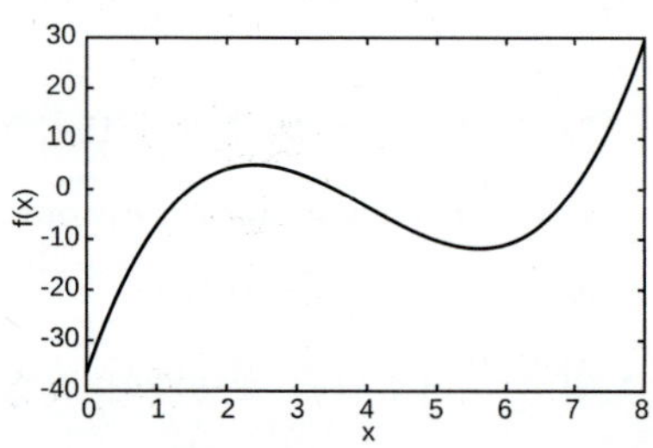

예를 들면, 오른쪽 그림에 구간 $0 \le x \le 8$에 그려진 함수 $f(x) = x^3 - 12x^2 + 40.25x - 36.5$를 고려하자. 5와 6 사이에 극소값이 있으며, $x = 0$에서 절대 최소값이

존재한다는 것을 알 수 있다. fminbnd 명령어를 이용하여 구간 $3 \le x \le 8$에서 함수의 국소 최소값의 위치와 국소 최소값을 구하면 다음과 같다.

```
>> [x fval]=fminbnd('x^3-12*x^2+40.25*x-36.5',3,8)
x =
     5.6073
fval =
   -11.8043
```

국소 최소값은 $x = 5.6073$에 있다. 그 점에서 함수의 값은 −11.8043이다.

fminbnd 명령어는 국소 최소값을 구한다는 점에 유의하라. 구간이 $0 \le x \le 8$로 바뀐다면, fminbnd는 다음 값을 준다.

```
>> [x fval]=fminbnd('x^3-12*x^2+40.25*x-36.5',0,8)
x =
     0
fval =
   -36.5000
```

최소값은 $x = 0$에 있다. 그 점에서 함수의 값은 −36.5이다.

이 구간에 대해 fminbnd 명령어는 경계점 $x = 0$에서 절대 최소값을 제공한다.

- fminbnd 명령어는 또한 함수의 최대값을 구하는 데 사용될 수 있다. 이것은 함수에 −1을 곱하고 최소값을 구하면 된다. 예를 들면, 구간 $0 \le x \le 8$에서 함수 $f(x) = xe^{-x} - 0.2$(예시 문제 9-1)의 최대값은 아래와 같이 함수 $f(x) = -xe^{-x} + 0.2$의 최소값을 구하여 얻을 수 있다.

```
>> [x fval]=fminbnd('-x*exp(-x)+0.2',0,8)
x =
    1.0000
fval =
   -0.1679
```

최대값은 $x = 1.0$에 있다. 그 점에서 함수의 값은 0.1679이다.

9.3 수치적분

적분은 과학과 공학에서 일반적인 수학 연산이다. 면적과 체적의 계산, 가속도로부터 속도의 계산, 힘과 변위로부터 일의 계산 등은 적분이 사용되는 몇 가지 예이다. 간단한 함수들의 적분은 해석적으로 할 수 있지만, 좀 더 복잡한 함수들은 해석적으로 적분하는 것이 종종 어렵거나 불가능하다. 미적분 교과에서, 피적분함수(integrand)(적분되고자 하는 대상)은 일반적으로 함수이다. 과학 및 공학 응용에서는 적분 대상이 함수이거나 데이터 점들의 집합일 수 있다. 예를 들면, 유속을 불연속적으로 측정한 데이터점들은 체적을 계산하는 데 사용할 수 있다.

다음 내용은 적분식과 적분에 대한 지식을 갖추고 있음을 전제로 한다. a에서 b까지 함수

$f(x)$의 정적분은 다음 형식을 갖는다.

$$q = \int_a^b f(x)dx$$

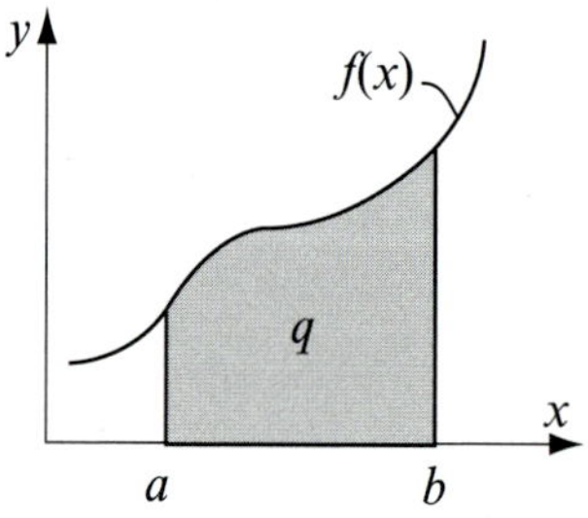

함수 $f(x)$는 피적분함수라 불리며, 수 a와 b는 적분의 하한과 상한이다. 그래프에서 보면, 적분 값 q는 함수의 그래프와 x축, 양쪽 극한 a와 b 사이의 면적(그림의 음영 처리된 부분)이다. 정적분이 해석적으로 계산되면, $f(x)$는 항상 함수이다. 정적분이 수치적으로 계산될 때, $f(x)$는 함수나 점들의 집합일 수 있다. 수치적분에서 전체 면적은 면적을 작은 영역들로 나누고 각 영역을 계산한 후 이들을 모두 더해서 구해진다. 다양한 수치 방법들이 이 목적을 위해 개발되었다. 각 방법의 차이점은 면적을 미소 면적으로 나누는 방법과 각 미소 면적을 계산하는 방법에 있다. 수치해석에 관한 책은 수치해석 기법의 상세한 내용을 포함한다.

다음에서 세 가지 MATLAB 내장 적분 함수 `quad`, `quadl`, `trapz`의 사용 방법에 관해 기술한다. `quad`와 `quadl` 명령어는 $f(x)$가 함수인 경우의 적분에 사용되고, `trapz`는 $f(x)$가 데이터점들로 주어질 때 사용된다.

▸ quad 명령어:

적분의 적응형 심슨(Simpson) 방법을 사용한 `quad` 명령어의 형식은 다음과 같다.

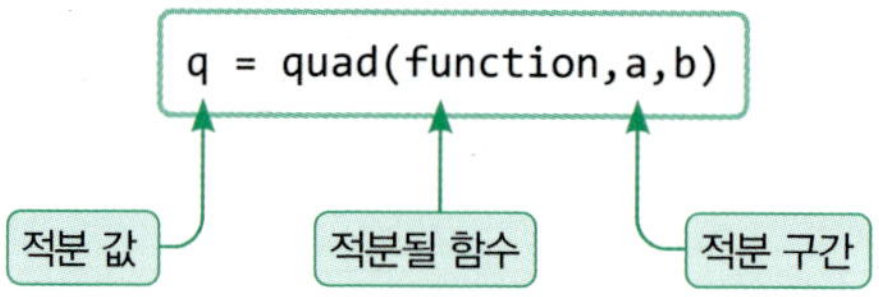

- 함수는 `fzero` 명령어의 경우와 같이 문자열 표현이나 함수 핸들로 입력될 수 있다. 자세한 내용은 9.1절을 참조하라. 첫 두 가지 방법들은 예시 문제 9-2에서 설명한다.
- 함수 $f(x)$는 x의 각 원소에 대한 함수의 값을 계산할 수 있도록 벡터(원소별 연산을 이용한)인 인자 x에 대해 작성되어야 한다.
- 사용자는 함수가 a와 b 사이에서 수직 점근선을 갖지 않음을 확인해야 한다.
- `quad`는 1.0e–6보다 작은 절대 오차로 적분을 계산한다. 이 값은 다음과 같이 옵션인 `tol` 인자를 명령어에 추가함으로써 변경이 가능하다.

  ```
  q = quad('function', a, b, tol)
  ```

  `tol`은 최대 오차를 정의하는 수이다. `tol`을 더 크게 하면 적분은 덜 정확하게 계산되지만, 더 빠르게 계산된다.

▸ quadl 명령어

`quadl` (마지막 글자는 소문자 L임) 명령어의 형식은 정확하게 quad 명령어와 같다.

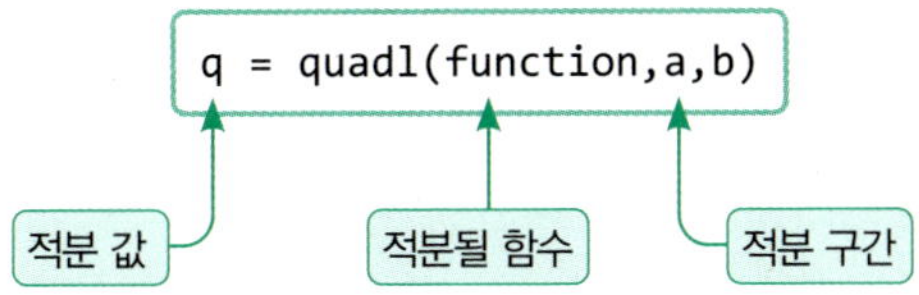

quad 명령어에 대해 언급한 모든 설명은 quadl 명령어에 대해서도 타당하다. 두 명령어 사이의 차이점은 적분 계산에 사용되는 수치 방법이다. quadl 명령어는 적응형 로바토(Lobatto) 방법을 사용하는데, 이 방법은 높은 정밀도와 매끄러운 적분에 좀 더 효과적일 수 있다.

예시 문제 9-2 함수의 수치적분

수치적분을 이용하여 다음 적분을 계산하라.

$$\int_0^8 xe^{-x0.8} + 0.2)dx$$

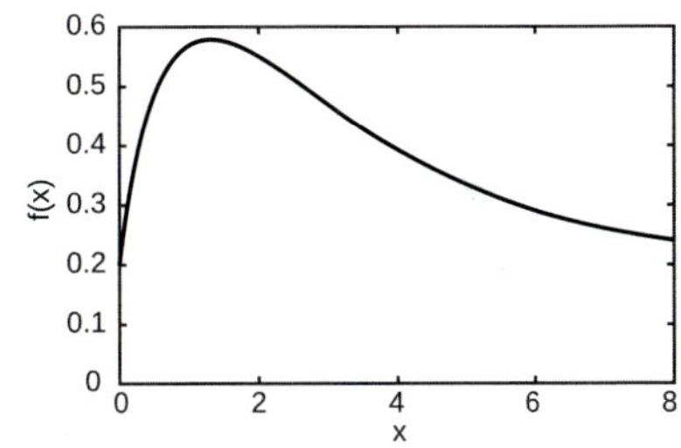

풀이

설명을 위해 구간 $0 \le x \le 8$에 대한 함수의 그래프는 오른쪽에 보여준다. 해는 quad 명령어를 사용하여 구하고, 두 가지 방법으로 명령어에 함수를 입력하는 방법을 보여준다. 첫 번째 방법에서는 식을 입력 인자에 직접 입력한다. 두 번째 방법에서는 익명함수를 먼저 생성하고 이 함수의 이름을 명령어에 입력한다.

명령어 창에서 적분할 함수를 quad 명령어에 문자열로 입력하여 적분하는 것을 아래에서 보여준다. 함수가 원소별 연산을 하고 입력된 점에 유의하라.

```
>> quad('x.*exp(-x.^0.8)+0.2',0,8)
ans =
    3.1604
```

두 번째 방법은 적분할 함수를 계산하는 사용자 정의 함수를 먼저 생성하는 것이다. 함수 파일(파일명 y = Cha9Sam2(x))은 다음과 같다.

```
function y=Chap9Sam2(x)
y=x.*exp(-x.^0.8)+0.2;
```

함수는 인자 x가 벡터가 되도록 원소별 연산을 하고 작성되었음을 다시 한번 유의하라. 그다음, 적분은 다음과 같이 명령어 창에서 quad 명령어의 인자 function에 핸들 @Chap9Sam2를 입력하여 구할 수 있다.

```
>> q=quad(@Chap9Sam2,0,8)
q =
    3.1604
```

▸ trapz 명령어

trapz 명령어는 데이터 점들로 주어진 함수의 적분에 사용될 수 있다. 이 명령어는 수치 사다리꼴 방법으로 적분을 한다. 명령어의 형식은 다음과 같다.

```
q = trapz(x,y)
```

여기서 x와 y는 각각 점들의 x와 y 좌표를 갖는 벡터이다. 두 벡터는 같은 길이이어야 한다.

9.4 상미분방정식

미분방정식은 공학 응용 분야와 관련된 거의 모든 물리적 현상의 기초가 되므로 과학과 공학에서 중요한 역할을 한다. 제한된 수의 미분 방정식들만이 해석적으로 풀릴 수 있다. 반면에 수치 방법은 거의 모든 식에 근사해를 제공할 수 있다. 그러나 수치 해를 구하는 것은 간단한 작업이 아닐 수도 있다. 이는 어떤 식이라도 풀 수 있는 수치 방법은 존재하지 않기 때문이다. 그 대신, 다른 유형의 식들을 푸는 데 적당한 많은 방법이 있다. MATLAB은 미분방정식을 푸는 데 사용할 수 있는 도구들의 방대한 라이브러리를 가지고 있다. 그러나 MATLAB의 능력을 충분히 이용하기 위해서는 사용자는 미분방정식과 이들을 푸는 데 사용할 수 있는 다양한 수치 방법들에 대한 지식이 필요하다.

이 절은 1차 상미분방정식(ordinary differential equation, ODE)을 풀기 위한 MATLAB의 사용 방법에 대해 자세히 기술한다. 이러한 방정식을 푸는 데 사용할 수 있는 가능한 수치 방법들이 일상적인 말로 기술되지만, 수학적인 관점으로 설명하지 않는다. 이 절은 풀기 쉬운 간단한 1차 미분방정식의 풀이를 위한 정보를 제공한다. 이 해는 고차방정식과 연립방정식의 풀이에 대한 기초를 제공한다.

상미분방정식(ODE)은 독립변수, 종속변수, 종속변수의 미분들을 포함하는 방정식이다. 여기서 고려하는 방정식들은 다음 형식의 1차 미분방정식이다.

$$\frac{dy}{dx} = f(x, y)$$

여기서 x와 y는 각각 독립변수와 종속변수이다. 해는 방정식을 만족하는 함수 $y = f(x)$이다. 일반적으로 많은 함수는 주어진 ODE를 만족할 수 있으며, 더 많은 정보는 특정 문제의 해를 구하기 위해 요구된다. 추가 정보는 독립변수의 어떤 값에서의 함수(종속변수)의 값이다.

▸ 단일 1차 ODE를 푸는 단계

이 절의 나머지 부분에서 독립변수는 t(시간)로 한다. 이는 많은 응용 분야에서 시간이 독립변수이기 때문이며, MATLAB의 **Help** 메뉴에 있는 정보와의 일관성을 위해서다.

단계 1: 문제를 표준 형식으로 작성하라.

다음 형식으로 식을 작성하라.

$$\frac{dy}{dx} = f(x, y) \qquad \text{for} \qquad t_0 \le t \le t_f, \qquad \text{with} \qquad y = y_0 \text{ at } t = t_0$$

위의 식과 같이, 1차 ODE를 풀기 위해서는 세 가지 정보가 필요하다: t에 대한 y의 도함수로 이루어진 식, 독립변수의 구간, 그리고 y의 초기값. 해는 t_0와 t_f 사이의 t의 함수에 대한 y의 값이다.

풀어야 할 문제의 예는 다음과 같다.

$$\frac{dy}{dx} = \frac{t^3 - 2y}{t} \qquad \text{for} \qquad 1 \le t \le 3 \qquad \text{with} \qquad y = 4.2 \text{ at } t = 1$$

단계 2: 사용자 정의 함수(함수파일) 또는 익명 함수를 생성하라.

풀어야 할 ODE는 사용자 정의 함수(함수 파일로)나 익명 함수로 작성되어야 한다. 두 함수 모두 t와 y의 주어진 값에 대해 $\frac{dy}{dx}$를 계산한다. 위 예제 문제에 대해서 사용자 정의 함수(이 함수는 별도의 파일로 저장됨)는 다음과 같다.

```
function dydt=ODEexp1(t,y)
dydt=(t^3-2*y)/t;
```

익명 함수를 사용할 때, 명령 창에서 정의하거나 스크립트 파일 안에 작성할 수 있다. 위 예제 문제에 대해서 익명 함수(함수 이름 ode1)는 다음과 같다.

```
>> ode1=@(t,y)(t^3-2*y)/t
ode1 =
   @(t,y)(t^3-2*y)/t
```

단계 3: 풀이 방법을 선택하라.

MATLAB이 풀이에 사용하려는 수치 방법을 선택하라. 1차 ODE를 풀기 위해 많은 수치 방법들이 개발되었고, 여러 방법은 MATLAB의 내상함수로 이용할 수 있다. 전형적인 수치 방법에서, 시간 구간은 작은 시간 간격들로 나누어진다. 해는 알려진 점 y_0에서 시작하고, 적분 방법의 하나를 이용하여 y의 값은 각 시간 간격마다 계산된다. 표 9-1은 1차 ODE를 푸는 데 사용할 수 있는 MATLAB 내장함수인 일곱 개의 ODE solver 명령어들을 보여주고 있다. 각 solver에 대한 간단한 설명이 표에 포함되어 있다.

표 9-1 MATLAB ODE solvers

ODE Solver 이름	설명
ode45	비경직성(nonstiff) 문제에 대한 단일 단계 solver. 대부분 문제에 대한 첫 시도로 적용하기에 최적. 명시적 Runge-Kutta 방법에 바탕을 두고 있음.
ode23	비경직성 문제에 대한 단일 단계 solver. 명시적 Runger-Kutta 방법에 바탕을 두고 있음. 종종 ode45보다 빠르지만 정확도가 떨어짐
ode113	비경직성 문제에 대한 다중 스텝의 solver
ode15s	경직성 문제에 대한 다중 단계 solver. ode45가 실패된다면 사용. 가변 차수 방법을 이용함.
ode23s	경직성 문제에 대한 단일 단계 solver. ode15s가 풀 수 없는 일부 문제들을 풀 수 있음.
ode23t	반경직성 문제에 대한 solver
ode23tb	경직성 문제에 대한 solver. 종종 ode15s보다 더 효율적임.

일반적으로 solver들은 경직성 문제를 푸는 능력과 단일 단계 혹은 다중 단계 방법을 사용하는지에 따라 두 그룹으로 나눌 수 있다. 경직성 문제는 빠르고 느리게 변하는 성분들을 포함하고 풀이 과정에서 작은 시간 간격들을 요구한다. 단일 단계 solver는 다음 점에서 해를 구하기 위해 한 점에서의 정보를 이용한다. 다중 단계 solver는 다음 점에서 해를 찾기 위해 여러 이전 점들의 정보를 이용한다. 다른 방법들에 대한 자세한 내용은 이 책의 범위를 넘어선다.

특정 문제에 대해 어떤 solver가 가장 적절한지를 미리 아는 것은 불가능하다. 제안은 ode45를 맨 처음 시도하는 것이다. 이것은 많은 문제에 대해 좋은 결과를 제공한다. 만일 문제가 경직성이기 때문에 해를 구하지 못하면, solver ode15s를 시도하는 것을 제안한다.

단계 4: ODE를 풀어라.

초기값을 가진 ODE 문제를 푸는 데 사용되는 명령어의 형식은 풀려는 모든 solver와 모든 방정식에 대해 동일하다. 형식은 다음과 같다.

```
[t,y] = solver_name(ODEfun,tspan,y0)
```

▸ **추가정보**

solver_name 사용될 solver(수치방법)의 이름(예: ode45 혹은 ode23s)

ODEfun 주어진 t와 y의 값에 대해 dy/dt를 계산하는 단계 2의 함수. 사용자 정의 함수로 작성된다면, 함수 핸들이 입력된다. 익명 함수로 작성된다면, 익명 함수의 이름이 입력된다(다음 예 참조).

tspan 해의 구간을 지정하는 벡터. 이 벡터는 최소한 두 원소를 가져야 하지만, 그 이상을 가질 수 있다. 벡터가 오직 두 원소를 가진 경우, 두 원소는 [t0 tf]이어야 하며, 이는 해의 구간의 시작점과 종점이다. 그러나, 벡터 tspan은 시작점과 종점 사이에 추가적인 점들을 가질 수 있다. tspan의 원소 개수는 명령어의 결과에 영향을 미친다. 아래의 [t,y]를 참조하라.

`y0` y의 초기값(구간의 시작점에서의 y값)

`[t,y]` ODE의 해인 출력. t와 y는 열벡터이다. 처음과 마지막 점은 구간의 시작과 끝점이다. 사이에 있는 점들의 간격과 개수는 입력 벡터 tspan에 의존한다. tspan이 두 원소(시작점과 끝점)를 가진다면, 벡터 t와 y는 solver에 의해 계산된 모든 적분 단계에서의 해를 포함한다. 만일 tspan이 두 점 이상(첫 번째와 마지막 점 사이에 추가점)을 가진다면, 벡터 t와 y는 이들 점에서의 해만을 포함한다. tspan에서 점들의 개수는 프로그램 때문에 구해진 해에 대해 사용되는 시간 간격에는 영향을 주지 않는다.

예를 들면, 단계 1에서 언급한 문제에 대한 해를 고려하자.

$$\frac{dy}{dx} = \frac{t^3 - 2y}{t} \qquad \text{for} \qquad 1 \le t \le 3 \qquad \text{with} \qquad y = 4.2 \text{ at } t = 1$$

ODE 함수가 사용자 정의 함수로 작성된다면(단계 2 참조), MATLAB의 내장함수 ode45에 의한 해는 다음에 의해 얻어진다.

```
>> [t y]=ode45(@ODEexp1,[1:0.5:3],4.2)
t =
    1.0000
    1.5000
    2.0000
    2.5000
    3.0000
y =
    4.2000
    2.4528
    2.6000
    3.7650
    5.8444
```

- @ODEexp1: 사용자 정의 함수 ODEexp1의 핸들
- [1:0.5:3]: 벡터 tspan
- 4.2: 초기값

해는 solver ode45로 구한다. 단계 2의 사용자정의 함수 이름은 ODEexp1이다 해는 벡터 t = 1에서 시작하며 0.5씩 증가하여 t = 3에서 끝난다(벡터 tspan에 따라). 해를 보여주기 위해 더 작은 간격의 tspan을 이용하여 문제를 다시 풀고, 해는 plot 명령어를 가지고 아래와 같이 그려진다.

```
>> [t y]=ode45(@ODEexp1,[1:0.01:3],4.2);
>> plot(t,y)
>> xlabel('t'), ylabel('y')
```

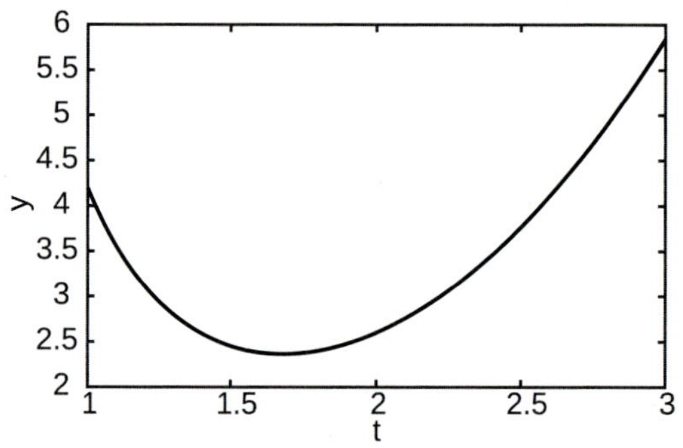

ODE 함수가 익명 함수 `ode1`로 쓰이면(단계 2 참조), 해는 (위에서 보는 것과 같이) 다음을 입력하여 얻어진다.

```
[t y] = ode45(ode1,[1:0.5:3],4.2)
```

9.5 MATLAB 응용 예제

예시 문제 9-3 기체 방정식

이상 기체 방정식은 다음과 같이 체적 V (L), 온도 T (K), 압력 P (atm), 기체의 양 n(몰수)과 관련된다.

$$p = \frac{nRT}{V}$$

여기서 R = 0.08206 (L atm)/(mol K)은 기체상수이다.

반데르발스(van der Waals) 방정식은 실제 기체에 대한 이들 양 사이의 관계로 다음과 같이 주어진다.

$$\left(p + \frac{n^2a}{V^2}\right)(V - nb) = nRT$$

여기서 a와 b는 각 기체에 따라 정해지는 상수이다.

`fzero` 함수를 이용하여 온도 50°C, 압력 6 atm에서의 CO_2 2몰의 체적을 계산하라. CO_2의 경우, a = 3.59(L^2 atm)/mol^2, b = 0.0427 L/mol이다.

풀이

스크립트 파일로 작성된 해는 아래에 보여진다.

```
global P T n a b R
R=0.08206;
P=6; T=323.2; n=2; a=3.59; b=0.047;
Vest=n*R*T/P;                    V에 대한 추정 값 계산하기
V=fzero(@Waals,Vest)             함수 핸들 @waals는 사용자 정의 함수
                                 waals를 fzero에 전달하는 데 사용된다.
```

먼저, 프로그램은 이상 기체 방정식을 이용하여 체적의 추정값을 계산하고, 그 값은 해의 추정을 위해 fzero 명령어에서 사용된다. 반데르발스 방정식은 아래와 같이 사용자 정의 함수 Waals로 작성된다.

```
function fofx=Waals(x)
global P T n a b R
fofx=(P+n^2*a/x^2)*(x-n*b)-n*R*T;
```

스크립트 파일과 함수 파일이 정확하게 실행될 수 있도록 변수 P, T, n, a, b, R은 전역변수로 선언된다. 스크립트 파일(Chap9SamPro3로 저장)이 명령 창에서 실행되면, 다음과 같이 V의 값이 출력된다.

```
>> Chap9SamPro3
V =
    8.6613                       기체의 체적은 8.6613 L이다.
```

예시 문제 9-4 최대 시야각

영화를 최적으로 관람하기 위해서, 사람은 시야각 θ가 최대가 되도록 하는 스크린으로부터의 거리 x에 앉아야 한다. 그림에서 보인 배치에 대해, θ가 최대가 되는 거리 x를 구하라.

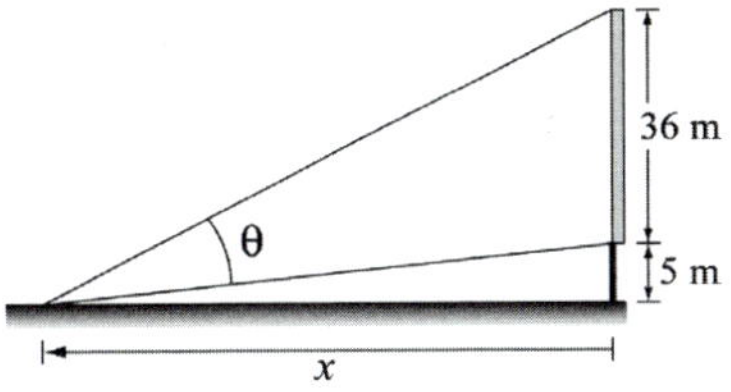

풀이

문제는 x 항으로 각 θ에 대해 함수를 작성함으로써 해결하게 된다. 그림에서 보는 것과 같이, θ를 포함한 삼각형에서 한 변(스크린의 높이)을 주고 다른 두 변은 x의 함수로 표시될 수 있다. x에 의해 θ를 나타내는 한 가지 방법은 다음과 같이 코사인 법칙을 이용하는 것이다.

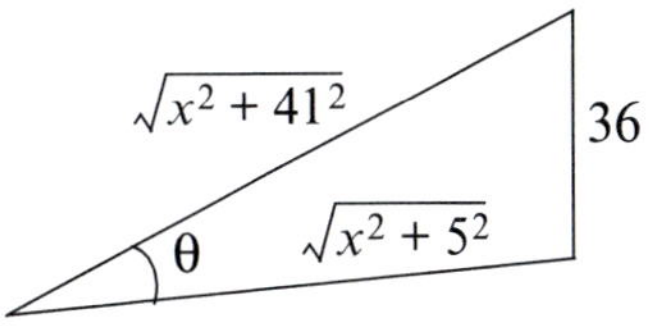

$$\cos\theta = \frac{(x^2+5^2)(x^2+41^2)-36^2}{2\sqrt{x^2+5}\sqrt{x^2+41^2}}$$

각 θ는 0과 π/2 사이에 있을 것으로 기대된다. cos(0) = 1이고 코사인은 θ가 증가함에 따라 감소하고 있으므로, 최대각은 가장 작은 cos(θ) 값에 해당한다. x에 대한 cos(θ) 그래프는 함수가 10과 20 사이에서 최소값을 가짐을 보여준다. 그래프를 위한 명령어는 다음과 같다.

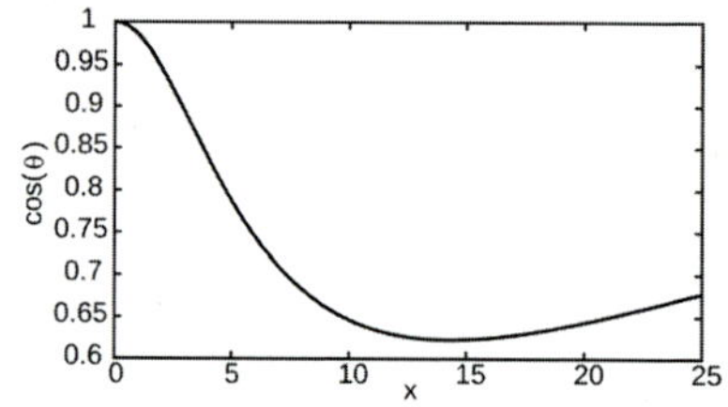


```
>>fplot('((x^2+5^2)+(x^2+41^2)-36^2)/(2*sqrt(x^2+ 5^2)*sqrt(x^2+41^2))',[0 25])
>> xlabel('x'); ylabel('cos(\theta)')
```

최소값은 `fminbnd` 명령어를 가지고 구할 수 있다.

```
>>[x anglecos]=fminbnd('((x^2+5^2)+(x^2+41^2)-36^2)/
                    (2*sqrt(x^2+5^2)*sqrt(x^2+41^2))',10,20)
x =
    14.3178
anglecos =
     0.6225
>> angle=anglecos*180/pi
angle =
    35.6674
```

최소값은 x = 14.3178m에 있다. 이 점에서 cos(θ) = 0.6225이다.

이때 각은 35.6674°이다.

예시 문제 9-5 강물의 유동

1년 동안 강에서 흐르는 물의 양을 추정하기 위해, 강의 단면은 그림과 같이 직사각형 단면을 가지도록 만들어진다. 매월 초(1월 1일부터 시작하는)에 물의 높이 h와 유동 속도 v가 측정된다. 측정 첫날을 1로 하고, 마지막 날인 다음 해의 1월 1일은 366이다. 다음 데이터와 같이 측정되었다.

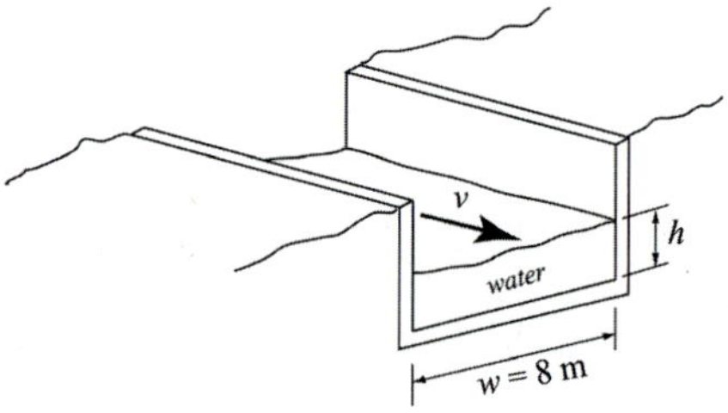

일	1	32	60	91	121	152	182	213	244	274	305	335	366
h (m)	2.0	2.1	2.3	2.4	3.0	2.9	2.7	2.6	2.5	2.3	2.2	2.1	2.0
v (m/s)	2.0	2.2	2.5	2.7	5	4.7	4.1	3.8	3.7	2.8	2.5	2.3	2.0

데이터를 이용하여 유량을 계산하고, 그다음 1년 동안 강에 흐르는 물의 전체 양을 얻기 위해 유량을 적분하라.

풀이

각 데이터 점에서 유량 Q(시간당 물의 체적)는 다음과 같이 강에 흐르는 물의 단면적의 폭과 높이에 유속을 곱함으로써 구해진다.

$$Q = vwh \text{ (m}^3\text{/s)}$$

흘러간 물의 전체 양은 다음 적분으로 추정된다.

$$V = (60 \cdot 60 \cdot 24)\int_{t_1}^{t_2} Qdt$$

유량은 초당 세제곱미터(cubic meter)로 주어지고, 이것은 시간이 초 단위를 가져야 한다는 것을 의미한다. 데이터가 일로 주어지므로, 적분은 (60 · 60 · 24) s/day에 의해 곱해진다.

다음 프로그램은 Q를 먼저 계산하여 스크립트 파일로 작성되고 `trapz` 명령어를 이용하여 적분을 수행한다. 이 프로그램은 또한 시간에 대한 유속의 그래프를 출력한다.

```
w=8;
d=[1 32 60 91 121 152 182 213 244 274 305 335 366];
h=[2 2.1 2.3 2.4 3.0 2.9 2.7 2.6 2.5 2.3 2.2 2.1 2.0];
speed=[2 2.2 2.5 2.7 5 4.7 4.1 3.8 3.7 2.8 2.5 2.3 2];
Q=speed.*w.*h;
Vol=60*60*24*trapz(d,Q);
fprintf('The estimated amount of water that flows in the
river in a year is %g cubic meters.',Vol)
plot(d,Q)
xlabel('Day'), ylabel('Flow Rate (m^3/s)')
```

파일(Chap9SamPro5로 저장)이 명령창에서 실행되면, 강물의 추정된 양은 출력되고 그래프가 생성된다. 이것들은 아래에 보여진다.

```
>> Chap9SamPro5
The estimated amount of water that flows in the river in a
year is 2.03095e+009 cubic meters.
```

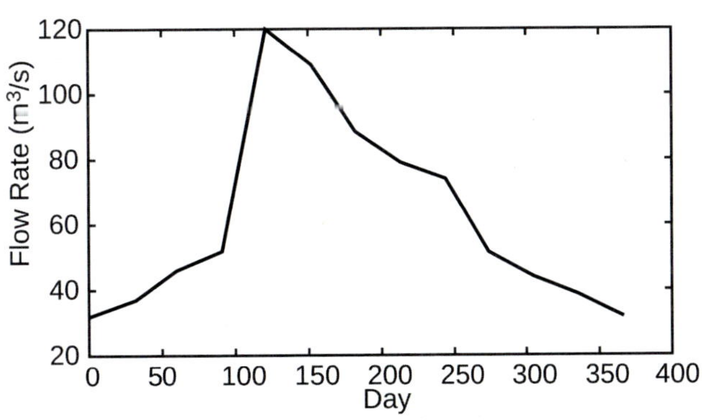

예시 문제 9-6 자동차와 안전범퍼의 충돌

안전범퍼는 통제력을 잃은 자동차를 정지시키기 위해 경주장 트랙의 끝에 설치된다. 범퍼는 다음 식에 의해 범퍼가 자동차에 가하는 힘이 속도 ν와 범퍼 앞쪽 면의 변위 x의 함수가 되도록 설계된다.

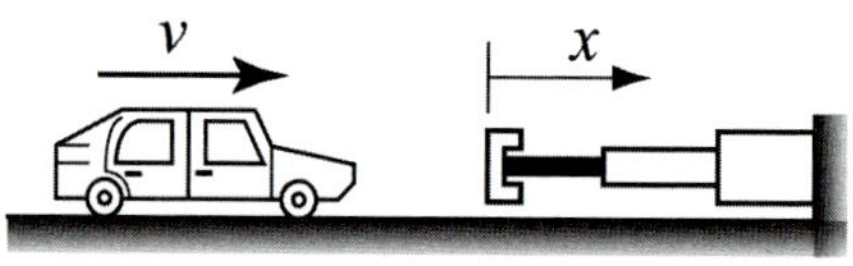

$$F = K\nu^3(x+1)^3$$

여기서 $K = 30$ (s kg)/m^{5}는 상수이다.

1500 kg인 질량 m을 가진 자동차가 90 km/h의 속도로 범퍼와 충돌한다. $0 \le x \le 3$ m에 대해서, 범퍼 위치의 함수에 대한 자동차의 속도를 구하고 그래프로 그려라.

풀이

자동차가 범퍼와 부딪칠 때 자동차의 감가속도는 다음과 같이 뉴턴의 제2운동법칙으로부터 구할 수 있다.

$$ma = -K\nu^3(x+1)^3$$

이 식은 다음과 같이 ν와 x의 함수에 대한 가속도 a로 풀 수 있다.

$$a = \frac{-K\nu^3(x+1)^3}{m}$$

x의 함수에 대한 속도는 다음 식에 가속도를 대입하여 계산될 수 있다.

$$\nu d\nu = adx$$

이는 다음과 같다.

$$\frac{dy}{dx} = \frac{-K\nu^3(x+1)^3}{m}$$

위 마지막 식은 초기조건 $x = 0$에서 $v = 90$ km/h을 가진 $0 \le x \le 3$구간에 대해 계산될 필요가 있는 1차 ODE이다.

MATLAB에 의한 미분방정식의 수치해는 다음 프로그램과 같이 스크립트 파일로 작성된다.

```
global k m
k=30; m=1500; v0=90;
xspan=[0:0.2:3];                          해의 간격을 지정하는 벡터
v0mps=v0*1000/3600;                       v0의 단위를 m/s로 변경
[x v]=ode45(@bumper,xspan,v0mps)          ODE 풀기
plot(x,v)
xlabel('x (m)'); ylabel('velocity (m/s)')
```

함수 핸들 @bumper는 사용자 정의 함수 bumper를 ode45에 전달하기 위해 사용됨을 유의하라. 미분 함수를 가진 사용자 정의 함수 bumper는 다음과 같다.

```
function dvdx=bumper(x,v)
global k m
dvdx=-(k*v^2*(x+1)^3)/m;
```

스크립트 파일을 실행하면(Chap9SamPro6로 저장), 벡터 x와 v는 명령창에서 출력된다(실제로 벡터들은 하나가 화면에 출력된 다음, 다른 하나가 출력되지만, 지면 절약을 위해 아래와 같이 두 벡터는 나란히 나타내었다).

```
>> Chap9SamPro6
x =            v =
        0        25.0000
   0.2000        22.0420
   0.4000        18.4478
   0.6000        14.7561
   0.8000        11.4302
   1.0000         8.6954
   1.2000         6.5733
   1.4000         4.9793
   1.6000         3.7960
   1.8000         2.9220
   2.0000         2.2737
   2.2000         1.7886
   2.4000         1.4226
   2.6000         1.1435
   2.8000         0.9283
   3.0000         0.7607
```

변위 함수에 대한 속도의 프로그램에 의해 생성된 그래프는 다음과 같다.

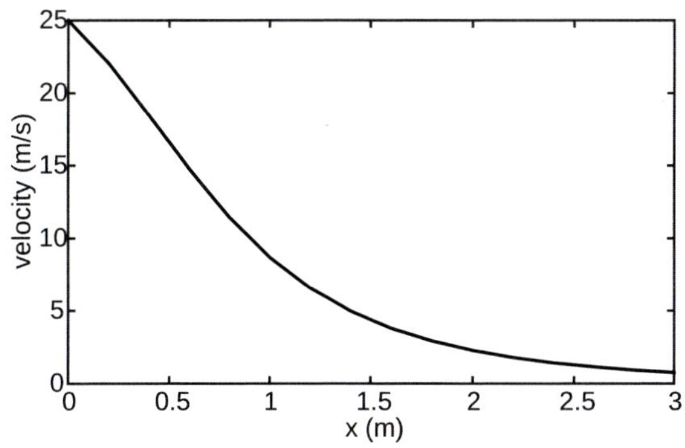

9.6 연습문제

1. $x = 0$과 $x = 8$ 사이에서 방정식 $x^3 - e^{0.8x} = 20$의 두 해를 구하라.

2. 방정식 $3\sin(0.5x) - 0.5x + 2 = 0$의 해를 구하라.

3. 방정식 $x^3 - x^2e^{-0.5x} - 3x = -1$의 세 근을 구하라.

4. 방정식 $\cos^2 - 0.5xe^{0.3x} + 5 = 0$의 양의 근들을 구하라.

5. 원 세그먼트의 면적 A는 다음과 같이 주어진다.

$$A = \frac{1}{2}r^2(\theta - \sin\theta)$$

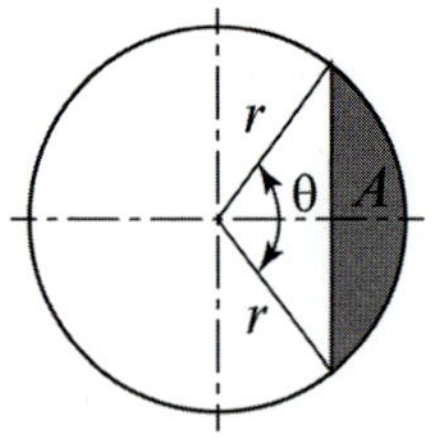

$r = 7$ in이고 $A = 21.2$ in^{2}이라면 각 θ (degree 단위)를 구하라.

6. 크랭크 슬라이더 기구에서 θ의 함수로 슬라이더의 위치 s는 다음과 같이 주어진다.

$$s = L_1\cos\theta + \sqrt{L_2^2 - (L_1\sin\theta - h^2)^2}$$

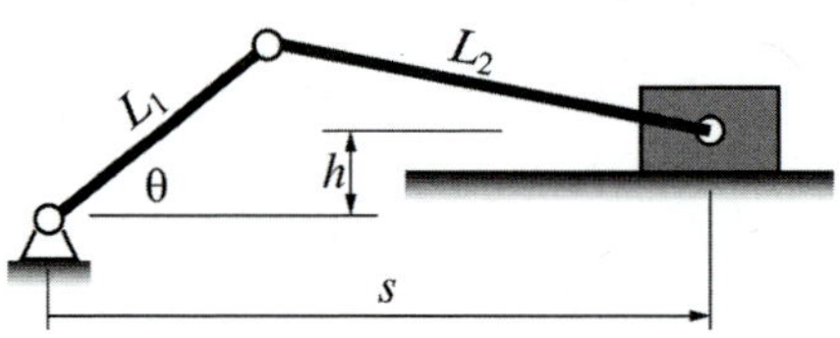

$L_1 = 5$ in, $L_2 = 8$ in 이고, $h = 1.5$ in로 주어지고, $s = 9$ in일 때 각 θ를 구하라. (두 개의 해가 있다.)

7. 반 데르 발스 방정식은 실제 기체에 대해서 압력 p (atm), 체적 V (L) 및 온도 T (K) 사이의 관계를 제공한다.

$$p = \frac{nRT}{V - b} - \frac{n^2a}{V^2}$$

여기서 n은 몰 수, $R = 0.08206$ (L atm)/(mol K)는 기체상수며, a (L^2 atm/mol^2)와 b (L/mol)는 물체 상수이다.

온도 350 K, 압력 70 atm에서 질소($a = 1.39$ L^2 atm/mol^2, $b = 0.03913$ L/mol) 1.5 mol의 체적을 구하라.

8. 둥글고 평평한 돌이 물을 칠 때 건너뛰기 위해서 요구되는 최소 속도의 추정치는 다음 식에 의해 주어진다. (출처: Lyderic Bocquet, "The Physics of Stone Skipping", Am. J. Phys., vol.71, no.2, February 2003.)

$$V = \frac{\sqrt{\dfrac{16Mg}{\pi C\rho_w d^2}}}{\sqrt{1 - \dfrac{8M\,\mathrm{tam}^2\beta}{\pi d^3 C\rho_w \sin\theta}}}$$

여기서 M과 d는 각각 돌 질량과 지름이고, ρ_w는 물 밀도, C는 계수, θ는 돌의 경사각, β는 입사각, $g = 9.81$ m/s^2. $V = 0.8$ m/s일 때, d를 구하라($M = 0.1$ kg, $C = 1$, $\rho_w = 1000$ kg/m^3, $\beta = \theta = 10°$라 가정한다).

9. 교류 전원을 갖는 직렬 RLC 회로가 그림과 같다. 이 회로에서 전류 I의 크기는 다음 식과 같다.

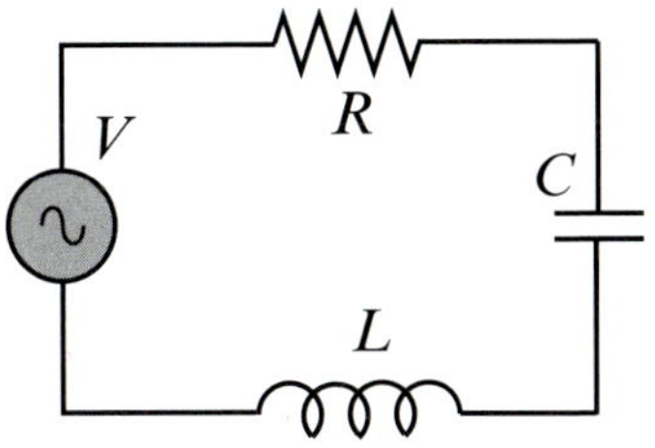

$$I = \frac{v_m}{\sqrt{R^2 + [\omega_d L - 1/(\omega_d C)]^2}}$$

여기서 $\omega_d = 2\pi f_d$, f_d는 가동 주파수이고, R과 C는 각각 저항의 레지스턴스와 커패시터의 커패시턴스이며, v_m은 V의 진폭이다. 그림과 같은 회로에서 $R = 80\ \Omega$, $C = 18 \times 10^{-6}$ F, $L = 260 \times 10^{-3}$ H, $v_m = 10$ V라면, $I = 0.1$ A에 대해서 f_d를 구하라. (두 개의 해가 있다.)

10. 파이프 내 흐르는 유체에 대해서, Colebrook-White(또는 Colebrook) 방정식은 마찰계수 f와 레이놀즈수와의 관계를 제공한다.

$$\sqrt{\frac{1}{f}} = -0.86 \ln\left(\frac{k/d}{3.7} + \frac{2.51}{\mathrm{Re}\sqrt{f}}\right)$$

여기서 k/d는 파이프의 상대 거칠기이다. $k/d = 0.0004$이고 $\mathrm{Re} = 2 \times 10^6$일 때 f를 구하라.

11. MATLAB 내장함수 `fminbnd`를 사용해서 다음 함수의 최소점과 최대점을 구하라.

$$f(x) = \frac{2 + (x - 1.45)^2}{3 + 3.5(0.8x^2 - 0.6x + 2)}$$

12. 폭이 70인치이고 길이가 120인치인 평평한 직사각형 금속 시트가 그림에 표시된 기하학적 구조를 가진 컨테이너를 만들기 위해 형성된다. (추가적인 평평한 금속 조각이 끝단에 부착된다.) MATLAB 내장함수 `fminbnd`를 사용해서, 용기가 가능한 최대 체적을 갖도록 h의 값과 그때의 체적을 구하라.

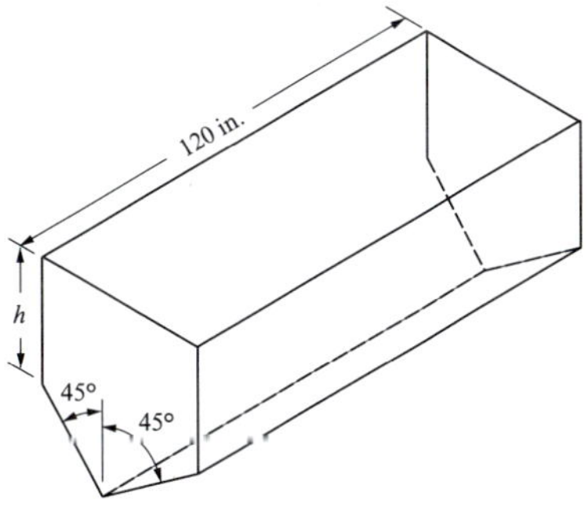

13. MATLAB 내장함수 `fminbnd`를 사용해서, 20 in의 반경 R과 50 in의 높이 H를 갖는 원뿔 안에 만들어질 수 있는 가장 큰 체적을 갖는 원통의 크기(반경 r과 높이 h)와 체적을 구하라.

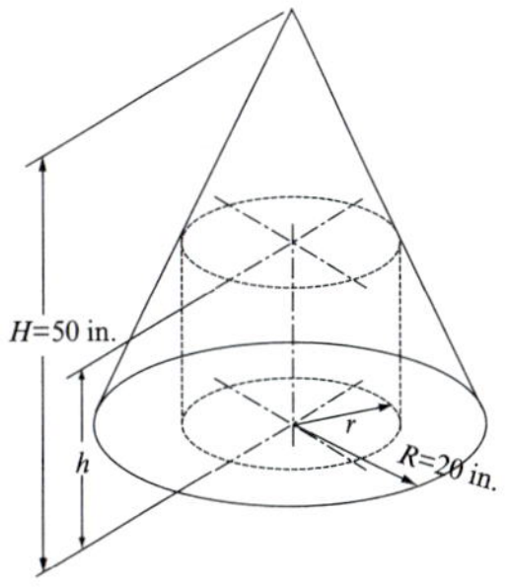

14. 밑면이 정삼각형인 프리즘 상자는 모서리를 자르고 점선을 따라 가장자리를 접음으로 측면이 s인 정삼각형 시트로부터 만들어진다. $s = 25$ in에 대해서 MATLAB 내장함수 `fminbnd`를 사용해서, 상자가 가능한 최대 체적을 갖도록 x의 값과 해당하는 체적을 구하라.

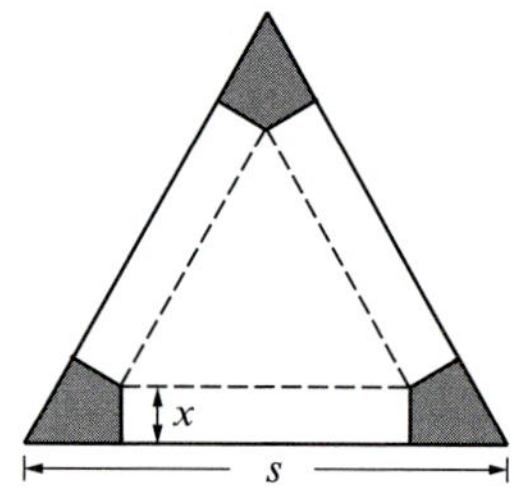

15. 교류 전압원을 갖는 RLC 회로는 그림과 같다. 전원 전압 v_s는 $v_s = v_m \sin(\omega_d t)$로 주어진다. 여기서 $\omega_d = 2\pi f_d$, f_d는 가동 주파수이다. 전류 I의 진폭은 다음과 같다.

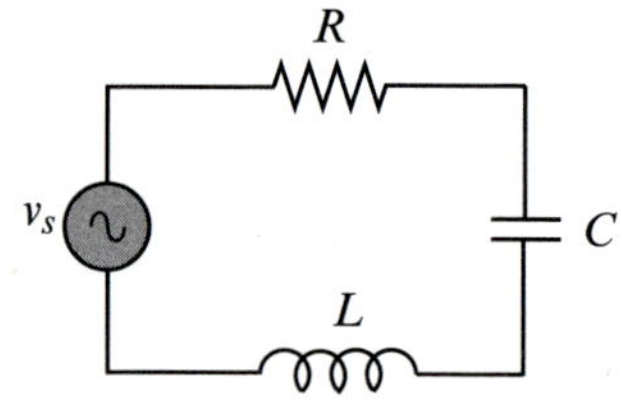

$$I = \frac{v_m}{\sqrt{R^2 + [\omega_d L - 1/(\omega_d C)]^2}}$$

여기서, R과 C는 각각 저항의 레지스턴스와 커패시터의 커패시턴스이다. 그림과 같은 회로에 대해서, $C = 15 \times 10^{-6}$ F, $L = 240 \times 10^{-3}$ H, $R = 22\ \Omega$이고 $v_m = 26$ V이다. $60 \le f \le 110$ Hz에 대해서 f의 함수로 I의 그래프를 그려라. MATLAB 내장함수 `fminbnd`를 사용해서, I가 최대인 주파수와 그때의 I 값을 구하라.

16. 108인치 빔 AB는 A지점에서 핀을 가진 벽과 68인치 케이블 CD에 부착된다. 부하 $W = 250$ lb는 B지점에서 빔에 부착된다. 케이블 T에서 장력은 다음 식에 의해 주어진다.

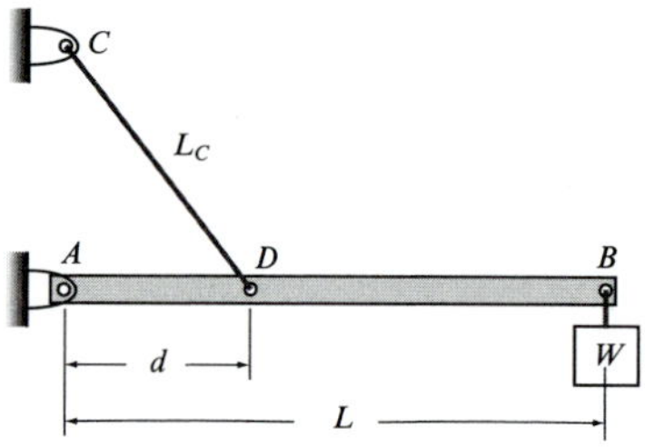

$$T = \frac{WLL_C}{d\sqrt{L_C^2 - d^2}}$$

여기서 L과 L_C는 각각 빔과 케이블의 길이이다. d는 A 지점에서 케이블이 부착된 D 지점까지 거리이며. d에 대한 T의 그래프를 그려라. 케이블에서 장력이 최소가 되는 거리 d를 구하라.

17. 다음 적분을 계산하기 위해 MATLAB을 이용하라.

(a) $\displaystyle\int_1^{11} \frac{x^3 e^{-0.2x}}{1 + x^2} dx$ (b) $\displaystyle\int_2^{7} \frac{4x + 3\cos(4x)}{2 + \sin x} dx$

18. 다음 적분을 계산하기 위해 MATLAB을 이용하라.

(a) $\displaystyle\int_0^{3} \sqrt[4]{1 + 0.5x^3 - x^2}\, dx$ (b) $\displaystyle\int_0^{8} \frac{x\cos x + 2x^2}{e^x} dx$

19. 경주의 첫 7초 동안 경주용 차는 다음 표에 의해 속도가 주어진다.

t (s)	0	1	2	3	4	5	6	7
v (mi/h)	0	14	39	69	95	114	129	139

첫 7초 동안 차의 주행 거리를 구하라.

20. 고무줄은 한쪽 끝을 고정하고 다른 쪽 끝을 잡아당겨 늘어난다. 다양한 변위에서 작용력의 측정값은 다음 표와 같다.

x (in)	0	0.4	0.8	1.2	1.6	2.0	2.4	2.8
F (lb)	0	0.85	1.30	1.60	1.87	2.14	2.34	2.52

고무줄을 잡아당기는 동안 힘에 의해 이루어진 일을 구하라.

21. 수치적분을 사용하여 그림에 표시된 음영 영역의 크기를 대략 계산하라. 1부터 10까지의 x값으로 벡터를 만들고 해당 y 좌표를 추정한 다음 MATLAB 내장 함수 `Trapz`를 사용하여 면적을 구하라.

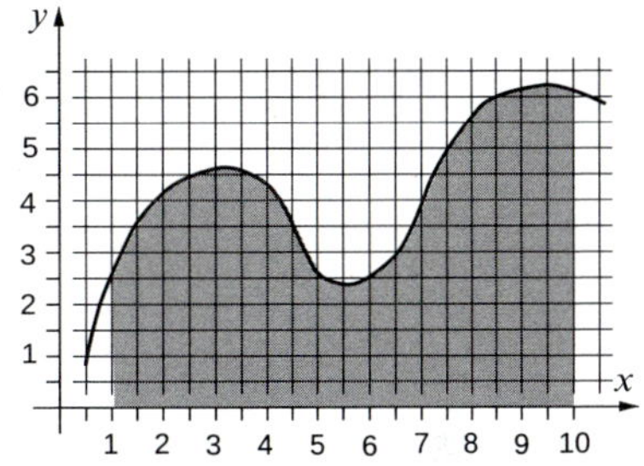

22. 집과 기둥을 연결하는 전선은 다음과 같이 전차선 모양을 갖고 있다.

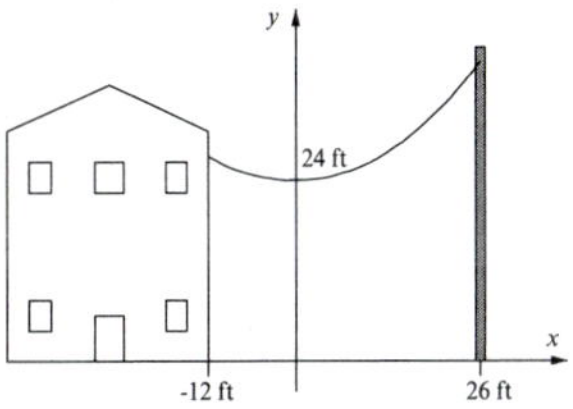

$$y = a\cosh\left(\frac{x}{a}\right)$$

다음 식을 활용하여 전선의 길이를 구하라.

$$L = \int_a^b \sqrt{1 + [f'(x)]^2}\, dx$$

23. 둥근 파이프에서 유속 Q(초당 유체의 체적)은 다음에 의해 계산될 수 있다.

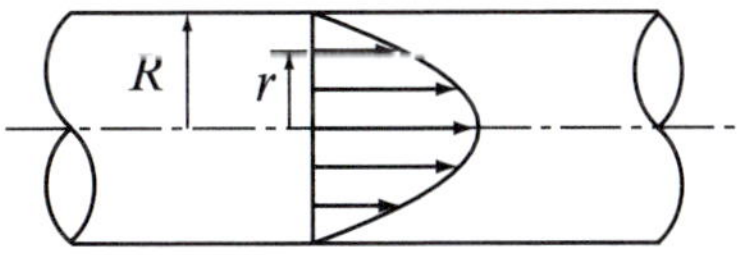

$$Q = \int_0^r 2\pi v r dr$$

난류에 대해서, 속도 분포는 식 $v = v_{max}\left(1 - \frac{r}{R}\right)^{1/n}$에 의해 추정될 수 있다. $R = 0.25$ in, $n = 7$, $v_{max} = 80$ in./s에 대해 Q를 구하라.

24. 매개방정식 $x(t)$, $y(t)$에 의해 주어진 곡선의 길이는 다음 식에 의해 주어진다.

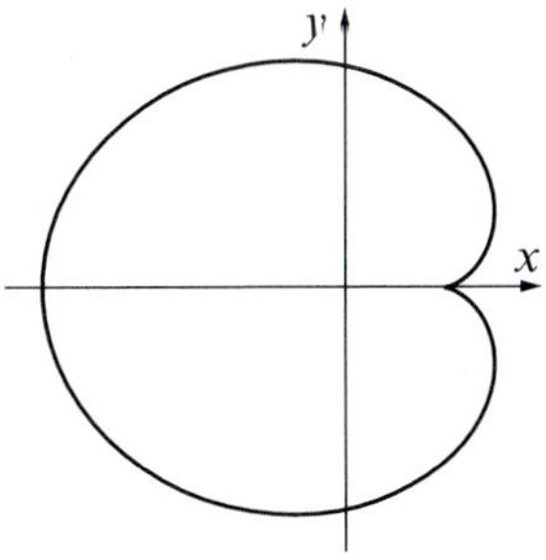

$$\int_a^b \sqrt{[x'(t)]^2 + [y'(t)]^2}\, dt$$

그림에 보여진 심장모형의 곡선은 다음 식에 의해 주어진다.

$0 \le t \le 2\pi$에 대해서 $x = 2b\cos t - b\cos 2t$와 $y = 2b\sin t - b\sin 2t$

$b = 5$인 심장모형의 그래프를 그리고, 곡선의 길이를 구하라.

25. 높이 y에 따른 중력 가속도 g의 변화는 다음 식과 같다.

$$g = \frac{R^2}{(R+y)^2} g_0$$

여기서 $R = 6371$ km는 지구의 반지름이며, $g_0 = 9.81$ m/s^{2}은 해수면에서의 중력 가속도이다. 지구로부터 위로 올라가는 물체의 중력에 의한 위치에너지 변화 ΔU는 다음 식과 같다.

$$\Delta U = \int_0^h mg dy$$

지구 표면에서 800 km의 높이까지 올라가는 질량 500 kg의 인공위성의 위치에너지 변화를 구하라.

26. 이리호(Lake Erie)의 대략적인 지도가 그림에 나와 있다. 수치 적분을 사용하여 호수 면적을 추정하라. x의 함수로 호수 너비 목록을 만들어라. $x = 40$ mi에서 시작해서 20 mi 단위로 종착점이 $x = 260$이 되도록 한다. 결과를 실제 이리호 면적(9,940평방마일)과 비교하라.

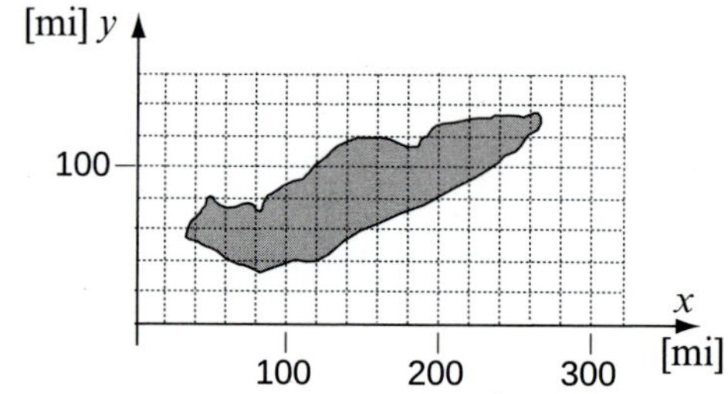

27. 미식 축구공의 표면적과 체적을 계산하기 위하여 공의 지름을 여러 지점에서 측정하였다. 표면적 S와 체적 V는 다음식에 의해 계산될 수 있다.

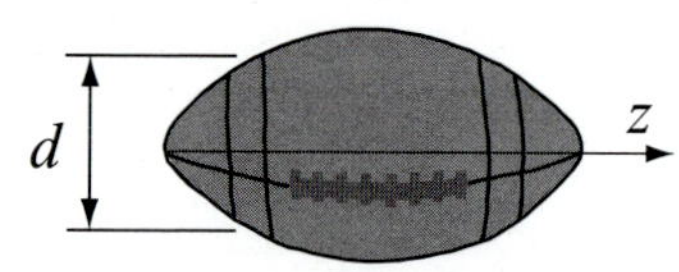

$$S = 2\pi \int_0^L r\, dz \text{와 } V = \pi \int_0^L r^2\, dz$$

다음과 같이 주어진 데이터를 사용해서 공의 표면적과 체적을 구하라.

z (in)	0	1.0	2.0	3.0	4.0	5.0	6.0	7.0	8.0	9.0	10.0	11.0	12.0
d (in)	0	2.6	3.2	4.8	5.6	6	6.2	6.0	5.6	4.8	3.3	2.6	0

28. 오른쪽 그림과 같이 단면적은 반타원형의 기하학적인 구조를 가진다. 면적의 무게중심 좌표 $\bar{x}$은 다음 식에 의해 계산될 수 있다.

$$\bar{x} = \frac{M_y}{A}$$

여기서 A는 $A = \frac{1}{2}\pi ab$에 의해 주어진 면적이고, M_y는 다음 식에 의해 주어진 y축에 관한 면적모멘트이다.

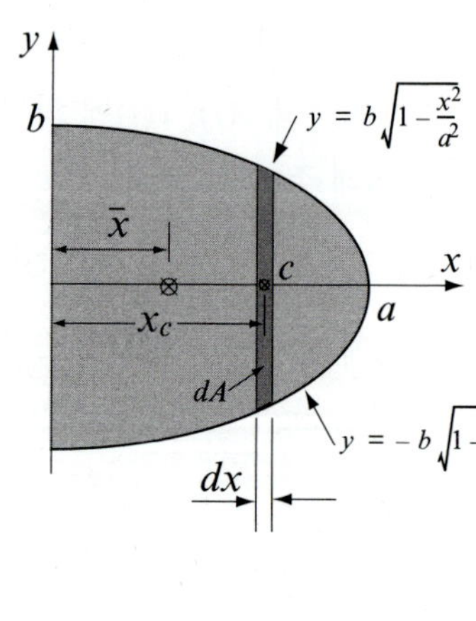

$$M_y = \int_A x_c \, dA = 2b\int_0^a x\sqrt{1 - \frac{x^2}{a^2}}\, dx$$

$a = 40$ mm와 $b = 15$ mm일 때 $\bar{x}$를 구하라.

29. 수성의 궤도는 $a = 5.7909 \times 10^7$ km와 $b = 5.1614 \times 10^7$ km인 타원형 모양이다. 타원의 원주는 다음 식으로 계산될 수 있다.

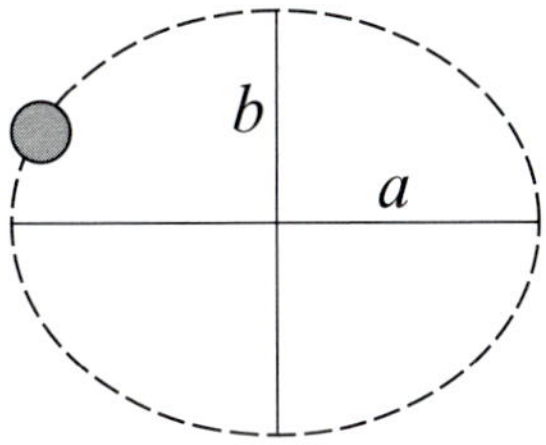

$$P = 4a\int_0^{\pi/2} \sqrt{1 - k^2 \sin^2 \theta}\, d\theta$$

여기서 $k = \frac{\sqrt{a^2 - b^2}}{a}$이다. 수성이 궤도를 한 바퀴 돌 때 지나간 거리를 구하라. 명왕성이 궤도를 한 바퀴 도는 데 약 88일이 걸린다면, 수성의 평균 속도(km/s)를 계산하라.

30. 프레넬(Fresnel) 적분은 다음과 같다.

$$S(x) = \int_0^x \sin(t^2)\, dt, \; C(x) = \int_0^x \cos(t^2)\, dt$$

$0 \le x \le 4$ (0.05 간격을 이용)에 대해 $S(x)$와 $C(x)$를 계산하라. 처음 하나의 그림에 두 개(x에 대한 $S(x)$와 $C(x)$의 그래프)의 그래프를 그려라. 두 번째 그림에서 $C(x)$에 대한 $S(x)$의 그래프를 그려라.

31. 다음 식을 수치적으로 풀기 위해 MATLAB 내장함수를 이용하라.

$\frac{dy}{dx} = \frac{x^2\sqrt{y}}{a} - 2x$, 정의역 $0 \le x \le 5$에 대해서 초기조건 $y(0) = 3$이다.

수치 해의 그래프를 그려라.

32. 다음 식을 수치적으로 풀기 위해 MATLAB 내장함수를 이용하라.

$\frac{dy}{dx} = -yx^2 + 1.5y$, 정의역 $0 \le x \le 3$에 대해서 초기조건 $y(0) = 2$이다.

하나의 그림에서 실선인 수치적인 해와 점선인 정확한 해의 그래프를 그려라.

정확한 해: $y = 2e^{-(2x^3 - 9x)/6}$

33. 다음 식을 수치적으로 풀기 위해 MATLAB 내장함수를 이용하라.

$\frac{dy}{dx} = (1 + y^2)\tan x$, 정의역 $0 \le x \le 0.8$에 대해서 초기조건 $y(0) = \sqrt{3}$이다.

하나의 그림에서 실선인 수치적인 해와 점선인 정확한 해의 그래프를 그려라. (10개의 등간격 점들에 대해)

정확한 해: $y = -\tan\left[\ln\,[\cos(x)] - \frac{\pi}{3}\right]$

34. 다음 식을 수치적으로 풀기 위해 MATLAB 내장함수를 이용하라.

$\frac{dy}{dx} = -x^2 + \frac{x^3 e^{-y}}{4}$, 정의역 $1 \le x \le 5$에 대해서 $y(1) = 1$이다.

해에 대한 그래프를 그려라.

35. 물고기의 성장은 다음 식과 같이 베르탈란피(Bertalanffy) 성장 모델에 의해 종종 모델링된다.

$$\frac{dw}{dx} = aw^{2/3} - bw$$

여기서 w는 무게, a와 b는 상수이다. $a = 5\ \text{lb}^{1/3}$, $b = 2\text{day}^{-1}$, $w(0) = 0.5$ lb일 경우, w에 대한 식을 풀어라. 선택된 시간 폭은 최대 무게에 도달되도록 적당히 긴지를 확인하라. 이 경우 최대 무게는 얼마인가? 시간 함수에 대한 w의 그래프를 그려라.

36. 원뿔 모양($R = 2$ m, $H = 4$ m)인 물탱크는 그림과 같이 바닥면에 원형 배수구를 가지고 있다($d = 18$ mm). 토리첼리(Torricelli) 법칙에 의하면, 배수구로부터 방류되고 있는 물의 속도 v는 다음 식으로 주어진다.

$$v = \sqrt{2gh}$$

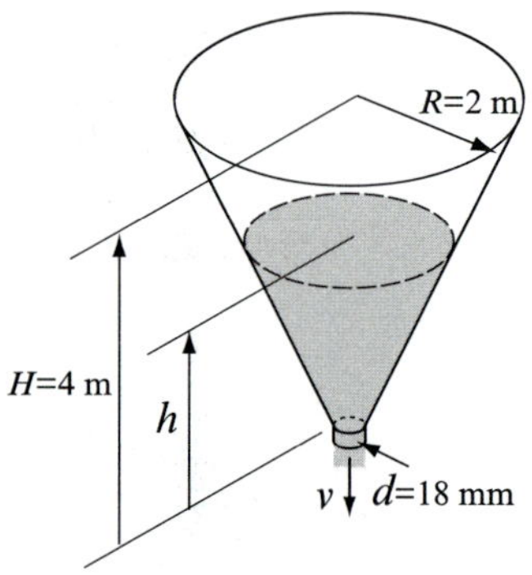

여기서 h는 물의 높이이고 $g = 9.8\ \text{m/s}^2$이다. 탱크에서 물의 높이 h는 물이 배수구를 통해 배출됨에 따라 변하는 비율은 다음 식으로 주어진다.

$$\frac{dh}{dt} = -\frac{H^2 d^2}{4R^2}\frac{\sqrt{2gh}}{h^2}$$

h에 대한 미분방정식을 풀어라. 물의 초기 높이는 $h = 3$ m이다. 서로 다른 시간에 대해 문제를 풀고, $h = 0.1$ m일 때 추정치를 구하라. 시간 함수로 h의 그래프를 그려라.

37. 곤충 개체군의 갑작스런 급증은 다음 식으로 모델링될 수 있다.

$$\frac{dN}{dt} = RN\left(1 - \frac{N}{C}\right) - \frac{rN^2}{N_c^2 - N^2}$$

첫째 항은 잘 알려진 개체군 성장 논리학 모델과 관련이 있으며, 여기서 N은 곤충의 수, R은 잠재 성장률, C는 지역 환경의 수용력이다. 둘째 항은 새의 포식 효과를 나타낸다. 이 효과는 개체군이 임계 크기 N_c에 도달할 때 중요해진다. r은 둘째 항이 N의 큰 값에 도달할 수 있는 최대값이다.

$0 \le t \le 50$ days와 두 성장률 $R = 0.55$와 $R = 0.58\ \text{days}^{-1}$, $N(0) = 10{,}000$에 대해 미분방정식을 풀어라. 나머지 매개변수들은 $C = 10^4$, $N_c = 10^4$, $r = 10^4\ \text{day}^{-1}$이다. 두 해를 비교하면서 하나의 그래프에 그리고 이 모델이 왜 급증 모델(outbreak model)이라 불리는지를 논의하라.

38. 비행기는 착륙 후 활주로에서 속도를 감속하면서 낙하산과 다른 제동 수단들을 이용한다. 비행기의 가속도는 $a = -0.0035v^2 - 3\ \text{m/s}^2$으로 주어진다. $a = \frac{dv}{dt}$이므로, 속도 변화율은 다음 식으로 주어진다.

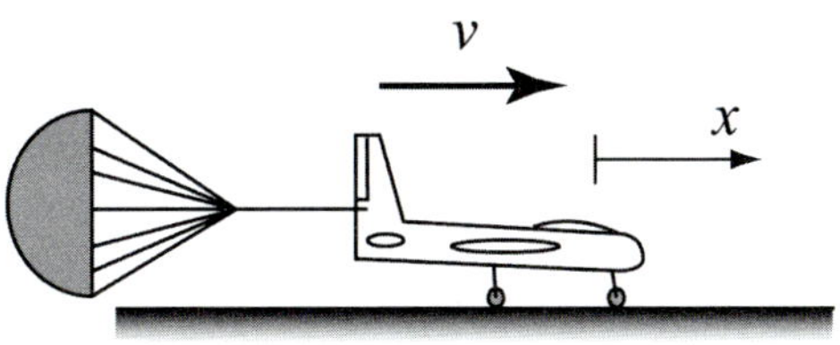

$$\frac{dv}{dt} = -0.0035v^2 - 3$$

낙하산을 펼치고 $t = 0$ s에서 감속을 시작한 시속 300 km/h의 비행기를 고려하자.

(*a*) 미분방정식을 풀어서, 비행기가 정지할 때까지 $t = 0$ s에서 시간 함수에 대한 속도를 구하 고 그래프를 그려라.

(*b*) 수치적분을 이용하여 시간 함수에 대한 비행기가 주행한 거리 x를 구하라. 시간에 대한 x의 그래프를 그려라.

39. 제한된 수용력을 가진 종의 개체군 성장은 다음 식에 의해 모델링될 수 있다.

$$\frac{dN}{dt} = kN\left(1 - \frac{N}{N_{\max}}\right) - r\frac{N^2}{N_c}$$

여기서 N은 개체군 크기, $N_{\max}$은 개체군의 제한된 수, k, r, N_c는 상수이다. 방정식의 두 번째 항은 포식의 효과를 나타낸다. $N_{\max} = 6{,}000$, $k = 0.196$ 1/yr, $r = 40$, $N_c = 3{,}000$, $N(0) = 3{,}000$인 경우를 고려하라. $0 \le t \le 50$에 대한 N을 구하라.

t의 함수에 대한 N의 그래프를 그려라. t의 함수로서 N의 그래프를 그려라.

40. 그림과 같이 RL 회로는 전압원 v_s, 저항 $R = 1.8\ \Omega$, 인덕터 $L = 0.4$ H을 포함한다. 회로의 응답을 기술하는 미분방정식은 다음 식으로 주어진다.

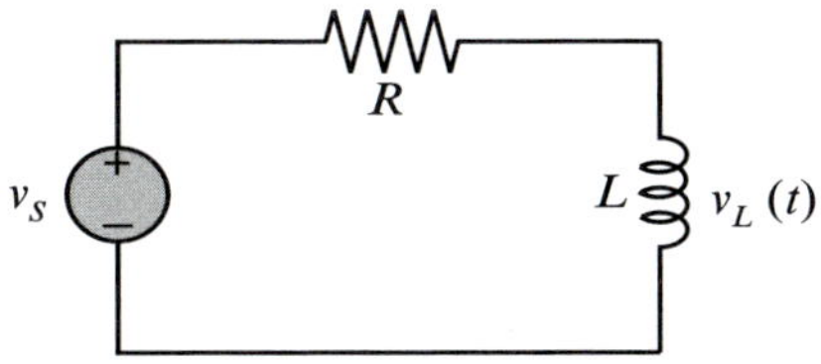

$$\frac{L}{R}\frac{di_L}{dt} + i_L = \frac{v_s}{R}$$

여기서 i_L는 인덕터의 전류이다. 초기에 $i_L = 0$이며, 그다음 $t = 0$에서 전압 원이 변한다. 다음 두 경우에 대해 회로의 응답을 구하라.

(*a*) $t \ge 0$에 대해 $v_s = 10\sin(30\pi t)$ V

(*b*) $t \ge 0$에 대해 $v_s = 10e^{-t/0.06}\sin(30\pi t)$ V

각 경우는 서로 다른 미분방정식에 해당한다. 해는 시간 함수에 대한 인덕터의 전류이다. $0 \le t \le 0.4$ s에 대해 각 경우를 풀어라. 각 경우에 대해, 시간에 대한 v_s와 i_L의 그래프를 그려라 (같은 페이지에 두 개의 별도 그래프를 그려라).

41. 많은 유기체의 성장은 다음 방정식으로 모델링될 수 있다.

$$\frac{dm}{dt} = km^{3/4}\left[1 - \left(\frac{m}{m_{max}}\right)^{1/4}\right]$$

여기서 $m(t)$는 유기체의 질량, m_{max}는 가정된 최대 질량이고, k는 상수이다. $0 \le t \le 400$일에 대해서 $k = 0.3\ \text{kg}^{1/4}/\text{day}$, $m_{max} = 300$ kg이고 $m(0) = 1$ kg이 주어졌을 때 방정식을 풀어라. 시간의 함수로 m의 그래프를 그려라.

42. 지구 중력으로 인해 자유 낙하하는 물체의 속도 v는 다음 식에 의해 모델링될 수 있다.

$$m\frac{dv}{dt} = -mg + kv^2$$

여기서 m은 물체의 질량이며, $g = 9.81\ \text{m/s}^2$, k는 상수이다. $m = 5$ kg, $k = 0.05$ kg/m, $0 \le t \le 15$ s, $v(0) = 0$ m/s 경우에 대해 v에 대한 식을 풀어라. 시간 함수에 대한 v의 그래프를 그려라.

제 10 장

3차원 그래프

Three-Dimensional Plots

3차원(3-D) 그래프는 두 변수 이상의 변수들로 이루어진 데이터를 나타내는 데 유용한 방법이 될 수 있다. MATLAB은 3차원 데이터 표현을 위한 다양한 옵션들을 제공한다. 이 옵션들에는 선, 와이어(wire), 표면(surface), 그물망(mesh) 그래프와 다른 많은 그래프가 포함되어 있다. 그래프들은 또한 특정한 모양과 특별한 효과를 보도록 형식을 지정할 수도 있다. 이 장에서는 많은 3차원 그래프의 특징들에 관해 기술할 것이다. 추가 정보는 도움말 창(Help Window)의 **Plotting and Data Visualization**에서 확인할 수 있다.

여러 면에서 이 장은 2차원 그래프가 소개된 5장의 연장선이다. 3차원 그래프는 모든 MATLAB 사용자들이 사용하는 것은 아니므로 별도의 장으로 구분하였다. 또한 MATLAB을 처음 사용하는 사용자들은 2차원 그래프를 먼저 연습하고, 3차원 그래프를 시도하기 전에 6~9장의 내용을 배우는 것이 더 쉬울 것이다. 이 장은 2차원 그래프에 대해서는 이미 알고 있는 것을 전제로 한다.

10.1 선 그래프

3차원 선 그래프는 3차원 공간의 점들을 연결하여 얻어지는 선이다. 기본적인 3-D 그래프는 `plot3` 명령어로 생성되는데, 이 명령어는 `plot` 명령어와 매우 유사하며 다음 형식을 갖는다.

```
plot3(x,y,z,'line specifiers','PropertyName',property value)
```

- x, y, z는 점의 좌표 벡터이다.
- (선택사항) 선과 마커의 형식 또는 색을 정의하는 지정자
- (선택사항) 선폭, 마커의 크기와 테두리 및 면색을 특정하는 값을 갖는 속성

- 데이터점의 좌표를 가진 세 벡터는 같은 수의 원소를 가져야 한다.
- 선 지정자, 속성, 속성값은 2차원 그래프의 경우와 동일하다(5.1 절 참조).

예를 들어, 좌표 x, y, z가 다음과 같이 매개변수 t의 함수로 주어진다고 하자.

$$x = \sqrt{t}\sin(2t)$$
$$y = \sqrt{t}\cos(2t)$$
$$z = 0.5t$$

$0 \le t \le 6\pi$에 대한 점들의 그래프는 다음 스크립트 파일로 만들어질 수 있다.

```
t=0:0.1:6*pi;
x=sqrt(t).*sin(2*t);
y=sqrt(t).*cos(2*t);
z=0.5*t;
plot3(x,y,z,'k','linewidth',1)
grid on
xlabel('x'); ylabel('y'); zlabel('z')
```

그림 10-1의 그래프는 스크립트 파일의 실행으로 생성된다.

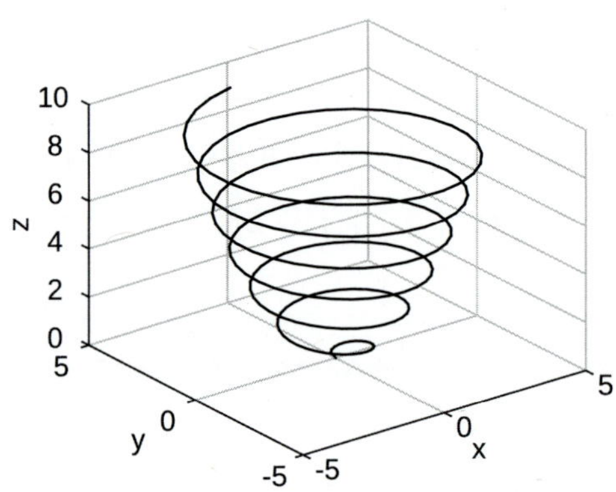

그림 10-1 $0 \le t \le 6\pi$에 대한 함수 $x = \sqrt{t}\sin(2t)$, $y = \sqrt{t}\cos(2t)$, $z = 0.5t$의 그래프

10.2 그물망 그래프와 표면 그래프

그물망 그래프(mesh plot)와 표면 그래프(surface plot)는 $z = f(x, y)$ 형태의 함수를 그리는 데 사용되는 3차원 그래프이다. 여기서 x, y는 독립변수이고 z는 종속변수이다. 이것은 주어진 정의역 내에서 x와 y 임의의 조합에 대해 z의 값이 계산될 수 있음을 의미한다. 그물망 그래프와 표면 그래프는 세 단계로 생성된다. 첫 번째 단계는 함수의 정의역에 대해 x-y 평면에서 격자(grid)를 생성하는 것이다. 두 번째 단계는 격자의 각 점에서 z의 값을 계산하는 것이며, 세 번째 단계는 그래프를 생성하는 것이다. 다음에서 세 단계에 관해 설명한다.

▸ x-y 평면에서의 격자 생성(직각좌표)

격자는 x-y 평면상에서 함수의 정의역에 속한 점들의 집합이다. 격자의 밀도 (정의역을 정의하는 데 사용되는 점의 개수)는 사용자에 의해 정의된다. 예를 들어, 그림 10-2는 정의역 $-1 \le x \le 3$과 $1 \le y \le 4$에서의 격자를 보여준다.

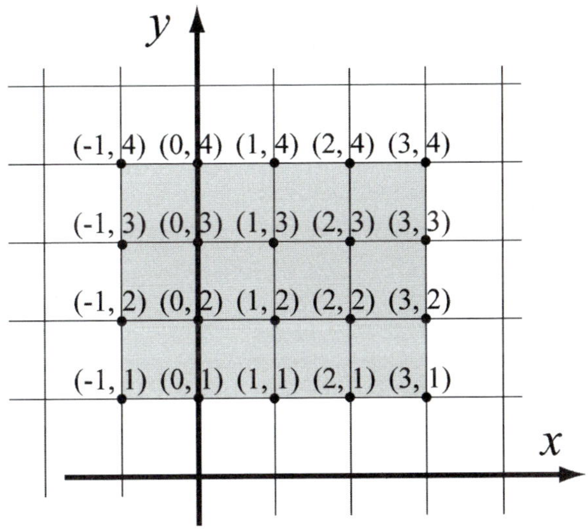

그림 10-2 격자간격이 1인 정의역 $-1 \le x \le 3$과 $1 \le y \le 4$에 대한 x-y 평면에서의 격자

이 격자에서 격자점 사이의 거리는 1 단위이다. 격자점들은 두 행렬 X와 Y에 의해 정의될 수 있다. 행렬 X는 모든 점들의 x좌표를 가지며, 행렬 y는 모든 점들의 y 좌표를 갖는다.

$$X = \begin{bmatrix} -1 & 0 & 1 & 2 & 3 \\ -1 & 0 & 1 & 2 & 3 \\ -1 & 0 & 1 & 2 & 3 \\ -1 & 0 & 1 & 2 & 4 \end{bmatrix} \quad \text{그리고} \quad Y = \begin{bmatrix} 4 & 4 & 4 & 4 & 4 \\ 3 & 3 & 3 & 3 & 3 \\ 2 & 2 & 2 & 2 & 2 \\ 1 & 1 & 1 & 1 & 1 \end{bmatrix}$$

행렬 X는 같은 행들로 이루어져 있는데, 이는 격자의 각 행에 있는 점들은 같은 x 좌표를 가지기 때문이다. 마찬가지로 행렬 Y도 격자의 각 열에 있는 점들은 같은 y 좌표를 가지므로 같은 열로 이루어져 있다.

MATLAB은 행렬 X와 Y를 생성하는 데 사용할 수 있는 `meshgrid`라는 내장함수를 가지고 있다. `meshgrid` 함수의 형식은 다음과 같다.

```
[X,Y] = meshgrid(x,y)
```

X는 격자점의 x 좌표 행렬이다.
Y는 격자점의 y 좌표 행렬이다.

x는 x의 정의역을 나누는 벡터이다.
y는 y의 정의역을 나누는 벡터이다.

벡터 `x`, `y`에서 첫째 원소와 마지막 원소는 정의역의 해당 경곗값이다. 격자의 밀도는 벡터의 원소 개수로 결정된다. 예를 들면, 그림 10-2의 격자에 해당하는 그물망 행렬 X와 Y는 다음과 같이 `meshgrid` 명령어로 생성할 수 있다.

```
>> x=-1:3;
>> y=1:4;
>> [X,Y]=meshgrid(x,y)
X =
    -1    0    1    2    3
    -1    0    1    2    3
    -1    0    1    2    3
    -1    0    1    2    3
Y =
     1    1    1    1    1
     2    2    2    2    2
     3    3    3    3    3
     4    4    4    4    4
```

일단 격자 행렬이 존재하게 되면, 이 행렬을 이용하여 각 격자점에서 z의 값을 계산할 수 있다.

▶ **격자의 각 점에서 z의 값 계산**

각 점에서의 z의 값은 벡터 계산과 같은 방법으로 원소별 연산을 이용하여 계산된다. 독립변수 x와 y가 행렬(반드시 같은 크기)이면, 계산된 종족변수 또한 같은 크기의 행렬이다. 행렬 z의 각 주소에서의 값은 x와 y의 해당 값들로부터 계산된다. 예를 들어, z가 다음 식으로 주어진다면,

$$z = \frac{xy^2}{x^2 + y^2}$$

위의 각 격자점에서의 z의 값은 다음과 같이 계산된다.

```
>> Z = X.*Y.^2./(X.^2 + Y.^2)
Z =
  -0.5000         0    0.5000    0.4000    0.3000
  -0.8000         0    0.8000    1.0000    0.9231
  -0.9000         0    0.9000    1.3846    1.5000
  -0.9412         0    0.9412    1.6000    1.9200
```

일단 세 행렬이 생성되면, 이 행렬들을 이용하여 그물망 그래프 혹은 표면 그래프를 그릴 수 있다.

▸ 그물망 그래프와 표면 그래프 그리기

그물망 그래프나 표면 그래프는 다음 형식의 mesh 또는 surf 명령어로 생성된다.

```
mesh(X,Y,Z)                    surf(X,Y,Z)
```

여기서 X, Y는 격자의 좌표들을 가진 행렬이며, Z는 격자점들에서 z 값을 가진 행렬이다. 그물망 그래프는 점들을 연결하는 선들로 이루어지며, 표면 그래프에서는 그물망 선 안의 면적이 색으로 표시된다.

예로서, 다음 스크립트 파일은 정의역 $-1 \le x \le 3$과 $1 \le y \le 4$에 대해 격자를 생성하고 함수 $z = \dfrac{xy^2}{x^2 + y^2}$의 그물망(또는 표면) 그래프를 그리는 완전한 프로그램을 포함하고 있다.

```
x=-1:0.1:3;
y=1:0.1:4;
[X,Y]=meshgrid(x,y);
Z=X.*Y.^2./(X.^2+Y.^2);
mesh(X,Y,Z)
xlabel('x'); ylabel('y'); zlabel('z')
```

표면 그래프를 위해서는 surt(X,Y,Z)를 입력하라.

위 프로그램에서 벡터 x와 y는 이전 예에서 사용한 간격보다 훨씬 간격이 작다는 것에 유의하라. 더 작은 간격은 조밀한 격자를 생성한다. 위 프로그램으로 생성된 그래프는 다음과 같다.

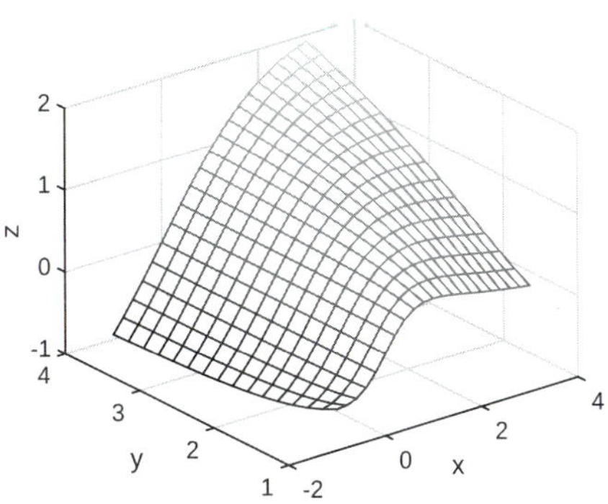

Mesh plot

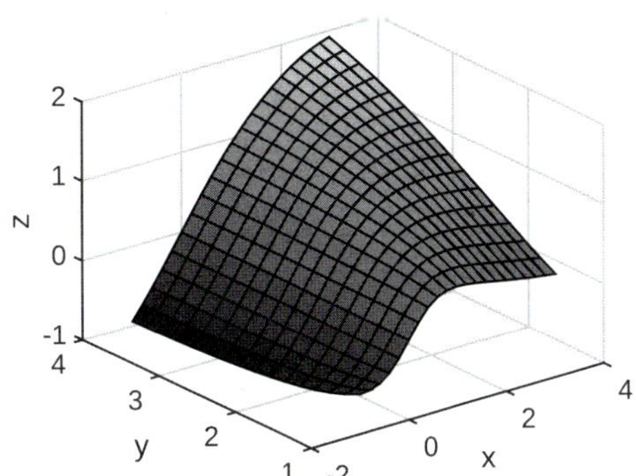

Surface plot

▸ Mesh 명령어에 대한 추가 설명

- 생성된 그래프는 z의 크기에 따라 변하는 색들을 갖는다. 색의 변화가 그래프의 3차원 가시화를 더한다. 그림 창의 그래프 편집기를 사용하거나(편집 화살표를 선택하고 그림을 클릭하여 Property Editor 창을 연 다음, Mesh Properties 목록에서 색깔을 변경), `colormap(C)` 명령어를 이용하여 색상을 일정하게 변경할 수 있다. 이 명령어에서 `C`는 세 원소의 벡터로 구성되며, 첫째, 둘째, 셋째 원소는 각각 빨강(Red), 초록(Green), 파랑(Blue)인 RGB색의 강도를 지정한다. 각 원소는 0(최소 강도)과 1(최대 강도) 사이의 수가 될 수 있다. 몇 가지 전형적인 색깔은 다음과 같다:

C = [0 0 0] 검정	C = [1 0 0] 빨강	C = [0 1 0] 초록
C = [0 0 1] 파랑	C = [1 1 0] 노랑	C = [1 0 1] 자홍
C = [0.5 0.5 0.5] 회색		

- mesh 명령어가 실행되면, 기본적으로 격자가 표시된다. 격자는 `grid off` 명령어를 가지고 표시하지 않을 수 있다.
- `box on` 명령어로 그래프 둘레에 상자를 그릴 수 있다.
- `mesh`와 `surf` 명령어는 `mesh(Z)`와 `surf(Z)`의 형식으로 사용될 수도 있다. 이 경우, `Z`의 값은 행렬에서 각 원소의 주소들의 함수로서 그려진다. 행 번호는 x축에 놓이며, 열 번호는 y축에 놓인다.

`mesh`, `surf` 명령어와 유사하면서 다른 특징을 가진 그래프를 생성하는 여러 부가적인 그래프 명령어들이 있다. 표 10-1은 그물망과 표면 그래프를 그리는 명령어들을 요약해 놓은 것이다. 표에 있는 모든 예는 정의역 $-3 \le x \le 3$과 $-3 \le y \le 3$에 대한 함수 $z = 1.8^{-1.5\sqrt{x^2 + y^2}}$의 그래프들이다.

표 10-1 그물망과 표면 그래프

그래프 종류	그래프 예	프로그램

Mesh Plot
 	
함수형식:
`mesh(X, Y, Z)`
	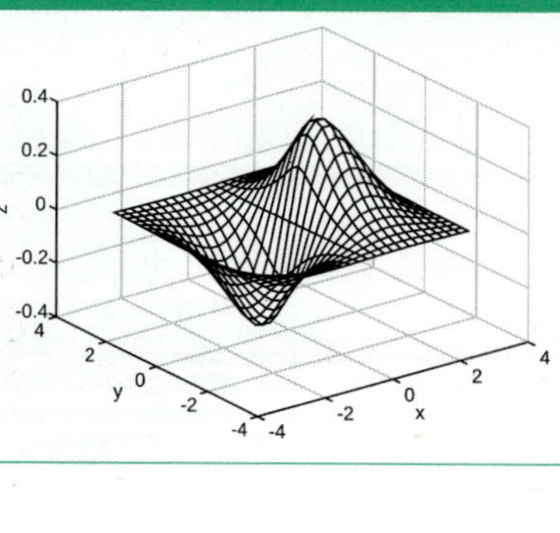	`x = -3:0.25:3;`
		`y = -3:0.25:3;`
		`[X, Y] = meshgrid(x,y);`
		`Z = 1.8.^(-1.5*sqrt(X.^2+`
		`Y.^2)).*cos(0.5*Y).*sin(X);`
		`mesh(X,Y,Z)`
		`xlabel('x');`
		`ylabel('y');`
		`zlabel('z')`

(계속)

표 10-1 그물망과 표면 그래프(계속)

그래프 종류	그래프 예	프로그램

Surface Plot
 	
함수형식:
`surf(X, Y, Z)`
	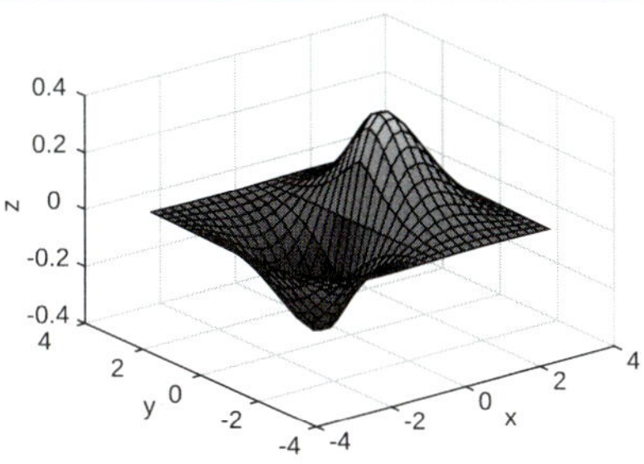	`x = -3:0.25:3;`
		`y = -3:0.25:3;`
		`[X, Y] = meshgrid(x,y);`
		`Z = 1.8.^(-1.5*sqrt(X.^2+`
		`Y.^2)).*cos(0.5*Y).*sin(X);`
		`surf(X,Y,Z)`
		`xlabel('x');`
		`ylabel('y');`
		`zlabel('z')`

Mesh Curtain Plot(그물망 그래프 주위에 커튼을 그림)
 	
함수형식:
`meshz(X, Y, Z)`
	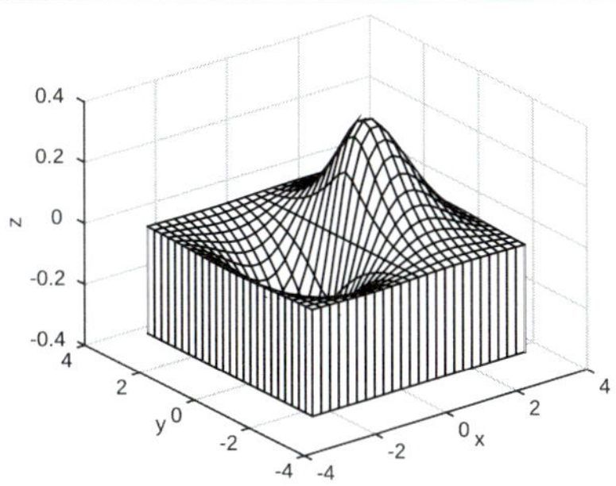	`x = -3:0.25:3;`
		`y = -3:0.25:3;`
		`[X, Y] = meshgrid(x,y);`
		`Z = 1.8.^(-1.5*sqrt(X.^2+`
		`Y.^2)).*cos(0.5*Y).*sin(X);`
		`meshz(X,Y,Z)`
		`xlabel('x');`
		`ylabel('y');`
		`zlabel('z')`

Mesh and Contour Plot(그물망 그래프 밑에 등고선을 그림)
 	
함수형식:
`meshc(X, Y, Z)`
	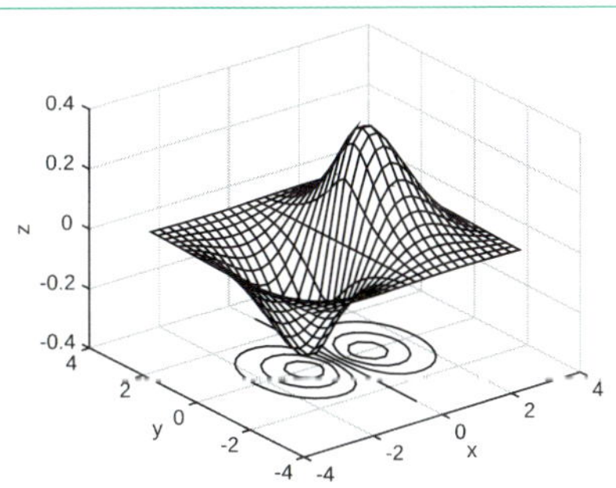	`x = -3:0.25:3;`
		`y = -3:0.25:3;`
		`[X, Y] = meshgrid(x,y);`
		`Z = 1.8.^(-1.5*sqrt(X.^2+`
		`Y.^2)).*cos(0.5*Y).*sin(X);`
		`meshc(X,Y,Z)`
		`xlabel('x');`
		`ylabel('y');`
		`zlabel('z')`

Surface and Contour Plot(표면 그래프 밑에 등고선을 그림)
 	
함수형식:
`surfc(X, Y, Z)`
	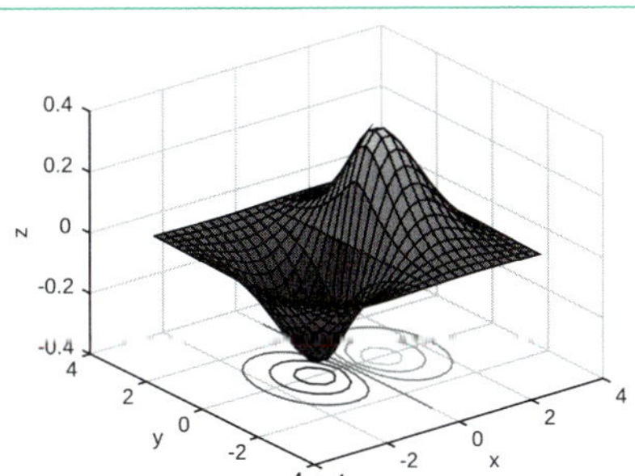	`x = -3:0.25:3;`
		`y = -3:0.25:3;`
		`[X, Y] = meshgrid(x,y);`
		`Z = 1.8.^(-1.5*sqrt(X.^2+`
		`Y.^2)).*cos(0.5*Y).*sin(X);`
		`surfc(X,Y,Z)`
		`xlabel('x');`
		`ylabel('y');`
		`zlabel('z')`

(계속)

표 10-1 그물망과 표면 그래프(계속)

그래프 종류	그래프 예	프로그램

Surface Plot with Lighting
 	
함수형식:
`surfl(X, Y, Z)`
	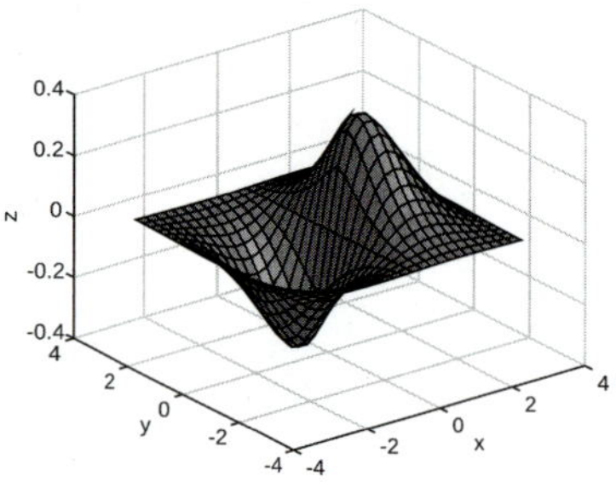	x = -3:0.25:3;
		y = -3:0.25:3;
		[X, Y] = meshgrid(x,y);
		Z = 1.8.^(-1.5*sqrt(X.^2+
		Y.^2)).*cos(0.5*Y).*sin(X);
		surfl(X,Y,Z)
		xlabel('x');
		ylabel('y');
		zlabel('z')

Waterfall Plot
(한 방향으로만 그물망을 그림)
 	
함수형식:
`water-fall(X, Y, Z)`
	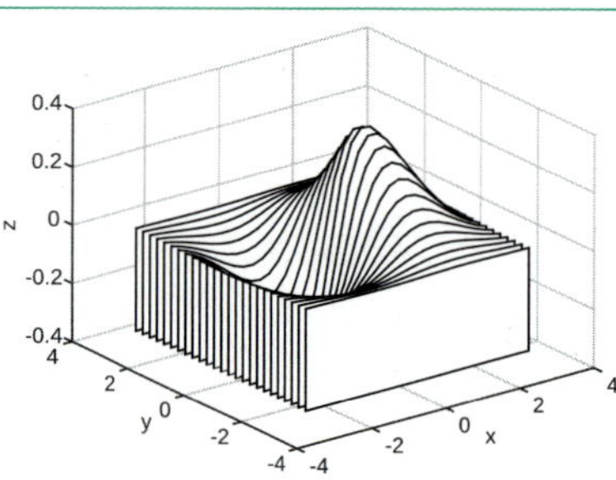	x = -3:0.25:3;
		y = -3:0.25:3;
		[X, Y] = meshgrid(x,y);
		Z = 1.8.^(-1.5*sqrt(X.^2+
		Y.^2)).*cos(0.5*Y).*sin(X);
		waterfall(X,Y,Z)
		xlabel('x');
		ylabel('y');
		zlabel('z')

3D Contour Plot
 	
함수형식:
`contour3(X, Y, Z, n)`
 	
n은 등고선 레벨 개수 (옵션)
	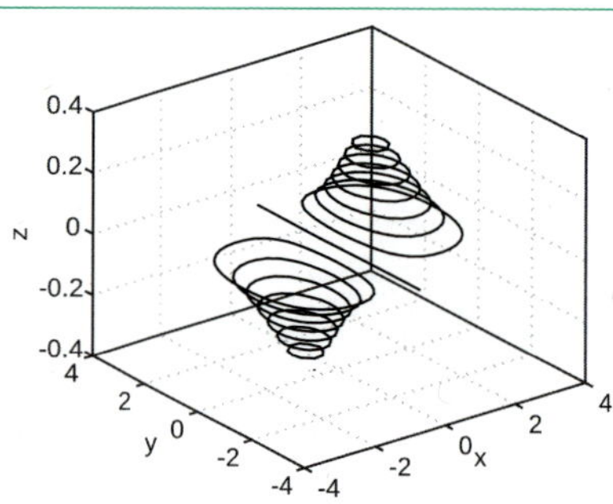	x = -3:0.25:3;
		y = -3:0.25:3;
		[X, Y] = meshgrid(x,y);
		Z = 1.8.^(-1.5*sqrt(X.^2+
		Y.^2)).*cos(0.5*Y).*sin(X);
		contour3(X,Y,Z,15)
		xlabel('x');
		ylabel('y');
		zlabel('z')

2D Contour Plot
(x-y평면상에 등고선 투영도를 그림)
 	
함수형식:
`contour(X, Y, Z, n)`
 	
n은 등고선 레벨 개수(옵션)
	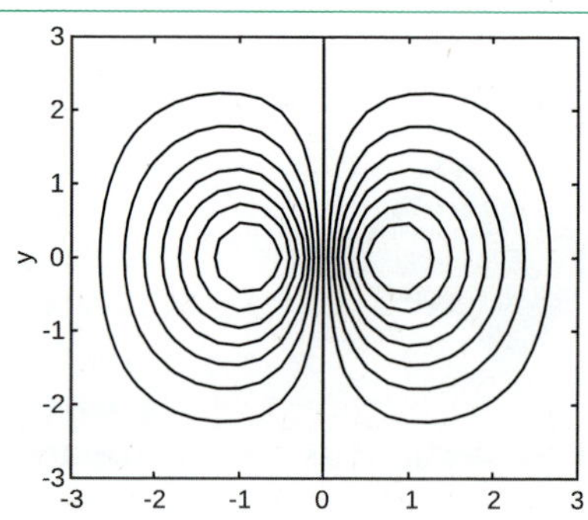	x = -3:0.25:3;
		y = -3:0.25:3;
		[X, Y] = meshgrid(x,y);
		Z = 1.8.^(-1.5*sqrt(X.^2+
		Y.^2)).*cos(0.5*Y).*sin(X);
		contour(X,Y,Z, 15)
		xlabel('x');
		ylabel('y');
		zlabel('z')

10.3 특수한 그래프들

MATLAB은 다양한 종류의 특수한 3차원 그래프 생성을 위한 함수들을 더 가지고 있다. 전체 함수 목록은 도움말 창의 'Plotting and Data Visualization'에서 찾을 수 있다. 여러 3차원 그래프들은 표 10-2에서 보여준다. 표에 있는 예들이 각 그래프 종류에서 사용 가능한 모든 옵션을 보여주지는 않는다. 각 그래프 종류에 대한 좀 더 자세한 사항은 도움말 창(Help Window)에서 또는 명령어 창에서 'help command_name'을 입력함으로 구할 수 있다.

표 10-2 특수한 3차원 그래프

그래프 종류	그래프 예	프로그램

Plot a Sphere
 	
함수 형식:
`sphere`
20개의 면을 가진 단위 구의 x, y, z 좌표를 돌려준다.
`sphere(n)`
위와 같이 n개의 면을 가짐.
	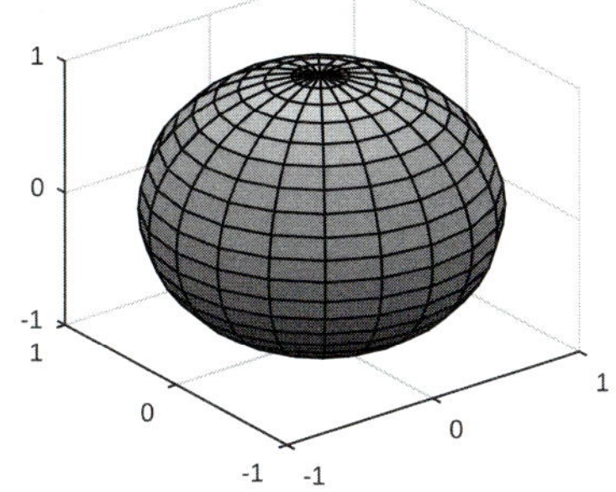	`sphere`
		
		혹은
		
		`[X,Y,Z] = sphere(20);`
		`surf(X,Y,Z)`

Plot a Cylinder
 	
함수형식:
`[X,Y,Z] = cylinder(r)`
측면 윤곽이 r인 실린더의 x, y, z 좌표를 돌려준다.
	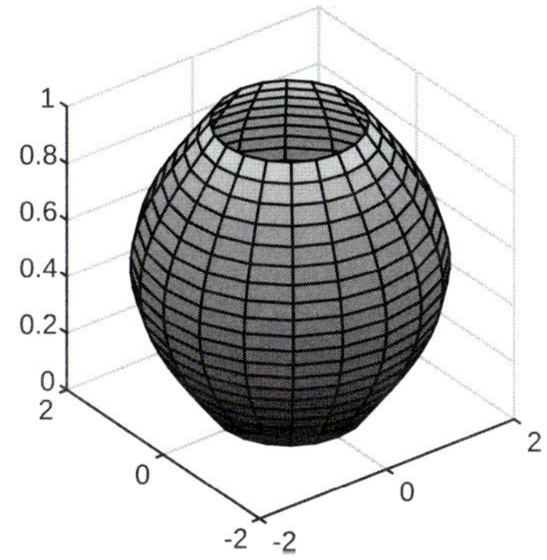	`t = linspace(0, pi, 20);`
		`r = 1+sin(t);`
		`[X,Y,Z] = cylinder(r);`
		`surf(X,Y,Z)`
		`axis square`

3D Bar Plot 함수형식: `bar3(Y)` Y의 각 원소가 한 개의 막대이며, 열은 같은 그룹으로 묶인다.	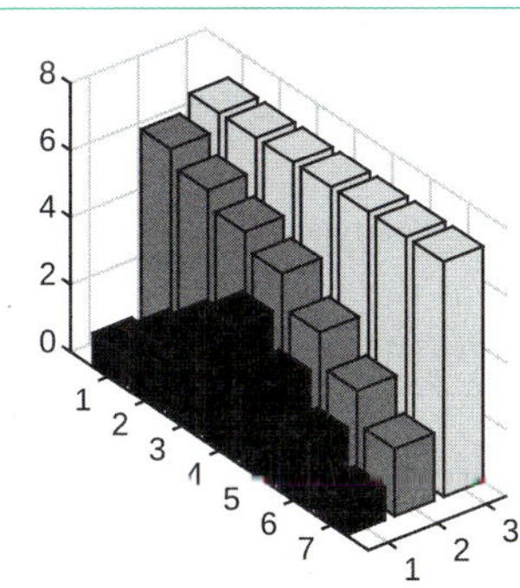	`Y = [1 6.5 7; 2 6 7; 3 5.5 7; 4 5 7; 3 4 7; 2 3 7; 1 2 7];` `bar3(Y)`

3D Stem Plot
(x-y 평면에서 표식과 수식적인 선들을 가진 연속적인 점들로 그림)
 	
함수형식:
`stem3(X,Y,Z)`
	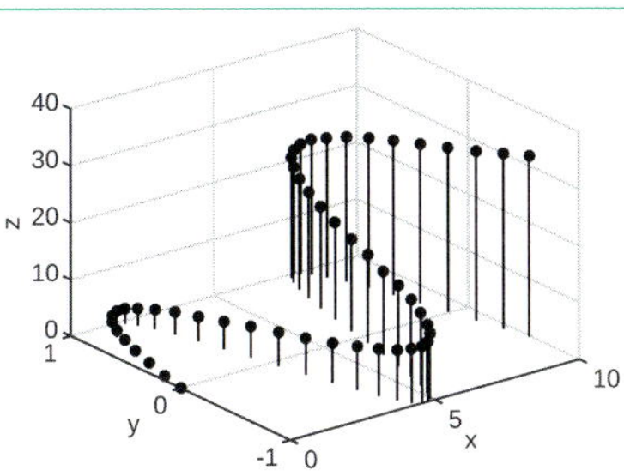	`t = 0:0.2:10;`
		`x = t;`
		`y = sin(t);`
		`z = t.^1.5;`
		`stem3(x,y,z,'fill')`
		`grid on`
		`xlabel('x');`
		`ylabel('y');`
		`zlabel('z')`

(계속)

표 10-2 그물망과 표면 그래프(계속)

그래프 종류	그래프 예	프로그램

3D Scatter Plot
 	
함수형식:
`scatter3(X,Y,Z)`
	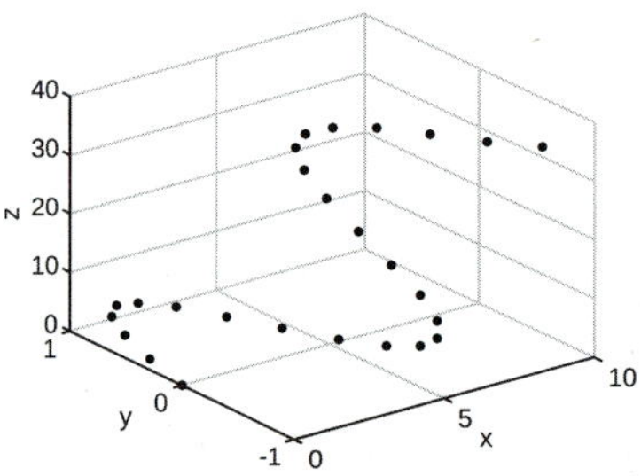	`t = 0:0.4:10;`
		`x = t;`
		`y = sin(t);`
		`z = t.^1.5;`
		`scatter3(x,y,z,'filled')`
		`grid on`
		`colormap([0.1 0.1 0.1])`
		`xlabel('x');`
		`ylabel('y');`
		`zlabel('z')`

3D Pie Plot 함수형식: `pie3(X,explode)`	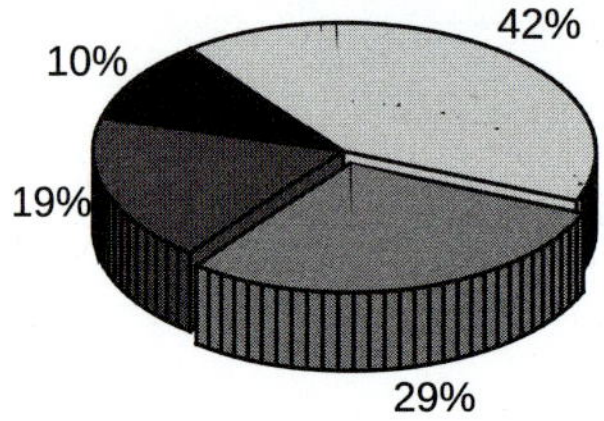	X = [5 9 14 20]; explode = [0 0 1 0]; pie3(X, explode) explode는 0과 1의 벡터(X와 같은 길이)이다. 1은 중앙에서 조각을 오프셋시킨다.

▸ *x-y* 평면에서 극좌표 격자

z의 값이 극좌표(예를 들면 $z = r\theta$)에서 주어지는 함수의 3-D 그래프는 다음 단계에 따라 구해질 수 있다:

- `meshgrid` 함수를 가지고 θ와 r의 값들의 격자를 생성하라.
- 격자의 각 점에서 z의 값을 계산하라.
- 극좌표 격자를 직교좌표의 격자로 바꿔라. 이것은 MATLAB 내장함수 `pol2cart`를 가지고 구해진다(아래 예 참조).
- z 값과 직교좌표를 이용하여 3-D 그래프를 그려라.

예를 들면, 다음 스크립트는 정의역 $0 \le \theta \le 360°$, $0 \le r \le 2$에 대해서 함수 $z = r\theta$의 그림을 생성한다.

```
[th,r]=meshgrid((0:5:360)*pi/180,0:.1:2);
Z=r.*th;
[X,Y] = pol2cart(th,r);
mesh(X,Y,Z)
```

표면그래프를 위해서는 `surf(X,Y,Z)`를 입력하라.

프로그램에 의해 생성된 그림들은 다음과 같다.

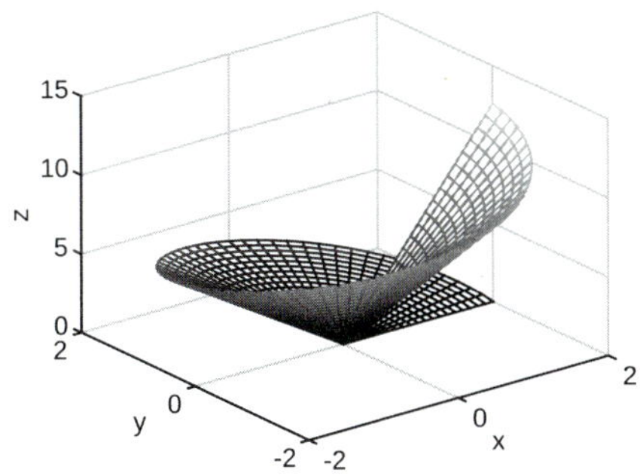

Mesh plot

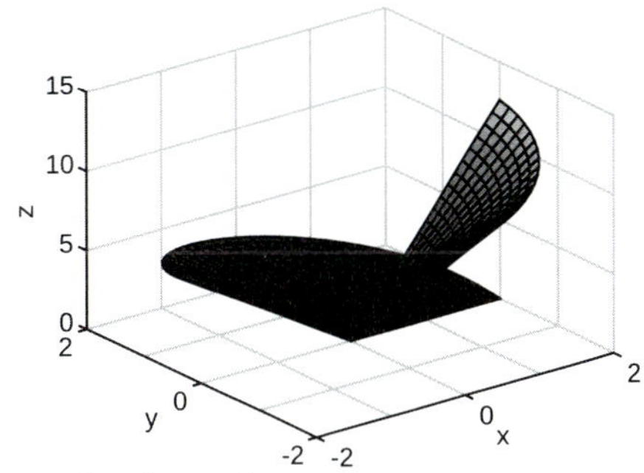

Surface plot

10.4 view 명령어

view 명령어는 그래프를 어느 방향에서 바라볼 것인지를 제어한다. 이것은 그림 10-3과 같이 방위각(azimuth)과 고도각(elevation angle)으로 방향을 지정하거나 그래프를 바라볼 공간상의 한 점을 정의함으로써 이루어진다. 그래프의 보는 각도를 정하기 위해 view 명령어는 다음 형식을 갖는다.

view(az,el) 또는 view([az,el])

- az는 방위각이며, 음의 y축 방향에 대한 x-y 평면상에서의 각이며 반시계방향이 양의 방향으로 정의된다.
- el은 x-y 평면으로부터의 고도각이다. 양의 값은 z축 방향으로 각이 커지는 것이다.
- 시야각의 초기 설정값은 $az = -37.5°$와 $el = 30°$이다.

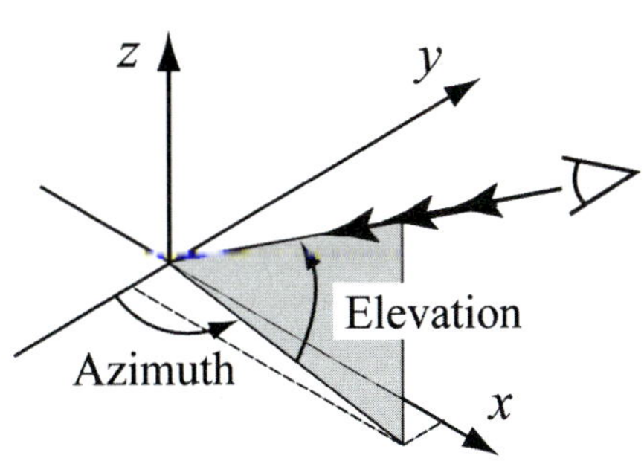

그림 10-3 방위각과 고도각

예를 들면, 표 10-1의 표면 그래프를 $az = 20°$와 $el = 35°$의 시야각으로 다시 그리면 그림 10-4와 같다.

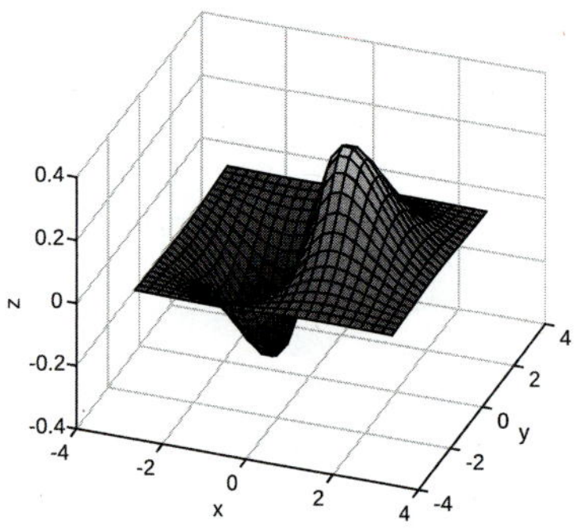


```
x = -3: 0.25: 3;
y = -3: 0.25: 3;
[X, Y] = meshgrid(x, y);
Z = 1.8.^(-1.5*sqrt(X.^2+Y.^2))
.*cos(0.5*Y).*sin(X);
surf(X, Y, Z)
view(20, 35)
```

그림 10-4 시야각이 $az = 20°$, $el = 35°$일 때, 함수 $z = 1.8^{-1.5\sqrt{x^2+y^2}}\sin(x)\cos(0.5y)$의 표면 그래프

- view 명령어는 다음 목록에 따라 적절한 방위각과 고도각을 선택함으로써 다양한 평면상에 3-D 그래프의 투영도를 그릴 수 있다.

투영면	*az* 값	*el* 값
x-y(상면도)	0	90
x-z(측면도)	0	0
y-z(측면도)	90	0

다음은 위에서 바라본 평면도의 예이다. 그림 10-5는 그림 10-1에 그려진 함수의 평면도를 보여준다. *x-z* 평면과 *y-z* 평면에 대한 투영도의 예를 그림 10-6과 10-7에 각각 나타낸다. 이들 그림은 표 10-1에 그려진 함수의 그물망 그래프 투영도를 보여준다.

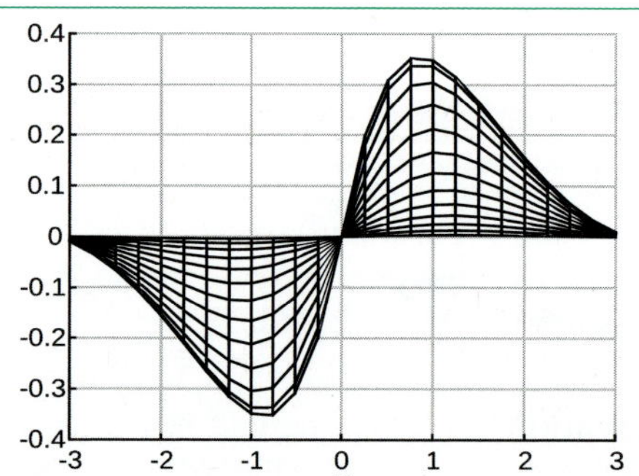


```
t = 0:0.1:6*pi;
x = sqrt(t).*sin(2*t);
y = sqrt(t).*cos(2*t);
z = 0.5*t;
plot3(x,y,z,'k','linewidth',1)
view(0,90)
grid on
xlabel('x'); ylabel('y')
zlabel('z')
```

그림 10-5 $0 \le t \le 6\pi$에 대한 함수 $x = \sqrt{t}\sin(2t)$, $y = \sqrt{t}\cos(2t)$, $z = 0.5t$의 평면도

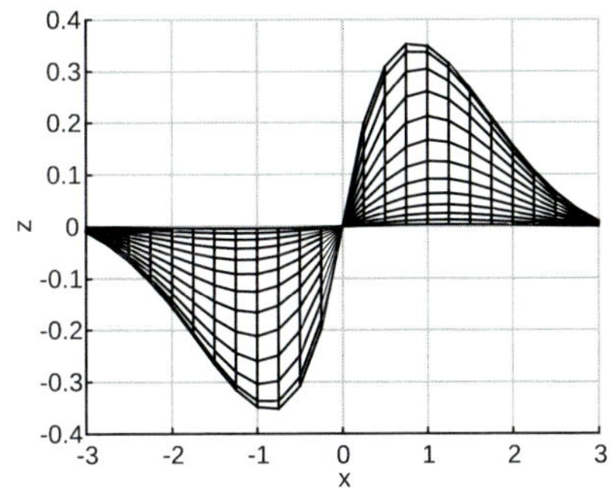

```
x = -3:0.25:3;
y = -3:0.25:3;
[X,Y] = meshgrid(x,y);
Z = 1.8.^(-1.5*sqrt(X.^2+Y.^2))
.*cos(0.5*Y).*sin(X);
mesh(X,Y,Z)
view(0,0)
```

그림 10-6 함수 $z = 1.8^{-1.5\sqrt{x^2+y^2}} \sin(x)\cos(0.5y)$의 x-z 평면에 대한 투영도

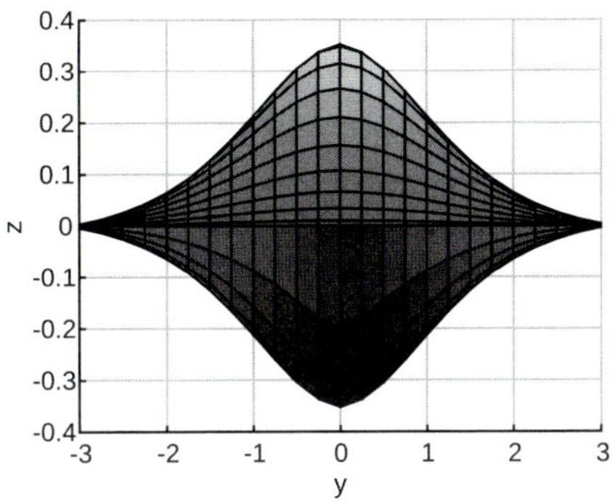

```
x = -3:0.25:3;
y = -3:0.25:3;
[X,Y] = meshgrid(x,y);
Z = 1.8.^(-1.5*sqrt(X.^2+Y.^2))
.*cos(0.5*Y).*sin(X);
surf(X,Y,Z)
view(90,0)
```

그림 10-7 함수 $z = 1.8^{-1.5\sqrt{x^2+y^2}} \sin(x)\cos(0.5y)$의 y-z 평면에 대한 투영도

- view 명령어는 다음과 같이 시야각의 초기 설정값을 정할 수도 있다.

  `view(2)` $az = 0°$와 $el = 90°$로 x-y 평면에 투영되는 평면도를 기본값으로 정한다.

  `view(3)` $az = -37.5°$와 $el = 30°$의 시야각을 가진 표준 3-D 그래프를 기본값으로 정한다.

- 시야각 방향은 그래프를 바라보는 공간상의 한 점을 선택함으로써 설정할 수도 있다. 이 경우 `view` 명령어는 형식 `view([x,y,z])`을 가지며, 여기서 `x`, `y`, `z`는 점의 좌표이다. 방향은 지정한 점에서 좌표계 원점까지의 방향에 의해 결정되며 거리와는 무관하다. 이것은 점 [6, 6, 6]이나 점 [10, 10, 10] 어느 쪽을 사용해도 그래프 모양이 같음을 의미한다. 평면도는 [0, 0, 1]로 설정할 수 있다. 음의 y축 방향에서 바라본 x-z 평면의 측면도는 [0, −1, 0]으로 설정할 수 있다.

10.5 MATLAB 응용 예제

예시 문제 10-1 **3-D 발사체의 궤적**

발사체가 지면에 대해 θ = 65°의 각도로 초기 속도 250 m/s로 발사된다. 발사체는 정북 쪽을 향하도록 조준된다. 서쪽으로 부는 강한 바람 때문에, 발사체도 30 m/s의 일정한 속력으로 서쪽으로 움직인다. 발사체가 땅에 떨어질 때까지 발사체의 궤적을 구하고 그래프로 그려라. 비교를 위해서, 바람이 없는 경우 발사체가 갖게 될 궤적을 같은 그래프에 그려라.

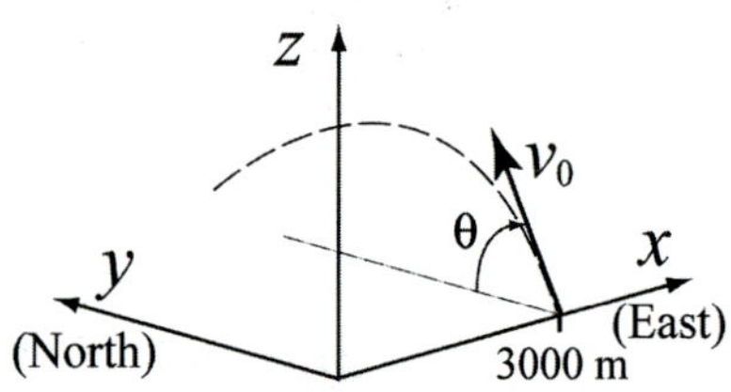

풀이

그림에서 보인 것과 같이 좌표계는 x축과 y축이 각각 동쪽과 북쪽을 가리키도록 정한다. 그러면 발사체의 운동은 수직 방향 z와 두 수평 성분 x, y를 고려하여 해석할 수 있다. 발사체가 정북쪽으로 발사되므로, 초기 속도 v_0는 다음과 같이 수평 y 성분과 수직 z 성분으로 분해할 수 있다.

$$v_{0y} = v_0\cos(\theta)\text{과 } v_{0z} = v_0\sin(\theta)$$

또한, 바람으로 인해 발사체는 음의 x 방향으로 일정한 속도 $v_x = -30$ m/s를 가진다.

발사체의 초기 위치 (x_0, y_0, z_0)는 점 (3000, 0, 0)에 있다. 수직 방향에서 발사체의 속도와 위치는 다음 식으로 주어진다.

$$v_z = v_{0z} - gt\text{와 } v = v_0 + v_{0z} - \frac{1}{2}gt^2$$

발사체가 최고점($v_z = 0$)에 도달하는 데 걸리는 시간은 $t_{hmax} = \frac{v_{0z}}{g}$이다. 총 비행시간은 이 시간의 두 배로 $t_{tot} = 2t_{hmax}$이다. 수평 방향에서 속도는 일정(x, y축 방향에서 모두)하며, 발사체의 위치는 다음 식으로 주어진다.

$$x = x_0 + v_xt\text{와 } y = y_0 + v_yt$$

다음은 문제 풀이를 위해 위의 식들에 따라 스크립트 파일로 작성한 MATLAB 프로그램이다.

```
v0=250; g=9.81; theta=65;
x0=3000; vx=-30;
v0z=v0*sin(theta*pi/180);
v0y=v0*cos(theta*pi/180);
t=2*v0z/g;
```

```
tplot=linspace(0,t,100);              100개의 원소를 갖는 시간 벡터를 생성하라.
z=v0z*tplot-0.5*g*tplot.^2;
y=v0y*tplot;                          매 시간 궤적의 x, y, z 좌표를 계산하라.
x=x0+vx*tplot;
xnowind(1:length(y))=x0;              바람이 없을 때는 x 좌표는 일정하다.
plot3(x,y,z,'k-',xnowind,y,z,'k--')   두 개의 3차원 선 그래프
grid on
axis([0 6000 0 6000 0 2500])
xlabel('x (m)'); ylabel('y (m)'); zlabel('z (m)')
```

프로그램에 의해 생성된 그래프는 다음과 같다.

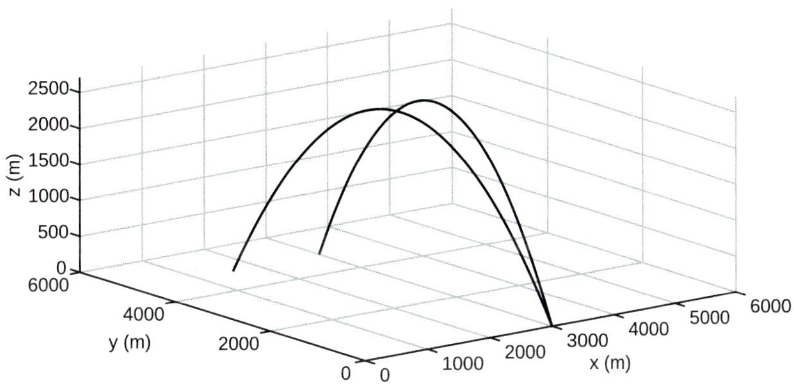

예시 문제 10-2 두 점 전하 (point charge)의 전위

전하입자(charged particle) 주변의 전위(electric potential) V는 다음 식으로 주어진다.

$$V = \frac{1}{4\pi\varepsilon_0}\frac{q}{r}$$

여기서 $\varepsilon_0 = 8.8541878 \times 10^{-12}\frac{\text{C}}{\text{N m}^2}$는 유전율 상수이고, q는 쿨롱 (Coulomb) 단위의 전하의 크기이며, r은 입자로부터의 거리(m)이다. 둘 이상의 입자들에 의한 전기장은 중첩을 이용하여 계산한다. 예를 들면, 두 입자에 의한 한 점에서의 전위는 다음 식으로 주어진다.

$$V = \frac{1}{4\pi\varepsilon_0}\left(\frac{q_1}{r_1} + \frac{q_2}{r_2}\right)$$

여기서 q_1, q_2는 각 입자의 전하이며, r_1, r_2는 전위를 구하려는 점에서 해당 입자까지의 거리이다.

$q_1 = 2 \times 10^{-10}$ C와 $q_2 = 3 \times 10^{-10}$ C의 전하를 가진 두 입자가 그림과 같이 각각 (0.25, 0,

0)과 (−0.25, 0, 0) 점인 x-y 평면상에 놓여있다. 정의역 $-0.2 \le x \le 0.2$와 $-0.2 \le y \le 0.2$ (x-y 평면에서 단위는 미터)에 위치한 x-y 평면상의 점들에서 두 입자로 인한 전위를 계산하고 그래프로 나타내라. x-y 평면이 점들의 평면이 되도록 하고 z축이 전위의 크기가 되도록 그래프를 그려라.

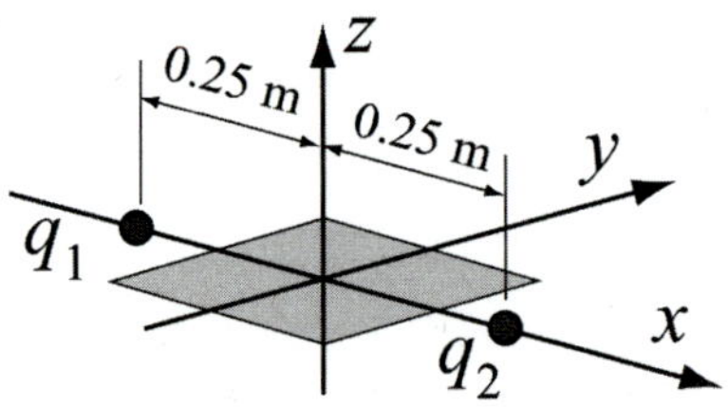

풀이

다음 단계들로 문제를 해결한다.

(*a*) 정의역 $-0.2 \le x \le 0.2$와 $-0.2 \le y \le 0.2$에 대해 x-y 평면상에 격자를 생성한다.

(*b*) 각 격자점에서 각 전하까지의 거리를 계산한다.

(*c*) 각 격자점에서 전위를 계산한다.

(*d*) 전위 그래프를 그린다.

다음은 문제 풀이를 위해 스크립트 파일로 작성된 프로그램이다.

```
eps0=8.85e-12; q1=2e-10; q2=3e-10;
k=1/(4*pi*eps0);
x=-0.2:0.01:0.2;
y=-0.2:0.01:0.2;
[X,Y]=meshgrid(x,y);                     x y 평면에 격자 생성하기
r1=sqrt((X+0.25).^2+Y.^2);               각 격자 점에 대한 거리 r1 계산하기
r2=sqrt((X-0.25).^2+Y.^2);               각 격자 점에 대한 거리 r2 계산하기
V=k*(q1./r1+q2./r2);                     각 격자 점에서 전위 V 계산하기
mesh(X,Y,V)
xlabel('x (m)'); ylabel('y (m)'); zlabel('V (V)')
```

프로그램의 실행으로 생성된 그래프는 다음과 같다.

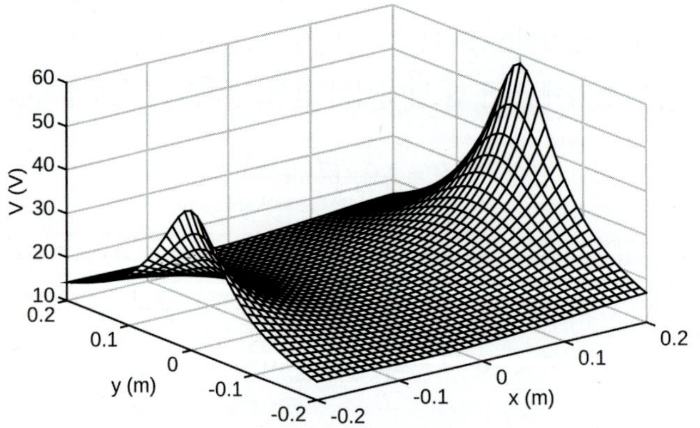

예시 문제 10-3 **사각형 판에서 열전도**

그림과 같이 직사각형 평판(a = 5 m, b = 4 m)의 세 변은 0°C의 온도로 유지되며, 나머지 한 변은 T_1 = 80°C의 온도로 유지된다. 평판에서의 온도 분포 $T(x, y)$를 구하고 그래프를 그려라.

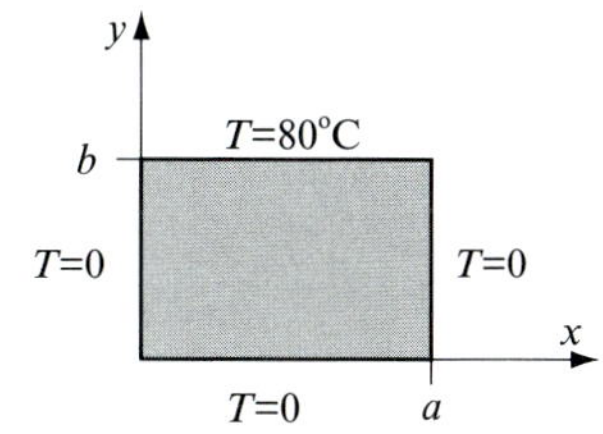

풀이

평판에서의 온도 분포 $T(x, y)$는 2차원 열 방정식을 풀어서 구할 수 있다. 주어진 경계조건에 대해 $T(x, y)$는 다음과 같이 푸리에(Fourier) 급수(Erwin Kreyszig, *Advanced Engineering Mathematics*, John Wiley and Sons, 1993)에 의해 해석적으로 나타낼 수 있다.

$$T(x, y) = \frac{4T_1}{\pi}\sum_{n=1}^{\infty}\frac{\sin\left[(2n-1)\frac{\pi x}{a}\right]}{(2n-1)}\frac{\sinh\left[(2n-1)\frac{\pi y}{a}\right]}{\sinh\left[(2n-1)\frac{\pi b}{a}\right]}$$

문제 풀이를 위해 스크립트 파일로 작성된 프로그램은 아래에 보여진다. 프로그램은 다음 단계를 따른다.

(*a*) 정의역 $0 \le x \le a$와 $0 \le y \le b$에서 X, Y 격자를 생성하라. 평판의 길이 a는 20개 부분으로 나누어지고, 평판의 폭 b는 16개 부분으로 나누어진다.

(*b*) 그물망의 각 점에서 온도를 계산하라. 계산은 이중 루프를 사용하여 점별로 이루어진다. 각 점에서의 온도는 k개의 푸리에 급수 항을 더하여 구한다.

(*c*) T의 표면 그래프를 그린다.

```
a=5; b=4; na=20; nb=16; k=5; T0=80;
clear T
x=linspace(0,a,na);
y=linspace(0,b,nb);
[X,Y]=meshgrid(x,y);
for i=1:nb
    for j=1:na
        T(i,j)=0;
        for n=1:k
            ns=2*n-1;
     T(i,j)=T(i,j)+sin(ns*pi*X(i,j)/a).*sinh(ns*pi*Y(i,j)/
a)/(sinh(ns*pi*b/a)*ns);
        end
        T(i,j) = T(i,j)*4*T0/pi;
```

x y 평면에서 격자 생성하기

첫 번째 루프 i는 그리드 행의 인덱스이다.

두 번째 루프 j는 그리드 열의 인덱스이다.

세 번째 루프 n은 푸리에 급수의 n번째 항이고, k는 항의 개수이다.

```
    end
end
mesh(X,Y,T)
xlabel('x (m)'); ylabel('y (m)'); zlabel('T ( ^oC)')
```

프로그램은 두 번 실행되었다. 첫 번째 실행에서는 각 점에서의 온도를 계산하기 위해 푸리에 급수에서 5개의 항(k = 5)을 사용하였고, 두 번째 실행에서는 k = 50을 사용하였다. 각 실행에서 생성된 두 그물망 그래프는 아래의 그림과 같다. 온도는 y = 4 m에서 80°C로 균일해야 한다. 항의 개수(k)가 y = 4 m에서의 정확도에 미치는 영향에 주목하라.

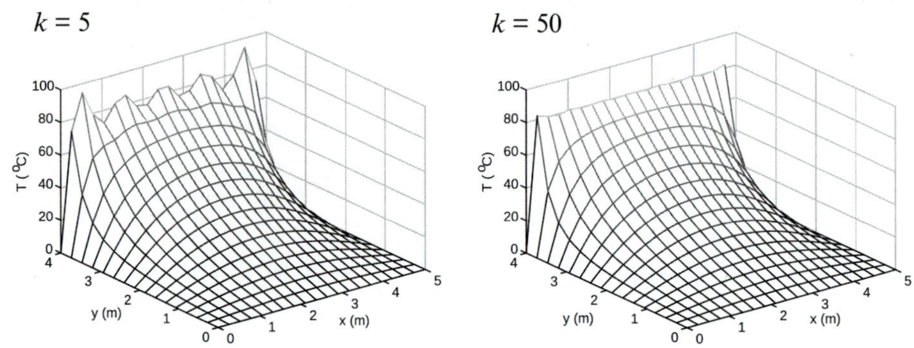

10.6 연습문제

1. 시간 함수에 대한 움직이는 입자의 위치는 다음 식으로 주어진다.

$$x = 0.01(30 - t)^2\sin(2t) \qquad y = 0.01(30 - t)^2\cos(2t) \qquad z = 0.5\, t^{1.5}$$

$0 \le t \le 20$ s에 대한 입자의 위치를 그래프로 그려라.

2. 높이 h의 계단이 다음 매개 방정식에 의해 모델링될 수 있다.

$$x = r\cos(t) \qquad y = r\sin(t) \qquad z = \frac{ht}{2\pi n}$$

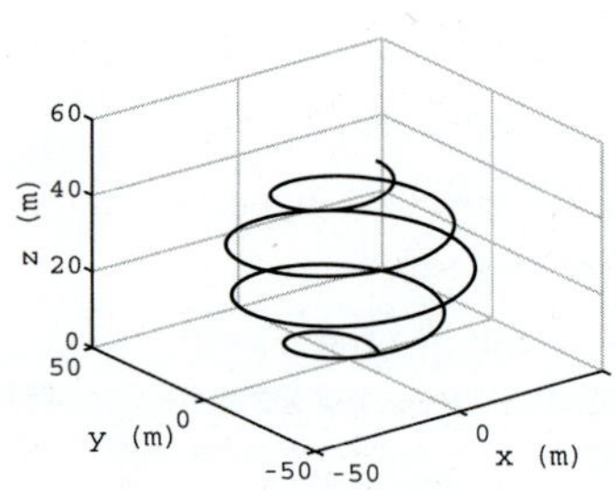

여기서, $r = h[2 + 5\sin(t/8)]/10$, n = 4이고 h = 50 m이다. 그림에서 보이는 바와 같이 계단의 3차원 그래프를 그려라. (정의역 0에서 $2\pi n$의 벡터 t를 생성하고, `plot3` 명령어를 사용하라.)

3. 소방차의 사다리는 올라갈 수도 있고(각 ϕ를 증가시킴으로), z축에 대해 회전할 수도 있으며(각 θ를 증가시킴으로), 사다리가 길어질 수도 있다(r을 증가시킴으로). 초기에 사다리는 트럭 위에 놓여있다($\phi = 0$, $\theta = 0$, $r = 8$ m). 사다리는 5 deg/s의 속도로 올리고, 8 deg/s의 속도로 회전시키며, 0.6 m/s의 속도로 늘어나게 하여 새 위치로 옮겨진다. 10초 동안에 대해 사다리 끝부분의 위치를 구하고 그래프로 그려라.

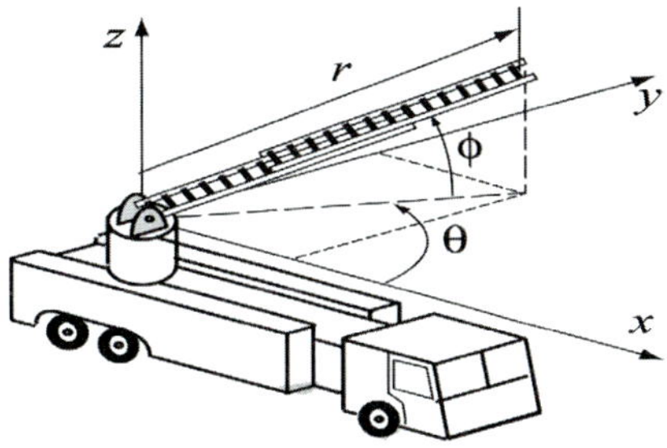

4. 정의역 $-4 \le x \le 4$와 $-3 \le y \le 3$에 대해 함수 $z = \dfrac{x^2}{4} + 2\sin^2(0.7y)$의 3-D 표면 그래프를 그려라.

5. 정의역 $-2 \le x \le 2$와 $-3 \le y \le 3$에 대해 함수 $z = -0.7x^4 - 0.7y^4$의 3-D 표면 그래프를 그려라.

6. 정의역 $-2 \le x \le 2$와 $-3 \le y \le 3$에 대해 함수 $z = -1.4xy^3 + 1.4yx^3$의 3-D 표면 그래프를 그려라.

7. 정의역 $-5 \le x \le 5$와 $-5 \le y \le 5$에 대해 함수 $z = \dfrac{-\cos 2R}{e^{0.2R}}$의 3-D 그물망 그래프를 그려라. 여기서 $R = \sqrt{x^2 + y^2}$이다.

8. 정의역 $-\pi \le x \le \pi$와 $-\pi \le y \le \pi$에 대해 함수 $z = \cos(0.7x + 0.7y)\cos(0.7x - 0.7y)$의 3-D 표면 그래프를 그려라.

9. 그림에 보인 아이스크림콘의 그래프를 그려라. 콘은 4인치 지름 기저를 가진 8인치 높이이다. 꼭대기에 있는 아이스크림은 4인치 직경 반구이다.

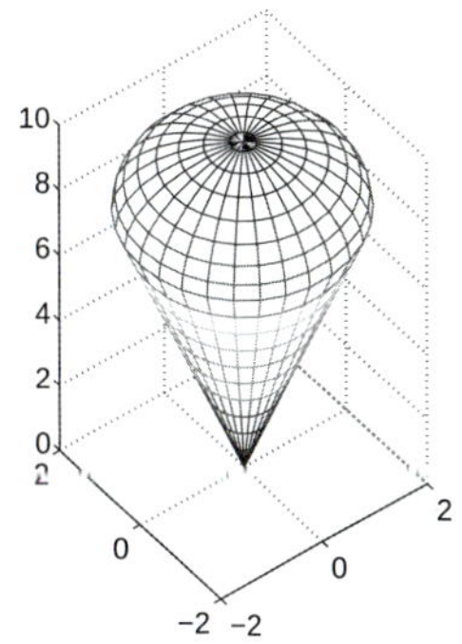

원뿔에 대한 매개 방정식은 다음과 같다.

$$0 \le \theta \le 2\pi \text{와 } 0 \le r \le 2\text{에 대해서}$$
$$x = r\cos\theta,\ y = r\sin\theta,\ z = 4r$$

원에 대한 매개 방정식은 다음과 같다.

$$x = r\cos\theta\sin\phi,\ y = r\sin\theta\sin\phi,\ z = r\cos\phi$$

여기서, $0 \le \theta \le 2\pi$, $0 \le \phi \le \pi$이다.

10. 슬릿을 통과한 단색광은 화면에 밝고 어두운 줄무늬로 구성된 회절 패턴을 생성한다. 밝은 줄무늬의 강도 I는 θ의 함수로 다음과 같이 계산될 수 있다.

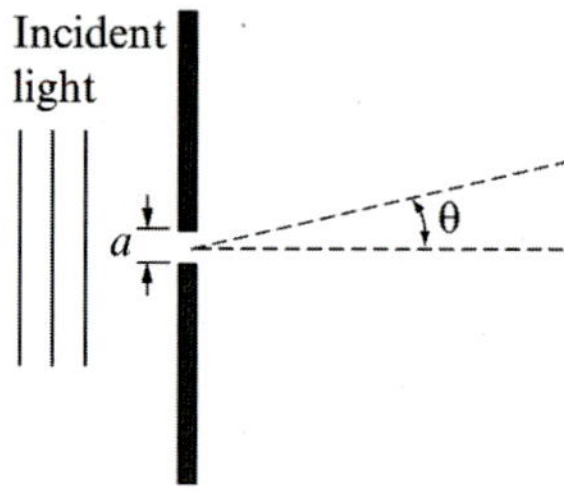

$$I = I_{max}\left(\frac{\sin \alpha}{\alpha}\right)^2$$

여기서, $\alpha = \frac{\pi a}{\lambda}\sin \theta$이고, a/λ는 빛의 파장이며, a는 슬릿의 폭이다. $-20° \le \theta \le 20°$에 대한 θ의 함수와 $2 \le a/\lambda \le 10$에 대한 a/λ의 함수로 상대 강도 I/I_{max}를 보이는 3D 그래프를 그려라.

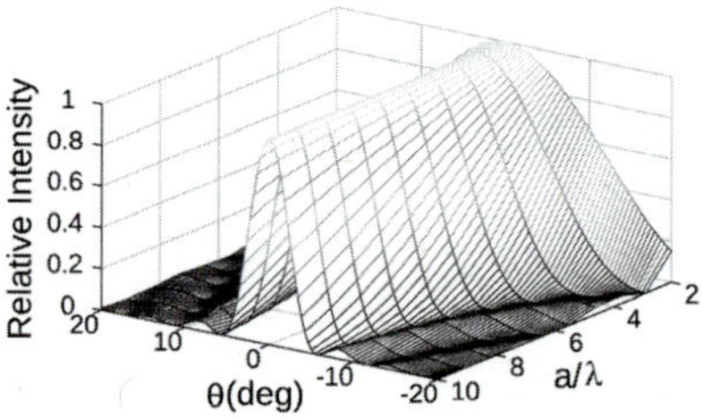

11. 용기 안의 기체 분자들이 서로 다른 속도로 움직이고 있다. 맥스웰(Maxwell)의 속도 분포법칙은 온도와 속도 함수에 대한 확률분포 $P(v)$로 다음 식과 같다.

$$P(v) = 4\pi\left(\frac{M}{2\pi RT}\right)^{3/2} v^2 e^{-Mv^2/2RT}$$

여기서 M은 기체의 몰 질량(kg/mol), R = 8.31 J/(mol K)는 기체상수, T는 온도(K), v는 분자속도(m/s)이다.

$0 \le v \le 1000$ m/s, $70 \le T \le 320$ K에 대해서, 산소(몰 질량 0.032 kg/mol)의 v와 T의 함수에 대한 $P(v)$의 3-D 그래프를 그려라.

12. 플랭크 (Plank)의 분포법칙은 온도와 파장에 대한 흑체복사도를 (방출된 방사에너지의 양) 다음 식과 같이 표현한다.

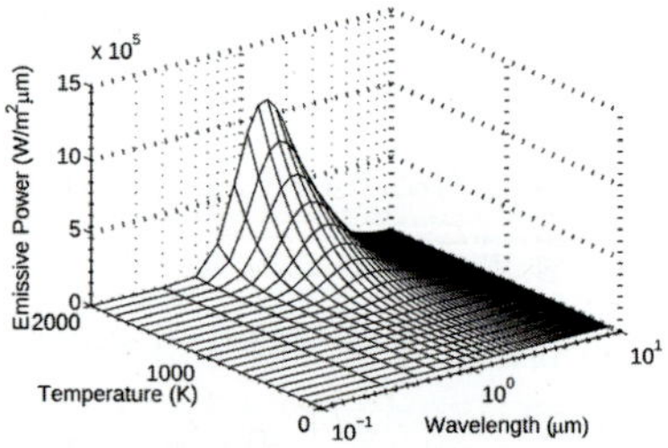

$$E = \frac{C_1}{\lambda^5[e^{C_2/\lambda T} - 1]} \quad \left(\frac{\mathrm{W}}{\mathrm{m}^2\mu\mathrm{m}}\right)$$

여기서 $C_1 = 3.742 \times 10^8$ Wμm⁴/m², $C_2 = 1.439 \times 10^4$ μmK, T는 K도 온도, λ는 μm 파장이다. λ ($0.1 \le \lambda \le 10$ μm)와 T ($100 \le T \le 2000$ K)의 함수로 E의 3-D 그래프를 그려라. λ에 대해서 로그 스케일을 사용하라. 이것은 명령어 `set(gca, 'xscale', 'log')`으로 이루어질 수 있다.

13. 조화력을 받는 마찰 없는 스프링－질량－댐퍼 시스템의 정상 상태 진동을 고려하라. 질량의 정규화된 진폭은 다음과 같이 주어진다.

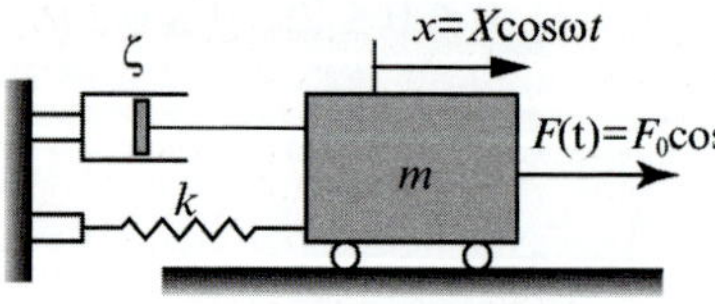

$$\frac{Xk}{F_0} = \frac{1}{\sqrt{(1-r^2)^2 + (2\zeta r)^2}}$$

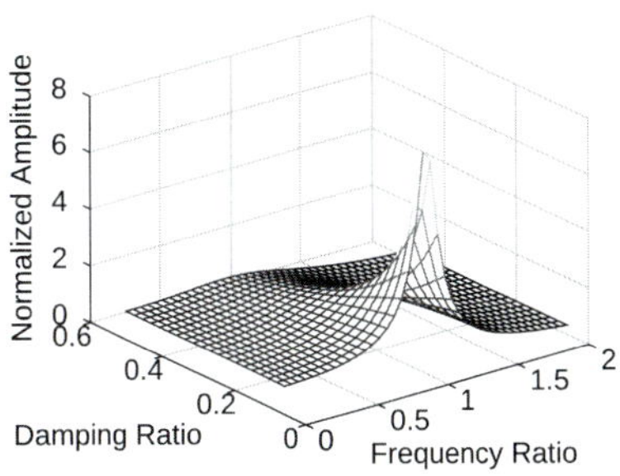

여기서 $r = \omega/\omega_n$은 주파수 비율이고, ζ는 감쇠 비율이다. $0 \le r \le 2$에 대한 주파수 비율 함수와 $0.05 \le \zeta \le 0.5$에 대한 감쇠 비율 함수로 정규화된 진폭(z축)을 그림과 같이 3-D 그래프로 그려라.

14. 교류 전압원을 가진 RLC 회로는 다음 그림과 같다. 전압원 v_s는 $v_s = v_m \sin(\omega_d t)$으로 주어진다. 여기서 $\omega_d = 2\pi f_d$ 이고, f_d는 구동 주파수이다. 이 회로에서 전류 I의 진폭은 다음 식으로 주어진다.

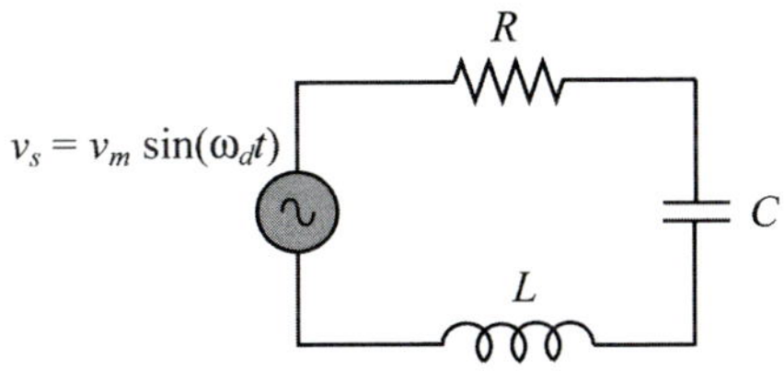

$$I = \frac{v_m}{\sqrt{(1-r^2)^2 + (2\zeta r)^2}}$$

여기서 R과 C는 각각 저항기의 저항과 커패시터의 커패시턴스이다. 그림에 있는 회로에서 $C = 15 \times 10^{-6}$ F, $L = 240 \times 10^{-3}$ H, $v_m = 24$ V이다.

(*a*) $60 \le f \le 110$ Hz에 대한 ω_d (x축)의 함수와 $10 \le R \le 40\ \Omega$에 대한 R (y축) 함수로 I (z축)의 3-D 그래프를 그려라.

(*b*) x-z 평면에 투영된 그래프를 그려라. 이 그래프로부터 회로의 고유 주파수(전류 I가 최대가 되는 주파수)를 추정하라. 또한 이 추정값을 계산 값 $1/2\sqrt{LC}$와 비교하라.

15. 1878년에 Boussinesq에 의해서 해결된 반평면의 표면에 작용하는 법선 점하중의 탄성 문제에서, σ_r과 σ_z는 다음과 같다.

$$\sigma_z = -\frac{3Pz^3}{2\pi R^5} \text{와 } \sigma_r = \frac{P}{2\pi}\left[\frac{1-2\nu}{R(R+z)} - \frac{3r^2 z}{R^5}\right]$$

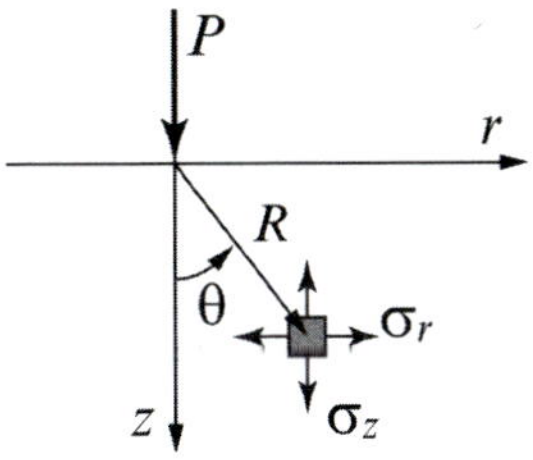

여기서 ν는 푸아송비이다. $P = 2{,}000$ lb와 $\nu = 0.3$에 대해서 정의역 $0 \le \theta \le 90°$와 $0.02 \le R \le 0.1$ in에서 r과 z의 함수로 응력성분 그래프(별도의 그림으로)를 그려라. 수평면에는 r과 z 좌표이고 수직 방향으로 응력을 나타내는 그래프를 그려라.

16. 고역 통과 필터는 특정 차단 주파수보다 높은 주파수의 신호를 통과시킨다. 이 필터에서 입력 전압 대 출력 전압 크기의 비율은 다음과 같이 주어진다.

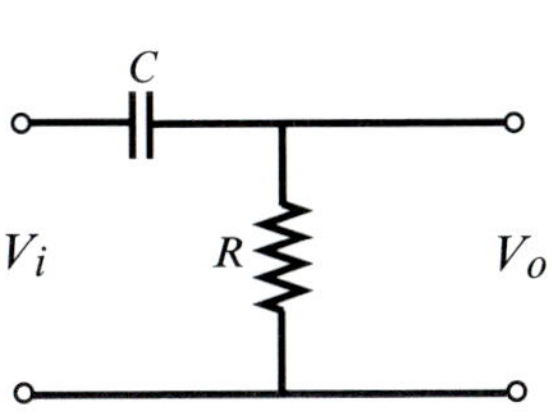

$$\left|\frac{V_o}{V_i}\right| = \frac{\omega RC}{\sqrt{1 + \omega^2 R^2 C^2}}$$

여기서 $\omega = 2\pi f$는 입력 신호의 주파수이다.

(*a*) $1 \le f \le 10^6$ Hz 에 대한 f(x축)의 함수와 $0.4 \times 10^{-4} \le RC \le 6 \times 10^{-3}$ s에 대한 RC (y축)의 함수로 $\left|\frac{V_o}{V_i}\right|$ (z축)의 그래프를 그려라. x축에 로그 눈금을 사용하라. 이는 `mesh` 명령어 다음에 MATLAB 명령어 `set(gca,'Xscale','log')`를 입력함으로써 구현될 수 있다. 로그 눈금 상의 등 간격을 갖는 벡터는 명령어 `logspace(a,b,n)`으로 생성될 수 있다.

(*b*) x z 평면에 투영된 그래프를 그려라.

17. 실린더 주위의 균일유동에 대한 유선(streamline) 방정식은 다음 식이다.

$$\psi(x, y) = y - \frac{y}{x^2 + y^2}$$

여기서 ψ는 유선함수(steam function)이다. 예를 들어 $\psi = 0$이면 $y = 0$이다. 방정식이 모든 x에 대해 만족하므로 x축은 0($\psi = 0$)의 유선이다. 또한 $x^2 + y^2 = 1$인 점들의 집합이 또한 유선인 것을 관찰하라. 따라서, 위의 유선함수는 반지름이 1인 실린더에 대한 것이다. 반지름이 1인치인 실린더 주위의 유선에 대한 2-D 등고선 그래프를 그려라. x와 y의 정의역을 −3에서 3까지의 범위로 설정하라. 등고선 레벨 수는 100으로 한다. 반지름이 1인 원의 그래프를 그림에 추가하라. MATLAB은 실린더 내에도 유선들을 그린다는 점에 유의하라. 이것은 수학적 유물이다.

18. 압력 P를 받은 반경 r_d의 고정된 원형 멤브레인의 편향 w는 다음과 같이 주어진다. (소변형 이론)

$$w(r) = \frac{Pr_d^4}{64K}\left[1 - \left(\frac{r}{r_d}\right)^2\right]^2$$

여기서 r은 반경 방향 좌표이고, $K = \frac{Et^3}{12(1 - \nu^2)}$. E, t, 및 ν는 각각 멤브레인의 탄성계수, 두께, 포아송비이다. $P = 15$ psi, $r_d = 15$ in, $E = 18 \times 10^6$ psi, $t = 0.08$ in, $\nu = 0.3$을 갖는 멤브레인을 고려하라. 멤브레인의 표면 그래프를 그려라.

19. 다음 식으로 주어진 페어훌스트(Verhulst) 모델은 과밀, 자원의 부족과 같은 다양한 인자들에 의해 제한을 받는 개체군의 성장을 기술한다.

$$N(t) = \frac{N_\infty}{1 + \left(\frac{N_\infty}{N_0} - 1\right)e^{-rt}}$$

여기서, $N(t)$는 개체군의 개체 수이며, N_0는 초기 개체군의 크기이고, N_∞는 다양한 제한요소들에 의해 가능한 최대 개체군의 크기이며, r은 비율 상수이다. $r = 0.1$ s^{-1}과 $N_0 = 10$을 가정하여, t와 N_∞에 대한 $N(t)$의 표면 그래프를 그려라. t는 0과 100 사이에서, N_∞는 100과

1,000 사이에서 변하도록 하자.

20. 선박 선체(Wigley 선체)의 형상은 다음 방정식으로 모델링할 수 있다.

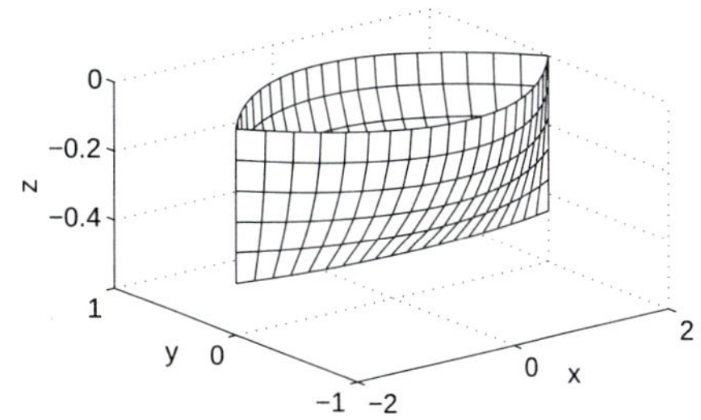

$$y = \pm\frac{B}{2}\left[1 - \left(\frac{2x}{L}\right)^2\right]\left[1 - \left(\frac{2z}{T}\right)^2\right]$$

여기서 x, y, z는 각각 길이, 폭, 높이이다. MATLAB을 이용하여 그림에서 보여진 선체의 3-D 모양을 만들어라. $B = 1.2$, $L = 4$, $T = 0.5$, $-2 \le x \le 2$, $-0.5 \le z \le 0$을 이용하라.

21. 모드 II 하중에 대한 선형 탄성 등방성 재료의 균열 끝 근처 응력장은 다음과 같이 지정된다.

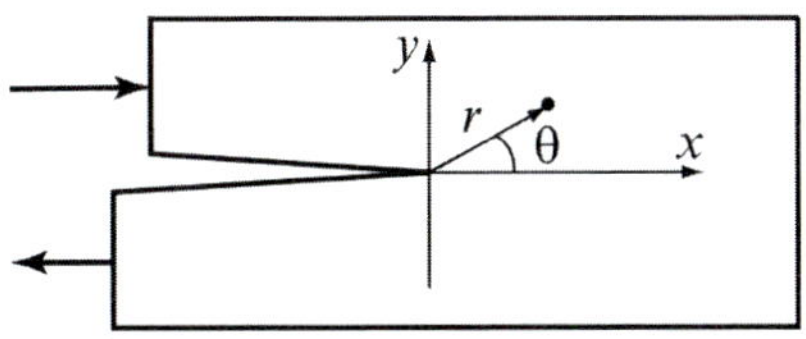

$$\sigma_{xx} = -\frac{K_{II}}{\sqrt{2\pi r}}\sin\frac{\theta}{2}\left(2 + \cos\frac{\theta}{2}\cos\frac{3\theta}{2}\right)$$

$$\sigma_{yy} = -\frac{K_{II}}{\sqrt{2\pi r}}\sin\frac{\theta}{2}\cos\frac{\theta}{2}\cos\frac{3\theta}{2}$$

$$\sigma_{xy} = -\frac{K_{II}}{\sqrt{2\pi r}}\cos\frac{\theta}{2}\left(1 - \sin\frac{\theta}{2}\sin\frac{3\theta}{2}\right)$$

$K_{II} = 300$ ksi$\sqrt{\text{in}}$에 대해, 정의역 $0 \le \theta \le 90°$, $0.02 \le r \le 0.2$인치에서 응력의 그래프(각각 분리된 그림으로)를 그려라. 수평면에서 좌표 x와 y를, 수직 방향에 응력의 그래프를 그려라.

22. 던진 공은 다시 바닥에 떨어져 여러 번 튕겨 나온다. 그림에서 보인 방향에서 던져진 공에 대해서, 시간 함수에 대한 공의 위치는 다음 식으로 주어진다.

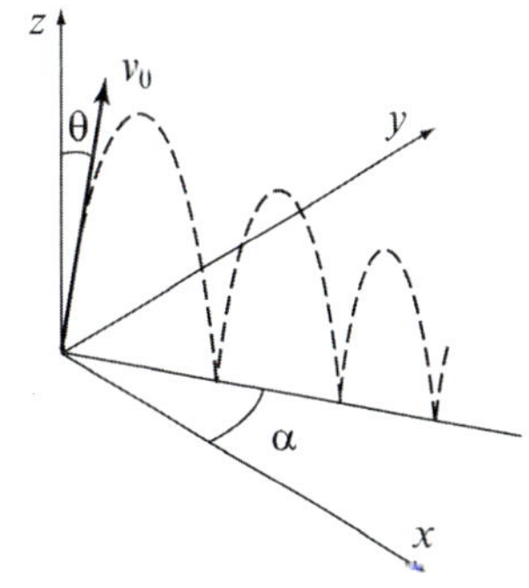

$$x = v_x t \qquad y = v_y t \qquad z = v_z t - \frac{1}{2}gt^2$$

x와 y 방향에서 속도는 움직임 내내 일정하고, $v_x = v_0\sin(\theta)\cos(\alpha)$와 $v_y = v_0\sin(\theta)\sin(\alpha)$에 의해 주어진다. 수직 z 방향에서 초기 속도는 $v_z = v_0\cos(\theta)$이고, 공이 바닥에 충돌할 때 공의 반발 속도는 이전 바운스가 시작될 때의 수직속도의 0.8이다. 바운스 사이의 시간은 $t_b = 2v_z/g$에 의해 주어지고, v_z는 바운스 시작점에서 속도의 수직 성분이다. 첫 다섯 번 바운스동안 볼의 궤도를 보이는 (그림과 같은) 3-D 그래프를 그려라. $v_0 = 20$ m/s, $\theta = 30°$, $\alpha = 25°$ 그리고 $g = 9.81$ m/s^{2}을 이용하라.

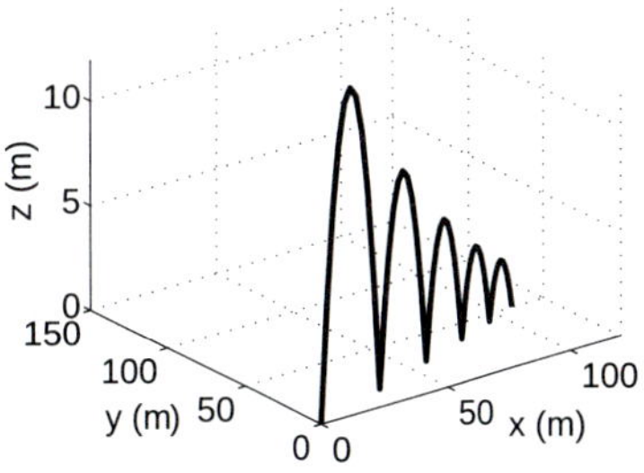

기호 수학

Symbolic Math

⊕ 차 례

처음 10개 장에서 MATLAB을 사용하여 수행된 모든 수학적 연산은 수치 연산이었다. 연산은 수와 미리 값으로 할당된 변수들이 포함된 수치 식을 작성함으로써 수행되었다. 수치 식이 MATLAB에 의해 실행될 때, 결과는 또한 수치(단일 수 혹은 수치 배열)이다. 수 혹은 수들은 정확한 수이거나 부동소수점의 근삿값이다. 예를 들면, 1/4을 입력하면 0.2500의 정확한 값을 주고, 1/3을 입력하면 0.3333으로 근삿값을 준다.

수학, 과학 및 공학에 많은 응용은 기호 연산(symbolic operation)을 요구하는데, 이는 기호 변수들(연산이 수행될 때 특정 값을 갖지 않은 변수들)을 포함하는 식으로 이루어진 수학적인 연산이다. 이러한 연산의 결과 또한 기호 변수에 의한 수학식이다. 한 가지 간단한 예로 여러 변수가 포함된 대수방정식을 풀고 나머지 변수들에 의해 한 변수를 푸는 것이다. a, b, x가 기호 변수이고 $ax - b = 0$이라면, x는 a와 b의 관점에서 풀려 $x = b/a$의 해를 준다. 기호 연산의 다른 예로는 수학식의 해석적 미분이나 적분이 있다. 예를 들면, t에 대한 $2t^3 + 5t - 8$의 미분은 $6t^2 + 5$이다.

MATLAB은 많은 종류의 기호 연산 수행 능력을 갖추고 있다. 기호 연산의 수치 부분은 수치의 근사치 없이 MATLAB에 의해 정확하게 수행된다. 예를 들면, $\frac{x}{4}$와 $\frac{x}{3}$을 더한 결과는 $0.5833x$가 아니라 $\frac{7}{12}x$이다.

일단 Symbolic Math Toolbox가 설치되어 있으면, 기호 연산은 MATLAB에 의해 수행될 수 있다. Symbolic Math Toolbox는 기호 연산의 수행에 사용되는 MATLAB 함수들의 집합체이다. 기호 연산을 위한 명령어들과 함수들은 수치 연산의 경우와 같은 형식과 문법을 갖는다. 기호 연산 자체는 이런 목적으로 설계된 수학 소프트웨어인 MuPad®에 의해 주로 실행된다. MuPad 소프트웨어는 MATLAB 속에 내장되어 있으며, MATLAB 기호 함수가 실행되면 자동으로 활성화된다. MuPad는 또한 별개의 독립 소프트웨어로 사용된다. 이 소프트웨어는 MuPad 언어를 사용하고, MATLAB과는 완전히 다른 구조와 명령어들을 갖고 있다. Symbolic Math Toolbox는 MATLAB의 학생용 버전에 포함되어 있다. 표준 버전에서는 툴박스를 별도로 구입해야 한다. 사용자는 Symbolic Math Toolbox가 컴퓨터에 설치되어 있는지 확인하기 위해서 명령어 창에서 `ver` 명령어를 입력할 수 있다. 이에 대한 응답으로 MATLAB은 사용되는 버전에 대한 정보와 설치된 툴박스 목록을 표시한다.

기호 연산을 위한 출발점은 기호 개체(symbolic object)이다. 기호 개체는 변수와 수로 만들어지며, 수학식에 사용되면 MATLAB이 그 수학식을 기호 연산으로 수행하도록 만든다. 일반적으로 필요한 기호 변수(기호 개체)들을 먼저 정의(생성)하고 나서 이 기호 변수들을 사용하여 기호 식을 생성하며, 이어서 기호 연산을 하게 된다. 필요한 경우, 기호 연산을 수치 연산에 사용할 수 있다.

이 장의 첫 번째 절에서는 기호 개체를 정의하는 방법과 기호 개체를 이용하여 기호 식을 생성하는 방법에 관해 기술한다. 두 번째 절은 이미 존재하는 식의 형식을 바꾸는 방법을 보여준다. 일단 기호 식이 생성되면 이 기호 식은 수학 연산에 사용될 수 있다. MATLAB은 이를 위한 다양한 종류의 함수들을 갖고 있다. 다음 네 절(11.3~11.6)은 MATLAB을 이용하여 대수방정식을 푸는 방법과 미적분을 수행하는 방법, 그리고 미분방정식을 푸는 방법에 관해 기술한다. 11.7절에서는 기호 식을 그리는 방법을 다룬다. 11.8절에서는 기호 식을 수치계산에 어떻게 이용하는지에 관해 설명한다.

11.1 기호 개체와 기호 식

기호 개체는 아직 할당되지 않은 변수, 수, 혹은 기호 변수와 수들로 만들어진 기호 식이 될 수 있다. 기호 식은 한 개 이상의 기호 개체를 포함한 수학식이다. 입력할 때 기호 식은 일반적인 수치적인 표현 식과 같이 보일 수 있다. 그러나 기호 식은 기호 개체들을 포함하고 있으므로, 기호 식은 MATLAB에 의해 기호 연산으로 수행된다.

11.1.1 기호 개체 생성

기호 개체는 변수 혹은 수일 수 있다. 기호 개체는 `sym`이나 `syms` 명령어를 이용하여 생성할 수 있다. 단일 기호 개체는 다음과 같이 `sym` 명령어로 생성된다.

```
object_name = sym('string')
```

여기서 기호 개체인 문자열(string)이 개체 명 object_name에 할당된다. 문자열이 될 수 있는 것은 다음과 같다.

- 단일 글자 또는 공백 없는 여러 글자의 조합. 예: `'a'`, `'x'`, `'yad'`
- 글자로 시작하는 공백 없는 글자들과 숫자들의 조합. 예: `'xh12'`, `'r2d2'`
- 단일 수. 예: `'15'`, `'4'`

위의 첫 두 경우(문자열이 한 개의 글자, 여러 글자의 조합, 또는 글자들과 숫자들의 조합)에서 기호 개체는 기호 변수이다. 이 경우 필수적인 것은 아니지만 개체 이름은 문자열과 같게 하는 것이 편리하다. 예를 들어, *a*, *bb*, *x*는 다음에 의해 기호변수로 정의될 수 있다.

```
>> a=sym('a')          기호 개체 a를 생성하고, 이를 a에 할당
a =
a                      기호 개체의 표시는 들여쓰기 되지 않는다.
>> bb=sym('bb')
bb =
bb
>> x=sym('x');         기호 변수 x가 생성되지만, 명령 끝에 세미콜론이 입력되므로 표시되지 않는다.
>>
```

기호 개체의 이름을 변수 이름과 다르게 할 수도 있다. 예를 들면,

```
>> g=sym('gamma')      기호 개체는 gamma이고, 개체 이름은 g이다.
g =
gamma
```

언급한 것처럼 기호 개체는 수일 수도 있다. 수는 문자열로 입력할 필요가 없다. 예를 들면, sym 명령어를 이용하여 수 5와 7로 기호 개체를 생성하고 기호개체들을 변수 *c*와 *d*에 할당한다.

```
>> c=sym(5)            수 5로 기호 개체를 생성하고, 이를 c에 할당
c =
5                      기호 개체의 표시는 들여쓰기 되지 않는다.
>> d=sym(7)
d =
7
```

위와 같이 기호 개체를 생성하고 세미콜론을 명령어 끝에 붙이지 않으면, MATLAB은 다음 두 줄에 걸쳐 개체의 이름과 개체 자체를 출력한다. 기호 개체의 출력은 해당하는 줄의 첫째 칸부터

시작되며 수치 변수의 출력과는 달리 들여쓰기가 되지 않는다. 수치 변수를 생성하는 아래의 예로부터 차이점을 알 수 있다.

```
>> e=13            수 13이 수치 변수 e에 할당된다.
e =
    13             수치 변숫값의 표시는 들여쓰기 된다.
```

여러 개의 기호 변수들은 다음 형식의 syms 명령어를 사용하여 한 개의 명령어로 생성될 수 있다.

```
syms variable_name variable_name variable_name
```

명령어는 기호 변수와 동일한 이름을 가지는 기호 개체를 생성한다. 예를 들면, 세 변수 y, z, d는 다음과 같이 입력함으로써 하나의 명령어에서 모두 기호 변수로 생성될 수 있다.

```
>> syms y z d
>> y
y =
y
```

syms 명령어로 생성된 변수들은 자동으로 표시되지 않는다. 변수 이름을 입력하면 해당 변수가 생성되었음을 나타낸다.

syms 명령어가 실행되면, 생성된 변수들은 명령어 끝에 세미콜론이 추가되지 않을지라도 자동으로 표시되지 않는다.

11.1.2 기호 식 생성

기호 식은 기호 변수들에 의해 작성된 수학식이다. 일단 기호 변수들이 생성되면 이 변수들을 이용하여 기호 식을 생성할 수 있다. 기호 식은 기호 개체이다(표시는 들여쓰기 되지 않는다). 기호 식을 생성하기 위한 형식은 다음과 같다.

```
Expression_name = Mathematical expression
```

몇 가지 예를 들면 다음과 같다.

```
>> syms a b c x y        기호 변수로 a, b, c, x 및 y를 정의하기
>> f=a*x^2+b*x + c       기호 식 ax^2 + bx + c를 생성하고, 이를 f에 할당
f =
a*x^2 + b*x + c          기호 식의 표시는 들여쓰기 되지 않는다.
```

실행 가능한 수학 연산(덧셈, 뺄셈, 곱셈, 나눗셈)이 포함된 기호 식이 입력되면, MATLAB은 식의 생성과 함께 연산을 수행한다. 예를 들면:

```
>> g=2*a/3+4*a/7-6.5*x+x/3+4*5/3-1.5

g =
(26*a)/21 - (37*x)/6 + 31/6
```

$\frac{2a}{3}+\frac{4a}{7}-6.5x+\frac{x}{3}+4\cdot\frac{5}{3}-1.5$가 입력된다.

$\frac{26a}{21}+\frac{37x}{6}+\frac{31}{6}$이 표시된다.

모든 계산이 수치적인 근사치 없이 정확하게 수행된 점에 유의하라. 마지막 예에서 $\frac{2a}{3}$와 $\frac{4a}{7}$가 MATLAB에 의해 더해져 $\frac{26a}{21}$가 되었으며, $-6.5x+\frac{x}{3}$가 더해져 $\frac{37x}{6}$가 되었다. 기호 식에서 수만 포함된 항들의 연산도 정확히 수행된다. 마지막 예에서 $4\cdot\frac{5}{3}+1.5$는 $\frac{31}{6}$로 대체된다.

다음 예에서 정확한 계산과 근사적인 계산 사이의 차이를 보여준다. 같은 수학 연산을 한 번은 기호 변수로 하고 한 번은 수치 변수로 수행한다.

```
>> a=sym(3); b=sym(5);        기호 3과 5로 a와 b를 정의하기
>> e=b/a+sqrt(2)              a와 b를 포함하는 식 생성하기
e =                           e의 정확한 값이 기호 개체로 표시된다.
2^(1/2) + 5/3                 (표시는 들여쓰기 되지 않는다.)
>> c=3; d=5;                  c와 d를 수 3과 5로 각각 정의하기
>> f=d/c+sqrt(2)              c와 d가 포함된 식 생성하기
f =                           f의 근사화된 값이 수로 표시된다.
    3.0809                    (표시는 들여쓰기로 된다.)
```

생성되는 식은 기호 개체와 수치 변수 모두를 포함할 수 있다. 그러나 식이 하나의 기호 개체(혹은 여러 개)를 포함하게 되면, 모든 수학 연산은 정확하게 수행될 것이다. 예를 들면, 위의 마지막 식에서 c가 a로 바뀌면, 처음 예와 같이 결과는 정확하다.

```
>> g=d/a+sqrt(2)
g=
2^(1/2) + 5/3
```

▸ 기호 식과 기호 개체에 대한 추가 설명

- 기호 식은 수치 식을 실행하여 얻은 수치 변수들을 포함할 수 있다. 이 변수들이 기호 식에 삽입되면 이들 변수가 이전에 근사화된 값으로 출력이 되었을지라도 기호 식에서는 변수들의 정확한 값이 사용된다. 예를 들면,

```
>> h=10/3                                h는 10/3으로 정의된다. (수치 변수)
h =
                                         h(수치 변수)의 근사화된 값으로 표시된다.
    3.3333
>> k=sym(5); m=sym(7);                   k와 m을 기호 5와 7로 각각 정의하기
>> p=k/m+h                               h, k와 m이 식에서 사용된다.
p =                                      h의 정확한 값이 p를 구하는 데 사용된다.
85/21                                    p(기호 개체)의 정확한 값이 표시된다.
```

• double(S) 명령어를 이용하여 정확한 형태로 쓰인 기호 식(개체) S를 수치 형태로 변환할 수 있다. ("double"이란 이름은 명령어가 S의 값을 표현하는 배정밀도 부동소수점으로 돌려준다는 사실에서 나온 것이다.) 다음에서 두 가지 예를 보인다. 첫 번째에서는 위의 예에서의 p를 수치 형태로 변환한다. 두 번째에서는 기호 개체를 생성하고 그러고 나서 수치 형태로 변환한다.

```
>> pN=double(p)                          p는 수치 형태(pN으로 할당된)로 변환된다.
pN =
     4.0476
>> y=sym(10)*cos(5*pi/6)                 기호 식 y 생성하기
y =
-5*3^(1/2)                               y의 정확한 값이 표시된다.
>> yN=double(y)
yN =                                     y는 수치 형태(yN으로 할당된)로 변환된다.
    -8.6603
```

• 변수들을 기호 개체로 먼저 생성하지 않고 이 변수들에 의해 작성한 기호 식을 기호 개체로 생성할 수도 있다. 예를 들어, sym 명령어를 이용하여 다음과 같이 2차식 $ax^2 + bx + c$를 f라는 기호 개체로 생성할 수 있다.

```
>> f=sym('a*x^2+b*x+c')
f =
a*x^2 + b*x +c
```

이 경우, 개체에 포함된 변수 a, b, c, x는 각각 독립적인 기호 개체(전체식이 한 개의 개체)로 존재하지 않는다는 것을 이해하는 것이 중요하다. 이것은 개체의 각 변수와 관련된 기호 수학 연산을 하는 것은 불가능하다는 것을 의미한다. 예를 들면, f를 x에 대해 미분하는 것은 가능하지 않을 것이다. 이것은 이전 절의 첫 번째 예에서 2차식을 생성한 방법과는 다르다. 개별 변수들을 먼저 기호 개체로 생성한 다음, 2차식에 사용된다.

- 기존 기호 식을 이용하여 새로운 기호 식을 생성할 수 있다. 이것은 새로운 식에서 기존 기호 식의 이름을 간단히 이용하여 이루어진다. 예를 들면,

```
>> syms x y                          기호 변수 x와 y 정의 하기
>> SA=x+y, SB=x-y                    기호 식 SA와 SB 생성 하기
SA =
x+y
SB =
x-y
>> F=SA^2/SB^3+x^2                   SA와 SB 사용하여 새 기호 식 F 생성하기
F =
(x+y)^2/(x-y)^3+x^2
```

$SA = x + y$, $SB = x - y$

$F = SA^2/SB^2 + x^2 = \frac{(x+y)^2}{(x-y)^2} + x^2$

11.1.3 findsym 명령어와 기본 기호 변수

findsym 명령어는 현재 기호 식에서 어떤 기호 변수들이 존재하는지를 알아내는 데 사용될 수 있다. 명령어의 형식은 다음과 같다.

`findsym(S)` 혹은 `findsym(S,n)`

findsym(S) 명령어는 알파벳 순서대로 기호 식 S에 있는 모든 기호 변수들 (콤마에 의해 분리된)의 이름을 출력한다. findsym(S,n) 명령어는 기본 설정된 순서에 따라 기호 식 S에 있는 n개의 기호 변수를 출력한다. 한 글자로 이루어진 기호 변수의 경우, 기본 설정 순서는 x에서 시작하여 x에 가까운 글자 순을 따른다. x로부터 똑같이 떨어져 있는 두 글자의 경우, 알파벳 순서에 따라 x 뒤에 오는 글자가 우선이다(w보다 y가, v보다 z가 우선임). 기호 식에서 기본 기호 변수는 기본 순서의 첫 번째 변수이다. 식 S에서 기본 기호 변수는 명령어 findsym(S, 1)의 실행으로 확인할 수 있다. 예를 들면,

```
>> syms x h w y d t                  x, h, w, y, d, t를 기호변수로 정의하기
>> S=h*x^2+d*y^2+t*w^2               기호식 S를 생성하기
S =
t*w^2 + h*x^2 + d*y^2
>> findsym(S)                        findsym(S) 명령어를 이용하기
ans =                                기호 변수들이 알파벳 순서대로 표시된다.
d, h, t, w, x, y
>> findsym(S,5)                      findsysm(S, n) 명령어 이용(n = 5)하기
```

```
ans =
x,y,w,t,h
>> findsym(S,1)
ans =
x
```

5개의 기호 변수들이 기본 순서대로 표시된다.

findsym(S, n) 명령어 이용(n = 1)하기

기본 기호 변수가 표시된다.

11.2 기존 기호 식의 형태 변경

기호 식은 사용자에 의해 생성되거나 기호연산의 결과로 MATLAB에 의해 생성된다. MATLAB에 의해 생성된 식은 가장 간단한 형태나 사용자가 선호하는 형태가 아닐 수도 있다. 기존 기호 식의 형태는 같은 지수(power)의 항끼리 모으고, 곱을 전개하고 인수분해하며, 수학 및 삼각함수 항등식과 다른 많은 연산을 이용함으로써 바꿀 수 있다. 다음의 하위 절들을 기존 기호 식의 형태를 바꾸는 데 사용할 수 있는 여러 명령어에 관해 기술한다.

11.2.1 collect, expand, factor 명령어

collect, expand, factor 명령어는 각각 자신의 이름이 암시하는 수학연산을 수행하는 데 사용될 수 있다.

▸ collect 명령어

collect 명령어는 같은 지수의 변수를 가지는 기호 식에서 항들을 모은다. 새 수식에서 항들은 지수의 내림차순으로 식을 돌려준다. 명령어의 형식은 다음과 같다.

```
collect(S)                    collect(S, variable_name)
```

여기서 S는 기호 식이다. collect(S) 형식은 기호 식에 오직 한 개의 기호 변수가 있을 때 가장 효과적이다. 식이 두 개 이상의 변수를 가지고 있으면, MATLAB은 먼저 한 변수의 항들을 모은 다음, 두 번째 변수의 항들을 모으고 계속해서 나머지 변수들에 대해 진행한다. 변수들의 순서는 MATLAB에 의해 결정된다. 사용자는 collect(S, variable_name) 형식의 명령어를 사용하여 첫 번째 변수를 지정할 수 있다. 예를 들면: $x^3 + 4x^2 + (3 - e^x)x - 3e^x$

```
>> syms x y
>> S=(x^2+x-exp(x))*(x+3)
S =
(x + 3)*(x - exp(x) + x^2)
>> F = collect(S)
F =
x^3+4*x^2+(3-exp(x))*x-3*exp(x)
```

기호 변수로 x와 y 정의하기

기호 식 $(x + 3)(x - e^x + x^2)$을 생성하고, 이를 S에 할당하기

collect 명령어 사용하기

MATLAB은 다음 식을 반환한다. $x^3 + 4x^2 + (3 - e^x)x - 3e^x$

```
>> T=(2*x^2+y^2)*(x+y^2+3)
T =
(2*x^2+y^2)*(y^2+x+3)
>> G=collect(T)
G =
2*x^3+(2*y^2+6)*x^2+y^2*x+y^2*(y^2+3)
>> H=collect(T,y)
H =
y^4+(2*x^2+x+3)*y^2+2*x^2*(x+3)
```

기호 식 T 생성하기. $(2x^2 + y^2)(y^2 + x + 3)$

collect(T) 명령어 사용하기

MATLAB은 식 $x^3 + (2y^2 + 6)x^2 + y^2x + y^2(y^2 + 3)$을 반환한다.

collect(T,y) 명령어 사용하기

MATLAB은 다음식을 반환한다. $y^4 + (2x^2 + x + 3)y^2 + 2x^2(x + 3)$

collect(T)를 사용하면, 출력 식은 x의 내림차순에서 쓰였지만, collect(T,y)를 사용하면, 출력 식은 y의 내림차순에서 쓰였다는 점에 유의하라.

▸ expand 명령어

expand 명령어는 두 가지 방법으로 식을 전개한다. 이는 덧셈이 포함된 항(항 중 하나 이상과 함께 사용됨)의 곱을 수행하고, 삼각항등식과 지수 및 로그 법칙을 사용하여 합이 포함된 해당 항을 전개한다. 명령어의 형식은 다음과 같다.

```
expand(S)
```

여기서 S는 기호식이다. 다음은 두 개의 예이다.

```
>> syms a x y
>> S=(x+5)*(x-a)*(x+4)
S =
-(a-x)*(x+4)*(x+5)
>> T=expand(S)
T =
20*x-20*a-9*a*x-a*x^2+9*x^2+x^3
>> expand(sin(x-y))

ans =
cos(y)*sin(x)-cos(x)*sin(y)
```

기호 변수로 a, x와 y 정의하기

기호 식 $-(a - x)(x + 4)(x + 5)$을 생성하고, 이를 S에 할당하기

expand 명령어 사용하기

MATLAB은 다음식을 반환한다. $20x - 20a - 9ax - ax^2 + 9x^2 + x^3$

$\sin(x - y)$를 전개하기 위해 expand 명령어 사용하기

MATLAB은 전개를 위해 삼각 항등식을 사용한다.

▸ factor 명령어

factor 명령어는 더 낮은 차수의 다항식들의 곱으로 다항식을 변환한다. 명령어의 형식은 다음과 같다.

```
factor(S)
```

여기서 S는 기호 식이다. 예는 다음과 같다.

```
>> syms x                          기호 변수로 x 정의하기
>> S=x^3+4*x^2-11*x-30             기호 식 x^3 + 4x^2 - 11x - 30을
S =                                생성하고, 이를 S에 할당하기
x^3+4*x^2-11*x-30
>> factor(S)                       factor 명령어 사용하기
ans =                              MATLAB은 다음식을 반환한다.
(x+5)*(x-3)*(x+2)                  (x + 5)(x - 3)(x + 2)
```

11.2.2 simplify 명령어

simplify 명령어는 식의 형태를 간단하게 하기 위한 도구이다. simplify 명령어는 수학적 연산(덧셈, 곱셈, 분수의 법칙, 거듭제곱, 로그 등)과 함수 및 삼각법 항등식을 사용하여 더 간단한 형식의 식을 생성한다. simplify 명령어의 형식은 다음과 같다.

```
simplify(S)
```

여기서 S는 단순화할 기존 식의 이름이거나, S에는 단순화할 식을 입력할 수 있다.

두 개의 예는 다음과 같다.

```
>> syms x y                        기호 변수로 x와 y 정의하기
>> S=(x^2+5*x+6)/(x+2)             기호 식 (x^2 + 5x + 6)/(x + 2)을
S =                                생성하고, 이를 S에 할당하기
(x^2+5*x+6)/(x+2)
>> SA = simplify(S)                S를 단순화 하기 위해 simplify 명령어 사용하기
SA =                               MATLAB은 주어진 식을
x+3                                x + 3로 단순화시킨다.
>> simplify((x+y)/(1/x+1/y))       (x + y)/(1/x + 1/y)을 단순화하기
ans =
x*y                                MATLAB은 위 식을 xy로 단순화시킨다.
```

11.2.3 pretty 명령어

pretty 명령어는 일반적으로 수학식을 쓰는 형태와 닮은 형태로 기호 식을 표시한다. 명령어의 형식은 다음과 같다.

```
pretty(S)
```

예를 들면,

```
>> syms a b c x
>> S=sqrt(a*x^2 + b*x + c)
S =
(a*x^2+b*x+c)^(1/2)
>> pretty(S)
                    2           1/2
              (a x + b x + c)
```

기호 변수로 a, b, c와 x 정의하기

기호 식 $\sqrt{ax^2 + bx + c}$을 생성하고, 이를 S에 할당하기

pretty 명령어는 식을 수학 형식으로 표시한다.

11.3 대수방정식의 풀이

solve 함수를 사용하여 하나의 변수에 대한 단일 대수 방정식을 풀 수 있고, 여러 변수에 대한 연립방정식을 풀 수 있다.

▸ 단일 방정식의 풀이:

대수 방정식은 하나 또는 여러 개의 기호 변수를 가질 수 있다. 방정식에 변수가 하나 있으면 해는 수치적이다. 방정식에 여러 기호 변수가 있는 경우 다른 변수의 관점에서 임의의 변수에 대한 해를 얻을 수 있다. 해는 다음 형식을 갖는 solve 명령어를 이용하여 구한다.

`h = solve(eq)` 또는 `h = solve(eq,var)`

- 인자 eq는 이미 생성된 기호 식의 이름이거나 직접 입력할 식이다. 이전에 생성된 기호 식 S를 인자 eq 대신 입력하거나 = 부호가 포함되지 않은 식을 eq 대신 입력하면, MATLAB은 식 eq = 0을 푼다.
- $f(x) = g(x)$ 형태의 식은 eq에 대한 문자열로서 식(= 부호를 포함한)을 입력하여 풀 수 있다.
- 해를 구할 식이 둘 이상의 변수를 갖는다면, solve(eq) 명령어는 기본 기호 변수에 대해 해를 구한다(11.1.3절 참조). 임의의 변수에 대한 해는 solve(eq, var) 명령어에서 var에 해당 변수 이름을 입력하여 구할 수 있다.
- 사용자가 solve(eq)로 입력하면, 해는 변수 ans에 할당된다.
- 식이 한 개 이상의 해를 갖는 경우, 출력 h는 각 원소에 해를 갖는 기호 열벡터이다. 벡터의 원소는 기호 개체이다. 기호 개체 배열이 표시될 때, 각 행은 대괄호([ ])안에 표시된다(다음 예제 참조).

다음은 solve 명령어의 사용 예를 보여준다.

`>> syms a b x y z`	기호 변수로 a, b, x, y와 z 정의하기
`>> h=solve(exp(2*z)-5)`	$e^{2z}-5=0$을 풀기 위해 `solve` 명령어 사용하기
`h =` `log(5)/2`	해는 `h`에 할당된다.

`>> S=x^2-x-6`
`S =`
`x^2-x-6`
	기호 식 x^2-6-x을 생성하고, 이를 `S`에 할당하기

`>> k=solve(S)`	x^2-6-x을 풀기 위해 `solve` 명령어 사용하기

`k =`
`-2`
`3`
	방정식은 두 개의 해를 갖는다. 그 해는 기호를 갖는 열벡터인 `k`에 할당된다.

`>> solve('cos(2*y)+3*sin(y)=2')`	$\cos(2y)+3\sin(y)=2$를 풀기 위해 `solve` 명령어 사용하기. (방정식은 명령어에 문자열로 입력된다.)

`ans =`
`pi/2`
`pi/6`
`(5*pi)/6`
	해는 `ans`에 할당된다.

`>> T= a*x^2+5*b*x+20`
`T =`
`a*x^2+5*b*x+20`
	기호 식 $ax^2+5bx+20$을 생성하고, 이를 `T`에 할당하기

`>> solve(T)`	$T=0$을 풀기 위해 `solve(S)` 명령어 사용하기

`ans =`
`-(5*b+5^(1/2)*(5*b^2-16*a)^(1/2))/(2*a)`
`-(5*b-5^(1/2)*(5*b^2-16*a)^(1/2))/(2*a)`
	방정식 $T=0$은 기본 변수인 변수 x에 대해서 풀이된다.

`>> M = solve(T,a)`	$T=0$을 풀기 위해 `solve(eq,var)` 명령어 사용하기
`M =` `-(5*b*x+20)/x^2`	방정식 $T=0$은 변수 a에 대해서 풀이된다.

- 방정식의 변수를 먼저 기호 객체로 생성하지 않고도 풀고자 하는 방정식을 문자열로 입력하여 `solve` 명령어를 사용할 수도 있다. 그러나 해에 변수가 포함된 경우(방정식에 두 개 이상의 변수가 있는 경우) 변수는 독립적인 기호 개체로 존재하지 않는다. 예를 들면,

`>> ts=solve('4*t*h^2+20*t-5*g')`	식 $4th^2+20t-5g$가 `solve` 명령어에 입력된다. 식이 `solve` 명령어에 입력되기 전에, 변수 t, h, g가 기호 변수로 생성되지 않았다.
`ts =` `(5*g)/(4*h^2+20)`	MATLAB은 t에 대해서 식 $4th^2+20t-5g$를 푼다.

식은 다른 변수에 대해서도 풀 수 있다. 예를 들면, g에 대한 해는 다음에 의해 구한다.

```
>> gs=solve('4*t*h^2+20*t-5*g','g')
gs =
(4*t*h^2)/5 + 4*t
```

▸ **연립방정식 풀기**

solve 명령어는 연립방정식을 푸는 데에도 사용할 수 있다. 식과 변수의 개수가 같으면, 그 해는 수치적이다. 변수의 개수가 식의 개수보다 많으면, 원하는 변수에 대한 해는 나머지 변수들로 표현된 기호 해가 된다. 연립방정식(식의 종류에 따른)은 한 개 또는 여러 개의 해를 가질 수 있다. 만일 연립방정식이 한 개의 해를 가진다면, 연립방정식이 풀리게 하는 각 변수는 한 개의 수치값(혹은 식)을 갖는다. 만일 연립방정식이 둘 이상의 해를 갖는다면, 각 변수는 여러 개의 값을 가질 수 있다.

*n*개인 연립방정식을 풀기 위한 solve 명령어의 형식은 다음과 같다.

```
output = solve(eq1,eq2,....,eqn)
```

또는

```
output = solve(eq1,eq2,...,eqn,var1,var2,...,varn)
```

- 인자 eq1, eq2, ..., eqn은 해를 구할 식들이다. 각 인자는 이전에 생성된 기호 식의 이름이거나 문자열로 입력할 식이 될 수 있다. 이전에 생성된 기호 식 S가 입력될 때, 방정식은 S = 0이다. = 부호가 포함되지 않은 문자열이 입력될 때, 방정식은 expression = 0이다. = 부호가 포함된 식은 문자열로 입력되어야 한다.
- 첫 번째 형식에서, 방정식의 개수 *n*이 방정식에서 변수의 개수와 같으면, MATLAB은 모든 변수에 대해 수치해를 준다. 변수의 개수가 방정식의 개수 n보다 많으면, MATLAB은 *n*개의 변수의 해를 나머지 변수들에 의해 나타낸다. 해가 구해지는 변수들은 기본 설정된 순서에 따라 MATLAB에 의해 선택된다(11.1.3절 참조).
- 변수의 개수가 방정식의 개수 *n*보다 많으면, 사용자는 연립방정식을 어떤 변수들에 대해 풀 것인지를 선택할 수 있다. 이것은 solve 명령어의 두 번째 형식에 의해 이루어지고, 변수들의 이름 var1, var2, ..., varn을 입력하면 된다.

solve 명령어에서 연립방정식에 대한 해인 output은 두 개의 다른 형태를 가질 수 있다. 하나는 셀 배열이고 나머지 하나는 구조체이다. 셀 배열은 각 원소가 하나의 배열일 수 있는 형태의 배열이다. 구조체는 필드(field)라 불리는 원소들을 텍스트 필드 지정자로 주소 지정을 하는 배열이다. 구조체의 필드들은 서로 다른 크기와 종류의 배열들일 수 있다. 셀 배열과 구조체는 이 책에서 자세히 설명하지 않는다. 그러나 간단한 설명이 아래에 주어지므로, solve 명령어를 가지고 그것들을 이용하게 될 것이다.

셀 배열이 solve 명령어의 출력에 사용될 때, 명령어는 다음 형식을 갖는다(방정식이 세 개인 경우).

```
[varA, varB, varC] = solve(eq1, eq2, eq3)
```

- 명령어가 실행되면, 해가 변수 varA, varB, varC에 할당되고 변수들이 할당된 해와 함께 출력된다. 각 변수는 연립방정식이 한 개 혹은 여러 개의 해를 가지는지에 따라 한 개 또는 여러 개의 값을 열벡터로 갖는다.
- 사용자는 varA, varB, varC에 대해 임의의 이름을 선택할 수 있다. MATLAB은 방정식에서 변수들에 대한 해를 알파벳 순서대로 할당한다. 예를 들면, 풀려는 식의 변수가 x, u, t라면, t에 대한 해는 varA에, u에 대한 해는 varB에, x에 대한 해는 varC에 할당된다.

다음 예는 셀 배열이 출력에 사용되는 경우 solve 명령어를 어떻게 사용되는지를 보여준다.

```
>> syms x y t                          기호 변수로 x, y와 t 정의하기
>> S=10*x+12*y+16*t;                   S에 식 10x + 12y + 16t 할당하기
>> [xt yt]=solve(S, '5*x-y=13*t')
xt =                                   10x + 12y + 16t = 0 5x − y = 13t
2*t                                    를 풀기 위해 solve 명령어 사용하기
yt =                                   xt와 yt라는 두 개의 셀을 갖는 셀형 배열로 출력하기.
-3*t                                   x와 y에 대한 해들을 xt와 yt에 각각 할당된다.
```

위의 예에서, x, y가 기본 설정 순서의 첫 두 변수이므로 MATLAB은 연립방정식의 x, y에 대한 해를 t에 의해 풀었음을 유의하라. 그러나 다른 변수들에 대해 연립방정식을 풀 수도 있다. 다음 예에서는 solve 명령어의 두 번째 형식을 이용하여 연립방정식의 y와 t에 대한 해를 x에 의해 구한다.

```
>> [tx yx]=solve(S,'5*x-y=13*t',y,t)   ← 연립 방정식을 풀려고 하는 변수
                                         (y, t)가 입력된다.
tx =
x/2                                    연립 방정식이 해결되는 변수에 대한 해는 알파벳
yx =                                   순서로 지정된다. 첫 번째 셀에는 t에 대한 해가
-(3*x)/2                               있고 두 번째 셀에는 y에 대한 해가 있다.
```

구조체가 solve 명령어의 출력에 사용될 때, 명령어는 다음 형식을 갖는다(방정식이 세 개인 경우).

```
AN = solve(eq1, eq2, eq3)
```

- AN은 구조체의 이름이다.

- 명령어가 실행되면 해는 AN에 할당된다. MATLAB은 구조체의 이름과 구조체의 필드의 이름을 출력하고, 이것들은 방정식의 해를 어떤 변수에 대해 구했는지를 나타내는 그 변수들의 이름이다. 각 필드의 크기와 종류는 필드 이름 옆에 출력된다. 변수에 대한 해인 각 필드의 내용은 출력되지 않는다.
- 필드의 내용 (변수에 대한 해)를 출력하기 위해서는 사용자는 필드 주소를 입력해야 한다. 필드 주소의 입력을 위한 형식은 다음과 같다: structure_name.field_name(아래의 예 참조).

다음 예에서는 이전 예에서 다룬 연립방정식을 구조체가 출력되도록 하여 푼다.

```
>> syms x y t
>> S=10*x+12*y+16*t;
>> AN=solve(S,'5*x-y=13*t')
AN =
x: [1x1 sym]
y: [1x1 sym]
>> AN.x
ans =
2*t
>> AN.y
ans =
-3*t
```

$10x + 12y + 16t = 0$, $5x - y = 13t$를 풀기 위해 solve 명령어 사용하기

MATLAB은 방정식이 풀릴 변수의 이름인 구조체 AN의 이름과 해당 필드 x 및 y(크기 및 유형)의 이름을 표시한다.

필드 주소 x 입력하기

필드의 내용 (x에 대한 해)가 표시된다.

필드 주소 y 입력하기

필드의 내용 (y에 대한 해)가 표시된다.

예시 문제 11.1은 두 개의 해를 갖는 연립방정식의 해를 보여준다.

예시 문제 11-1 원과 직선의 교차

반지름이 R이고 중심이 점 (2, 4)인 x y 평면상의 원의 방정식은 $(x-2)^2 + (y-4)^2 = R^2$이다. 평면상의 직선 식은 $y = \frac{x}{2} + 1$이다. 직선과 원이 교차하는 지점의 좌표를 (R의 함수로) 구하라.

풀이

이 해는 x와 y에 대한 두 연립방정식을 R로 풀어서 구한다. solve 명령어의 셀 배열과 구조체 출력 형태 사이에 차이점을 보여주기 위해 연립방정식을 두 번 푼다. 첫 번째 해는 셀 배열로 출력한다.

```
>> syms x y R
>> [xc,yc]=solve('(x-2)^2+(y-4)^2=R^2','y=x/2+1')
xc =
```

두 개의 방정식이 solve 명령어에 입력된다.

셀 배열로 출력

```
((4*R^2)/5 - 64/25)^(1/2) + 14/5
14/5 - ((4*R^2)/5 - 64/25)^(1/2)
yc =
((4*R^2)/5 - 64/25)^(1/2)/2 + 12/5
12/5 - ((4*R^2)/5 - 64/25)^(1/2)/2
```

xc와 yc라는 두 개의 셀이 포함된 셀형 배열로 출력된다. 각 셀에는 기호 열벡터에 두 개의 해가 포함되어 있다.

두 번째 해는 구조체로 출력한다.

```
>> COORD=solve('(x-2)^2+(y-4)^2=R^2','y = x/2+1')
COORD =
x: [2x1 sym]
y: [2x1 sym]
>> COORD.x
ans =
((4*R^2)/5 - 64/25)^(1/2) + 14/5
14/5 - ((4*R^2)/5 - 64/25)^(1/2)
>> COORD.y
ans =
((4*R^2)/5 - 64/25)^(1/2)/2 + 12/5
12/5 - ((4*R^2)/5 - 64/25)^(1/2)/2
```

구조체로 출력

두 개의 필드 x, y를 갖는 구조체 이름 COORD로 출력된다. 각 필드는 2×1 기호 벡터이다.

필드 주소 x 입력하기

필드의 내용 (x에 대한 해)가 표시된다.

필드 주소 y 입력하기

필드의 내용 (y에 대한 해)가 표시된다.

11.4 미분

기호 미분은 `diff` 명령어로 수행될 수 있다. 명령어의 형식은 다음과 같다.

`diff(S)` 또는 `diff(S,var)`

- `S`는 이전에 작성된 기호 식의 이름이거나 `S`에 식을 입력할 수 있다.
- `diff(S)` 명령어에서 식에 한 개의 기호 변수가 포함된다면, 미분은 그 변수에 대해 수행된다. 식에 둘 이상의 변수가 포함되어 있으면, 미분은 기본 기호 변수에 대해 수행된다(11.1.3.절 참조).
- `diff(S, var)` 명령어(여러 개의 기호 변수가 포함된 식의 미분에 사용)에서, 미분은 변수 `var`에 대해 수행된다.
- 2차 또는 고차(n차) 미분은 `diff(S, n)` 혹은 `diff(S, var, n)` 명령어로 구할 수 있다. 여기서 `n`은 양수이다. 2차 미분은 $n = 2$, 3차 미분은 $n = 3$ 등과 같다.

몇 가지 예는 다음과 같다.

```
>> syms x y t                          기호 변수로 x, y와 t 정의하기
>> S=exp(x^4);                         S에 식 e^(x^4)할당하기
>> diff(S)                             S를 미분하기 위해 diff(S) 명령어 사용하기
ans =
4*x^3*exp(x^4)                         답 4x^3e^(x^4)가 표시된다.
>> diff((1-4*x)^3)                     (1 − 4x)^3을 미분하기 위해 diff(S) 명령어 사용하기
ans =
-12*(1-4*x)^2                          답 −12(1 − 4x)^3이 표시된다.
>> R=5*y^2*cos(3*t);                   R에 식 5y^2cos(3t) 할당하기
>> diff(R)                             R을 미분하기 위해 diff(R) 명령어 사용하기
ans =                                  MATLAB은 y에 대해서 (기본 기호 변수) R을
10*y*cos(3*t)                          미분한다; 답 10ycos(3t)가 표시된다.
>> diff(R,t)                           t에 대해 R을 미분하기 위해 diff(R,t) 명령어 사용하기
ans =
-15*y^2*sin(3*t)                       답 −15y2sin(3t)가 표시된다.
>> diff(S,2)                           S의 2차 미분을 구하기 위해 diff(S,2) 명령어 사용하기
ans =
12*x^2*exp(x^4)+16*x^6*exp(x^4)        답 12x^2e^(x^4) + 16x^6e^(x^4)가 표시된다.
```

- 미분할 식에 포함된 변수들을 기호 개체로 먼저 생성하지 않고 식을 문자열로 직접 입력하여 diff 명령어를 사용할 수도 있다. 그러나 미분 된 식에 있는 변수들은 독립적인 기호 개체로 존제하지 않는다.

11.5 적분

int 명령을 사용하여 기호 적분을 수행할 수 있다. 이 명령은 부정 적분(역도함수) 및 정적분을 결정하는 데 사용할 수 있다. 부정 적분을 위한 명령어의 형식은 다음과 같다.

`int(S)` 또는 `int(S,var)`

- S는 이전에 작성된 기호 식의 이름이거나 S에 식을 입력할 수 있다.
- int(S) 명령어에서 식에 한 개의 기호 변수만 포함된다면, 적분은 그 변수에 대해 수행된다. 식에 둘 이상의 변수가 포함된다면, 적분은 기본 기호 변수에 대해 수행된다(11.1.3절 참조).
- int(S,var) 명령어는 여러 개의 기호 변수를 가진 식의 적분에 사용되며, 적분은 변수 var에 대해 수행된다.

몇 가지 예는 다음과 같다.

```
>> syms x y t                    기호 변수로 x, y와 t 정의하기
>> S=2*cos(x)-6*x;               S에 식 2cos x − 6x 할당하기
>> int(S)                        S를 적분하기 위해 int(S) 명령어 사용하기
ans =
2*sin(x)-3*x^2                   답 2sinx − 3x^2이 표시된다.
>> int(x*sin(x))                 xsin(x)을 미분하기 위해 int(S) 명령어 사용하기
ans =
sin(x)-x*cos(x)                  답 sinx − xcosx가 표시된다.
>>R=5*y^2*cos(4*t);              R에 식 5y^2cos(4t) 할당하기
>> int(R)                        R을 적분하기 위해 int(R) 명령어 사용하기
ans =                            MATLAB은 y에 대해서 (기본 기호 변수)
(5*y^3*cos(4*t))/3               R을 적분한다; 답 5y^3cos(4t)/3이 표시된다.
>> int(R,t)                      t에 대해 R을 적분하기 위해 int(R,t) 명령어 사용하기
ans =
(5*y^2*sin(4*t))/4               답 5y^2sin(4t)/4가 표시된다.
```

정적분을 위한 명령어의 형식은 다음과 같다.

`int(S,a,b)` 또는 `int(S,var,a,b)`

- a와 b는 적분의 구간이다. 이 구간은 수 또는 기호 변수일 수 있다.

예를 들면, 정적분 $\int_0^{\pi} (\sin y - 5y^2)dy$를 MATLAB으로 구하면 다음과 같다.

```
>> syms y
>> int(sin(y)-5*y^2,0,pi)
ans =
2 - (5*pi^3)/3
```

- 적분할 식에 포함된 변수들로 기호 개체로 먼저 생성하지 않고 직접 문자열에 식을 입력하여 int 명령어를 사용할 수도 있다. 그러나 적분 된 식에 포함된 변수들은 독립적인 기호 개체로 존재하지는 않는다.
- 적분은 가끔 어려운 작업이 될 수 있다. 닫힌 형태(closed form)의 해가 존재하지 않을 수도 있고, 존재하더라도 MATLAB이 답변을 찾지 못할 수도 있다. 이런 경우가 발생하면 MATLAB은 int(S)와 메시지 Explicit integral could not be found.를 돌려준다.

11.6 상미분방정식의 풀이

상미분방정식(ODE)은 dsolve 명령어를 이용하여 기호형태로 구할 수 있다. 이 명령어는 단일 방정식이나 연립방정식을 푸는 데 사용될 수 있다. 여기서는 오직 단일 방정식에 대해서만 다루기로 한다. 10장에서는 MATLAB을 사용하여 1차 ODE를 수치적으로 푸는 방법에 대해 설명한다. 이 절에서는 미분방정식에 대해서는 이미 익숙한 것으로 가정한다. 이 절의 목적은 미분방정식을 풀기 위해 MATLAB을 사용하는 방법을 보여주는 것이다.

1차 ODE는 종속변수의 미분을 포함하는 식이다. 시간 t가 독립변수이고 y가 종속변수라면, 방정식은 다음과 같은 형태로 식을 작성할 수 있다.

$$\frac{dy}{dt} = f(t, y)$$

2차 ODE는 종속변수(1차 미분도 포함할 수 있다)의 2차 미분을 포함한다. 2차 ODE의 일반적인 형태는 다음과 같다.

$$\frac{d^2y}{dt^2} = f\left(t, y, \frac{dy}{dt}\right)$$

해는 식을 만족하는 함수 $y = f(t)$이다. 해는 일반해이거나 특수해일 수 있다. 일반해는 상수를 포함한다. 특수해에서 상수는 해가 특정 초기조건이나 경계조건을 만족할 수 있도록 특정 수치를 구한다.

명령어 dsolve를 이용하여 일반해를 구할 수 있으며, 초기조건이나 경계조건이 주어지면 특수해를 구할 수 있다.

▸ **일반해:**

일반해를 얻기 위한 dsolve 명령어의 형식은 다음과 같다.

`dsolve('eq')` 또는 `dsolve('eq','var')`

- eq은 풀고자 하는 방정식이며, 문자열(변수들이 기호 개체일지라도)로 입력되어야 한다.
- 방정식의 변수들을 미리 기호 개체로 생성할 필요는 없다(기호 개체가 생성되지 않는다면, 해에 포함된 변수들은 기호 개체가 되지 않을 것이다).
- D를 제외한 어떤 글자(소문자 또는 대문자)도 종속변수로 사용될 수 있다.
- dsolve('eq') 명령에서 MATLAB은 독립변수를 t(기본값)로 가정한다.
- dsolve('eq', 'var') 명령어에서 var(문자열) 대신 독립변수로 입력하여 정의할 수 있다.
- 식을 입력할 때 글자 D는 미분을 나타낸다. y가 종속변수이고 t가 독립변수이면, Dy는 $\frac{dy}{dt}$를 나

타낸다. 예를 들면, 식 $\frac{dy}{dt} + 3y = 100$은 `'Dy + 3*y = 100'`으로 입력한다.

- 2차 미분은 `D2`, 3차 미분은 `D3` 등과 같이 입력한다. 예를 들어, 식 $\frac{d^2y}{dt^2} + 3\frac{dy}{dt} + 5y = \sin(t)$는 `'D2y + 3*Dy + 5*y = sin(t)'`로 입력한다.
- `dsolve` 명령어에 입력되는 ODE 방정식의 변수들은 미리 생성된 기호 변수일 필요는 없다.
- MATLAB은 해에서 적분상수로 `C1`, `C2`, `C3` 등을 사용한다.

예를 들면, 1차 ODE인 $\frac{dy}{dt} = 3t + 2y$의 일반해는 다음과 같이 얻어진다.

```
>> dsolve('Dy=4*t+2*y')
ans =
C1*exp(2*t) - 2*t - 1
```

답 $y = C_1e^{2t} - 2t - 1$이 표시된다.

2차 ODE인 $\frac{d^2y}{dt^2} + 2\frac{dy}{dt} + x = 0$의 일반해는 다음과 같이 얻어진다.

```
>> dsolve('D2x+2*Dx+x=0')
ans =
C1/exp(t)+(C2*t)/exp(t)
```

답 $x = C_1e^{-t} + C_2te^{-t}$이 표시된다.

다음 예는 종속변수와 독립변수뿐만 아니라 기호 변수를 포함되는 미분 방정식들의 해를 설명한다.

```
>> dsolve('Ds=a*x^2')
```

독립변수는 t(기본 변수)이다. MATLAB은 식 $\frac{ds}{dt} = ax^2$을 푼다.

```
ans =
a*t*x^2 + C1
```

답 $s = ax^2t + C_1$이 표시된다.

```
>> dsolve('Ds=a*x^2','x')
```

독립변수는 x로 정의된다. MATLAB은 식 $\frac{ds}{dt} = ax^2$을 푼다.

```
ans =
(a*x^3)/3 + C1
```

답 $s = \frac{1}{3}ax^3 + C_1$이 표시된다.

```
>> dsolve('Ds=a*x^2','a')
```

독립변수는 a로 정의된다. MATLAB은 식 $\frac{ds}{dt} = ax^2$을 푼다.

```
ans =
(a^2*x^2)/2 + C2
```

답 $s = \frac{1}{2}a^2x^2 + C_1$이 표시된다.

▸ **특수해:**

ODE의 특수해는 경계조건(혹은 초기조건)이 주어지면 구할 수 있다. 1차 방정식은 한 개의 조건이 필요하고, 2차 방정식은 두 개의 조건이 필요하다. 특수해를 구하기 위한 dsolve 명령어의 형식은 다음과 같다.

1차 ODE: `dsolve('eq','cond1','var')`

고차 ODE: `dsolve('eq', 'cond1', 'cond2', .... ,'var')`

- 고차 미분방정식을 풀기 위해, 부가적인 경계 조건들은 명령어에 입력되어야 한다. 조건의 개수가 방정식의 차수의 수보다 작으면, MATLAB은 적분상수(`C1`, `C2`, `C3` 등)를 포함한 해를 돌려준다.
- 경계조건은 다음과 같이 문자열로 입력된다.

수학 형식	**MATLAB 형식**
$y(a) = A$	`'y(a)=A'`
$y'(a) = A$	`'Dy(a)=A'`
$y''(a) = A$	`'D2y(a)=A'`

- 인자 `'var'`은 선택 사항이며, 식에서 독립변수를 정의하는 데 사용된다. 입력이 없다면, 기본값은 t이다.

예를 들면, 초기조건이 $y(0) = 5$인 1차 ODE $\frac{dy}{dt} + 4y = 60$은 MATLAB에 의해 다음과 같이 풀 수 있다.

```
>> dsolve('Dy+4*y=60','y(0)=5')
ans =
15 - 10/exp(4*t)
```

답 $y = 15 - 10/e^{4t}$이 표시된다.

초기조건이 $y(0) = 1$과 $\left.\frac{dy}{dt}\right|_{t=0} = 0$인 2차 ODE $\frac{d^2y}{dt^2} - 2\frac{dy}{dt} + 2y = 0$의 해를 MATLAB에 의해 구하면 다음과 같다.

```
>> dsolve('D2y-2*Dy+2*y=0','y(0)=1','Dy(0)=0')
ans =
exp(t)*cos(t)-exp(t)*sin(t)
>> factor(ans)
ans =
exp(t)*(cos(t)-sin(t))
```

답 $y = e^t \cos t - e^t \sin t$이 표시된다.

답은 factor 명령어로 단순화될 수 있다.

답 $y = e^t (\cos t - \sin t)$이 표시된다.

미분방정식의 풀이에 대한 부가적인 예는 예시 문제 11-5에서 보여준다.

MATLAB이 해를 찾지 못하면, 빈 기호 개체와 메시지 `Warning: explicit solution could not be found.`를 돌려준다.

11.7 기호 식의 그래프 그리기

많은 경우 기호 식을 그래프로 그릴 필요가 있다. 이것은 `ezplot` 명령어로 쉽게 할 수 있다. 한 개의 변수 `var`이 포함된 기호 식 `S`에 대해, MATLAB은 이 기호 식을 함수 $S(var)$로 고려하며, 이 명령어는 *var*에 대한 $S(var)$의 그래프를 생성한다. 두 개의 기호 변수 `var1`과 `var2`가 포함된 기호 식의 경우 MATLAB은 식을 $S(var1,var2) = 0$ 형식의 함수로 간주하고 명령은 한 변수와 다른 변수의 플롯을 생성한다.

한 개 또는 두 개의 변수가 포함된 기호 식 `S`를 그리기 위해서, `ezplot` 명령어의 형식은 다음과 같다.

```
     ezplot(S)
또는  ezplot(S,[min,max])
또는  ezplot(S,[xmin,xmax,ymin,ymax])
```

독립변수의 정의역 (`min,max` / `xmin,xmax`)

종속변수의 정의역 (`ymin,ymax`)

- `S`는 그래프로 나타낼 기호 식이다. 이전에 생성된 기호 식의 이름이거나 `S`에 입력될 수 있는 식이다.
- 그래프로 그리는 식에 포함된 변수들을 기호 개체로 먼저 생성하지 않고 문자열로 식을 직접 입력하는 것도 가능하다.
- `S`가 한 개의 기호 변수를 가지면, 가로좌표(수평축)에 *var*(독립변수)의 값과 세로 좌표(수직축)에 $S(var)$의 값을 이용하는 *var*에 대한 $S(var)$의 그래프가 생성된다.
- 기호 식 `S`가 두 개의 기호 변수 `var1`, `var2`를 가지면, 식은 $S(var1,\ var2) = 0$ 형태의 함수로 가정한다. MATLAB은 나머지 변수에 대한 하나의 변수의 그래프를 생성한다. 알파벳 순서로 먼저인 변수가 독립변수로 취급된다. 예를 들면, *S*의 변수가 *x*와 *y*라면, *x*는 독립변수이고 가로좌표에 그려지고, y는 세로 좌표에 그려진 종속변수이다. *S*의 변수가 *u*와 *v*라면, *u*는 독립변수이고 *v*는 종속변수이다.
- `ezplot(S)` 명령어에서 `S`가 하나의 변수($S(var)$)를 가진다면, 그래프는 정의역 $-2\pi < var < 2\pi$ (기본 정의역)에 대해 그려지며 범위는 MATLAB에 의해 정해진다. `S`가 두 개의 변수 ($S(var1,\ var2)$)를 가진다면, 그래프는 $-2\pi < var1 < 2\pi$과 $-2\pi < var2 < 2\pi$에 대해 그려진다.

- `ezplot(S, [min,max])` 명령어에서, 독립변수에 대한 정의역은 `min`과 `max`에 의해 $min < var < max$로 정의되며 범위는 MATLAB에 의해 정해진다.
- `ezplot(S, [xmin, xmax, ymin, ymax])` 명령어에서, 독립변수에 대한 정의역은 `xmin`과 `xmax`에 의해 정의되며 종속변수의 정의역은 `ymin`과 `ymax`에 의해 정의된다.

`ezplot` 명령어는 매개변수 형태로 주어지는 함수의 그래프 출력에도 사용될 수 있다. 이 경우 두 기호 식 `S1`과 `S2`가 명령어에 포함되며, 각 기호 식은 같은 기호 변수 (독립 매개변수)에 의해 표현된다. 예를 들면, $x = x(t)$와 $y = y(t)$가 주어질 때 x에 대한 y의 그래프를 그리는 경우, `ezplot` 명령어의 형식은 다음과 같다.

```
ezplot(S1,S2)
```

또는

```
ezplot(S1,S2,[min,max])
```

(독립 매개변수의 정의역: `[min,max]`)

- `S1`과 `S2`는 독립변수인 하나의 동일 기호 변수를 포함하는 기호 식이다. `S1`과 `S2`는 이전에 생성된 기호 식의 이름일 수도 있고, 입력된 식일 수도 있다.
- 명령어는 $S1(var)$에 대한 $S2(var)$의 그래프를 생성한다. 명령어에 먼저 입력되는 기호 식(위에 정의된 `S1`)은 수평축에 사용되며, 두 번째로 입력되는 식(위된 정의된 `S2`)은 수직축에 사용된다.
- `ezplot(S1, S2)` 명령어에서 독립변수에 대한 정의역은 $0 < var < 2\pi$(기본 정의역)이다.
- `ezplot(S1, S2, [min, max])` 명령어에서 독립변수에 대한 정의역은 `min`과 `max`에 의해 $min < var < max$로 정의된다.

▸ 추가 설명

그래프가 일단 생성되면, `plot`이나 `fplot` 형식으로 생성된 그래프와 같은 방식으로 그래프 형식을 지정할 수 있다. 이것은 두 가지 방법으로 이루어진다: 명령어를 이용하는 방법과 그래프 편집기(5.4절 참조) 이용하는 방법. 그래프가 생성될 때, 그래프에 사용된 식은 그래프 상단에 자동으로 표시된다. MATLAB은 2차원 극좌표 그래프와 3차원 그래프를 위한 부가적인 그래프 함수들을 가지고 있다. 좀 더 많은 정보를 위해서는 Symbolic Math Toolbox의 Help 메뉴를 참조하라.

`ezplot` 명령어의 사용에 대한 몇 가지 예는 표 11-1에 보여준다.

표 11-1 ezplot 명령어에 의한 그래프

<table>
<tr><th>명령어</th><th>그래프</th></tr>
<tr><td>>> syms x
>> S = (3*x+2)/(4*x-1)
S =
(3*x+2)/(4*x-1)
>> ezplot(S)</td><td>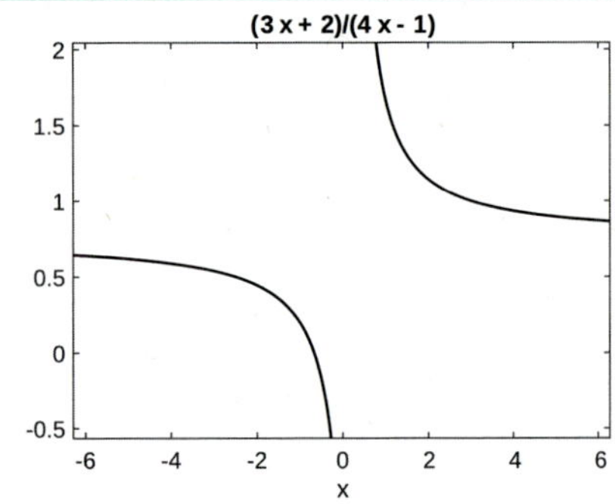
</td></tr>
<tr><td>>> syms x y
>> S=4*x^2-18*x+4*y^2+12*y-11
S =
4*x^2-18*x+4*y^2+12*y-11
>> ezplot(S)</td><td>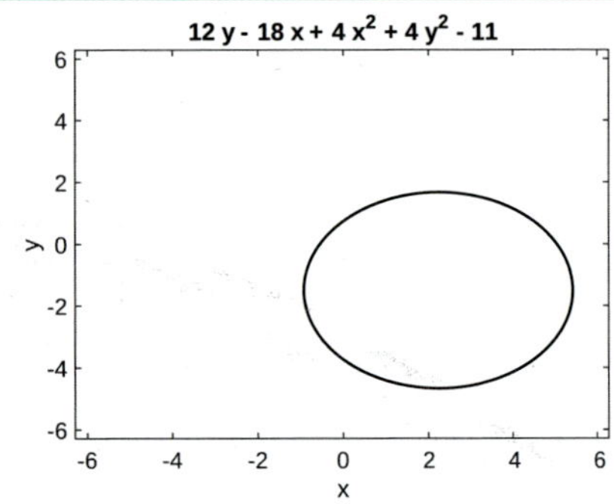
</td></tr>
<tr><td>>> syms t
>> x = cos(2*t)
x =
cos(2*t)
>> y= sin(4*t)
y =
sin(4*t)
>> explot(x,y)</td><td>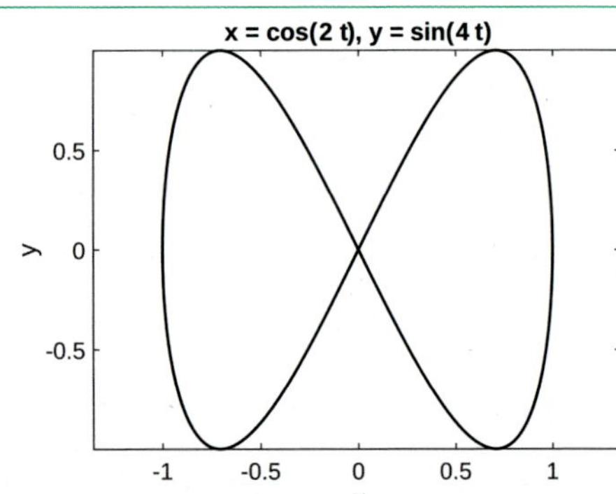
</td></tr>
</table>

11.8 기호 식에 의한 수치 계산

기호 식이 사용자에 의해 생성되거나 혹은 MATLAB의 기호 연산 결과에 따라 생성되면, 기호 변수에 대해 수를 대입하여 식의 수치적 값을 계산할 필요가 있을 수 있다. 이것은 subs 명령어를 이용하여 이루어질 수 있다. subs 명령어는 여러 가지 형식을 가지고 있으며 여러 다른 방법으로 사용될 수 있다. 다음은 사용하기 쉽고 대부분의 응용에 적당한 여러 형식을 기술한다. 한 가지 형식에서는 수치값를 대입할 변수(또는 변수들)와 숫자 값 자체를 subs 명령어 안에 입력한다. 다른 형식에서 각 변수를 별도의 명령어에서 숫자 값으로 할당하고, 그다음 해당 변수를 식에 대입한다.

변수와 변수의 값을 명령어 안에 입력하는 subs 명령어를 먼저 보여준다. 두 가지 경우가 제시된다. 첫 번째는 하나의 숫자 값(혹은 값들)을 한 개의 기호 변수에 대입하고, 두 번째는 숫자 값들을 둘 이상의 기호 변수에 대입한다.

▸ 하나의 기호 변수에 숫자 값을 대입:

기호 식이 한 개 이상의 기호 변수를 가질 때, 숫자 값(또는 값들)을 하나의 기호 변수에 대입할 수 있다. 이 경우 subs 명령어는 다음 형식을 갖는다.

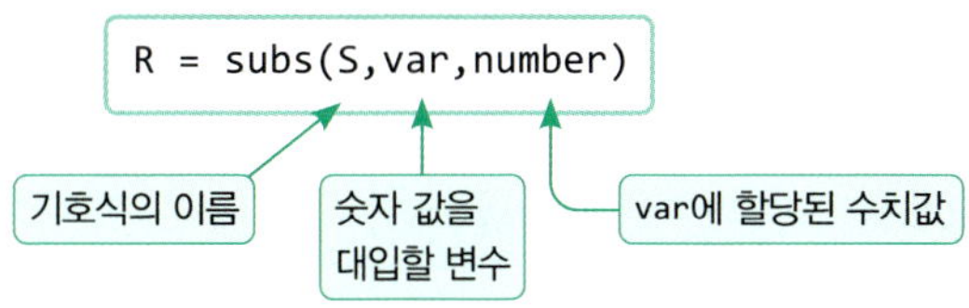

- number는 한 개의 수(스칼라)일 수도 있고 많은 원소를 가진 배열(벡터 또는 행렬)일 수도 있다.
- S의 값이 number의 각 값에 대해 계산되며, 결과가 number(스칼라, 벡터 또는 행렬)와 같은 크기를 갖는 R에 할당된다.
- S가 하나의 변수를 가지면, 출력 R은 숫자 값이다. S가 여러 개의 변수를 가지며 그중 한 개의 변수에만 숫자 값이 대입되면, 출력 R은 기호 식이다.

하나의 기호 변수가 포함한 식을 가진 예는 다음과 같다.

```
>> syms x
>> S=0.8*x^3+4*exp(0.5*x)
S =
4*exp(x/2) + (4*x^3)/5
>> SD=diff(S)
SD =
2*exp(x/2)+(12*x^2)/5
>> subs(SD, x, 2)
ans =
   15.0366
>> SDU=subs(SD, x, [2:0.5:4])
SDU =
   15.0366    21.9807    30.5634    40.9092    53.1781
```

기호 변수로 x 정의하기

S에 식 $0.8x^3 + 4e^{(0.5x)}$를 할당하기

S를 미분하기 위해 diff(S) 명령어 사용하기

답 $2e^{x/2} + 12x^2/5$가 SD에 할당된다.

SD에 $x = 2$를 대입하기 위해 subs 명령어 사용하기

SD의 값이 표시된다.

SD에 $x = [2, 2.5, 3, 3.5, 4]$를 대입하기 위해 subs 명령어 사용하기

x의 각 값에 대한 SD의 값(SDU에 할당된)이 벡터로 표시된다.

위의 예에서, 기호 식의 숫자 값이 계산될 때, 답이 숫자 값(들여쓰기로 표시)임에 유의하라. 여

러 개의 기호 변수를 가지는 식에서 하나의 기호 변수에 대해 숫자 값을 대입하는 예는 다음과 같다.

```
>> syms a g t v
>> Y=v^2*exp(a*t)/g
Y =
v^2*exp(a*t)/g
>> subs(Y,t,2)
ans =
v^2*exp(2*a)/g
>> Yt=subs(Y,t,[2:4])
Yt =
[ v^2*exp(2*a)/g, v^2*exp(3*a)/g, v^2*exp(4*a)/g]
```

기호 변수로 a, g, t, v 정의하기

기호 식 $v^2 e^{at}/g$을 생성하고 Y에 할당하기

SD에 $t = 2$를 대입하기 위해 subs 명령어 사용하기

답 $v^2 e^{2a}/g$이 표시된다.

Y에 $t = [2, 3, 4]$를 대입하기 위해 subs 명령어 사용하기

답은 t의 각 값에 대한 기호 식을 요소로 갖는 벡터이다.

▸ 둘 이상의 기호 변수에 숫자 값을 대입:

여러 개의 기호 변수들이 기호 식에 포함되어 있다면, 둘 이상의 기호 변수에 숫자 값(또는 값들)을 대입할 수 있다. 이 경우 subs 명령어는 다음과 같은 형식을 갖는다(두 변수에 대해 나타내지만, 더 많은 변수에 대해서도 같은 형식으로 사용할 수 있다).

```
R = subs(S,{var1,var2},{number1,number2})
```

기호 식 이름 / 숫자 값들이 대입되는 변수들 / var1과 var2에 할당되는 숫자 값(또는 값들)

- 변수 var1과 var2는 숫자 값이 대입될 식 S의 변수들이다. 변수들은 셀 배열(중괄호 { } 안)로 입력한다. 셀 배열은 각 셀이 수치 배열 혹은 텍스트의 배열이 될 수 있는 셀들의 배열이다.
- 변수들에 대입할 수인 number1, number2는 또한 셀 배열(중괄호 { } 안)로 입력될 수 있다. 수는 스칼라, 벡터, 또는 행렬일 수 있다. 수치 셀 배열의 첫 번째 셀(number1)은 변수 셀 배열의 첫 번째 셀 변수(var1)에 대입되며, 나머지도 같은 식으로 대입된다.
- 변수에 대입되는 모든 수가 스칼라이면, 결과는 한 개의 수이거나 한 개의 식(일부 변수가 기호 변수로 남아있는 경우)이 될 것이다.
- 적어도 한 개의 변수에 대해 대입할 수치가 배열이면, 수학 연산은 원소별로 수행되며 결과는 수치 배열 또는 기호 식의 배열이 된다. 식 S가 원소별 표기법으로 입력되지 않을지라도 계산은 원소별로 수행됨이 강조되어야 한다. 이것은 또한 다른 변수들에 대입되는 배열들도 모두 같은 배열크기를 가져야 함을 의미한다.
- 어떤 변수들에는 같은 크기의 배열을 대입하고, 다른 변수들에는 스칼라를 대입하는 것이 가

능하다. 이 경우에 원소별 연산을 수행하기 위해, MATLAB은 배열 결과로 출력하기 위해 스칼라로 확장(모든 원소가 1인 배열에 스칼라를 곱함)한다.

둘 이상의 변수에 숫자 값을 대입하는 것은 다음 예에서 설명한다.

```
>> syms a b c e x                                  기호 변수로 a, b, c, e, x 정의하기
>> S=a*x^e+b*x+c                                   기호 식 ax^e + bx + c을 생성하고 S에 할당하기
S =
a*x^e+b*x+c
>> subs(S,{a,b,c,e,x},{5,4,-20,2,3})               S의 모든 기호 변수에 스칼라를 대입하기
          셀 배열     셀 배열
ans =
    37                                             S의 값이 표시된다.
>> T=subs(S,{a,b,c},{6,5,7})                       S의 기호 변수 a, b, c에 스칼라를 대입하기
T =
5*x+ 6*x^e+7                                       결과는 변수 x를 갖고 있는 수식이다.
>> R=subs(S,{b,c,e},{[2 4 6],9,[1 3 5]})           S에서 c에는 스칼라, b, e에는 벡터들을 대입하기

R =                                                결과는 기호 식 벡터이다.
[ 2*x+a*x+9, a*x^3+4*x+9, a*x^5+6*x+9]
>> W=subs(S,{a,b,c,e,x},{[4 2 0],[2 4 6],[2 2 2],[1 3 5],[3 2 1]})
                                                   S의 변수에 벡터를 대입하기
W =
    20    26     8                                 결과는 숫자 값 벡터이다
```

기호 식에서 숫자 값을 기호 변수에 대입하는 두 번째 방법은 먼저 숫자 값을 변수에 할당한 다음 subs 명령어를 이용하는 것이다. 이 방법에서 일단 기호 식이 존재한다면(여기서 식의 변수들은 기호 변수임에 주의), 변수들을 숫자 값으로 할당한다. 그다음 subs 명령어는 다음과 같은 형식을 사용한다.

```
R = subs(S)
```

(S: 기호 식 이름)

기호 변수가 일단 수치 변수로 재정의된다면 다시는 기호 변수로 사용될 수 없다. 이 방법은 다음 예에서 설명된다.

```
>> syms A c m x y                    기호 변수로 A, c, m, x, y 정의하기
>> S=A*cos(m*x)+c*y                  기호 식 Acos(mx) + cy를 생성하고 S에 할당하기
S =
c*y+A*cos(m*x)
```

```
>> A=10; m=0.5; c=3;          변수 A, m, c에 숫자 값 할당하기
>> subs(S)                    식 S를 갖는 subs 명령어 사용하기
ans =
3*y + 10*cos(x/2)             변수 A, m, c의 숫자 값이 S에서 대입된다.
>> x=linspace(0,2*pi,4);      변수 x에 숫자 값들(벡터) 할당하기
>> T = subs(S)                식 S를 갖는 subs 명령어 사용하기
T =
[ 3*y+10, 3*y+5, 3*y-5, 3*y-10]   변수 A, m, c, x의 숫자 값이 S에서 대입된다.
                                  그 결과는 기호 식 벡터이다.
```

11.9 MATLAB 응용 예제

예시 문제 11-2 발사체의 발사각

발사체는 각 θ에서 210 m/s의 속도로 발사된다. 발사체의 예정 목표물은 2,600 m 떨어진 거리에 있으며 발사지점보다 350 m 높은 지점에 있다.

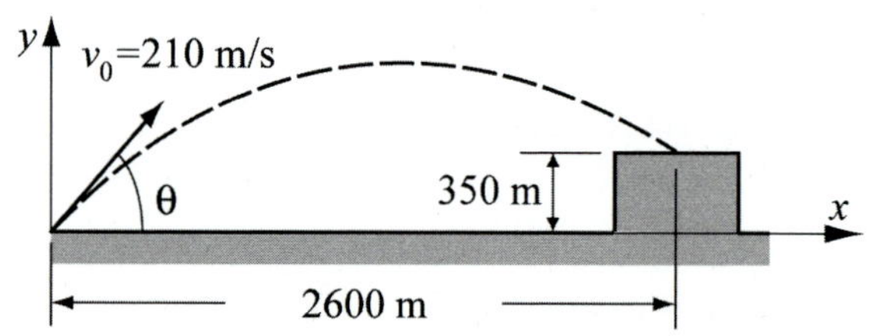

(*a*) 발사체가 목표물을 맞히게 될 각 θ를 구하기 위해 풀어야 할 방정식을 유도하라.

(*b*) MATLAB을 이용하여 (*a*)에서 유도된 방정식을 풀어라.

(*c*) (*b*)에서 구한 각에 대해, `ezplot` 명령어를 이용하여 발사체의 궤적을 그래프로 그려라.

풀이

(*a*) 발사체의 운동은 수평 성분과 수직 성분을 고려하여 해석될 수 있다. 초기 속도 v_0는 다음과 같이 수평 성분과 수직 성분으로 분해된다.

$$v_{0x} = v_0\cos(\theta) \qquad \text{그리고} \qquad v_{0y} = v_0\sin(\theta)$$

수평 방향에서, 속도는 일정하고 시간 함수에 대한 발사체의 위치는 다음 식으로 주어진다.

$$x = v_{0x}t$$

발사체가 목표물까지 이동하는 수평거리에 $x = 2{,}600$ m를 대입하고 v_{0x}에 210cos(θ)를 대입한 후, t에 대해 풀면 다음과 같다.

$$t = \frac{2600}{210\cos(\theta)}$$

수직 방향에서, 발사체의 위치는 다음 식으로 주어진다.

$$y = v_{0y} - \frac{1}{2}gt^2$$

목표물의 수직 좌표에 $y = 360$ m를 대입하고 v_{0x}에 210sin(θ)를 대입하며, $g = 9.81$과 위에서 구한 t를 대입하면, 다음 식을 얻을 수 있다.

$$360 = 210\sin\theta\frac{2600}{210\cos(\theta)} - \frac{1}{2}9.81\left(\frac{2600}{210\cos(\theta)}\right)^2$$

혹은

$$350 = \frac{2600\sqrt{1-\cos^2\theta}}{\cos\theta} - \frac{1}{2}9.81\left(\frac{2600}{210\cos(\theta)}\right)^2$$

이 방정식의 해는 발사체가 발사되어야 할 각 θ를 준다.

(*b*) `solve` 명령어(명령어 창에서)를 이용하여 (*a*)에서 유도된 식의 해는 다음과 같다.

```
>> syms th
Angle = solve('2600*sqrt(1 - cos(th)^2)/cos(th) - 0.5*9.81*(2600/
(210*cos(th)))^2 = 350')
Angle =
     1.2453544972374161683138135806563
   0.45925280703207121277786452037279
  -0.45925280703207121277786452037279
    -1.2453544972374161683138135806563
>> Angle1 = Angle(1)*180/pi

Angle1 =
224.16380950273491029648644451808/pi
>> Angle1=double(Angle1)
Angle1 =
71.3536
>> Angle2=Angle(2)*180/pi

Angle2 =
82.665505265772818300015613667102/pi
>> Angle2=double(Angle2)
Angle2 =
   26.3132
```

MATLAB은 4개의 해를 표시한다. 2개의 양의 해가 문제와 관련된 것이다.

Angle의 첫 요소에 있는 해를 라디안에서 각으로 변환

MATLAB은 π항의 기호 개체로 답을 표시한다.

Angle에 대한 숫자 값을 얻기 위해 double 명령어 사용하기

Angle의 두 번째 요소에 있는 해를 라디안에서 각으로 변환

MATLAB은 π항의 기호 개체로 답을 표시한다.

Angle2에 대한 숫자 값을 얻기 위해 double 명령어 사용하기

(*c*) (*b*)의 해는 두 개의 가능한 각이 있으므로 두 궤적이 있음을 보여준다. 궤적의 그래프를 그리기 위해서, 발사체의 x, y 좌표는 다음과 같이 t(매개변수 형태)에 의해 주어진다.

$$x = v_0\cos(\theta)t \qquad \text{그리고} \qquad y = v_0\sin(\theta)t - \frac{1}{2}gt^2$$

t에 대한 정의역은 $t = 0$에서 $t = \dfrac{2600}{210\cos(\theta)}$까지이다.

이 식들은 ezplot 명령어를 사용하여 스크립트 파일로 작성된 다음 프로그램과 같이 그래프를 그릴 수 있다.

```
xmax=2600; v0=210; g=9.81;
theta1=1.24535; theta2=.45925;
t1=xmax/(v0*cos(theta1));
t2=xmax/(v0*cos(theta2));
syms t
X1=v0*cos(theta1)*t;
X2=v0*cos(theta2)*t;
Y1=v0*sin(theta1)*t-0.5*g*t^2;
Y2=v0*sin(theta2)*t-0.5*g*t^2;
ezplot(X1,Y1,[0,t1])
hold on
ezplot(X2,Y2,[0,t2])
hold off
```

(*b*)에서 구한 두 개의 해를 theta1과 theta2에 할당하기

첫 번째 궤적을 그리기

두 번째 궤적을 그리기

이 프로그램이 실행되면, 다음 그래프가 그림 창에 생성된다.

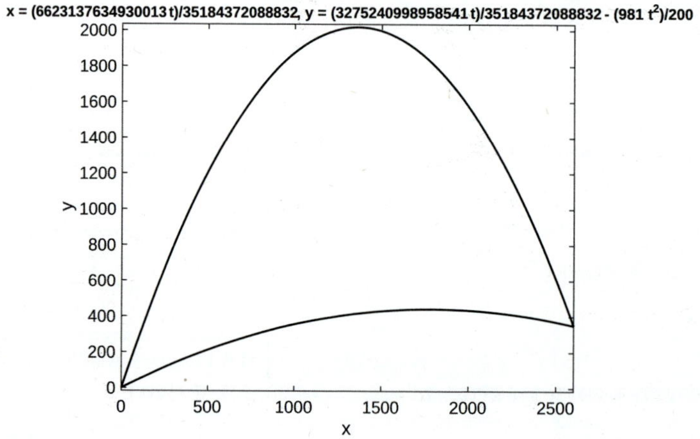

예시 문제 11-3 빔의 굽힘저항

폭이 b이고 높이가 h인 직사각형 빔의 굽힘저항은 $I = \frac{1}{12}bh^3$으로 정의되는 빔의 관성모멘트 I에 비례한다. 직사각형 빔을 반지름 R의 원통형 통나무로부터 잘라내려고 한다. 빔이 최대의 I를 갖도록 b와 h를 (R의 함수로) 구하라.

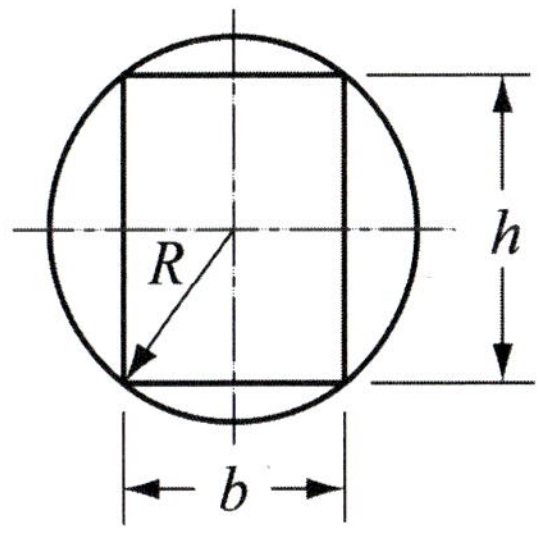

풀이

다음 단계에 따라 문제를 푼다.

1. R, h, b 사이의 관계식을 작성하라.
2. h에 대한 I의 식을 유도하라.
3. h에 대한 I의 미분을 해라.
4. 미분을 0과 같다고 놓고 h에 대해 풀어라
5. 해당하는 b를 구하라.

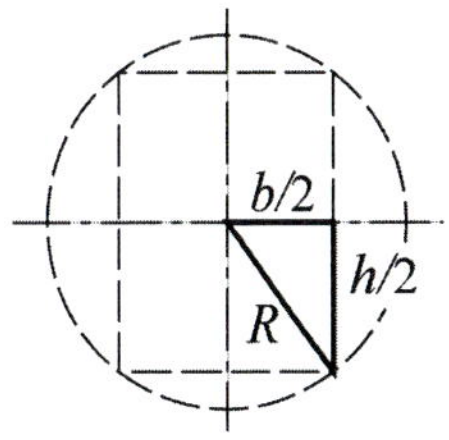

첫 번째 단계는 그림의 삼각형으로부터 구할 수 있다. R, h, b 사이의 관계는 $\left(\frac{b}{2}\right)^2 + \left(\frac{h}{2}\right)^2 = R^2$와 같이 피타고라스 정리에 의해 주어진다. b에 대해 이 식을 풀면 $b = \sqrt{4R^2 - h^2}$이다.

나머지 단계들은 다음과 같이 MATLAB을 이용하여 이루어진다.

```
>> syms b h R
>> b=sqrt(4*R^2-h^2);
>> I=b*h^3/12
I =
(h^3*(4*R^2-h^2)^(1/2))/12
>> ID=diff(I,h)
ID =
(h^2*(4*R^2-h^2)^(1/2))/4-h^4/(12*(4*R^2-h^2)^(1/2))
>> hs=solve(ID,h)
hs =
          0
  3^(1/2)*R
 -3^(1/2)*R
>> bs=subs(b,hs(2))

bs =
(R^2)^(1/2)
```

- b에 대해 기호 식 생성하기
- 단계 2: I에 대해 기호 식 생성하기
- MATLAB은 I에 b를 대입한다.
- 단계 3: h에 대해서 I를 미분하기 위해 diff(R) 명령어 사용하기
- I의 미분이 표시된다.
- 단계 4: h에 대해 식 $ID = 0$을 풀기 위해 solve 명령어 사용하기. 답을 hs에 할당하기
- MATLAB은 3개의 해를 표시한다. 양의 0이 아닌 해 $\sqrt{3}R$이 문제와 관련이 있다.
- 단계 5: 식에 h에 대한 해를 대입함으로 b를 구하기 위한 subs 명령어 사용하기
- b에 대한 해가 표시된다. (답은 R이나 MALAB은 $(R^2)^{1/2}$를 보여준다.)

예시 문제 11-4 탱크의 연료 레벨

그림의 수평 원통 탱크는 연료를 저장하는 데 사용된다. 탱크는 지름 6 m, 길이 8 m를 가지고 있다. 탱크의 연료량은 탱크 앞면의 좁은 수직 유리창을 통해 본 연료 레벨로 추정할 수 있다. 유리창 옆에 표시된 눈금은 1,000리터 단위로 40, 60, 80, 120, 160에 해당하는 연료의 레벨을 나타낸다. 눈금 선들의 수직 위치(지면으로부터 측정된)를 구하라.

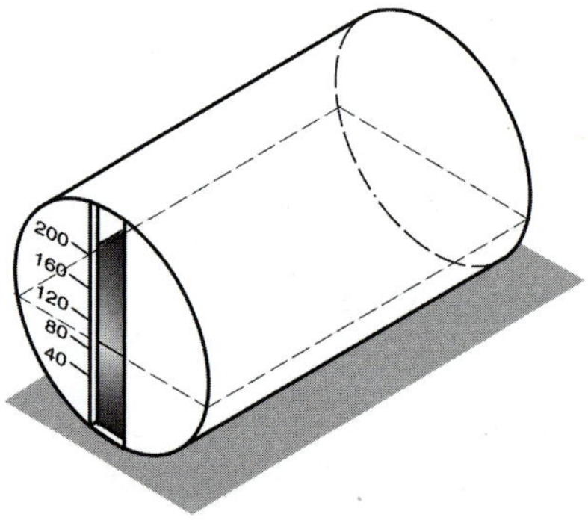

풀이

연료의 레벨과 체적 사이의 관계는 정적분의 형태로 쓸 수 있다. 일단 적분을 수행하면, 식은 연료의 높이에 의한 체적에 대해 얻어진다. 특정 체적에 해당하는 높이는 높이에 대한 식을 풀면 구할 수 있다.

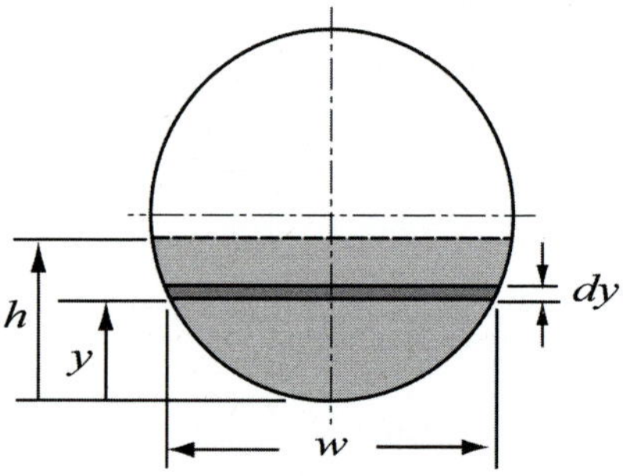

연료의 체적 V는 연료의 횡단면(음영 부분)의 면적 A와 탱크의 길이 L을 곱하여 구할 수 있다. 단면적은 다음 적분으로 계산될 수 있다.

$$V = AL = L\int_0^h w\,dy$$

연료 윗면의 폭 w를 y의 함수로 쓸 수 있다. 오른쪽 그림의 삼각형으로부터, 변수 y, w, R의 관계식은 다음과 같다.

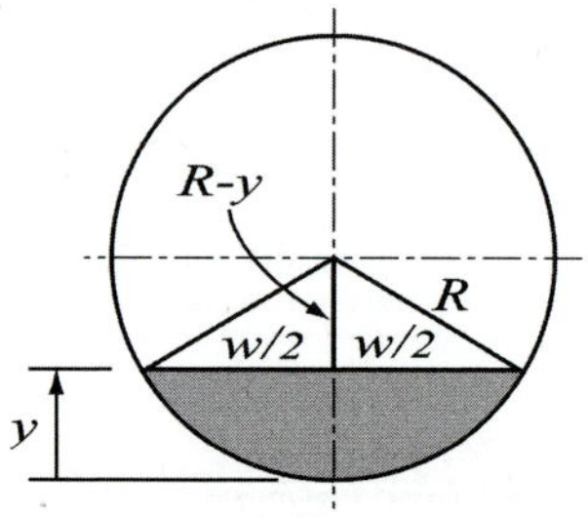

$$\left(\frac{w}{2}\right)^2 + (R-y)^2 = R^2$$

w에 대해 위 식을 풀면 다음 식으로 주어진다.

$$w = 2\sqrt{R^2 - (R-y)^2}$$

이제 체적에 대한 식의 적분에 위의 w를 대입하고 적분을 수행하면 높이가 h일 때의 연료 체적을 계산할 수 있다. 결과는 h에 대한 체적 V를 준다. 주어진 V에 대한 h의 값은 h에 대한 식을 풀어서 구한다. 이 문제에서는 1000 리터 단위로 40, 60, 80, 120, 160의 체적에 대한 h의 값을 구해야 한다. 해는 다음 MATLAB 프로그램(스크립트 파일)으로 주어진다.

```
R=3; L=8;
syms w y h
w=2*sqrt(R^2-(R-y)^2)          w에 대해 기호 식 생성하기
S = L*w                        적분 되어질 식 생성하기
```

```
V = int(S,y,0,h)
Vscale=[40:40:200]
for i=1:5
    Veq=V-Vscale(i);
    h_ans(i)=solve(Veq);
end
h_scale=double(h_ans)
```

0에서 h까지 S를 적분하기 위해 int 명령어 사용하기. 결과는 h의 함수로 V를 제공한다.

눈금자에서 V의 값을 갖는 벡터 생성하기

루프의 각 패스는 V의 한 값에 대해 h의 해를 구한다.

해를 구해야 할 h에 대한 식 생성하기

h에 대한 해를 구하기 위해 solve 명령어 사용하기

h_ans는 벡터 Vscale의 V 값에 해당하는 h 값을 갖는 벡터(숫자가 있는 기호)이다.

h_ans의 요소에 대한 숫자 값을 구하기 위해 double 명령어 사용하기

스크립트 파일이 실행되면, 문장 끝에 세미콜론이 붙어있지 않은 명령어의 결과가 출력된다. 명령 창의 화면은 다음과 같다.

```
>> w =
2*(9-(y-3)^2)^(1/2)
S =
16*(9-(y-3)^2)^(1/2)
V =
36*pi+72*asin(h/3-1)+8*(9-(h-3)^2)^(1/2)*(h-3)
Vscale =
   40    80    120    160    200
h_scale =
   1.3972    2.3042    3.1439    3.9957    4.9608
```

w에 대한 기호 식이 표시된다.

S는 적분될 식이다.

적분의 결과; h의 함수로 V

눈금자에서 V의 값이 표시된다.

눈금자에서 눈금의 위지가 표시된다.

단위: 위의 해에서 길이의 단위는 m이며, 이것은 체적 단위로 m^3에 대응한다($1\ m^3 = 1{,}000\ L$).

예시 문제 11-5 인체에서의 약물의 양

인체에 존재하는 약물의 양 M은 약물이 인체에 의해 소비되는 비율과 약물이 인체에 투여되는 비율에 의존하며, 여기서 약물이 소비되는 비율은 인체에 남아있는 양에 비례한다. M에 대한 미분방정식은 다음과 같다.

$$\frac{dM}{dt} = -km + p$$

여기서 k는 비례상수이고, p는 약물이 인체에 주입되는 비율이다.

(a) 약물의 반감기(half-life)가 3시간인 경우, k를 구하라.

(b) 환자가 병원에 입원하여 약물이 시간당 50 mg의 비율로 투여된다(초기에 환자의 신체에는 약물이 없다). 시간의 함수에 대한 M의 식을 유도하라.

(*c*) 처음 24시간 동안에 대해 시간의 함수에 대한 M을 그래프로 그려라.

풀이

(*a*) 비례상수는 새로운 약물의 투여 없이 인체에서 약물이 소비되는 경우를 고려하여 구할 수 있다. 이 경우 미분방정식은 다음과 같다.

$$\frac{dM}{dt} = -kM$$

위 식은 $t = 0$에서 $M = M_0$인 초기조건으로 풀 수 있다.

```
>> syms M M0 k t
>> Mt=dsolve('DM=-k*M','M(0)=M0')
Mt =
M0/exp(k*t)
```

$\frac{dM}{dt} = -kM$의 해를 구하기 위해 dsolve 명령어 사용하기

해는 다음과 같이 시간 함수에 대한 M을 준다.

$$M(t) = \frac{M_0}{e^{kt}}$$

3시간의 반감기는 $t = 3$시간에서 $M(t) = \frac{M_0}{e^{kt}}$임을 의미한다. 이 정보를 위의 해에 대입하면 0.5 $= \frac{1}{e^{3k}}$이며, 상수 k는 이 식 $0.5 = e^{-3k}$을 풀어 구할 수 있다.

```
ks=solve('0.5=1/exp(k*3)')
ks =
.23104906018664843647241070715273
```

$0.5 = e^{-3k}$의 해를 구하기 위해 solve 명령어 사용하기

(*b*) 이 문제에 대한 M의 미분방정식은 다음과 같다.

$$\frac{dM}{dt} = -kM + p$$

상수 k는 (*a*)로부터 구해지고, $p = 0$ mg/h이다. 초기조건은 초기에 환자의 신체에 약물이 없다는 것이며, 혹은 $t = 0$에서 $M = 0$이라는 것이다. MATLAB에 의한 이 식의 해는 다음과 같다.

```
>> syms p
>> Mtb=dsolve('DM=-k*M+p','M(0)=0')
Mtb =
(p-p/exp(k*t))/k
```

$\frac{dM}{dt} = -kM + p$의 해를 구하기 위해 dsolve 명령어 사용하기

(*c*) $0 \le t \le 24$에 대해 시간의 함수에 대한 `Mtb`의 그래프는 `ezplot` 명령어를 이용하여 그려진다.

```
>> pgiven=50;
>> Mtt=subs(Mtb,{p,k},{pgiven,ks})
Mtt =
216.404-216.404/exp(0.231049*t)
>> ezplot(Mtt,[0,24])
```

p와 k에 대한 숫자 값 대입하기

MATLAB에 의해 생성된 이전 식의 실제 출력(`Mtt = ...`)은 위에 보여진 것보다 훨씬 많은 소수점을 가지고 있다. 지면 관계상 페이지에 맞도록 소수점 숫자들을 줄여서 표시하였다.

생성된 그래프는 다음과 같다.

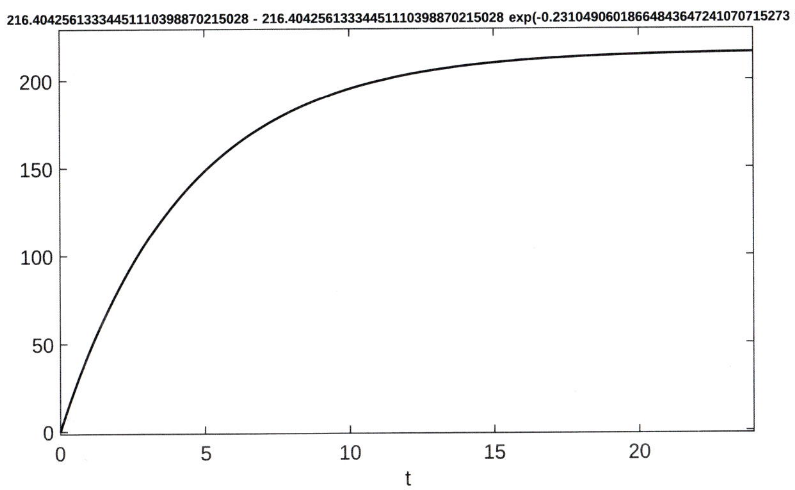

11.10 연습문제

1. x를 기호변수로 정의하고 다음 두 기호 식을 생성하라.

$$S_1 = x^2(4x^2 - 8x - 3) + 3(8x - 9) \quad \text{그리고} \quad S_2 = (2x - 3)^2 + 4x$$

다음 식들을 가장 간단한 형태로 구하기 위해 기호연산을 이용하라.

(*a*) $S_1 \cdot S_2$ (*b*) S_1/S_2 (*c*) $S_2 - S_1$

(*d*) `subs` 명령어를 이용하여 $x = 7$에 대한 (*c*)의 결과 숫자 값을 계산하라.

2. y를 기호변수로 정의하고 다음 두 기호 식을 생성하라.

$$S_1 = x^2(x^3 - 4x^2 + 3x + 12) - 40(x - 1) \quad \text{그리고} \quad S_2 = (x^2 - 2x + 4)(x - 2)$$

다음 식들을 가장 간단한 형태로 구하기 위해 기호연산을 이용하라.

(*a*) $S_1 \cdot S_2$ (*b*) S_1/S_2 (*c*) $S_2 - S_1$

(*d*) `subs` 명령어를 이용하여 $x = 6$에 대한 (*c*)의 결과 숫자 값을 계산하라.

3. x와 y를 기호변수로 정의하고 다음 두 기호 식을 생성하라.

$$S = \sqrt{y} + x \quad \text{그리고} \quad T = y - \sqrt{y}x + x^2$$

$S \cdot T$의 가장 간단한 형태를 구하기 위해 기호연산을 이용하라. `subs` 명령어를 이용하여 $x = 5$와 $y = 4$에 관한 결과의 숫자 값을 계산하라.

4. x를 기호변수로 정의하라.

(*a*) $x = -3, x = 1, x = -0.5, x = 2, x = 4$의 근을 갖는 다항식을 유도하라.

(*b*) `factor` 명령어를 이용하여 다음과 같은 다항식의 근을 구하라.

$$f(x) = x^6 - 2x^5 - 39x^4 + 20x^3 + 404x^2 + 192x - 576$$

5. 다음을 보이기 위해 11.2절에 있는 명령어를 이용하라.

(*a*) $\sin 3x = 3\sin x - 4\sin^3 x$

(*b*) $\frac{1}{2}\sin 6x = (3\sin x - 4\sin^3 x)(4\cos^3 x - 3\cos x)$

6. 다음을 보이기 위해 11.2절에 있는 명령어를 이용하라.

(*a*) $\tan(3x) = \dfrac{3\tan x - \tan^3 x}{1 - 3\tan^2 x}$

(*b*) $\sin(x + y + z) = \sin x \cos y \cos z + \cos x \sin y \cos z$
$+ \cos x \cos y \sin z - \sin x \sin y \sin z$

7. 직교 좌표에서 그림에 표시된 쌍곡선의 방정식은 다음과 같다.

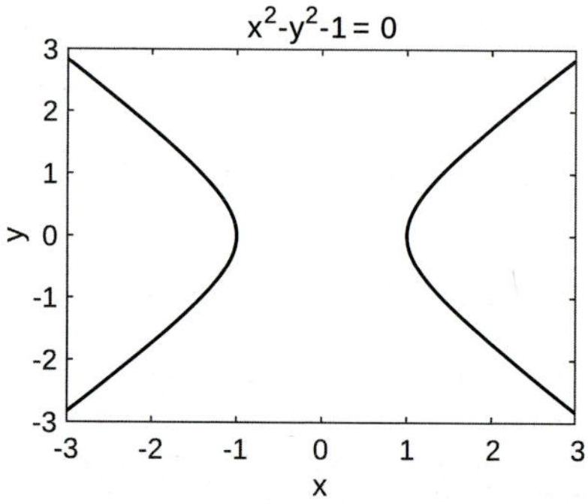

$$x^2 - y^2 = 1$$

(*a*) MATLAB을 사용하여 매개변수 형식에서 쌍곡선 방정식을 다음과 같이 작성할 수 있음을 보여라.

$$x = \frac{t^2 + 1}{t^2 - 1} \quad \text{그리고} \quad y = \frac{2t}{t^2 - 1}$$

(*b*) `ezplot` 명령어를 이용하여 그림에서 보이는 정의역에 대해 쌍곡선의 그래프를 그려라.

8. 물탱크는 그림에 표시된 기하학적 구조로 되어 있다(윗부분은 반지름 r과 높이 h인 원통이고 아랫부분은 반지름 R이고 높이가 $2r$인 원뿔이다). $h = 20$ in.이고 체적이 7.000 in.^{3}일 때, 반지름 r을 구하라. (반지름과 높이에 대한 체적의 식을 작성하라. 반지름에 대한 식을 풀고, 숫자 값을 구하기 위해 `double` 명령어를 이용하라.)

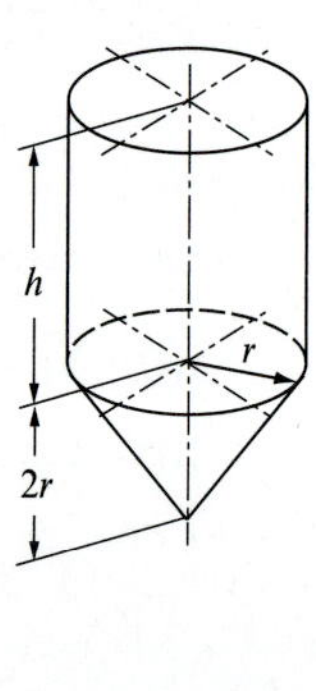

9. 근육에서 장력 T와 정상 수축 속도 v 사이의 관계는 다음과 같이 힐(Hill) 방정식으로 주어진다.

$$(T + a)(v + b) = (T_0 + a)b$$

여기서 a와 b는 양의 상수이며, T_0는 등척성 장력(isometric tension), 즉 $v = 0$일 때의 근육의 장력이다. 최대 수축 속도는 $T = 0$일 때 발생한다.

(*a*) 기호연산을 이용하여 기호 식으로 힐 방정식을 생성하라. 그다음 `subs` 명령어를 이용하여 $T = 0$을 대입하고, v에 대해 풀어서 $v_{max} = (bT_0)/a$임을 보여라.

(*b*) (*a*)의 v_{max}를 이용하여 힐 방정식으로부터 상수 b를 소거하고, $v = \dfrac{a(T_0 - T)}{T_0(T + a)}v_{max}$임을 보여라.

10. 다음 식들에 의해 주어지는 x-y 평면상의 두 타원을 고려하라.

$$\frac{(x-1)^2}{6^2} + \frac{y^2}{3^2} = 1 \quad \text{그리고} \quad \frac{(x+2)^2}{2^2} + \frac{(y-5)^2}{4^2} = 1$$

(*a*) `ezplot` 명령어를 이용하여 같은 그림에서 두 타원을 그려라.

(*b*) 타원들이 교차하는 점의 좌표를 구하라.

11. 120인치 길이의 막대 AB가 A 지점에서 핀을 가진 벽과 66인치 긴 케이블 CD에 부착되어 있다. $W = 200$ lb의 부하가 B 지점에서 막대에 부착되어 있다. 케이블 장력 T와 A 지점에서의 힘의 x, y 성분은 (F_{Ax}와 F_{Ay}) 다음 식으로부터 계산될 수 있다.

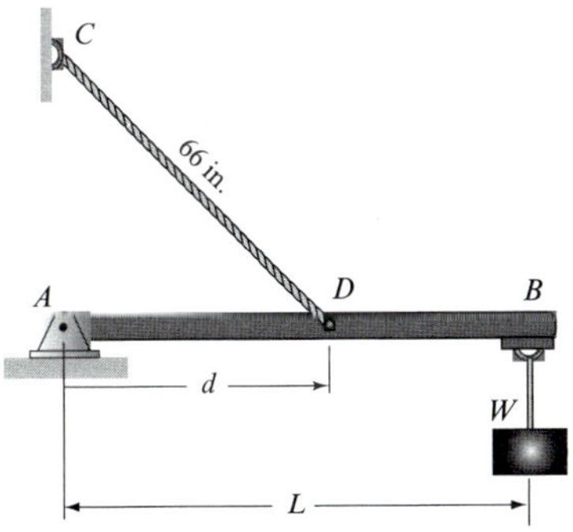

$$F_{Ax} - T\frac{d}{L_c} = 0$$

$$F_{Ax} - T\frac{\sqrt{L_c^2 - d^2}}{L_c} - W = 0$$

$$T\frac{\sqrt{L_c^2 - d^2}}{L_c}d - WL = 0$$

여기서 L과 L_c는 각각 막대와 케이블의 길이이다. d는 점 A에서 케이블이 부착된 점 D까지의 거리이다.

(*a*) MATLAB을 이용하여 d, L, L_c, W의 항으로 힘 T와 F_{Ax}, F_{Ay}에 대한 식을 풀어라. $F_A = F_{Ax}^2 + F_{Ay}^2$에 의해 주어진 F_A를 구하라.

(*b*) `subs` 명령어를 이용하여 (*a*)에서 유도된 식들에 $W = 200$ lb, $L = 120$ in, $L_c = 66$ in를 대입하라. 힘들은 거리 d의 함수로 얻을 수 있다.

(*c*) `ezplot` 명령어를 이용하여 힘 T와 F_A의 그래프를 그려라(d가 20에서 시작해서 70인치

에서 끝날 때, d의 함수로서 같은 그림에 두 그래프를 그려라).

(*d*) 케이블에서 장력이 가장 작은 거리 d를 구하라. 그 힘의 값을 구하라.

12. 질량 m의 상자가 그림과 같이 밧줄에 의해 끌어당겨지고 있다. x의 함수에 대한 밧줄에서 힘 F는 다음 식으로 계산될 수 있다.

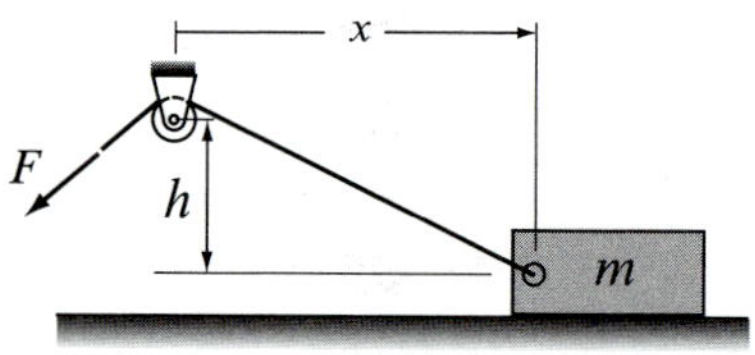

$$-F\frac{x}{\sqrt{x^2+h^2}}+\mu N=0$$

$$-mg+N+F\frac{x}{\sqrt{x^2+h^2}}=0$$

여기서 N과 μ는 각각 상자와 표면 사이의 법선력과 마찰 계수이다. m = 18 kg, h = 10 m, μ = 0.55, g = 9.81 m/s^{2}인 경우를 고려하라.

(*a*) MATLAB을 이용하여 x, h, m, g, μ의 항으로 F에 대한 식을 유도하라.

(*b*) `subs` 명령어를 이용하여 (*a*)에서 유도된 식들에 m = 18 kg, h = 10 m, μ = 0.55, g = 9.81 m/s^{2}을 대입하라. 힘들은 거리 x의 함수로 얻을 수 있다.

(*c*) `ezplot` 명령어를 이용하여 x ($5 \le x \le 30$ m)의 함수에 대한 힘 F의 그래프를 그려라.

(*d*) 상자를 끌기 위해 요구되는 힘이 가장 작은 거리 x를 구하라. 그리고 그 힘의 크기를 구하라.

13. 수축하는 근육에서의 기계적인 파워 출력 P는 다음 식으로 주어진다.

$$P=T\nu=\frac{k\nu T_0\left(1-\dfrac{\nu}{\nu_{max}}\right)}{k+\dfrac{\nu}{\nu_{max}}}$$

여기서 T는 근육의 장력, ν는 수축 속도(최대 ν_{max}), T_0는 등척성 장력(즉, ν = 0에서의 장력)이며, k는 대부분 근육에서 0.15와 0.25 사이에 있는 무차원수이다. 무차원 형태로 식을 작성하면 다음과 같다.

$$P=\frac{ku(1-u)}{k+u}$$

여기서 $p=(T\nu)/(T_0\nu_{max})$이고 $u=\nu/\nu_{max}$이다. k = 0.25인 경우를 고려하라.

(*a*) $0 \le u \le 1$에서 u에 대한 p의 그래프를 그려라.

(*b*) 미분을 하여 p가 최대값을 갖는 u의 값을 구하라.

(*c*) p의 최대값을 구하라.

14. $x = 3$, $y = 2$에 원의 중심을 갖는 원의 방정식은 $(x - 3)^2 + (y - 2)^2 = R^2$이다. 여기서 R은 원의 반지름이다. 원 윗부분의 한 점 (x_0, y_0)에서의 접선의 식을 기호 식으로 먼저 유도하는 스크립트 파일 프로그램을 작성하라(즉, $(3 - R) < x_0 < (3 + R)$과 $2 < y_0$에 대해서). 그 다음 R, x_0, y_0의 특정 값에 대해 오른쪽 그림과 같이 원과 접선의 그래프를 그리는 프로그램을 작성하라. 또 $R = 9$, $x_0 = -3$에 대해 프로그램을 실행하라.

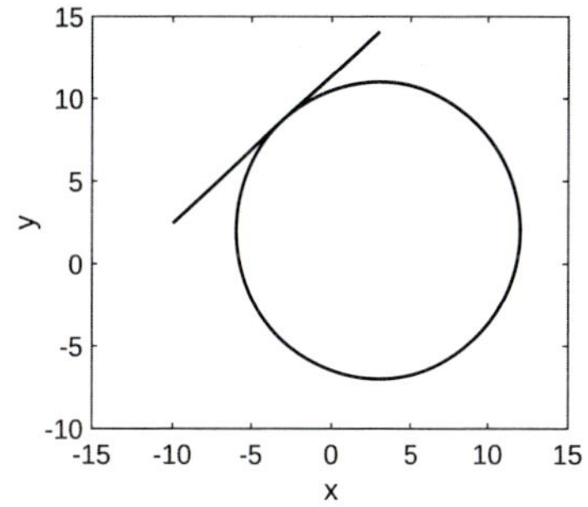

15. 5 km의 일정한 고도와 540 km/h의 일정한 속도로 날아가는 비행기를 추적 레이더 안테나가 자동 추적한다. 비행기는 레이더 기지 위를 정확하게 지나가는 경로를 따라 비행한다. 레이더는 비행기가 100 km 떨어져 있을 때 추적을 시작한다.

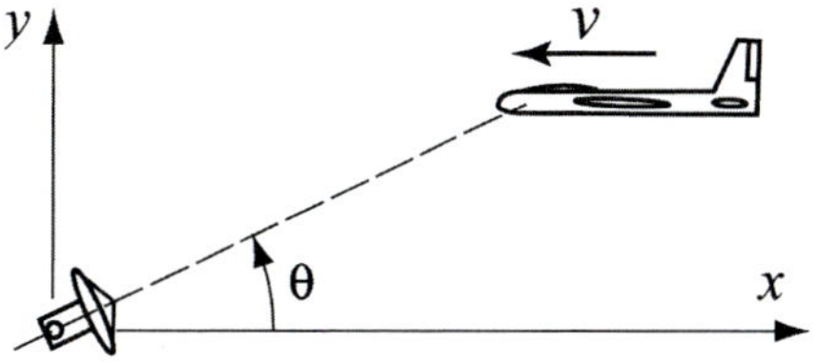

(*a*) 시간의 함수로 레이더 안테나의 각 θ의 식을 유도하라.

(*b*) 시간의 함수로 안테나의 각 속도의 식 $\frac{d\theta}{dt}$를 유도하라.

(*c*) 시간에 대한 각 θ의 그래프와 시간에 대한 $\frac{d\theta}{dt}$의 그래프를 같은 페이지에 두 개의 그래프로 그려라. 여기서 각은 도(degree) 단위이며, 시간은 분 단위로 $0 \le t \le 20$분이다.

16. 타원체의 매개변수 방정식은 다음과 같다.

$$x = a\cos u\sin v,\ y = b\sin u\sin v,\ z = c\cos v$$

여기서 $0 \le u \le 2\pi$이고 $-\pi \le v \le 0$이다.

표시된 타원체의 미분 부피 요소는 다음과 같이 주어진다.

$$dV = -\pi abc\sin^3 v\ dv$$

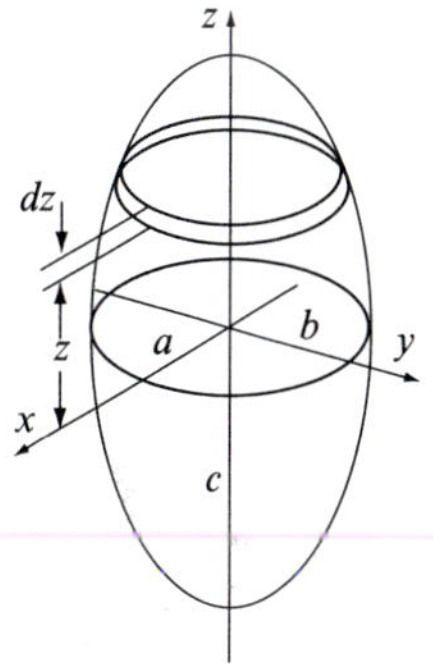

MATLAB을 이용하여 $-\pi$에서 0까지 dV의 적분을 기호적으로 계산하고 타원체의 부피가 $V = \frac{4}{3}\pi abc$임을 보여라.

17. 다음의 부정적분을 계산하라.

(*a*) $V = \int \frac{1}{x\sqrt{2x + 4x^2}}dx$

(*b*) $I = \int e^{-2x}\sin(3x)dx$

18. 기호변수로서 x를 정의하고 다음 기호 식을 생성하라.

$$S = \frac{6\sin^2 x}{(3\sin x + 1)^2}$$

정의역 $0 \le x \le \pi$에서 S의 그래프를 그리고 적분 $I = \int_0^{\pi} \frac{6\sin^2 x}{(3\sin x + 1)^2}$을 계산하라.

19. 일차원 확산 방정식이 다음 식으로 주어진다.

$$\frac{\partial u}{\partial t} = m\frac{\partial^2 u}{\partial x^2}$$

다음 식이 확산 방정식에 대한 해임을 보여라.

(*a*) $u = A\frac{1}{\sqrt{t}}\exp\left(\frac{-x^2}{4mt}\right) + B$, 여기서 A와 B는 상수이다.

(*b*) $u = A\exp(-\alpha x)(\alpha x - 2m\alpha^2 t + B) + C$, 여기서 A, B, C와 α는 상수이다.

20. 세라믹 타일이 그림과 같이 설계되어 있다. 음영 부분은 빨간색으로 칠해져 있고 타일의 나머지 부분은 흰색이다. 빨간색과 흰색의 경계선은 다음 식을 따른다.

$$y = -kx^2 + 12kx$$

흰색부분과 빨간색 부분의 면적이 같게 되는 k를 구하라.

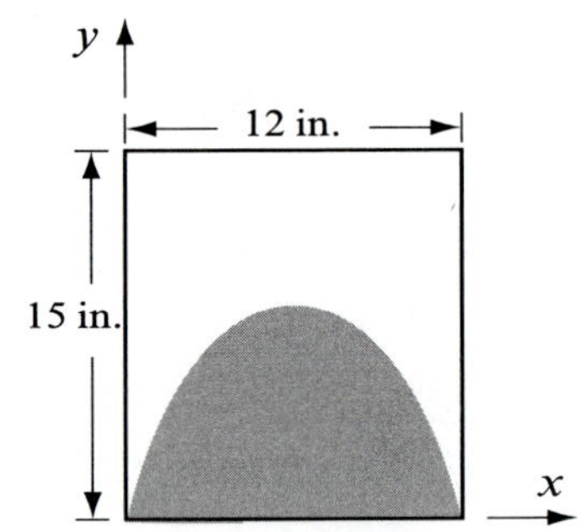

21. 표시된 포물선 부분의 중심 위치는 $y_c = \frac{3h}{5}$로 주어진다는 것을 보여라. 좌표 y_c는 다음 식에 의해 계산될 수 있다.

$$y_c = \frac{\int_A \bar{y}\,dA}{\int_A dA}$$

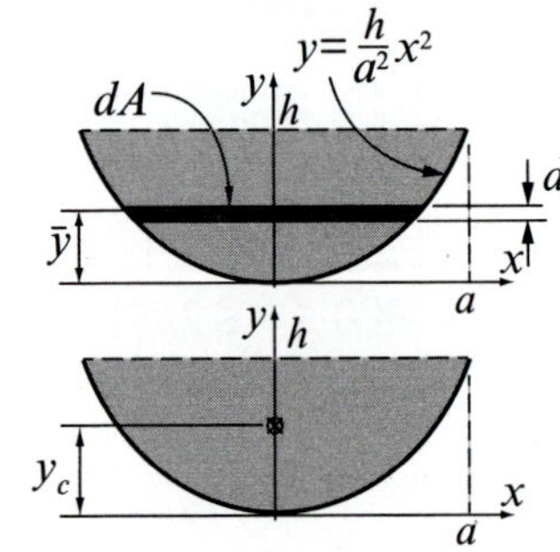

22. 이전 문제에서 보인 포물선 단면을 고려하라. x축에 관한 관성 모멘트 I_x가 $I_x = \frac{4}{7}ah^3$에 의해 주어짐을 보여라. 관성 모멘트 I_x는 다음 식에 의해 계산될 수 있다.

$$I_x = \int_A y^2\, dA$$

23. AC 전압의 *rms* 값은 다음 식에 의해 정의된다.

$$v_{max} = \sqrt{\frac{1}{T}\int_0^T v^2 t'\, dt'}$$

여기서 T는 파형의 주기이다.

(*a*) 전압이 $v(t) = V\cos(\omega t)$로 주어진다. $v_{rms} = \frac{V}{\sqrt{2}}$이고 ω에 대해 독립적임을 보여라. (주기 T와 라디안 주파수 ω 사이의 관계는 $T = \frac{2\pi}{\omega}$이다.)

(*b*) 전압이 $v(t) = 2.5\cos(350t) + 3$ V로 주어진다. v_{rms}를 구하라.

24. 한 사람으로부터 N명의 감염되지 않은 집단까지 전염성의 전파는 다음 식에 의해 기술할 수 있다.

$$\frac{dx}{dt} = -Rx(N + 1 - x),\ \text{초기조건: } x(0) = N$$

여기서 x는 감염되지 않은 사람들의 수이고 R은 양의 비율 상수이다. 이 미분 방정식의 $x(t)$에 대한 기호 해를 구하라. 또한 감염률 dx/dt가 최대가 되는 시간 t를 기호 식으로 구하라.

25. 맥스웰–볼츠만 (Maxwell-Boltzmann) 확률밀도함수 $f(v)$는 다음 식으로 주어진다.

$$f(v) = \sqrt{\frac{2}{\pi}\left(\frac{m}{kT}\right)^3} v^2 \exp\left(\frac{-mv^2}{2kT}\right)$$

여기서 m (kg)은 각 분자의 질량, v (m/s)는 속도, T (K)는 온도, $k = 1.38 \times 10^{-23}$ J/K는 볼츠만 상수이다. 가장 가능성 있는 속도 v_p는 $f(v)$의 최대값에 대응하며, $\frac{df(v)}{dv} = 0$으로부터 구할 수 있다. $f(v)$에 대한 기호 식을 생성하고, v에 관해 그것을 미분하며 $v_p = \sqrt{\frac{2kT}{m}}$임을 보여라. $T = 300$ K에서 산소분자($m = 5.3 \times 10^{-26}$ kg)에 대한 v_p를 계산하라. 산소분자에 대해서 $v(0 \le v < 2{,}500$ m/s) 대한 $f(v)$의 그래프를 그려라.

26. 낙하산이 펴지지 않은 스카이다이버의 속도는 공기저항이 속도에 비례한다고 가정하여 모델링할 수 있다. 뉴턴의 운동 제2법칙으로부터 스카이다이버의 질량 m과 속도 v 사이의 관계는 다음 식으로 주어진다(아래쪽은 양의 방향).

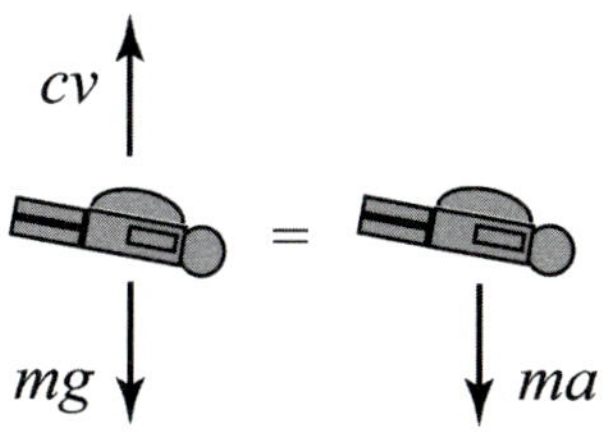

$$mg - cv = m\frac{dv}{dt}$$

여기서 c는 항력(drag) 상수이며, g는 중력 상수이다($g = 9.81$ m/s^2).

(*a*) 스카이다이버의 초기속도를 0으로 가정하여 m, g, c와 t에 의해 v의 식을 풀어라.

(*b*) 90 kg의 스카이다이버가 비행기로부터 점프한 후 4초 뒤의 스카이다이버의 낙하 속도가 28 m/s로 관측된다. 상수 c를 구하라.

(*c*) $0 \le t \le 30$ s에서 시간의 함수에 대한 스카이다이버 속도의 그래프를 그려라.

27. 저항 R ($R = 0.4\ \Omega$)과 인덕터 L ($L = 0.08$ H) 이 그림과 같이 연결되어 있다. 초기에 스위치는 점 A에 연결되어 있으며 회로에는 전류가 흐르지 않는다. $t = 0$에서 스위치가 A에서 B로 이동하여 저항과 인덕터가 v_S ($v_S = 6$ V)에 연결되며, 전류는 회로에 흐르기 시작한다. 스위치는 저항의 전압이 5 V에 도달할 때까지 B에 연결된 채로 유지된다. 그 시간(t_{BA})에서 스위치는 다시 A로 돌아간다.

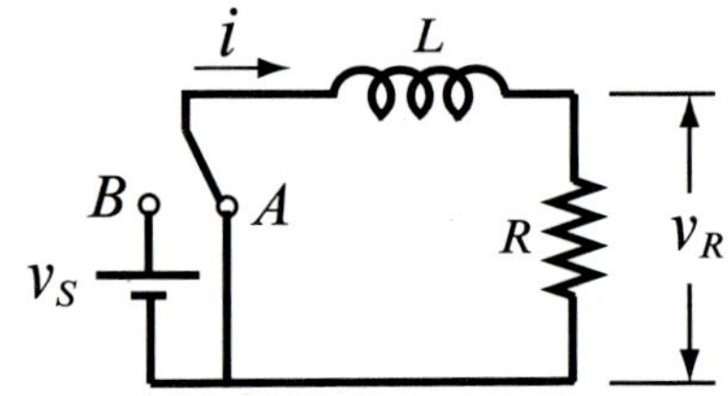

회로의 전류 i는 다음 미분방정식을 풀어서 구할 수 있다.

$R + L\dfrac{di}{dt} = v_S$: $t = 0$으로부터 스위치가 A로 다시 돌아올 때까지

$iR + L\dfrac{di}{dt} = 0$: 스위치가 A로 다시 돌아온 이후부터

임의의 시간에서 저항 양단의 전압 v_R은 $v_R = iR$로 주어진다.

(a) 첫 번째 미분 방정식을 풀어 $0 \le t \le t_{BA}$에서 R, L, v_S, t에 의해 전류 i에 대한 식을 유도하라.

(b) i에 대한 식에 R, L, v_S의 값들을 대입하고 저항 양단의 전압이 5 V에 도달되는 시간 t_{BA}를 구하라.

(c) 두 번째 미분 방정식을 풀어 $t_{BA} \le t$에서 R, L, t에 의한 전류 i의 식을 유도하라.

(d) $0 \le t \le t_{BA}$에서 t에 대한 v_R의 그래프와 $t_{BA} \le t \le 2t_{BA}$에서 t에 대한 v_R의 그래프를 같은 페이지에 그려라.

28. 다음 미분 방정식의 일반해를 구하라.

$$\frac{dy}{dx} = e^y \cos x$$

해가 정확한 해임을 보여라(해의 1차 미분을 유도하고, 식에 다시 대입하여라).

29. 주어진 초기조건을 만족하는 다음 미분 방정식의 해를 구하라. 또한 $0 \le t \le 7$에 대한 해를 그래프로 그려라.

$$\frac{d^2y}{dt^2} - 0.08\frac{dy}{dt} + 0.6t = 0, \quad y(0) = 2, \quad \left.\frac{dy}{dt}\right|_{x=0} = 3$$

30. 스위치가 $t = 0$에서 닫혀질 때 직렬 RLC 회로에서 전류 i는 다음 2차 상미분방정식의 해로부터 구해질 수 있다.

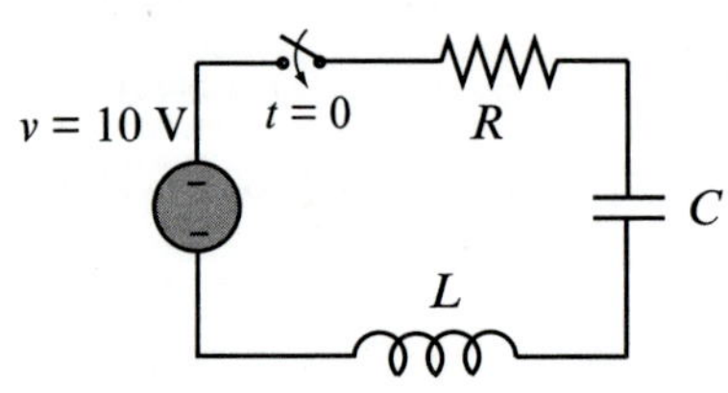

$$L\frac{d^2i}{dt^2} + R\frac{di}{dt} + \frac{1}{C}i = 0$$

여기서 R, L, C는 각각 저항기의 저항, 인덕터의 인덕턴스, 커패시터의 커패시턴스이다.

(*a*) $t = 0$에서 $i = 0$, $di/dt = 8$을 가정할 때 L, R, C, t의 항으로 전류 i의 식을 구하라.

(*b*) subs 명령어를 이용하여 (*a*)에서 유도된 식에 $L = 3$ H, $R = 10$ Ω, $C = 80$ μF을 대입하라. t ($0 \le t \le 1$s)에 대한 i의 그래프를 그려라(부족감쇠 응답).

(*c*) subs 명령어를 이용하여 (*a*)에서 유도된 식에 $L = 3$ H, $R = 200$ Ω, $C = 1200$ μF을 대입하라. t ($0 \le t \le 2$s)에 대한 i의 그래프를 그려라(과감쇠 응답).

(*d*) subs 명령어를 이용하여 (*a*)에서 유도된 식에 $L = 3$ H, $R = 201$ Ω, $C = 300$ μF을 대입하라. t ($0 \le t \le 2$s)에 대한 i의 그래프를 그려라(임계감쇠 응답).

31. 감쇠 자유 진동은 그림과 같이 스프링과 감쇠기가 붙어 있는 질량 m의 블록에 의해 모델링될 수 있다. 뉴턴의 운동 제2법칙으로부터, 시간의 함수에 대한 질량의 변위 x는 다음 미분방정식으로부터 구할 수 있다.

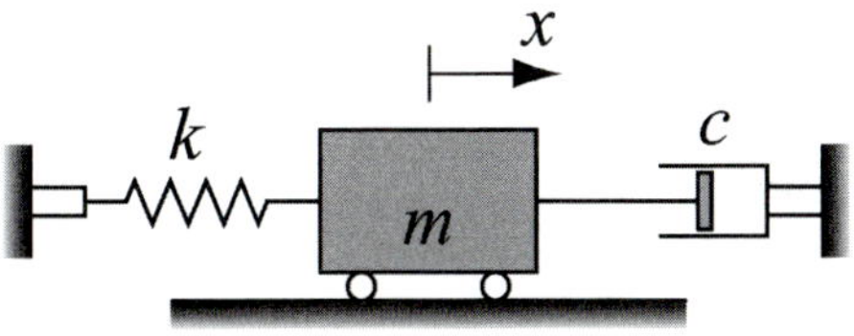

$$m\frac{d^2x}{dt^2} + c\frac{dx}{dt} + kx = 0$$

여기서 k는 스프링상수이고 c는 감쇠기의 감쇠계수이다. 질량을 평형위치로부터 이동시켰다가 놓으면, 블록은 앞뒤로 진동하기 시작할 것이다. 진동의 특성은 질량의 크기 및 k와 c의 값에 의존한다.

그림에서 보여진 시스템에서 $m = 10$ kg, $k = 28$ N/m이다. 시간 $t = 0$에서 질량을 $x = 0.18$ m까지 이동시킨 다음 정지 상태에서 놓는다. 시간 함수에 대한 질량의 변위 x와 속도 v에 대한 식을 각각 유도하라. 다음의 두 경우를 고려해 보자.

(*a*) $c = 3$(Ns/m) (*b*) $c = 50$ (Ns/m)

각 경우에 대해, 시간에 대한 위치 x와 속도 v의 그래프를 같은 페이지에 그려라. (*a*)의 경우, 정의역은 $0 \le t \le 20$ s로 하고, (*b*)의 경우, 정의역은 $0 \le t \le 10$ s로 한다.

문자, 명령어, 함수 요약

Summary of Characters, Commands, and Functions

다음 표는 이 책에서 다루는 MATLAB의 문자, 명령어 및 함수를 나열한 것이다. 각 항목을 주제별로 그룹화하였다.

▸ 문자 및 수학 연산자

문자	설명	페이지
+	덧셈	7, 60
-	뺄셈	7, 60
*	스칼라 및 배열 곱셈	7, 61
.*	배열의 요소별 곱셈	69
/	오른쪽 나눗셈	7, 67
\	왼쪽 나눗셈	7, 67
./	요소별 오른쪽 나눗셈	69
.\	요소별 왼쪽 나눗셈	69
^	지수	7
.^	요소별 지수	69
:	콜론: 등 간격의 요소 벡터를 만들거나, 배열 내에서 요소들의 범위를 나타낸다.	33, 40
=	할당 연산자	12
( )	소괄호; 우선순위를 설정하거나, 함수 내에 입력 인자 및 배열의 요소 위치를 입력한다.	7, 38, 40, 218
[ ]	중괄호; 배열을 구성하거나, 함수의 출력 인자를 입력한다.	33, 34, 35, 218
,	콤마; 배열 첨자, 함수 인자를 구분하거나, 동일 라인에서 명령어를 구분한다.	6, 14, 38-42, 218
;	세미콜론; 디스플레이를 억제하거나, 배열에서 행을 종료한다.	6, 35
'	작은따옴표; 행렬 전치, 문자열 생성.	38, 49-51
...	생략; 줄의 연속.	6
%	퍼센트; 주석을 나타내고 출력 형식을 지정한다.	6

▸ 관계 및 논리 연산자

문자	설명	페이지
<	보다 작음	172
>	보다 큼	172
<=	보다 작거나 같음	172
>=	보다 크거나 같음	172
==	같음	172
~=	같지 않음	172
&	논리곱	175
|	논리합	175
~	논리 부정	175

▸ 관리 명령어

명령어	설명	페이지
cd	현재 디렉토리 변경하기	19
clc	명령창 비우기	6
clear	저장공간의 모든 변수 지우기	16
clear x y z	저장공간에서 변수 x, y 및 z를 지우기	16
close	활성 그림 창 닫기	154
fcolse	파일 닫기	105
figure	그림 창 열기	154
fopen	파일 열기	104
global	전역 변수 선언하기	221
help	MATLAB 함수에 대한 도움말 표시하기	220
iskeyword	키워드 표시하기	15
lookfor	모든 도움말 항목에서 특정 단어 검색하기	219
who	저장 공간내 현재 변수 표시하기	16, 92
whos	저장 공간내 변수 정보 표시하기	16, 92

▸ 사전 정의 변수

변수	설명	페이지
ans	최근 식의 값	15
eps	두 숫자 사이의 가장 작은 차이	15
i	$\sqrt{-1}$	15
inf	무한대	15
j	i와 동일	15
NaN	수가 아님	15
pi	π	15

▸ 명령창에서 표현 형식

명령어	설명	페이지
format bank	두 자리 십진수	9
format compact	빈 줄 생략	9
format long	십진수 14자리의 고정 소수점 형식	9
format long e	십진수 15자리의 과학 표기법	9
format long g	15자리 고정 소수점 또는 부동 소수점 중 최적 형식	9
format loose	빈 줄 추가	9
format short	십진수 4자리의 고정 소수점 형식	9
format short e	십진수 4자리의 과학 표기법	9
toramt short g	5자리 고정 소수점 또는 부동 소수점 중 최적 형식	9

▸ 기본 수학 함수

함수	설명	페이지
abs	절대값	11
exp	지수	10
factorial	계승(factorial) 함수	11
log	자연로그	11
log10	밑이 10인 로그	11
nthroot	실수 n제곱근 또는 실수	10
sqrt	제곱근	10

▶ 삼각 수학 함수

함수	설명	페이지	함수	설명	페이지
acos	역 코사인	11	cos	코사인	11
acot	역 코탄젠트	11	cot	코탄젠트	11
asin	역 사인	11	sin	사인	11
atan	역 탄젠트	11	tan	탄젠트	11

▶ 하이퍼볼릭 수학 함수

함수	설명	페이지	함수	설명	페이지
cosh	하이퍼볼릭 코사인	11	sinh	하이퍼볼릭 사인	11
coth	하이퍼볼릭 코탄젠트	11	tanh	하이퍼볼릭 탄젠트	11

▶ 반올림

함수	설명	페이지
ceil	무한대 방향으로 반올림	12
fix	제로 방향으로 반올림	11
floor	음의 무한대 방향으로 반올림	12
rem	x를 y로 나눈 후 나머지를 반환	12
round	가장 가까운 정수로 반올림	11
sign	부호 함수	12

▶ 배열 생성

함수	설명	페이지
diag	벡터로 대각 행렬 만들기. 행렬의 대각요소로 벡터 만들기	46
eye	단위행렬 만들기	36, 65
linspace	등 간격 벡터 만들기	34
ones	모든 요소가 1인 행렬 만들기	36
rand	난수 행렬 만들기	73, 74
randi	난수 정수 행렬 만들기	74, 75
randn	정규 분포 수를 갖는 행렬 만들기	75
randperm	정수 순열 벡터 만들기	74
zeros	제로 행렬 만들기	36

▸ 행렬 다루기

함수	설명	페이지
length	벡터 크기	45
reshape	행렬 재 배열	46
size	배열 크기	46

▸ 배열 함수

함수	설명	페이지
cross	두 벡터의 외적 계산하기	73
det	행렬식 계산하기	66, 73
dot	두 벡터의 내적 계산하기	62, 73
inv	정방 행렬의 역행렬 계산하기	65, 73
max	최대값 구하기	72
mean	평균값 계산하기	72
median	중앙값 계산하기	72
min	최소값 구하기	72
sort	오름차순으로 요소 정렬하기	72
std	표준 편차 계산하기	72
sum	요소 합 계산하기	72

▸ 입력과 출력

명령어	설명	페이지
disp	출력 표시하기	97
fprintf	출력을 표시하거나 저장하기	99-106
input	사용자 입력에 대한 프롬프트	95
load	작업 공간으로 변수 가져오기	108
save	작업 공간에 있는 변수 저장하기	107
uiimprot	가져오기 마법사 시작하기	112
xlsread	엑셀에서 데이터 가져오기	110
xlswrite	엑셀로 데이터 내보내기	111

▸ 이차원 그래프 그리기

명령어	설명	페이지
`bar`	수직 막대그래프 그리기	148
`barh`	수평 막대그래프 그리기	148
`errorbar`	오차 구간 막대를 갖는 그래프 그리기	147
`fplot`	함수 그래프 그리기	136
`hist`	히스토그램 만들기	149-151
`hold off`	hold on 종료하기	138
`hold on`	현재 그래프 열린 상태 유지하기	138
`line`	기존 그래프에 곡선 추가하기	139
`loglog`	두 축 모두에 로그 스케일 사용한 그래프 그리기	145
`pie`	파이 그래프 그리기	149
`plot`	그래프 그리기	130
`polar`	극좌표 그래프 그리기	152
`semilogx`	x축 로그 스케일 그래프 그리기	145
`semilogy`	y축 로그 스케일 그래프 그리기	145
`stairs`	계단 그래프 그리기	148
`stem`	줄기 그래프 그리기	148

▸ 삼차원 그래프 그리기

명령어	설명	페이지
bar3	수직 3차원 막대그래프 그리기	319
contour	2차원 등고선 그래프 그리기	318
contour3	3차원 등고선 그래프 그리기	318
cylinder	원통 그래프 그리기	319
mesh	그물망 그래프 그리기	315, 316
meshc	그물망 및 등고선 그래프 그리기	317
meshgrid	삼차원 그래프를 위한 격자 만들기	314
meshz	커튼 그물망 그래프 그리기	317
pie3	3차원 파이 그래프 그리기	320
plot3	3차원 선 그래프 그리기	311
pol2cart	극좌표 격자를 직교 좌표 격자로 변환하기	320
scatter3	3차원 산포 그래프 그리기	320
sphere	구형 그래프 그리기	319
stem3	3차원 줄기 그래프 그리기	319
surf	면 그래프 그리기	315, 317
surfc	면과 등고선 그래프 그리기	317
surfl	조명이 있는 면 그래프 그리기	318
waterfall	낙수 효과 그물망 그래프 그리기	318

▸ 그래프 형식 지정하기

명령어	설명	페이지
axis	축 한계 설정하기	143
colormap	색 지정하기	316
grid	그래프에 격자 추가하기	143, 316
gtext	그래프에 텍스트 추가하기	140
legend	그래프에 범례 추가하기	141
subplot	한 페이지에 다중 그래프 그리기	152
text	그래프에 텍스트 추가하기	140
title	그래프에 제목 추가하기	140
view	삼차원 그래프 보기 방향 제어하기	321
xlabel	*x*축 라벨 추가하기	140
ylabel	*y*축 라벨 추가하기	140

▸ 수학 함수(생성, 평가, 해결)

명령어	설명	페이지
feval	수학 함수 값 평가하기	231
fminbnd	함수 최소값 구하기	288
fzero	하나의 변수를 갖는 방정식 해 구하기	286

▸ 수치 적분

함수	설명	페이지
quad	함수 적분하기	290
quadl	함수 적분하기	290
trapz	함수 적분하기	292

▸ 상 미분 방정식 해법

명령어	설명	페이지
ode113	일 계 상 미분 방정식 해 구하기	294
ode15s	일 계 상 미분 방정식 해 구하기	294
ode23	일 계 상 미분 방정식 해 구하기	294
ode23s	일 계 상 미분 방정식 해 구하기	294
ode23t	일 계 상 미분 방정식 해 구하기	294
ode23tb	일 계 상 미분 방정식 해 구하기	294
ode45	일 계 상 미분 방정식 해 구하기	294

▸ 논리 함수

함수	설명	페이지
all	모든 배열 요소가 0이 아닌지 결정하기	178
and	논리곱	177
any	어떤 배열 요소가 0이 아닌지 결정하기	178
find	벡터의 특정 요소에 대한 인덱스를 찾기.	178
not	논리 부정	177
or	논리합	177
xor	논리 배타적 합	178

▸ 순서 제어 명령어

명령어	설명	페이지
break	루프 실행 종료하기	196
case	조건적으로 명령어 실행하기	184
continue	루프내 패스 종료하기	196
else	조건적으로 명령어 실행하기	181
elseif	조건적으로 명령어 실행하기	182
end	조건문 및 루프 종료하기	180, 184, 188, 192
for	명령어 그룹 실행 반복하기	188
if	조건적으로 명령어 실행하기	179
otherwise	조건적으로 명령어 실행하기	185
switch	수식에 따라 여러 케이스 전환하기	184
while	명령어 그룹 실행 반복하기	192

▸ 다항식 함수

함수	설명	페이지
conv	다항식 곱하기	257
deconv	다항식 나누기	257
poly	다항식 계수 구하기	156
polyder	다항식 미분 구하기	258
polyval	다항식 값 계산하기	254
roots	다항식 근 구하기	255

▸ 곡선 맞춤 및 보간

함수	설명	페이지
interp1	일 차원 보간	267
polyfit	점 집합에 다항식의 곡선을 맞춤	261

▸ 기호 수학

함수	설명	페이지
collect	식에서 항들을 모으기	342
diff	수식 미분하기	350
double	숫자를 기호 형식에서 수치 형식으로 변환하기	340
dsolve	상 미분 방정식의 해 구하기	353
expand	수식 전개하기	343
ezplot	수식의 그래프 그리기	356
factor	저차 다항식의 곱에 대한 인수분해	343
findsym	수식의 기호 변수 표시하기	341
int	수식 적분하기	351
pretty	수학 형식으로 수식을 표시하기	344
simplify	수식 단순화하기	344
solve	하나의 수식 또는 연립 방정식의 해 구하기	345
subs	수식에 숫자를 대입하기	358
sym	기호 객체 만들기	336
syms	기호 객체 만들기	338

찾아보기

Index

ㄱ